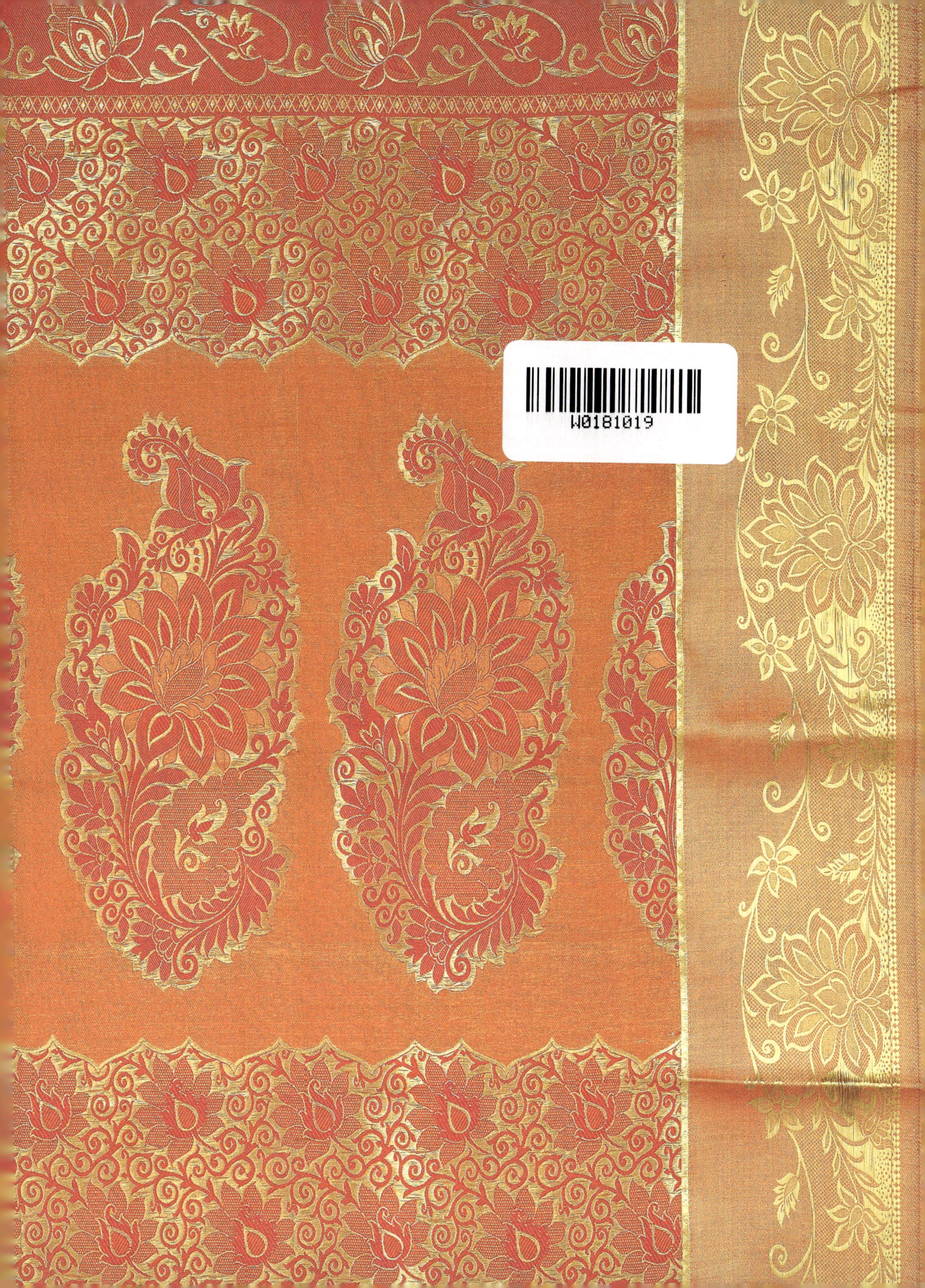

Von Liebe und Krieg

அகம்
புறம்

Tamilische Geschichte(n)
aus Indien und der Welt
Eine Ausstellung des
Linden-Museums Stuttgart
vom 8. Oktober 2022
bis 7. Mai 2023

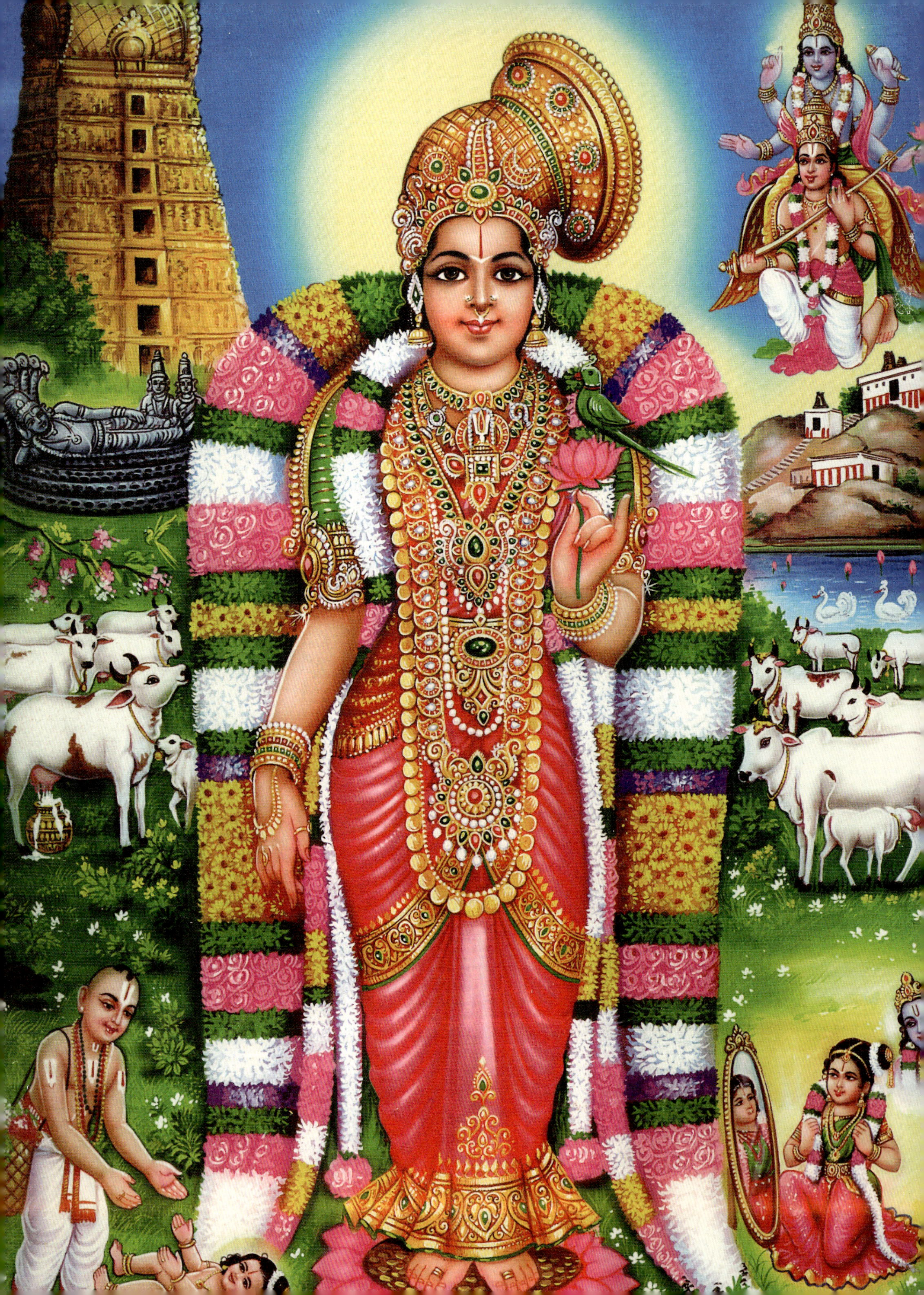

Von Liebe und Krieg

Tamilische Geschichte(n) aus Indien und der Welt

Herausgegeben von
M. D. Muthukumaraswamy,
Georg Noack, Inés de Castro
und Lisa Priester-Lasch

LINDEN-MUSEUM STUTTGART
Staatliches Museum für Völkerkunde

SANDSTEIN VERLAG

Inhalt

பொருளடக்கம்

6 INÉS DE CASTRO
Vorwort

Einleitung
அறிமுகம்

10 M. D. MUTHUKUMARASWAMY
GEORG NOACK
LISA PRIESTER-LASCH
Von Liebe und Krieg:
Tamilische Geschichte(n) aus Indien
und der Welt

22 FRÉDÉRIC LANDY
Tamil Nadu, eine Landschaft
der Gegensätze

Soziale Bewegungen
சமூக இயக்கங்கள்

32 ARCHANA VENKATESAN
Tamilische *Bhakti*:
Lieder der Liebe und Sehnsucht

42 THOMAS LEHMANN
Die Tamil-Renaissance

50 THEODORE BASKARAN
Tamilische Gesichter des indischen
Unabhängigkeitskampfes

58 ULRIKE NIKLAS
Periyar und die Dravidische Bewegung

66 DENETH PIUMAKSHI VEDA ARACHCHIGE
ANTONYTHASAN JESUTHASAN
ALIAS SHOBASAKTHI
Krieg und Frieden – Perspektiven
zweier Künstler auf den Krieg in Sri Lanka
und die Migration ins Ausland

Alltag
அன்றாட
வாழ்க்கை

78 HÉLÈNE GUÉTAT-BERNARD
FLEUR SOUMER
Tamilische Küche

88 LISA PRIESTER-LASCH
»Du bist, was du trägst«:
Kleidung und Textilien
in Tamil Nadu

98 GABRIELE ALEX · JUSTUS WEISS
Gesundheit und Heilung
in Tamil Nadu

Kunst und populäre Kultur
பிரபலமான
கலாச்சாரமும்
கைலகளும்

110 CHITRAVINA N. RAVIKIRAN
Tamilische Musik und karnatische
Musik im Laufe der Jahrhunderte.
Ein kurzer Überblick

118 CAROLINE JOHANNE LILLELUND
Klänge von Tod und Gefahr:
Die beunruhigende *Parai*-Trommel

126 M. D. MUTHUKUMARASWAMY
Tamilisches Volkstheater

134 RAJAN KURAI KRISHNAN
Die Filmleinwand als kultureller Baldachin

144 ZOÉ E. HEADLEY
Tamilische Studiofotografie

154 ASHRAFI S. BHAGAT
Madras Art Movement:
Regionale Moderne von 1960 bis 2000

Religiöse Vielfalt
மத வேறுபாடு

166 CRISPIN BRANFOOT
Buddhismus und Jainismus in der
tamilischen Kulturgeschichte

176 VIDYA DEHEJIA
Die Kunst der Cōḻa

186 UTE HÜSKEN
Navarāttiri: Die neun Nächte der Göttin

196 KOMBAI S. ANWAR
TORSTEN TSCHACHER
Tamilische Muslim*innen:
Kinder der Gewürzroute

206 ANAND AMALADASS
Tamilische Christen

Katalog
கண்காட்சித்
தொகுப்பு

Anhang
பின்னிணைப்பு

278 Glossar
282 Bibliografie
285 Autor*innen
288 Impressum

Vorwort

முன்னுரை

Das Linden-Museum Stuttgart widmet sich mit einer großen Sonderausstellung des Landes Baden-Württemberg der bislang im Museumskontext wenig beachteten tamilischen Kultur Süd-Indiens und der weltweiten tamilischen Diaspora.

Die von Dr. Georg Noack und Dr. Meenakshipuram Deivakumar Muthukumaraswamy kuratierte Ausstellung »Von Liebe und Krieg: Tamilische Geschichte(n) aus Indien und der Diaspora«, die vom 8. Oktober 2022 bis zum 8. Mai 2023 in unserem Haus gezeigt wird, beleuchtet historische und zeitgenössische Aspekte der tamilischen Kultur in Alltag und Religion und fußt auf unserer herausragenden Sammlung von Bronzestatuen aus der Zeit der Cōḻa-Dynastie des 9. bis 12. Jahrhunderts.

Die Ausstellung integriert Module verschiedenster Kooperationspartner*innen, die als mehrstimmige künstlerische und wissenschaftliche Ausdrucksformen den Besucher*innen verschiedene Sichtweisen näherbringen. Die Auswahl und Übersetzung von Gedichten in der Eingangsinstallation verantwortete Klaus Öhler von der Universität Tübingen. Die Fotos dazu entstanden bei einem von Kombai S. Anwar, Direktor der Quaide Milleth International Academy of Media Studies, Chennai, initiierten Fotowettbewerb. Deneth Piumakshi Wederaachchige und Shobasakthi haben sich künstlerisch mit dem Konflikt in Sri Lanka, mit Migration und der tamilischen Diaspora auseinandergesetzt.
Für einen virtuellen Rundgang durch ein tamilisches Dorf und ein Modul zu Gesundheit und Heilung danken wir Prof. Dr. Gabriele Alex vom Asien-Orient-Institut der Universität Tübingen. Der Bereich der tamilischen Küche wurde von Dr. Hélène Guétat-Bernard und ihrem Team am Institut Français de Pondichéry sowie dem Kulturzentrum SITA in Pondicherry erarbeitet. Das Forschungskollektiv S.T.A.R.S (Studies in Tamil Studio Archives and Society, Pondicherry, Chennai und Paris), vertreten durch Dr. Zoé Headley, Dr. Kasha Vande und M. Arun kuratierte ein Modul mit historischen Portraitfotos aus Tamil Nadu. Yoganathan Putra und die Gemeinde des Sri Sitti-Vinayagar Hindu-Tempel in Stuttgart haben bei der Umsetzung des Tempelbereichs in der Ausstellung geholfen. Livingston Edinborough und Muthurajah Edinborough von der katholischen tamilischen Gemeinde Stuttgart haben die Kuratoren bei den Beiträgen zum Christentum beraten. Allen diesen Kooperationspartner*innen sind wir für ihre Beiträge und Perspektiven zu großem Dank verpflichtet.

Frau Dr. Subashini Kanagasundaram und der Tamil Heritage Foundation danken wir nicht nur für die Stiftung der in der Ausstellung gezeigten Statue des tamilischen Dichters Tiruvaḻḻuvar – einer tamilischen Kulturikone von großer Bedeutung – sondern auch für ihr unermüdliches Engagement für die Vernetzung des Museums mit tamilischen Communities, Institutionen und Spezialisten im In- und Ausland sowie wichtige Beiträge zur Ausgestaltung des Begleitprogrammes.

Auch sind wir den zahlreichen Wissenschaftlern sehr verbunden, die den Kuratoren ihre Expertise zur Verfügung gestellt und damit einen wichtigen Beitrag zum Erfolg der Ausstellung geleistet haben. Wir danken insbesondere Prof. Dr. Gabriele Alex sowie Prof. Dr. Heike Oberlin von der Universität Tübingen, Dr. Margret Frenz von der Universität Stuttgart, Prof. (em.) Dr. Ulrike Niklas von der Universität zu Köln, Prof. (em.) Dr. Anand Amaladass SJ vom Sacred Heart College in Chennai, Kombai S. Anwar von der Quaide Milleth International Academy of Media Studies (QIAMS), Chennai, sowie Dr. Torsten Tschacher von der Universität Heidelberg.

Besonderer Dank gebührt ebenfalls dem Land Baden-Württemberg für die finanzielle Zuwendung zur Ausstellung, die eine Realisierung in dieser Form erst möglich gemacht hat. Für die Unterstützung danken wir insbesondere Ministerin Theresia Bauer, Staatssekretärin Petra Olschowski sowie dem Museumsreferat im Ministerium für Wissenschaft, Forschung und Kunst Baden-Württemberg.

Ein wichtiger Beitrag zur Ausstellung erfolgte im Vorfeld durch das Goethe-Institut, das eine Sondierungs- und Netzwerkreise nach Tamil Nadu für Dr. Noack finanziert hat.

Zum Gelingen der Ausstellung haben auch unsere großzügigen Leihgeber beigetragen. Den zahlreichen institutionellen und privaten Leihgebern aus dem In- und Ausland sei an dieser Stelle ausdrücklich gedankt.

Danken möchten wir ebenfalls dem Gestaltungsbüro Opera Amsterdam mit dem Projektleiter Boaz Bar Adon, die das kuratorische Konzept in wunderbarer Form umgesetzt haben.

Mein ganz besonderer Dank gilt den beiden Kuratoren der Ausstellung Dr. Georg Noack und Dr. Meenakshipuram Deivakumar Muthukumaraswamy vom National Folklore Support Center in Chennai. Sie haben ihre unterschiedlichen wissenschaftlichen Perspektiven zu einem wunderbaren Konzept zusammengetragen und zusammen mit allen Kooperationspartner*innen eine sehenswerte Ausstellung daraus entwickelt. Beiden Kuratoren stand Lisa Priester-Lasch als kenntnisreiche und engagierte Volontärin zur Seite.

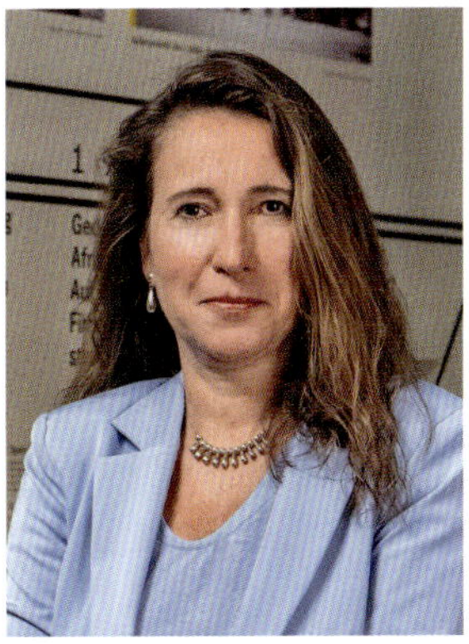

Eine Ausstellung dieser Größenordnung bindet eine große Anzahl an Mitarbeiter*innen ein. Großer Dank gebührt dem gesamten Ausstellungsteam des Linden-Museums für die intensive und gute Zusammenarbeit der letzten Jahre. Stellvertretend für alle Beteiligten, die unter dem Titel »Ausstellungsorganisation« namentlich aufgeführt sind, danke ich unserer kaufmännischen Geschäftsführerin Frau Susanne Barth, der Juniorkuratorin Nandini Thilak, den Projektleiterinnen der Restaurierung Ute Doberschütz und Isabel Klotz sowie unserer Ausstellungskoordinatorin Katja Scharff.

Prof. Dr. Inés de Castro
Direktorin des Linden-Museums Stuttgart

Einleitung

அறிமுகம்

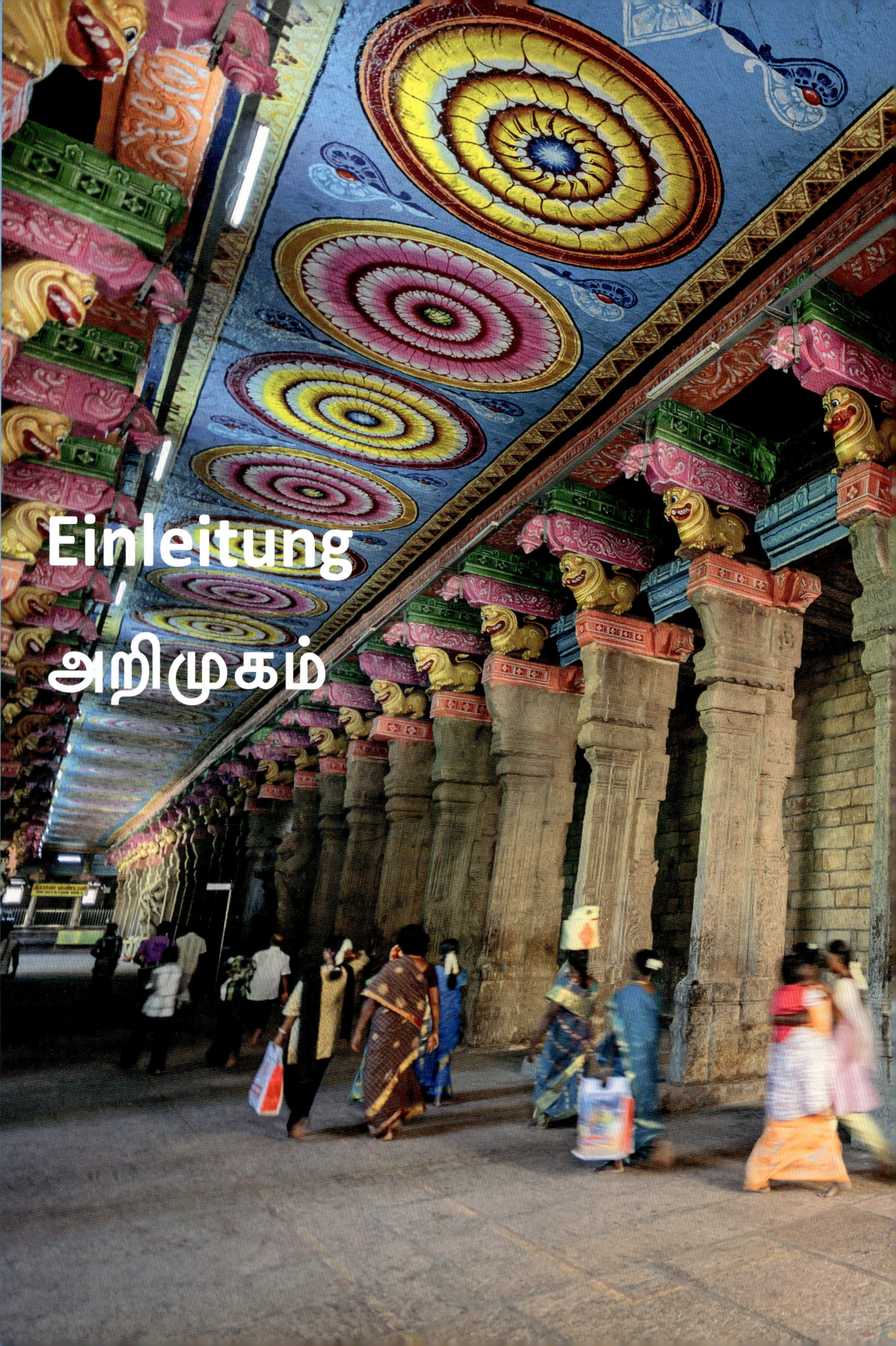

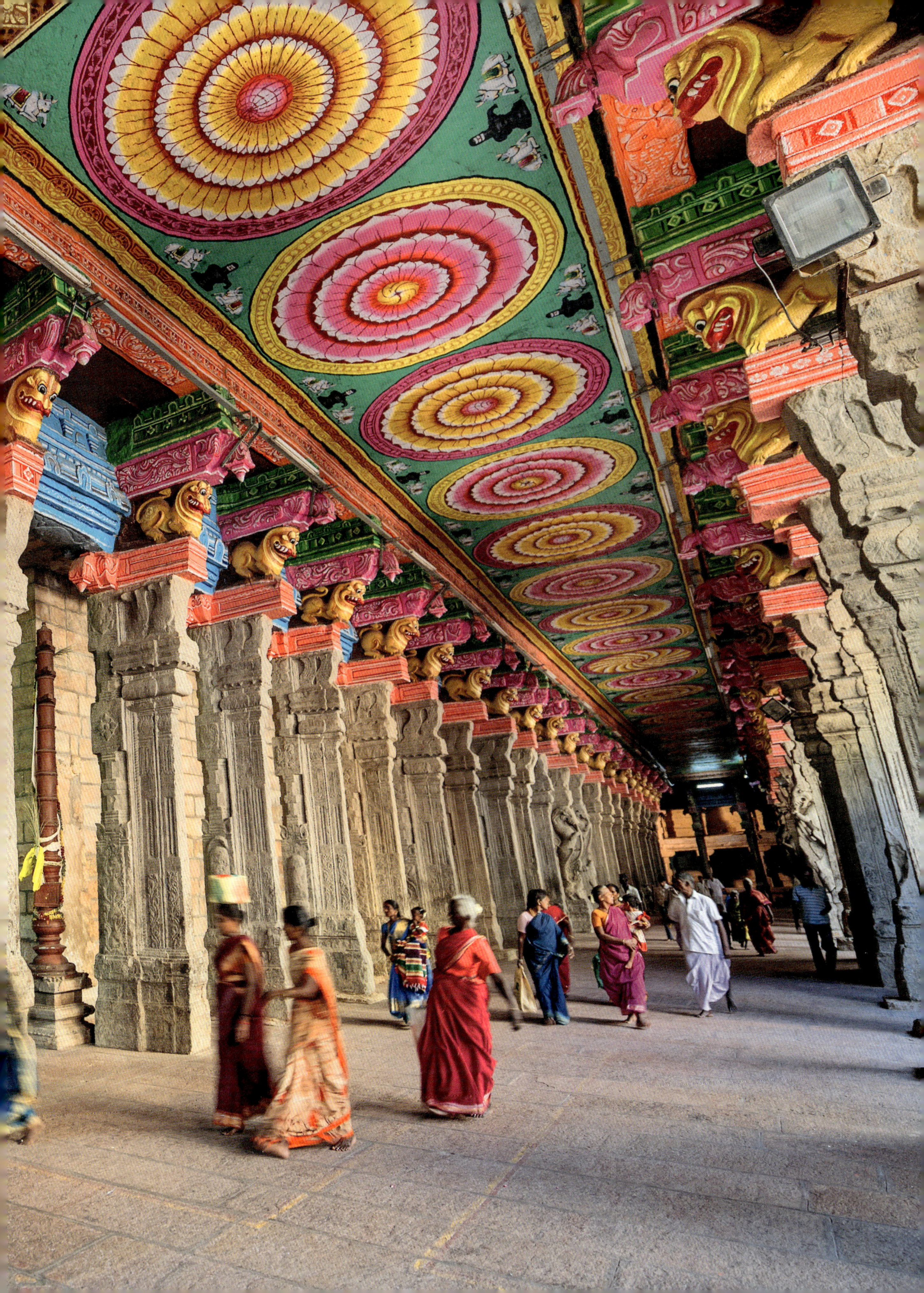

M. D. MUTHUKUMARASWAMY
GEORG NOACK
LISA PRIESTER-LASCH

Von Liebe und Krieg: Tamilische Geschichte(n) aus Indien und der Welt

காதலும் போரும்: தமிழ் வரலாறுகள்

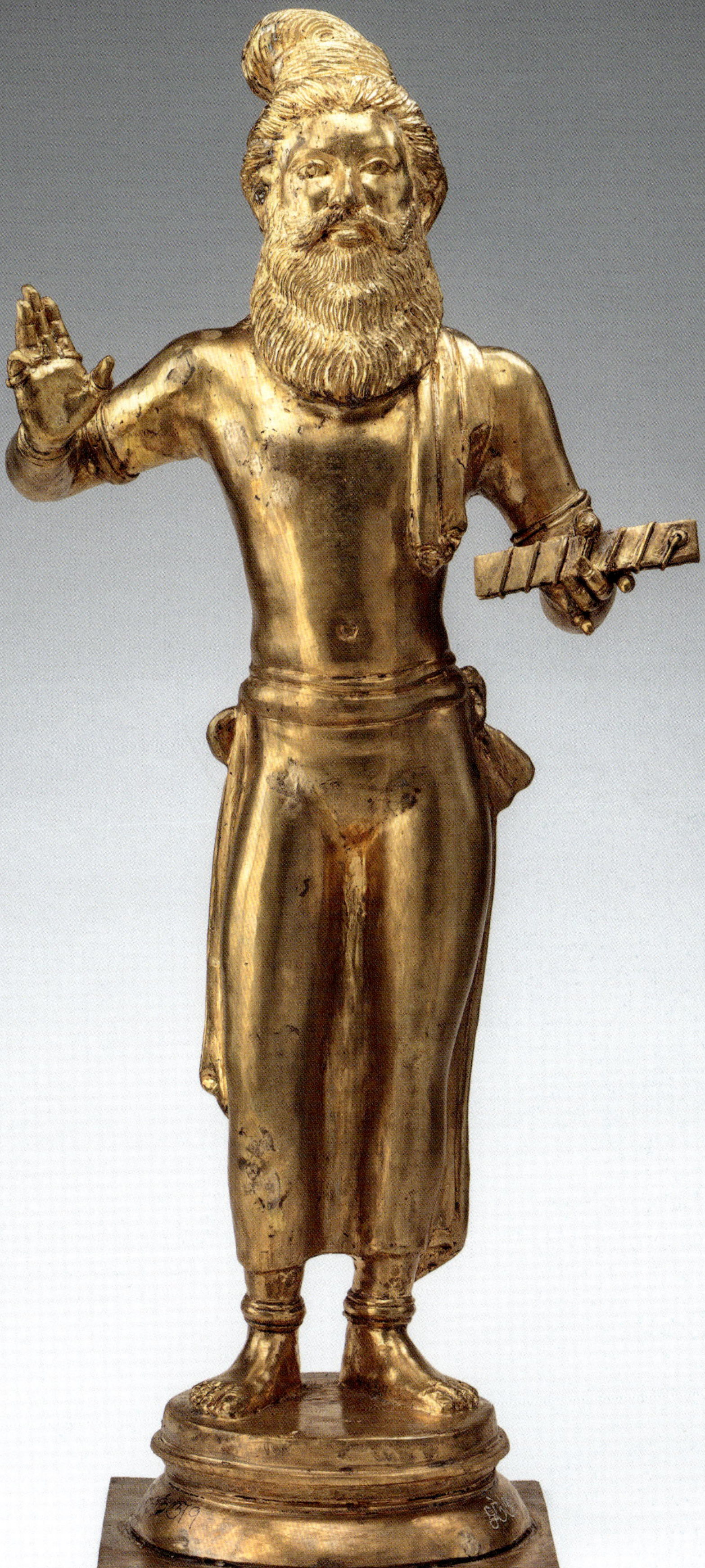

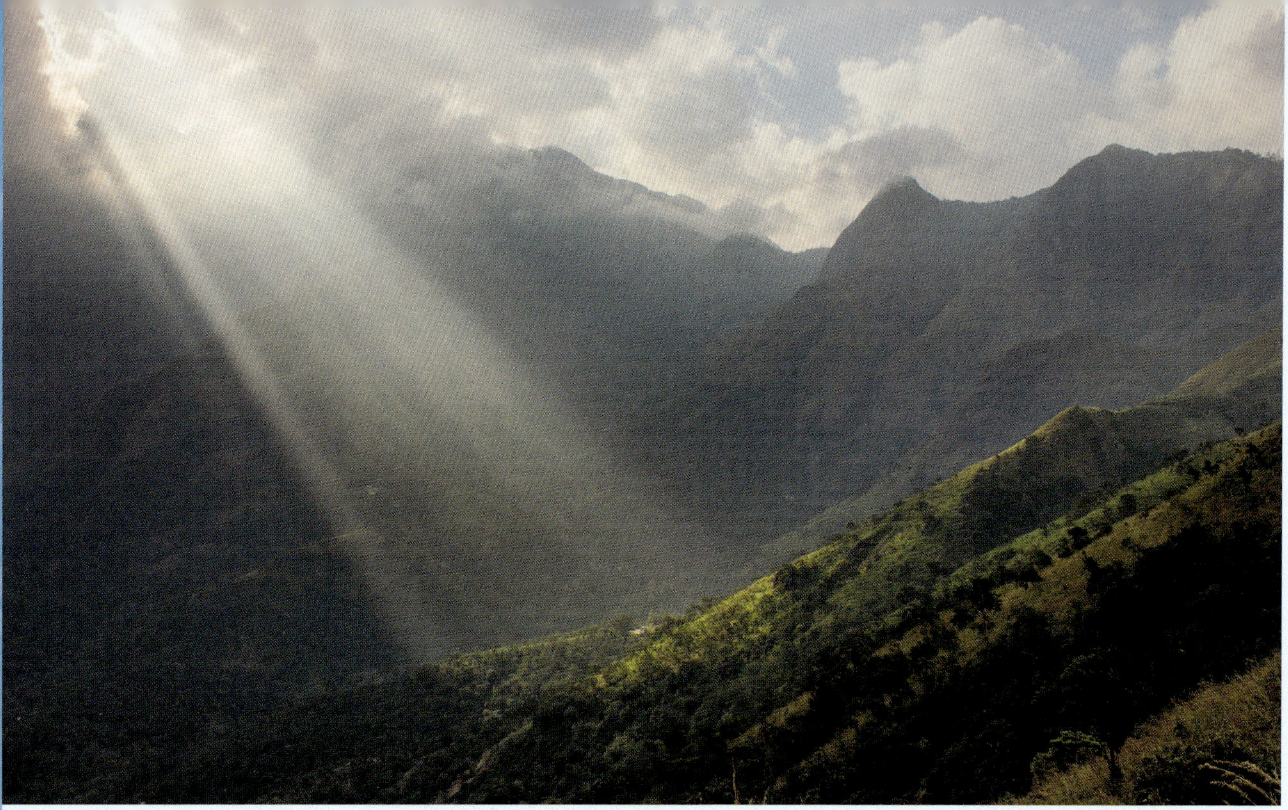

2 *Kuruṇchi*-Landschaft in den Kurangani Hills, Tamil Nadu. Foto: Prem Kumar, Chennai.

Tamil*innen im Süden des indischen Subkontinents, auf Sri Lanka wie auch in Diasporagemeinschaften und vielfältigen sozialen und kulturellen Kontexten rund um die Welt sind auf vielerlei Weise miteinander verbunden, insbesondere durch eine gemeinsame Sprache – Tamil – und durch miteinander geteilte Erzählungen. Diese Geschichten, von denen einige in diesem Buch vorgestellt werden, haben gesellschaftliche Vorstellungen einer über dreitausend Jahre zurückreichenden tamilischen Sprache und Kultur verewigt.

Der Verlust und die Wiederentdeckung antiker literarischer Texte in Tamil, bekannt als *Caṅkam*-Literatur, spielten eine zentrale Rolle beim Entstehen dieser Vorstellungen und bestimmten vielerorts die politischen Entwicklungen.[1] Die *Caṅkam*-Literatur, ihre zentralen Themen und ihre oft oral weitergegebene Poetik, förderte die Selbstwahrnehmung vieler Tamil*innen, formte ihre Identitäten und half dabei, das Erbe der verschiedenen Perioden ihrer Geschichte zu verstehen. Dieses Buch trägt den Titel »Von Liebe und Krieg« als eine Referenz an die zwei wichtigsten Genres der *Caṅkam*-Literatur und versucht, tamilische Geschichte(n) auf nichtlineare, vielstimmige Weise aus vielfältigen Perspektiven zu erzählen.

◄ 1 Tiruvaḷḷuvar: Philosophischer Dichter der *Caṅkam*-Zeit und tamilische Kulturikone heute. Skulptur des Künstlers »*Chandru*« (G. Chandrasekaran, Tirunelveli, 2019). Foto: Dominik Drasdow, Linden-Museum Stuttgart.

Tiṇai: Die inneren Landschaften der Poesie

Im legendären *Caṅkam*-Zeitalter teilte das antike Werk *Tolkāppiyam* die Künste in drei Kategorien ein: *Iyal* (Literatur), *Isai* (Musik) und *Nāṭakam* (Tanz und Theater). Die Themen der Künste wurden mit dem Begriff *Tiṇai* bezeichnet. Eine *Tiṇai* bildet eine ganze poetische Landschaft – bestehend aus Tageszeiten, Orten, Jahreszeiten, Blumen, Menschen, Gottheiten und Gesellschaftsformen. Von solchen Landschaften gibt es fünf: *Kuruṇchi* (Berglandschaft – assoziiert mit geheimer, vorehelicher Liebe), *Mullai* (Wälder und Weideland – Warten auf den Geliebten), *Marutam* (Felder und Ackerland – Streitigkeiten und Versöhnung der Liebenden), *Neytal* (Küsten – klagende Sehnsucht nach dem Geliebten in einer unerträglichen Situation langfristiger Trennung) und *Pālai* (Wüsten oder Ödland – Gefahr und Abenteuer des männlichen Helden). Weiter wird in zwei Varianten der *Tiṇai* unterschieden: *akam Tiṇai* (*Tiṇai* im »inneren Modus«) und *puṛam Tiṇai* (*Tiṇai* im »äußeren Modus«). Dabei kommen die fünf *Tiṇai* im inneren Modus in Gedichten über die Liebe zur Anwendung, während die entsprechenden *Tiṇai* im äußeren

Modus in philosophischen und moralisierenden Gedichten über Heldentum und Krieg auftreten. Die *Tiṇai*-Einteilung liefert kritische Werkzeuge zum Verständnis tamilischer Literatur, Musik und darstellender Kunst auf allen Ebenen der Kultur – traditionelle Folklore, klassische Elitekünste, zeitgenössische Populärkultur, kommerzielle und experimentelle Kunst. Fragte man, ob die Trennung von Liebenden nicht beispielsweise auch in einer Berglandschaft stattfinden kann, würde das *Tolkāppiyam* antworten, dass jedes menschliche Drama sich natürlich in jeder physischen Landschaft abspielen kann, dass aber die poetische Landschaft (*Tiṇai*) eines Gedichtes allein von dessen emotionalem Inhalt abhängt. Dies macht die *Tiṇai* zu inneren Emotionslandschaften, die auf äußere, physische Landschaften Bezug nehmen. Das System ist von großer Komplexität und verbindet zahlreiche Unterkategorien und wechselseitige Bezüge der Gegensätze *akam* (innerlich, befasst mit Liebe) und *puṟam* (äußerlich, befasst mit Krieg). Diese antike tamilische Poetik und ihre Sicht auf das Wissen über die Welt waren für die tamilische Gesellschaft jedoch bis zur Wiederentdeckung der *Caṅkam*-Literatur im 19. Jahrhundert nicht leicht zugänglich.

Die Wiederentdeckung der antiken Tamil-Literatur und ihre Auswirkungen

Die unablässigen Bemühungen von U. V. Swaminatha Iyer (1855–1942), alte Texte klassischer Tamil-Literatur über einen Zeitraum von fünf Jahrzehnten zu suchen, zu sammeln, herauszugeben und zu veröffentlichen, führten zur Wiederentdeckung der *Caṅkam*-Literatur. U. V. Swaminatha Iyer veröffentlichte über 90 Bücher und sammelte fast 3000 Manuskripte im Laufe seines Lebens. Seine Arbeit, gemeinsam mit der Arbeit von C. W. Damodaram Pillai (1832–1901) motivierte zahlreiche weitere tamilische Gelehrte, frühe literarische Werke in Tamil zu suchen, zu sammeln und erstmals gedruckt herauszugeben. Der so entstandene Korpus der wiederentdeckten Texte führte zu Diskursen über die Einzigartigkeit tamilischer Kultur und die Bedeutung des literarischen Erbes in tamilischer Sprache – eine Bewegung, die als »Tamil-Renaissance« bekannt wurde. Die Poetik der *Caṅkam*-Literatur und ihre Klassifikationen als *aham* (innerlich) und *puṟam* (äußerlich) in binärer, sich wechselseitig formender Beziehung, erwachten mit U. V. Swaminatha Iyers Veröffentlichungen

3 *Marutam*-Landschaft bei Theni, Tamil Nadu. Foto: Seekan Paul, Villupuram, Tamil Nadu.

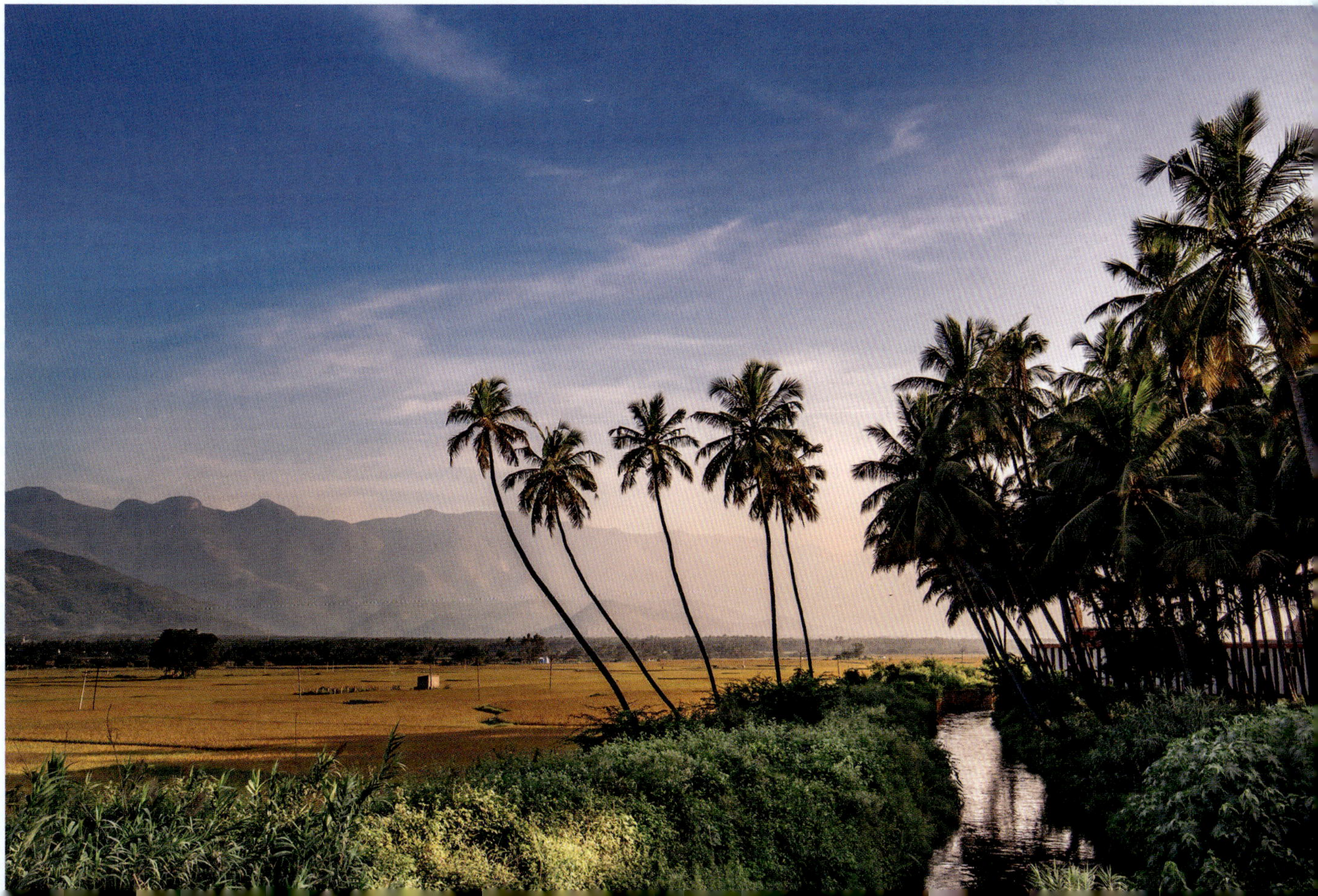

Puṟanāṉūṟu (1894) – *puṟam*-Dichtung, die die Ethik des Krieges und der Tapferkeit zelebriert, und *Ainkuṟunūṟu* (1903) – *akam*-Dichtung, die die Nuancen der Liebe beschreibt, zu neuem Leben. Die Wortführer der aufkommenden Dravidischen Bewegung[2] ließen in ihren Reden schnell die im *Puṟanāṉūṟu* beschriebene Tapferkeit tamilischer Männer und Frauen (vor allem der Mütter) einfließen. Dichter*innen und Wissenschaftler*innen entdeckten den Reichtum der Liebeslyrik des *Ainkuṟunūṟu*. Über die Zugänglichkeit des tamilischen literarischen Erbes für nachfolgende Generationen hinaus lieferten U. V. Swaminatha Iyers Veröffentlichungen der *Caṅkam*-Literatur und der klassischen Tamil-Epen die Kernkonzepte, die tamilische Identitäten heute zumeist ausmachen.

Ein weiterer wichtiger Meilenstein tamilischer Geschichte(n) war die Veröffentlichung des Buches *A Comparative Grammar of the Dravidian or South Indian Family of Languages* von Robert Caldwell im Jahr 1856. Caldwell zeigte darin, dass die südindischen Sprachen eine eigenständige Sprachfamilie bildeten, verschieden von den indoarischen Sprachen, zu denen die meisten nordindischen Sprachen einschließlich des Hindi zählen. Während Sanskrit den Prototyp der indoarischen Sprachen bildete, bewies Caldwell, dass Tamil die Urform der südindischen Sprachen wie Telugu, Malayalam, Kannada und Tulu war. Obwohl das Wort »*Dravida*« als Bezeichnung für den Süden des indischen Subkontinentes bereits in zahlreichen alten Texten vorkam, war es Caldwell, der die Sprachfamilie als »dravidische Sprachen« bezeichnete. Dies wiederum nährte die Vorstellungen subnationalistischer politischer Bestrebungen, nachdem Indien unabhängig geworden war. Der politische Diskurs war stark geprägt vom Dualismus zwischen Nordindien und Südindien und dem Aufzwingen von Hindi als Verkehrssprache gegenüber dem Versuch, das Tamil zu bewahren, was zugleich den Aufstieg der Dravidischen Bewegung vorantrieb. Hierzu lieferte Caldwells Buch die theoretische Grundlage. Nach der Wiederentdeckung der *Caṅkam*-Literatur und dem Aufstieg der Dravidischen Bewegung zur Macht wurde 2004 ein weiterer Höhepunkt erreicht, als Tamil als erste Sprache in Indien offiziell – noch vor Sanskrit – den gesetzlichen Status einer »klassischen Sprache« erhielt. Dabei erfüllte die Sprache drei Kriterien: einen nachweisbar frühen Ursprung, eine eigenständige Überlieferung und einen umfangreichen Korpus alter Literatur.

4 *Marutam*-Landschaft bei Madurai, Tamil Nadu.
Foto: Prashanth Swaminathan, Chennai.

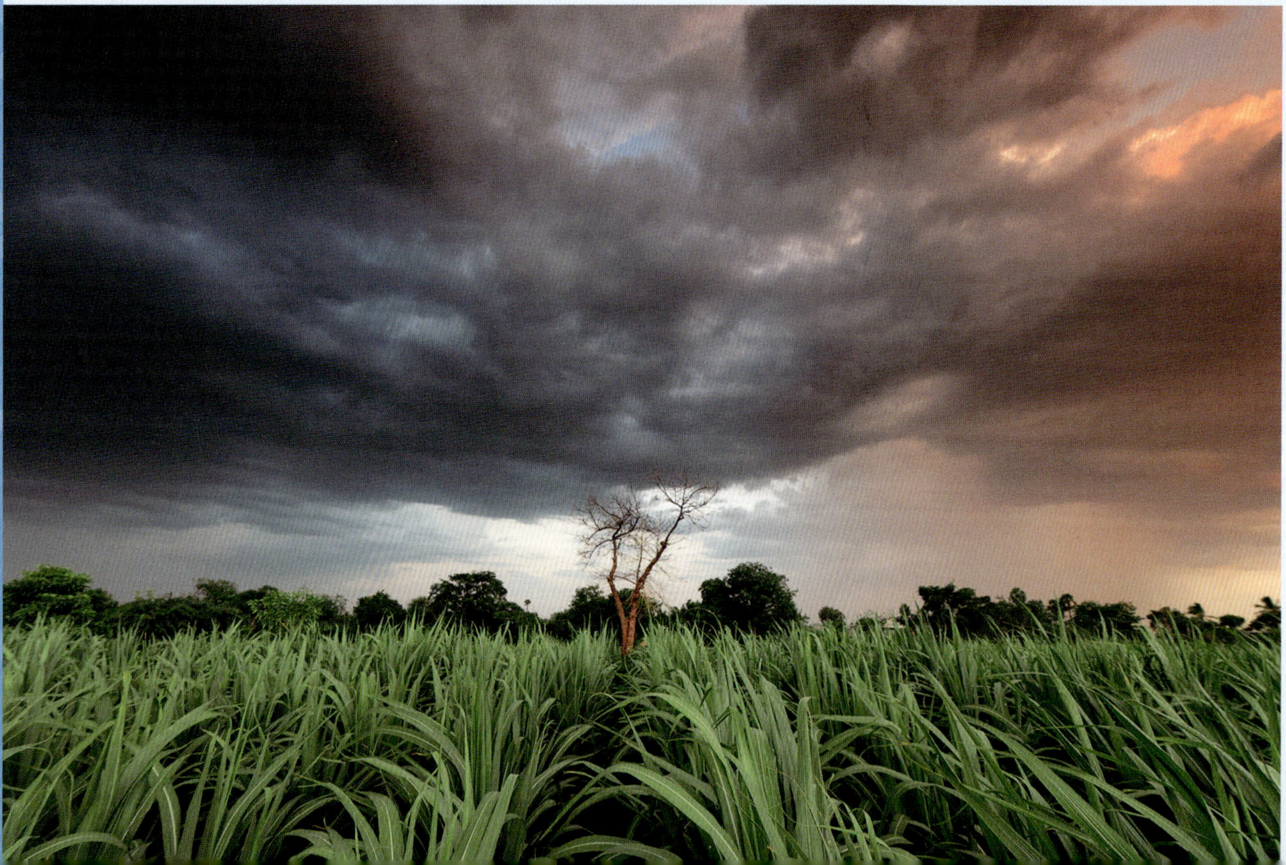

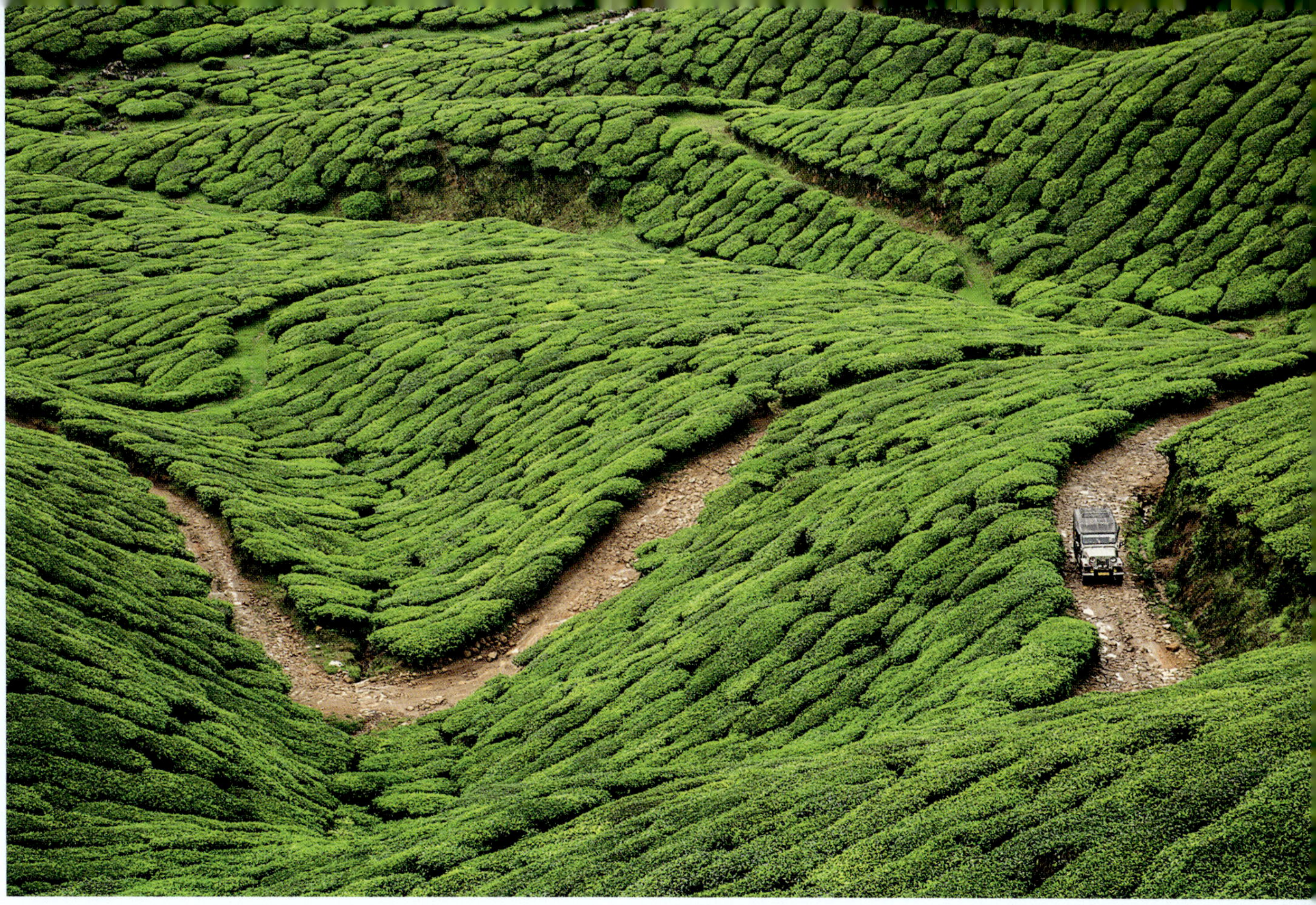

5 *Mullai*-Landschaft bei Kolukkumalai, Tamil Nadu. Foto: Siva Prasad B., Vembanoor, Kanyakumari, Tamil Nadu.

Wiederentdeckung, Wiederbelebung, Nacherzählung und Innovation in den Künsten

Im historischen Verlauf der Wiederentdeckung der *Caṅkam*-Literatur während der Tamil-Renaissance, die zum Aufstieg und schließlich zur Herrschaft der Dravidischen Parteien in Tamil Nadu führte, gibt es eine Überschneidung mit der Zeit des indischen Unabhängigkeitskampfes, der 1947 zur Erlangung der Unabhängigkeit führte. Für die Wiederentdeckung und Wiederbelebung der Künste spielte auch dieser nationale Aufbruch eine entscheidende Rolle. Im Rahmen der aufsteigenden indischen Unabhängigkeitsbewegung suchte Rukmini Devi Arundale (1904–1986) nach traditionellen Tanzformen Indiens und widmete ihr Leben deren Wiederbelebung. Als Tänzerin und Choreografin belebte sie *Satir*, den traditionellen Tanz tamilischer Tempeldienerinnen (Devadasis) und etablierte ihn als klassischen indischen Tanz *Bharata Nāṭyam*. U.V. Swaminatha Iyers Veröffentlichung des alttamilischen Epos *Cilappatikāram*, das detaillierte Schilderungen früher Musik enthält, löste eine Bewegung zur Rekonstruktion von *Tamil Isai* als »ursprünglich-tamilischer« Musik aus. Gleichzeitig entwickelte sich die klassische karnatische Musik aus der alten *Paṇisai* und wurde für anspruchsvolle Konzerte und Festivals auf den Bühnen von Madras (heute Chennai) angepasst.

Auf der Suche nach Ausdrucksformen indischer Identität in ihrer Kunst begannen südindische Künstler*innen ihre Suche nach einem authentischen modernen Ausdruck, der im kulturellen Erbe der Region verwurzelt sein sollte. Das *Madras Art Movement* eröffnete künstlerische Dialoge und Verhandlungen zwischen regionalen bildenden Künsten und Formen der westlichen Moderne. Das tamilische Kino hingegen ging von Nacherzählungen der mündlich überlieferten Geschichten, Legenden und Mythologien dazu über, Erzählungen des antikolonialen Kampfes der indischen Unabhängigkeitsbewegung darzustellen und die von der Dravidischen Bewegung geforderten sozialen Reformen politisch zu propagieren.

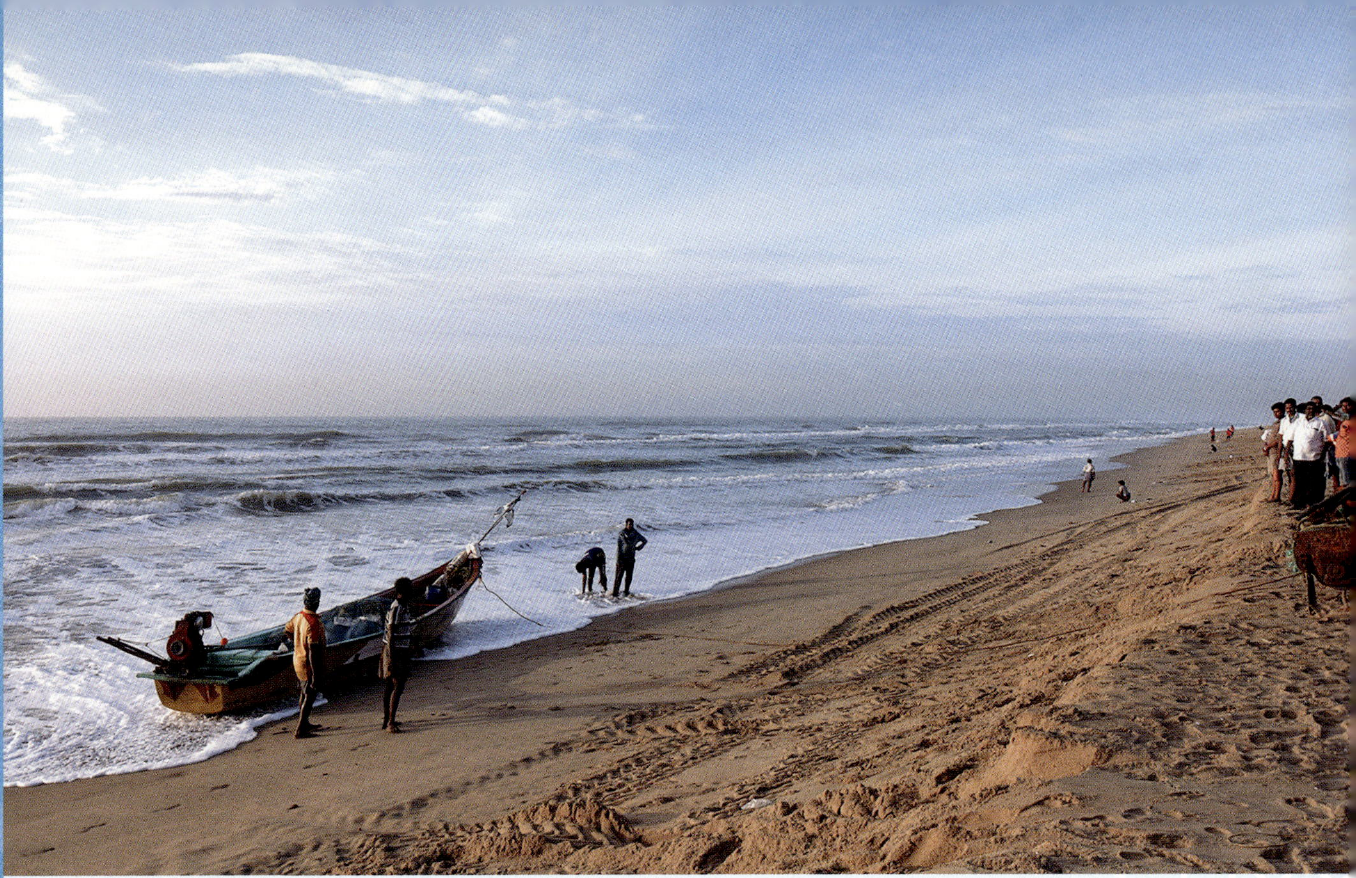

6 *Neytal*-Landschaft: Marina Beach, Chennai, Tamil Nadu. Foto: Sangeetha Madhavan, Chennai.

Die Wiederentdeckung der *Bhakti*-Literatur

Bei einem näheren Blick auf tamilische Kulturgeschichte(n) stellt man fest, dass die Erzählung von Verlust, Wiederentdeckung und Wiederbelebung nicht auf die *Caṅkam*-Literatur in der Zeit der Tamil-Renaissance und danach beschränkt ist; ähnliches geschah bereits mit der *Bhakti*-Dichtung im zehnten Jahrhundert unter der Herrschaft der Cōḻa-Dynastie. König Rājarāja Cōḻa (reg. 985–1014) entdeckte in alten Truhen im *Naṭarāja*-Tempel von Chidambaram Palmblatt-Handschriften der Hymnensammlung *Tēvāram* und veranlasste, dass sie wieder in den Tempeln gesungen wurden. Die erste Welle der *Bhakti*-Bewegung hatte vom 6. bis 9. Jahrhundert stattgefunden, als Vertreter*innen zweier *Bhakti*-Schulen – die śivaitischen *Nāyaṉmārs* und die viṣṇuitischen *Āḻvārs* – von Tempel zu Tempel wanderten, die Tempel mit ihren Lobeshymnen heiligten und dadurch eine sakrale Geografie der tamilischen Landschaft schufen. Die zweite Welle begann mit der Wiederentdeckung der *Bhakti*-Manuskripte im zehnten Jahrhundert und der Zusammenstellung und Kanonisierung viṣṇuitischer (*Nālāyiraṭivyaprapantam*) und śivaitischer (*Tirumuṟai*) heiliger Bücher daraus. Diese zweite Welle der *Bhakti*-Bewegung hielt bis zum 13. Jahrhundert an und breitete sich über den gesamten indischen Subkontinent aus. Das Rezitieren und Singen der *Bhakti*-Lieder in Wohnhäusern, Tempeln und Konzerten ist auch heute eine lebhaft gepflegte Tradition in Tamil Nadu, Sri Lanka und unter Tamil*innen der weltweiten Diaspora.

Viele historische Strömungen, eine zentrale Achse

Gesellschaftliche Bewegungen, ob sie sich nun um *Bhakti*, die Tamil-Renaissance, die Unabhängigkeit Indiens oder um Dravidische Politik drehten, zeigen in der Retrospektive eine erstaunliche Kontinuität grundlegender Themen und Zielsetzungen. Sie alle arbeiteten auf eine kastenlose, klassenlose, egalitäre Gesellschaft hin, in der Frauen gleich behandelt werden sollten. Wenn man die Poetik des *Caṅkam*-Zeitalters von *akam* (befasst mit Liebe, innerlich) und *puṟam* (befasst mit Krieg, äußerlich) als zentrale Achse durch die gesellschaftlichen Bewegungen laufen lässt, erkennt man, wie sich die Liebe (*akam*) in der *Bhakti*-Bewegung auf Gott, in der Tamil-Renaissance auf die tamilische Literatur und Kulturgeschichte, in der Unabhängigkeitsbewegung auf »Mutter Indien« und in der Dravidischen Politik auf die tamilische Sprache und Identität richtet. Andererseits zeigt sich, dass Tamil*innen in *Caṅkam*-Zeitalter für die Liebe, in der Zeit der *Bhakti*-Bewegung für ihren Gott (indem sie den Buddhismus und den Jainismus bekämpften und aus Tamil Nadu verdrängten), in der Unabhängigkeitsbewegung für Indien (gegen die britische Kolonialherrschaft) und in der Dravidischen Politik für die tamilische Sprache (gegen das Aufzwingen des Hindi) in den Krieg zogen (*puṟam*).

Vielfältige Aspekte tamilischer Kunst, Kultur und Gesellschaft

Aufgrund der großen Bedeutung der genannten Themen für tamilische Identitäten ist es offensichtlich, dass diese sich auch in historischen wie zeitgenössischen tamilischen Kunstwerken, in der Populärkultur und vielen Aspekten tamilischer Alltagskultur in Indien, Sri Lanka und der weltweiten Diaspora wiederfinden. Das tamilische Kino etwa inszeniert nicht nur immer wieder historische und mythologische Erzählungen, sondern es greift auch oft auf die Symbolik der *Tiṇai* zurück, um durch Landschaftsaufnahmen die Emotionen der dargestellten Charaktere sichtbar zu machen. Die beliebte Portraitfotografie erhält im privaten (*akam*) und öffentlichen (*puṟam*) Raum ganz unterschiedliche kulturelle Bedeutungen und greift in ihren Inszenierungen oft auf gemalte Landschaftsbilder (*Tiṇai*) als Studiohintergründe zurück.

Für das vorliegende Buch schrieben internationale Spezialist*innen aus Indien, Dänemark, Deutschland, Frankreich, Großbritannien, Sri Lanka und den USA Beiträge über vielfältige Aspekte tamilischer Kunst, Geschichte und Kultur. Einige der Autor*innen verstehen sich selbst als Tamil*innen, andere nehmen die Rolle fremder Beobachter*innen ein.

7 *Neytal*-Landschaft: Kasimedu, Chennai, Tamil Nadu. Foto: P. K. Prasad, Chennai.

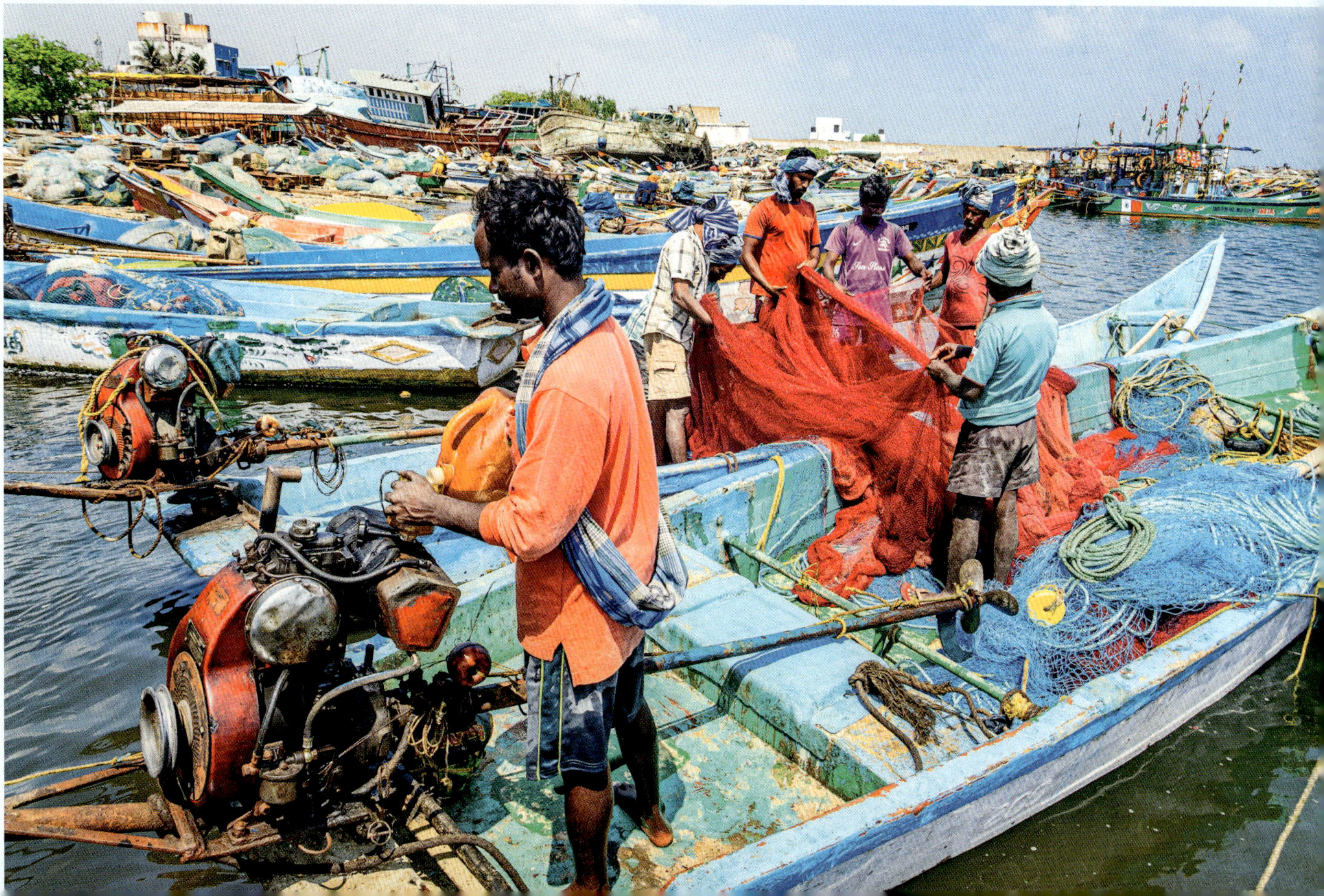

Das Buch beginnt mit einem Kapitel über die physische Geografie des tamilischen Kernlandes in Tamil Nadu (Landy), dessen Landschaften den Hintergrund für alles Folgende bilden.

Es folgt eine Serie von Beiträgen, die die bereits erwähnten sozialen Bewegungen vorstellen: Die *Bhakti*-Bewegung, die erstmals allen Gläubigen, unabhängig von Kaste und Beruf, direkten Zugang zu ihrem Gott ermöglichte (Venkatesan); die Tamil-Renaissance, die das Alter und die Eigenständigkeit der tamilischen Sprache, Literatur und Philosophie seit frühester Zeit nachwies (Lehmann); die tamilischen Gesichter der indischen Unabhängigkeitsbewegung, die für die Unabhängigkeit Indiens und die volle Emanzipation der Inder*innen gegenüber den europäischen Kolonialherren kämpften (Baskaran); die Dravidische Bewegung, die Tamil*innen von der Dominanz des Hindi, des Sanskrit sowie nordindischer Gesellschaftsformen zu befreien suchte (Niklas) und der Kampf um tamilische Autonomie auf Sri Lanka, gesehen aus der Perspektive zweier Künstler*innen, die in dem daraus entstandenen Krieg aufwuchsen (Piumakshi und Shobasakti).

Über ihre literarischen Adaptionen hinaus sind die Themen Liebe und Krieg auch Bestandteil vieler tamilischer Künste und Formen der Populärkultur. Die nächsten Beiträge bieten Einsichten in die Vielfalt ihrer künstlerischen Ausarbeitungen in der karnatischen Musik (Ravikiran), im Trommeln der *Dalits* (Lillelund), im tamilischen *Bhāratakūttu*-Volkstheater (Muthukumaraswamy), im tamilischen Film (Krishnan), der Portraitfotografie (Headley) und dem Madras Art Movement (Bhagat). In all diesen Kunstformen gestalten und inszenieren Menschen auf die eine oder andere Weise spezifische Formen tamilischer Identität, indem sie lokale Geschichten, Mythen, Schriften und Gedichte aufgreifen und interpretieren und dadurch in Prozessen der Schaffung tamilischer Kultur mitwirken.

8 *Pālai*-Landschaft bei Aliyar, Tamil Nadu.
Foto: G. Sivanantham, Thiruvallur, Tamil Nadu.

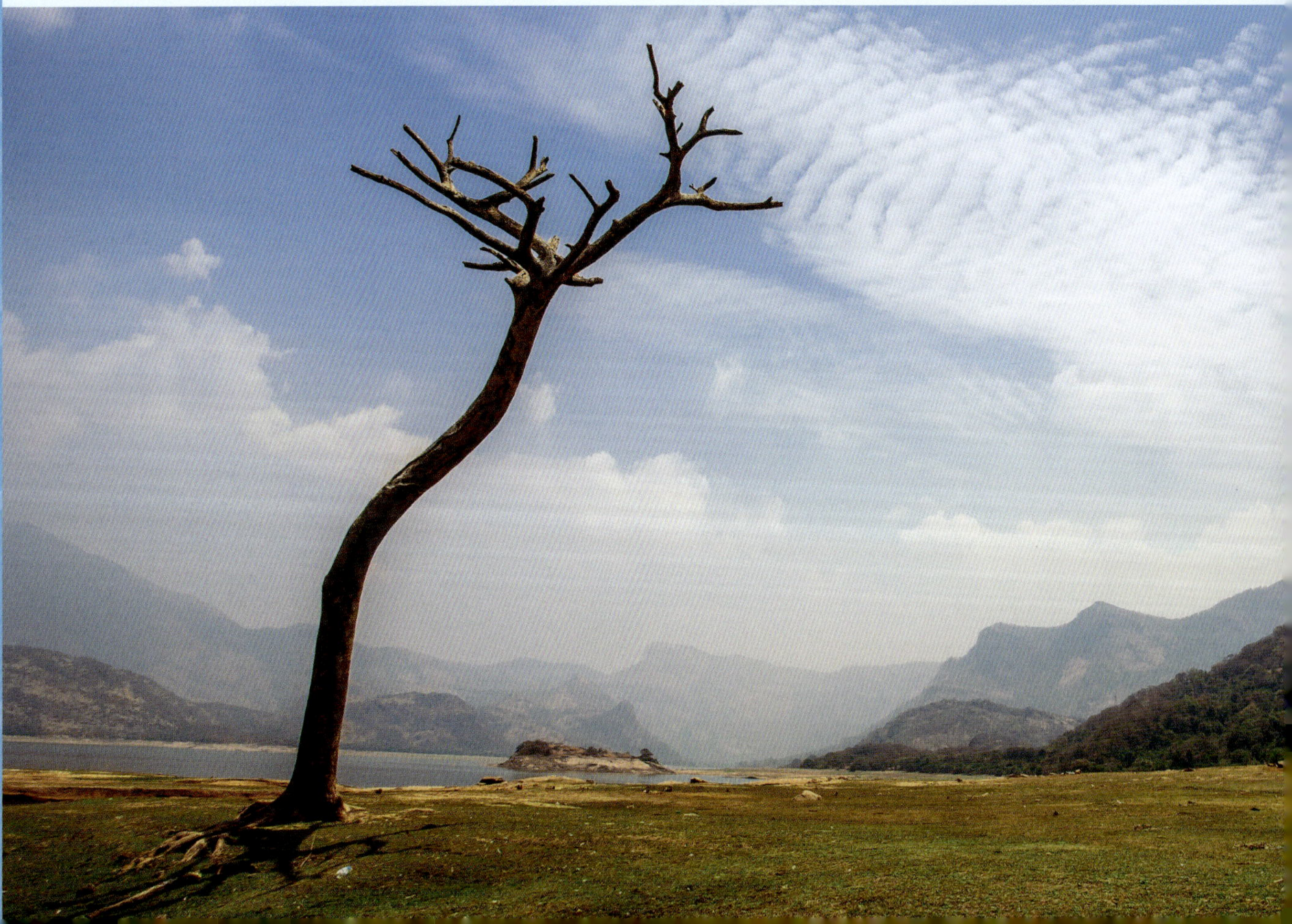

Abgesehen von den Künsten und Traditionen der Populärkultur, spielen Praktiken des Alltagslebens eine zentrale Rolle bei der Schaffung tamilischer Identitäten. So konzentriert sich eine dritte Gruppe von Beiträgen auf die tamilische Küche (Guétat und Soumer), auf Kleidung und Körperschmuck (Priester-Lasch) und auf Praktiken der Gesundheitspflege und Heilung (Alex). Auch wenn aufgrund des kulturellen Austausches, moderner Märkte und des globalen Handels Kochen, Kleidung und Schmuck, Heiltraditionen und Gesundheitsvorstellungen oft nicht als spezifisch tamilisch angesehen werden können, so bilden doch die lokalen Weiterentwicklungen und Anpassungen dieser Vorstellungen und Praktiken einen essenziellen Teil des Alltags der Menschen in Tamil Nadu. Nicht nur werden Baumwolle, Seide und Färbemittel vor Ort in Tamil Nadu hergestellt, es gibt auch festgelegte Traditionen der Verwendung bestimmter Farben oder Kleidungsstücke in Verbindung mit lokalen sozialen und religiösen Vorstellungen und Regeln. Außerdem ist Tamil Nadu berühmt für seine Küche – mit Rezepten, wie etwa den typischen Reispfannkuchen (*Tōsai*), die mit würzigen Füllungen und Soßen gereicht werden, oder den aus dem gleichen Teig hergestellten Reisknödeln (*Iṭli*), die mit schmackhaften Chutneys aus Kokosnuss oder Tomaten gegessen werden. Die bunte und vielfältige Gesundheitslandschaft Tamil Nadus ist neben der aus Tamil Nadu stammenden *Siddhamedizin* auch geprägt durch ein breites Spektrum an traditioneller Medizin, die *Nāṭṭu Maruntu* (Landmedizin), verschiedene westliche Traditionen, islamische und tibetische traditionelle Medizin, die Schulmedizin sowie religiöse Heilpraktiken, die unter anderem in Ritualen an spezifischen Tempeln angeboten werden. In der Verwendung lokaler Pflanzen und Zutaten in der tamilischen Küche wie auch in den lokalen Heiltraditionen erleben die Menschen eine direkte Verbindung mit der Landschaft und dem Ort, was auf diese Weise auch tamilische Identitäten prägt.

Religiöse Objekte bilden den Kern der indischen Sammlungen in den meisten europäischen Museen, und religiöse Traditionen stehen oft im Mittelpunkt der europäischen Faszination für Indien. Der große Reichtum der tamilischen religiösen Vielfalt bildet daher den größten Teil unserer Ausstellung in Stuttgart und auch dieses Buches.

Während Buddhist*innen und Jains heute nur noch kleine Minderheiten in der besprochenen Region bilden, sollte ihr Beitrag zu Kunst, Literatur und philosophischem Denken in der Vergangenheit nicht unterschätzt werden. Zeichen ihrer einstigen Bedeutung sind vielerorts zu finden: heilige Höhlen mit den ältesten erhaltenen Inschriften in Tamil und monumentalen Skulpturen, aber auch große literarische Epen, die zusammen mit der *Caṅkam*-Dichtung während der Tamil-Renaissance wiederentdeckt wurden (Branfoot).

Inspiriert von der *Bhakti*-Bewegung nahm das Cōḻa-Reich des 9. bis 13. Jahrhunderts den Śivaismus als Hauptreligion an und löste durch beispiellose Investitionen in den Bau von Tempeln und die Schaffung von Kunstwerken für diese eine Periode des Aufblühens der Künste aus: Architektur und Bildhauerei erreichten einen Höhepunkt, ebenso die Kunst, Verkörperungen der Götter in Bronze zu gießen, und auch Musik, Tanz, Dichtung und Theater, die zu ihrer Verehrung aufgeführt wurden (Dehejia). Der zeitgenössische Hinduismus und volksreligiöse Vorstellungen und Praktiken sind so vielfältig und facettenreich, dass sie kaum in einem einzigen Aufsatz behandelt werden können. Ein Fokus auf das in ganz Tamil Nadu gefeierte Navaratri Fest (*Navarāttiri*) wurde gewählt, um einen besonders populären, farbenprächtigen und faszinierenden Aspekt hervorzuheben (Hüsken).

Bereits in den ersten Jahrzehnten des Islams kamen muslimische Händler*innen an die Küsten von Tamil Nadu. Durch ihre Aktivitäten im Handel zwischen dem Nahen Osten und den indischen Küsten brachten sie nicht nur Wohlstand in die Region, sondern ermöglichten auch einen intellektuellen und spirituellen Austausch. Heute sind die Dargah-Schreine mit den Gräbern der Sufi-Mystiker, die einst durch die Straßen von Tamil Nadu wanderten, zu Pilgerstätten geworden, denen große Heilkräfte zugeschrieben werden und die von tamilischen Muslim*innen, Hinduist*innen und Christ*innen gleichermaßen besucht werden. Mit dem Studium des Arabischen und Persischen brachten tamilische muslimische Schriftsteller*innen und Gelehrte auch neues Gedankengut und neue Formen und Genres der Kunst, Literatur und Musik ein, die seither zu einem wesentlichen Bestandteil der tamilischen Kultur geworden sind (Anwar und Tschacher). Geschichten über das Christentum in den tamilischen Ländern beginnen gewöhnlich mit Legenden über den Apostel Thomas – denjenigen, der seinen Finger in die Wunden Christi legen musste, bevor er zum Glauben an die Auferstehung kam. Er soll Indien erreicht, die ersten christlichen Gemeinden hier gegründet und auf einem Hügel

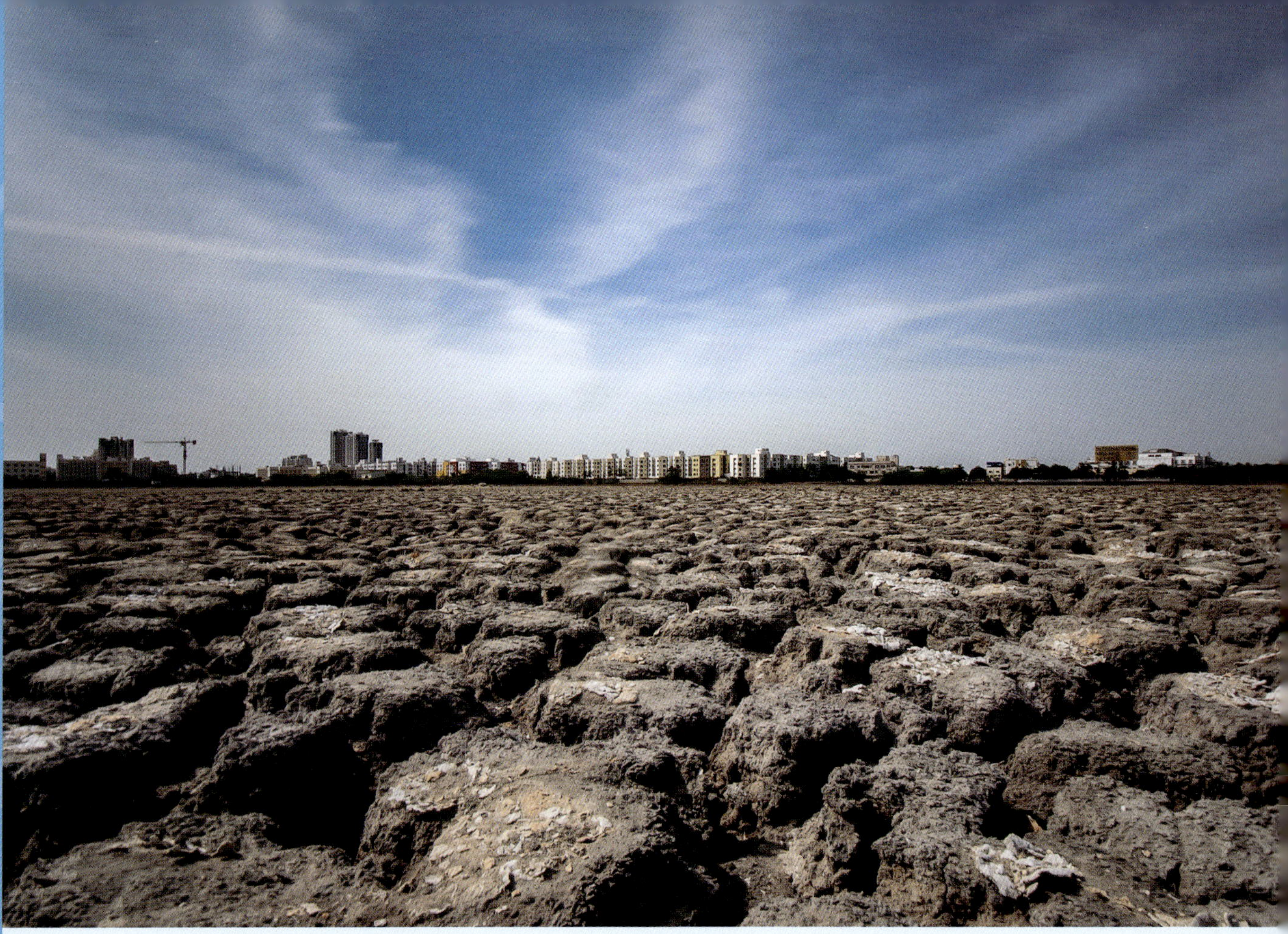

9 *Pālai*-Landschaft in Chennai, Tamil Nadu.
Foto: Seekan Paul, Villupuram, Tamil Nadu.

in der Nähe des heutigen Chennai den Märtyrertod gestorben sein. Während sich das tamilische Christentum also einer fast zweitausendjährigen Geschichte rühmen kann, erfolgten wichtige christliche Beiträge zur tamilischen Kultur mit der Ankunft portugiesischer, spanischer und italienischer Jesuiten im 16. Jahrhundert und deutscher lutherischer Missionar*innen im 18. Jahrhundert. Sie führten nicht nur den Buchdruck in tamilischer Schrift ein, ermöglichten damit die massenhafte Verbreitung von Texten und schufen eine neue Art von Öffentlichkeit, sondern verfassten gemeinsam mit ihren tamilischen Schüler*innen und Partner*innen auch wichtige Beiträge zur tamilischen Literatur und Philosophie. Darüber hinaus unterstützten sie die *Dalits* in ihrem Kampf um Emanzipation (Amaladass).

Dieses Buch und die Ausstellung, die es begleitet, sind mit der Hilfe und den engagierten Beiträgen vieler Menschen entstanden. Es war uns von Anfang an ein großes Anliegen, nicht eine einzige Erzählung zu liefern, sondern verschiedene tamilische Geschichten zusammenzubringen, die aus unterschiedlichen Perspektiven und mit vielen Stimmen erzählt werden. Gemeinsam, so hoffen wir, werden sie den Leser*innen dieses Buches und den Besucher*innen unserer Ausstellung ein buntes und vielschichtiges Bild einer alten Zivilisation vermitteln, die auch in unseren Tagen ein pulsierendes und immer wieder neues Leben führt und vielen Menschen auf der ganzen Welt sehr am Herzen liegt.

Wir danken allen, die mit ihren Ideen, Ansichten, kreativen Beiträgen, Texten und Stimmen zu diesem Projekt beigetragen und an seiner Umsetzung mitgewirkt haben – den Autor*innen, deren Namen Sie in diesem Buch finden, den vielen anderen Menschen, deren Anregungen, Kommentare und Kritiken uns inspiriert haben, den Künstler*innen und Fotograf*innen, die uns ihre Werke zur Verfügung gestellt haben, den Leihgeber*innen und den wunderbaren Teams im Linden-Museum Stuttgart, bei Opera Exhibition Design (Amsterdam) und im Sandstein Verlag (Dresden).

Anmerkungen zur deutschen Transliteration und Übersetzung

Ein besonderes Anliegen des vorliegenden Bandes, sowie auch der gesamten Ausstellung, ist es, das Nebeneinanderbestehen der vielen Erzählungen und Geschichten abzubilden. Diese Vielsprachigkeit stellt uns auch vor Herausforderungen, wenn wir sie einem deutsch- oder englischsprachigen Publikum präsentieren wollen. So haben die Herausgeber*innen des Kataloges englische Texte ins Deutsche und deutsche Texte ins Englische übertragen. Dabei sind viele der englischen Texte nicht von Muttersprachler*innen verfasst, sondern von Autor*innen, die das Englische meist als zweite Fremdsprache neben dem Tamil gelernt haben. In Einzelfällen war auch die Übersetzung vom Französischen ins Englische, oder auch vom Tamil ins Französische und dann in eine der Sprachen des Kataloges, notwendig. Diese vielen Übersetzungsleistungen werden in Redewendungen oder sprachtypischen Ausdrücken sichtbar, die wir an einigen Stellen trotz oder gerade wegen ihrer Eigenheiten bewusst wortgetreu statt bedeutungsgetreu übersetzt haben. An entsprechenden Stellen finden sich hier Anmerkungen im Text.

In der deutschen Übersetzung und bei der Durchsicht der deutschen Artikel haben wir zudem auf eine gendergerechte Sprache geachtet und diese, soweit von Autor*in gewünscht, umgesetzt. Einheitlich verwenden wir Gender-Sternchen (*), um unterschiedliche Geschlechtsidentitäten zu berücksichtigen. Im regionalen Kontext war es allerdings, mit einigen wenigen Ausnahmen, meist Privileg der Männer im öffentlichen Leben in Erscheinung zu treten – dies galt sowohl für die öffentliche Beteiligung an politischen Debatten, für das Ausüben religiöser und ritueller Ämter, für die Künste als auch für wirtschaftliche Unternehmungen –, um auf diesen Umstand aufmerksam zu machen, behalten wir an den betreffenden Stellen im Text bewusst das maskuline Substantiv bei.

Grundsätzlich haben wir bei der Transliteration von Wörtern aus dem Tamil oder Sanskrit im Deutschen die Groß- und Kleinschreibung an die Richtlinien der deutschen Grammatik angepasst, um eine Gleichbehandlung der Fremdsprache zu markieren.

Des Weiteren sind Städte und bekannte Personen der neueren Geschichte in ihrer anglisierten Form geschrieben, Götter (beispielsweise Śiva und Viṣṇu) und religiöse Stätten hingegen in ihrer transliterierten Form des Sanskrit oder Tamil.

Wir haben uns bei der Transliteration an der UNESCO Tamil Transliteration zur Übertragung der indischen Schrift in das lateinische Alphabet orientiert. Diese verfügt über besondere Umschriftzeichen für die dem Tamil eigenen Buchstaben, wobei jeweils ein lateinischer Buchstabe für einen Tamil-Buchstaben steht. Grundelement der Schrift ist ein Konsonantenzeichen mit einem inhärenten Vokal (ச – *ca*), folgt nun dem Konsonanten ein anderer Vokal, so wird dieser mithilfe eines diakritischen Zeichens dargestellt (சா – *cā)*, was bedeutungsunterscheidend ist. Andere Vokale (*i, e* und *u*) ersetzen das inhärente *a* (சி, செ, சு – *ci, ce, cu*); lange Vokale werden mittels eines diakritischen Zeichens angezeigt (*ī, ē, ū*).

Nicht einheitlich gehandhabt wird die Umschrift des Buchstabens ழ், als *ḻ, ẓ* oder *ṛ* wiedergegeben. Retroflexe Laute, bei denen mittels zurückgezogener Zunge beispielsweise das *ḷ, ṇ,* oder *ṭ* gesprochen werden, werden durch den darunter angebrachten Strich oder Punkt signalisiert. In einigen Fällen kann die Aussprache abweichen; so kann beispielsweise ein க – *k* wie *k, g* oder *h* gesprochen werden und ein ச – *c* wie *c, ch* oder *s*, wie im Wort *Caṅkam,* ausgesprochen *Sangam*. Ein *ś* wird immer als *sh* ausgesprochen (wie Śiva, gesprochen als Shiva).

Im nichtwissenschaftlichen Bereich, etwa bei der Umschrift von Orts- oder Personennamen, existiert keine einheitliche Konvention. Für ein und dasselbe Wort tauchen mitunter mehrere unterschiedliche Schreibweisen in lateinischer Schrift auf. Die Schreibweise richtet sich dabei üblicherweise nach der Transkription und damit der Aussprache und orientiert sich mehr oder weniger stark an der englischen Phonetik.

1 Abgesehen von bekannten Orts- und Personennamen werden alle Begriffe aus dem Tamil, anderen indischen Sprachen und dem Arabischen in der Schreibweise entsprechenden wissenschaftlichen Transliterationen wiedergegeben, die von der Aussprache abweichen kann. In Indien sind oft auch z. T. stark variierende Umschriften der Aussprache im Umlauf. So wird z. B. die *Caṅkam*-Literatur auch Sangam-Literatur und die Cōḻa-Dynastie oft auch Chola-Dynastie oder Chozha-Dynastie geschrieben.

2 Angelehnt an den alten Begriff »*Dravida*« als Bezeichnung für den Süden Indiens benannte Robert Caldwell 1856 die in Südindien verbreiteten, dem Tamil verwandten Sprachen als »dravidische Sprachen« und vermutete, dass diese auf eine alte, der Einführung von Sanskrit vorhergehende Zivilisation zurückgingen. Die Dravidische Bewegung stritt für die Bewahrung und Wiederbelebung dieses Erbes und gegen den Einfluss der (nordindischen) Sanskritkultur entlehnter Konzepte und Werte wie z. B. des Kastensystems.

FRÉDÉRIC LANDY

Tamil Nadu, eine Landschaft der Gegensätze

தமிழ்நாடு: முரண்பாடுகளின் புவியியல்

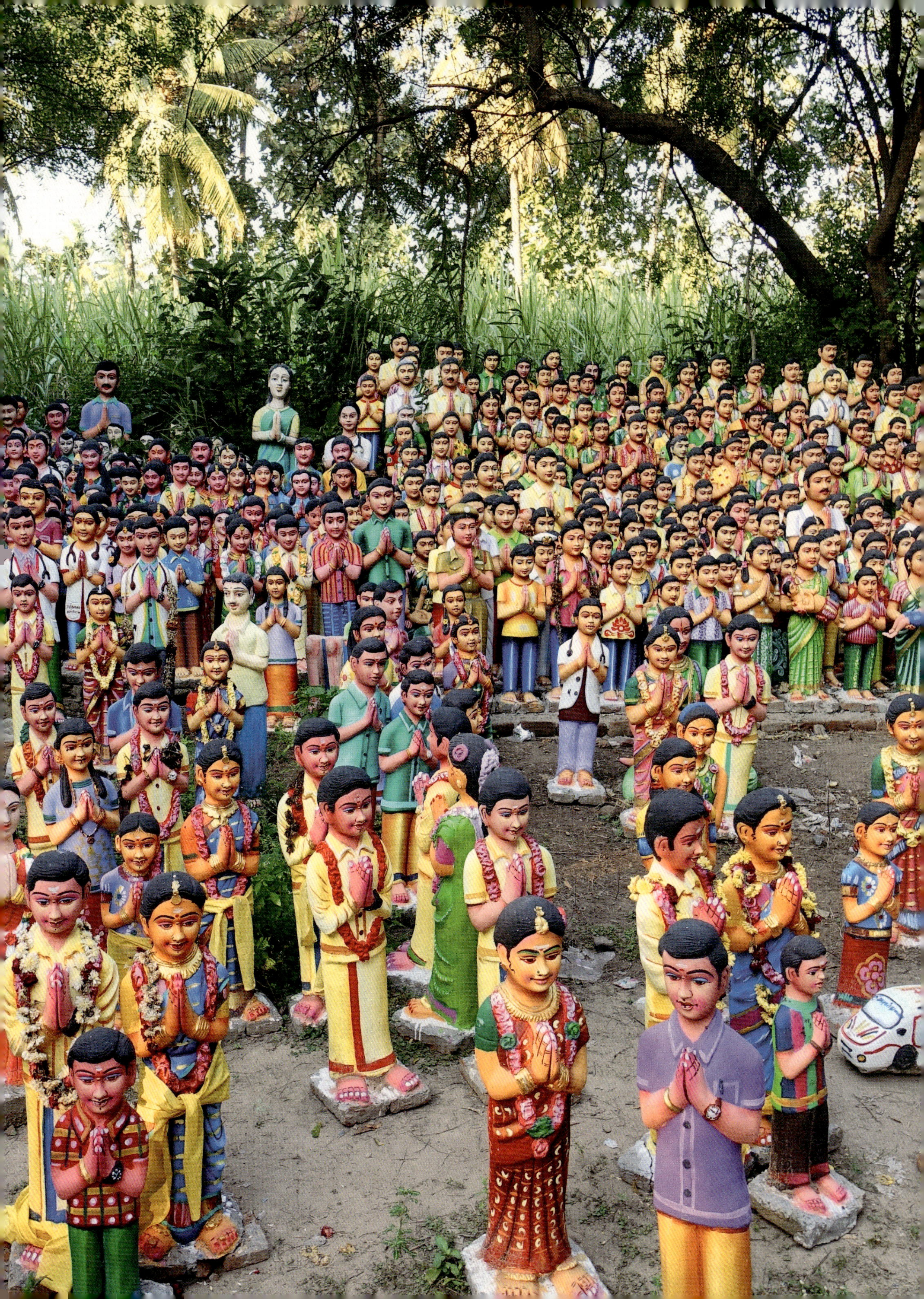

Die Geografie Tamil Nadus erzählt uns viel über die Geschichte dieses Bundesstaates. Auf dem Flughafen von Chennai wird man von Landschaftsdarstellungen empfangen, die die berühmten *Tiṇai* der vor zweitausend Jahren verfassten *Caṅkam*-Dichtung darstellen sollen. Das Kaveri-Delta ist immer noch eine der Kornkammern des Staates, auch wenn die ersten Umleitungen des Flusses schon in der *Caṅkam*-Periode (erste Jahrhunderte n. Chr.) vorgenommen wurden. Das regionale urbane Netzwerk ist durch die Beständigkeit von Tempelstädten (in erster Linie Madurai) gekennzeichnet, deren Einfluss oft über die Landes- und Staatsgrenzen hinausreicht.

Aber genug vom Besingen antiker Vermächtnisse! Wenn auch die Hauptstadt Chennai eine koloniale Gründung ist, so lebt Tamil Nadu heute in der Gegenwart. Es ist der am stärksten urbanisierte Staat der Indischen Union. Seine Automobilindustrie und IT-Dienstleistungen werden in die ganze Welt exportiert. Die Mehrheit der Bevölkerung ist zwar nach wie vor in der Landwirtschaft beschäftigt, aber die heutigen Reisbauern haben die früheren Bewässerungskanäle oft zugunsten einzelner Bohrlöcher aufgegeben und pflügen, ernten und pflanzen meist mit Maschinen.

Sprechen wir nun über die heutige Geografie.

Die Spitze der Halbinsel oder ein Zentrum Indiens?

An der Südspitze Indiens liegt Kanyakumari, 2800 Kilometer von Delhi und 3600 Kilometer von Srinagar entfernt. Für viele Nordinder*innen ist Tamil Nadu sehr weit weg. Man spricht dort kein Hindi, als sei es eine vollkommen fremde Peripherie. Mit 130 058 Quadratkilometern ist Tamil Nadu nur der zehntgrößte Bundesstaat Indiens. Dagegen ist er an sechster Stelle, wenn es um die Bevölkerungszahl geht (72 Millionen Einwohner im Jahr 2011), gemessen an der Lebenserwartung an dritter Stelle der indischen Bundesstaaten und an zweiter nach dem Inlandsprodukt. In ihrem Rennen um Bevölkerungswachstum hat das Führungstrio Mumbai–Delhi–Kolkata Chennai hinter sich gelassen, das zudem von Bangalore und Hyderabad fast eingeholt wird. Aber ist es denn schlecht, wenn eine menschenwürdige Stadt gewünscht wird, die auch eine der Einwohnerzahl entsprechende Infrastruktur bietet? Der städtische Ballungsraum Chennai hat bereits über zehn Millionen Einwohner*innen.

Tamil Nadu ist jedoch viel mehr, als sich in Bevölkerungszahlen ausdrücken lässt. Es ist ein weiteres Zentrum Indiens – ein Land, das so viel zu bieten hat! Abbildung 2 zeigt deutlich, dass Tamil Nadu sehr leicht als Zentrum und nicht als Randgebiet betrachtet werden kann. Zunächst einmal ist es ein bedeutendes kulturelles Gebiet, gekennzeichnet durch die tamilische Sprache, die 2004 zur zweiten »klassischen Sprache« Indiens erklärt wurde und eine prestigeträchtige kulturelle Vergangenheit hat. Die Tamil*innen sagen gerne, dass Tamil eine der ältesten Sprachen der Welt sei, auch wenn es sich seit der Zeit der *Caṅkam*-Literatur (–300/+300 n. Chr.) stark weiterentwickelt hat. Daher sind viele alte Gedichte ohne Kommentare oder Übertragungen in die moderne Sprache selbst für gebildete Tamil-Sprecher*innen von heute nur schwer verständlich. Diese Dichtung hat jedoch nicht nur einen literarischen Wert, sondern auch einen politischen, der von einer nunmehr zweitausend Jahre alten, starken Identität zeugt, die sich von der Sanskrit-Welt abhebt – zumindest wird dies gemeinhin behauptet (vgl. Lehman in diesem Buch). Die ausgeprägte regionale Identität erklärt die stetige Weigerung, Unterricht in der in Nordindien dominanten Sprache Hindi in den Schulen einzuführen. Die Dravidischen Parteien (die beiden verfeindeten Schwesterparteien DMK und AIDMK, die seit 1967 die Macht unter sich aufteilen) haben sich auf dieser regionalen Basis entwickelt, die es der hindunationalistischen BJP unmöglich macht, sich hier zu etablieren: die stark säkularen, sogar atheistischen, kastenfeindlichen und anti-brahmanischen Ansätze der Dravidischen Bewegung sind zwar zurückgegangen – aber das Wesentliche bleibt: die regionalistische Grundlage. Wie sonst ließen sich die gewalttätigen Demonstrationen verstehen, die stattfanden, als der Oberste Gerichtshof von Delhi den Stierkampf (*Jallikattu*) verbieten wollte, der als wesentlich für die tamilische Identität angesehen wird?

Gleichwohl hat Tamil Nadu einen langen Weg zurückgelegt, um zu werden, was es heute ist. Die verschiedenen historischen Königreiche, die aufeinander folgten, die Dynastien der Pāṇṭyā, der Pallava, der Cōḻa und von Vijayanagar, haben nie innerhalb der heutigen Grenzen Tamil Nadus regiert. Die Briten hatten die Provinz Madras geschaffen, indem sie eine Telugu-sprechende Region im Norden einbezogen und Kanyakumari dem Raja von Travancore überließen. Die Gründung des

◄ 1 In Thennampakkam, Distrikt Cuddalore, umgeben Tausende Opfergaben, die meist in Erfüllung eines Gelübdes dargebracht wurden, den Tempel des Dorfgottes Aiyaṉār. Foto: Frédéric Landy.

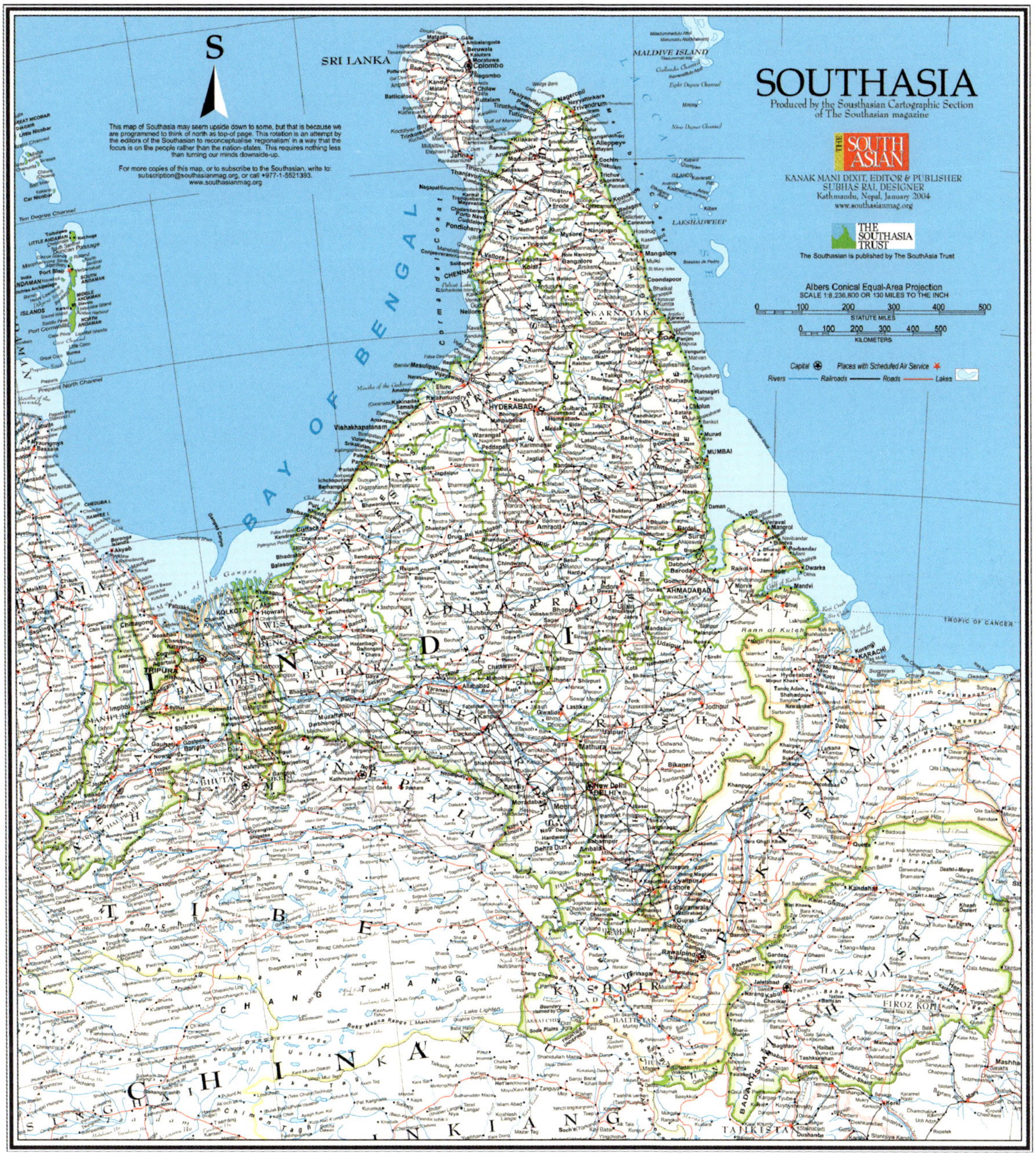

2 Karte von Indien auf den Kopf gestellt: http://www.columbia.edu/itc/mealac/pritchett/00maplinks/overview/reversemap/big_map.gif

unabhängigen Indiens 1947 schuf daher keinen tamilischen Bundesstaat: Erst mit der Neuorganisation 1956 erhielt Tamil Nadu (»das tamilische Land«) seine heutigen Grenzen – und seinen Namen. Chennai fand sich als Hauptstadt in einer peripheren Lage wieder, die viel besser an das benachbarte Andhra Pradesh angebunden war als an den Südwesten von Tamil Nadu. Dennoch: Hier sehen wir einen Staat, »zufrieden mit sich selbst«, ohne Grenzstreitigkeiten (abgesehen von sehr geringen mit Karnataka) und mit dem Unionsterritorium Pondicherry (seit 2006: Puducherry) als einziger Enklave, in der ebenfalls Tamil Amtssprache ist. Eine gemeinsame Sprache und Kultur schweißen den Staat zusammen, und dies jenseits aller internen Unterschiede zwischen Gemeinschaften, Kasten, Religionen, Klassen, Regionen …

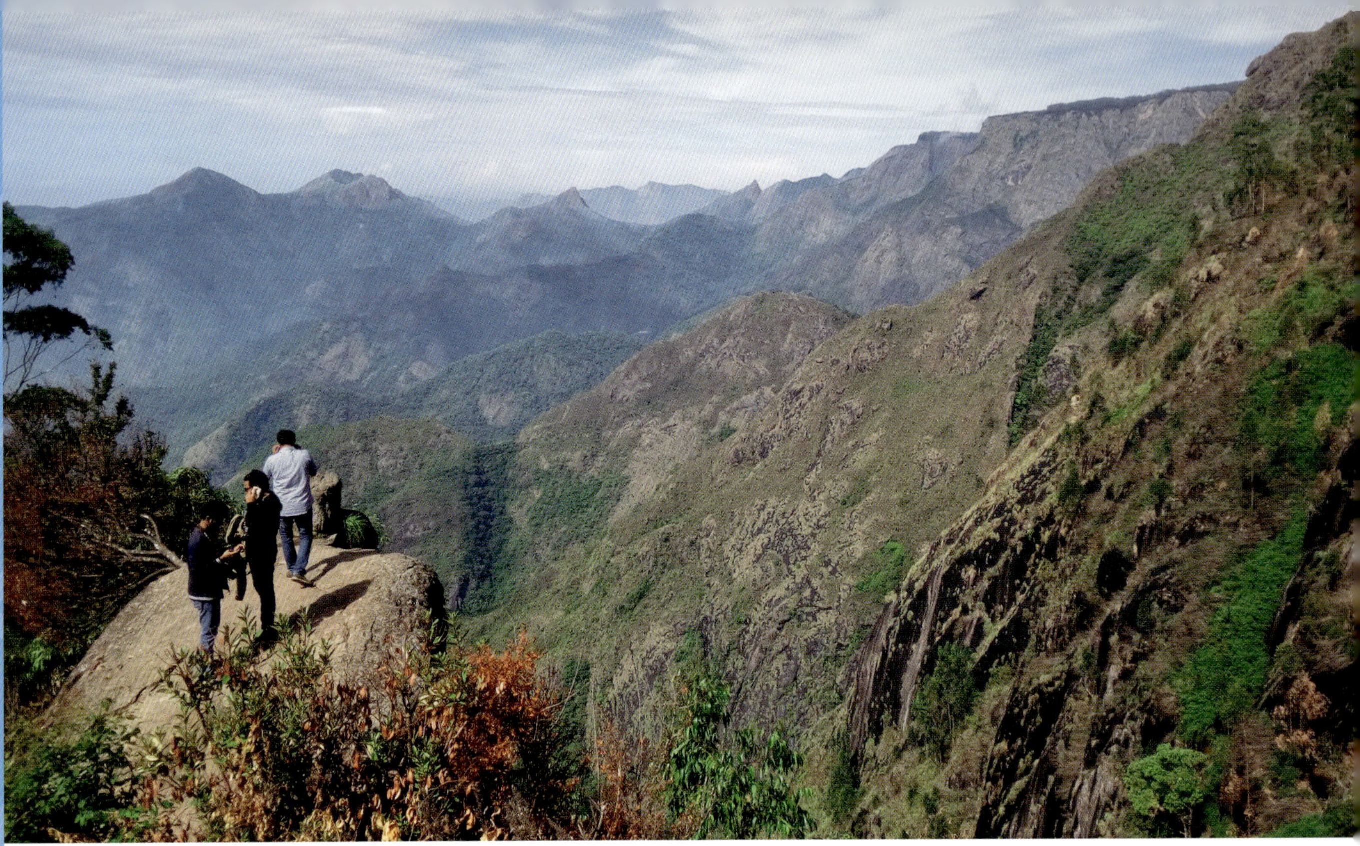

3 Die Western Ghats bei dem Bergferienort Kodaikanal. Foto: Frédéric Landy.

Von den Bergen zum Dekkan-Plateau

Die mittelalterlichen Kommentatoren der *Caṅkam*-Dichtung bestimmten fünf Landschaften, was dazu führte, dass dieser Textkorpus als »Landschaftsliteratur« bezeichnet wurde: die Berge, der Wald, die Felder, das wüstenartige Ödland und die Küsten. Die zeitgenössische Realität, die zwischen den Bergen der Western Ghats und der östlichen Küstenlinie verortet ist, ist viel komplexer.

Die Ghats erreichen eine Höhe von 2 695 Meter. An der Grenze zu Kerala, aber auch zu Karnataka (Nilgiris) sind sie noch weitgehend von Wäldern bedeckt, auch wenn auf das Anlegen kolonialer Kaffee- und Kardamomplantagen weitere Rodungen folgten. Während der Kolonialzeit wurden diese Wälder vor allem für die Produktion von Eisenbahnschwellen genutzt; heute befinden sich hier die großen Nationalparks von Tamil Nadu (etwa das *Anamalai Tiger Reserve,* der *Mudumalai National Park* u. a.). Der Tourismus blüht dort (Ooty ist die bekannteste »Hill Station«) und ist eine Quelle des Wohlstands, aber auch der Umweltbelastungen. Die Zahl der Privatunterkünfte nimmt in diesen Gegenden zu, die aufgrund ihres angenehmen Klimas ein beliebter Anlaufpunkt für Paare sind, die ihre Flitterwochen im Regen feiern (es ist das nasseste Gebiet des Staates, mit oft mehr als 2 000 mm Niederschlägen pro Jahr). Von den Ghats hinabsteigend, kommt man auf die Dekkan-Ebene, auf roten Fersiallitböden, mit einem halbtrockenen Klima: Ohne Bewässerung können die Pflanzen nur während der kurzen Regenzeit um November herum wachsen, und es gibt dort Gebiete größter ländlicher Armut. Madurai ist die südliche Hauptstadt dieser Gegend, die von ihrer reichen Vergangenheit geprägt ist, mit einem riesigen Tempel, dessen Grundriss sich im Straßenraster widerspiegelt. Im Norden wird diese Position von Coimbatore eingenommen, das dank der Werkzeug- und Textilindustrie, die durch die frühe Bewässerung des Baumwollanbaus gefördert wurde, stärker industrialisiert worden ist. Der Norden dieser Hochebenen ist zerklüftet durch die Hügel der Eastern Ghats (Javadi, Kalrayan u. a.), die landwirtschaftliche Gebiete beherbergen, die oft von armen *Adivasi*-Gruppen bewirtschaftet werden. Es gibt aber auch einige Erholungsorte in den Hügeln, wie etwa Yerkaud, die in der heißen Jahreszeit von April bis Mai, massenhaft aufgesucht werden.

Nun gelangen wir in die ausgedehnte Sedimentebene, die die Küstenlinie umgibt. Das Kaveri-Delta beherbergt den größten Fluss Tamil Nadus, der wie alle anderen Flüsse in den Ghats entspringt. Auf seinem Weg von West nach Ost durchquert er halbtrockene Zonen. So wurde er bereits im 2. Jahrhundert von lokalen Behörden, Lokalherrschern, Königen und Tempeln umgeleitet, um als wichtige Bewässerungsquelle zu dienen, und später um Tausende von Teichen ergänzt. Diese kleinen Stauseen dienten dazu, den Monsun zu verlängern, um den bewässerten Reisanbau oder sogar eine zweite Ernte im Jahr zu ermöglichen und Überschwemmungen zu verhindern. Seit dem Boom von Bohrbrunnen in den 1970er Jahren werden diese Reservoirs heute oft aufgegeben: Die Grüne Revolution förderte die Bewässerung mit Grundwasser. Sie hat auch den Verzehr von weißem Reis verbreitet, auf Kosten von Hirse und anderen Kulturpflanzen, die als minderwertig galten, aber nun wegen ihrer ernährungsphysiologischen Vorzüge rehabilitiert werden (vgl. Guetat und Soumer, in diesem Buch).

Die Küsten und Chennai

Nun sind wir an der Küste. An den Sandstränden entstehen Isthmen wie der von Rameswaram, der eine Verbindung zur nahe gelegenen tamilischsprachigen Region Sri Lanka herstellt. Die indischen Küsten wurden nur langsam zu durch Menschen erschlossenen und bewirtschafteten Orten; heute leiden sie unter der dichten Besiedlung. Die Mangroven sind vielerorts verschwunden, und die Fischergemeinschaften, deren traditionelle Boote *Kattumaran* genannt werden (»gebundene Baumstämme«, daher unser Wort »Katamaran«), leiden unter der Entwicklung der Industrie (Thoothukudi), der thermischen Kraftwerke und Kernkraftwerke sowie der Aquakultur. Auch der Tourismus wächst stark: Immer noch baden nur wenige Inder*innen im Meer, viele lieben aber die Nähe zum Wasser, und zahlreiche hinduistische, muslimische (Nagore) und christliche (Velankanni) Wallfahrtsorte sind zu Tourismuszentren geworden. Andere touristische Orte verbinden Meer und Geschichte (Mahabalipuram, Pondicherry).

Und dann ist da natürlich Chennai, das ehemalige Fort St. George, das 1639 von den Briten gegründet wurde. Dieser große Hafen, von dem in der Vergangenheit viele Sklav*innen und später Zwangsarbeiter*innen verschifft wurden, ist nach wie vor der drittgrößte Indiens. Die Bevölkerungsdichte der Stadt ist noch

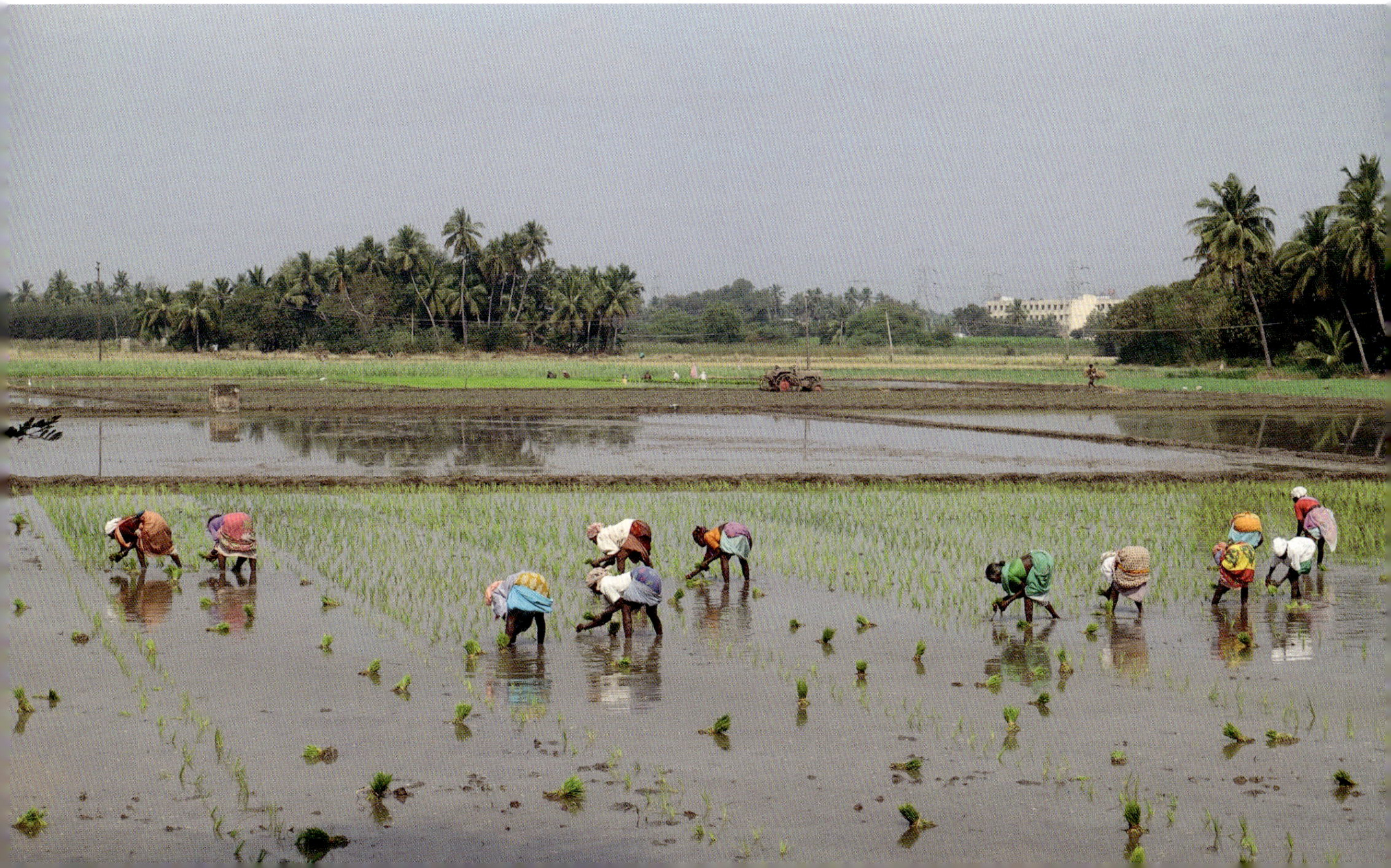

4 Bepflanzung eines bewässerten Reisfeldes bei Pondicherry. Foto: Frédéric Landy.

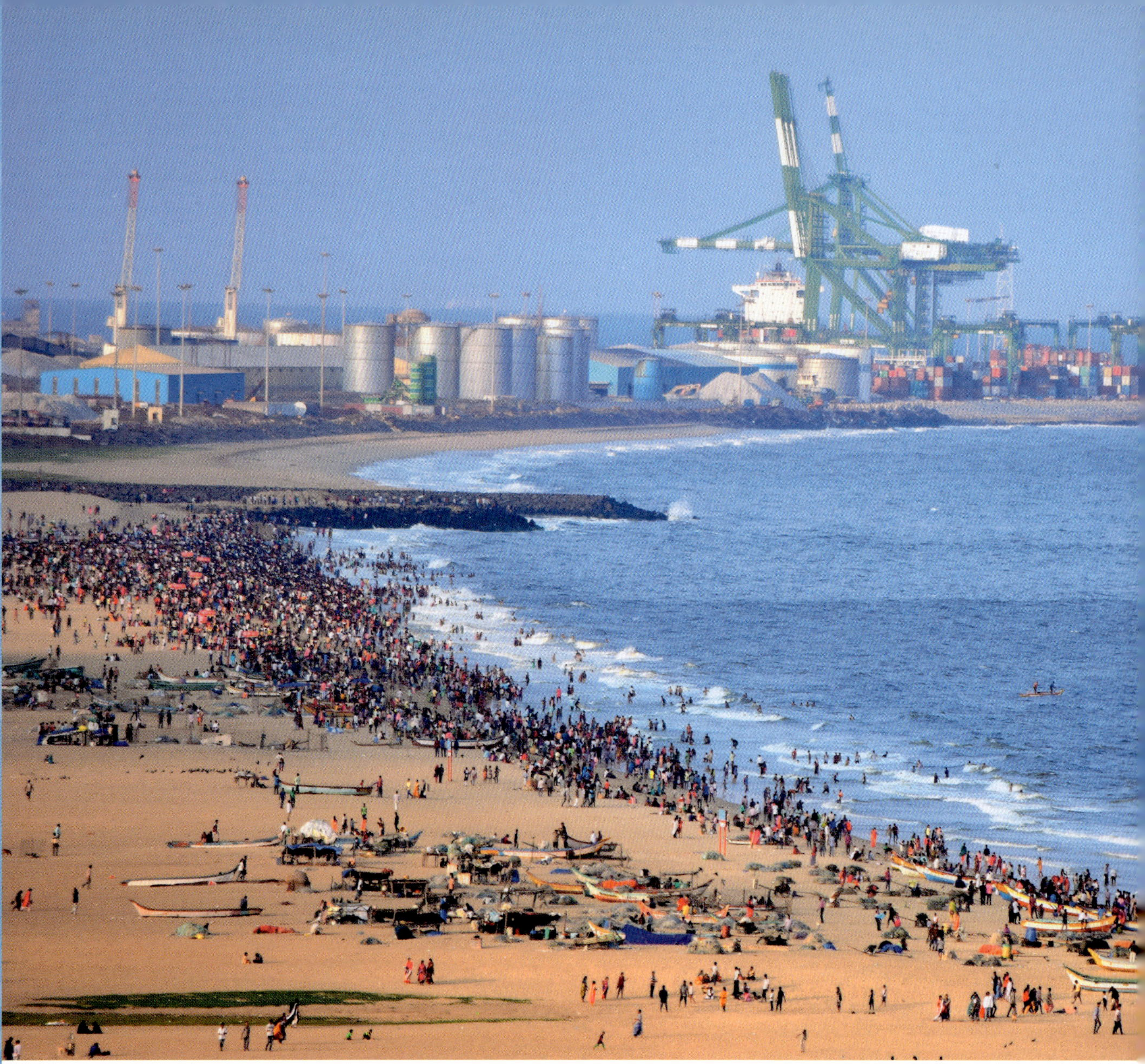

5 Der Hafen von Chennai. Foto: Ganesh Kumar (stock.adobe.com).

immer relativ gering, ohne starke Konzentration im Zentrum. Der nördlich des Flusses Cooum gelegene Teil ist ärmer und industriell geprägt, der südlich des Flusses Adyar gelegene Teil ist eher bürgerlich und von den Aktivitäten des oberen tertiären Sektors bestimmt, während dazwischen das Hauptgeschäftszentrum mit Staatsverwaltung, Finanz- und Bankgeschäften sowie Firmensitzen liegt. Die Vorstädte dehnen sich aus, strukturiert durch die beiden Vorzeigeindustrien Chennais: die Automobilindustrie im Norden und Westen und die Informationstechnologie im Süden.

Reichtum im Halbtonbereich

Trotz Chennais Wirtschaftskraft erwirtschaftet die Stadt nur etwa 15 Prozent des Bruttoinlandsproduktes (BIP) des Bundesstaates, was nicht mehr ist als sein Anteil an der Gesamtbevölkerung Tamil Nadus. Dies zeigt, wie sehr der gesamte Staat urbanisiert und industrialisiert ist – zumindest im Vergleich zum übrigen Indien. Bei der letzten Volkszählung im Jahr 2011 war Tamil Nadu der Bundesstaat mit dem höchsten Anteil an städtischer Bevölkerung (44 Prozent).

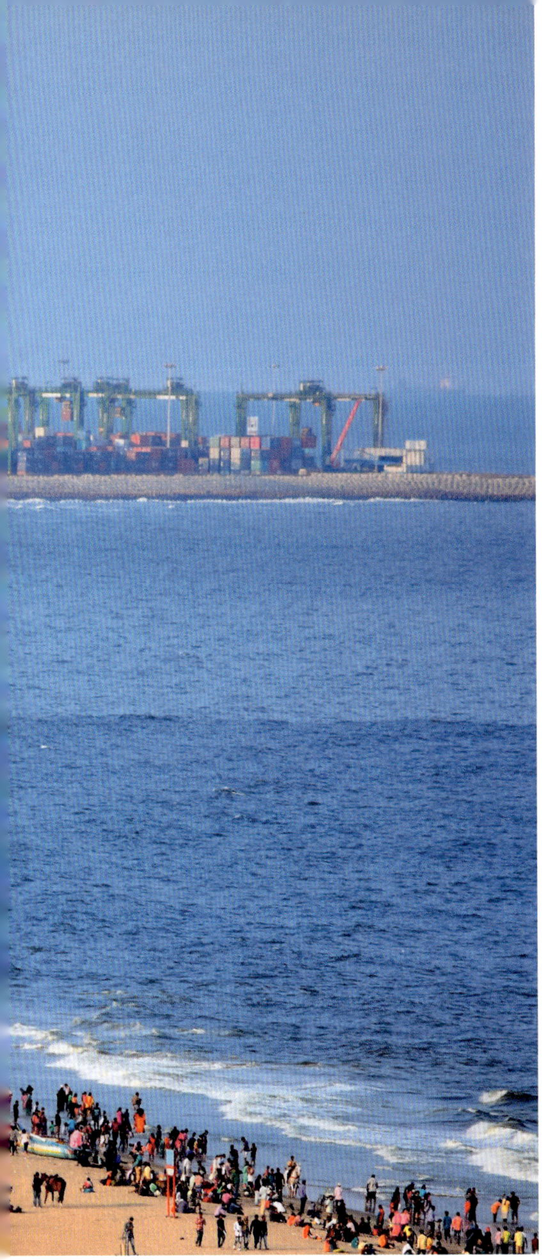

Seine Textil- (Seide aus Kanchipuram, Baumwolle aus Tiruppur) und mechanische Industrie, kombiniert mit dem Erbe der Handelskasten (*Chettiar*), der steigenden Attraktivität für ausländische Investitionen und der Zunahme ausgezeichneter akademischer Zentren (IIT-Madras) erklären insbesondere, dass der Anteil des sekundären Sektors am BIP 34 Prozent beträgt.

Ein guter Teil der Industriearbeiter*innen gehört jedoch dem informellen Sektor an und kann für mehrere Jahre oder nur während der Trockenzeit aus ländlichen Gebieten kommen. Diese Zirkulation von Migrant*innen ist eine willkommene Unterstützung für die Dörfer, ebenso wie die Arbeit in Ziegelöfen oder Reismühlen, die sehr hart ist und nicht den Arbeitsschutzgesetzen entspricht. Tamil Nadu behält mehr als 40 Prozent seiner Arbeitskräfte in der Landwirtschaft, was sich zum Teil durch die durchschnittliche Betriebsgröße von nur 0,8 Hektar erklärt.

Die Situation der Kleinstbauern und Landlosen wird dadurch verschärft, dass es sich häufig um *Dalits* (ehemalige Unberührbare) handelt, die in einigen Regionen nach wie vor von den bäuerlichen Kasten (*Gounder-Vanniyar*) dominiert werden, während die meisten Mitglieder der hohen brahmanischen Kasten im letzten Jahrhundert ihr Land verkauft haben, um in die Städte zu ziehen.

Tamil Nadu hat nur das siebthöchste Pro-Kopf-BIP in Indien. Die Situation scheint jedoch besser als in vielen anderen Regionen des Landes, dank der Mobilität der Bevölkerung, die versucht, die Komplementaritäten zwischen Stadt und Land zu nutzen, dem relativ hohen Bildungsniveau (Alphabetisierungsrate von 80 Prozent), einer im Vergleich zu Nordindien besseren Situation für Frauen, einer Politik der freiwilligen positiven Diskriminierung, die Quoten von Arbeitsplätzen und Studienplätzen den unteren Kasten vorbehält, ganz zu schweigen von dem effizienten MGNREGA-Programm[1] zur Sicherung des Einkommens armer Bevölkerungsschichten oder dem öffentlichen Verteilungssystem für subventionierte Nahrungsmittel.

Tamil Nadus Geografie ist von Gegensätzen geprägt. Aber das gilt in noch größerem Maße für Indien! Hüten wir uns also davor, diesen Bundesstaat als Insel zu betrachten, wo er doch in dichte Wechselbeziehungen mit Nachbarstaaten (tägliche grenzüberschreitende Arbeitsmobilität) sowie fernen Staaten (Einwanderung von Biharis, Auswanderung nach Mumbai oder Delhi) eingebunden ist, ganz zu schweigen von den Kontakten mit dem Ausland, die zumindest seit der Zeit der *Chettiar*-Händler in Südostasien so gewinnbringend waren.

1 Der Mahatma Gandhi National Rural Employment Guarantee Act (MGNREGA) wurde 2005 von der indischen Regierung eingeführt, um die Einkommens- und Ernährungsunsicherheit in ländlichen Gebieten durch eine garantierte Beschäftigung von 100 Tagen pro Jahr zu reduzieren.

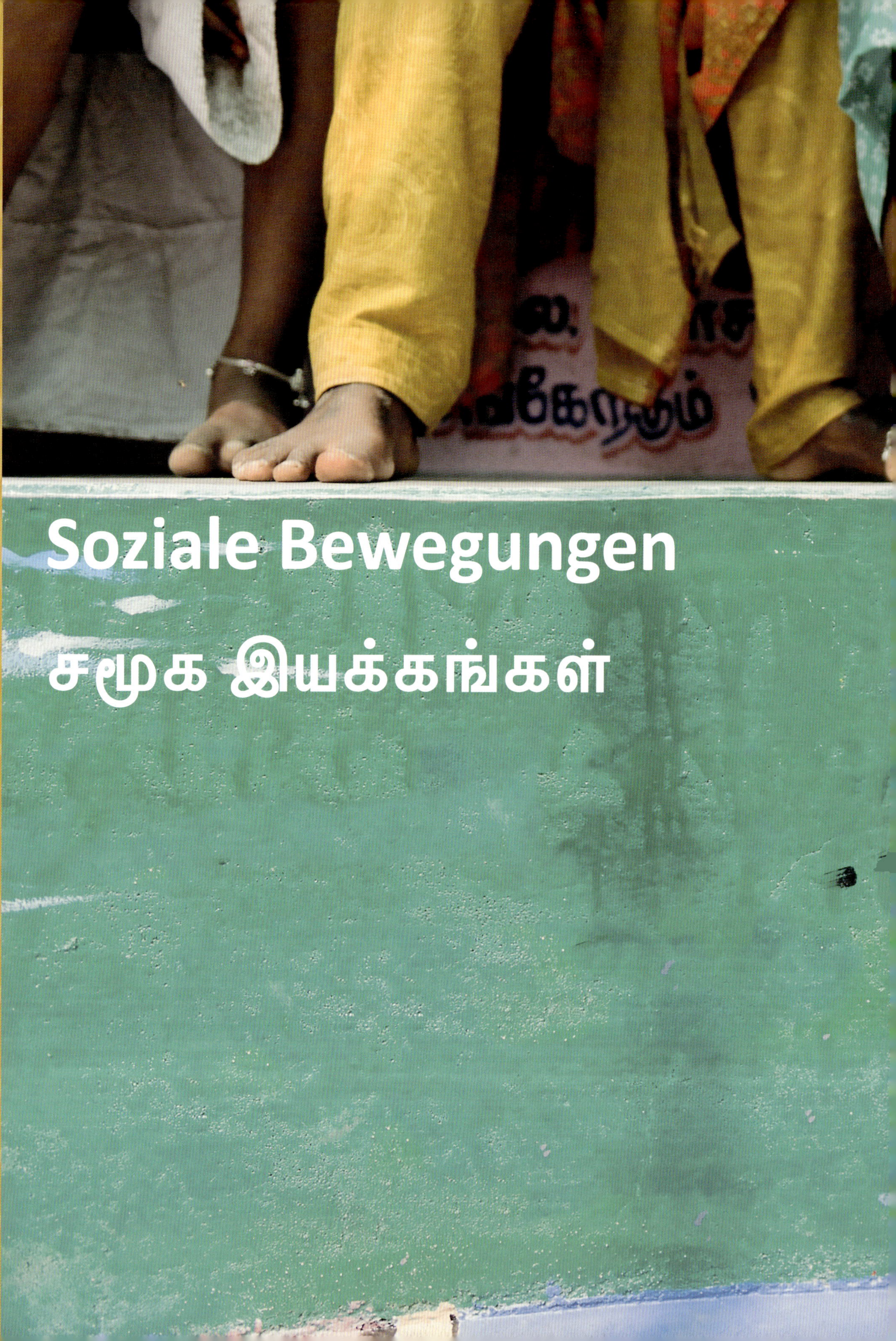

Soziale Bewegungen

சமூக இயக்கங்கள்

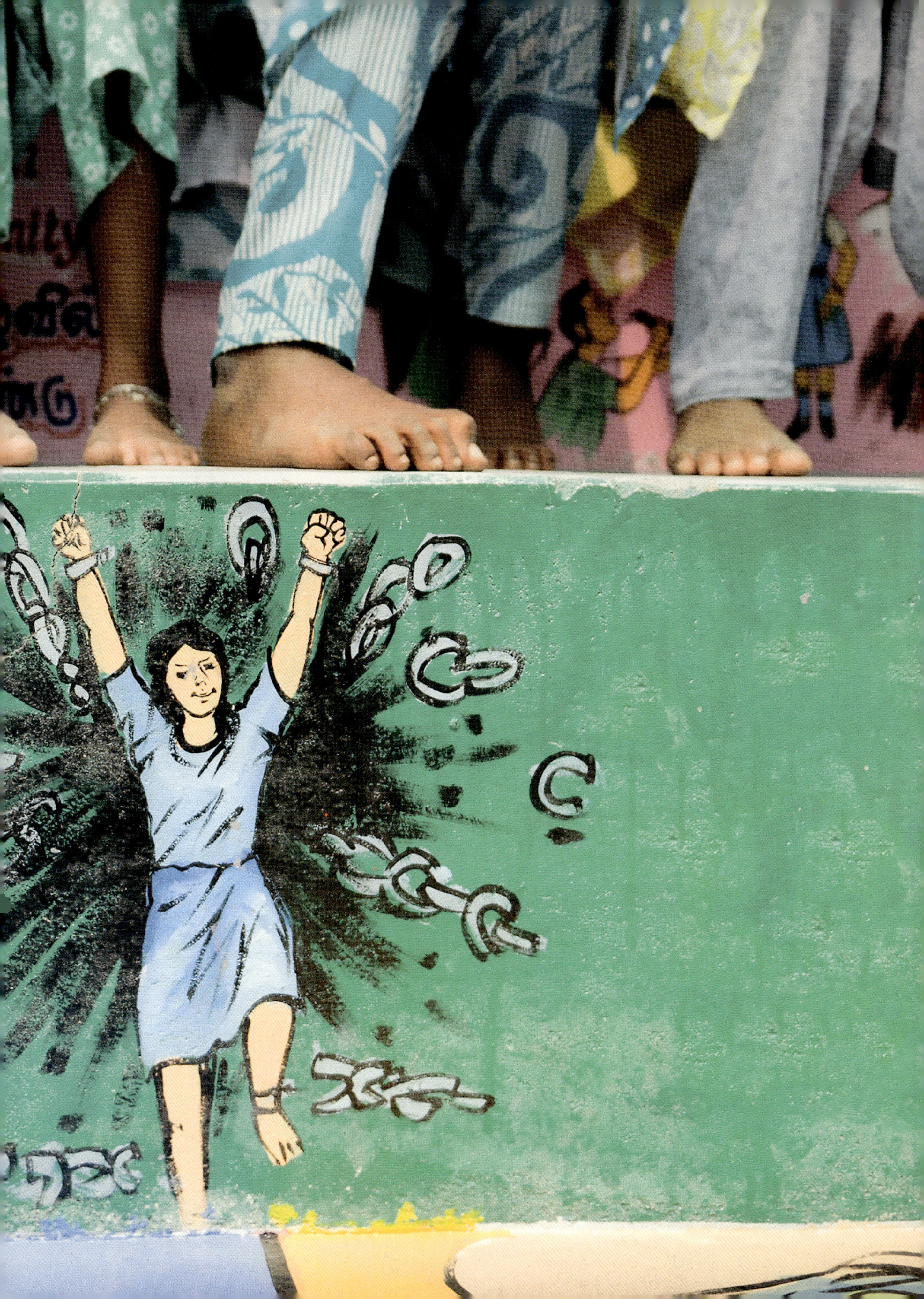

ARCHANA VENKATESAN

Tamilische *Bhakti*: Lieder der Liebe und Sehnsucht

தமிழ் பக்தி: காதலும் காதல் ஏக்கப்பாடல்களும்

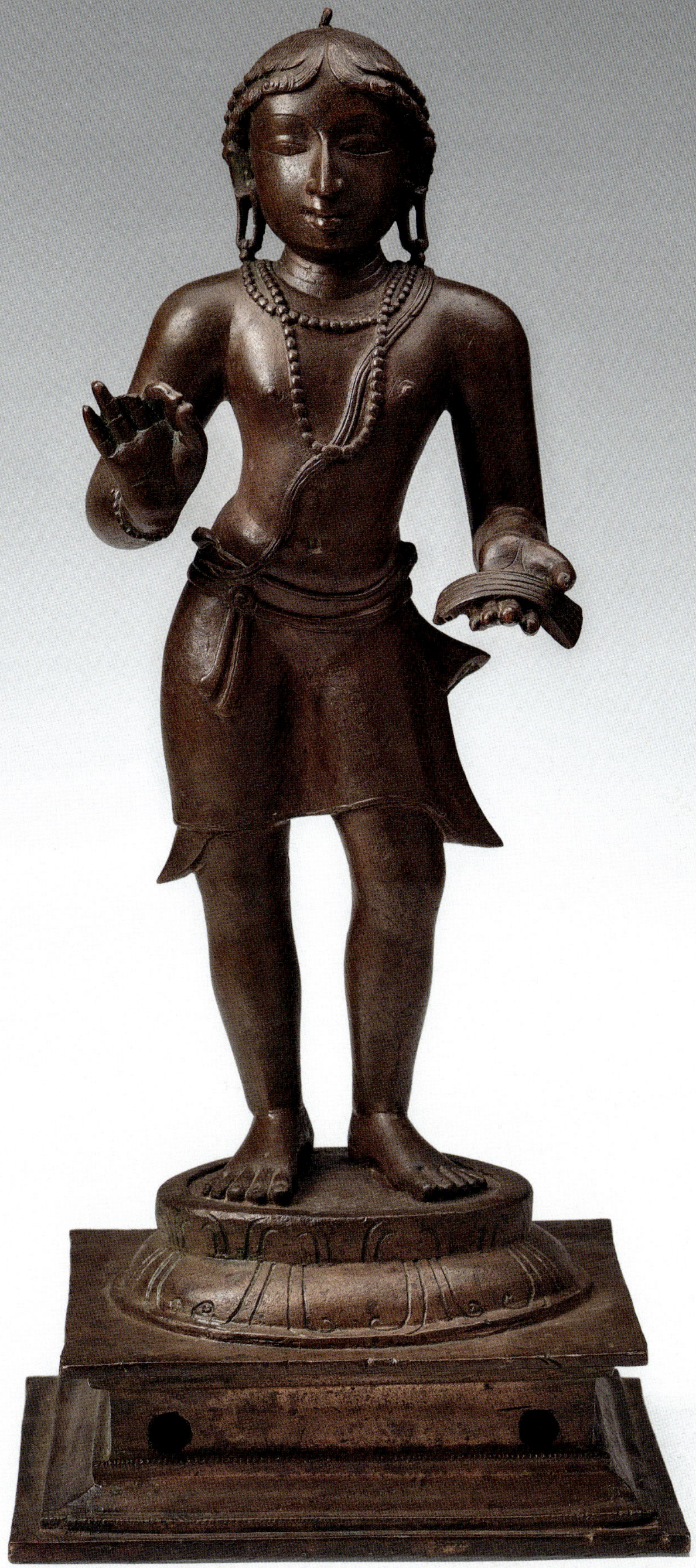

Ab der Mitte des sechsten Jahrhunderts entwickelte sich im tamilischsprachigen Südindien eine bedeutende religiöse und literarische Wende, die rückblickend als *Bhakti*-Bewegung[1] bezeichnet wird. In den Händen einiger außergewöhnlicher Dichter*innen wurde *Bhakti* zu einer intimen, ekstatischen Erfahrung des erkennbaren und beschreibbaren Göttlichen, das in lokalen Schreinen verehrt wurde. So ging es in der tamilischen *Bhakti* ebenso sehr darum, Gott erfahrbar zu machen, wie es darum ging, sich in seinen Orten, die sich über die tamilische Landschaft ausbreiteten, zu entfalten und diese zu feiern. Die Dichter*innen übernahmen in kreativer Weise die *Caṅkam*-Dichtung von *akam* (privat) und *puṟam* (öffentlich), um einen Gott zu beschreiben, der König und Liebhaber, transzendent und immanent und in seinem Sein gleichzeitig gegenwärtig und abwesend ist. Die Stärke der *Bhakti*-Dichtung wurzelt in den kraftvollen Fähigkeiten der Dichter*innen, direkte Erfahrungen mit dem Göttlichen zu beschreiben und andere Anhänger*innen in diese Erfahrung mit hinein zu nehmen.

Die *Āḻvār* und die *Nāyaṉmār*

Die Gründungsperiode der tamilischen *Bhakti* (6. bis 9. Jahrhundert n. Chr.) wurde von śivaitischen und viṣṇuitischen Dichter*innen bestimmt, die das Land bereisten und Lobpreisungen Śivas und Viṣṇus sangen. Die Śivait*innen bezeichnen ihre Gründerfiguren als die *Nāyaṉmār* (Führer), während die Viṣṇuit*innen sie *Āḻvār* (die Versunkenen) nennen.

Die tamilischen Śivait*innen erwähnen 63 *Nāyaṉmār*, aber nicht alle von ihnen waren Dichter*innen oder überhaupt historische Persönlichkeiten. Die bedeutendsten unter ihnen sind Appar, Campantar und Cuntarar, die als die Begründer des tamilischen *Śivaismus* gelten. Ein sehr prominenter śivaitischer Dichter, Māṇikkavācakar (spätes 9. Jahrhundert), ist in dieser Liste der 63 *Nāyaṉmār* nicht enthalten. Die Gedichte der śivaitischen *Bhakti*-Dichter*innen sind in einem zwölfbändigen Werk, dem *Tirumuṟai* (»heiliges Werk«), zusammengetragen. Darin werden die Gedichte von Appar, Campantar und Cuntarar gemeinsam als *Tēvāram* bezeichnet und umfassen die ersten sieben Bücher des *Tirumuṟai*. Māṇikkavācakars zwei lange Kompositionen – *Tiruvācakam* und *Tirukkōvaiyār* – bilden das achte Buch. Die Śivait*innen zählen eine Frau, Kāraikkālammaiyār, zu ihren 63 *Nāyaṉmār*; ihre vier Gedichte sind im elften Buch des *Tirumuṟai* enthalten.

Die tamilischen Viṣṇuit*innen verehren zwölf Dichter*innen, die *Āḻvār* genannt werden. Ihre Gedichte sind in einem vierbändigen Text *Nālāyira Divya Prabandham* (»Göttliche Sammlung der Viertausend«) zusammengestellt. Die frühesten *Āḻvār* sind die abstrakt benannten Poykai (See), Pēy (Geist), Pūtam (Dämon) und Tirumaḻicai, der nach seiner Heimatstadt benannt wurde. Der wichtigste der *Āḻvār*-Dichter ist Śaṭhakōpaṉ, der als Nammāḻvār (»unser *Āḻvār*«) bekannt wurde. Er hat mehr als ein Viertel der Verse zum *Divya Prabandham* beigesteuert, darunter seine gewaltige *Tiruvāymoḻi* (»heilige Rede«), die die tamilischen Viṣṇuit*innen als den tamilischen Veda[2] preisen. Die Dichterin Kōtai, im Volksmund bekannt unter ihrem Beinamen *Āṇṭāḷ* (»sie, die herrscht«), ist die einzige weibliche *Āḻvār*.

Die śivaitischen drei: Appar, Campantar und Cuntarar

Appar (eigentlich: Tirunāvukkaracar), Campantar (eigentlich: Tiruñāṉacampantar) und Cuntarar lebten zwischen dem sechsten und achten Jahrhundert und werden zusammen als die *Mūvar* (»die Drei«) bezeichnet. Während Appar und Campantar annähernd Zeitgenossen waren, sind es bei Cuntarar fast zwei Jahrhunderte, die ihn von den anderen trennen. Alle drei Dichter sind eng mit bedeutenden Königshäusern verbunden – Appar mit einem Pallava-König, Campantar mit einem Pāṇṭiya-König und Cuntarar mit einem Cēra-König –, was auf die Bedeutung der königlichen Schirmherrschaft bei der Etablierung des *Śivaismus* im Land verweist, das zu dieser Zeit von jainistischen und buddhistischen Gemeinschaften dominiert war. Appar und Campantar, als frühe Pioniere des tamilischen *Śivaismus*, polemisieren in ihren Gedichten gegen konkurrierende Religionsgemeinschaften. Zum Beispiel spricht Appar in seinen Gedichten oft davon, es zu bereuen, ein Jain gewesen zu sein, bevor er von seiner Schwester zum *Śivaismus* bekehrt wurde, während Campantar in jedem Liederzyklus mindestens eine Strophe dafür reserviert, die Buddhisten und Jains zu verurteilen. Zum Beispiel singt Campantar in III.297.4:

◀ 1 Māṇikkavācakar. Prozessionsstatue aus der Zeit der Cōḻa-Dynastie, ca. 10.–12. Jahrhundert. Bronze, Höhe: 54 cm, Linden-Museum Stuttgart, Inv.-Nr. SA 33908 L. Foto: Dominik Drasdow.

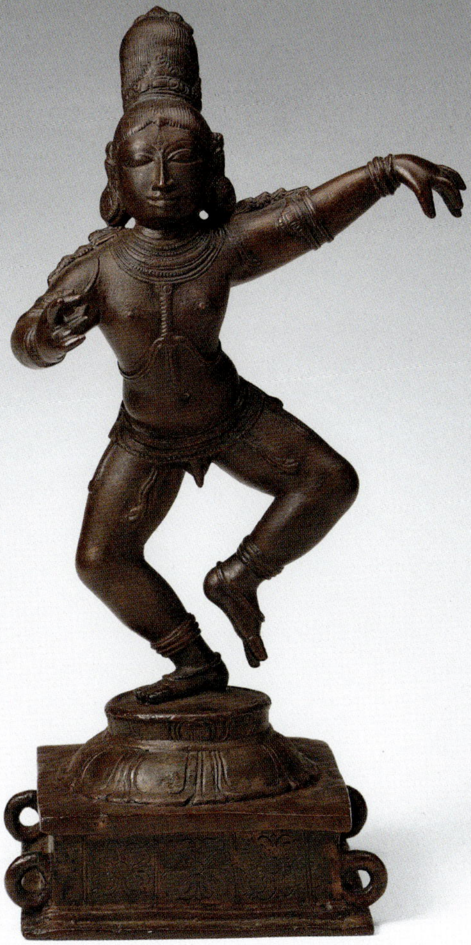

2 Campantar. Prozessionsstatue aus der Zeit der Cōḻa-Dynastie, ca. 10.–12. Jahrhundert. Bronze, Höhe: 43 cm, Linden-Museum Stuttgart, Inv.-Nr. SA 33588 L. Foto: Dominik Drasdow.

Mit Araṉ von Ālavāy an meiner Seite,
werde ich leicht besiegen
jene blinden Narren mit Namen wie
Candusena, Indusena, Dharmasena,
den dunklen Kandusena und den Kanakasena,
die wie Affen umherstreifen und weder
gutes Tamil noch die Sanskrit-Sprache kennen.
(Peterson 1991: 278)

Der Vers veranschaulicht viele der Themen, die die śivaitische *Bhakti*-Poesie beleben: die Schaffung von festen Orten der Intimität zwischen Gott und den ihn Verehrenden und die harsche Polemik gegen die mächtigen buddhistischen und jainistischen Religionsgemeinschaften, die als unzivilisiert, ungebildet und verblendet abgelehnt werden. Für den Dichter ist Śiva, der im Tempel von Ālavāy immanent ist, keine ferne, transzendente Gottheit, sondern ein Gefährte, der den Dichter befähigt, seine Gegner zu besiegen und so die Überlegenheit des śivaitischen Pfades zu belegen. Während Campantar seine vernichtende Kritik nach außen richtet, ist Appar eher selbstironisch und beklagt seine Vergangenheit als Jain-Mönch. Zum Beispiel sagt er in IV.39.1:

O Gott, der den Irrglauben durchstochen hat
der mich befiel
als ich mich den Jains anschloss
und ein übler Mönch wurde!
Oh helle Flamme, himmlisches Wesen
der du als der reine Pfad dastehst,
Stier unter den Unsterblichen,
Honig, der in Tiruvaiyāṟu residiert!
Ich wandere als dein Diener,
deine Füße verehrend und besingend.
(Peterson 1991: 286)

Hier durchbricht die namenlose, transzendente Gottheit den Irrglauben des Dichters und wird gleich am lokalen Schrein von Tiruvaiyāṟu nahbar und zugänglich. Der Dichter begnügt sich jedoch nicht damit, an einem Ort verwurzelt zu bleiben, sondern wandert den Lobpreis Śivas singend umher, so dass das Land der Tamil*innen, das er so gut kennt, zur Heimat Śivas wird.

Appar ist nicht allein in seinem Wunsch, das Land der Tamil*innen zur Heimat Śivas zu machen. Die *Mūvar* sangen insgesamt 275 Orte zur Heiligkeit, von denen 269 heute südindische Tempel sind. Besonders verbunden war Cuntarar mit Śiva im Tempel von Tiruvārūr in der fruchtbaren Kaveri-Region, wo er der Legende nach dem Gott zusammen mit seiner ersten Frau Paravai diente. Als er jedoch Tiruvoṟṟiyūr weiter nördlich besuchte, verliebte er sich in eine andere Frau, die er ebenfalls heiratete. Allerdings geschah dies unter der Bedingung, dass er sie und diesen Tempel niemals verlassen dürfe. Bald darauf brach Cuntarar, getrieben von den Erinnerungen an Ārūr, sein Versprechen und versuchte, dorthin zurückzukehren. Auf dem Weg dorthin wurde er mit Blindheit geschlagen. Viele Gedichte von Cuntarar sprechen ergreifend von seinem Kummer, von seiner tiefen Verbundenheit mit dem Gott von Ārūr und dem Schmerz der Trennung von ihm. In Cuntarars Gedichten ist Śiva ein Freund, Genosse und Gefährte, mit dem er schimpft, den er anfleht und mit dem er verhandelt. In einem Zyklus von Versen prangert Cuntarar Śiva dafür an, dass er ihm das Augenlicht geraubt hat, indem er einen bekannten Segensspruch – Mögest du lange leben – sarkastisch als Refrain verwendet:

Du magst in Arur wohnen, zu dessen Hainen
Anṟil-Vögel jeden Tag schwärmen!
Was kümmert es dich, wenn dein Diener,
der dir unermüdlich Loblieder singt,
sich an dich klammert wie ein Kalb
an das nährende Euter der Kuh,
sein Augenlicht verliert, in die Berge läuft,
in eine Grube fällt?
Mögest du leben, lange leben, Herr!
(Peterson 1991: 311)

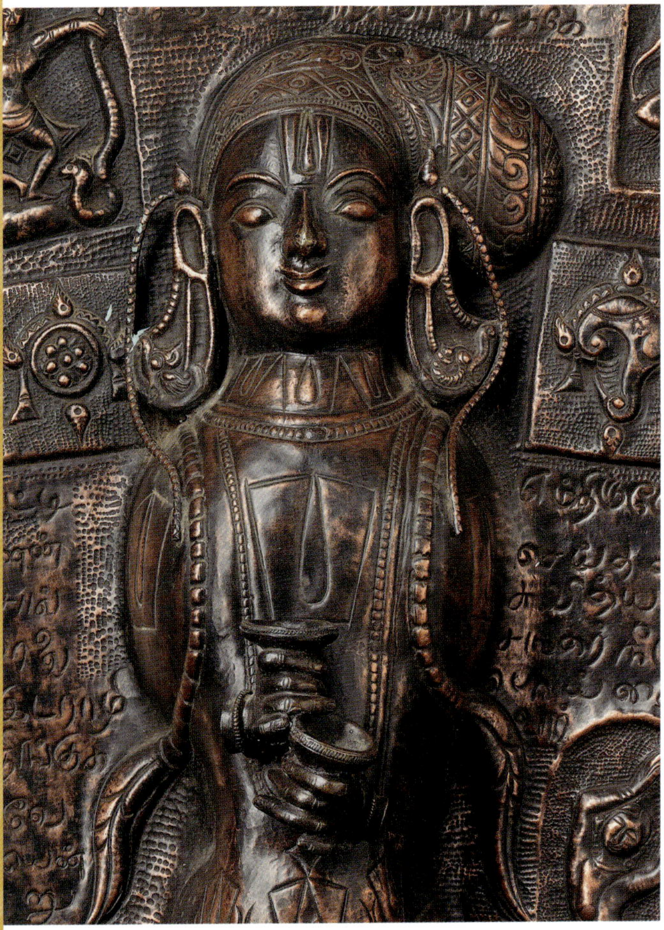

3 Tirumaḻicai. Detail einer Skulptur des Künstlers Vidyashankar Sthapathi (*1938), ein Mitglied des Madras Art Movement. 1981, Kupferblech, Bronze- und Eisenteile. Höhe: 92,8 cm. Linden-Museum Stuttgart, Inv.-Nr. SA 07007. Foto: Dominik Drasdow.

Zwei viṣṇuitische Dichter: Tirumaḻicai und Nammāḻvār

Einer der frühen *Āḻvār*-Dichter ist Tirumaḻicai (ca. 7. Jahrhundert), der wahrscheinlich aus der gleichnamigen Stadt stammte, die heute ein Vorort von Chennai ist. Wir wissen nicht viel über sein Leben, obwohl die Legende erzählt, dass er durch *Pēy Āḻvār* in den Viṣṇuismus eingeführt wurde. Er verfasste zwei Gedichte, das *Tiruccanta Viruttam* (120 Verse) und das *Nāṉmukaṉ Tiruvantānti* (96 Verse), die beide im *Nālāyira Divya Prabandham* enthalten sind. Er ist berühmt für seine Weigerung, dem lokalen König von Kanchi durch seinen Gesang zu huldigen, was seine Verbannung zur Folge hatte. Sein Schicksal akzeptierend, bat er Viṣṇu im örtlichen Tempel, ihm in sein Exil zu folgen. Aus Liebe zu seinem Verehrer willigte Viṣṇu ein und erhielt damit den Titel *Coṉṉa Vaṇṇam Ceyta Perumāḷ* (der große Gott, der tat, was ihm gesagt wurde). Auch wenn sie historisch nicht belegbar sind, drücken solche Geschichten die symbiotische, sich gegenseitig aufrechterhaltende Beziehung zwischen Gott und Gottgeweihtem aus, die den Kern der tamilischen *Bhakti*-Erfahrung ausmacht.

4 Der Coṉṉa Vaṇṇam Ceyta Perumāḷ Tempel. Foto: Archana Venkatesan.

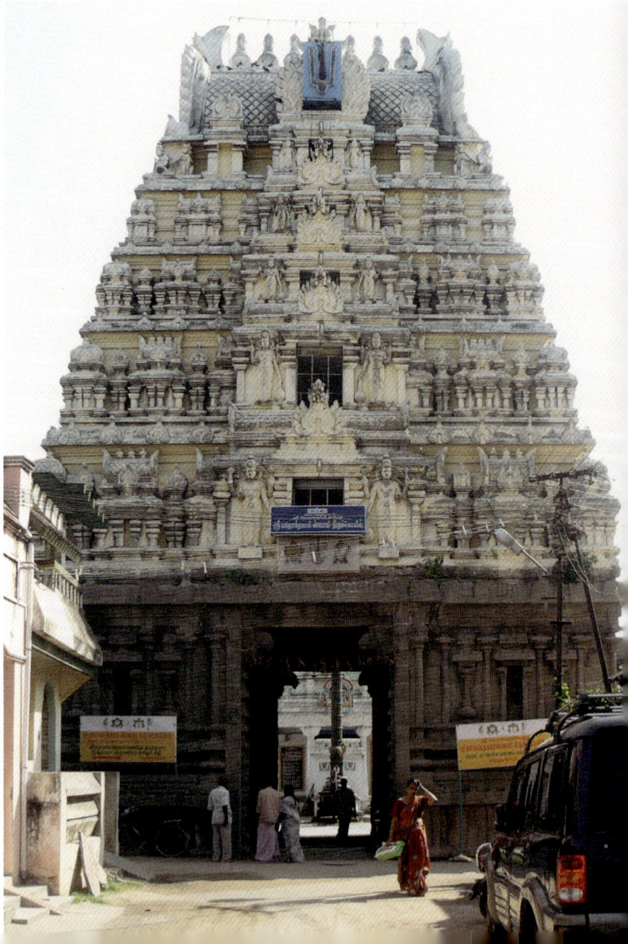

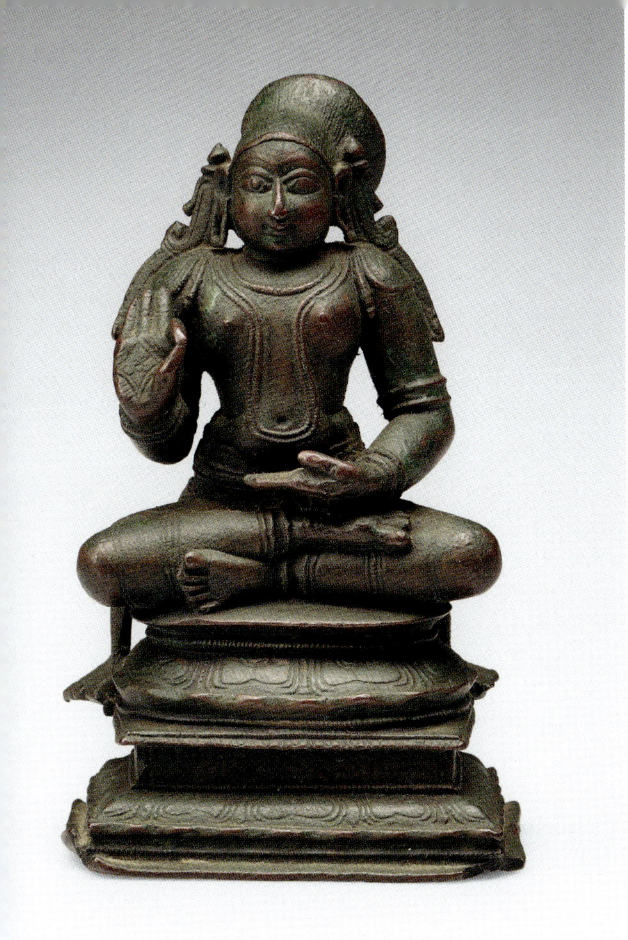

5 Nammāḻvar. Bronzefigur, ca. 14.–17. Jahrhundert, Höhe: 11 cm. Privatleihgabe. Foto: Dominik Drasdow.

Obwohl *Nammāḻvar* einer der späteren Dichter der tamilischen viṣṇuitischen Tradition ist, war er der bei weitem einflussreichste *Āḻvār*. Seine vier Kompositionen, vor allem das 1102-versige *Tiruvāymoḻi*, werden von den tamilischen Viṣṇuit*innen als der tamilische Veda verehrt; das *Tiruvāymoḻi* wird mindestens seit dem 11. Jahrhundert fast ununterbrochen kommentiert. Über den Dichter Śaṭhakopan wissen wir nicht viel, außer dass er aus dem tiefen Süden, aus der Region um den Fluss Tamiraparani, stammte. Aus dem Titel *Māṟaṉ*, den er in seinen Gedichten verwendet, können wir schließen, dass er in irgendeiner Weise mit den Pāṇṭiya-Königen verbunden war, die diese Region um die Mitte des 9. Jahrhunderts regierten. Trotz Śaṭhakōpaṉs Status als Gründungsfigur der tamilischen viṣṇuitischen Traditionen zeugt sein Titel »unser *Āḻvār*« (Nammāḻvar) von der intimen Beziehung, mit der ihm innerhalb dieser Gemeinschaft begegnet wird.

Wie den śivaitischen *Mūvar* geht es auch dem Nammāḻvār darum, Viṣṇu an lokalen heiligen Orten zu etablieren und dadurch den transzendenten höchsten Gott seinen Anhänger*innen zugänglich zu machen. Er singt von insgesamt 33 irdischen Stätten, die alle im Land der Tamil*innen gelegen sind. Zusätzlich zu diesen äußeren heiligen Stätten nimmt Nammāḻvār Viṣṇu auch in sein Herz auf und zieht damit eine Parallele zwischen dem Gott im Außen und dem Gott im Inneren:

> Wundersamer Nārāyaṇaṉ, Hari, Vāmaṉaṉ
> lebt in meinem Herzen und in Tirukkaṭittāṉam
> wo der Klang des Veda
> durch Haine von Kalpaka-Bäumen widerhallt.
> (Tiruvāymoḻi VIII.6.10)
> (Venkatesan 2020: 267)

Im obigen Vers sehen wir, wie Nammāḻvār, in einem für viele *Bhakti*-Dichter*innen charakteristischen Zug, multiple Äquivalenzen aufstellt, um das Paradoxon eines Gottes aufzulösen, der sowohl fern als auch nah ist. Viṣṇu ist transzendent in seinen Aspekten Nārāyaṇa und Hari, immanent wie ein *Avatāra* (physische Manifestation Viṣṇus, hier: Vāmana) und doch ganz nah, da er im Herzen der Dichterin und im Tempel von Tirukkaṭittāṉam wohnt.

Zwei Frauen: Karaikkālammaiyār und Kōtai-Āṇṭāḷ

Die beiden Dichterinnen der śivaitischen und viṣṇuitischen Tradition sind durch etwa drei Jahrhunderte voneinander getrennt. Während Kāraikkālammaiyār (ca. Mitte des 6. Jahrhunderts) eine der frühesten *Bhakti*-Dichterinnen ist, verfasste Kōtai-Āṇṭāḷ (ca. Mitte des 9. Jahrhunderts) ihre Werke wahrscheinlich während einer späteren Phase des viṣṇutischen *Bhakti*. Wir wissen wenig über beide Frauen, doch was wir wissen, ist eingebettet in Legenden und Hagiografien. Beide Geschichten verweisen jedoch auf eine grundlegende und allgegenwärtige Spannung zwischen den Pflichten einer Frau gegenüber ihrer Familie und ihrem unablässigen Wunsch, Gott zu dienen.

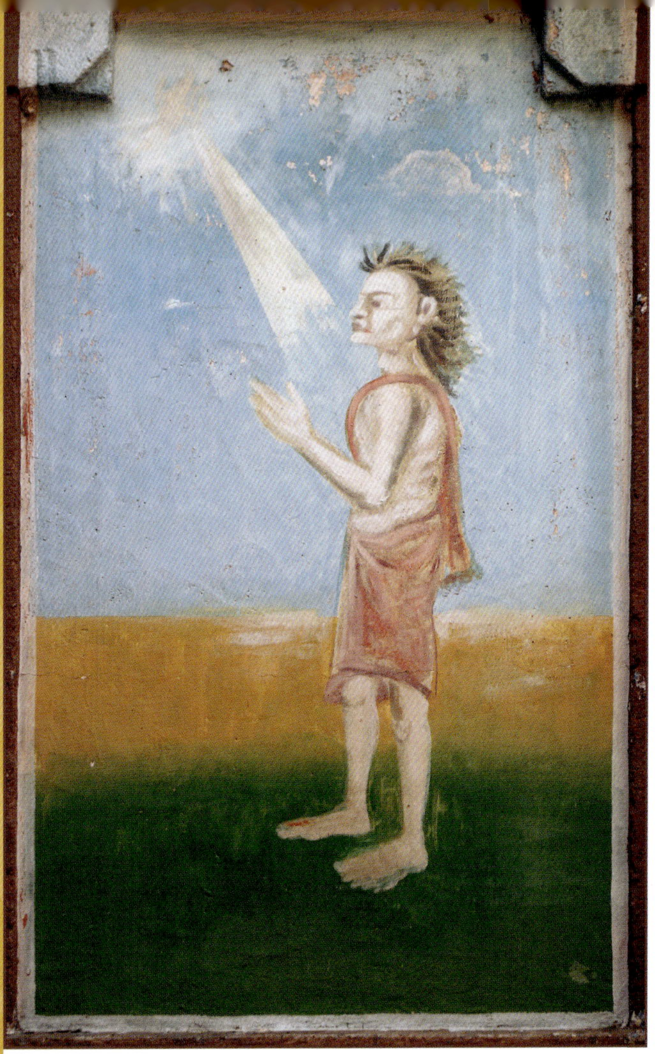

6 Śiva verwandelt Kāraikkālammaiyār in einen Ghoul. Modernes Wandbild im Kāraikkālammaiyār-Tempel in ihrer Heimatstadt Karaikkal. Foto: Georg Noack.

Im Fall von Kāraikkālammaiyār löst sich die Spannung auf, als ihr Ehemann sie verlässt, aus Angst vor der wundersamen Kraft, die aus ihrer unerschütterlichen Hingabe an Śiva entsteht. Da ihre Schönheit nun nutzlos ist, bittet Kāraikkālammaiyār Śiva, sie in einen faltigen Ghoul zu verwandeln. Befreit von ihrem Ehemann, ihrer Weiblichkeit und den Verpflichtungen ihren Eltern gegenüber, widmet sich Kāraikkālammaiyār voll und ganz dem Dienst an Śiva und verdient sich schließlich sogar den Titel »Mutter von Śiva«. Es gibt wenig Hinweise auf diese Geschichte in Kāraikkālammaiyārs vier Gedichten, obwohl sie sich selbst als Dämonenfrau beschreibt, die denselben Leichenverbrennungsplatz heimsucht wie ihr geliebter Śiva, dem sie völlig ergeben ist (*Tiruvālaṅkāṭṭu mūtta tiruppatikam*). In den meisten ihrer Verse beschreibt sie eine Beziehung einer angeborenen Abhängigkeit von Śiva wie im Eröffnungsvers ihres längsten Werkes *Aṟputattiruvantāti* (100 Verse):

> Als ich geboren wurde und zu sprechen lernte
> war ich überwältigt von Liebe
> und ich berührte deine roten Füße –
> Herr der Götter, Herr mit der prächtigen
> schwarzen Kehle,
> wird mein Kummer niemals enden?
> (Cutler 1987: 119)

In der Tat ist die Vorstellung, dass *Bhakti* in den Dichter*innen schon vor der Geburt gesät wird, ein Thema, das sich sowohl durch die Geschichten und Legenden der *Nāyaṉmār* als auch der *Āḻvār* zieht. Nach einer bekannten Legende ist Kōtai in Wirklichkeit die Göttin Bhū (Die Erdgöttin), die auf dieser Erde geboren wurde, um einen einfacheren Weg zu Viṣṇu zu offenbaren. Diesem Auftrag entsprechend verspricht sich Kōtai Viṣṇu als seine Braut, schmückt sich mit einer für ihn bestimmten Girlande und lehnt die Ehe mit einem sterblichen Mann ab. Als ihr Vater an Kōtais scheinbar unrealistischem Wunsch zu verzweifeln droht, greift Viṣṇu selbst ein und verspricht, sie im Tempel von Srirangam zu vermählen. Als sie dort ankommt, verschmilzt sie, sehr zum Erstaunen aller Anwesenden,

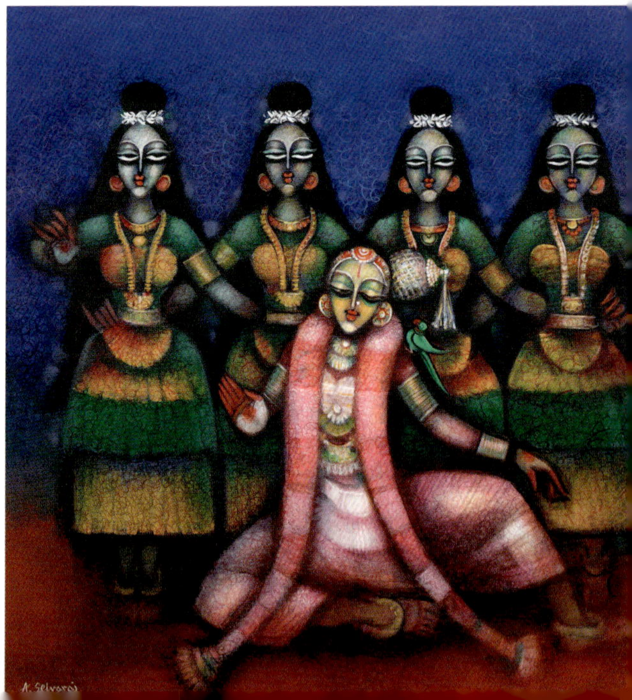

7 »Der Traum den ich träumte…«. Interpretation eines Gedichtes von Āṇṭāḷ durch den Künstler A. Selvaraj (*1943), Cholamandal Artists' Village, 2018. Acryl auf Leinwand, 150 × 150 cm. Linden-Museum Stuttgart, Inv.-Nr. SA 07152 L. Foto: Dominik Drasdow.

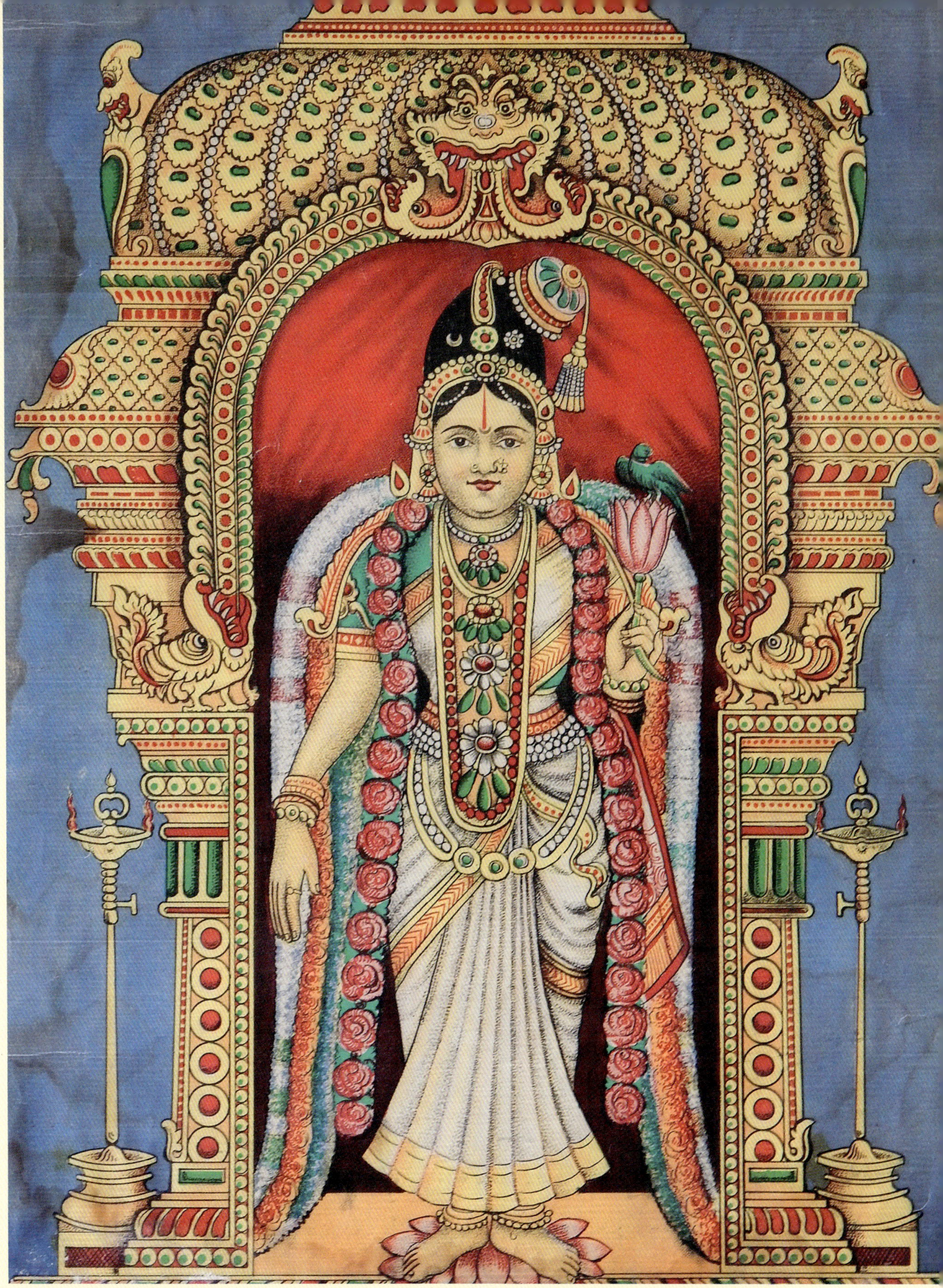

8 Āṇṭāḷ auf einem populären Andachtsbild für die Verehrung zu Hause. Sammlung der Autorin. Foto: Archana Venkatesan.

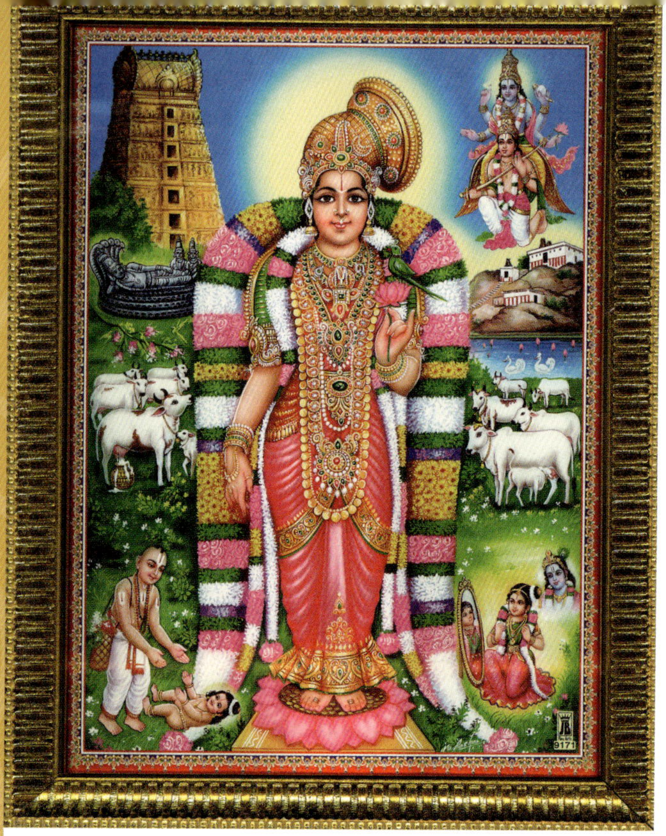

9 Āṇṭāḷ auf einem Andachtsbild für die Verehrung zu Hause. Erworben 2018 im Āṇṭāḷ-Tempel von Srivilliputhur, wo die Āṇṭāḷ-Legende spielt. Foto: Georg Noack.

mit dem liegenden Bild Viṣṇus. Für diesen einzigartigen Akt der Hingabe verdient sie den Beinamen Āṇṭāḷ (»sie, die herrscht«), denn sie hat Viṣṇus Herz wie keine andere gewonnen.

Kōtais Gedichte bieten eine reiche Quelle für die spätere viṣṇuitische Gemeinschaft, um die bemerkenswerte Legende ihrer Geschichte zu weben. Kōtai spricht Viṣṇu als ihren Geliebten an und beschreibt sich selbst, ihrem Status als seine Braut entsprechend, als lebhafte, schöne Frau. Sie hinterließ zwei Gedichte – das kurze, ungemein beliebte, dreißigstrophige *Tiruppāvai* (»heiliges Gelübde«) und das längere *Nācciyār Tirumoḻi* (»Worte einer Frau«), das aus 143 Strophen besteht. Im *Tiruppāvai* entwirft sie eine Gruppe von *Gopī*-Mädchen, die ein Gelübde ablegen, um als Belohnung die Gelegenheit zum ewigen Dienst für Kṛṣṇa zu gewinnen. Das Gedicht betont die Freude an der gemeinsamen Erfahrung des Göttlichen, was seine anhaltende Popularität erklären mag. Das *Nācciyār Tirumoḻi* hingegen stellt das individuelle Verlangen in den Vordergrund und beschreibt eine einsame Suche nach Viṣṇu als dem ersehnten Geliebten. Das *Nācciyār Tirumoḻi* ist beispielhaft für das, was Friedhelm Hardy *Viraha bhakti* (die *Bhakti* der Trennung) nannte. Darin setzt Kōtai geschickt die aus der reichen literarischen Vergangenheit der *Caṅkam* stammenden Gedichte über die Liebe ein, richtet sie aber neu auf einen Gott aus, der sowohl nah als auch fern ist. Dieser Vers aus dem achten Abschnitt des *Nācciyār Tirumoḻi* drückt diese Vorstellung sehr schön aus:

> O Wolken, die sich wie blaue Tücher
> über den weiten Himmel verteilen
> Ist Tirumāl, mein schöner Herr von Venkatam,
> wo kühle Fluten hervorspringen mit dir gekommen?
> Meine Tränen sammeln sich und ergießen
> sich zwischen meinen Brüsten
> wie Wasserfälle.
> Er hat meine Weiblichkeit zerstört.
> Wie kann ihm das Ehre einbringen?
> (*Nācciyār Tirumoḻi* 8.1, in: Venkatesan 2010: 168)

10 Kaṇṇappar, der Jäger. Bronzefigur, ca. 15.–18. Jahrhundert, Höhe: 43 cm. National Museum of Denmark, Inv.-Nr. Da.168. Foto: John Lee.

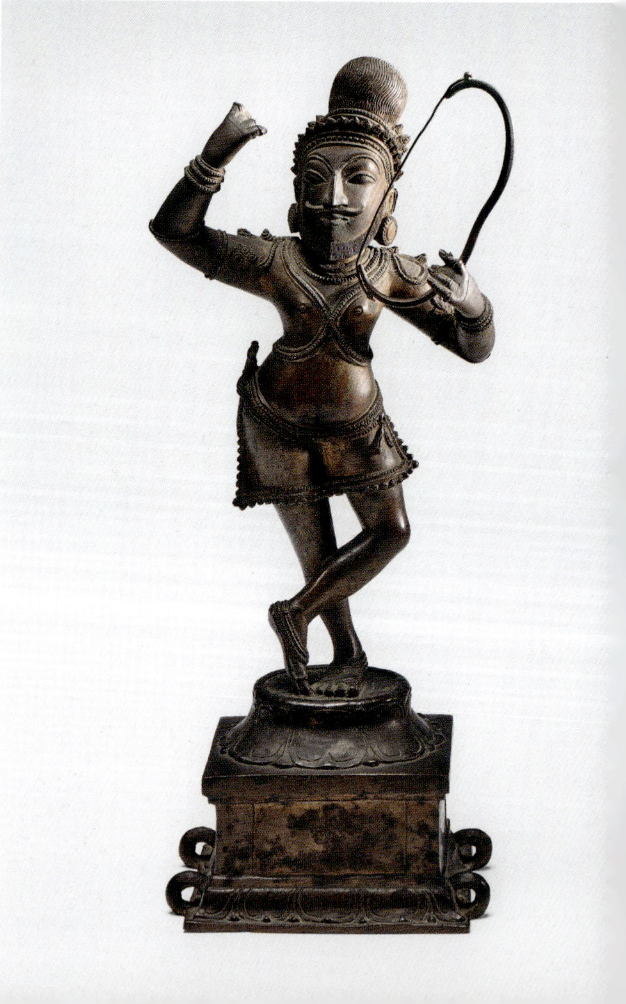

Kaṉṉappar: Verehrer, aber nicht Dichter

Während alle zwölf *Āḻvār* Dichter*innen sind, ist der Fall mit den 63 *Nāyaṉmār* weitaus komplexer. Einige von ihnen sind Dichter*innen, während viele andere vor allem legendäre Verehrer*innen Śivas sind, deren Geschichten im *Periya Purāṇam* (»Die Große Legende«) aus dem zwölften Jahrhundert, dem letzten Buch des *Tirumuṟai*, wiedergegeben werden. Diese Hagiografien feiern beispielhafte śivaitische Hingabe, verstanden als eine allumfassende Pflicht, die aus einer überwältigenden, zielstrebigen Liebe zu Śiva entspringt. Weder der eigene Körper noch die eigene Kaste oder familiäre und verwandtschaftliche Bindungen können dem liebevollen Dienst an Śiva im Wege stehen. Die Geschichte von Kaṉṉappar ist vielleicht der berühmteste *Nāyaṉmār*-Ausdruck dieser Vision tamilischer *Bhakti*. Kaṉṉappar, ein Jäger, stolpert im Wald über ein Śivaliṅga. Er fühlt sich zu ihm hingezogen und verehrt es auf die einzige Art und Weise, die er kennt: Er opfert ihm Fleisch, das er erlegt, badet es mit Wasser, das er im Mund trägt, und schmückt es mit Blumen, die sein Haar schmücken. Der brahmanische Hüter des Waldschreins ist entsetzt über diese frevelhaften, unreinen Opfergaben und bittet Śiva, ihm ihren Ursprung zu offenbaren. Als Kaṉṉappar am nächsten Tag eintrifft, beginnt das Liṅga aus einem seiner Augen zu bluten. Unerschrocken reißt Kaṉṉappar eines seiner eigenen Augen heraus, um es zu ersetzen. Gerade als er es einsetzt, beginnt auch das andere Auge zu bluten. Kaṉṉappar macht sich, ohne zu zögern bereit, sein zweites Auge auszureißen. Śiva hält ihn auf und demonstriert dem zuschauenden Brahmanenpriester die Vollkommenheit der Hingabe des Jägers.

11 Kaṉṉappar verehrt Śiva mit dem Fuß und sticht sich ein Auge aus, um es dem Gott zu opfern. Holzrelief, ca. 18.–19. Jahrhundert, Höhe: 26 cm. Privatleihgabe. Foto: Dominik Drasdow.

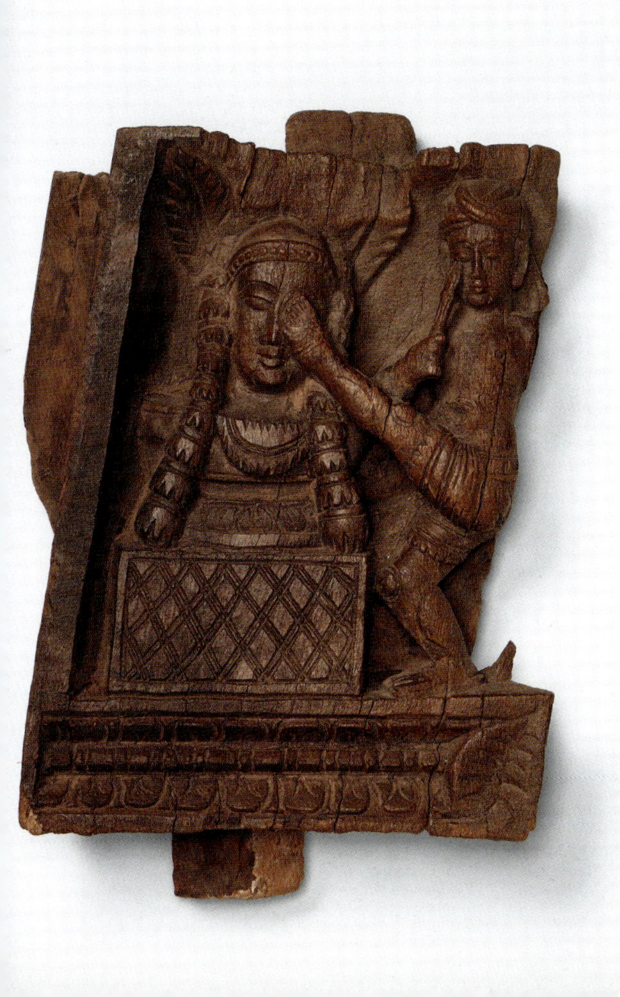

Wie die *Bhakti*-Dichtung betont auch die Geschichte von Kaṉṉappar die intime Beziehung zwischen dem Gott und seinem Verehrer, in der ihre Körper fast miteinander verschmelzen. *Bhakti* wird nicht durch den Kastenstatus definiert, sondern durch die Qualität und Reinheit der Liebe. Diese Liebe selbst überschreitet Konventionen und bricht die Schranken dessen, was normativ oder akzeptabel ist – sei es, dass Kōtai-Āṇṭāḷ Viṣṇu eine rituell unreine Girlande darbringt oder Kaṉṉappar Blumen verwendet, die er bereits getragen hat. Die tamilische *Bhakti* stellt eine sinnliche Erfahrung des Göttlichen in den Vordergrund und fängt diese Erfahrung in bewegender Poesie ein. Während die *Āḻvār* und *Nāyaṉmār* ungewöhnliche Figuren sind, die unmöglich nachgeahmt werden können, erlauben uns ihre Gedichte und Geschichten, in ihre Welt einzutreten und durch ihre Worte einen kleinen Teil der Süße ihrer grenzenlosen Liebe zu ihren geliebten Gottheiten zu schmecken.

1 *Bhakti* bezeichnet die leidenschaftliche Gottesliebe als Erlösungsweg, der mit der vollkommenen Hingabe an einen Gott verbunden ist.
2 *Veda*, Sanskrit für »Wissen« oder »heilige Lehre«, bezeichnet die ältesten autoritativen Texte des Hinduismus.

THOMAS LEHMANN

Die Tamil-Renaissance

தமிழ் மறுமலர்ச்சி

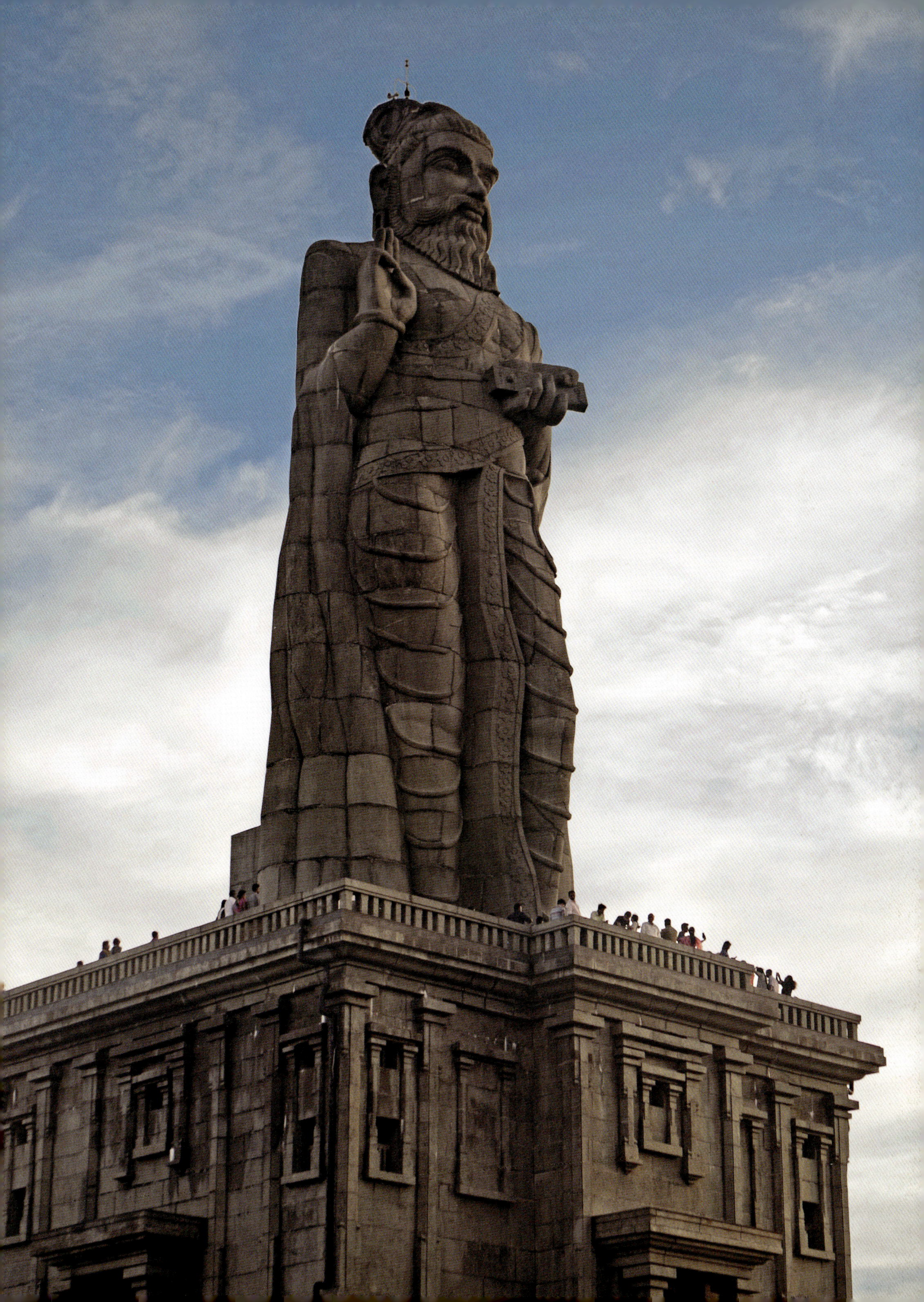

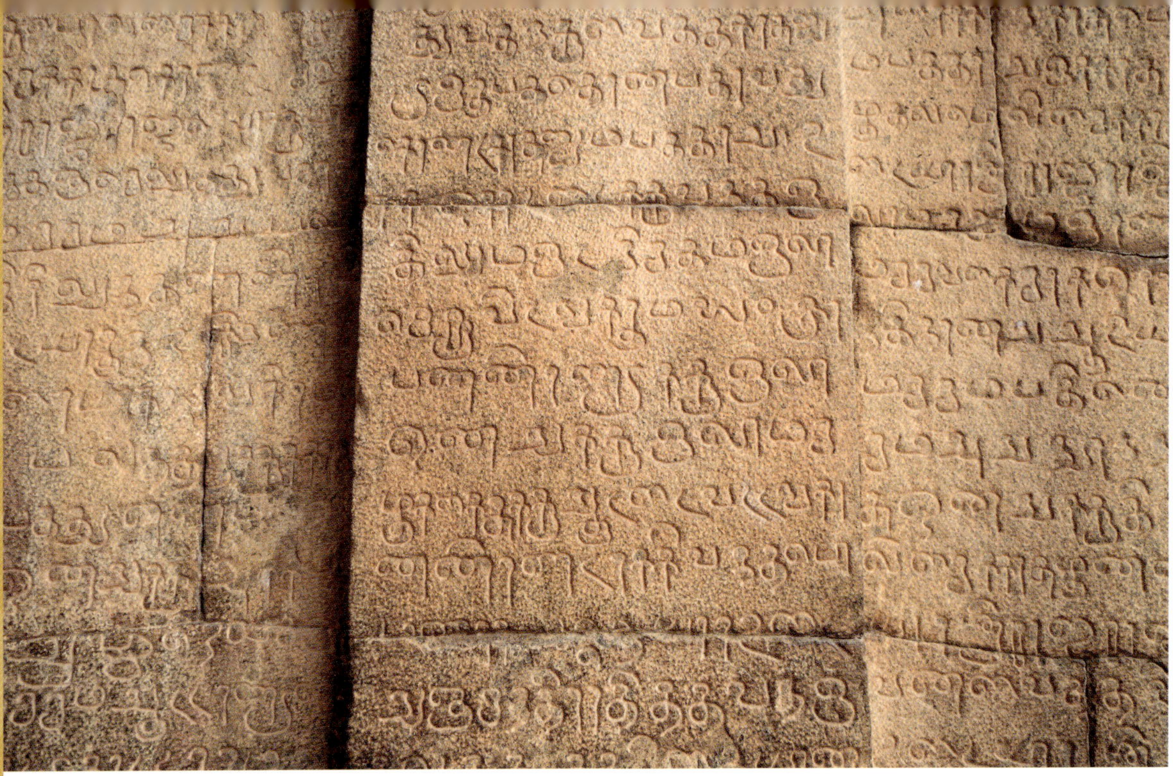

2 Die Außenwände des Brihadiśvara-Tempels in Thanjavur, der von Rājarāja Cōḻa zwischen 1003 und 1010 n. Chr. erbaut wurde, sind mit Inschriften in altem Tamil bedeckt. Foto: Georg Noack.

Gegen Ende des 19. Jahrhunderts entstand in der Tamil-sprechenden Region Südindiens – der damaligen Madras Presidency – ein neues Bewusstsein über die Eigenständigkeit und das Alter der tamilischen Kultur und insbesondere der tamilischen Sprache und Literatur. Diese neue Erkenntnis von einer langen, über zweitausendjährigen kulturellen Tamil-Tradition mit ihrem reichen kulturellen Erbe und ihrer eigenständigen tamilischen Identität führte zu einem großen Kultur- und Sprachstolz sowie zu einem außerordentlichen Enthusiasmus, die antike Tamil-Sprache und -Literatur wissenschaftlich zu erforschen. Dieses kulturelle Phänomen, das ungefähr ab 1880 aufblühte, wird allgemein als »Tamil-Renaissance« bezeichnet.

Die Tamil-Renaissance ist eines von mehreren faszinierenden kulturellen Phänomenen, die im 19. Jahrhundert in der Tamil-Region aufkamen bzw. vorherrschten. Im Folgenden werden die Wechselwirkungen und Verbindungen dieser Phänomene, die dabei jedoch jeweils ihren eigenen Ursprung und eine eigenständige Zielrichtung hatten, aufgezeigt.

◄ 1 Die Statue des tamilischen Dichters Tiruvaḷḷuvar an der Südspitze Indiens hält ein Palmblattmanuskript seiner Verssammlung *Tirukkuṟaḷ* in der Hand. Das Monument ist 133 Fuß (40,5 m) hoch, entsprechend den 133 Kapiteln des *Tirukkuṟaḷ*. Foto: Georg Noack.

Über die Fortdauer der europäischen missionarischen Tradition des Orientalismus, die bereits im 16. Jahrhundert entstand, gab es eine kontinuierliche Beschäftigung europäischer Missionare mit indigenen indischen Sprachen und Literaturen. In den vorangegangenen vier Jahrhunderten zeigten christliche Missionar*innen in Südindien ein großes Interesse am Erforschen und Erlernen südindischer Sprachen und insbesondere des Tamil. Sie verfassten in diesen Jahrhunderten die ersten bi-lingualen Grammatiken und Wörterbücher des Tamil und damit einer indischen Sprache überhaupt. Des Weiteren schufen sie die ersten Übersetzungen von Texten aus europäischen Sprachen (Katechismen, Bibeltexte, etc.) in das Tamil. Innerhalb dieser Tradition war die Entwicklung der Dravidischen Ideologie durch den schottischen Missionar Robert Caldwell um die Mitte des 19. Jahrhunderts eines der wichtigsten kulturellen Ereignisse dieses Jahrhunderts. Indem diese einen Gegensatz zwischen der südindischen oder dravidischen Kultur und der nordindischen, arischen, sanskritischen Kultur herausstellte, postulierte sie erstmals eine eigene, »ursprüngliche«, indigene dravidische Kultur und Zivilisation.

Weiterhin etablierte sich zu Beginn des 19. Jahrhunderts die europäisch koloniale Tradition des Orientalismus in Madras, d. h. die Erforschung südindischer Sprachen und Literaturen durch britische Kolonialbeamte und Gelehrte, die dabei zum ersten Mal die linguistische Eigenständigkeit der südindischen Sprachfamilie aufzeigten.

In der zweiten Hälfte des 19. Jahrhunderts entwickelte sich dann eine indigene tamilische Śivaismus-Wiederbelebungsbewegung, die den tamilischen Śivaismus als die ursprüngliche Religion Indiens ansah und dies durch eine Vielzahl von Publikationen propagierte. Die Śivaismus-Wiederbelebungsbewegung, die als »Neo-Śivaismus« bekannt wurde, betrachtete den tamilischen Śivaismus als die ursprüngliche Religion der Tamilen vor der Ankunft der Brahmanen in Südindien, die durch den fremden, sanskritischen Śivaismus der Brahmanen »korrumpiert« worden sei. Dieser Tamil-Śivaismus zeichnete sich insbesondere durch die Lobpreisung Śivas mittels reiner Tamil-Rituale aus, welche keiner brahmanischen Priester bedurften. Gott Śiva wurde als originär dravidisch und demnach als untrennbar von der tamilischen Sprache dargestellt. Der Gott selbst soll, gemäß einer Legende, Tamil gar als favorisierte Sprache für seine Lobpreisung auserwählt haben.

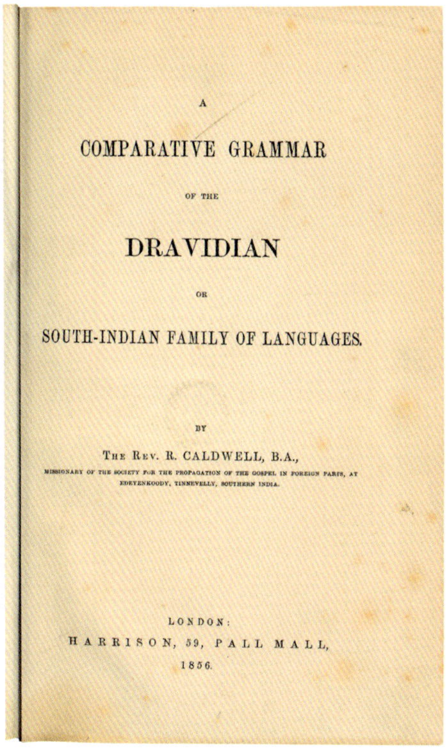
A

COMPARATIVE GRAMMAR

OF THE

DRAVIDIAN

OR

SOUTH-INDIAN FAMILY OF LANGUAGES.

BY

THE REV. R. CALDWELL, B.A.,

MISSIONARY OF THE SOCIETY FOR THE PROPAGATION OF THE GOSPEL IN FOREIGN PARTS, AT EDEYENKOODY, TINNEVELLY, SOUTHERN INDIA.

LONDON:
HARRISON, 59, PALL MALL,
1856.

3 Robert Caldwell: *A Comparative Grammar of the Dravidian or South Indian Family of Languages*. Erstausgabe, London: Harrison 1856. Württembergische Landesbibliothek Stuttgart, Phil.oct. 6968.

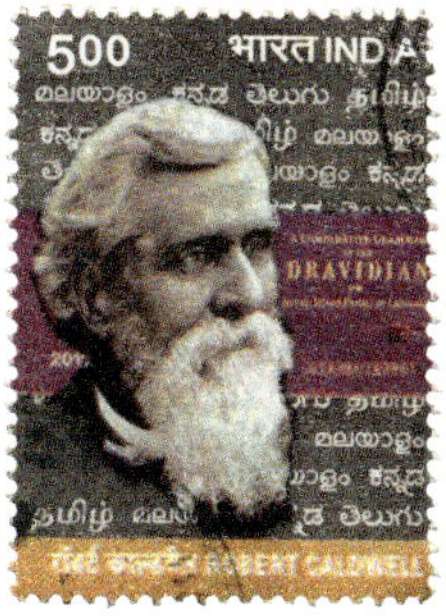

4 Eine indische Briefmarke aus dem Jahr 2010, die Robert Caldwell und die Schriften der vier größten dravidischen Sprachen (Tamil, Malayalam, Kannada und Telugu) im Hintergrund zeigt.

Die Dravidische Ideologie stammt aus der Feder des europäischen Missionars Robert Caldwell und postuliert eine antike, rein dravidische bzw. tamilische Kultur. Durch die gleichzeitige Revitalisierung eines antiken Tamil-Śivaismus, der eng mit der Tamil-Sprache verbunden war, wurde diese Dravidische Ideologie nun zum einen auf das Gebiet der Religion erweitert und zum anderen auch in die Śivaismus-Wiederbelebungsbewegung und damit in eine Tamil-Bewegung übernommen. Zusätzlich erfolgte im letzten Viertel des 19. Jahrhunderts die sogenannte »Wiederentdeckung« der klassischen Tamil-Literatur in Form einer erstmaligen Editierung[1] und Veröffentlichung antiker, klassischer Tamil-Texte.

Die Entstehung und Verbreitung der Ideen dieser verschiedenen Traditionen und Bewegungen, ihr Zusammenspiel und Dialog entstanden vor dem generellen kulturellen Hintergrund des 19. Jahrhunderts, dem Entstehen des Druckwesens in Indien. Die Zunahme der Druckerpressen und Druckmaschinen ermöglichte die Produktion von gedruckten Materialien, wie Bücher, Zeitschriften, Zeitungen, Pamphleten, und erlaubte damit die schnelle Weiterverbreitung der Konzepte und Ideologien der verschiedenen kulturellen Traditionen und Strömungen im 19. Jahrhundert.

Um die komplexen Zusammenhänge der verschiedenen kulturellen Traditionen, Strömungen, Ideologien und Ereignisse zu verdeutlichen, werden im Folgenden zunächst die beiden kulturellen Phänomene skizziert, die die Ursachen und Ursprünge für die Entwicklung der Tamil-Renaissance gegen Ende des 19. Jahrhunderts bildeten: die Entstehung der Dravidischen Ideologie und die sogenannte »Wiederentdeckung« der klassischen Tamil-Literatur. Innerhalb der europäischen missiona-

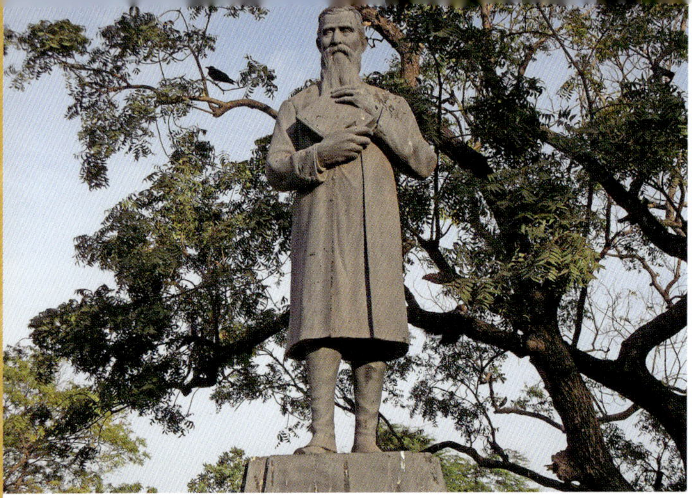

5 Statue von Robert Caldwell, Marina Beach, Chennai. 1968 von der Regierung von Tamil Nadu errichtet. Foto: Rasnaboy, (https://commons.wikimedia.org/wiki/File:MarinaBeach_RobertCaldwell.jpg) (CC BY-SA 3.0).

rischen Tradition des Orientalismus war die Publikation des grammatischen Werkes *A Comparative Grammar of the Dravidian or South-Indian Family of Languages* durch Caldwell (1819–1891) im Jahre 1856 eines der bedeutendsten kulturellen Ereignisse des 19. Jahrhunderts. Bereits vierzig Jahre zuvor im Jahre 1816 hatte der britische Kolonialbeamte Francis Whyte Ellis (1777–1819) in einem wenig beachteten Vorwort zu einer Telegu-Grammatik aufgezeigt, dass die südindischen Hauptsprachen Tamil, Telegu, Kanaresisch und Malayalam strukturell so verschieden von der Sanskrit-Sprache sind, dass es unmöglich sein kann, dass die südindischen Sprachen vom Sanskrit abstammen, wie es die europäischen kolonialen Orientalisten in Kalkutta bisher propagierten. Ellis brachte damit zum ersten Mal den linguistischen Beweis, dass die südindischen Sprachen eine eigene, von den indo-arischen Sprachen (Sanskrit) unabhängige Sprachfamilie bilden. Caldwell konsolidierte danach diese Erkenntnis in seiner Grammatik durch eine umfangreiche linguistische Argumentation und machte die Entdeckung der unabhängigen Existenz der südindischen Sprachfamilie in Gelehrtenkreisen in der Mitte des 19. Jahrhunderts erst richtig bekannt. Von entscheidender Bedeutung ist jedoch, dass Caldwell in seinem ausgedehnten Vorwort zu seiner Grammatik über das Gebiet der Philologie hinausgeht und in das Gebiet der Ethnologie, der »Rassen- und Kulturtheorien« eintritt und dabei eine neue Kulturtheorie aufstellt, in der er für »südindisch« das Wort »dravidisch« als Gegenbegriff zu der Bezeichnung »arisch« prägte. Die wesentlichen Inhalte von Caldwells neuer Kulturtheorie, die als die Dravidische Ideologie bekannt wurde, lauten wie folgt: 1. Die dravidischen Sprachen sind eine vom Sanskrit unabhängige, eigenständige Sprachfamilie. 2. Die Sprecher*innen der dravidischen Sprachen sind auch eine andere »Rasse oder Ethnie« als die Sprecher der arischen Sprachen (Sanskrit). 3. Die Sprecher der dravidischen Sprachen seien eine eigenständige, unabhängige Kultur und Zivilisation, verschieden von der Kultur und Zivilisation der Arier, die hoch entwickelt war. 4. Durch die Migration der arischen, sanskritischen Brahmanen nach Südindien habe eine linguistische, soziale und kulturelle Kolonisierung der dravidischen Gesellschaft und Zivilisation stattgefunden, z. B. durch den Import von Sanskrit und durch die Auferlegung des Kastensystems. 5. Dadurch sei eine kulturelle und soziale Degradierung der dravidischen Zivilisation erfolgt. Caldwell schließt mit dem Aufruf, dass die ursprüngliche glorreiche dravidische Zivilisation wieder hergestellt werden solle – ein Impetus für die Tamil-Renaissance. Die Dravidische Ideologie Caldwells hatte weitreichende kulturelle, soziale und

6 C. W. Damodaram Pillai, nach Hoole (1997).

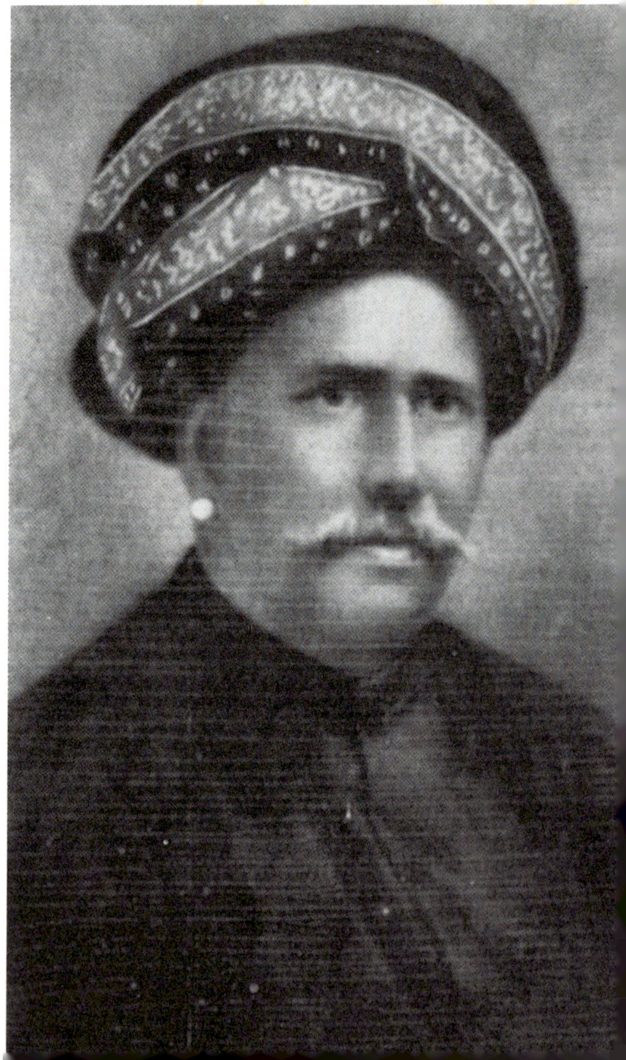

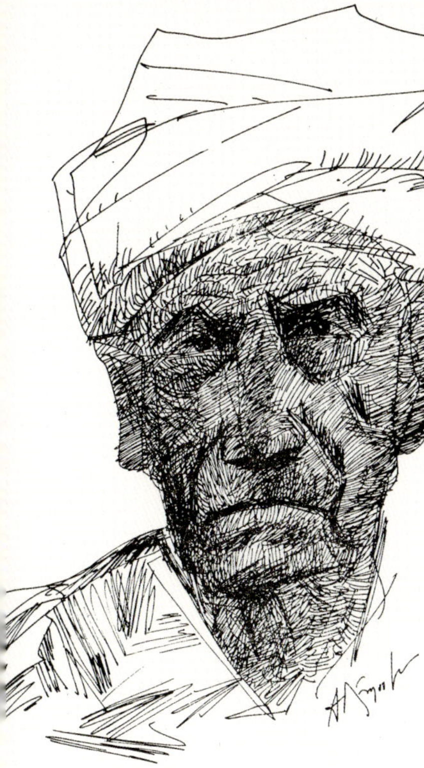

7 U. Vē. Cāminātaiyar (U. V. Swaminatha Iyer). Zeichnung des tamilischen Künstlers K. M. Adimoolam (1938–2008).

politische Folgen für das 19. und 20. Jahrhundert in Südindien und war einer der beiden wichtigen Auslöser für die Tamil-Renaissance.

In der zweiten Hälfte des 19. Jahrhunderts widmeten sich zahlreiche traditionelle Tamil-Gelehrte der sogenannten »Wiederentdeckung der klassischen Tamil-Literatur«. Die Werke der klassischen Tamil-Literatur aus den ersten sechs Jahrhunderten unserer Zeitrechnung waren der Tamil-Gelehrsamkeit im 18. und 19. Jahrhundert zwar durch ihre namentliche Erwähnung und ihre Zitate in der überlieferten grammatischen Literatur, die die traditionellen Tamil-Gelehrten studierten, bekannt. Auch wurden die Palmblattmanuskripte dieser Texte im Rahmen der allgemeinen Überlieferung von Palmblattmanuskripten durch regelmäßiges Kopieren der Manuskripte weiterhin tradiert. Jedoch wurden die Manuskripte der klassischen Tamil-Literatur im 19. Jahrhundert und den Jahrhunderten zuvor von den traditionellen Tamil-Gelehrten weder gelesen noch studiert oder gar gelehrt. In der Ausbildung der traditionellen Tamil-Gelehrten waren das Studium und die Lehre dieser Texte sozusagen »in Vergessenheit geraten«. Erst in der zweiten Hälfte des 19. Jahrhunderts widmeten sich Tamil-Gelehrte wie Āṟumuka Nāvaḷar (1822–1879), Ci. Vai. Tamōtaram Piḷḷai (oft C. W. Damotaram Pillai geschrieben, 1832–1901) und U. Vē. Cāminātaiyar (oft U. V. Swaminatha Iyer geschrieben, 1885–1942) hingebungsvoll der Suche nach Manuskripten der klassischen Tamil-Literatur und der erstmaligen Erschließung dieser Texte. Auf diese Weise wurden die Werke der klassischen Tamil-Literatur mit Stolz sozusagen »wiederentdeckt«, ediert und zum ersten Mal publiziert. Entscheidend war in diesem Zusammenhang auch die Entwicklung des Buchdrucks, so dass diese Werke zum ersten Mal in Buchform in der Tamil-Gelehrtenwelt verbreitet werden konnten. Durch diese sogenannte »Wiederentdeckung« der klassischen Tamil-Literatur, die eine glorreiche Gesellschaft von vor zweitausend Jahren beschreibt, wurden die Thesen Caldwells von einer sogenannten einzigartigen antiken Tamil-Kultur untermauert. Eine zentrale Rolle nahm in diesem Kontext insbesondere der Tamil-Gelehrte U. Vē. Cāminātaiyar ein. Er war Herausgeber der meisten alten Texte der klassischen Tamil-Literatur und

8 Titelseite eines von U. Vē. Cāminātaiyar herausgegebenen Klassikers der tamilischen Literatur: Das Cīvaka Cintāmaṇi,Versepos eines jainistischen Autors aus dem 10. Jahrhundert. Scan: Roja Mutthiah Research Library, Chennai.

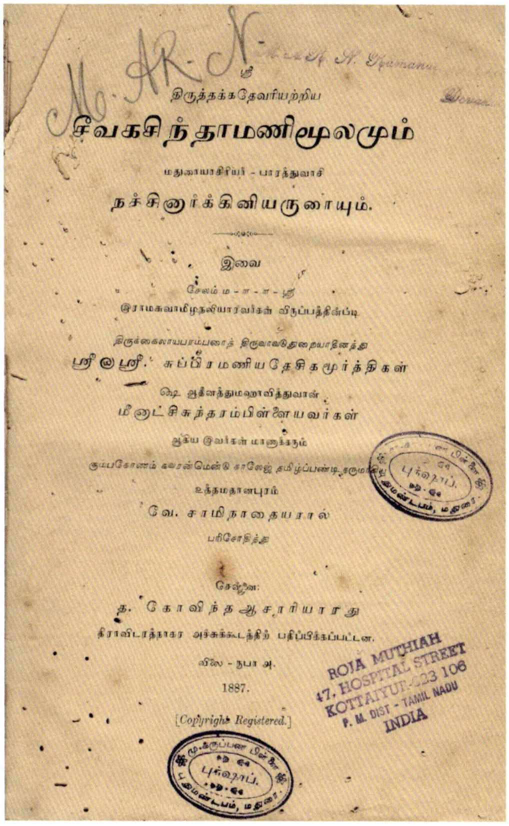
ஸ்ரீ
திருத்தக்கதேவரியற்றிய
சீவகசிந்தாமணிமூலமும்
மதுரையாசிரியர் - பாரத்துவாசி
நச்சினார்க்கினியருரையும்.

இவை
சேலம் ம-ா-ா-ஸ்ரீ
இராமசுவாமிமுதலியாரவர்கள் விருப்பத்தின்படி
திருக்கைலாயபரம்பரைத் திருவாவடுதுறையாதீனத்து
ஸ்ரீ லஸ்ரீ சுப்பிரமணியதேசிகமூர்த்திகள்
ஷை ஆதீனத்துமஹாவித்துவான்
மீனாட்சிசுந்தரம்பிள்ளையவர்கள்
ஆகிய இவர்கள் மாணாக்கரும்
கும்பகோணம் கவர்ன்மெண்டு காலேஜ் தமிழ்ப்பண்டிதருமாகிய
உத்தமதானபுரம்
வே. சாமிநாதையரால்
பரிசோதித்து

சென்னை:
த. கோவிந்தஆசாரியாரது
திராவிடரத்நாகர அச்சுக்கூடத்திற் பதிப்பிக்கப்பட்டன.
விலை - ரூபா அ.
1887.
[Copyright Registered.]

verfasste zusätzlich wertvolle Kommentare zu den einzelnen Werken.

Im letzten Viertel des 19. Jahrhunderts erfolgte in der Tamil-Region eine bedeutende Veränderung des kulturellen Milieus. Verantwortlich hierfür waren die zwei skizzierten indologischen Pionierarbeiten, die als ein Impetus für die Tamil-Renaissance fungierten: einerseits die von Robert Caldwell postulierte neue Erkenntnis, dass nicht nur die dravidischen Sprachen, sondern auch die dravidische Kultur und Zivilisation einen eigenständigen, unabhängigen Ursprung haben und dass das Tamil mit seiner über zweitausendjährigen Literaturgeschichte eine mit dem Sanskrit und anderen klassischen Sprachen vergleichbare glorreiche Vergangenheit aufweist, andererseits der Beginn der Publikation klassischer Tamil-Texte, die das von Caldwell postulierte zweitausendjährige Alter der Tamil-Kultur belegten und beschrieben und somit als Dokumente einer legendären Vergangenheit fungierten.

Das neue kulturelle Milieu war nun gekennzeichnet durch einen neuen Kulturstolz und ein neues kulturelles Selbstbewusstsein, welche auf der Wiederentdeckung der Geschichte und Tradition der Tamil-Kultur fußten. Dieser neue Nationalstolz herrschte vor allem in der gebildeten Gesellschaftsschicht und in der Welt der Tamil-Gelehrten vor und mündete in den Drang, die Tamil-Sprache, Tamil-Literatur und damit die gesamte antike Tamil-Kulturgeschichte zu erforschen und zu rekonstruieren. Hierin sehen wir den Beginn der Tamil-Renaissance, die sich zum Ziel gesetzt hatte, die Geschichte und die antike Glorie der Tamil-Kultur zu erforschen und zu belegen. Die wichtigsten Aktivitäten dieser Zeit bestanden in:

- der Editierung und Publikation klassischer Tamil-Texte
- dem Verfassen einer Tamil-Literaturgeschichte
- dem Verfassen einer Sozial- und Kulturgeschichte des Tamil
- Lexikografischen Arbeiten
- epigrafischen (Inschriftenkunde) und archäologischen Arbeiten
- Diskursen über die Klassizität des Tamil
- Diskursen über die Bildung eines klassischen Tamil-Kanons
- der Vergöttlichung der Tamil-Sprache und Entstehung einer Tamil-Sprachverehrung in Form des Verfassens von Lobgedichten auf die Muttergöttin Tamil
- der Gründung von akademischen Forschungseinrichtungen wie der Madurai Tamil Sangam (1901)
- der Gründung von akademischen Zeitschriften

Dabei war die Suche nach Manuskripten klassischer Tamil-Texte sowie deren Bearbeitung und Herausgabe die wichtigste und grundlegendste Arbeit der Tamil-Renaissance, da diese Texte einerseits die Grundlage für viele andere Aktivitäten waren, indem sie das Material für die Rekonstruktion der Vergangenheit, beispielsweise in Form des Verfassens von Literaturgeschichten bereitstellten; andererseits lieferten die Texte selbst den Beleg für die Antiquität der Tamil-Kultur.

Die Vergöttlichung der Tamil-Sprache und die Entstehung der Sprachverehrung während der Tamil-Renaissance bedürfen zuletzt besonderer Erwähnung. Die zentrale Persönlichkeit innerhalb dieses Phänomens war Pe. Cuntaram Piḷḷai (1855–1897), ein englisch gebildeter, bedeutender Anhänger der Neo-Śivaismus-Bewegung. Seinem berühmten Drama *Maṉōṉmaṇīyam* (1891) stellte er ein Vorwort in Form einer Hymne an die »Göttin Tamil« voran, die als Schlüsselelement für eine neue Tamil-Sprachverehrung fungierte. Mit dieser Hymne schuf Cuntaram Piḷḷai ein Model für die Abfassung einer Vielzahl von Lobpreisgedichten, mittels derer eine leidenschaftliche Liebe zur tamilischen Sprache zum Ausdruck gebracht wurde. Inspiriert durch Cuntaram Piḷḷais Hymne verfassten fortan zahlreiche Dichter Lobpreisgedichte an die als *Tamiḻttāy* (Mutter Tamil) bezeichnete »Schutzgöttin der Tamilen«. Durch diese Lobpreisung der Tamil-Sprache wurde nicht nur die Liebe der Tamil-Sprecher*innen zu ihrer Muttersprache Tamil zum Ausdruck gebracht, sondern auch die Identität der Gemeinschaft der Tamil-Sprecher*innen gestärkt. Indem die Tamil-Sprache Gestalt in eben dieser Figur der Muttergöttin *Tamiḻttāy* annahm, wurde sie nicht nur personifiziert und vergöttlicht, sondern vor allem auch feminisiert und maternalisiert. Die Sprecher*innen der Tamil-Sprache wurden hierbei als Söhne und Töchter einer gemeinsamen Mutter, der Mutter Tamil *Tamiḻttāy*, imaginiert. Als Geschwister sollte ihre Aufgabe darin bestehen, ihre gemeinsame Muttersprache zu ehren und zu verteidigen. Die als *Tamiḻttāy* imaginierte Mutter aller Tamilen stellte die Tamil-Sprache nicht länger als etwas Abstraktes dar, sondern als greifbare Person, die zu wahrhaften Gefühlen fähig war und, ob der Bedrohung der tamilischen Sprache durch das Sanskrit und Hindi, echte Tränen zu weinen vermochte.

1 Editierung bedeutet hier, dass Texte aus Palmblatthandschriften in Buchlayout mit Abschnitteinteilung und Interpunktion editiert wurden.

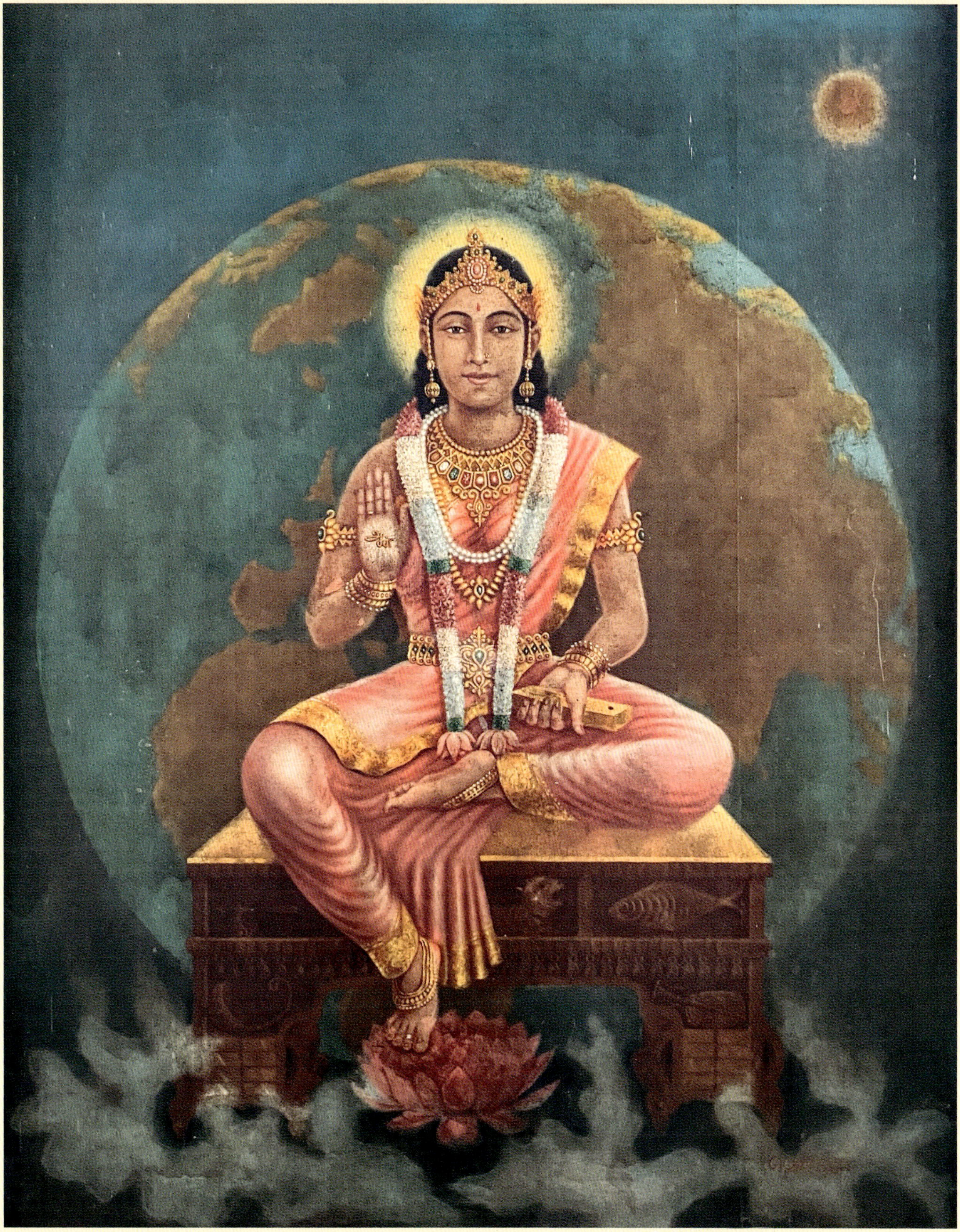

9 Gemälde der Göttin Tamil, Tamiḻttāy, in der Tamil University Thanjavur. Foto: Manuel Malten.

THEODORE BASKARAN

Tamilische Gesichter des indischen Unabhängigkeitskampfes

இந்திய விடுதலை போராட்டத்தின் தமிழ் முகங்கள்

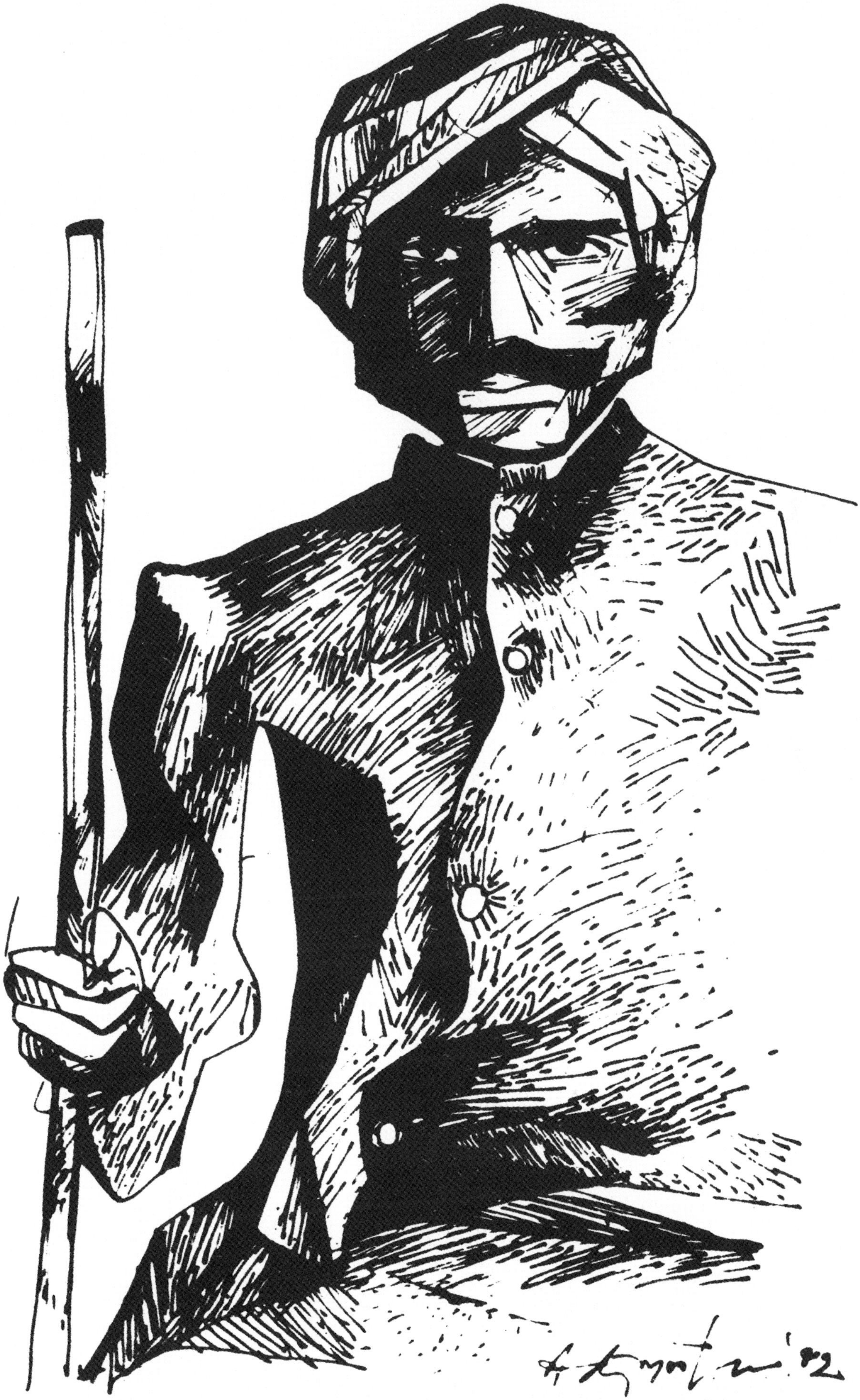

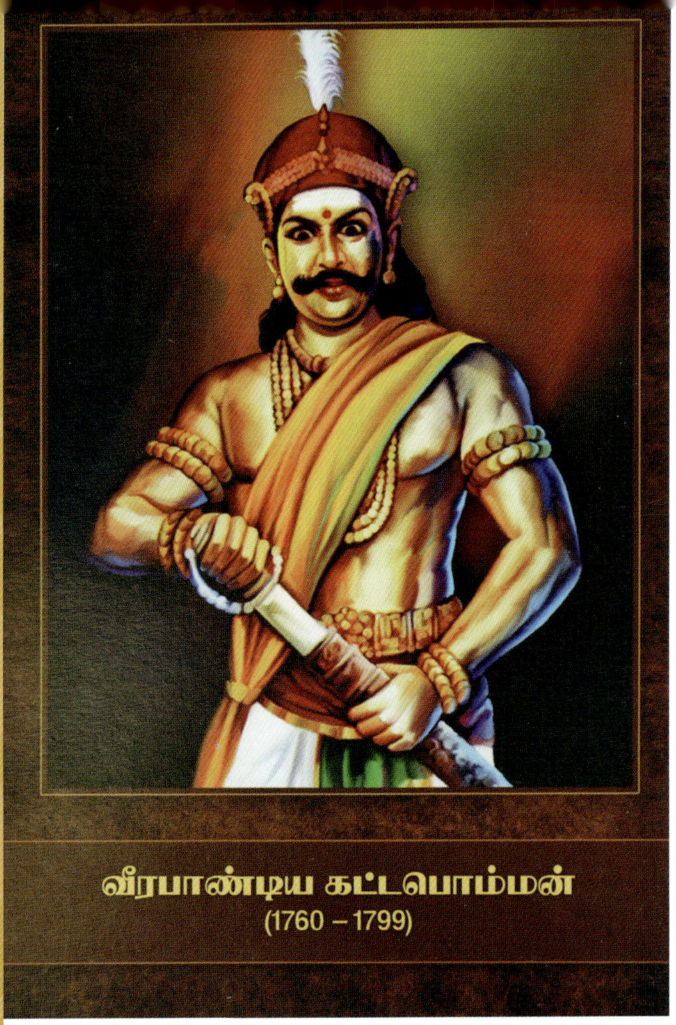

2 Virapantiya Kattambomman, Postkarte, Künstler unbekannt. Sammlung des Linden-Museums.

Es bestehen große Lücken in der Dokumentation der Freiheitskämpfer*innen von Tamil Nadu während der Unabhängigkeitsbewegung. R. S. Reddy, der ehemalige stellvertretende Generalsekretär der Vereinten Nationen (1924–2020), der seine jungen Jahre in der damaligen Madras Presidency verbrachte, sagte einmal: »Die Werke der unbekannten Freiheitskämpfer*innen in Indien zu erforschen und zu dokumentieren, wäre ein würdiger Zeitvertreib.«

◄ 1 Subramania Bharati, Skizze des Künstlers K. M. Adhimoolam (1938–2008).

Als die britische Kolonialregierung Ende des 18. Jahrhunderts ihren zögerlichen Griff auf Südindien verschärfte, nahm der Widerstand gegen die britische Herrschaft zu. Bis dahin wurde die Region von einer Reihe von *Poligars* genannten Verwaltern regiert, die der in Madurai ansässigen Nayak-Dynastie unterstellt waren. Als die Truppen der ostindischen Kompanie wie Bulldozer durch das Gebiet um Dindigul zogen, leistete der Verwalter Velayudhan Nayak Widerstand. Nach einigen Gefechten wurde er gefangen genommen und im Fort von Dindigul inhaftiert. Von ihm ist in den Aufzeichnungen nicht mehr zu lesen. Höchstwahrscheinlich wurde er an einem Tamarindenbaum am Straßenrand aufgehängt und vergessen. Einige andere *Poligars*, die den Briten die Stirn boten, wie Kattabomman, haben hingegen einen Platz in Geschichtsbüchern, Theaterstücken und Filmen gefunden. Die Figur des Velayudhan Nayak ist jedoch unbemerkt geblieben und steht für die Ignoranz bezüglich vieler südindischer Akteure in der Geschichte des Unabhängigkeitskampfes.

Doch warum neigen Historiker, die sich mit der indischen Unabhängigkeitsbewegung beschäftigen, dazu, wichtige Persönlichkeiten aus Tamil Nadu zu übersehen? Ein Grund dafür ist, dass sie sich beim Recherchieren von Bürgerbewegungen vor allem auf Archivmaterial beziehen, das in englischer Sprache und aus der Perspektive der britischen Regierung verfasst wurde. Selbst wenn Zeitungen als Quellen herangezogen werden, sind es zumeist die englischsprachigen. Ein Großteil des politischen Aktivismus des einfachen Volkes wurde jedoch in tamilischer Sprache festgehalten, in Volksliedern und Theaterstücken. Diese werden bei den Untersuchungen jedoch vernachlässigt, da sie nicht als zuverlässige historische Quelle betrachtet werden. Insofern ist die Geschichte der politischen Bewegungen eindimensional geblieben. Ein weiterer Grund dafür ist die Unzufriedenheit der nationalen Eliten Indiens mit der tamilischen Identitätspolitik. Kein Wunder, dass Madras unter den Gelehrten des letzten Jahrhunderts als »Benighted province« (»die umnachtete Provinz«) bekannt war.

Der Historiker Venkatachalapathy weist auf die Karriere des Dichters Subramaniya Bharathi (1882–1921) hin, der als ein Paradebeispiel für eine solche Vernachlässigung gilt. Bharathi erwarb sich, als er für die Wochenzeitung »Nationalist Weekly India« arbeitete, den Ruf eines journalistischen Pioniers, insbesondere durch die Verwendung von politischen Karikaturen. Er kombinierte darüber hinaus eigene Liedtexte mit populären Melodien und setzte sie für die politische Agitation ein. Mit bemerkenswertem Verständnis für den Einfluss der Volksmusik auf die Menschen nahm er populäre Genres wie *Kummi* (Volkstanz) und *Chindhu* (Volkstheater) auf. Seine Lieder bildeten die Vorlage für patriotische Lieder, mit denen er die Unterstützung für die nationalistische Bewegung in Tamil Nadu gewann. Der Dichter verstarb 1921, während die Popularität seiner Lieder und sein Einfluss auf die moderne tamilische Literatur weiter zunahmen. Obwohl die britische Regierung seine Lieder aus den Printmedien verbannte, konnten sie ihre Verwendung über Grammophonplatten und bei Versammlungen nicht verhindern. Auch eine Reihe von tamilischen Filmen, allen voran »Menaka« (1936), verbreitete seine patriotischen Lieder. Venkatachalapathy wirft die Frage auf, warum Bharathi trotz seines enormen Einsatzes für die nationalistische Sache außerhalb von Tamil Nadu wenig bekannt ist. Dabei stellt er im Vergleich mit dem bengalischen Dichter Rabindranath Tagore fest, dass im Gegensatz zur bengalischen gebildeten Mittelschicht ihr Äquivalent in Tamil Nadu Bharathi im Stich ließ.

Chidambaram Pillai (1872–1936) hatte Bharathi 1906 in Thoothukudi (Tuticorin) getroffen, wo er als Anwalt arbeitete. So wurde er in den Strudel des Unabhängigkeitskampfes hineingezogen. Die nationalistische Bewegung Chidambarams fand eine starke Basis, als sie sich am Streik der Korallenmühlen von Thoothukudi beteiligte. Für sein Traumprojekt, eine indische Reederei zu eröffnen, und inspiriert von der *Swadeshi*-Bewegung,[1] die sich immer weiter ausbreitete, reiste er daraufhin durchs Land, um Geld zu sammeln. Er kaufte zwei Schiffe, die SS Gallia und die SS Lavo, und gründete die »Swadeshi Steam Navigation Company«, womit er sich

3 Comic über das Leben Subramaniya Bharathis. Amar Chitra Katha, Mumbai, 2008. Sammlung des Linden-Museums.

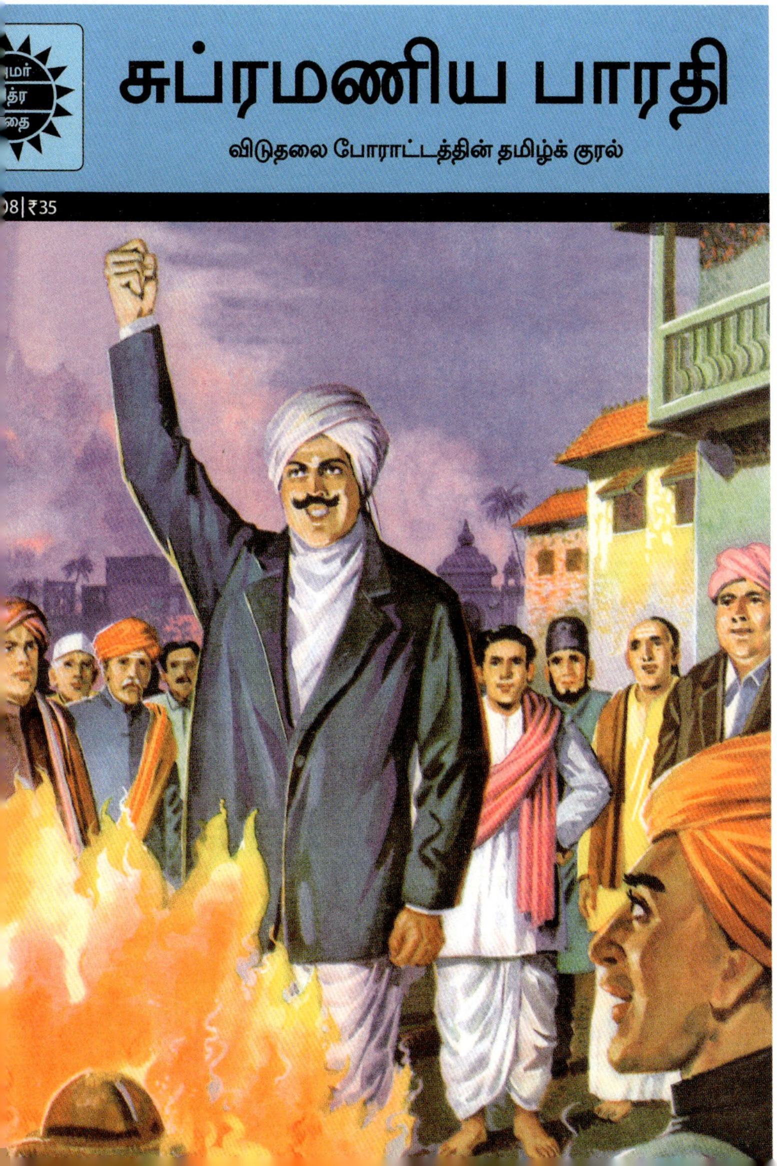

4 Film Poster: »Menaka« (1936). Foto: Sammlung des Autors.

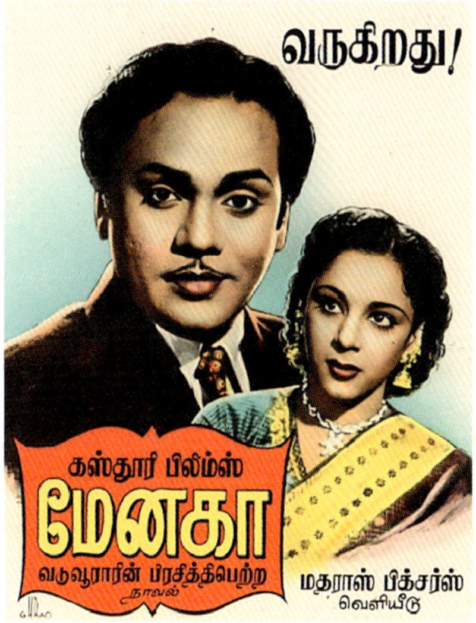

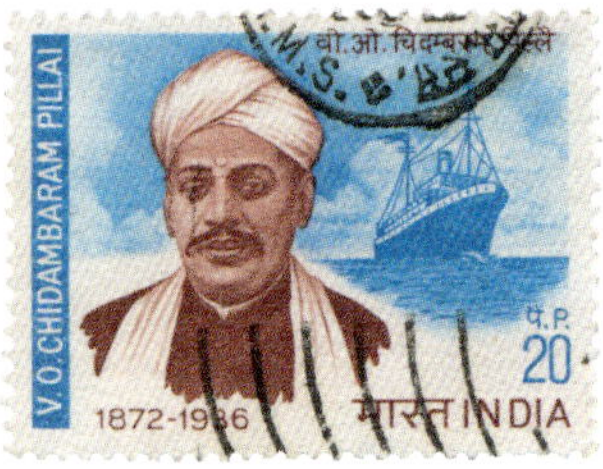

5 Briefmarke: V. O. Chidambaram Pillai, Indien 1972.

gegen die Vormachtstellung der »British Indian Steam Navigation Company« auflehnte. Die erste in indischem Besitz befindliche Reederei nahm einen regelmäßigen Passagierdienst zwischen Thoothukudi und Colombo auf Sri Lanka auf und Chidambaram ging als »tamilischer Steuermann« in die Geschichte ein. Doch das Geschäft lief nicht lange und Chidambarams politischer Aktivismus führte 1908 zur seiner Verhaftung wegen Anstiftung öffentlichen Aufruhrs. Er wurde erst 1912 freigelassen. Während er im Gefängnis dahinsiechte, widmete er sich der śivaitischen Ideologie, für die er sich seit vielen Jahren interessierte und über die er viel schrieb. Nach seiner Entlassung zog er nach Madras, eröffnete ein Lebensmittelgeschäft und verdiente sich ein mageres Auskommen.

Bei einer öffentlichen Versammlung, die am 23. November 1907 am Marina-Beach in Madras abgehalten wurde, um die Freilassung von Lala Lajpat Rai (einem indischen Unabhängigkeitskämpfer, der auch unter dem Namen »Löwe des Punjab« bekannt war) zu feiern, kamen mehrere bedeutende politische Aktivisten zusammen. Neben Bharathi war ein weiterer Aktivist anwesend, dessen Präsenz von der britischen Polizei mit Adleraugen beobachtet und umgehend in ihrem Bericht festgehalten wurde: Vengal Chakkarai Chettiar (1880–1958) war ein Gandhi-Anhänger, Gewerkschaftsführer und später Bürgermeister von Madras (1941/42). Als christlicher Theologe, der in der nationalistischen Politik aktiv war und 1954 bis 1957 Präsident des *All India Trade Union Congress* wurde, gab er eine ungewöhnliche Mischung ab. In dieser Zeit engagierten sich nicht viele christliche Führer in der nationalistischen Bewegung, doch Chakkarai betrachtete Christ*innen nicht als eigenständige politische Einheit und setzte sich dezidiert gegen politische Maßnahmen, wie getrennte Quoten bei den Wahlen, ein.

Während der Unabhängigkeitskampf und die *Swadeshi*-Bewegung in Indien immer mehr zunahmen, setzte sich M. K. Gandhi, damals ein junger Anwalt, für die Inder*innen in Südafrika ein und entwickelte seine Strategien des gewaltlosen Widerstandes *Satyagraha*. Eine Reihe von Tamil*innen, die in Südafrika tätig waren, unterstützten diesen Kampf, darunter Joseph Royappan, der 1911 in Durban verhaftet wurde. Tatsächlich wurde die von Gandhi begonnene Wochenzeitung »Indian Opinion« dort auch in tamilischer Sprache veröffentlicht. In einer seiner Reden würdigte Gandhi die bedeutende Unterstützung, die er von den in Südafrika lebenden Tamil*innen erhielt. Bekannt unter ihnen wurde Thillaiyadi Valliammai (1898–1914), eine jugendliche Aktivistin, die sehr jung starb. Im Dezember 1913 brach sie von der Tolstoi-Farm (einem Ashram Gandhis) auf und führte eine Gruppe von elf Frauen an, die unter Missachtung der Polizeibefehle durch die Straßen von Dundee und Durban marschierten. Dabei wurde Valliammai inhaftiert und zu Zwangsarbeit verurteilt. Sie verweigerte das Gnadengesuch, erkrankte und erholte sich nie wieder. Gandhi betrachtete Valliammai als die erste *Satyagrahi* (gewaltlose Widerstandskämpferin) in seinem Kampf gegen die britische Herrschaft und besuchte aus Dankbarkeit sogar ihr Heimatdorf Thillaiyadi in der Nähe von Thanjavur. Heute erinnert ein Denkmal dort an ihre Taten. Im Jahr 2008 gab die indische Regierung zu ihren Ehren sogar eine Gedenkbriefmarke heraus.

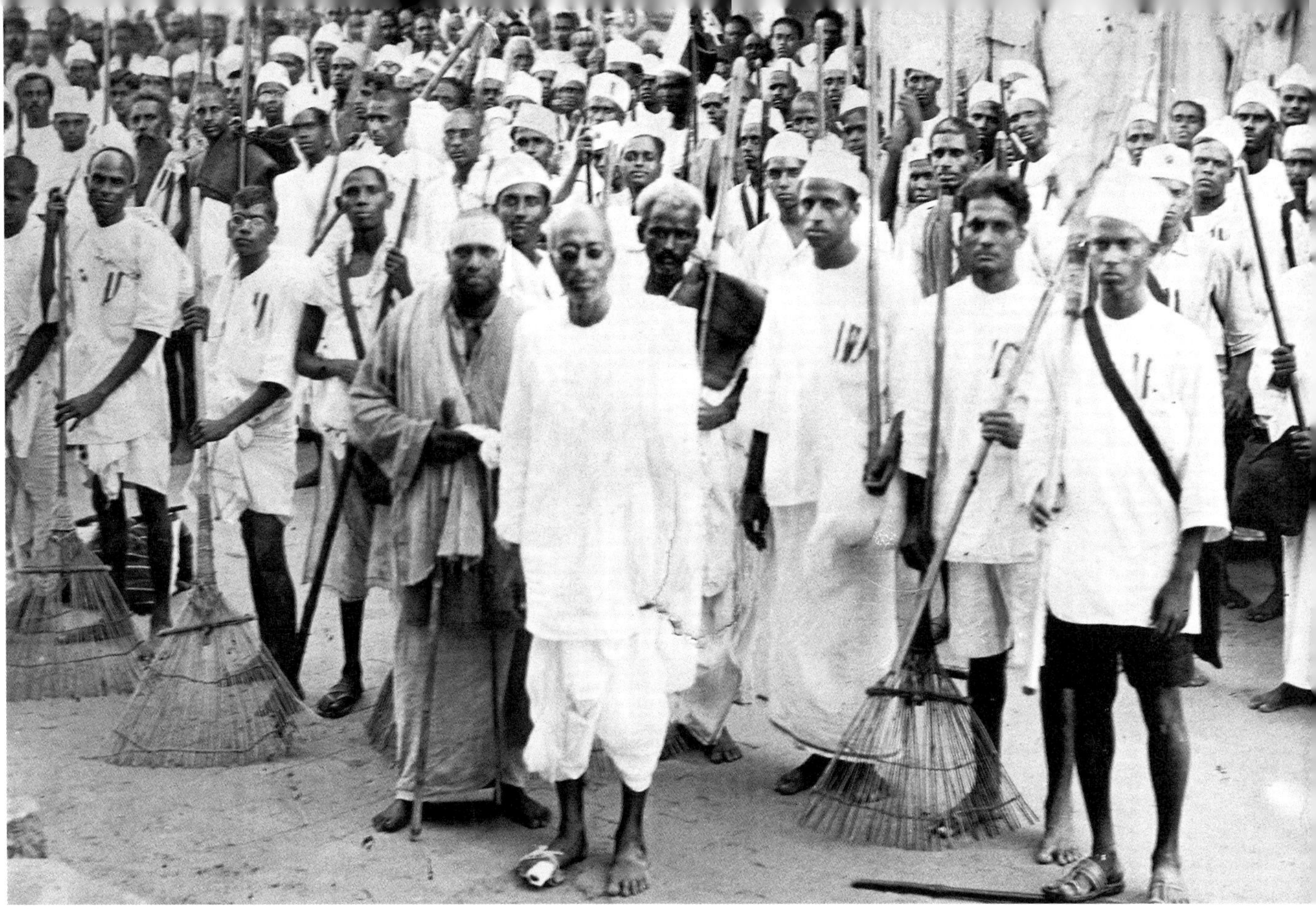

6 Der Salzmarsch nach Vedaranyam, angeführt von Rajagopalachari, 1930. Foto: Sammlung des Autors.

Auch George Joseph (1887–1938), ein junger Anwalt, war eine zentrale Figur im Unabhängigkeitskampf. Nachdem er in London Jura studiert hatte, ließ er sich in Madurai nieder, um dort zu praktizieren. Als Gandhi 1919 Madurai besuchte, wohnte er in Josephs Haus, und die Verbindung zwischen den beiden wurde enger. Joseph lebte mit seiner Frau und seiner Tochter Maya später für einige Zeit in einem von Gandhis Ashrams in Ahmedabad. Dort gab er Gandhis »Young India« heraus und leitete später Motilal Nehrus Zeitschrift »Independent«. Mit einem Artikel, in dem Joseph die Regierung verspottete, verärgerte er die Briten. Daraufhin wurde er verhaftet und in Lucknow ins Gefängnis geworfen. Einer seiner Mitgefangenen dort war Jawaharlal Nehru.

Zurück in Madurai unterstützte Joseph protestierende Mühlenarbeiter und setzte sich als Anwalt für die Angehörigen der *Kallar*-Kaste ein, die von den Briten als »krimineller Stamm« bezeichnet wurden. Er bekam daraufhin den Namen *Rosapoo dorai* verliehen (eine veränderte Form des Namens Joseph, die auch »Rose« bedeutet). Bis heute wird ihm zu Ehren ein Gedenktag abgehalten. 1924 führte er eine Gruppe, der auch einige Dalits angehörten, durch die Tempelstraße in Vaikam und demonstrierte damit gegen das Reinheitsgebot der oberen Kasten, welches Dalits den Zutritt zu solchen Orten verbot. Das Ereignis wird als *Vaikam Satyagraha* bekannt. 1937 wurde Joseph dann in die zentrale Gesetzgebende Versammlung gewählt, wo er sich mit bemerkenswerter Weitsicht für ein kastenübergreifend-einheitliches Zivilgesetzbuch einsetzte, ein umstrittenes Thema, das in Indien noch immer diskutiert wird. Leider überlebte er seine Amtszeit nicht. Als er nach Madurai zurückkehrte, erkrankte er und starb 1938.

In den dreißiger Jahren gewann der nationalistische Kampf in Südindien an Schwung. Ein wichtiger Faktor bei der Schaffung einer Basis war die Arbeit der Künstler*innen. Nach dem Massaker von Jallianwalla Bagh im Jahr 1919, bei dem Hunderte von unbewaffneten Menschen mit Maschinengewehren niedergemäht wurden, sahen sich die Künstler*innen der Bühnen ganz Südindiens zum Handeln veranlasst. Dabei entstanden patriotische Lieder und politische Theaterstücke, die öffentlich aufgeführt wurden. Während Bücher verboten werden konnten, entzogen sich die Lieder dieser Kontrolle. Viele Künstler*innen beteiligten sich auch direkt an der Politik, indem sie sich an Demonstrationen, wie dem Verbrennen ausländischer Textilien, beteiligten und absichtlich ihre Verhaftung provozierten.

Ein politisches Ereignis, das sich auf die Macht von Volksliedern konzentrierte, war der Marsch von Tiruchirappalli nach Vedaranyam, um den Salzgesetzen zu trotzen. Der Marsch war so geplant worden, dass er mit dem historischen *Dandi*-Marsch von Gandhi im Jahr 1930 zusammenfiel. Dieser markierte den Beginn der Bewegung des zivilen Ungehorsams. Die Freiwilligen, angeführt von Rajagopalachari, marschierten in Richtung des Küstendorfes Vedaranyam und hielten ihre Stimmung durch das Singen patriotischer Lieder aufrecht. Ramalingam Pillai (1888–1972), bekannt als der Dichter von Namakal, hatte für diesen Anlass ein bis heute bekanntes Marschlied komponiert.

Hier kommt ein Krieg,
ohne Schwert, ohne Blut
Alle, die glauben
An die Ewigkeit der Wahrheit,
schließen sich an.

Pillai wurde für seine Schriften für ein Jahr inhaftiert. Im unabhängigen Indien war er eine Amtszeit lang Mitglied des Legislativrats.

Eine der symbolträchtigsten Karrieren in der Gruppe politischer Künstler*innen machte K. B. Sundarambal (1908–1980). Sie agierte auf der Bühne und auf der Leinwand, nahm patriotische Lieder auf und führte Wahlkämpfe. Als Sängerin war sie ungeheuer populär, was von ihrem politischen Mentor S. Satyamurthy

7 »Avvaiyār« (1953). Foto: Sammlung des Autors.

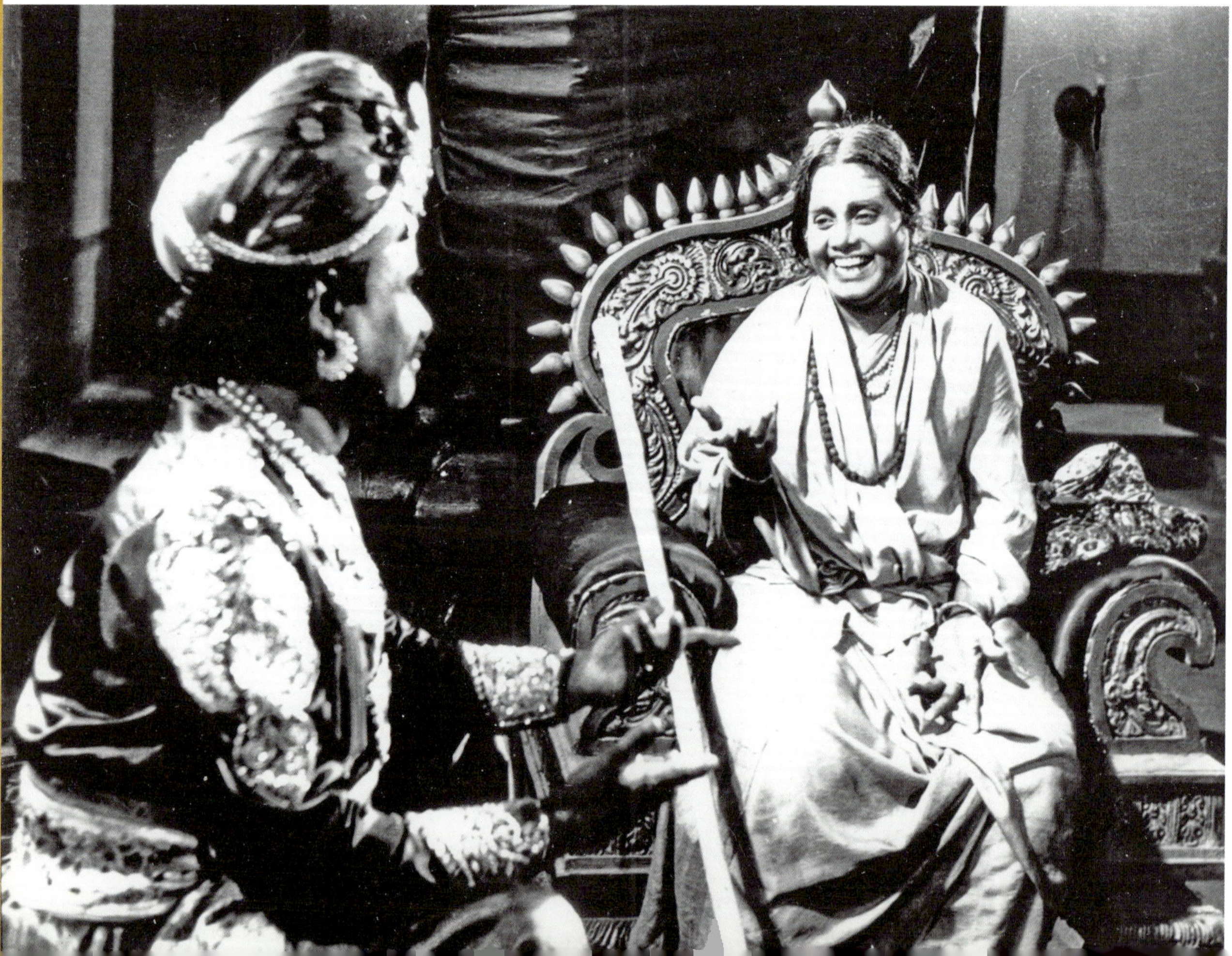

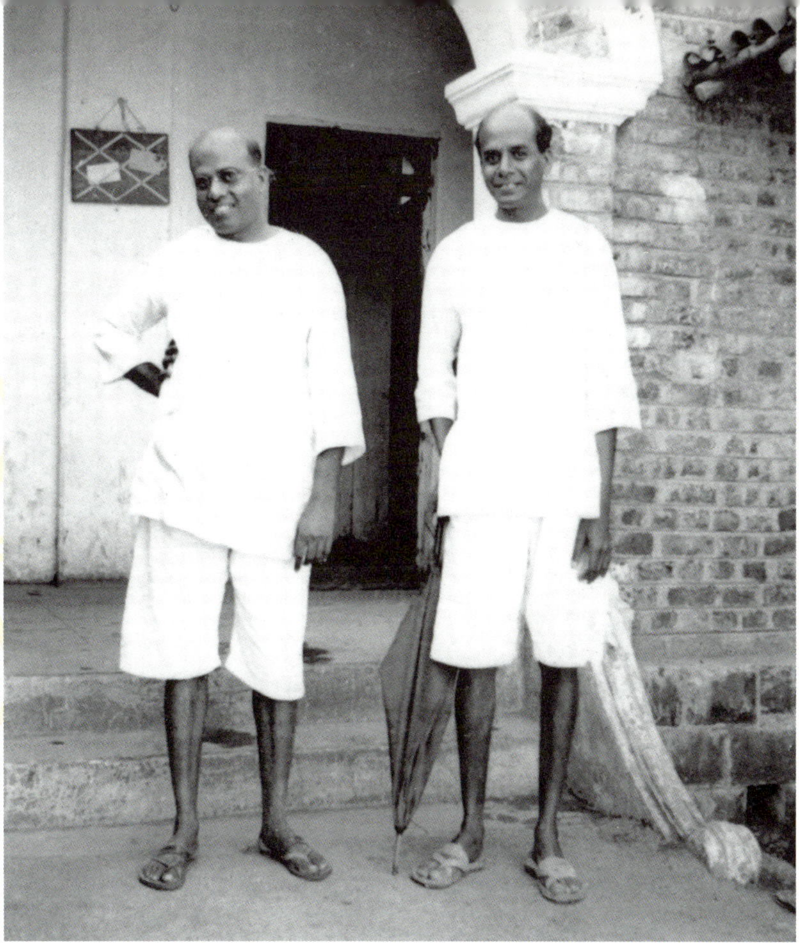

8 J. C. Kumarappa. Foto: Sammlung des Autors.

genutzt wurde, dem Kongressführer, indem er sie auf politischen Versammlungen singen ließ. Diese Auftritte zogen die Massen an. Die beliebteste Rolle, die sie auf der Leinwand spielte, war die der legendären Dichterin Avvaiyar, in dem gleichnamigen Film (1953). 1958 wurde sie zum Mitglied des Legislativrats in Madras ernannt und war damit die erste Filmpersönlichkeit, die in Indien in die Legislative eintrat. Mit ihr begann die Verbindung zwischen Film und Politik in Tamil Nadu.

Auf ideologischer Ebene erhielt Gandhis Bewegung vor allem Unterstützung durch den Tamilen J.C. Kumarappa (1892–1960). Geboren in einer christlich-orthodoxen Familie in Thanjavur, wurde Kumarappa in London als Wirtschaftsprüfer ausgebildet. Schwerpunkte seiner Dissertation waren die ausbeuterische Natur des Raj und die wirtschaftliche Situation Indiens. Seine Ideen teilte er mit Gandhi, der die Kraft seiner Argumente erkannte. Seine Begegnung mit Gandhi im Sabarmati-Ashram veränderte sein Leben, und er begann eng mit Gandhi zusammenzuarbeiten. Seine feurigen Artikel in »Young India« und im »Harijan« erregten die Aufmerksamkeit der Briten, die ihn für zweieinhalb Jahre im Gefängnis Jabalpur in Haft nahmen. Auch später veröffentlichte er noch zahlreiche Artikel. Nach Gandhis Tod zog sich Kumarappa aufgrund der abweichenden Prioritäten des Premierministers Nehru aus der Planungskommission des Landes zurück. Er errichtete daraufhin einen Ashram in Kallupatti bei Madurai und lebte dort bis zu seinem Tod am 30. Januar 1960. Kumarappa glaubte, dass nur eine nicht ausbeuterische Wirtschaft, die er als »*Ahimsa*-Wirtschaft« (wörtlich »nicht-verletzende«, d.h. gewaltfreie Wirtschaft) bezeichnete, Indien retten könne. Er forderte, dass der dörflichen Wirtschaft mehr Aufmerksamkeit geschenkt werden sollte. Kumarappa wurde im unabhängigen Indien vergessen. Nicht einmal eine Briefmarke wurde zu seinem Gedenken herausgegeben.

1 Swadeshi ist eine Verbindung aus zwei Sanskrit-Wörtern: *swa* (»selbst« oder »eigen«) und *desh* (»Land«). Die Swadeshi-Bewegung propagierte die Herstellung aller benötigten Güter und Dienstleistungen durch Inder in Indien und den Verzicht auf importierte Produkte.

ULRIKE NIKLAS

Periyar und die Dravidische Bewegung

பெரியாரும் திராவிட இயக்கமும்

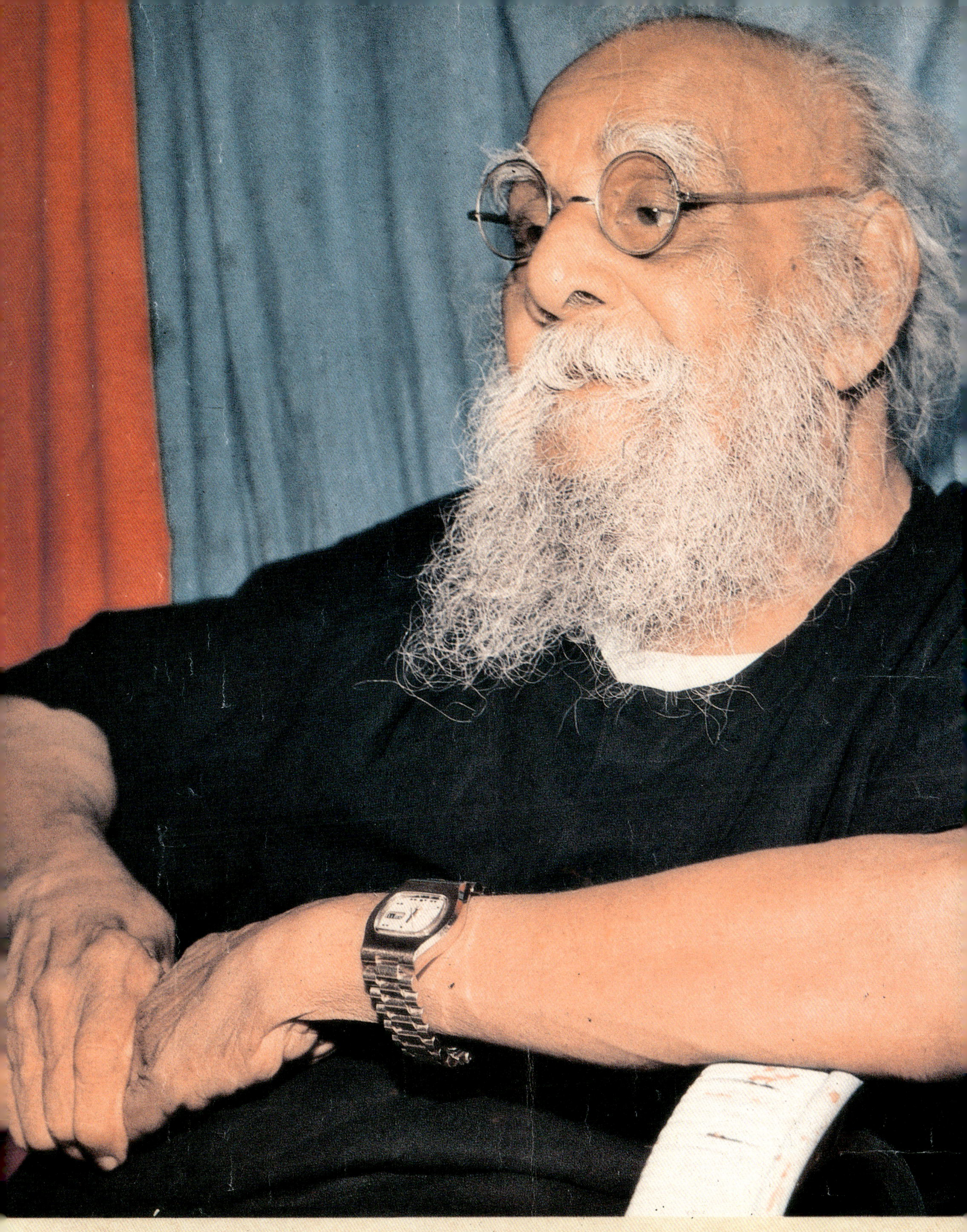

தந்தை பெரியார் ஈ.வெ.ராமசாமி
THANTHAI PERIYAR E.V. RAMASAMY

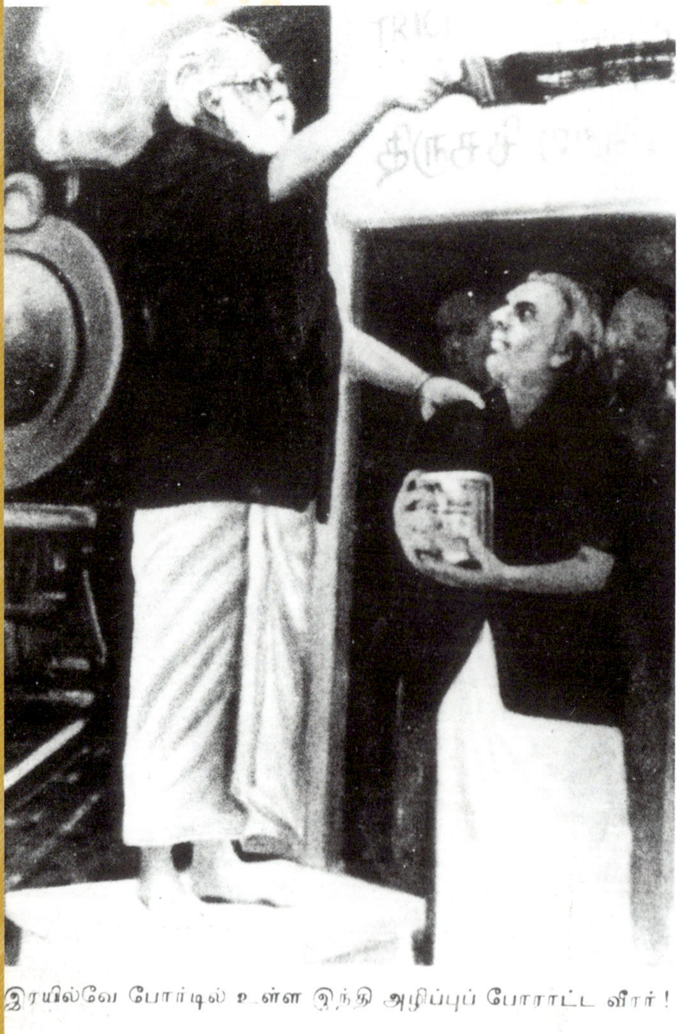

2 Periyar schwärzt die Hindi-Ortsnamen auf Bahnhofsschildern im Tamil Nadu. Bild: *Dravida Kaḻakam.*

◄ 1 E. V. Ramasamy, liebevoll Periyar (»der Große«) genannt. Bild aus dem Archiv der von ihm gegründeten »dravidischen Organisation« (*Dravida Kaḻakam*).

Einleitung

Schaut man genauer hin, so unterscheidet sich das tamilische Indien stark vom Rest des Landes.

Es braucht vielleicht die indologische Expertise, um zu erkennen, dass selbst das Schriftsystem des Tamil anders ist als alle anderen indischen Schriften: Einzig und allein in der tamilischen Schrift können keine Sanskrittexte geschrieben werden. Dies unterscheidet das Tamil auch von allen anderen dravidischen Sprachen – und die Tamilen sind stolz darauf!

In der Politik des Bundesstaates Tamil Nadu stehen tamilische Sprache und tamilische Kultur und deren Förderung an erster Stelle. Dies geht zumeist einher mit deutlicher und offener Ablehnung von Hindi und vor allem von Sanskrit. Sanskrit als die Ritual- und Intellektuellensprache Indiens wird im Tamil Nadu als Instrument eines Versuches nordindischer Kulturhegemonie, vor welcher man das Tamil schützen muss, betrachtet.

In weiten Teilen der tamilischen Bevölkerung wird das nach brahmanischen Vorgaben ausgebildete Kastensystem, das bis heute die indische Gesellschaft weitestgehend gliedert, abgelehnt. Dies geht einher mit Ablehnung aller »brahmanischen« Kulturelemente – eine Bewegung, die auch als »Anti Brahmin Movement« bekannt geworden ist. Benachteiligung aufgrund von Kaste oder Geschlecht sind im Tamil Nadu mehr als in anderen Teilen Indiens verpönt, und Gegenmaßnahmen stehen hoch auf der politischen Agenda des Bundesstaates.

Man könnte noch viele weitere Details aufzählen, aber begnügen wir uns hiermit und stellen einfach die Frage: Warum ist das tamilische Indien so anders?

Der Grund dafür liegt in der sogenannten Dravidischen Bewegung – einer sozialpolitischen Agitation, die offiziell mit der Gründung der Justice Party im Jahre 1916 begann, deren Wurzeln aber weit in die Vergangenheit zurückreichen. Als einflussreicher »Vater« der Bewegung gilt Erode Venkatappa Ramasamy, von den Tamilen liebevoll *Periyar* (»der Große«) oder auch *Tandai Periyar* genannt (»der große Vater«, wobei *thandhai* die Bedeutung »Vater« hat). Periyar hat die tamilische Politik, Weltsicht und in gewisser Weise die moderne Kultur in großem Maße beeinflusst und geprägt. Daher erscheint es angemessen, ihn hier in einiger Ausführlichkeit vorzustellen.

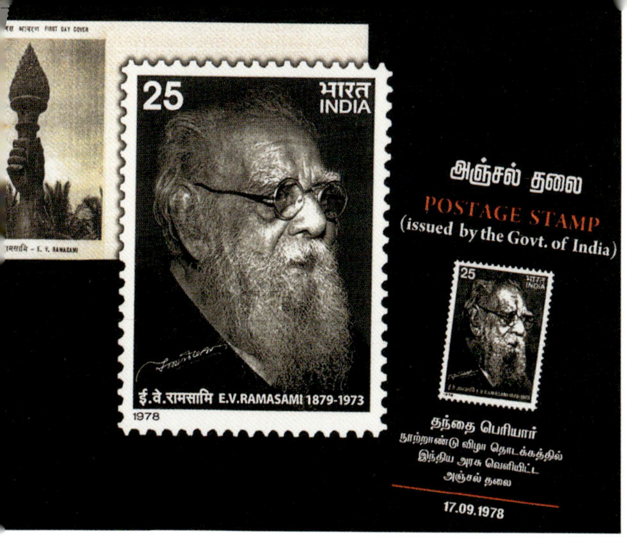

3 Porträt Periyars auf einer 1978 zur Hundert-Jahr-Feier Periyars herausgegebenen Briefmarke. Der »Held von Vaikom«. Bild: Sammlung der Autorin.

E. V. Ramasamy – Kurzbiografie

Ramasamy – so sein eigentlicher Name[1] – wurde am 17. September 1879 in der Kleinstadt Erode geboren. Seine Eltern – der Vater Venkata Naicker und die Mutter Chinna Thayammal alias Muthammal – waren reiche Händler und strenggläubige Hindus. Vom sechsten bis zum zehnten Lebensjahr besuchte Ramasamy eine kleine, im Haus des Lehrers eingerichtete Grundschule. Damit endete seine Schulkarriere auch bereits.

Im Alter von 12 Jahren begann er, im Geschäft seines Vaters zu arbeiten.

In seiner Jugend hörte er im Elternhaus zahlreiche mythologische Geschichten. Sehr früh bereits begann er jedoch, diese Geschichten, ihre Widersprüche und Illusionen, kritisch zu hinterfragen.

Im Alter von 18 Jahren wurde er 1898 mit der damals dreizehnjährigen Nagammal verheiratet. Er beeinflusste seine zunächst sehr religiöse Gattin mit seinen rationalistischen Gedanken.

1904 verließ Ramasamy nach einem Streit mit seinem Vater seine Familie und pilgerte nach Nordindien. In Benares (Varanasi), der wichtigsten Pilgerstätte für gläubige Hindus, machte er eine Erfahrung, die ihn grundlegend prägen sollte: In einem brahmanischen Speisehaus in der Pilgerstadt wurde er als Nichtbrahmane grob abgewiesen und auf die Straße geworfen. Er hatte keine andere Wahl, als sich mit den Straßenhunden um die Essensreste zu streiten. Dann fiel ihm auf, dass das Speisehaus in der Tat die Spende eines tamilischen Geschäftsmannes an die Brahman*innen war. Ihm stellten sich daraufhin folgende Fragen: »Warum verweigern die Brahmanen einem tamilischen Nichtbrahmanen das Essen in einem Speisehaus, das von einem tamilischen Nichtbrahmanen eingerichtet wurde?« und »Warum handeln Brahmanen so gnadenlos, fanatisch und unerbittlich und treiben unter Bezugnahme auf ihr Kastensystem einen Nichtbrahmanen annähernd in den Hungertod?« Er fühlte sich durch die Erniedrigung tief verletzt und reagierte darauf mit Abneigung gegen die hinduistische Religion und die Hindugötter sowie gegen die Brahman*innen und ihre Kastenordnung.

Nach seiner Rückkehr nach Erode übernahm er das Geschäft seines Vaters.

1905 begann Ramasamy, sich sozial zu engagieren und auch Ämter auf regionaler Ebene zu übernehmen.

1919 trat er der von Mahatma Gandhi geführten Congress Party bei. Unter Gandhis Einfluss bemühte sich Ramasamy fortan um eine äußerst einfache Lebensweise ohne jeglichen Luxus. Auch seine gesamte Familie beeinflusste er, diesen neuen Lebensstil anzunehmen.

Ramasamy sowie seine Frau und seine Schwester beteiligten sich an verschiedenen Agitationen, in Folge derer er mehrfach zu Haftstrafen verurteilt wurde.

Da mehrfach von ihm initiierte Resolutionen zum Wohle der nichtbrahmanischen Bevölkerung in der Congress Party nicht verabschiedet wurden, weil die Brahman*innen mehrheitlich dagegen stimmten, verließ Ramasamy 1925 die Partei, die ihm allzu sehr brahmanisch geprägt war.

4 Periyar und Gandhi. Der »Held von Vaikom«. Bild: Sammlung der Autorin.

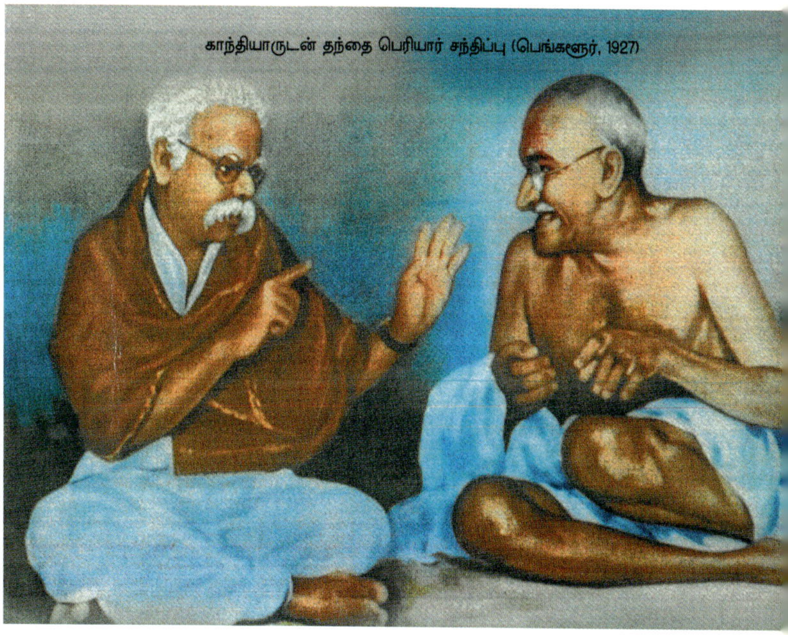

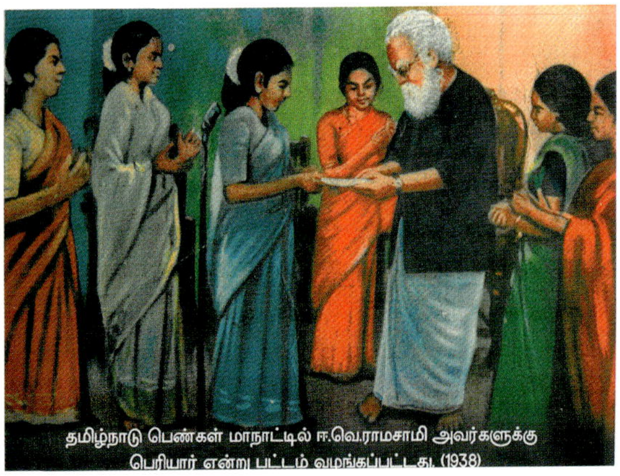

5 Verleihung des Ehrentitels »Periyar«.
Bild: Sammlung der Autorin.

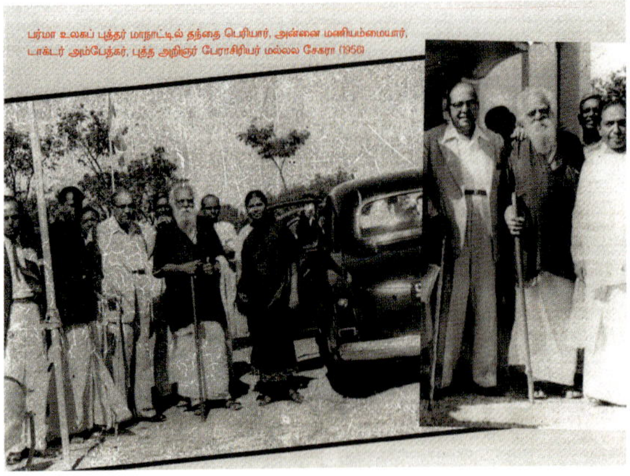

6 Periyar und seine Frau Maniammai auf der Konferenz in Myanmar. Unter den Teilnehmern befindet sich auch Ambedkar (auf Periyars rechter Seite).
Bild: Sammlung der Autorin.

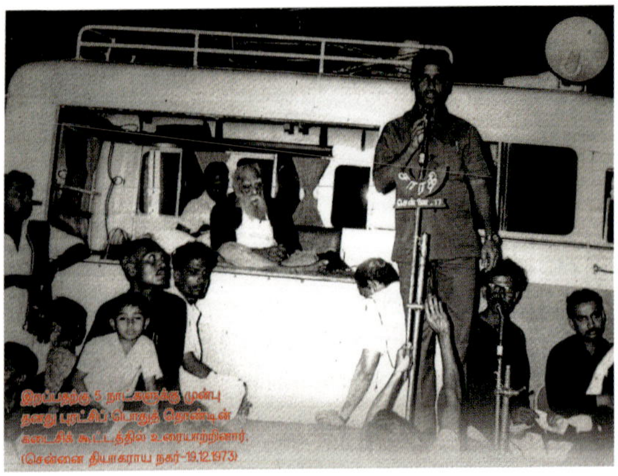

7 Periyar, während er seine letzte Rede hält.
Bild: Sammlung der Autorin.

Im Dezember 1931 begann Ramasamy eine fast einjährige Europareise, die ihn über Ägypten nach Griechenland, in die Türkei, nach Russland, Deutschland, England, Italien, Spanien, Frankreich und Portugal führte.

Am 11. Mai 1933 verstarb Ramasamys Gattin Nagammal.

Auf der Frauenkonferenz im November 1938 wurde Ramasamy der Ehrentitel *Periyar* (»Der Grosse«) verliehen, unter dem er fortan bekannt war.[2]

1939 übernahm Ramasamy den Vorsitz der »Justice Party«, die er 1944 in »*Dravida Kaḻakam*« (DK; »Dravidische Organisation«) umbenannte. Diese etablierte sich als ideologische Dachorganisation, ohne zu einer wählbaren politischen Partei zu werden. Die DK wird bis heute definiert als sozialrevolutionäre Bewegung. Allerdings gingen aus der DK später die beiden Dravidischen Parteien – »*Dravida Munnetra Kaḻakam*« (DMK) und »(All India) *Anna Dravida Munnetra Kaḻakam*« ((AI)ADMK) – hervor, die annähernd ununterbrochen seit 1967 die Wahlen im Bundesstaat Tamil Nadu unter sich entscheiden.

1946 wurde eine DK-Konferenz in Madurai von Brahman*innen sabotiert, indem diese das Konferenzzelt in Brand steckten. Als Reaktion und Zeichen des Protestes trugen daraufhin alle Konferenzteilnehmer*innen schwarze Hemden. Das schwarze Hemd blieb seither das Symbol der Bewegung.

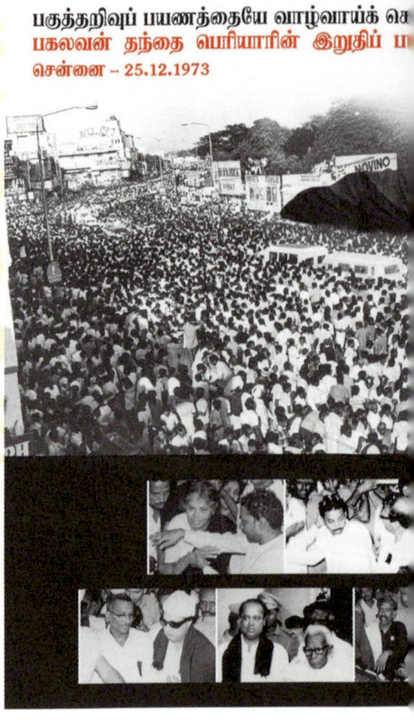

1949 heiratete der 71-jährige Ramasamy die 31-jährige Maniammai, insbesondere in dem Bestreben, das Vermächtnis seiner Reformbewegung zu erhalten. Einige seiner Anhänger*innen waren mit dieser Heirat nicht einverstanden und trennten sich von Ramasamy – darunter C. N. Annadurai, der die DMK gründete und 1967 der erste Dravidisch bewegte Chiefminister des Bundesstaates Tamil Nadu wurde.

Ramasamy begann, sich für den Buddhismus zu interessieren, und reist 1954 zusammen mit seiner Frau nach Myanmar, wo sie die World Buddhist Conference besuchten. Er tauschte sich mit Ambedkar (ein indischer Rechtsanwalt, Politiker und Sozialreformer, der selbst Dalit war) aus und beriet diesen hinsichtlich einer Konversion zum Buddhismus. Für sich selbst lehnte Ramasamy eine Konversion ab, weil er den Hinduismus weiterhin vehement »von innen heraus« bekämpfen wollte. Die Reise führte weiter nach Malaysia, wo er seine rationalistischen Prinzipien lehrte.

Am 19. Dezember 1973 hielt Ramasamy seine letzte öffentliche Rede. Tags darauf wird er mit starken Schmerzen aufgrund einer Hernie ins Krankenhaus eingeliefert.

Am 24. 12. 1973 verstarb Periyar und wurde am 25. 12. 1973 in Madras (heute Chennai) in einem Staatsbegräbnis beigesetzt.

8 Millionen Menschen nahmen an Periyars Trauerzug teil. Bild: *Dravida Kaḻakam.*

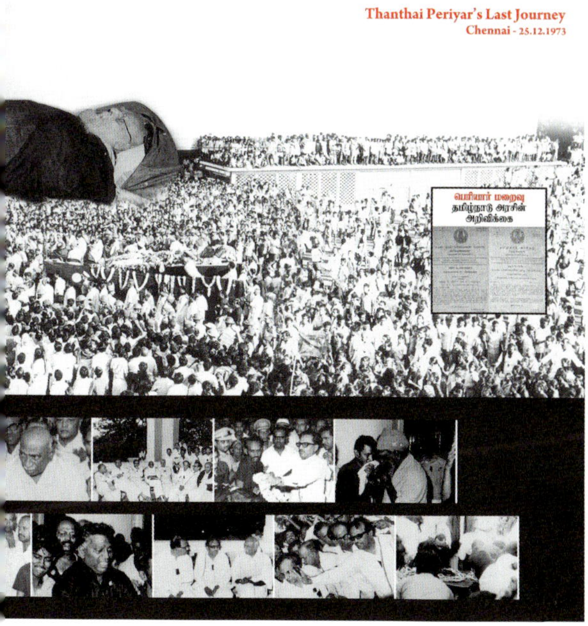

Die wichtigsten Agitationen des E. V. Ramasamy »Periyar«

Anti-Alkohol Agitation.
Während seiner Mitgliedschaft in der von Mahatma Gandhi geführten Congress Party beteiligte Ramasamy sich seit 1920 intensiv am »Non Cooperation Movement« gegen die britischen Kolonialherrscher. Er gab alle innegehabten Ämter auf und schloss auch das Familienunternehmen, um sich vollkommen der politischen Arbeit widmen zu können.

Ramasamy widersetzte sich dem von den Briten verhängten Versammlungsverbot und wurde 1921 zum ersten Mal verhaftet.

Ramasamy, seine Frau Nagammal und seine Schwester Kannamai initiierten 1921 Demonstrationen gegen Alkoholkonsum und waren dabei von Gandhis Anti-Alkohol-Bewegung inspiriert. Sie versuchten, die britischen Herrschenden zu einer Prohibition zu bewegen. Ramasamy fällte über 500 Kokospalmen, aus denen der Palmwein »Toddy« gewonnen wird. Daraufhin wurde er erneut verhaftet und zu einem Monat Gefängnis verurteilt.

Communal Reservation.
Trotz seiner Angehörigkeit zur Congress Party unterstützte Ramasamy einige Projekte der Justice Party, so etwa 1923 den Vorschlag, ein »Hindu Religious Endowment Board« zu gründen, mit dessen Hilfe die Brahmanen in Tempeln kontrolliert werden sollten, um gegen Korruption und Diskriminierung vorzugehen. 1924 befürwortete er die Bemühungen der Justice Party, eine »Communal Reservation« einzuführen, eine Quotenregelung, durch welche die durch Brahman*innen ausgeübte Diskriminierung benachteiligter Kasten und Kastengruppen beendet und für sie Zugang zu Studienplätzen und Arbeitsstellen garantiert werden sollte. Weitere Agitationen in diesem Sinne wurden immer wieder von brahmanischen Gruppen – auch innerhalb der Congress Party – behindert. Ramasamy prägte in diesem Kontext den Begriff »Brahminokratie«. Als erneut eine durch Ramasamy auf einer Versammlung der Congress Party vorgestellte Resolution durch die innerparteilichen Brahman*innen abgeschmettert wurde, verließ er 1925 erzürnt die Partei. Schließlich wurde 1928 mit Ramasamys Unterstützung die Communal Reservation eingeführt, 1950 aber wieder außer Kraft gesetzt, worauf er wütend reagierte. Die Quotenpolitik wurde zu einem der wichtigsten Anliegen der Dravidischen Bewegung und sorgt auch heute (2020) noch für Diskussionen und Agitationen.

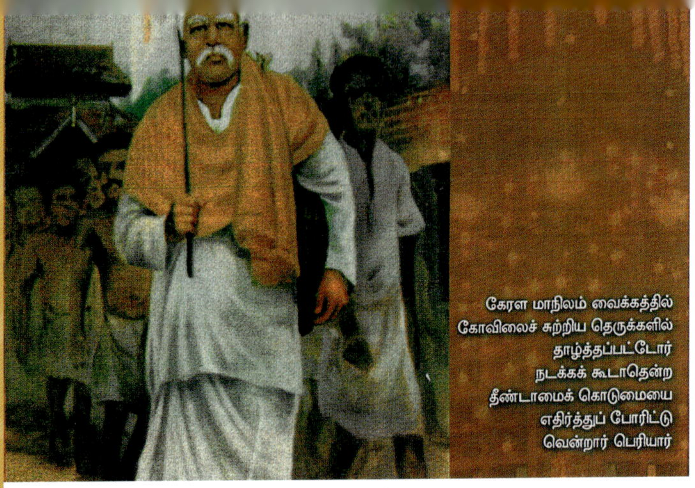

9 Der »Held von Vaikom«. Bild: Sammlung der Autorin.

Vaikom-Agitation gegen Unberührbarkeit. In der Tempelstadt Vaikom (im heutigen Kerala) war es Angehörigen niedriger Kasten verboten, die Straßen rund um den Tempel zu betreten. Ramasamy übernahm 1924 die Führung einer von lokalen Congress-Mitgliedern durchgeführten Demonstration in der Stadt. Zwar wurde er verhaftet und zu sechs Monaten Gefängnis verurteilt – aber die Demonstration zeitigte schließlich Erfolg, und die Straßen wurden für alle geöffnet. Ramasamy wurde der Titel »Held von Vaikom« verliehen. Die Vaikom-Agitation kann als Vorläufer des Self-Respect-Movements betrachtet werden, das bestrebt war und ist, die Menschenwürde aller Unterdrückten und Benachteiligten wiederherzustellen.

Self-Respect-Movement. 1929 fand die erste Provinzkonferenz des »Self-Respect-Movements« statt. Ramasamy führte hier die sogenannte »Self-Respect-Marriage« ein – eine Eheschließung ohne Priester und religiöse Zeremonien; die Brautleute wählen sich freiwillig – nicht unter Druck der beiden Familien; als einziges Ritual tauschen sie Blumenkränze aus. Die Eheschließung findet ohne Pomp und ohne ökonomischen Aufwand statt. Insbesondere gefördert wurden Eheschließungen, die sich über Religions- und Kasten-Schranken hinwegsetzen. 1930 organisierte Ramasamy die zweite Provinz-Konferenz des »Self-Respect-Movements«. Diese Konferenz hatte vier Schwerpunkte: Jugendkonferenz, Frauenkonferenz, Konferenz für Alkoholverbot und Konferenz zur Erhaltung der Tamilmusik (»*Tamilicai*«). – Das »Self-Respect-Movement« bildet bis heute den Kern der Dravidischen Bewegung. Konferenzen unter diesem Namen finden weiterhin in unregelmäßigen Abständen statt. Die erste internationale »Self-Respect-Conference« fand 2017 an der Universität zu Köln statt, die zweite auf internationaler Ebene 2019 in Washington D.C., USA.

Feminismus. Ramasamy bekannte sich früh zum Feminismus unter zahlreichen Aspekten. So setzte er sich bereits 1929 dafür ein, dass in einer »Self-Respect-Marriage« die Braut keinen *Tali*, ein übliches Symbol verheirateter Frauen, tragen sollte, da er dies für ein Zeichen der Unfreiheit und somit Unterdrückung der Frau in der Ehe hielt. 1930 veröffentlichte Ramasamy sein Buch »Familienplanung«, in welchem er dazu auffordert, die Anzahl der Kinder zu begrenzen. In einem späteren Aufsatz befürwortet er sogar die bewusste Entscheidung gegen Kinder, falls solche die Persönlichkeitsentfaltung und somit das persönliche Glück der jungen Eheleute, insbesondere das der Frau behindern würden. Ramasamy propagierte auch die erneute Heirat von Witwen, was im Indien des frühen 20. Jahrhunderts revolutionär war. 1930 unterstützte er die Abschaffung der Institution der *Devadasi* genannten Tempeltänzerinnen, junger Mädchen, die von ihren Familien den Tempeln (und damit dem Diktat der brahmanischen Priester) überlassen worden waren.

Anti-Hindi-Agitation. 1936 verfasst Ramasamy eine Resolution gegen die Einführung von Hindi als Pflichtfach an Schulen. Dies ist der Beginn der Anti-Hindi-Agitation. Nachdem 1937/38 Hindi dennoch als Pflichtfach eingeführt wurde, organisierte Ramasamy eine »Tamilen-Konferenz«, auf welcher er die Idee eines unabhängigen Tamilenstaates propagierte, da nur so die Dominanz des Hindi über das Tamil abzuwehren sei. Im Zuge weiterer Demonstrationen und Agitationen gegen das Hindi wurde er 1938 verhaftet und zu zwei Jahren Gefängnis verurteilt. 1940 bekräftigte Periyar auf einer Konferenz die Forderung nach einem unabhängigen Staat und hielt 1947 eine »Dravida Nadu Separation Conference« (»Konferenz zur Abspaltung des Dravidenlandes«) ab. 1948 begann Periyar eine zweite Anti-Hindi-Demonstration.

Rationalismus und Agitation gegen Idolatrie. Um zu zeigen, dass es in Götterstatuen keine göttliche Kraft gibt, leitete Periyar eine Kampagne, in welcher an öffentlichen Plätzen Statuen des Gottes Gaṇeśa zerstört wurden. 1955 ließ er Bilder des Gottes Rāma verbrennen. Daraufhin wurde er festgenommen. Die Anti-Idolatrie-Agitation ist nur ein Aspekt von Periyars Ablehnung jeglicher Religion. Da offensichtlich Religion häufig als Unterdrückungsinstrument benutzt wurde – in Indien insbesondere durch das religiös untermauerte Kastensystem und durch das damit verbundene Konzept der Unberührbarkeit – kämpfte Periyar unermüdlich für eine »rationalistische«, von Wissenschaftlichkeit geprägte Weltsicht. Dieser südindische Rationalismus, vereint mit dem Self-Respect-Movement, bildet bis heute die Basis der Ideologie der DK.

Anti-Brahmin-Movement. Mehrere der genannten Agitationen können unter dem Stichwort »Anti-Brahmin-Movement« zusammengefasst werden. Entgegen einer häufig vertretenen Meinung richtet sich diese Bewegung nicht gegen Brahman*innen als individuelle Personen, sondern gegen eine angenommene nordindische, von brahmanischen Wertvorstellungen getragene Kulturhegemonie. Hieraus resultiert die vehemente Ablehnung des nordindischen Hindi als Amts- oder gar Nationalsprache Indiens (s.o. Anti-Hindi-Agitation), welche einhergeht mit der Ablehnung der von der klassischen Sanskritsprache getragenen brahmanischen Kultur. Daher fußt auch der eingangs erwähnte Stolz vieler Tamil*innen darauf, die einzige indische Schrift zu besitzen, in der Sanskrittexte nicht geschrieben werden können.

Wichtige periodische Publikationen Periyars
(mit Gründungsdaten)
Zu den wichtigsten von Periyar gegründeten Zeitschriften gehören:

- 1925: Wochenzeitschrift »*Kudiyarasu*« (»Volksherrschaft«). Zeitschrift wird 1933 von den Briten verboten.
- 1928: englischsprachiges Magazin »Revolt«.
- 1933: Zeitschrift »Puratchi« (»Revolution«).
- 1934: Zeitschrift »Pakuttarivu« (»Rationalismus«).
- 1935: Ramasamy übernimmt die Herausgabe von »Vidutalai« (»Befreiung«), der Zeitschrift der Justice Party, die ab 1937 täglich erscheint – bis heute.

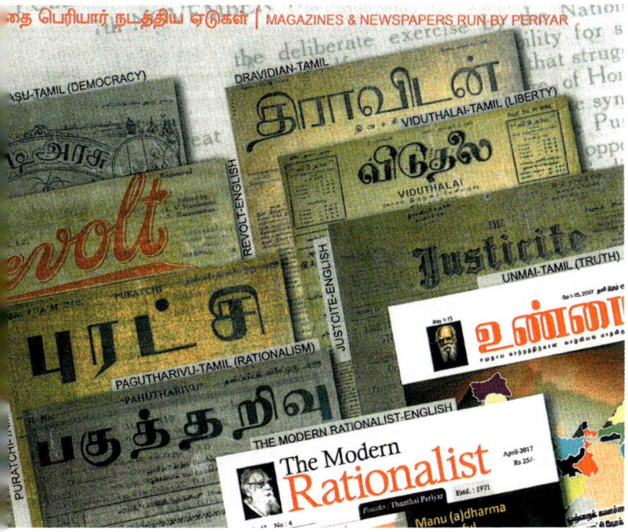

Periyars Einfluss auf die Tamilen

Periyar ist bis heute eine Ikone der Dravidischen Bewegung – in beinahe allen Städten Tamil Nadus finden sich Statuen von ihm, die jedes Jahr anlässlich seines Geburtstages und seines Todestages mit Blumenkränzen bedacht werden. Sein politisches Erbe ist in den Parteiprogrammen von DMK und AIADMK noch immer vertreten, und er ist und bleibt zentraler geistiger Vater der tamilischen Politik. 1979 würdigte die indische Regierung ihn sogar mit einer Briefmarke, auf der sein Portrait abgebildet ist. Sein wichtigstes Erbe ist zum einen die Self-Respect-Bewegung und zum anderen die Gründung des radikalen Neo-Rationalismus, der im heutigen Südindien immer mehr Anhänger*innen findet und auch in den tamilischen Diasporagesellschaften weltweit verbreitet ist.[3]

1 Das tamilische Namenssystem unterscheidet sich beträchtlich von dem bei uns üblichen: man erhält einen eigenen Namen (in Periyars Fall »Ramasamy«), welchem dann die Initiale des Abstammungsortes (für Periyar »Erode«) und die Initiale des Namens des Vaters (für Periyar »Venkata«) vorangesetzt werden. Dabei ist zu beachten, dass der Ortsname sich nicht auf den Geburtsort bezieht, sondern auf den ursprünglichen Herkunftsort der Familie – auch, wenn diese bereits seit Generationen an einem anderen Ort wohnt. – Der Zusatz »Naicker« hinter dem Namen von Periyars Vater ist eine Kastenbezeichnung. Da Periyar das Kastensystem ablehnt, hat er sich nie des Kastennamens bedient.

2 In Indien war und ist es üblich, herausragenden Persönlichkeiten zu gegebenen Anlässen Ehrentitel zu verleihen, die dem jeweiligen Anlass und der Person angepasst formuliert werden. (Das bekannteste Beispiel ist sicherlich Mahatma Gandhi, wobei »Mahatma« – d.h. »er, der eine große Seele hat« – kein Name, sondern auch ein solcher Ehrentitel ist). E.V. Ramasamy wurde der Titel »Periyar« von Annai Meenambal Shivaraj, der ersten weiblichen Präsidentin der Scheduled Caste Federation (SCF) in Südindien und einer der radikalen feministischen Führerinnen des Self-Respect-Movements, verliehen, als Anerkennung seines Kampfes gegen die Unterdrückung der unteren Gesellschaftsklassen.

3 Mein Dank an Lisa Priester-Lasch für Hinzufügung einiger Details.

10 Veröffentlichungen Periyars.
Bild: Sammlung der Autorin.

DENETH PIUMAKSHI VEDA ARACHCHIGE
ANTONYTHASAN JESUTHASAN ALIAS SHOBASAKTHI

Krieg und Frieden – Perspektiven zweier Künstler auf den Krieg in Sri Lanka und die Migration ins Ausland

போரும் அமைதியும் – இலங்கை இனப்போராட்டம் மற்றும் புலம்பெயர்வு பற்றி இரு கலைஞர்களின் பார்வைகள்

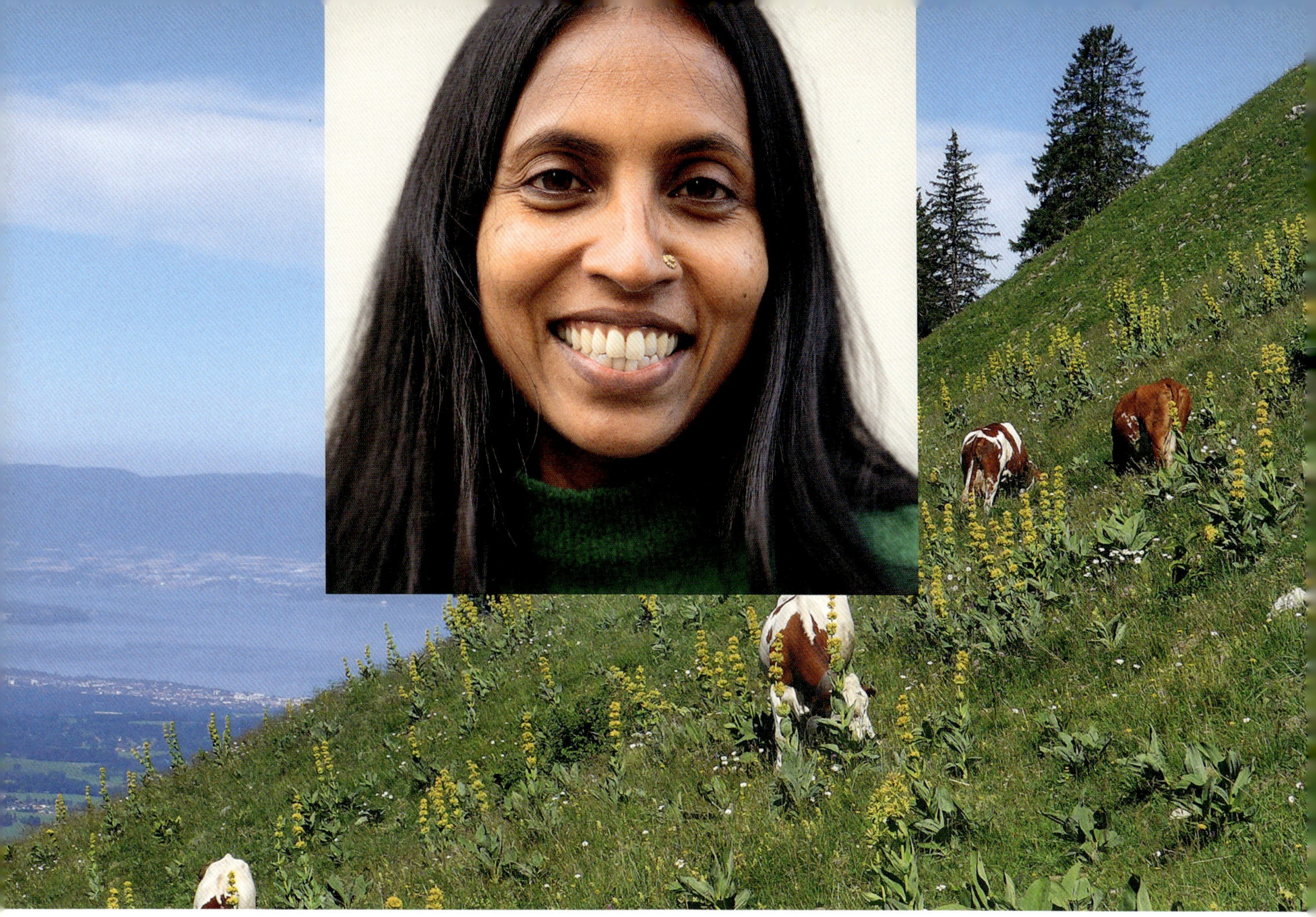

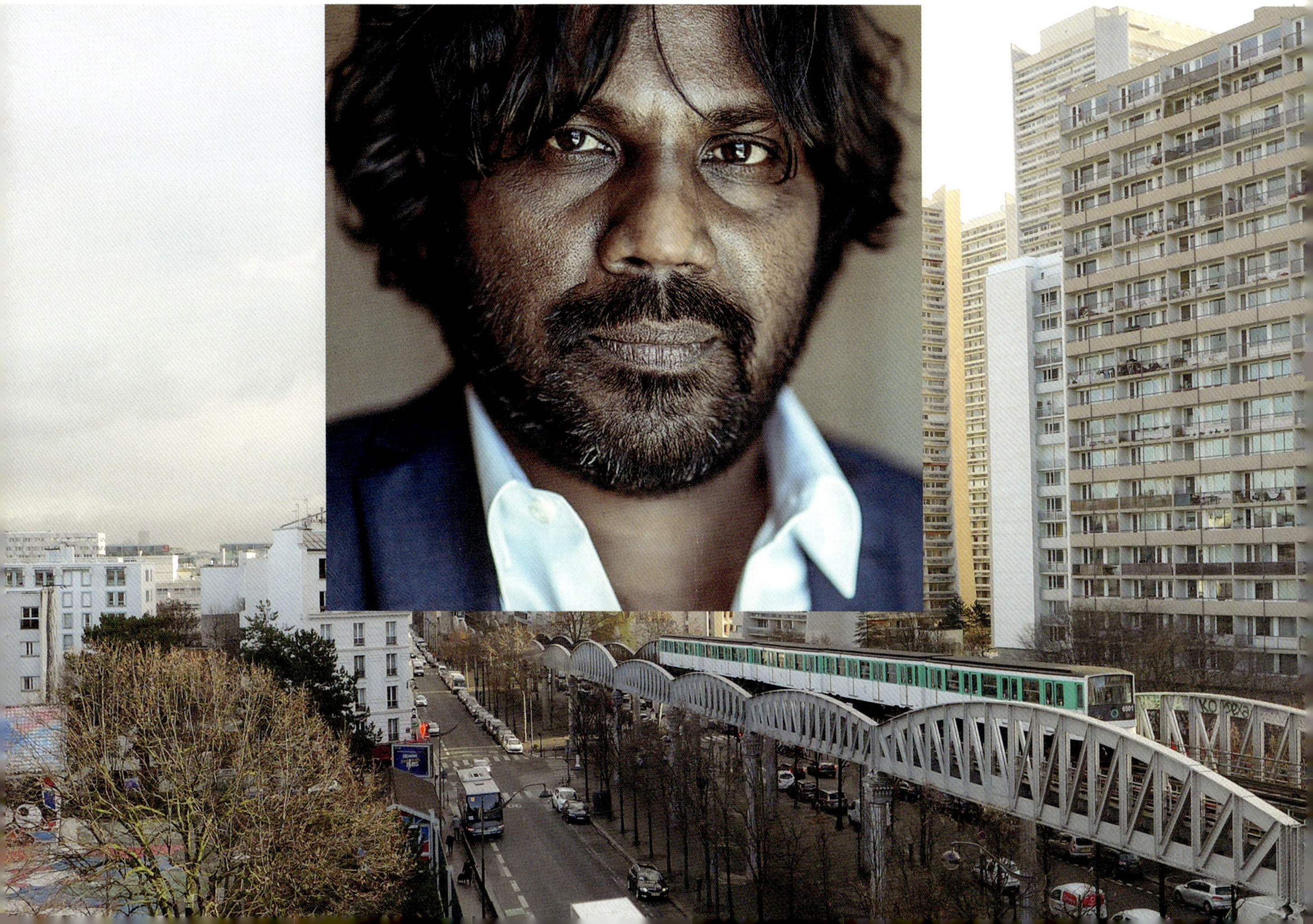

Ein Land, zwei ethnische Gruppen leben zusammen, dann beginnt ein Krieg, ein Krieg um einen eigenen Staat, Menschen werden heimatlos, einige fliehen als Asylsuchende in einen anderen Teil der Welt, andere fliehen in einen anderen Teil des Landes, einige überleben, andere sterben.

Ein anderes Land bietet Menschen, die aus vielen Teilen der Welt kommen, Zuflucht, Zuflucht vor Krieg und Konflikten. Das neue Land bietet eine Chance, ein neues Leben zu beginnen ...

Das Leben beginnt wieder, mit neuer Kultur, Sprache, neuem Essen, Religion, Wetter und Bildung.

Nun fragen wir uns: Wer sind wir?

Akzeptieren wir diese neue, fremde Kultur? Lehnen wir sie ab? Schaffen wir eine dritte Kultur?

Mein Name ist **Deneth Piumakshi Veda Arachchige**. Ich bin bildende und darstellende Künstlerin und wurde 1980 in Kurunegala, Sri Lanka, geboren. Ich bin in einem Umfeld aufgewachsen, das im Vergleich zu einer traditionellen srilankischen Familie ungewöhnlich war. Mein Vater ist ein Künstler, Kommunist, Atheist und glaubt an die Natur.

Der Konflikt zwischen den Tamil*innen, die meist hinduistischen, christlichen oder muslimischen Glaubens sind, und den Singhales*innen, die in der Regel Buddhisten sind, war seit meiner Kindheit Teil meines Lebens. Mein Vater war aktives Mitglied der LSSP (Lanka Equal Society Party), die sich gegen die ethnisch und politisch motivierten Morde engagierte. Er lehrte uns die Bedeutung von Frieden und Solidarität.

Durch diese Erfahrungen fühlte ich mich weniger als »Singhalesin« denn als Frau, verbunden mit »allen Ethnien in meinem eigenen Körper«. Ich wuchs auf und wurde rebellisch, lehnte es ab, religiös oder sektiererisch zu sein oder irgendwelchen Traditionen zu folgen. Stattdessen entwickelte ich eine Neugierde auf »meine Brüder und Schwestern von einer anderen Mutter«, die Tamil*innen. Diese persönliche Reise brachte mich dazu, Menschen aus Sri Lanka außerhalb des Landes zu entdecken, auch in der »tamilischen Diaspora« in Frankreich und anderen Teilen Europas.

Antonythasan Jesuthasan, alias Shobasakthi, ist Schriftsteller und Schauspieler. Er wurde 1967 in Allaipiddy, im Norden Sri Lankas, in eine tamilische, christliche Familie geboren. Der Bürgerkrieg in Sri Lanka beeinflusste Shobas Leben als Kind. Er schloss sich der bewaffneten Bewegung LTTE (Liberation Tigers of Tamil Eelam) an, als er 16 Jahre alt war, und war vier Jahre lang Soldat. Während seines Kampfes gegen die singhalesische Regierung, für die Gleichberechtigung des tamilischen Volkes in Sri Lanka, verlor er seine Kindheit, seine Ausbildung und auch Familienmitglieder.

Er verließ die LTTE, als er etwa 20 Jahre alt war, da seine eigenen Überzeugungen nicht mit der Ideologie und dem Handeln der Gruppe übereinstimmten. Seitdem ist er, um sein eigenes Leben zu retten, immer wieder umgezogen. Nachdem er dem Krieg und der Gewalt in Sri Lanka entkommen war, kam er 1993 als Geflüchteter nach Frankreich. Von dort aus wurde er auf eine unerwartete Reise geführt, die ihn 2015 zum Hauptdarsteller in dem französischen Film *Dheepan* (deutscher Titel: *Dämonen und Wunder*) machte. Shobas schauspielerische Leistung wurde von der Kritik gelobt, der Film – unter der Regie von Jacques Audiard – gewann die »Goldene Palme« bei den Filmfestspielen in Cannes 2015 und wurde für den französischen »César Award« nominiert. Er hatte 26 Jahre lang als »staatenloser« Asylbewerber in Frankreich gelebt, als er 2019 die französische Staatsbürgerschaft erhielt. Dieses Kurzprofil deckt nur einen kleinen Teil seines komplexen Lebens ab.

INTERVIEW – SHOBASAKTHI UND DENETH

Während meiner Zeit in Paris im Jahr 2015 war ich im Rahmen meines Kunstprojektes auf der Suche nach Begegnungen mit Tamil*innen, die als bildende Künstler*innen, Performancekünstler*innen oder Schriftsteller*innen aktiv sind. Ich wollte die Geschichten von tamilischen Einwanderer*innen, die in Frankreich leben, kennen lernen, was dazu führte, dass ich »Shoba« zum ersten Mal traf.

Im September 2020 nahmen Shoba und ich ein Interview auf, in dem wir über unsere Erfahrungen als in Frankreich lebende Künstler*innen srilankischer Herkunft sprachen.

Im Folgenden lesen Sie Teile des Interviews:

1 Deneth Piumakshi Veda Arachchige vor der Landschaft ihres Wohnortes in den französischen Alpen. Foto: Deneth Piumakshi Veda Arachchige.

2 Anthonythasan Jesuthasan alias Shobasakthi vor einem Bild seines Wohnortes in Paris. Foto: Deneth Piumakshi Veda Arachchige.

3 Foto ›Shobasakthi in Alaipiddy 1986‹ (in Familienbesitz) über einem Foto ›Alaipiddy 2017‹, aufgenommen von Deneth.

Shoba, wie bist du Künstler geworden?

Ich weiß nicht genau, wie ich Künstler wurde. In Allaipiddy, Jaffna, wo ich aufgewachsen bin, hatten wir kein Fernsehen oder andere Medien, die Strom benötigt hätten. Aber wir hatten Theater! Theaterstücke wurden hauptsächlich von den Dorfbewohner*innen während der religiösen Feste in Hindu-Tempeln und christlichen Kirchen organisiert. Die Dorfbewohner schrieben Drehbücher und traten selbst auf. Alle Freunde meiner Familie schauspielerten ebenfalls; ich begann mit zehn Jahren mit der Schauspielerei. Das führte dazu, dass ich mein erstes eigenes Theaterstück schrieb, als ich etwa 13 oder 14 Jahre alt war. Die Themen beruhten auf sozialen Fragen, wie dem Kasten- und Mitgift-System in der tamilischen Kultur. Manchmal übernahm ich Ideen aus dem südindischen Kino. Wir spielten zwischen den Szenen beliebte südindische Filmsongs, um das Publikum zu begeistern. Nachdem ich mich der LTTE (Liberation Tigers of Tamil Eelam) angeschlossen hatte, begann ich, Propaganda-Theaterstücke für sie zu schreiben. Ich erinnere mich, dass ein paar meiner Gedichte in einer Zeitung in Jaffna veröffentlicht wurden. Darauf war ich damals sehr stolz.

Deneth, wie bist du Künstlerin geworden?

Ich bin in einer künstlerischen Umgebung aufgewachsen, da mein Vater ein bildender Künstler war. Sein einziger Rat an mich war, seinem Weg nicht zu folgen.

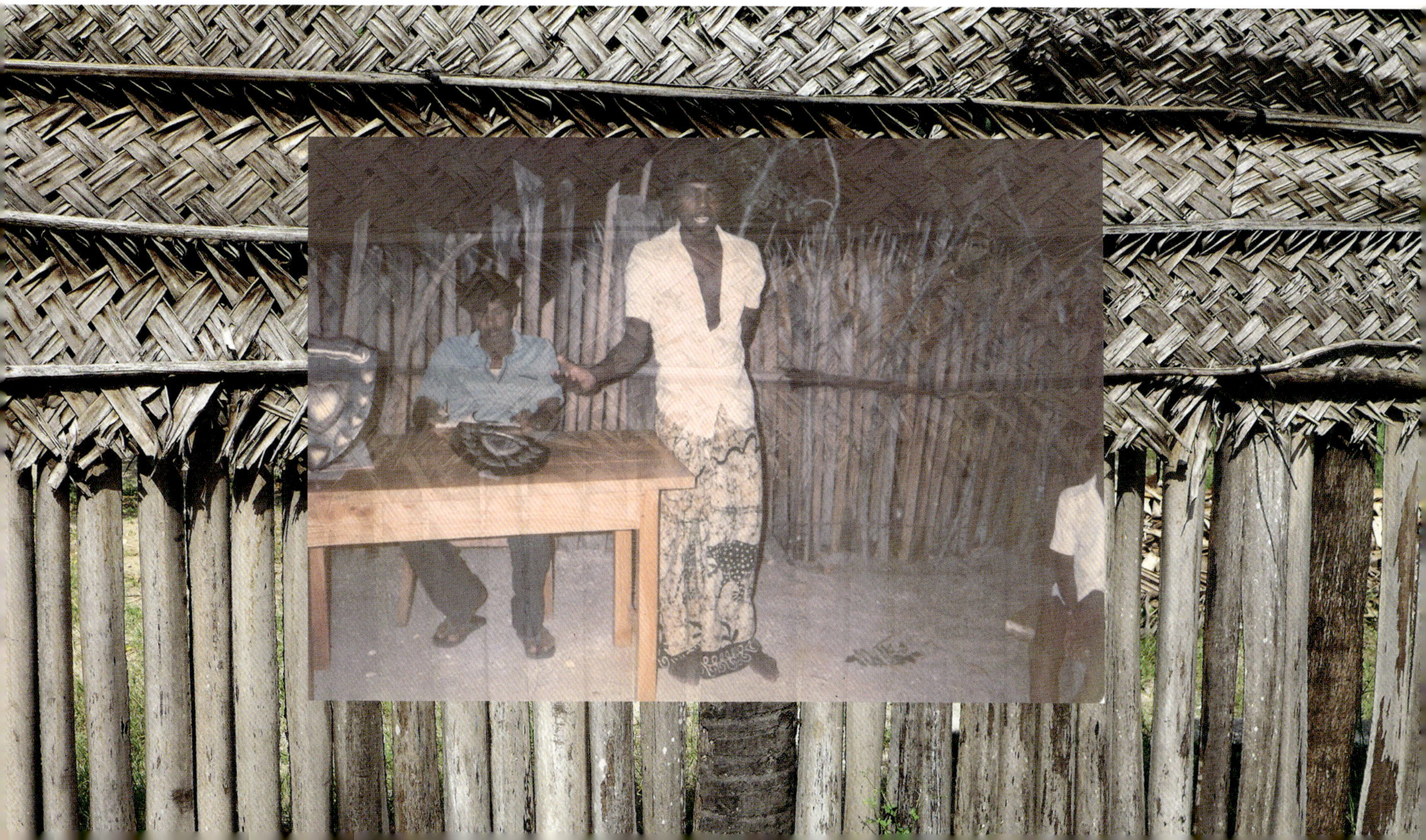

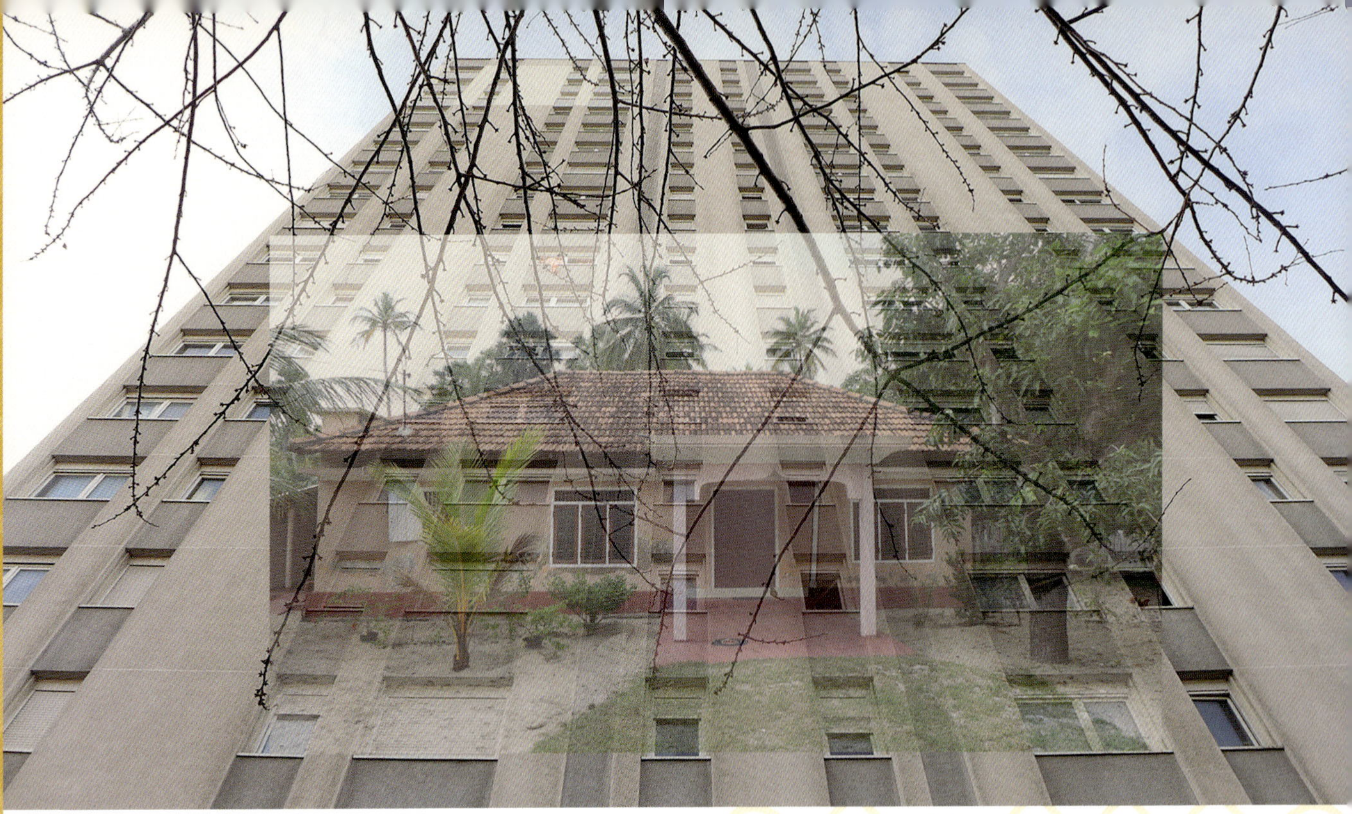

4 Foto ›Asylunterkünfte in einem Pariser Vorort‹ unter einem Foto ›Haus in Shobasaskthis Dorf, Allaipiddy im Jahr 2017‹ fotografiert von Deneth.

5 Installation: ›Roter und weißer Reis‹, von Deneth.

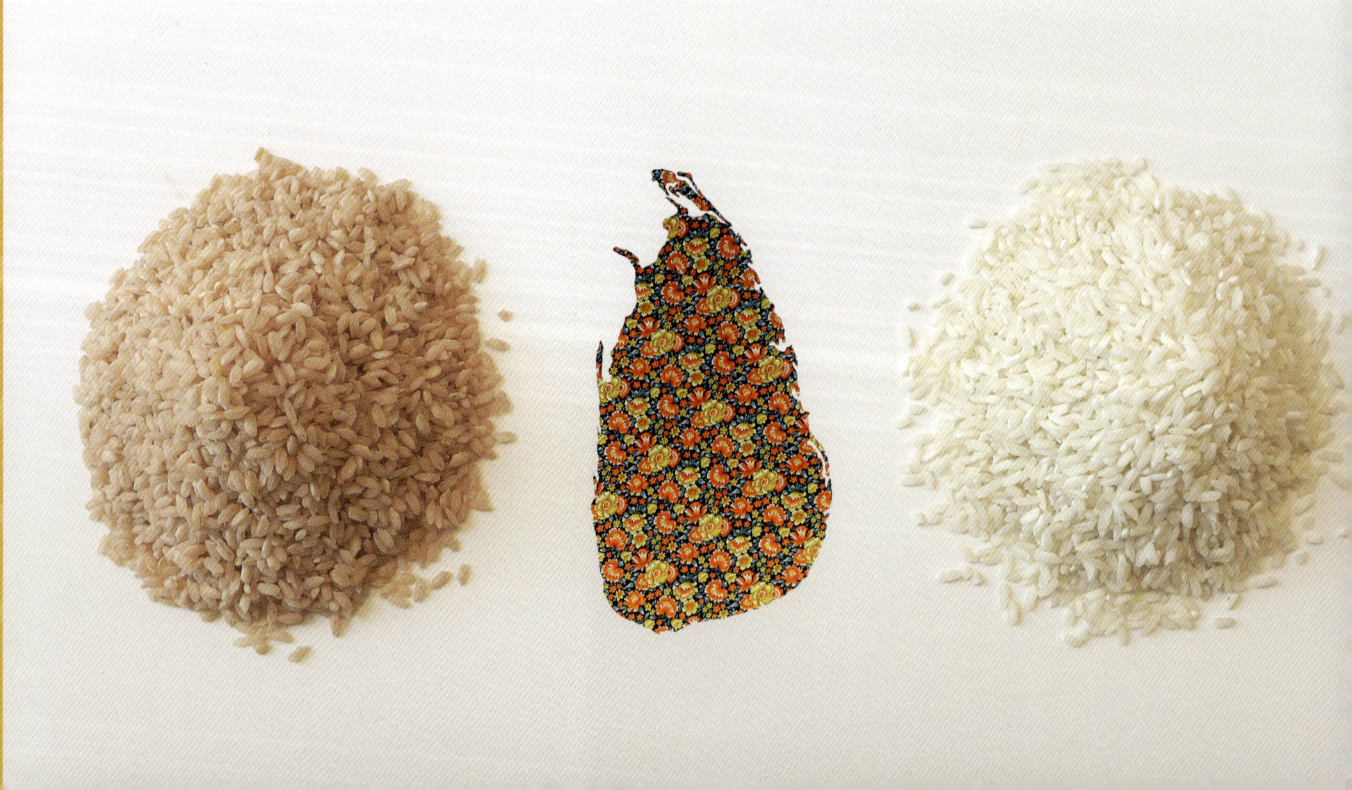

Deshalb habe ich mich zunächst mit anderen Dingen beschäftigt, um nur nicht Künstlerin zu werden. Im Laufe der Jahre entdeckte ich jedoch, dass die Kunst eigentlich in meinen Genen liegt. Ich hatte nicht die finanziellen Mittel, um eine weiterführende Ausbildung zu machen. Deshalb reiste ich in die nächstgelegenen Länder, Indien, Nepal und Bhutan, um andere Kulturen zu sehen und mit anderen Künstler*innen zu arbeiten. Das führte zur Entdeckung und zum Experimentieren mit der bildenden Kunst und der Mode, und ich begann, ein kreatives, multikulturelles Leben zu führen.

Als Künstlerin benutze ich auch meinen Körper, um Symbole bestimmter Identitäten darzustellen. In Sri Lanka piercen sich vor allem tamilische und muslimische Frauen die Nase. So beschloss ich 2009, am Ende des langen Bürgerkriegs in Sri Lanka, mir den linken Nasenflügel piercen zu lassen, um die Vermischung der srilankischen Identitäten in meinem Körper aufzuzeigen.

Shoba, wie sind deine Erfahrungen mit dem europäischen Kunstbetrieb als südasiatischer, männlicher, zugewanderter Künstler srilankischer Herkunft?
Ich finde, es ist einfacher, mit einem europäischen Filmset zu arbeiten. Sie sind disziplinierte Workaholics. Sie geben uns die Freiheit, zu improvisieren und berücksichtigen unsere Sichtweisen und Ideen.

Südasiatische männliche Schauspieler im französischen Kino sind eher selten. Als Menschen mit brauner Hautfarbe[1] sind wir wenige, und unsere Geschichte in diesem Land ist kurz. Wenn französische Autor*innen schreiben, gibt es daher keinen Platz für uns. Ein weiterer Faktor ist, dass die tamilische Gemeinschaft nur unter sich bleibt. Afrikanische oder arabische Gemeinschaften teilen eine lange Geschichte mit Frankreich und interagieren daher ständig mit der französischen Gesellschaft. Deshalb beziehen die Autoren sie immer in ihre Werke im Theater oder Kino ein.

Drehbücher, die wie beim Film *Dheepan* andere ethnische Gruppen erwähnen, sind neu. Es war einer der ersten französischen Filme über die Geschichte eines braunen Mannes. Ich denke, seitdem haben die Autoren in Frankreich begonnen, sich zu verändern.

Shoba, wie begann dein Leben als Schauspieler und wie kam es dann zu deiner Rolle in dem Film Dheepan, der in Frankreich ein preisgekrönter Film wurde?
In Sri Lanka habe ich lange Zeit nicht geschauspielert, da ich ständig unterwegs war. Da war der Krieg, dann war ich im Gefängnis, dann in Thailand, dann ein Geflüchteter in Frankreich. Aber ich habe immer wei-

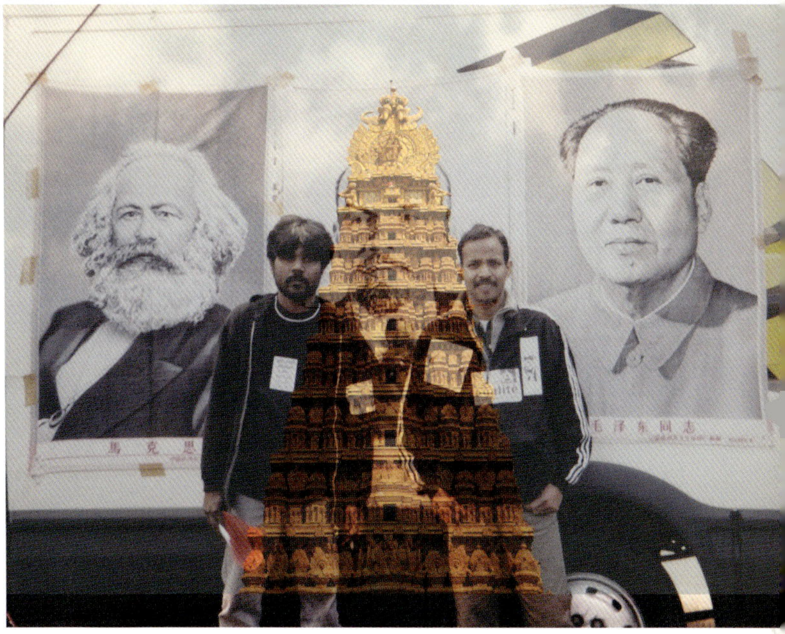

6 Foto ›Shobasakthi am Maifeiertag 2002 in Paris‹ (in Familienbesitz) über einem Foto ›Nallur Kandaswamy Hindu-Tempel in Jaffna, 2017‹, fotografiert von Deneth.

tergeschrieben. Meine letzte Theatererfahrung in Sri Lanka war im Alter von 18 Jahren, bevor ich mit 47 Jahren in *Dheepan* mitspielte. Trotzdem ist beides, das Schreiben und die Schauspielerei, gleichermaßen in meinem Leben sehr präsent.

Das ursprüngliche Drehbuch zu *Dheepan* war nicht für einen tamilischen Charakter aus Sri Lanka geschrieben. Es ging nur um drei Menschen, die als Flüchtlinge neu in Frankreich angekommen sind. Es ist inspiriert von dem Buch *Persische Briefe*. Der Film ist nicht politisch. Jacques Audiard selbst sagte, dass *Dheepan* einfach eine Liebesgeschichte sei. Als ich schauspielerte, fühlte ich, dass dies zu 50 Prozent meine Geschichte ist, so wie es auch die Geschichte jede*r anderen Tamil*in, Afrikaner*in oder Geflüchteten sein kann.

Einige der tamilischen Zuschauer*innen dachten, dass dieser Film die tamilischen Geschichten aus Sri Lanka in den Mainstream-Film bringt. Insgesamt mochte die tamilische Gemeinschaft den Film. Als der Film 2015 auf dem Colombo International Film Festival gezeigt wurde, sagte ein srilankischer Minister zu einer lokalen Zeitung, dass *Dheepan* in Sri Lanka willkommen ist. Ich glaube, er meinte damit, dass *Dheepan*, der Film, willkommen ist, ich jedoch nicht.

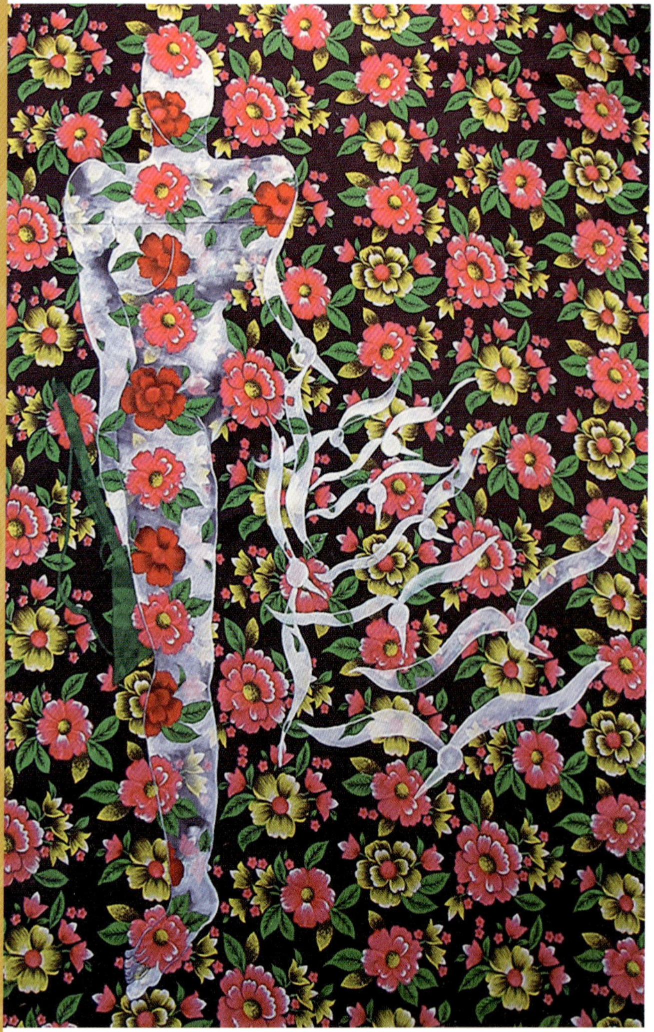

7 ›Der Krieg ist vorbei I‹ – Acryl auf srilankischem *Cheetha*-Stoff 2009. Ein Bild, das ich gemalt habe, als ich hörte, dass Prabakaran getötet wurde. Ich hatte Mitgefühl mit den weiblichen *Tigers*, die während dieses Krieges starben. Dies ist meine Vorstellung davon, dass ihre Seelen endlich befreit wurden.

Deneth, welche Erfahrungen hast du als südasiatische, eingewanderte Künstlerin srilankischer Herkunft mit dem europäischen Kunstbetrieb gemacht?

Im Jahr 2012 wurde ich vom Institut Français und der Stadt Paris zu einer Künstlerresidenz im Rahmen der »Cité Internationale des Arts« eingeladen. Ich war die erste srilankische Künstler*in, die seit 1965 ausgewählt wurde. Ich habe das Gefühl, dass Sri Lanka kein priorisiertes Land ist, wenn europäische Institutionen Künstler einladen. Nachdem ich mich für fünf Jahre unter die Pariser Kunstszene gemischt hatte, ist mir aufgefallen, wie sehr Kategorisierungen – wie Identität, Hintergrundgeschichte, Nationalität, Alter und Praktiken, die sowohl den neuesten Trends entsprachen als auch das aufgriffen, was die Institutionen vertraten – eine Rolle spielten. Wenn du allerdings eine Künstler*in bist, deren Kunst nicht in die oben genannten Kategorisierungen passt, dann hat deine Kunst keinen Wert. Es passiert selten, dass du die richtige Galerie oder eine Kurator*in triffst, die einen offenen Geist hat und ohne Ideologie beurteilt.

Shoba, was sind für dich die Hauptmerkmale tamilischer kultureller Identität? Wie wird die Identität durch deine Migration nach Europa beeinflusst?

Ich hasse tamilische kulturelle Identitäten. Sprache und Literatur in der tamilischen Kultur funktionieren nach dem Kastensystem. Das Leben der Menschen, von der Geburt bis zum Tod, ist von kulturellen Ereignissen umgeben, die durch das Kastensystem definiert sind. Im Hindu-Tempel im 18. Bezirk in Paris darf nur die Brahmanen-Kaste die Füße der Götter berühren. Anderen Menschen ist das nicht erlaubt. Vor 3000 bis 4000 Jahren gab es in der ursprünglichen tamilischen Kultur keine hinduistischen Götter, Statuen oder ein Kastensystem.

Ich habe meine Identität nie verloren, aber ich habe keine besonders tamilische Kultur. Als unverheirateter Mann, ohne Kaste und als Kritiker der Brahmanenkaste, als jemand, der die Transgender-Gemeinschaft unterstützt, stelle ich mich gegen die tamilische kulturelle Identität. Hier in Frankreich kann ich mich ganz ohne Angst ausdrücken. Ich denke, dass sich meine Identität erweitert hat.

Deneth, wie wird deine kulturelle Identität durch die Migration nach Europa beeinflusst?

Ob es mir gefällt oder nicht, ich habe eine singhalesische kulturelle Identität, die mit schweren Lasten verbunden ist. Sie kommt nicht in erster Linie daher, dass ich eine gläubige, traditionalistische Buddhistin wäre oder ethnisch mit der singhalesischen Bevölkerung verbunden bin. Sie kommt daher, dass ich in einem überwiegend singhalesischen kulturellen Umfeld aufgewachsen bin. Meine Kindheit wurde durch den Glauben meines atheistischen Vaters, den meines Onkels, der ein buddhistischer Mönch ist, und von der multikulturellen Gemeinschaft beeinflusst, in der ich aufgewachsen bin. Im Laufe der Jahre beobachtete und integrierte ich, was gut und wichtig war, sowohl Teile der buddhistischen als auch der hinduistischen Spiritualität. Ich integrierte auch »humanistische« Kulturen, denen ich in Nepal, Indien und Frankreich begegnete.

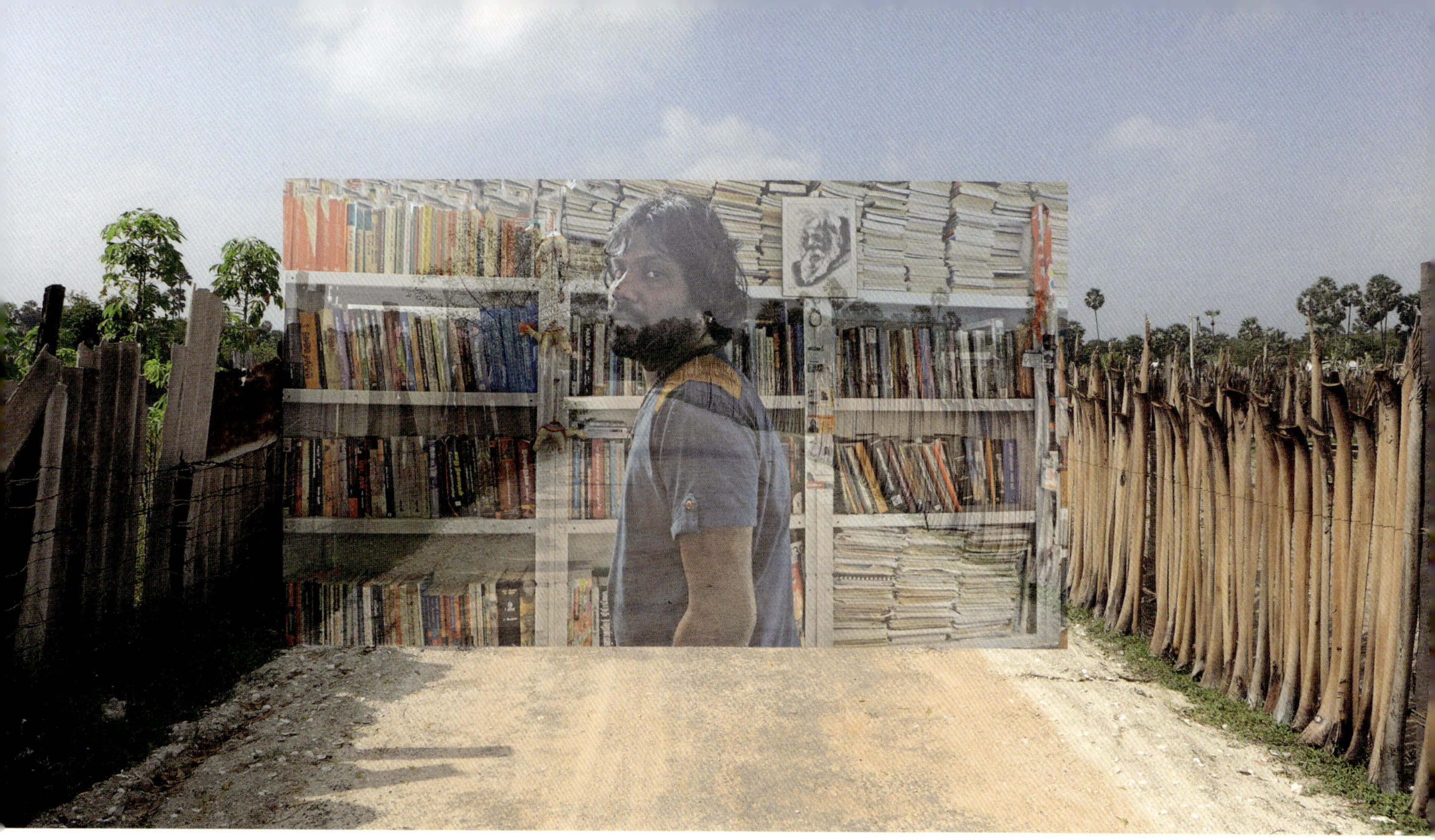

8 ›Shobasakthi in seinem Haus in Sevrian, Frankreich, 2016‹ über ›Foto der Straße zu seinem Haus in Allaipiddy 2017‹, fotografiert von Deneth. Nachdem ich ihn 2016 in Paris getroffen und mir seine Geschichte angehört hatte, beschloss ich, sein Dorf Allaipiddy 2017 zu besuchen, um seinen Erinnerungen zu folgen und Bilder von der heutigen Umgebung aufzunehmen.

9 ›Ohne Titel‹ – Aquarellmalerei und Stickerei auf grobem Bezugsstoff 2016. Inspiriert von mutigen jungen Kämpferinnen, die ihr Leben dem Tamil Eelam Krieg in Sri Lanka opferten und ihre Jugend und Chance auf Bildung verloren.

Durch meine Migration war ich in der Lage, Teile meiner Identität, die mir »aufgezwungen« erschienen, hinter mir zu lassen und bewusst Teile meiner Identität zu wählen, die ich als Teil meiner Selbst wertschätzen und lebendig erhalten wollte. Die Verwendung von *Cheetha*-Textilien – die von Frauen aller ethnischen Gruppen in Sri Lanka getragen werden – in meinen Kunstwerken ist ein Beispiel dafür, wie ich die kulturelle Identität Sri Lankas in meine Kunst integriere, auch während ich im Ausland lebe.

Ich erinnere mich, dass mir einmal in Paris ein tamilischer Lebensmittelladenbesitzer sagte: »Wer roten Reis kauft, ist Tamil*in, wer weißen Reis kauft, ist Singhales*in«. Das stimmt nicht, wenn man sich das Leben in Sri Lanka ansieht, denn beide Gemeinschaften essen weißen und roten Reis. Es war jedoch interessant zu erfahren, wie im Kopf eines Mitglieds der srilankischen Diaspora in Frankreich sogar unser gemeinsames Nahrungsmittel »Reis« mit einer geteilten ethnischen Identität ausgestattet wird.

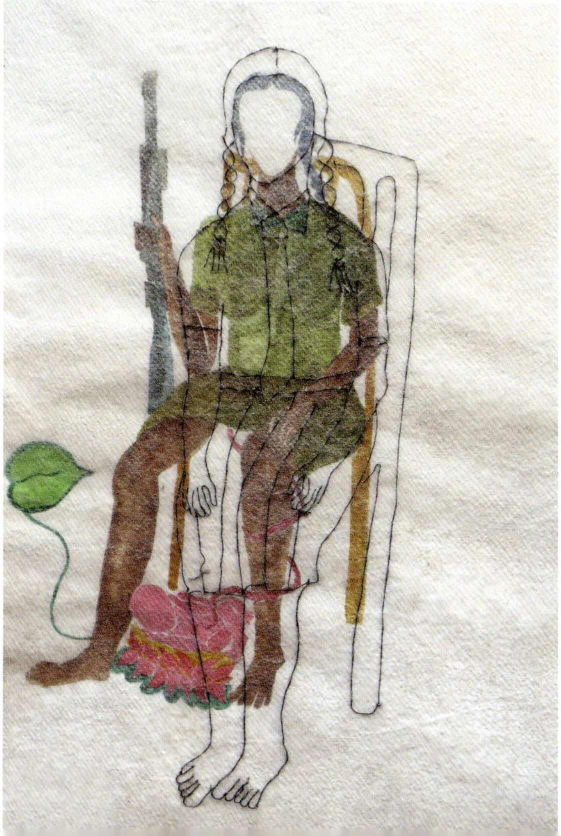

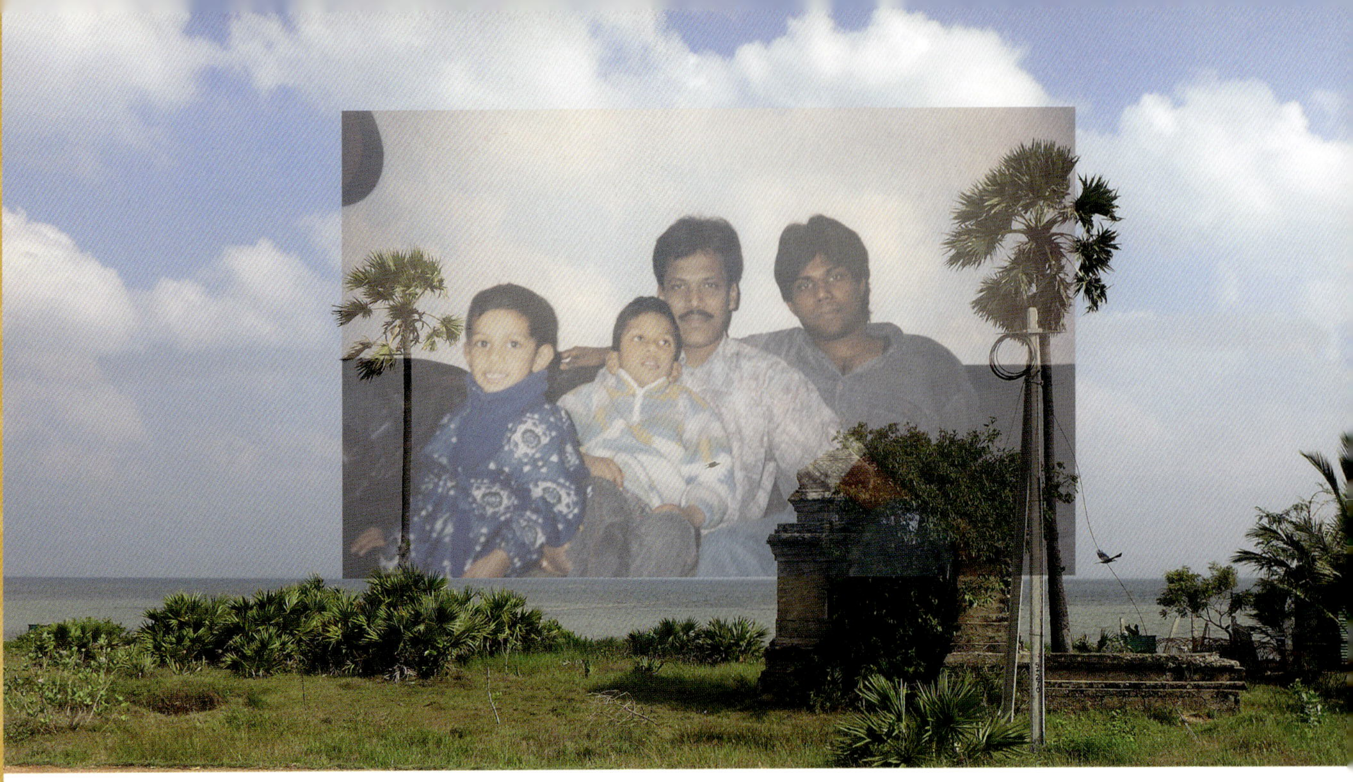

10 ›Shobashakthi mit seinem älteren Bruder und dessen Söhnen 1995 in Stuttgart, Deutschland‹ (Familienbesitz), über einem Foto ›Bushaltestelle in Allaipiddy, 2017‹ fotografiert von Deneth.

Shoba, wie hat dich der Krieg in Sri Lanka verändert, und wie hat er sich auf dich ausgewirkt, nachdem du nach Europa gekommen bist?

Ich war 22 Jahre alt, als ich Sri Lanka 1999 verließ. Ich habe immer noch viele schlechte Erinnerungen wie Krieg, Militär und Tod. Aber die guten Erinnerungen sind mein Dorf, die frühen Jahre meines Lebens, das Schwimmen im Meer und das Theater. Wir sind die erste Generation, die diesen Krieg erlebt hat. Ich glaube, die Generation meines Vaters war die letzte, die gute Erinnerungen an Sri Lanka hatte. Seit ich sieben Jahre alt war, sahen wir jeden Tag Leichen in den Straßen von Jaffna und am Strand. Ich habe bis heute Alpträume davon. Ich habe Angst, nach Sri Lanka zu reisen. Selbst in Frankreich war es bis 2009 nicht sicher für mich, da ich hier in Paris im Visier des LTTE-Netzwerks war. Es war sinnlos, die französische Polizei zu informieren. Sie kümmern sich nicht um die internen Probleme der tamilischen Gemeinschaft.

Deneth, wie hat dich der Krieg in Sri Lanka verändert, und wie hat er sich auf dich ausgewirkt, nachdem du nach Europa gegangen bist?

Meine Kindheitserinnerungen an den Bürgerkrieg beginnen im Alter von 8 Jahren mit den Propaganda-Aktivitäten meines Vaters, Kundgebungen und Märschen zum 1. Mai. Im Alter von 14 Jahren nahm er uns mit nach Vavuniya in der Nordprovinz zu einer Friedenskundgebung, um Solidarität und Unterstützung für die Tamilen während des Krieges zu zeigen. Der Distrikt Vavuniya war während des Bürgerkriegs viele Jahre lang unter der Kontrolle der LTTE. Ich erinnere mich an die nächtlichen Geräusche von Schüssen und die Lichter von Gewehren, die von beiden Seiten nachts abgefeuert wurden, aber auch daran, wie Menschen aller Altersgruppen zusammenkamen, um zu zeichnen, zu malen und bei einem von meinem Vater organisierten Kunstworkshop miteinander zu reden. All das hat mein junges Teenager-Herz bis heute tief geprägt.

Diese Erfahrungen haben mich dazu gebracht, mutig zu werden und sinnvolle Dinge im Leben und in meiner künstlerischen Karriere zu tun. Die Möglichkeit, in Frankreich zu arbeiten, in einem Raum, in dem ich mich ohne Angst ausdrücken kann, hat mich ermutigt, mit solch sensiblen Themen wie Krieg und der tamilischen Diaspora zu arbeiten.

Shoba, dies ist das zweite Projekt, das du zusammen mit Deneth machst. Was hältst du von ihrer Arbeit, ihrem Interesse an der tamilischen Diaspora?

Ich erinnere mich an das erste Projekt, das wir gemeinsam gemacht haben. Ich mochte ihre Arbeit. Obwohl der Kurator des Linden-Museums mich bat, ihm tamilische Künstler*innen vorzustellen, stellte ich ihm sie, eine singhalesische Künstlerin vor, weil ich an ihre Arbeit glaube und weil sie sehr mutig ist. Ich glaube, dass Kunst keine leichte Sache ist. Es ist harte Arbeit. Und ich habe gesehen, wie hart Deneth arbeitet. Außerdem ist es nicht sehr üblich, dass tamilische und singhalesische Künstler zusammenarbeiten. Das ist sehr selten. Ich kenne viele Singhalesen, Freunde und viele Künstler. Aber wenn wir zusammen sind, gibt es immer Streit. Entweder sind sie singhalesische Extremisten oder sie sind pro-LTTE. Deshalb gab es nie einen Dialog oder einen Austausch zwischen uns. Ich denke, wir beide kommen vor allem deshalb gut miteinander aus, weil wir keine politischen Ideen vertreten.

Deneth, wie denkst du über Shobas Arbeit und sein Interesse, mit dir zusammenzuarbeiten?

Ich finde, dass Shobas Arbeit als Schauspieler und Autor sehr kraftvoll ist und seinem Herzen entspricht. Ich respektiere auch die Tatsache, dass sein kreativer Denkprozess eher aus seiner persönlichen Erfahrung heraus entstanden ist als aus einem akademischen Prozess. Durch die Zusammenarbeit mit Shoba und anderen Tamilen, die ich in Europa und Sri Lanka kennengelernt habe, durchlebe ich in gewisser Weise die Vergangenheit meines eigenen Landes erneut, erfahre einen Teil srilankischer Identität, die mir in keinem Geschichtsbuch erzählt oder beigebracht wurde. Dies sind die Geschichten, die vergessen, versteckt, ausgelöscht und durch die Macht der singhalesischen Führer zum Verschwinden gebracht wurden. Mir bedeutet dieser eine Schritt der Offenheit, den wir miteinander gemacht haben, mehr als jede Auszeichnung oder Anerkennung, die man als Künstler*in erhalten kann.

1 Die Bezeichnung »braun« ist hier eine bewusste Selbstbezeichnung. Sie wurde aus dem Englischen wörtlich ins Deutsche übersetzt, da sie einen Diskurs der Diskriminierung adressiert und äußerliche Merkmale von Rasse kritisiert.

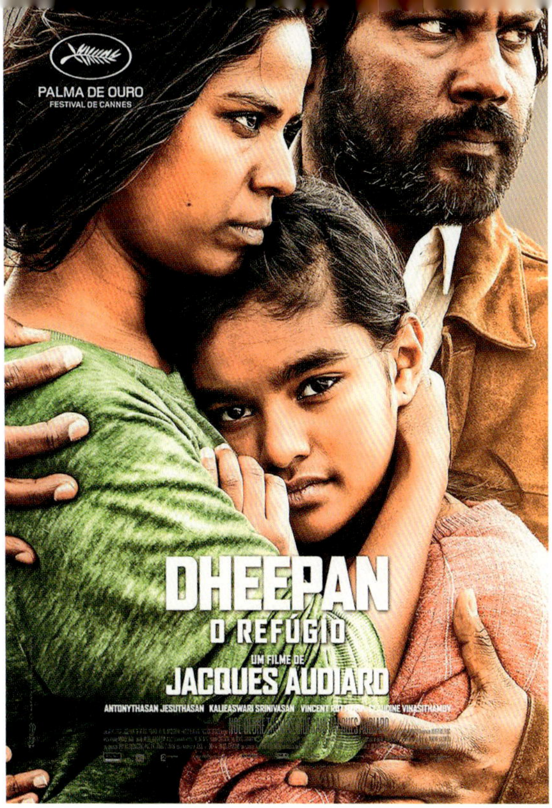

11 ›DHEEPAN‹ (deutscher Titel: *Dämonen und Wunder*), ein Film von Jacques AUDIARD, Gewinner der Goldenen Palme bei den Filmfestspielen von Cannes 2015 sowie des französischen César-Filmpreises.

75

12 Erste französische Veröffentlichung von sechs Geschichten aus der Feder von Shobasakthi. Zulma, Paris, 2018.

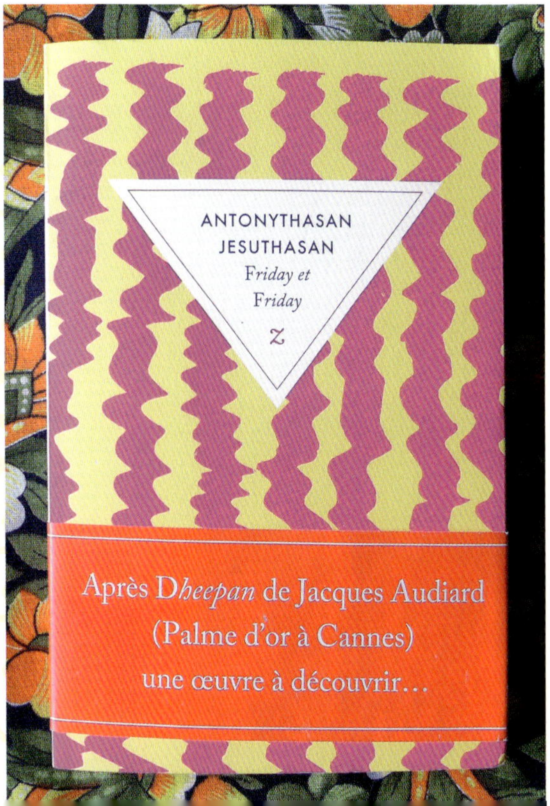

Alltag

அன்றாட வாழ்க்கை

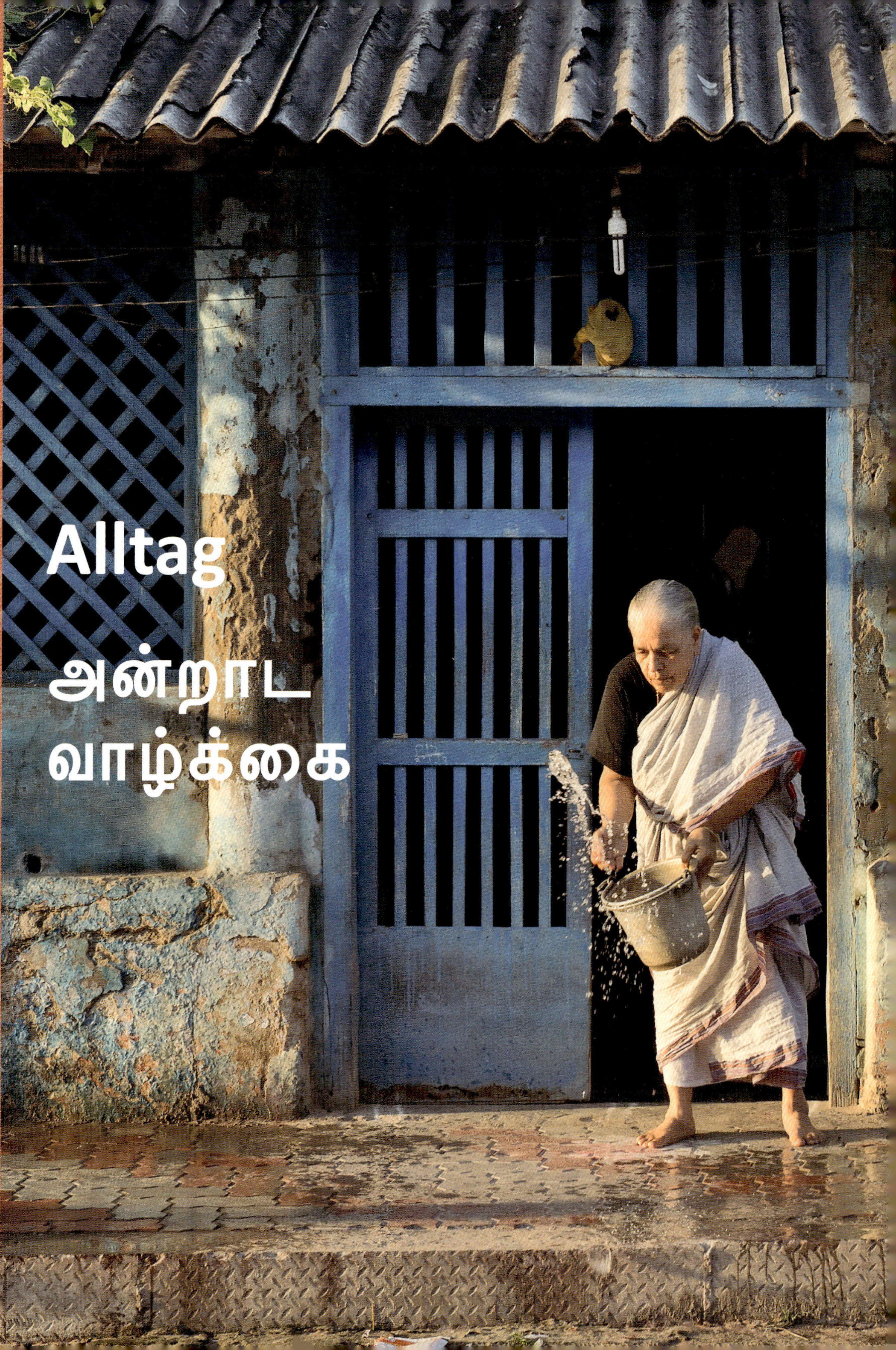

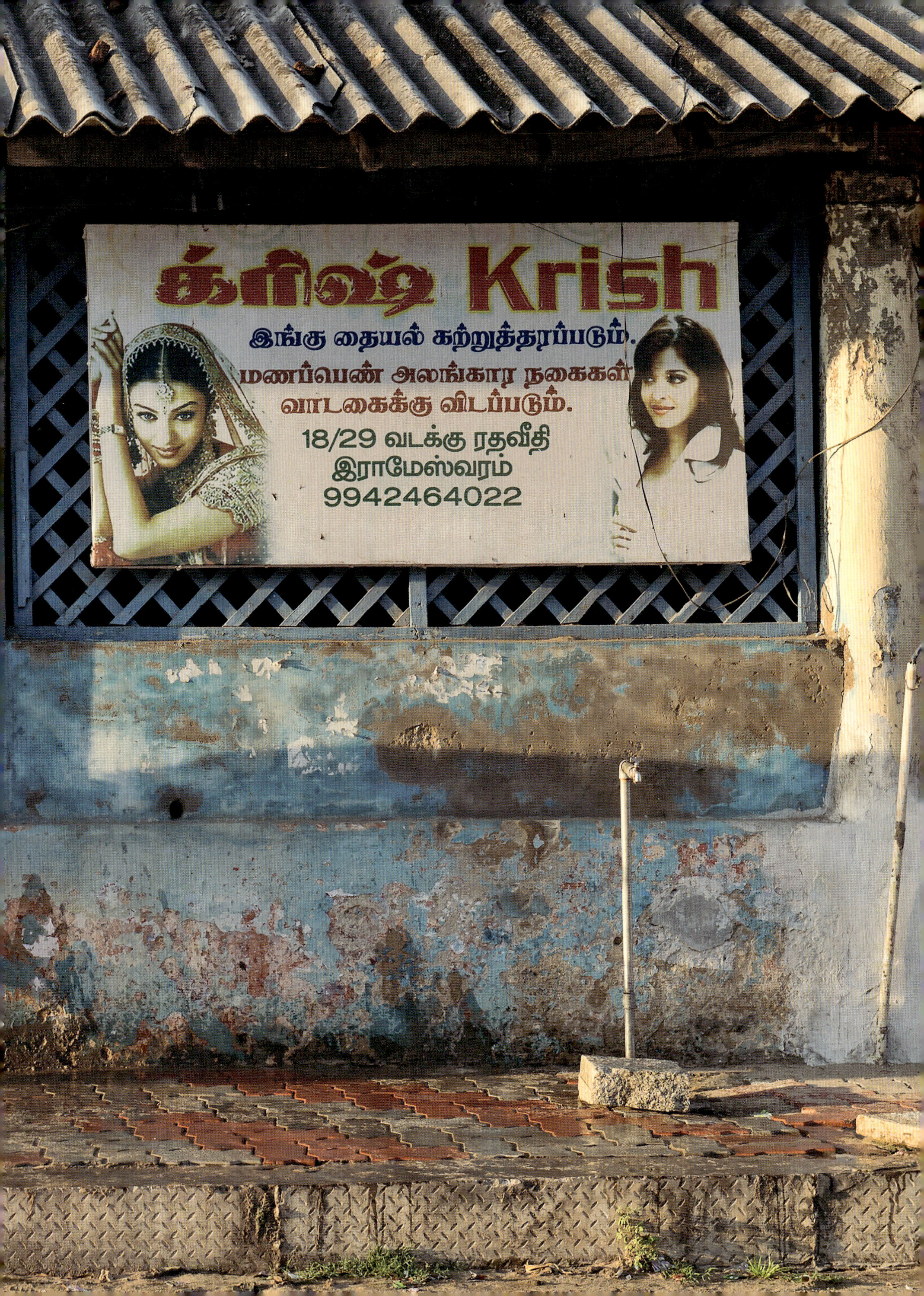
க்ரிஷ் Krish
இங்கு தையல் கற்றுத்தரப்படும்.
மணப்பெண் அலங்கார நகைகள்
வாடகைக்கு விடப்படும்.
18/29 வடக்கு ரதவீதி
இராமேஸ்வரம்
9942464022

HÉLÈNE GUÉTAT-BERNARD · FLEUR SOUMER

Tamilische Küche

தமிழ் உணவு

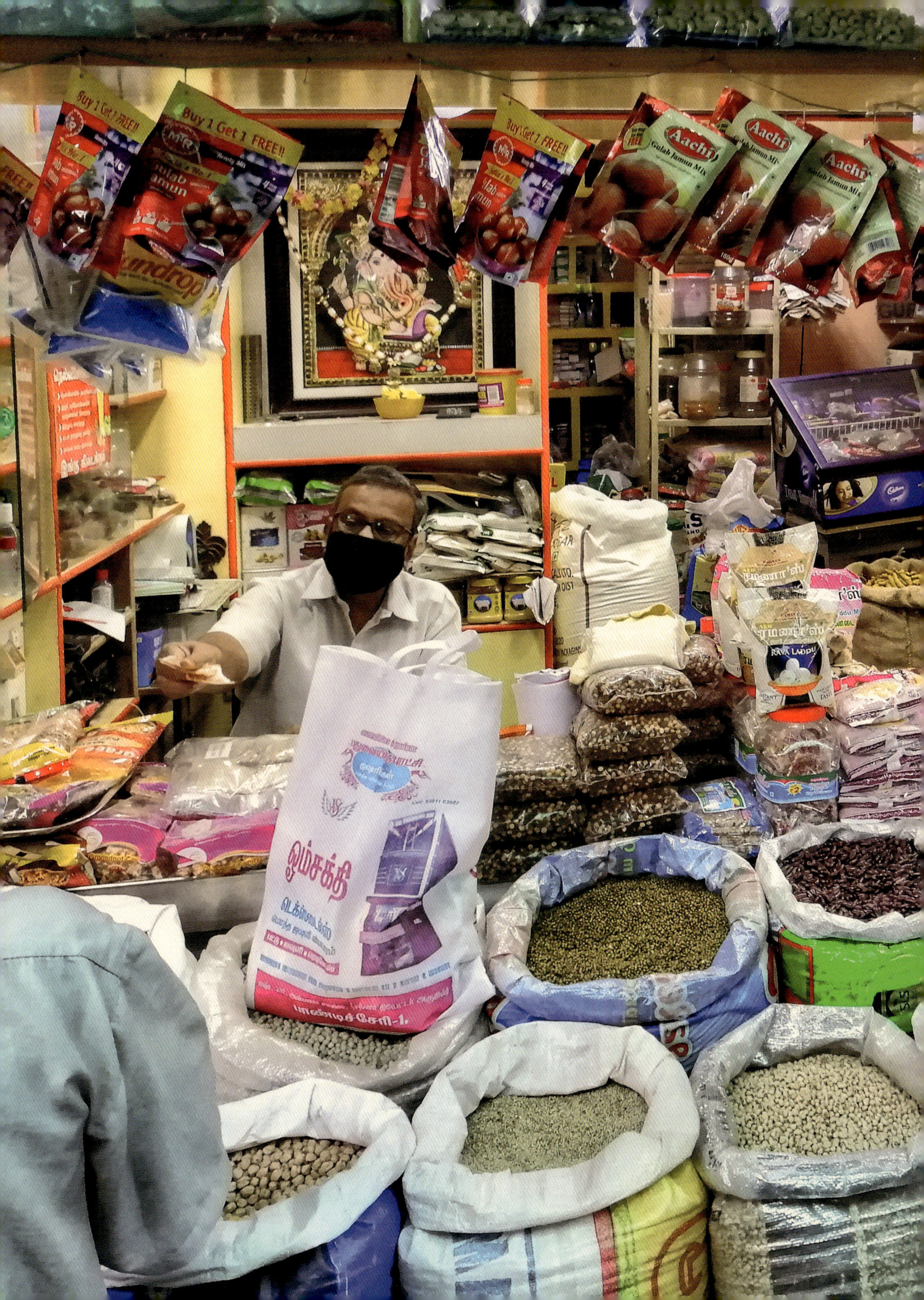
Buy 1 Get 1 FREE!!
Aachi
Gulab Jamun Mix
RAVA LADDU
ஓம்சக்தி

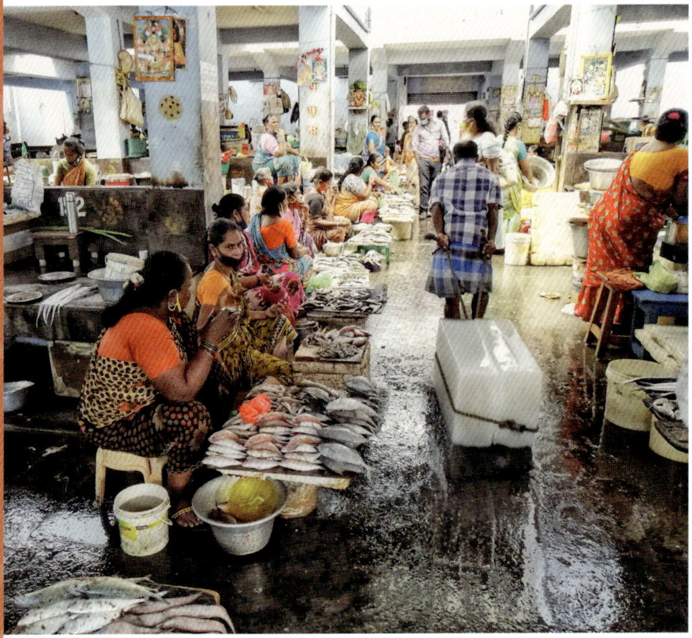

2 Fischmarkt. Foto: SITA-Kulturzentrum, Pondicherry.

Die in Indien weit verbreitete Vorliebe für eine überwiegend vegetarische Ernährung ist eng mit der Kastenidentität und auch mit politischen Diskursen verbunden. Vorstellungen von Reinheit und Unreinheit sowie die spezifische Kategorisierung von Lebensmitteln, die sich aus den alten, klassischen Schriften des Hinduismus ableiten, dienen einerseits der sozialen Dominanz der oberen Kasten über die unteren Kasten und die sogenannten Unberührbaren und sind andererseits Mittel der spirituellen Selbstdisziplinierung.

Obwohl jede Familie ihre eigenen Rezepte bewahrt, kochen die Menschen auch Gerichte mit verschiedenen Einflüssen: Pondicherry ist durch die Nähe zu der Stadt Auroville und den französischen Einfluss kosmopolitisch geprägt.

Essen ist ein wichtiger Teil der Kultur (Srinivas 2011). Dieser Artikel befasst sich mit Essen in Pondicherry und bietet einen Rahmen und Kontext für das Verständnis der in der Ausstellung gezeigten Objekte und Fotografien zur tamilischen Küche. Er beruht auf Interviews mit zwei Frauen aus dem *Sita-Kulturzentrum* in Pondicherry, die an der Entwicklung der Ausstellung zur tamilischen Küche beteiligt waren.

Das Land der Tamil*innen zeichnet sich durch drei Landschaften aus: Küsten, Ebenen und Bergland. Sie verfügen über je eigene kulinarische Besonderheiten. Charakteristisch für die Küche der Küstenstadt Pondicherry sind Fischgerichte (für Nicht-Vegetarier), insbesondere *Meen Kozhambu*, ein Fischcurry mit Tamarinde und Tomaten, das typisch für die ganze Coromandel-Küste ist. Die Vielfalt der Esskulturen wird auch durch ländliche oder städtische Kontexte, die verschiedenen Kastengemeinschaften, Religionen und natürlich auch die sozialen Schichten weiter differenziert.

◄ 1 Marktstand mit Gewürzen, Hülsenfrüchten, Reis und anderen Lebensmitteln in Pondicherry. Foto: SITA-Kulturzentrum, Pondicherry.

Die tamilische Küche: Eine materielle Grammatik, eingeschrieben in ein kulturelles Modell

Die Einteilung der Mahlzeiten beruht auf einer Grammatik der Mahlzeiten und Zutaten.

Das Frühstück besteht aus einem oder mehreren Gerichten und einem heißen Getränk wie Tee oder Kaffee, zumeist mit Milch. Ein typisches Gericht sind *Iṭli (Idli)*, kleine gedünstete Klöße. Dafür lässt man einen aus Reis und eingeweichten, gemahlenen Linsen hergestellten Teig über Nacht gären. Morgens wird er noch einmal gemischt und gesalzen, dann in kleinen Formen gedämpft. *Iṭli* werden mit der Linsen-Gemüsesoße *Cāmpār* (*Sambar*) und verschiedenen Chutneys gegessen, etwa Tomaten-, Kokosnuss- und Zwiebel-Chutneys mit Erdnüssen. *Iṭli* werden oft auch in kleinen Straßenküchen gekauft.

Der Tag wird oft durch Teepausen unterbrochen, zu denen man Tee mit süßer Milch und Gewürzen wie Ingwer, Kardamom, Pfeffer und Nelken trinkt.

Das Mittagessen kann zu Hause oder am Arbeitsplatz gegessen werden. Da oft keine Kantinen vorhanden sind, aus wirtschaftlichen Gründen und da viele Menschen lieber hausgemachte Speisen essen, kochen die Frauen bereits morgens das Mittagessen, das sich in stapelbaren Behältnissen leicht transportieren lässt. Es besteht oft aus weißem Reis mit einer Soße wie *Kōḻampu (kozhambu)* und weiteren Beilagen, wie etwa *Pōriyal (Poriyal)*, einem Gemüsegericht. Frauen bevorzugen oft die Einfachheit des »*Variety Rice*«, der bereits gewürzt ist und daher ein eigenständiges Gericht dar-

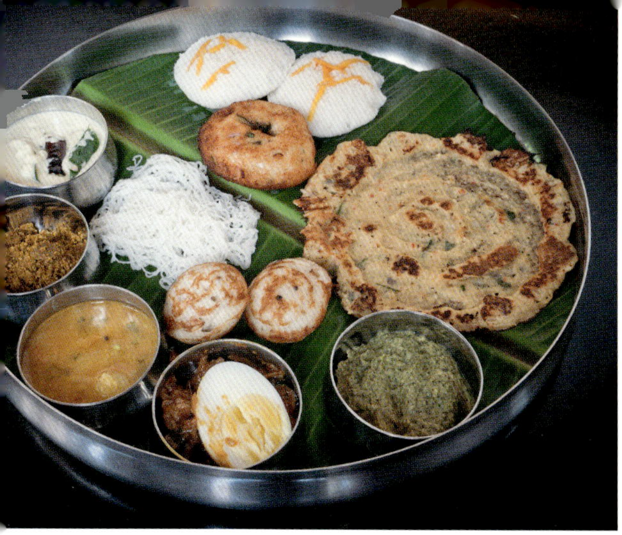

3 *Thali*: Alle Bestandteile einer Mahlzeit werden oft auf einem Edelstahltablett angerichtet. Foto: Olaf Krüger.

stellt. Es gibt viele Sorten davon, zum Beispiel mit Tomate, Tamarinde, Curryblättern, Zitrone oder einfach mit Joghurt.

Am späteren Nachmittag ist es Zeit für *Tiffin*, eine Art Snack oder Abendessen, je nach Konsistenz und Uhrzeit. Es besteht aus Tee oder Kaffee mit süßer Milch und, falls später noch ein Abendessen zu Hause eingeplant ist, aus einer Kombination von *Iṭli* und *Tōcai (Dosai)* – dünnen Pfannkuchen aus dem gleichen Teig wie die *Iṭli* – mit *Cāmpār*. Wenn unterwegs gerastet wird, werden an Straßenküchen frittierte Snacks wie *Pajjikaḷ* und *Pakkōṭākkaḷ* (*Bajji, Pakodas* – frittiertes Gemüse in einem Kichererbsenteig) angeboten. Die Stadt wird von kleinen, bunten Karren belebt, die als Straßenrestaurants dienen und nach Einbruch der Dunkelheit beleuchtet werden.

Zum Abendessen schließlich kommen, je nach Laune und Zeit der Hausherrin, die Reste des Mittagessens auf den Tisch, alternativ *Tōcai* mit einer Sauce oder eine vollständige, neu gekochte Mahlzeit.

4 Essen zum Diwali Fest. Foto: SITA-Kulturzentrum, Pondicherry.

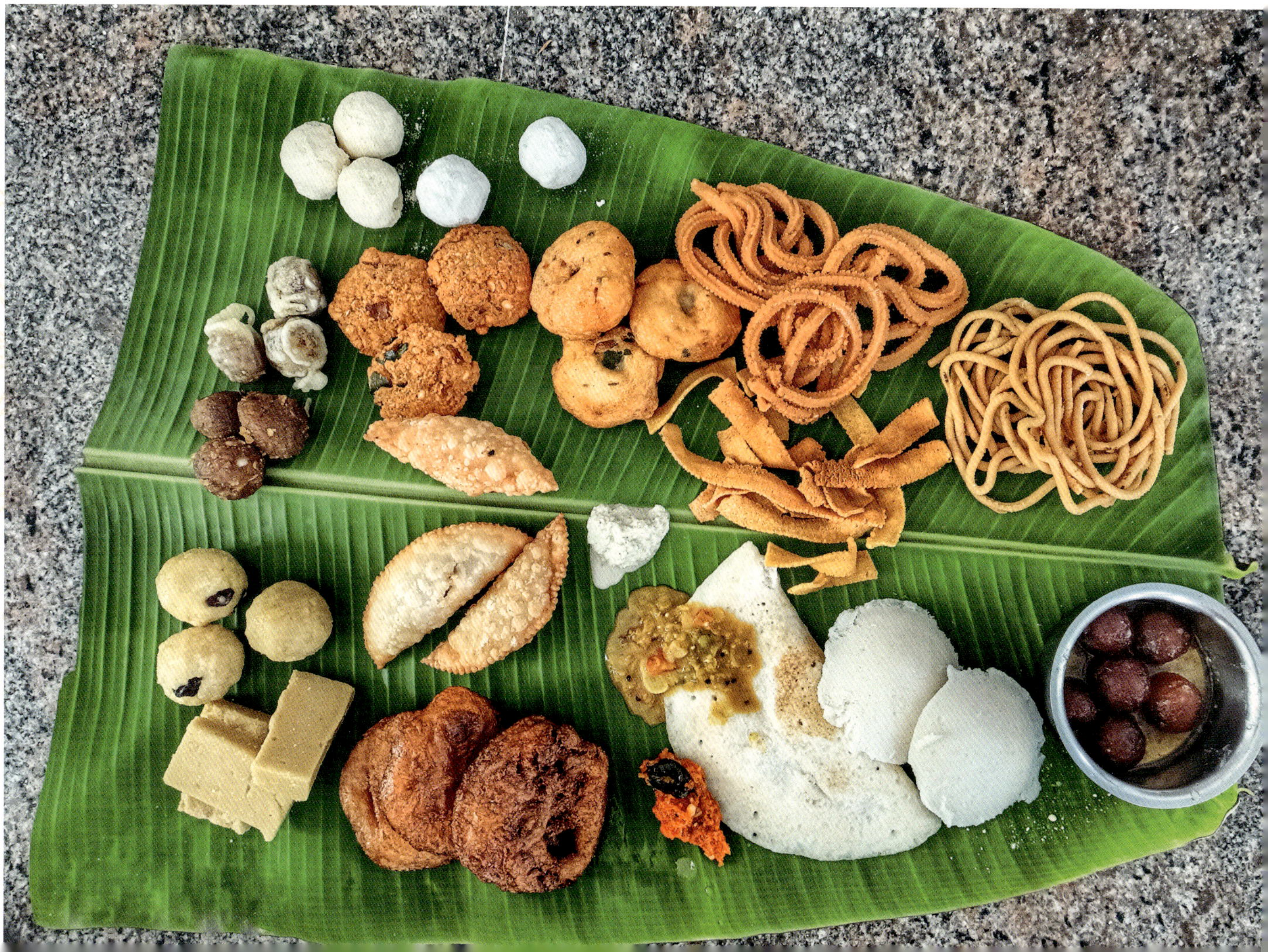

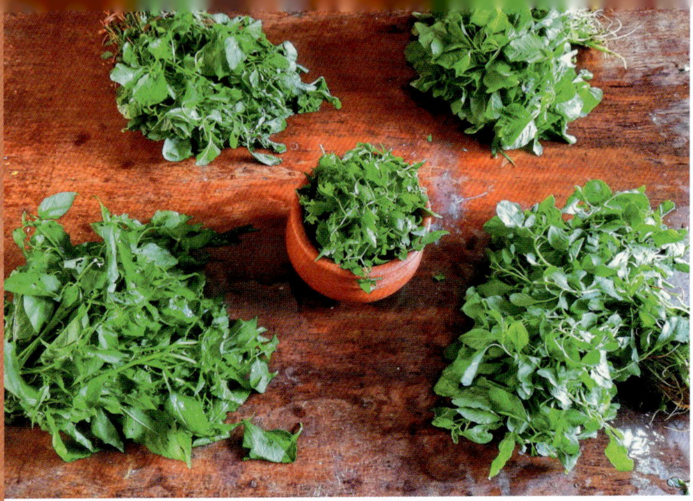

5 *Kirāy* Blattgemüse: Arai, Siru, Murukatan, Manta, Kali, Moulei. Foto: SITA-Kulturzentrum, Pondicherry.

Der tägliche Rhythmus der Mahlzeiten wird oft durch die Feste unterbrochen, die alle Religionsgemeinschaften auf eigene Weise feiern. Jeder dieser glücksverheißenden Tage verlangt nach besonderen kulinarischen Komponenten. Die Rezepte dafür sind oft aufwändig und werden mit teuren Zutaten wie *Ney* (Butterschmalz) oder Trockenfrüchten zubereitet. Gleichzeitig ist Essen nicht nur eine kulinarische Komponente solcher Feste, sondern auch Teil von Ritualen, in denen es den Göttern geopfert wird, indem man es ihnen als Speise serviert (im Viṣṇuismus) oder sie damit übergießt (im Śivaismus). Essen tritt auch aus den Göttern als Gnadengabe (Tamil: *Piracatam*) hervor und kehrt so zu den Gläubigen zurück, die ihm reinigende, glückverheißende und gesundheitsfördernde Eigenschaften zuschreiben.

Auch Familien, die keine Vegetarier sind, essen nicht täglich Fleisch oder Fisch. Eine Ausnahme sind Fischerfamilien, für die Fisch und Meeresfrüchte zum Alltag gehören, und muslimische Familien, bei denen auf tägliche Fleischmahlzeiten besonderer Wert gelegt wird. Für die meisten Menschen ist der Gruß mit der Frage verbunden, was man gegessen hat. Muslim*innen und Christ*innen erwähnen oft stolz, dass sie Fleisch gegessen haben, besonders, wenn sie einer ärmeren Familie angehören. Bei Hindu-Familien, die keine Vegetarier sind, gibt es Fleisch, auch aus Kostengründen, vor allem sonntags und, falls etwas übrigbleibt, auch noch am Montag. Der sonntägliche Fleischverzehr zeigt sich auch in der Stadt, wo es dann vor den Metzgereien lange Schlangen gibt. Der Verzehr von Blattgemüse, *Kirāy*, wird oft als Ersatz für Fleisch angesehen, kann aber, je nach sozialer Gruppe, auch durch Ei oder Trockenfisch ergänzt oder mit diesem zusammen zubereitet werden. *Kirāy* können angebaut oder wild sein, aus Gärten oder dem Gartenbau-Gürtel der

6 Gemüsemarkt. Foto: SITA-Kulturzentrum, Pondicherry.

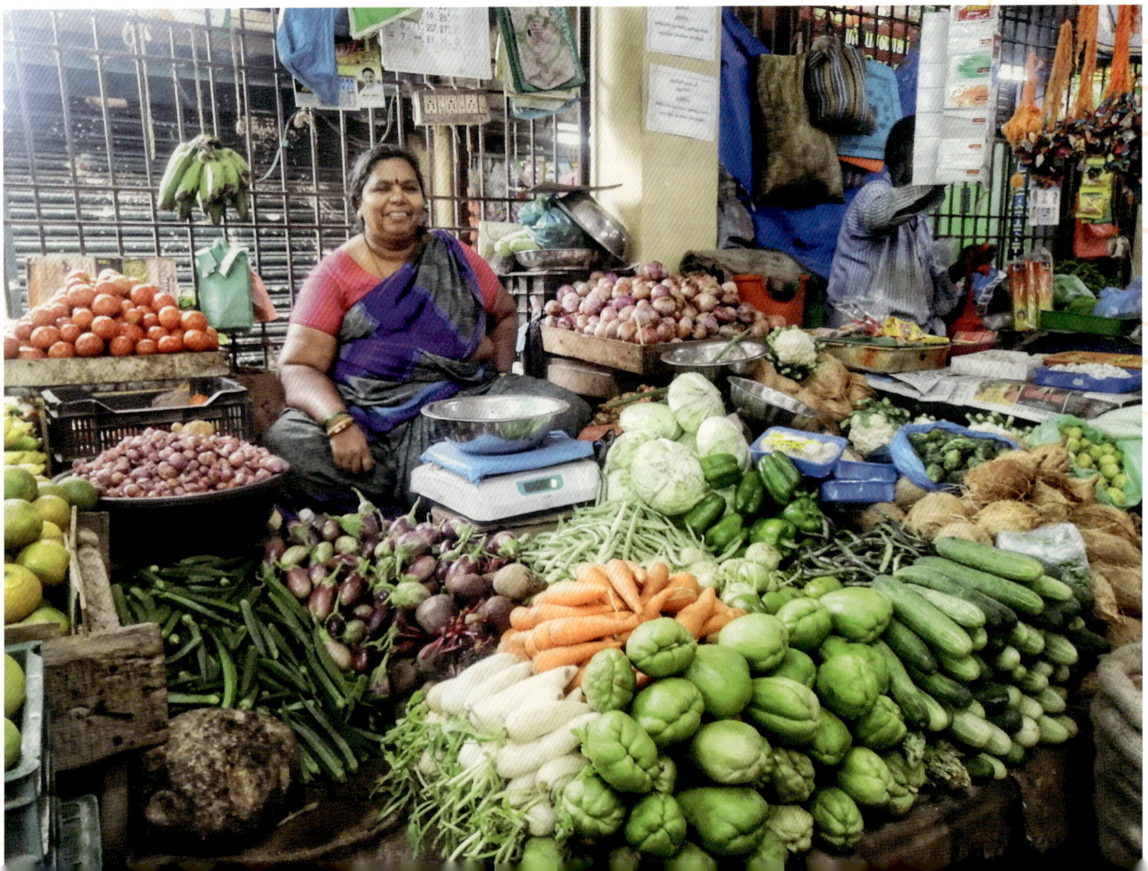

Stadt stammen. Für die Mittelschicht sind sie Gegenstand neuen Denkens über gesündere Ernährung, auch im Kontext der mit der Übertragung von Covid-19 verbundenen Ängste. Menschen aus der Unterschicht ignorieren sie jedoch vielleicht, da *Kirāy* zwar günstig sind, aber zu sehr mit Zeiten der Knappheit in Verbindung gebracht werden. Das Wissen über die Eigenschaften von *Kirāy* ist in der Bevölkerung ungleich verteilt: Männer kennen einige davon, weil sie oft diejenigen sind, die auf dem Markt einkaufen. Sie sind jedoch kaum mit den Zubereitungsmethoden vertraut. Das Wissen darüber wird von den Großmüttern an die Töchter und Enkelinnen weitergegeben – vorausgesetzt, diese sind interessiert. Das ist nicht immer der Fall, denn die jüngeren Generationen bevorzugen einen globalisierteren Ernährungsstil, der oft aus Fertiggerichten besteht und mit den großen Marken assoziiert wird, die als Symbol der Urbanität und Modernität erscheinen (Staples 2014).

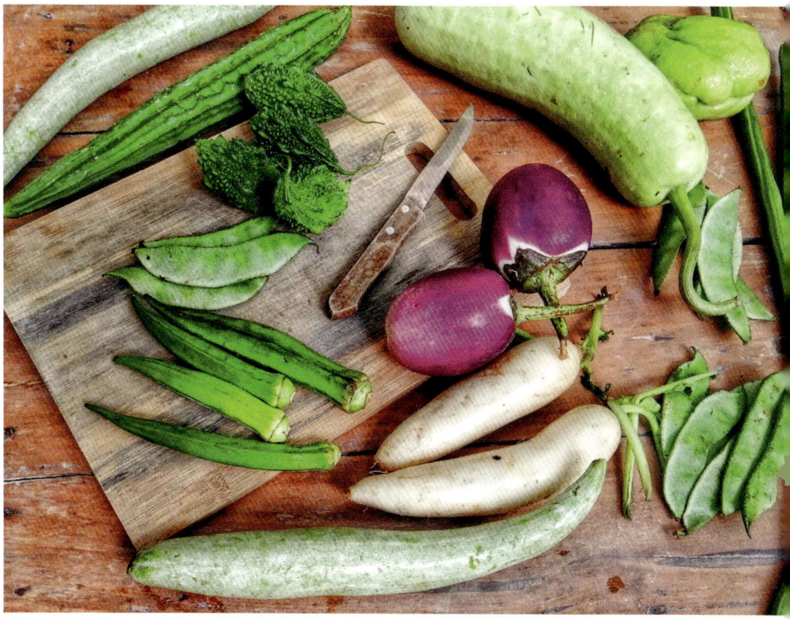

7 Gemüse: Moringa, flache Bohnen, Schlangenhaargurke, Schwammkürbis, Flaschenkürbis, Chayote, Auberginen, Bitterkürbis, Rettich, Okra. Foto: SITA-Kulturzentrum, Pondicherry.

Der Akt des Essens als Beziehung zwischen Mensch und Umwelt, Körper und Seele

Ohne dass der Mensch sich dessen unbedingt bewusst ist, antwortet der Akt des Essens auf dreierlei Bedürfnisse (Sujatha 2015): Zum einen geht es um das Wohlbefinden des Menschen und sein körperliches Bedürfnis nach Nahrung. Essen wird aber auch als Heilmittel betrachtet, und das Wissen um seine heilende Wirkung wird oft von Männern und Frauen geteilt. Es sind jedoch meist allein die Frauen, die über das Wissen um die richtige Zubereitung verfügen, denn bestimmte *Kirāy* verlieren ihre gesundheitsfördernden Eigenschaften oder werden sogar schädlich, wenn sie nicht richtig zubereitet werden. Es gibt Überschneidungen zwischen solchen Blättern, die als *Kirāy* gegessen werden, und solchen, die als *Mulikai*, Heilkräuter, Verwendung finden.

Viele Einwohner von Pondicherry raten je nach Jahreszeit zu bestimmten Kombinationen von Lebensmitteln, die auf den diesen zugeschriebenen Qualitäten beruhen und auch im Zusammenhang mit Vorstellungen von Wärme und Kühle stehen, die sie im Körper hervorrufen. Konzepte von Krankheit sind sowohl im volkstümlichen als auch im Verständnis der Gelehrten eng mit der Ernährung verbunden (Sujatha 2015). Viele Gewürze werden sowohl aufgrund ihres Geschmacks verwendet als auch aufgrund ihrer oft vielfältigen heilenden Eigenschaften. Zum Beispiel werden Frauen nach der Geburt eines Kindes mit Pfeffer ge-

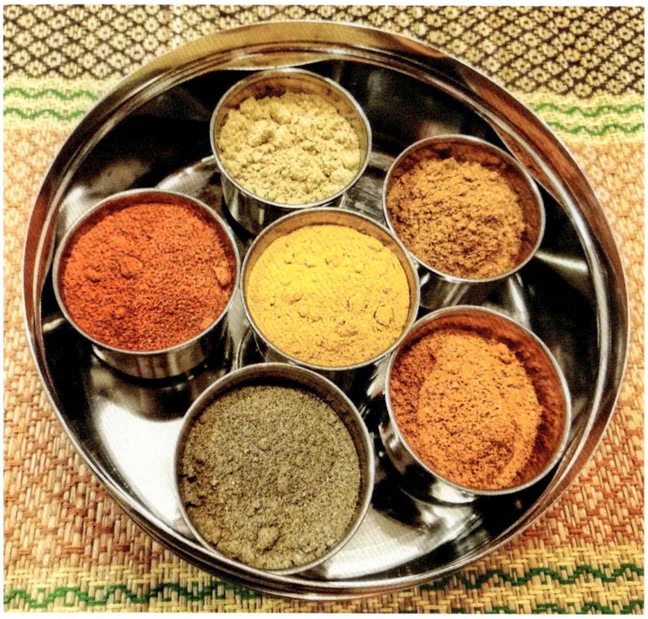

8 Gewürzpulver: Kurkuma, Kreuzkümmel, roter Chili, Koriander, Hähnchen-Masala, Fisch-Masala. Foto: SITA-Kulturzentrum, Pondicherry.

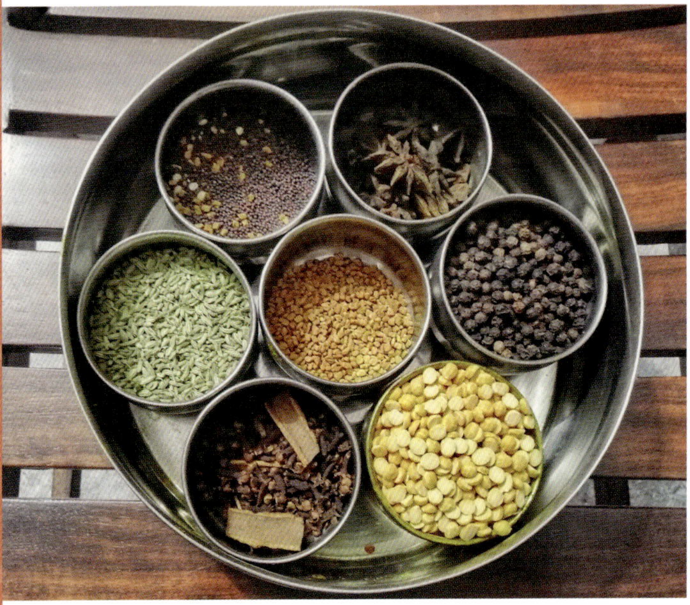

9 Ganze Gewürze: Dal, Bockshornklee, Senf, Urdbohnen, Sternanis, schwarzer Pfeffer, grüner Anis, Nelken und Zimt. Foto: SITA-Kulturzentrum, Pondicherry.

würzte Hühnerfleischgerichte oder bestimmte Fische wie zum Beispiel Rochen serviert, um den Körper zu wärmen, zu stärken und um die Milchbildung zu fördern.

Morgens oder am Vorabend ist es üblich, dass Vater, Mutter und die älteren Kinder ihre Wahrnehmungen über den Zustand ihres Körpers und ihre Stimmungen äußern. Das Gespräch zielt auf die Wahl bestimmter Gemüse, etwa eines *Kirāy*, die als Beilage zubereitet werden sollen. Die Köchin versucht, so weit wie möglich die Wünsche und Bedürfnisse der verschiedenen Familienmitglieder zu erfüllen. Sie entscheidet natürlich auch nach der Verfügbarkeit und den Preisen der Zutaten auf dem Markt, aber ebenso anhand ihres Wissens darüber, was gut für ihre Familie ist, sowie nach den Wünschen der einzelnen Personen. In vielen Familien werden die Wünsche des Vaters und der Söhne vorrangig berücksichtigt; demgegenüber werden die Wünsche der Frauen und Töchter manchmal zurückgestellt (Dey 2020).

Zum anderen sind die Köchinnen darauf bedacht, die Art der Speisen zu variieren, was durch die große Auswahl an Lebensmitteln und deren Geschmacksrichtungen (süß, salzig, bitter, sauer, adstringierend und scharf) leicht möglich ist. Aufgrund des tropischen, heißen und feuchten Klimas und der damit verbundenen Schwierigkeit, insbesondere zubereitete Lebensmittel aufzubewahren, wird täglich frisch gekocht, denn es ist kaum möglich, Reste aufzubewahren. Einige wenige Curries wie zum Beispiel das *Kōḻampu* mit Tamarinde werden gerne für den nächsten Tag aufgehoben, weil sich ihr Geschmack verbessert. Dabei konserviert die darin enthaltene Säure diese Gerichte. Frauen kochen, je nach verfügbarer Zeit und wirtschaftlicher Situation der Familie, ein- bis dreimal am Tag. Abgesehen von Grundnahrungsmitteln werden Obst, Gemüse und *Kirāy*, aber auch Fleisch am Tag des Verzehrs frisch auf dem Markt oder von Straßenhändlern gekauft, die manchmal noch von Tür zu Tür gehen, um zu verkaufen (vor allem Fisch und Meeresfrüchte).

Entweder aus Mangel an finanziellen Mitteln oder auch aus der Überzeugung heraus, dass Kühlschränke der Nährstoff- und Geschmacksqualität der Lebensmittel schaden, wird täglich frisch gekocht. Lediglich Masala-Mischungen werden oft fertig gekauft, da immer weniger Frauen sich die Zeit nehmen, die frischen Zutaten zu kaufen, sie in der Sonne zu trocknen, zu rösten und zu mahlen. Die auffälligsten Veränderungen gibt es bei den Küchengeräten: Die ersten Mixer etwa tauchten Ende der 1980er Jahre in den Haushalten auf.

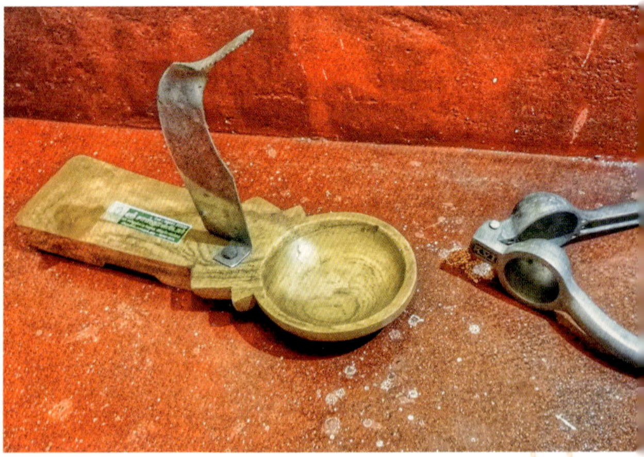

10 Kokosraspel und Zitronenpresse. Foto: SITA-Kulturzentrum, Pondicherry.

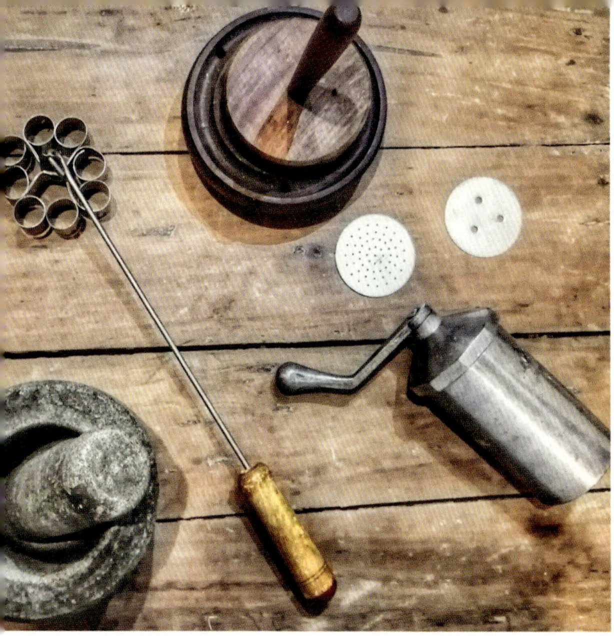

Schließlich geht es auch um die Ökologie des Ortes: *Vazakam* steht im Tamil für die enge Verbindung zwischen Essen und Ökologie (Sujatha 2015). Sie erklärt die Präferenz vieler, Speisen zu essen, deren Rohstoffe lokal angebaut wurden. Die dahinterstehende Vorstellung ist die einer Wesensähnlichkeit von Dingen, die am gleichen Ort gedeihen, d.h. eine Analogie zwischen den Menschen und dem, was sie umgibt: Der Verzehr dessen, was aus der unmittelbaren Umgebung kommt, ermöglicht es dem Menschen, sich an diesen Ort anzupassen und dort zu gedeihen. Deshalb wird der Verzehr einer Vielzahl von lokal wachsenden Pflanzen geschätzt, auch solcher, die bitter sind, denn sie sind Teil der Vielfalt des Lebens und der Anpassungsfähigkeit des Menschen an Veränderungen. Diese Vorstellungen über die Beziehung zwischen Mensch und Essen verbieten jedoch nicht, auch Lebensmittel von weit her in das Nahrungsspektrum zu integrieren, wie zum Beispiel aus Europa importierte Gemüsesorten, die auf feuchteren und kühleren Böden rund um Bangalore oder im Bergland bei Ooty angebaut werden. Für die Mittelschicht gewinnt die Bevorzugung lokal erzeugter

11 Mörser, *Idyiappam*- und *Murukkemacher*. Foto: SITA-Kulturzentrum, Pondicherry.

12 *Tawas* und *kadais* – Bratpfannen und Woks. Foto: SITA-Kulturzentrum, Pondicherry.

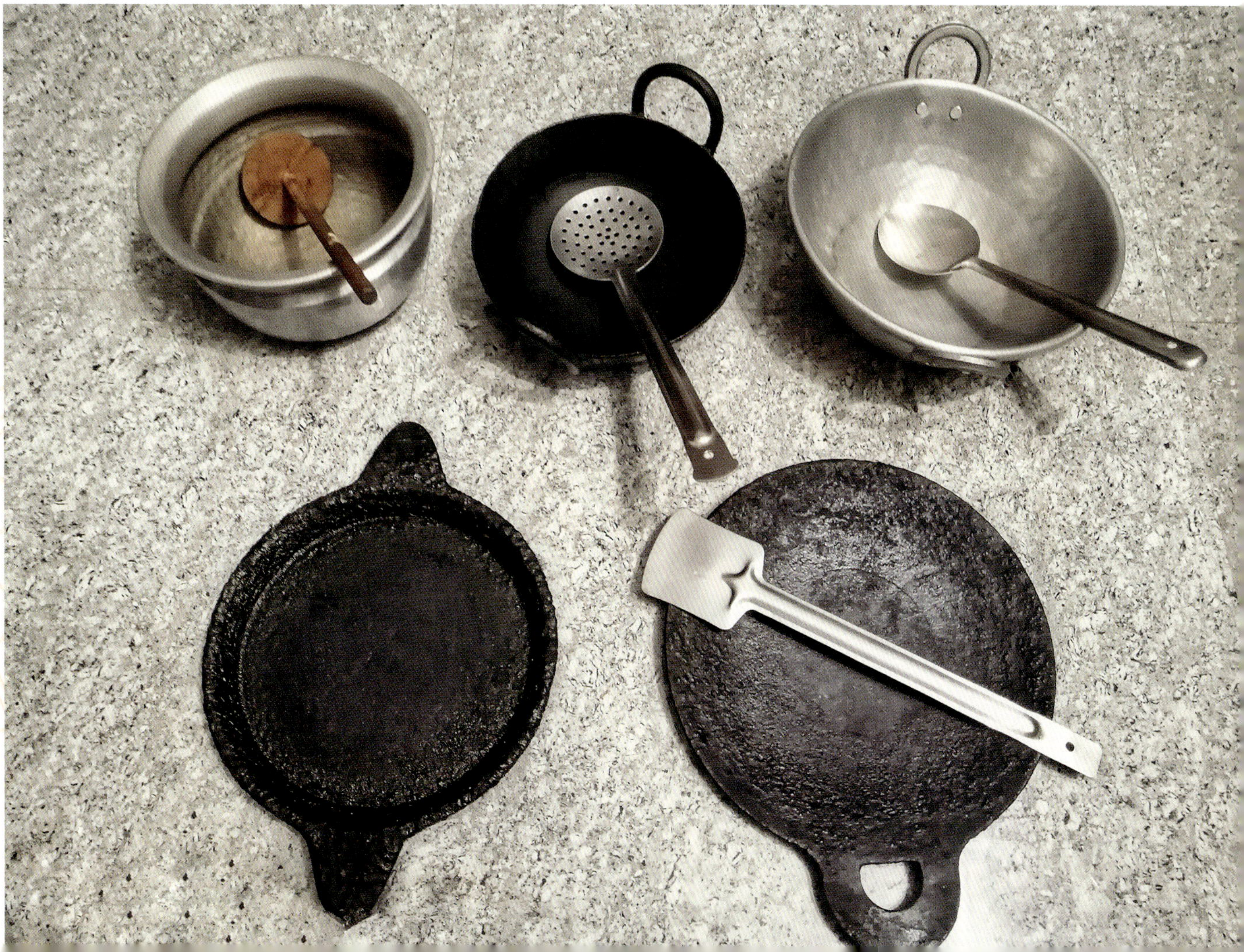

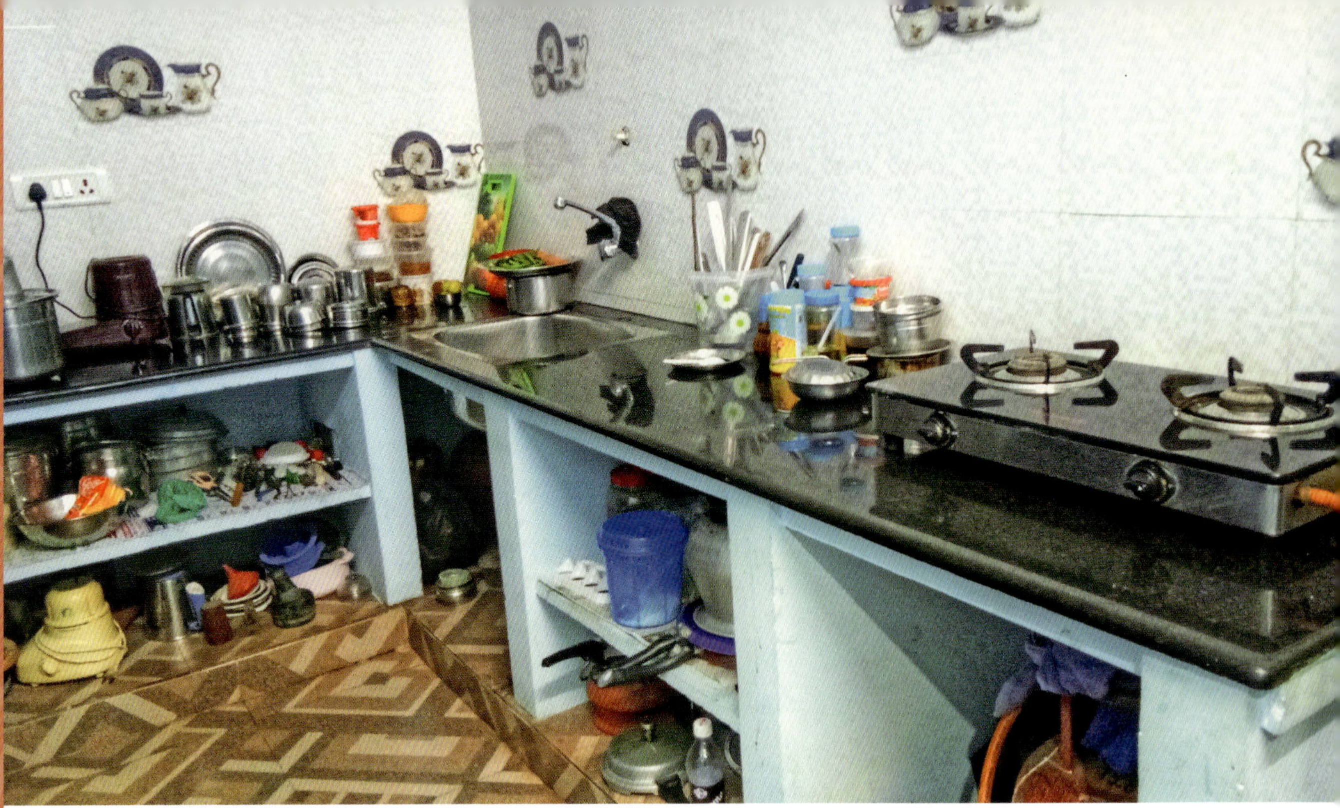

13 Heute in städtischer Umgebung übliche Küchenform. Fotos: SITA-Kuturzentrum. Pondicherry.

Lebensmittel und lokaler Distributionsnetzwerke auch im Hinblick auf ein wachsendes Bewusstsein für gesundheits- und ökologische Fragen zunehmend an Bedeutung. Eine seit vier Jahren bestehende Bürgerinitiative für das lokale Lebensmittelsystem in Pondicherry ist ein Beispiel dafür.

Gleichzeitig wird die Anziehungskraft ausländischer Speisen immer stärker, vor allem durch die breite Nutzung des Internets und die wachsende Präsenz westlicher Fast-Food-Ketten. Dabei wird jedoch auch kritisiert, dass damit ein Identitätsverlust verbunden sei (Chera 2020). Die Herzen und Gaumen der Menschen wenden sich allerdings immer wieder den Geschmacksrichtungen der Kindheit zu und damit auch den lokalen tamilischen Gerichten – besonders bei Menschen über vierzig oder auch aus gesundheitlichen Gründen.

Die Küche, ein eigener Raum: Aufwertung der Fähigkeiten und Kenntnisse der Frauen

Essen als kulturelles Gemeingut (Vivero-Pol et al. 2019) beinhaltet Ambivalenz: den Wert des Wissens, der Fähigkeiten und der Fürsorge der Frauen, aber auch ihre Arbeitsbelastungen. Es ist nicht ungewöhnlich, dass Frauen mindestens vier Stunden am Tag mit dem Kochen verbringen.

Ohne sich Illusionen über die Zwänge zu machen, betonen die beiden Frauen, mit denen wir gesprochen haben, vor allem die positiven Aspekte, die die Zubereitung und das Servieren des Essens für ihre weibliche Identität ausmacht. Die Küche wird als ihr »eigener Raum« im Kontext der Kernfamilie erlebt, die zunehmend die Norm darstellt. Im Fall von Großfamilien, die heute in Pondicherry selten sind, ist sie allerdings stattdessen ein Raum der Überwachung und der Normen, die unter dem wachsamen Auge von Schwiegermüttern und Schwägerinnen zu respektieren sind (Appadurai 1981). Eine unserer Informantinnen sprach auch davon, dass die sich wiederholenden Tätigkeiten helfen, sich zu konzentrieren und negative Dinge wie Ehestreitigkeiten zu verdrängen. Mädchen lernen von klein auf, wie von ihnen erwartet wird, dass sie gerne kochen. Das Essen wird mit den Händen berührt und geknetet, und diese Hände sollen positive statt negative Energie auf die Speisen und die Essenden übertragen. Die Zubereitung von Speisen erfordert den Einsatz des Körpers, und es gibt symbolische Bezüge zu der Tatsache, dass die Köchin dabei auf dem Boden sitzt, in Verbindung mit der Erde, geerdet ist. Die Freude am Kochen ist darüber hinaus aber auch zweideutig: Es ist Aufgabe der Mütter und Ehefrauen, ihre Familien glücklich zu machen, für sie zu sorgen und aus der Küche heraus Verbindungen zu schaffen, zwischen den Mitgliedern der Gemeinschaft aber auch zwischen ihnen und der Welt, dem Ort, in den man hineingeboren wird, in dem man lebt. Die Bemühung um das »Glücklich-Machen« hat jedoch auch sexuelle Konnotationen – so ist es den Frauen zur Zeit der Menstruation untersagt, zu kochen oder auch nur die Küche zu betreten. Drei Tage lang kochen dann die Ehemänner, das Essen wird fertig gekauft oder von der Verwandtschaft gebracht.

Inzwischen sind mehr und mehr Frauen berufstätig und müssen häusliche und berufliche Aufgaben miteinander verbinden. In den Küchen gibt es dennoch bislang nur wenig Fertigprodukte und Hilfsmittel wie fertig zubereitete Teige für *Tōcai* und *Iṭli*. In Pondicherry gibt es lediglich wenige kleine Lebensmittelgeschäfte, die eine ziemlich kleine Auswahl von Fertigprodukten verkaufen. Für viele Frauen aus allen sozialen Schichten – außer vielleicht für die wohlhabendsten, die die Hausarbeit von ihren Angestellten erledigen lassen – bleibt das Kochen eine wichtige Aufgabe, auf die sie sehr stolz sind – auch wenn es einen großen Teil ihrer Zeit in Anspruch nimmt.

14 Nachbau einer traditionellen Küche aus dem ländlichen Raum.
Fotos: SITA-Kuturzentrum. Pondicherry.

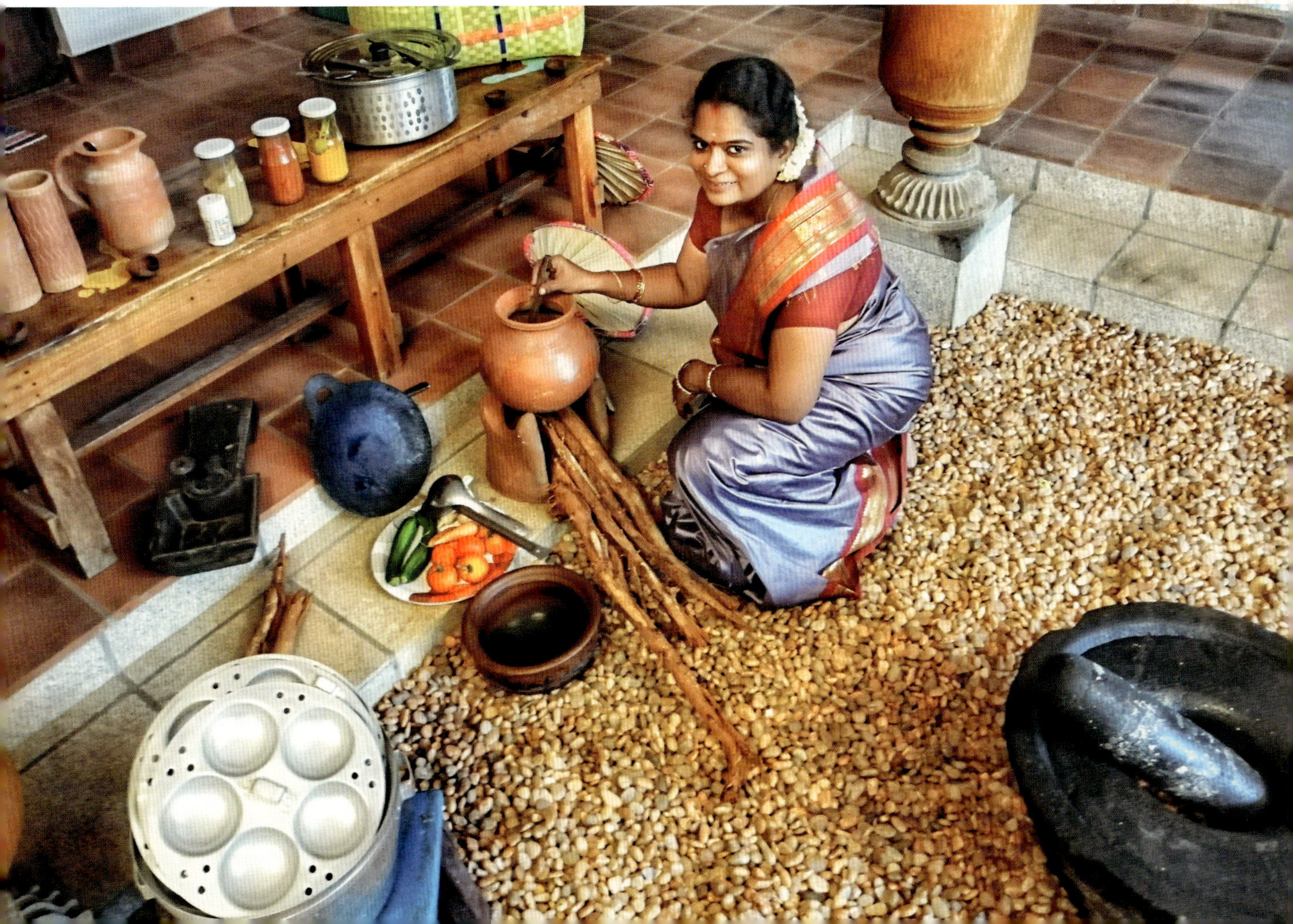

LISA PRIESTER-LASCH

»Du bist, was du trägst«: Kleidung und Textilien in Tamil Nadu

“நீங்கள் என்ன அணிகிறீர்களளோ அதுவே நீங்கள்”: தமிழகத்தில் ஆடையும் ஜவுளியும்

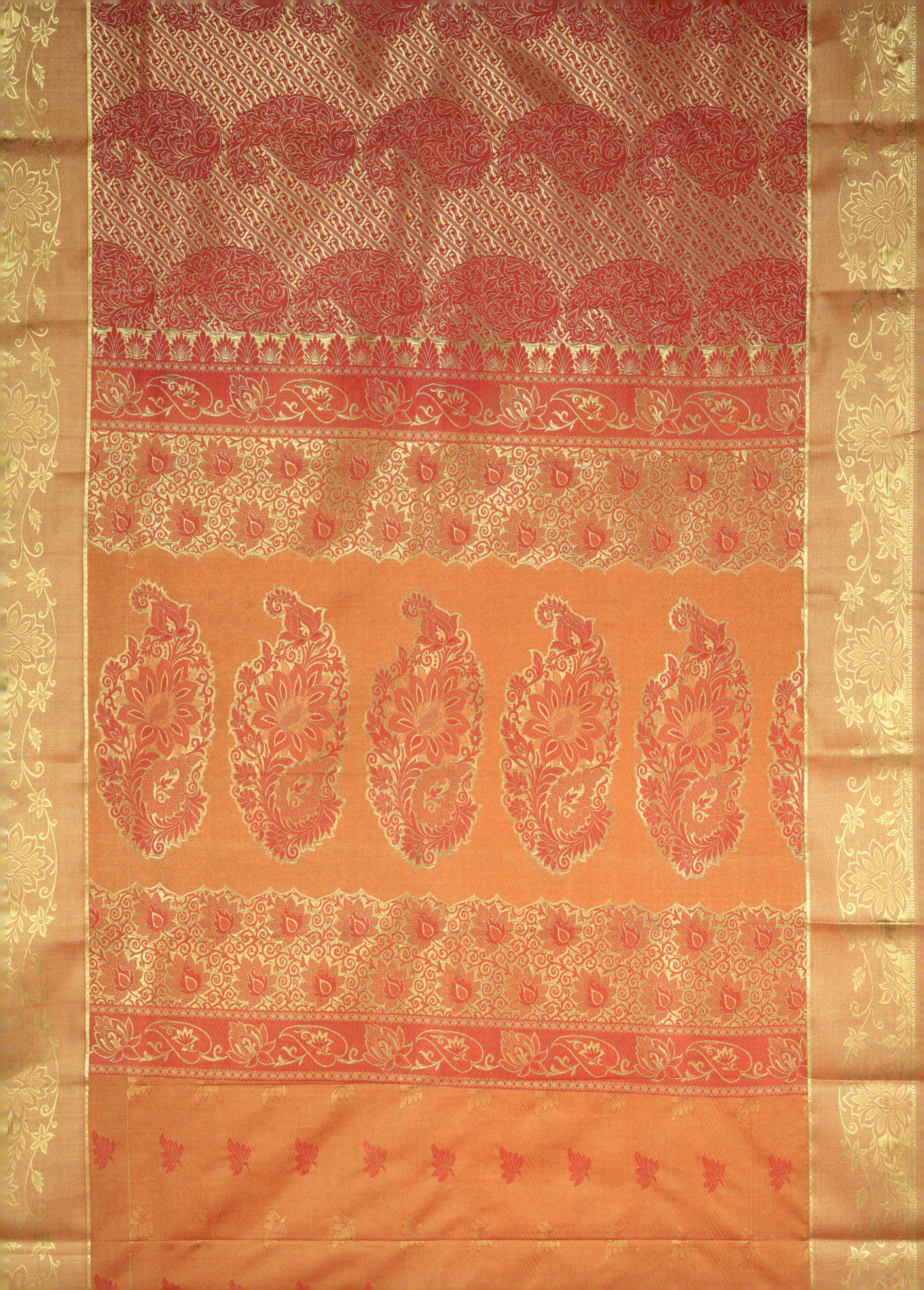

Kleidung besitzt die Fähigkeit, Weltanschauung zu verkörpern, sie ist Teil dessen, was Leben konstituiert und formt. Religiöse und soziale Vorstellungen sind in Tamil Nadu eng mit Kleidungsstilen und -regeln verknüpft. »Du bist, was du isst«, kann hier übertragen werden auf »Du bist, was du trägst«. Denn Kleidung ist Ausdruck eines Regelwerkes um soziale Beziehungen und sozialen und ökonomischen Status. Alltäglich werden über die Art und Weise des Kleidens regionale, religiöse, ökonomische und politische Zugehörigkeiten sowie das soziale Geschlecht ausgedrückt. Zudem verdeutlicht die Geschichte der Textilherstellung, wie sich soziale und ökonomische Beziehungen in der Region entwickeln und so auch Städtebilder und Infrastruktur prägen. Weiter zeigt sie auf, dass Stile und Materialien durch äußere Einflüsse wie politische Veränderungen, Handelsbeziehungen, koloniale Einflüsse oder auch durch technische Innovationen, wie das Entwickeln von künstlichen Farben (z. B. Anilinfarbstoffe) und Textilfasern sowie elektrischer Spinn- und dampfbetriebener Webmaschinen, verändern und weiterentwickeln.

Die Geschichte der Stoffherstellung in Tamil Nadu reicht lange zurück und ist geprägt von weit vernetzten Handelsbeziehungen, die bis in die Antike zurückgehen. Baumwollstoffe aus Tamil Nadu wurden vor allem wegen ihrer feinen Webtechnik wertgeschätzt und erlangten so an Königshöfen und in den Häusern der Reichen im Nahen Osten bis hin nach Ägypten große Bekanntheit.

Es gibt wenige Beweise für den Handel in den Osten im ersten Jahrhundert n. Chr., allerdings gibt es archäologische Funde in Myanmar und Thailand. Der *Musselin*, ein lockerer, feinfädiger und glatter Stoff, der auch als »gewebte Luft« bekannt ist, wurde in China sehr geschätzt, war auch in den südost-asiatischen Königreichen verbreitet und findet in der spätrömischen Welt seinen Höhepunkt (Guy 1998).

Der früheste archäologische Fund stammt aus dem 5. Jahrhundert n. Chr. und wurde in Berenike, einem ägyptischen Hafen am Roten Meer, gefunden. Zudem zeugen tamilische Steininschriften auf Sumatra (Lubo Tuo, Barus) aus dem Jahr 1082 n. Chr. vom Handelsabkommen einer südindischen Handwerkergilde *Ainnurruvar* mit China und dem Nahen Osten. Die Präsenz arabisch- und tamilsprachiger Händler in den Hafenstädten Südostasiens und Chinas, an die muslimische Grabsteine und tamilische Inschriften erinnern, weist auf weitreichende Handelsbeziehungen hin. Textilien von der tamilischen Küste wurden durch etablierte Handelsrouten der verschiedenen Kalifate im Tausch gegen Pferde aus Arabien und Persien exportiert. Die Textilien, die Händler nach Arabien und Persien brachten, erreichten die Handelshäfen Mokka (bei Aden) und letztlich den ägyptischen Hafen von Alexandria und wurden von dort aus über Land weiter transportiert und gehandelt, unter anderem nach Venedig und Genua. Die tamilische Küste war bis ins 15. Jahrhundert ein wichtiger Ort der Beziehungen zwischen diesen Regionen und Kulturen (Stephen 2014).

1502 landeten portugiesische Händler an der tamilischen Küste und etablierten einen Textilhandel mit der malayischen Küstenstadt Melaka. Es folgten die britische East India Company, aber auch Händler und Handelskompanien aus den Niederlanden, Frankreich, Dänemark und Schweden. Sie alle betrieben Handel mit Tamil Nadu und importierten Textilwaren. Der tamilische Export von Textilien hat somit globale Bedürfnisse geweckt. So wurden erstmals 1809 Baumwolle aus Tirunelveli und Indigo aus Cuddalore von der tamilischen Küste bis nach Amerika exportiert. Bis heute können wir auf dem globalen Markt einen hohen Marktanteil indischer Textilprodukte verzeichnen.

Diese weitreichenden Handelsbeziehungen haben sich auch auf die Kleidungsstile in Indien ausgewirkt und zeigen die vielen Einflüsse, durch die diese geprägt wurden und werden. So ist beispielsweise der *Sāṛī* (Sanskrit »Stoffstreifen«), wie wir ihn heute sehen, bestehend aus der 5,5 Meter langen Stoffbahn mit Bluse (*Cōli*) und Unterrock, erst im 19. Jahrhundert unter dem Einfluss der britischen Kolonialmacht entstanden – die Briten sahen vor allem die Bekleidung der Frauen als unangebracht und unterentwickelt an. Der *Sāṛī*, die lange unbearbeitete Stoffbahn, wurde zwar in vielen Teilen des heutigen Indien schon in der späten Vedischen Periode getragen und findet erstmals ca. 1500 v. Chr. schriftlich in der hinduistischen Hymnensammlung Ṛgveda Erwähnung, wurde aber als einzelnes Kleidungsstück getragen und ließ dabei die Brust

◄ 1 *Sāṛī*. Seide, 660 × 109 cm. Linden-Museum Stuttgart, Inv.-Nr. SA 07011. Foto: Dominik Drasdow.

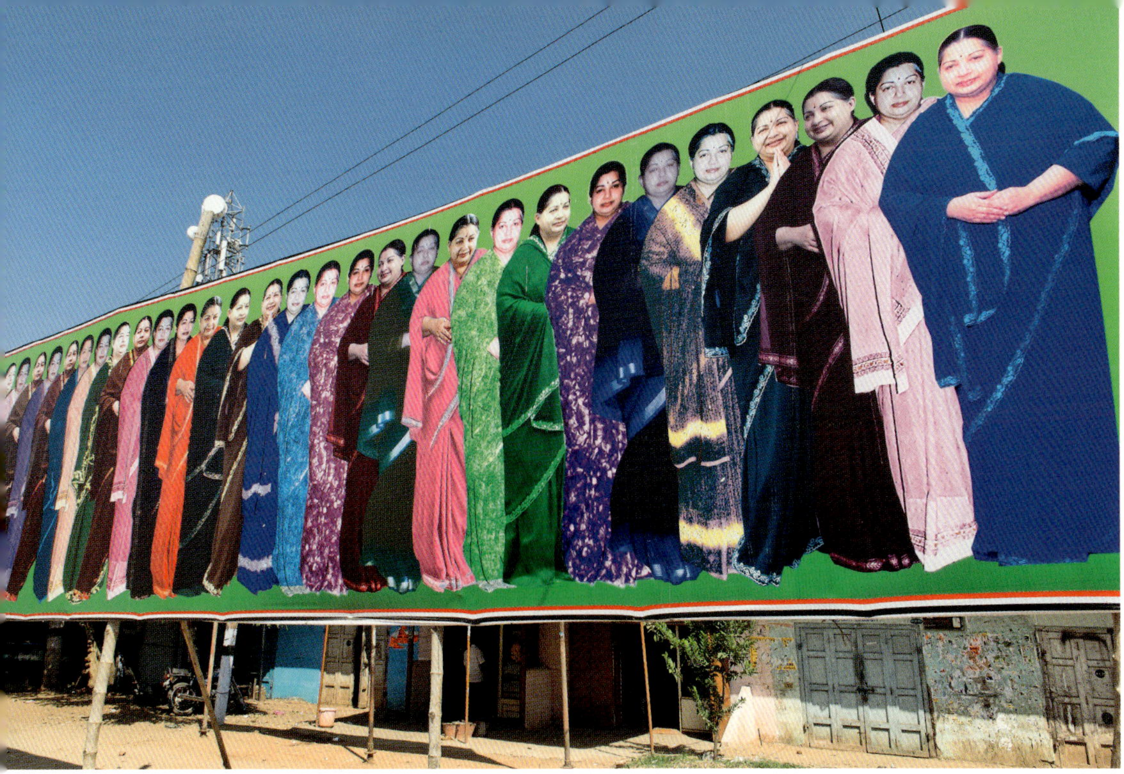

2 Dutzende Abbildungen der tamilischen Schauspielerin und Politikerin Jayalalithaa Jayaram auf einer Plakatwand am Straßenrand, nahe Madurai. Die Plakate zeigen ein Faible der Politikerin, die zu jedem öffentlichen Auftritt einen anderen *Sāṛī* trägt.
Foto: Olaf Krüger.

3 *Sāṛī*-Stoff, Kanchipuram *Sāṛī* mit *Zari*-Arbeiten. Seide, 660 × 125 cm. Linden-Museum Stuttgart, Inv.-Nr. SA 07012. Foto: Dominik Drasdow.

der Frau teilweise unbedeckt. Die Kleidung von Mann und Frau unterschied sich oft nicht. Oft wurden auch zwei Kleidungsstücke kombiniert, die sich aus einem *Dhoṭī*, einem Beinkleid, und einem *Catar (Chadar)*, einem Schal, der um den Oberkörper gewickelt wurde, zusammensetzte. Meistens bestanden die Kleider aus Baumwolle, oft naturweiß bei den Männern und eingefärbt für die Frauen (Tarlo 1996: 26–28).

Bis heute ist der *Sāṛī* ein in allen 29 Bundesstaaten Indiens getragenes Kleidungsstück, welches auch als Symbol des Nationalstolzes dient und über dessen Design sich außerdem regionale Identität und lokales Kunsthandwerk ausdrücken. In Tamil Nadu mit seiner langen Geschichte der Textilherstellung existieren bis heute bekannte Zentren der *Sāṛī*-Herstellung, wie zum Beispiel die Stadt Kanchipuram, die im ganzen Land für ihre prachtvollen und traditionell gewebten Seiden-*Sāṛīs* bekannt ist. Diese werden vor allem wegen ihrer kunstvoll eingearbeiteten Gold- und Silbergarne (*zari*) mittlerweile von Familien im ganzen Land als *Hochzeits-sāṛīs* favorisiert. Tatsächlich ist der *Sāṛī* heute noch immer ein weit verbreitetes Kleidungsstück, welches von einigen alltäglich und von anderen lediglich zu Feiertagen, Festivals, festlichen Anlässen und Lebenszyklusritualen getragen wird.

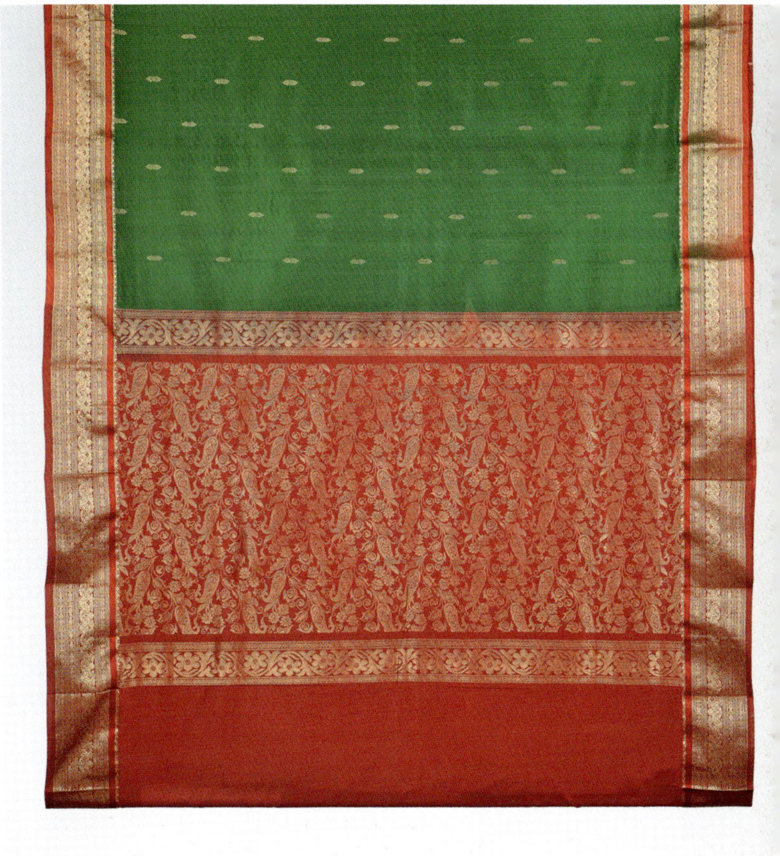

Das von Männern traditionell getragene weiße Baumwolltuch, das um die Hüfte gewickelt und zwischen den Beinen durchgesteckt wird, heißt *Dhoṭī* (dieser Begriff stammt aus dem Hindi und wird in ganz Indien verwendet, im Tamil heißt es: *Vēṣṭi*). Dieses Kleidungsstück ist zum politischen Symbol der Unabhängigkeitsbewegung Indiens geworden. Im Rahmen der *Swadeshi*-Bewegung (von Sanskrit: »*swa*« – selbst, »*desh*« – Land: eigenes Land) stilisierte Mahatma Gandhi dieses Kleidungsstück zum Symbol der indischen Selbstbestimmung (*Hind Swaraj*). Die ökonomische Dominanz der britischen Kolonialmacht in der Textilindustrie, die neben der Agrarindustrie den zweitstärksten Sektor der indischen Wirtschaft ausmachte, und die Annahme, europäische Kleidung drücke höhere Zivilisiertheit aus, wurden mit diesem politischen Akt kritisiert. In Madurai soll Gandhi 1921 in Solidarität mit Feldarbeitern zum ersten Mal einen *Dhoṭī* angelegt haben. Auf einer Tafel im ›Gandhi Memorial Museum‹ ist zu lesen: »Gandhiji for the first time adopted the loin cloth here in Madurai (...).« Die handgefertigten, einfachen Baumwollstoffe (*Khadi*) wurden als politisches und ideologisches Symbol eingesetzt und dienten fortan als offizielle Kleidungsstücke der politischen Akteure, indem sie demonstrativ den westlichen Anzug ersetzten. Das Spinnrad fand außerdem Eingang in die Parteiflagge der Congress Partei (Bayly 1986, Bean 1989, Tarlo 1996). Dass Kleidung in Indiens Unabhängigkeitsprozess bewusst als politisches Symbol verwendet wurde, zeigt sich auch in der Dravidischen Unabhängigkeitsbewegung (Dravidian Movement), deren Mitglieder zu ihren *Dhoṭīs* schwarze Hemden trugen. Diese dienten als Zeichen des Protestes gegen das Kastensystem, womit die atheistisch ausgerichtete Bewegung bewusst mit der Idee der Reinheit brach, die sich in der Farbe Weiß ausdrückt (vgl. Niklas, in diesem Buch).

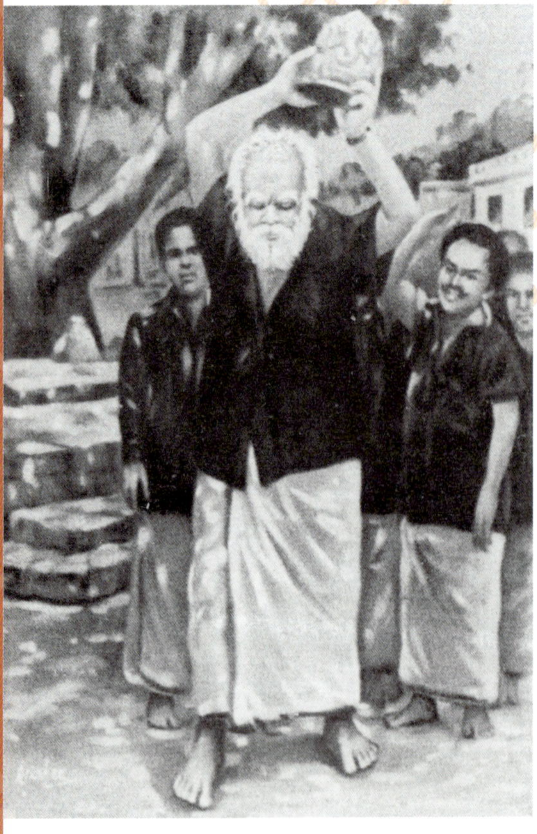

4 Der Vater der Tamilischen Unabhängigkeitsbewegung, Periyar mit seinen Anhängern in schwarzen Hemden zu weißen *Dhoṭīs*. Bild aus der Sammlung von Ulrike Niklas.

Noch heute tragen die meisten männlichen Parteimitglieder in Tamil Nadu im Arbeitsalltag und zu Feierlichkeiten einen *Dhoṭī*, dessen Ränder Borten in den Farben der Partei säumen. Der weiße, unbearbeitete Baumwollstoff steht, wie bereits erwähnt, für Reinheit, was einerseits in den Kontexten des Tragens sichtbar wird, sich aber auch dort manifestiert, wo die Kleidungsstücke an zentralen Festtagen wie *Diwali* oder *Pongal* verschenkt werden oder auch zu rituellen Anlässen an Priester als Lohn für deren Dienste gegeben werden. Zu Feierlichkeiten, hinduistischen Lebenszyklusritualen und beim Tempelbesuch ist der *Dhoṭī* das adäquate Kleidungsstück. Zur Feldarbeit oder auch zu Hause wird allerdings der *Luṅgī* bevorzugt, ein meist kariertes Hüfttuch muslimischer Herkunft, das schon im tamilischen Mittelalter (1000–1500) im südindischen Cuddalore, einem Zentrum der Weberei an der Coromandel-Küste, hergestellt wurde. Heute ist das tamilische Cuddalore Hauptzentrum der Manufaktur von *Luṅgīs* und exportiert nach Sri Lanka, Myanmar, Singapur, Malaysia, Indonesien und den Mittleren Osten (Vasantha 2016).

Es existieren eng mit den Lebensstadien der Menschen verknüpfte Kleidungsvorschriften, die den Status einer Person beispielsweise als verheiratete Frau oder Vertreter einer politischen Partei anzeigen. In Dorfgemeinschaften, religiösen Gemeinschaften und vor allem in den oberen Kasten praktizierender Hindus (in ähnlicher Weise geschieht dies auch in den anderen religiösen Gemeinschaften Indiens) werden diese Regeln des Kleidens und Schmückens sehr ernst genommen und dienen den Menschen als äußere symbolische Kommunikationsmittel darüber, mit wem und wie sozialer Kontakt möglich ist. Das Kastensystem ist stark geprägt

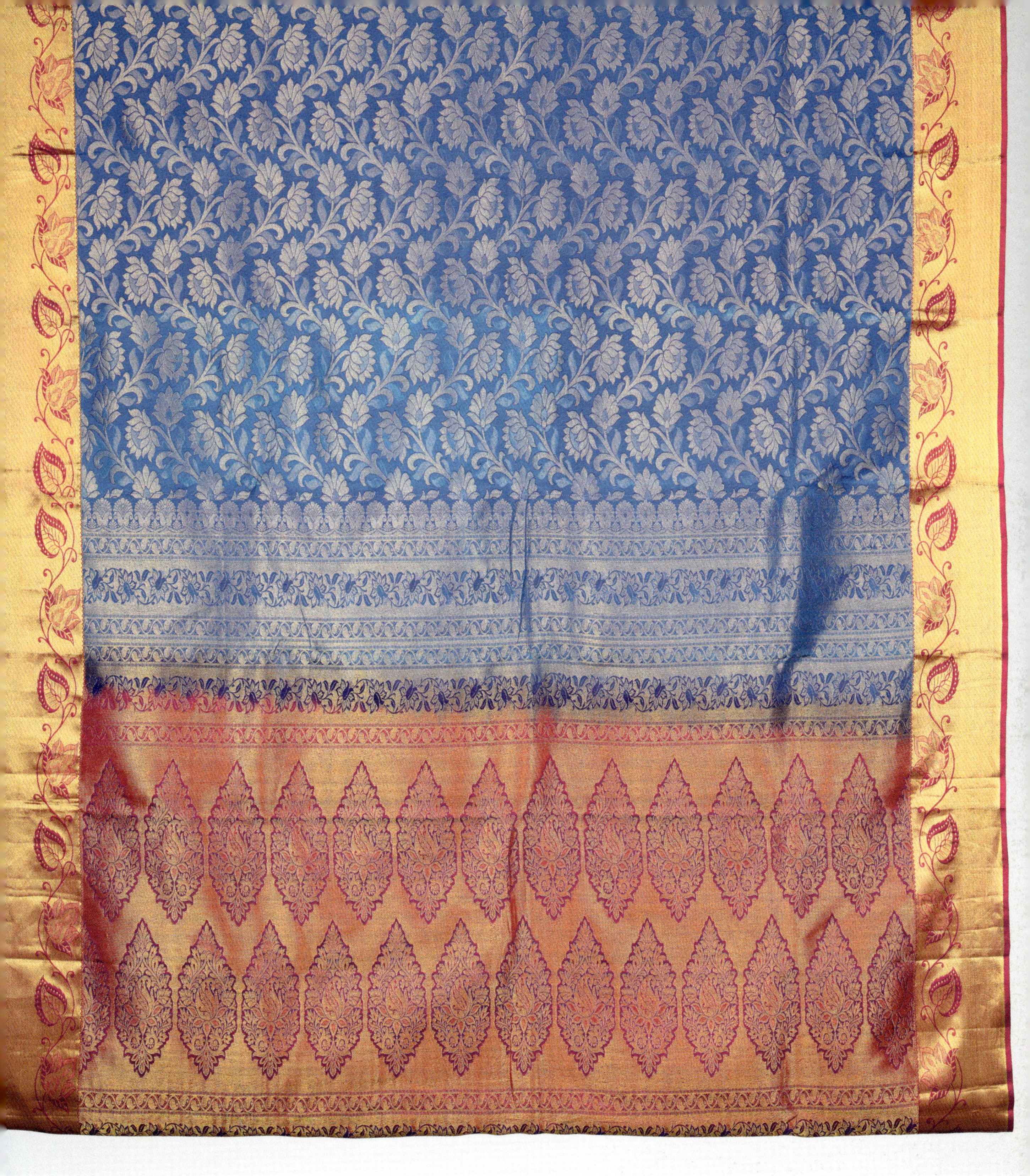

5 *Hochzeitssāṛī* aus Kanchipuram mit *Zari*-Arbeiten. Seide und Goldlitze, 660 × 120,5 cm.
Linden-Museum Stuttgart, Inv.-Nr. SA 07010. Foto: Dominik Drasdow.

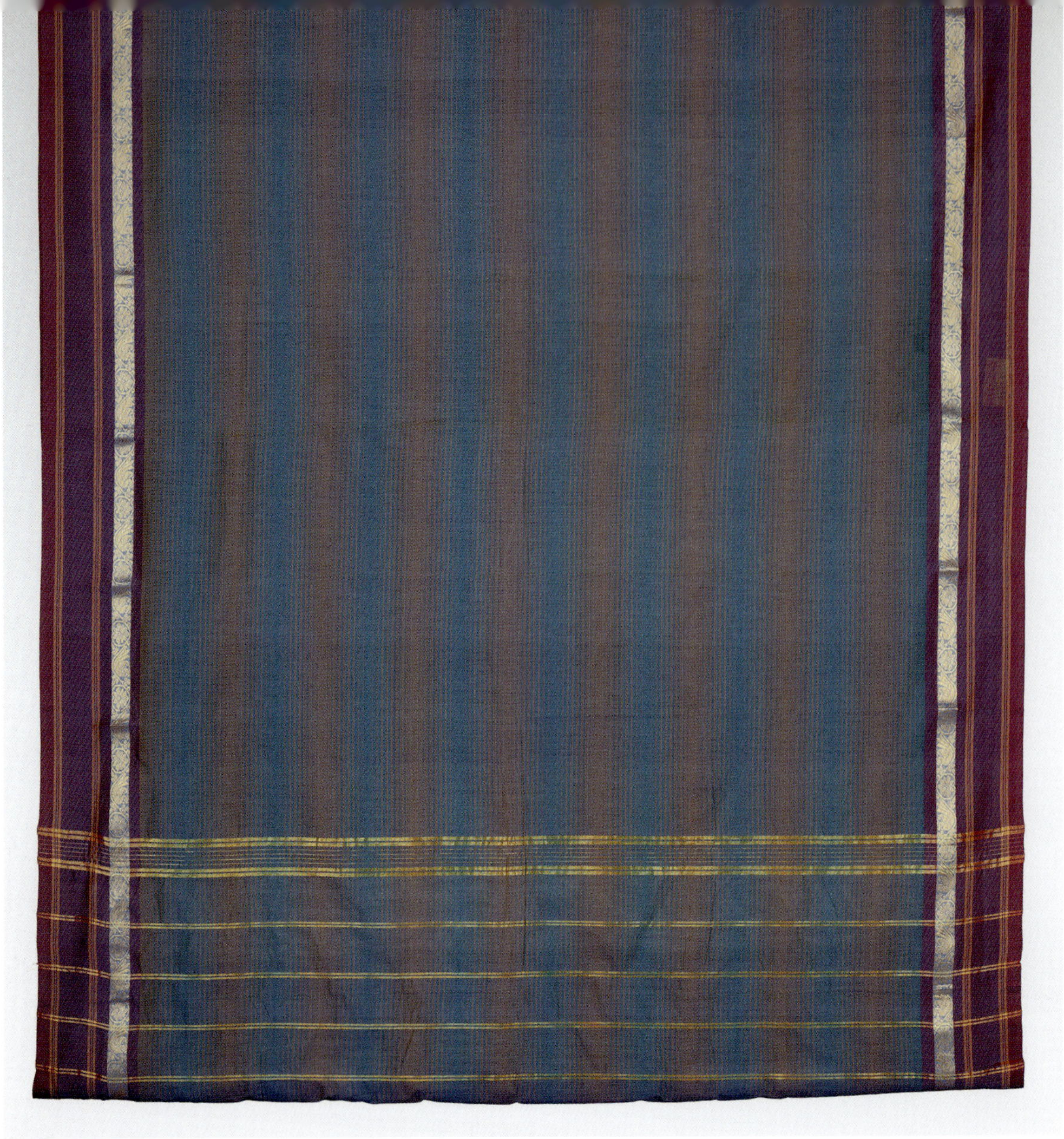

6 *Baumwollsāṛī*. 660 × 120 cm. Linden-Museum Stuttgart, Inv.-Nr. SA 07014. Foto: Dominik Drasdow.

durch Vorstellungen und ein diffiziles rituelles Regelwerk der Reinheit und Unreinheit. So zeigen die Kleidungsmerkmale, die Frisur und die spezifischen rituellen Zeichen auf der Stirn eines Priesters beispielsweise seine gesellschaftliche Aufgabe an, die darin besteht, Unreinheit, die über die Berührung, also die Segnung oder das Annehmen von Gaben der Gläubigen, aufgenommen wird, entgegenzunehmen und zu transformieren. So darf der Brahmane unter normalen Umständen nicht mit einer Person essen, die in der sozialen Hierarchie unter ihm steht, da diese ihn körperlich verunreinigen würde und er so seiner gesellschaftlichen Pflicht nicht mehr nachkommen könnte (Dumont 1960, Malinar 2018).

Die Lebenszyklen von Frauen manifestieren sich in Kleidungsmerkmalen und werden damit visuell für die Gemeinschaft sichtbar. So gehen mit dem äußeren Erscheinungsbild einer mit einem *Sāṛī* gekleideten Frau beispielsweise spezifische soziale Rollenerwartungen einher. Zunächst zeichnet der *Sāṛī* die Frau als verheiratete Frau aus, was klassischerweise mit folgenden Idealen einhergeht: Sie lebt im Haus ihres Ehemannes, entweder allein oder gemeinsam mit der Schwiegermutter und den Schwägerinnen, und hält sich dort zur Hausarbeit und gegebenenfalls zur Versorgung und Erziehung ihrer Kinder auf. In Letzterem besteht auch die Pflicht der Frau. Sozialer Kontakt beschränkt sich im Idealfall auf im Haushalt lebende Personen, Familienmitglieder

7 Weißer *Baumwollsāṛī*. 660 × 125 cm. Linden-Museum Stuttgart, Inv.-Nr. SA 07016. Foto: Dominik Drasdow.

und andere Frauen. Dabei existieren in einem Haushalt explizite Regeln über das soziale Miteinander, die sich in der Hierarchie der im Haushalt lebenden Frauen zeigt, wobei die jüngste Schwiegertochter die niedrigste Position innehat. Hierbei zeigt die Menge an Schmuck (Armreife, Ketten, Ringe, Nasenring, Ohrringe, Fußketten und Zehenringe) und die kräftige Farbgebung und üppige Ornamentik der *Sāṛīs* an, dass eine Frau frisch verheiratet ist. Die junge Braut trägt dazu zwei Dutzend Armreife (*vaḷaiyalkaḷ*) an jedem Arm, die sie anfangs alltäglich und sorgfältig auf die Farben des *Sāṛī*s abstimmt. Die Kunst des »matching« ist hier eine kreative Kompetenz, für die Frauen untereinander viel Wertschätzung aufbringen und ausdrücken (Shukla 2008). Die Fußkette ist schwer, mit großen Glöckchen versehen und mit dem übrigen Schmuck anfangs ständig zu tragen, ebenso wie die rote Farbe am Scheitel (*kungumam*). Die üppige Ornamentik und Farbigkeit der Kleidung und die reichhaltige Ausstattung mit Schmuck im Alltag nimmt im Lauf der Ehe allerdings immer weiter ab, sodass im Alter *Sāṛīs* mit dezenten Farben (Pastelltöne) und kleinen Mustern bevorzugt werden und im Falle der Verwitwung oft sogar gänzlich auf Schmuck verzichtet und ausschließlich weiße *Sāṛīs* getragen werden.

In vielen Teilen Indiens sind solche idealen Vorstellungen und Praktiken des Kleidens noch weit verbreitet. Mit der zunehmenden Urbanisierung und Industriali-

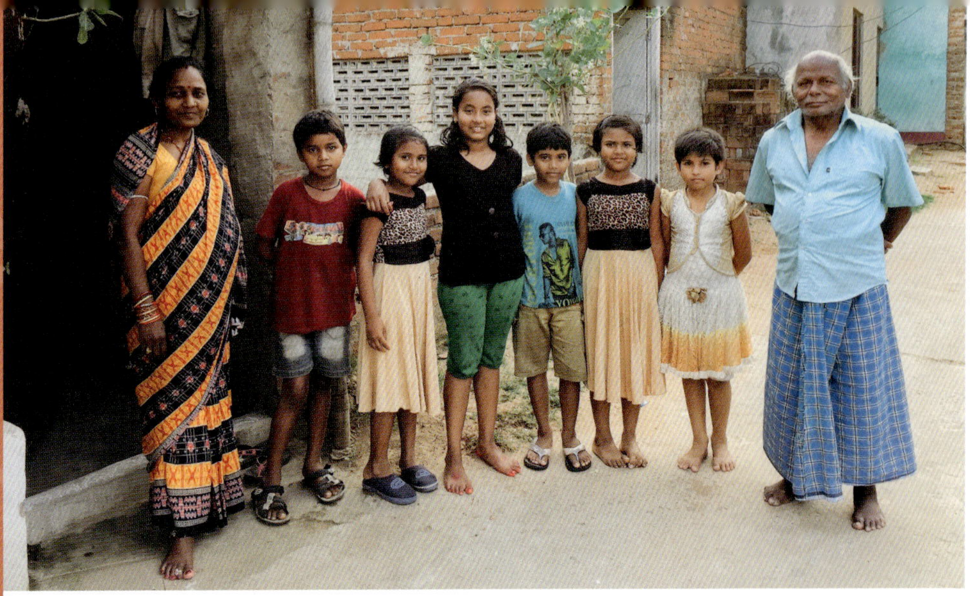

8 Eine Gruppe von Nachbarn. Foto: Lisa Priester-Lasch.

sierung Indiens geht allerdings auch eine Dynamisierung der Kleidungsstile einher. Der *Sāṛī* wird von einer jungen Frau nun meist schon bei ihrem Collegeabschluss angelegt, und auch die mit dem persischen Einfluss der Mogul im 12. Jahrhundert eingeführten *Calvār Kamīs* (*Calvār, Shalwar* – Hose, *Kamīs, Kameez* – Tunika, Hemd) werden von vielen Frauen heute aufgrund ihrer Praktikabilität im Alltag bevorzugt und auch nach der Heirat getragen (Shome 2014). Sie sind außerdem zur Schuluniform der Mädchen und jungen Frauen avanciert. Mode und Markt haben hier eine Vielfalt an Angeboten geschaffen. Auch die Regionalität der *Sāṛīs* nimmt zunehmend ab, da günstige massenproduzierte *Sāṛīs* aus synthetischen Stoffen aus China importiert und ihrer Praktikabilität wegen von vielen indischen Frauen bevorzugt werden (schnelltrocknend und bügelfrei). Auch ein spezifischer Stil, den *Sāṛī* zu drapieren, der sogenannte *Nivi*-Stil, hat sich durchgesetzt, und regionale Unterschiede sind nicht mehr auf den ersten Blick erkennbar (Banerjee und Miller 2003).

Sozialen Status durch Kleidung auszudrücken, wird immer noch von vielen Frauen praktiziert. Die Übernahme westlicher Kleidung in Städten wie Chennai zeigt jedoch eine zunehmend emanzipatorische Tendenz bei vielen Frauen. Dennoch bleibt die traditionelle Kleidung aufgrund ihrer sozialen und rituellen Bedeutung ein wichtiger Bestandteil der Lebenszyklusrituale.

Grundsätzlich ist es schwierig, über eine Region, die sich durch ihre Diversität und Vielfalt auszeichnet, allgemeine Aussagen zu treffen. Neben den unterschiedlichen religiösen und ethnischen Gemeinschaften, die in Tamil Nadu leben und ihre religiöse und ethnische Zugehörigkeit und Identität teilweise über ihre spezifischen Kleidungsstücke ausdrücken, gibt es klassen- und kastenspezifische Kleidungsstile, die sich vor allem im urbanen Raum zeigen. Neben der traditionellen Kleidung, wie beispielsweise dem *Sāṛī* oder dem heute auch oft getragenen *Calvār Kamīs* für die Frau und dem *Dhoṭī* oder *Luṅgī* für den Mann, tragen Männer und Frauen meist gemäß familiärer Regeln auch westliche Kleidung, wie Anzughose oder Jeans mit T-Shirt oder Hemd sowie Rock und Top, T-Shirt oder Bluse. Viele junge Frauen in Indien modernisieren auch die traditionellen Kleidungsstücke und entwickeln neue Wickeltechniken oder Kombinationen mit anderen Kleidungsstücken. Auf Youtube und Instragram sind Influencer*innen zu diesen Themen sehr beliebt. Kleidung dient einerseits als Schutz vor Wetter und ebenso vor sozialer Ausgrenzung, durch die Markierung einer Zugehörigkeit zu einer bestimmten Gruppe und Haltung; sie ist andererseits auch Mittel der Kreativität, wenn sie über die Praxis des alltäglichen Abstimmens von Farben, Schmuck und Accessoires Selbstbestimmung verkörpert, so bewusst persönliche Werte ausdrückt und auch gesellschaftliche oder politische Kritik übt.

9 Solch schwerer Ohrschmuck aus Gold (in Tamil als »*Pampadam*« bekannt) wird heute manchmal noch von alten Frauen getragen. Gold, Rubine, ca. 3,5 × 4,5 cm. Tamil Nadu, 19.–20. Jahrhundert. Linden-Museum Stuttgart, Inv.-Nr. SA 39620 a + b. Foto: Dominik Drasdow.

10 Der von tamilischen Frauen getragene Ohrschmuck weist ein komplexes Design auf und stellt so auch ein modisches Statement dar. Heute ist dieses Design nicht mehr in Mode. Gold, h: 4,5 cm. Tamil Nadu, 19. Jahrhundert. Linden-Museum Stuttgart, Inv.-Nr. SA 39633 a + b. Foto: Dominik Drasdow.

11 Goldohrschmuck wird von den meisten tamilischen Frauen und Mädchen getragen. Gold, Höhe: 2,5 cm. Tamil Nadu, 19. Jahrhundert. Linden-Museum Stuttgart, Inv.-Nr. SA 39632 a + b. Foto: Dominik Drasdow.

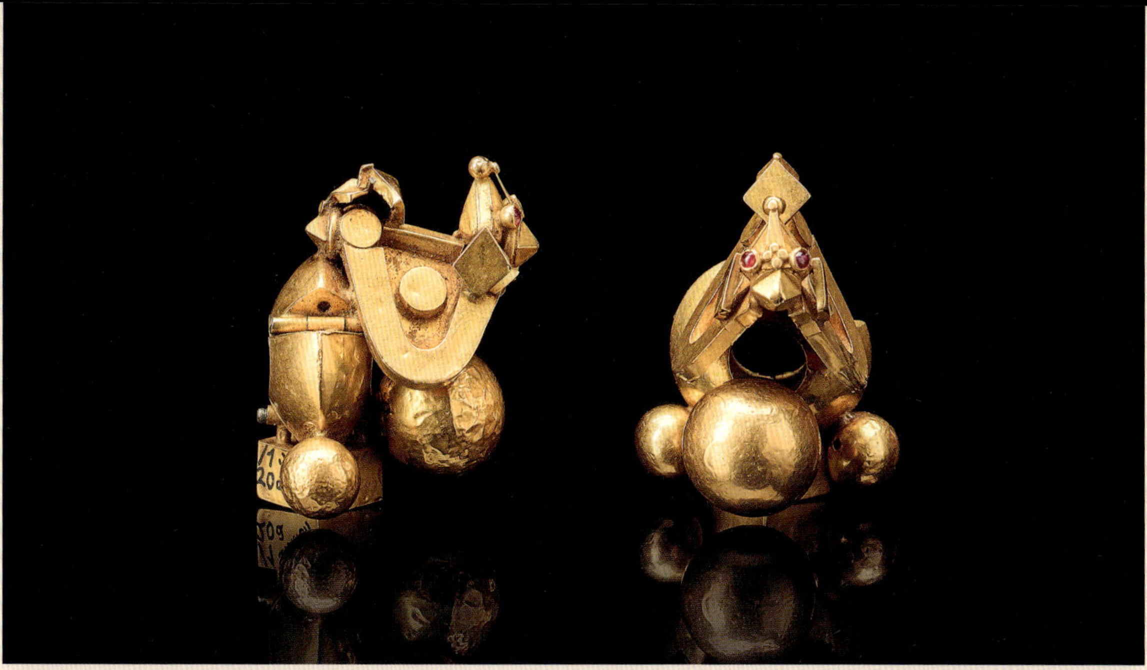

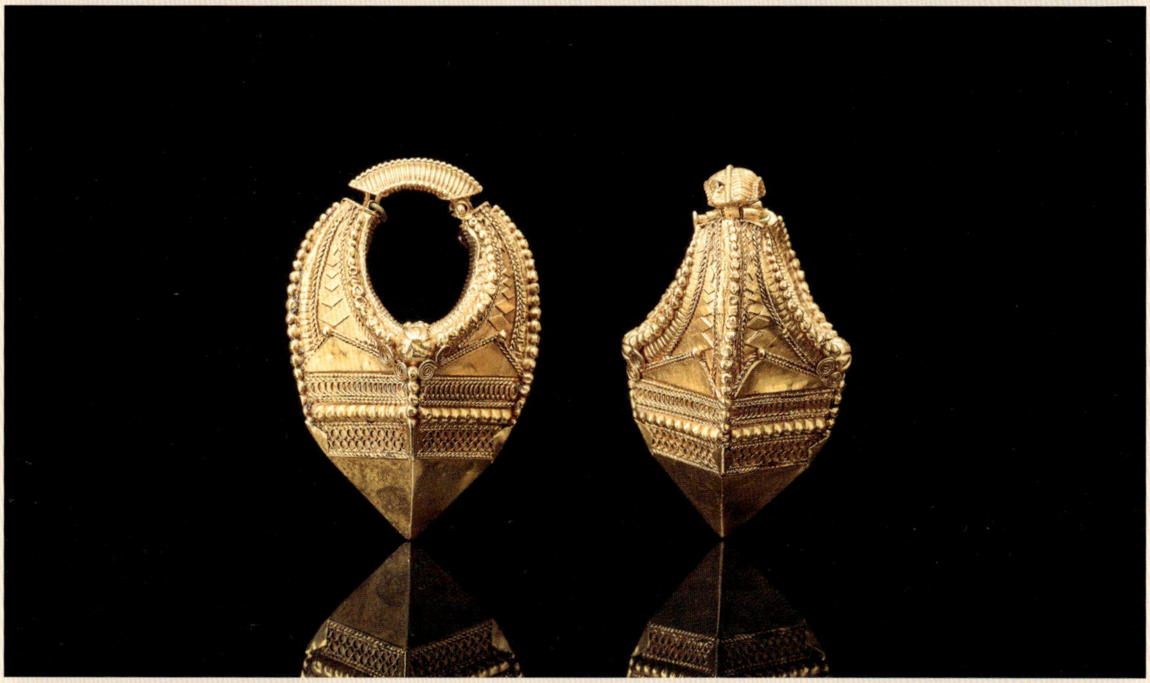

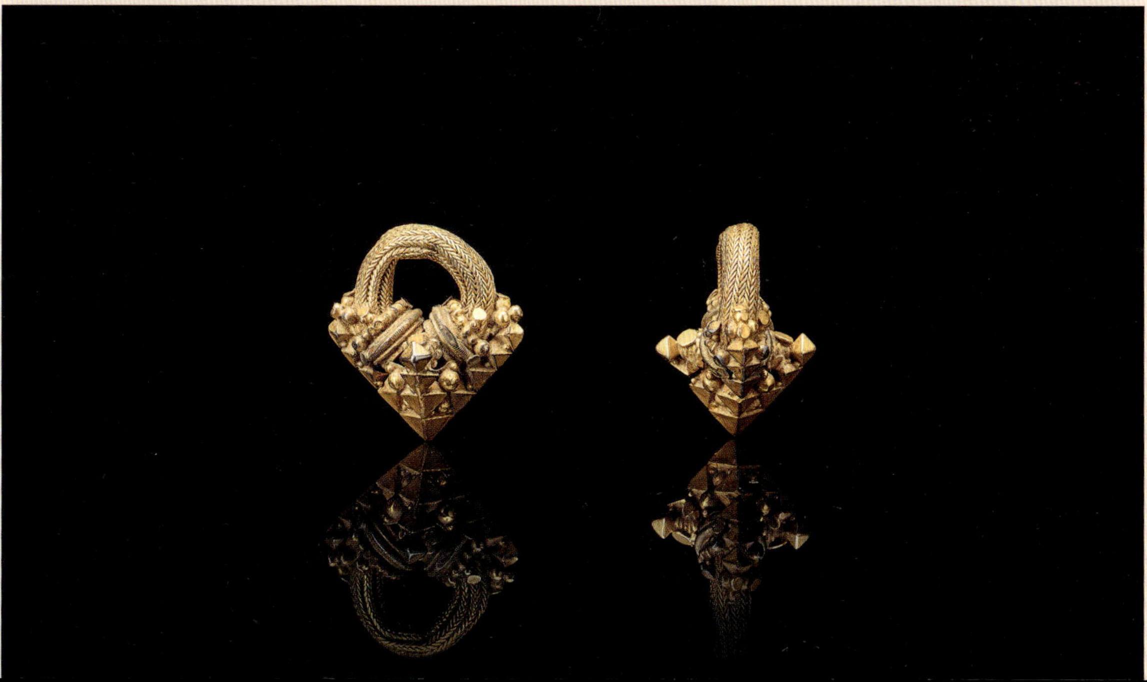

GABRIELE ALEX · JUSTUS WEISS

Gesundheit und Heilung in Tamil Nadu

தமிழ் மக்களின் உடல் நலமும் மருத்துவமும்

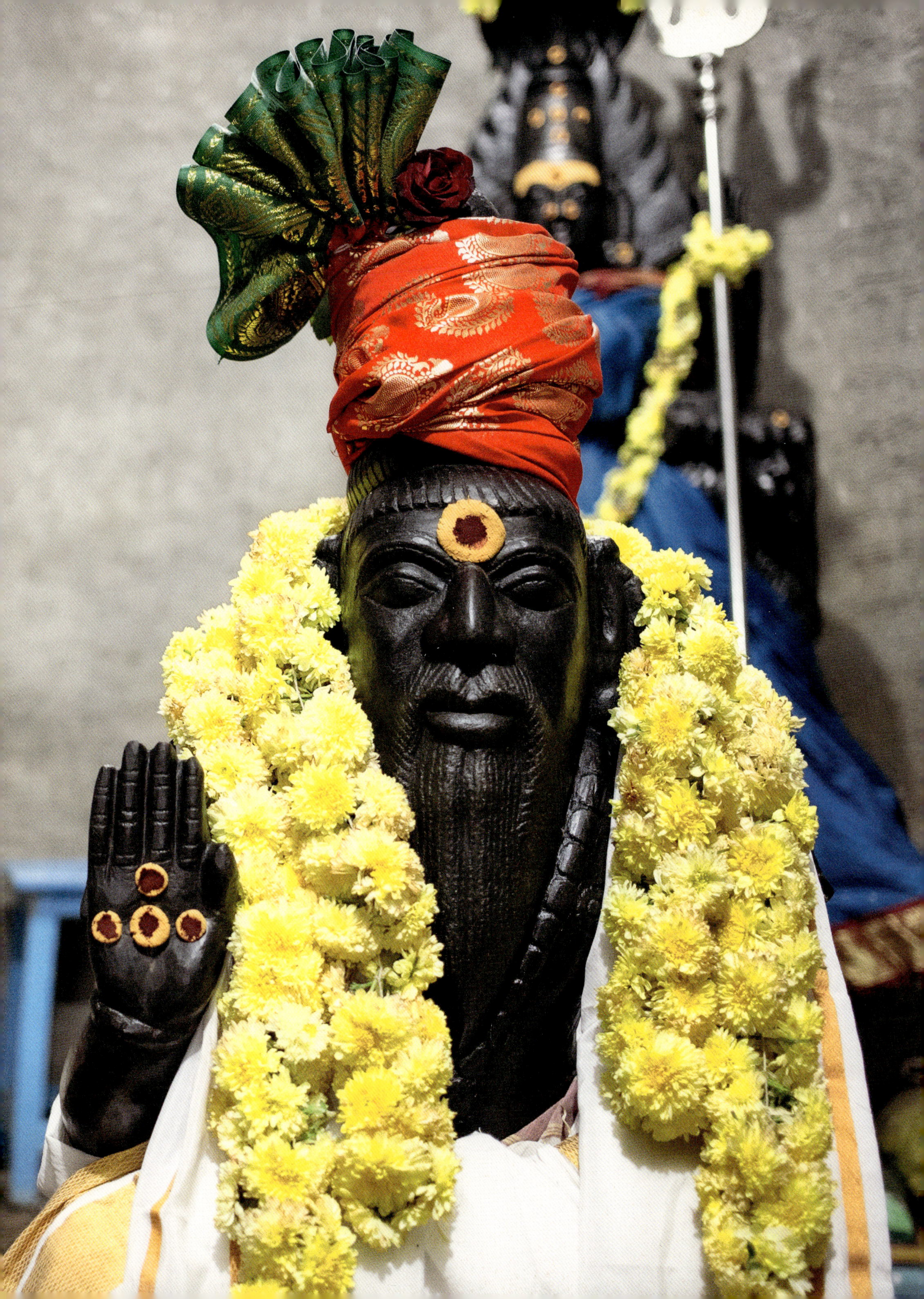

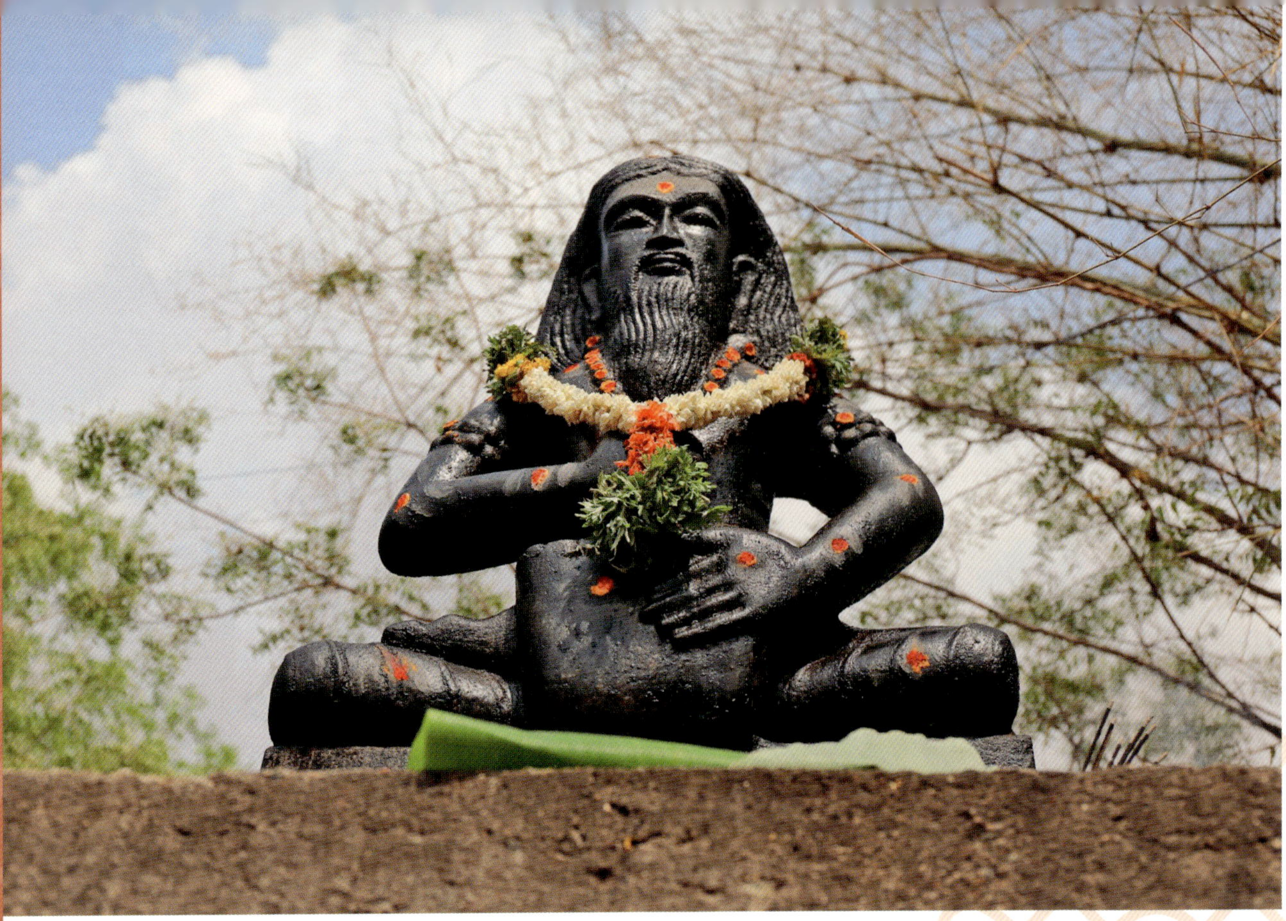

2 Eine Siddhastatue mit Mörser in der Region Madurai. Foto: Justus Weiss.

Wenn man sich in Tamil Nadu auf der Straße oder irgendwo außerhalb des Hauses trifft, dann lautet die gängige Begrüßung in der tamilischen Umgangssprache *cāppiṭāccā* – ›Haben Sie gegessen?‹ oder *caukkiyamā* – ›Sind Sie gesund?‹ Beides fragt nach dem Wohlergehen des Gegenübers und deutet auf die enge Verbindung von Ernährung und körperlicher Gesundheit hin. Zum einen sind Nahrungsmittelknappheit und Hunger immer noch für viele Menschen eine erlebte Realität, zum anderen wird die Ernährung als Schlüssel zu guter Gesundheit gesehen. In Tamil Nadu gibt es eine Vielzahl unterschiedlicher Heiltraditionen. Dieser medizinische Pluralismus Tamil Nadus ist mit der ethnischen und religiösen Diversität Südindiens verbunden. Die Vielfalt an Heilungsmethoden wird in der staatlichen indischen Gesundheitsversorgung in Form von sechs nicht biomedizinischen Heiltraditionen gespiegelt: Ayurveda, Yoga, Naturopathie,[1] *Unani,*[2] *Siddha, Sowa-Rigpa*[3] und Homöopathie,[4] deren Weiterentwicklung und Praxis durch das Ministerium für traditionelle und nicht-konventionelle Heiltraditionen (AYUSH) organisiert werden. Dieses ist Teil des staatlichen öffentlichen Gesundheitssystems, welches freie Behandlung für die indischen Bürger beispielsweise in öffentlichen Krankenhäusern und Gesundheitszentren gewährleistet. Somit werden von staatlicher Seite sowohl schulmedizinische als auch alternative und komplementäre Therapien unterstützt. Gleichzeitig wächst der private Gesundheitssektor auf Kosten der staatlichen Gesundheitsversorgung (Sangupta et. al. 2017, Jaffrelot 2020). Zusätzlich zu diesen etablierten und staatlich geförderten medizinischen Praktiken und Systemen gibt es eine Vielzahl an Heilpraktiken, die im Folgenden beschrieben werden.

◄ 1 Siddha Shri Puttru Maharishi in Vellore, Tamil Nadu. Foto: Justus Weiß.

Siddha

Eine der großen und institutionalisierten Gesundheitstraditionen Südasiens stammt aus Tamil Nadu: die *Siddha*-Medizin. Die Grundlage des *Siddha* bilden in tamilischer Schrift abgefasste Palmblatttexte südindischer Gelehrter, der sogenannten *Siddhas*, was als »Vollendete« übersetzt werden kann. Vollendung meint hier vor allem Weisheit sowie den Besitz von acht übermenschlichen Fähigkeiten (*siddhis*), beispielsweise die Fähigkeiten, den Körper zu verlassen oder zu schweben. Die der *Siddha*-Tradition zugrundeliegenden Texte entstanden über einen längeren Zeitraum, der auf das 8. bis 19. Jahrhundert geschätzt wird. Der Text *Tirumantiram* vom Siddha Tirumular (Natarajan und Natarajan 1991) datiert wohl aus dem 8. Jahrhundert und gilt als ältester und bedeutsamster der noch vorhandenen Texte (Subbarayappa 1997: 1841). Im Zuge der tamilischen nationalen Bewegung, Anfang des 20. Jahrhunderts, wurde *Siddha* als eine rein tamilische Tradition interpretiert. Andere Wissenschaftler betonen aber den Einfluss buddhistischer, jainistischer und muslimischer Texte und Wissensbestände auf die Herausbildung der medizinischen Traditionen des *Siddha* und zeigen, wie sich medizinisches Wissen im Austausch unterschiedlicher Traditionen herausformte (Subbarayappa 1997). Wie jede Tradition, ist auch die *Siddha*-Medizin nicht statisch oder abgrenzbar, sondern dynamisch und in stetiger Veränderung begriffen.

Ein zentraler Impuls, der die *Siddha*-Medizin in ihrer heutigen Form geprägt hat, ist der Einfluss śivaitischer Wanderasketen ab dem 16. Jahrhundert. In dieser Zeit experimentierten Yogis mit der Transformierung ihres Körpers durch Meditation, Visualisierungen und alchemistischen Elixieren. Viele Elemente dieser esoterischen Praktiken färbten auf *Siddha*-Texte dieser Zeit ab und wurden Teil der alltäglichen Heilpraxis und der Geschichten und Mythen um *Siddha*-Medizin im Allgemeinen (Little 2006).

3 Eine populäre Darstellung von Siddhas an einer Hauswand in Tamil Nadu. Foto: Justus Weiss.

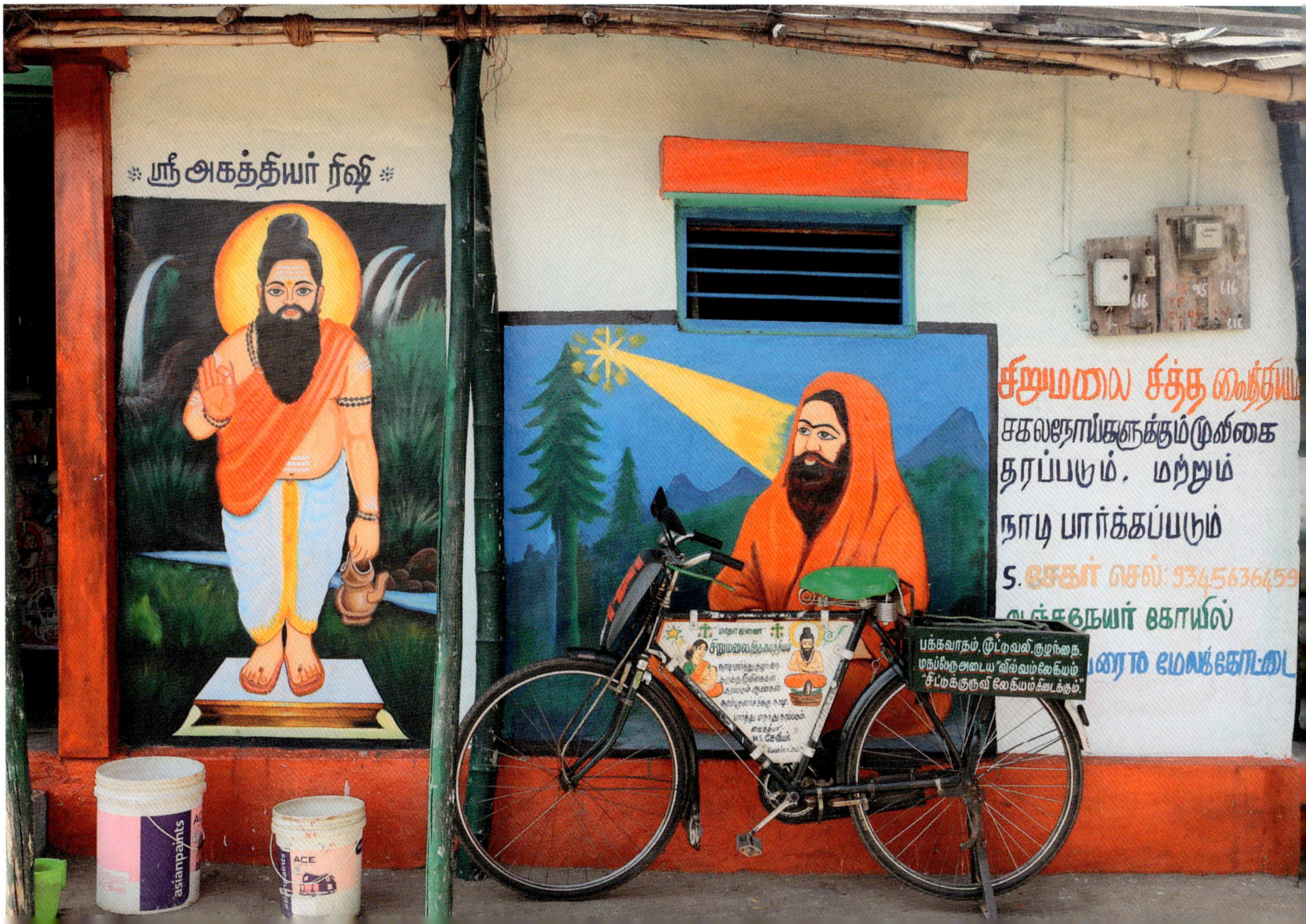

Was bei den der *Siddha*-Tradition zugrundeliegenden Texten auffällt, ist, dass sie nicht nur gesundheitliche Probleme und medizinische Anwendungen, sondern auch das, was wir heute unter *Well-Being* verstehen, behandeln. Den Körper, so lange es geht, gesund und vital zu erhalten, ist ein zentrales Ziel des *Siddha* – denn dieser gesunde Körper ist für die spirituelle Weiterentwicklung, die das Kernstück des Verständnisses von Gesundheit bildet, wesentlich. Es geht also nicht nur um die Behandlung von bereits bestehenden Krankheiten, sondern um eine gesunde Lebensweise, die die alltägliche religiöse Praxis einbezieht und auch Themen wie Ernährung, Yoga, Astrologie und Alchemie behandelt (Kumuraswamy 1985). Die Heilmittel des *Siddha* beinhalten pflanzliche und tierische Wirkstoffe, natürliche Salze sowie Mineralien und Metalle, insbesondere Quecksilber und Schwefel.[5]

Die tamilischen *Siddhas* stehen in der Tradition von Kulturheroen, da ihnen nicht nur das medizinische Wissen, sondern auch die tamilische Grammatik und weitere zentrale wissenschaftliche Erkenntnisse zugeschrieben werden. Sie sind aber nicht nur transzendente Heilige, sondern auch populäre Superhelden der tamilischen Alltagskultur, und zahllose populäre Geschichten haben die *Siddhas* und ihre Abenteuer zum Inhalt. Auch die mythischen *Siddhas* sind bis heute noch lebendig, und so berichteten uns Pilger und Suchende, ihnen in körperlicher oder geistiger Form begegnet zu sein und eine persönliche Beziehung zu den *Siddhas* zu spüren.

Im *Siddha* wird Gesundheit mit einem Gleichgewicht der drei körperlichen Grundkonstituenten, *Muppini* in Tamil (*vaddham, pittham, kapam*), gleichgesetzt.[6]

Die diagnostische Praxis der *Siddha*-Medizin hat ihre Spezialität einerseits in der Verwendung der Pulsdiagnose (*Nadi*), bei welcher an drei Stellen am Handgelenk der Puls gemessen wird. Die Untersuchung von Urin und Stuhl, von Augen, Stimme, Zunge, Gewebe und Haut der Patienten gibt weiteren Aufschluss über mögliche Störungen des gesundheitlichen Gleichgewichtes.[7]

Siddha kann, wie die anderen oben aufgeführten staatlich geförderten medizinischen Traditionen, an ausgewählten indischen Universitäten vor allem in Tamil Nadu studiert werden. Viele der staatlichen Krankenhäuser verfügen auch über *Siddha*-Stationen und Ärzte. Im nationalen *Siddha*-Forschungsinstitut in Chennai wird an der Weiterentwicklung der Pharmazeutika und der Therapien geforscht. Im Jahre 2017 wurden über 4000 offiziell registrierte *Siddha*-Therapeuten in Tamil Nadu verzeichnet.

4 Ein Siddha-Arzt bei der Untersuchung einer Patientin. Foto: Shalu Anel.

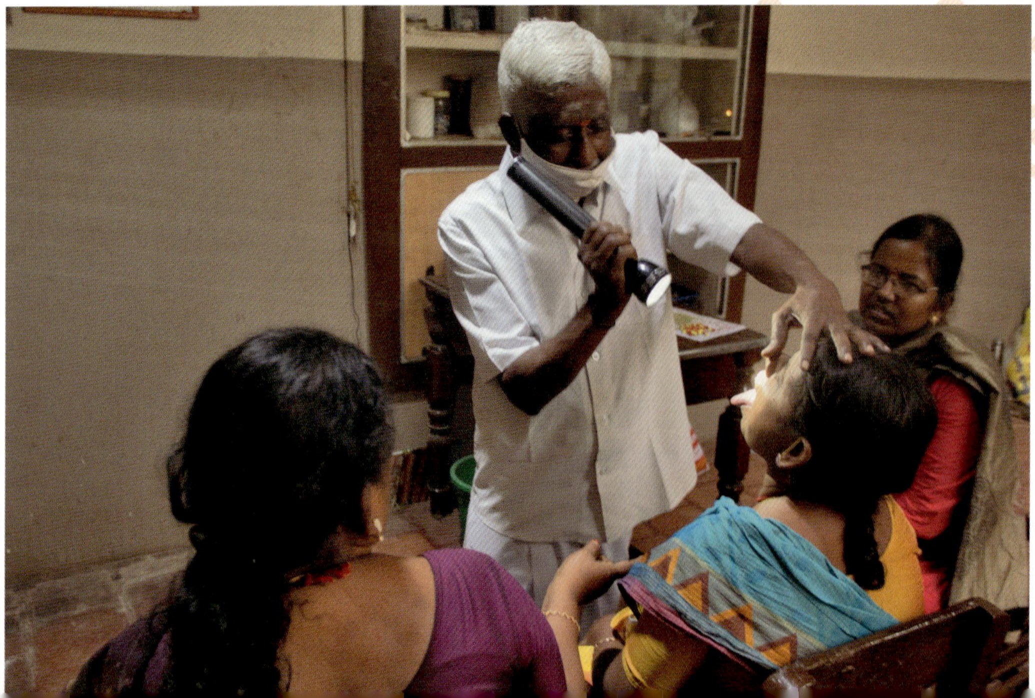

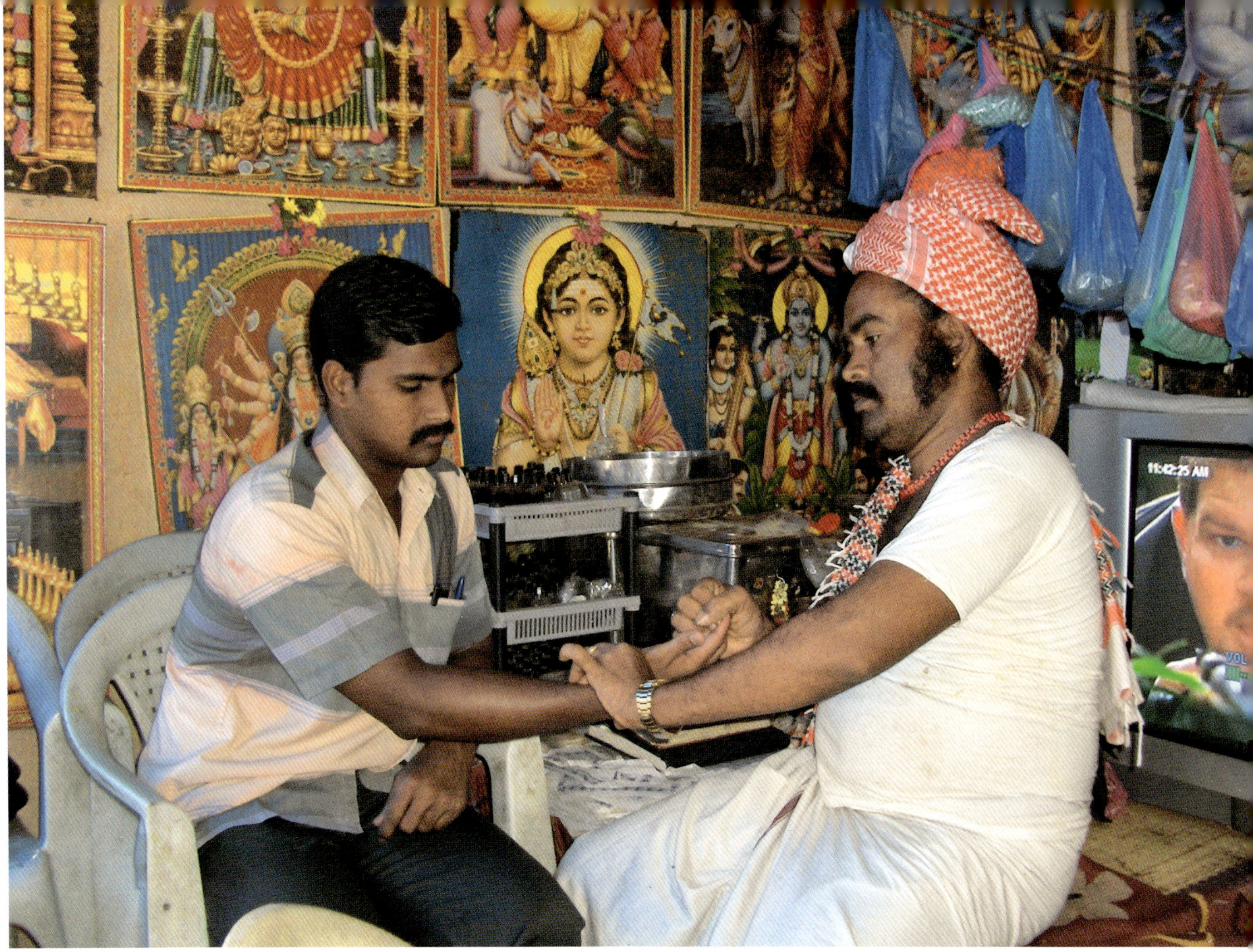

5 Ein *Nāṭṭu-Maruntu*-Heiler, der rituelle und naturheilkundliche Elemente in seiner Praxis vereint, in einer provisorischen Praxis in einem Zelt am Straßenrand bei Madurai. Foto: Gabriele Alex.

Traditionelle Heilmethoden in Tamil Nadu

Es gibt eine große Breite an traditionellen Heilpraktiken, die in Bezug auf Medikamente und Therapien viele Schnittmengen mit den oben genannten Heiltraditionen aufzeigen. In Tamil werden diese als *Nāṭṭu Maruntu* (Landmedizin), *Pacillai* (grüne Blätter) oder umgangssprachlich ebenfalls als *Siddha* bezeichnet. Die *Nāṭṭu Maruntu* hat keinen ihr zugrundeliegenden Textkorpus und ist nicht wie die *Siddha*-Medizin durch staatliche Programme institutionalisiert und standardisiert worden. Dadurch stellt die *Nāṭṭu Maruntu* keine abgegrenzte Tradition dar, sondern besteht aus vielen unterschiedlichen lokalen Heiltraditionen und einem breiten Spektrum von Fachheilern, von denen sich viele auf einzelne Krankheiten oder Krankheitsfelder spezialisiert haben. So gibt es Heiler, die nur Schlangenbisse oder Hundebisse behandeln, solche, die für Augenkrankheiten zuständig sind, und andere, die nur Knochenbrüche und Verstauchungen behandeln. Das Spektrum dieser Heiler bildet in gewisser Weise die tamilischen Krankheitsklassifikationen ab und gibt Aufschluss darüber, welche Krankheitsbilder sich historisch entwickelt haben. Für Teile der Landbevölkerung ist, wie ich, Gabriele Alex, in meiner Forschung zeigen konnte (Alex 2010), die *Nāṭṭu Maruntu* oftmals die erste und auch die am häufigsten frequentierte Anlaufstelle. Dies hat mit der räumlichen Entfernung der öffentlichen Gesundheitsangebote zu tun (viele der staatlichen Angebote, wie das *General Hospital*, finden sich nur in größeren Städten), aber auch mit der erfahrenen Wirksamkeit vieler traditioneller Therapien.

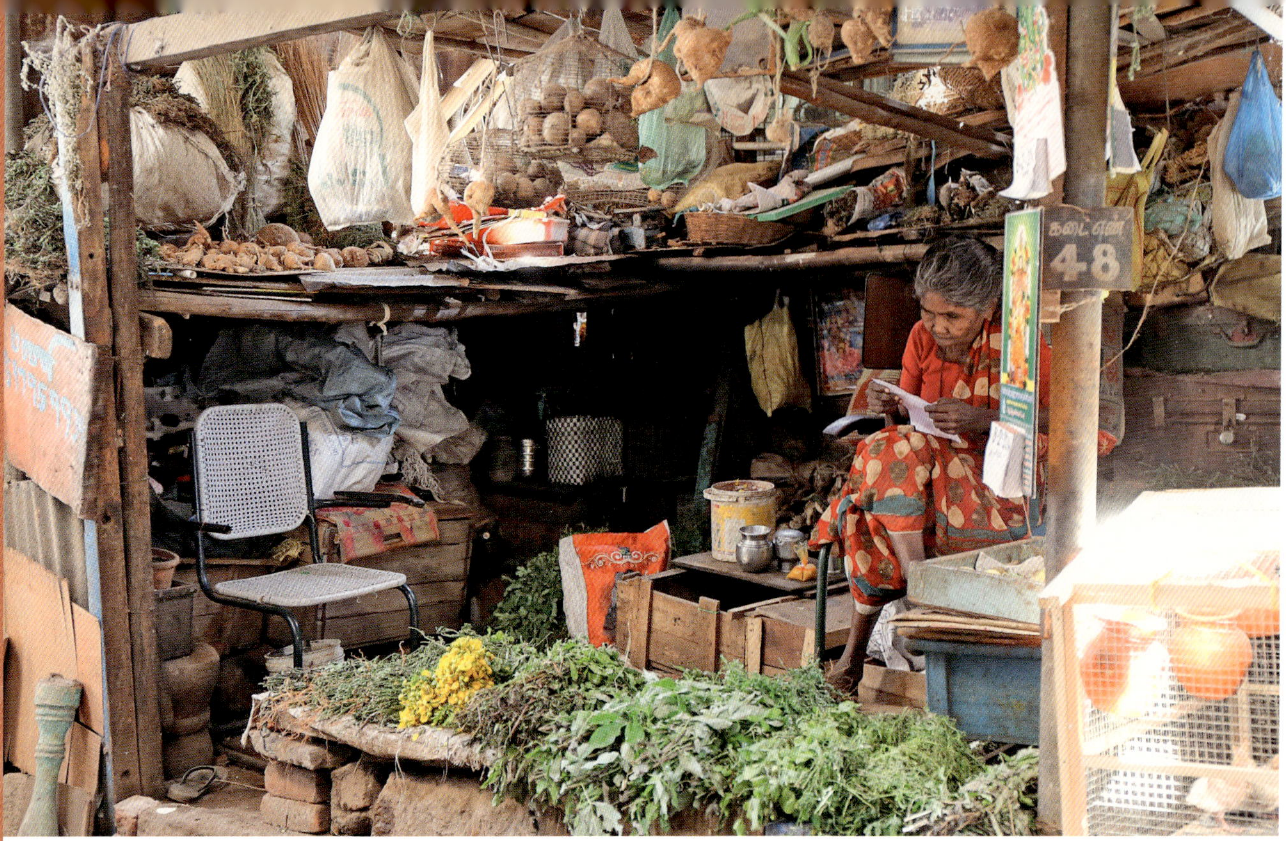

6 Heilpflanzenstand auf einem Wochenmarkt in Madurai. Foto: Justus Weiss.

Man kann unterscheiden zwischen

- 1. Hausmedizin, die (in der Regel von einem älteren Familienmitglied) vor allem an Mitgliedern des Haushalts oder der Familie angewendet wird,
- 2. traditionellen Spezialisten, die nur für bestimmte Krankheiten zuständig sind und in der Mehrzahl nicht hauptberuflich als Heiler arbeiten, und
- 3. professionalisierten und hauptberuflichen *Nāṭṭu-Maruntu*-Heilern, die zunehmend auch in den Städten arbeiten und dort eigene Praxen eröffnen.

Viele der in der *Siddha*-Medizin beschriebenen Heilpflanzen, Rezepturen und Therapien werden auch in der als *Nāṭṭu Maruntu* bezeichneten Praxis angewendet (Sujatha 2003). Zu den bekannten Hausmitteln gehören zum Beispiel Kurkuma, Muskatnuss, Sandelholz, Ingwer, Neembaumblätter, Pfeffer, Moringa-Blätter und -Früchte und Aloe Vera; viele dieser medizinischen Pflanzen werden in der alltäglichen Küche verwendet. Man findet die Pflanzen und auch schon fertige Rezepturen auf den lokalen Märkten oder in den *Nāṭṭu-Maruntu*-Läden, die es in jeder größeren Stadt Tamil Nadus gibt. In den Apotheken können bereits fertige Mischungen gekauft werden, wie das *Neelavembu Kudineer*, welches breit gegen Infektionskrankheiten und zur

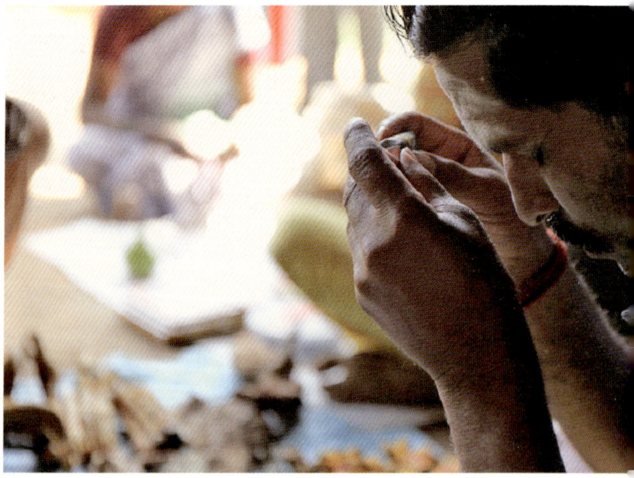

7 Segnung von Heilpflanzen vor dem Verkauf auf einem Markt in den Kolli Malai Bergen. Foto: Justus Weiss.

Stärkung des Immunsystems eingesetzt wird. Aber auch tierische Produkte, wie zum Beispiel das Fleisch der heimischen Warane (*Udumbu*), welches gegen Erektionsstörungen helfen soll, sind Teil der *Nāṭṭu Maruntu*. Eine besondere Stellung nehmen die Hebammen (*Maruttuvacci)* ein, die in den ländlichen Regionen immer noch wichtige Hilfe bei Geburten und der Wochenbettpflege leisten.

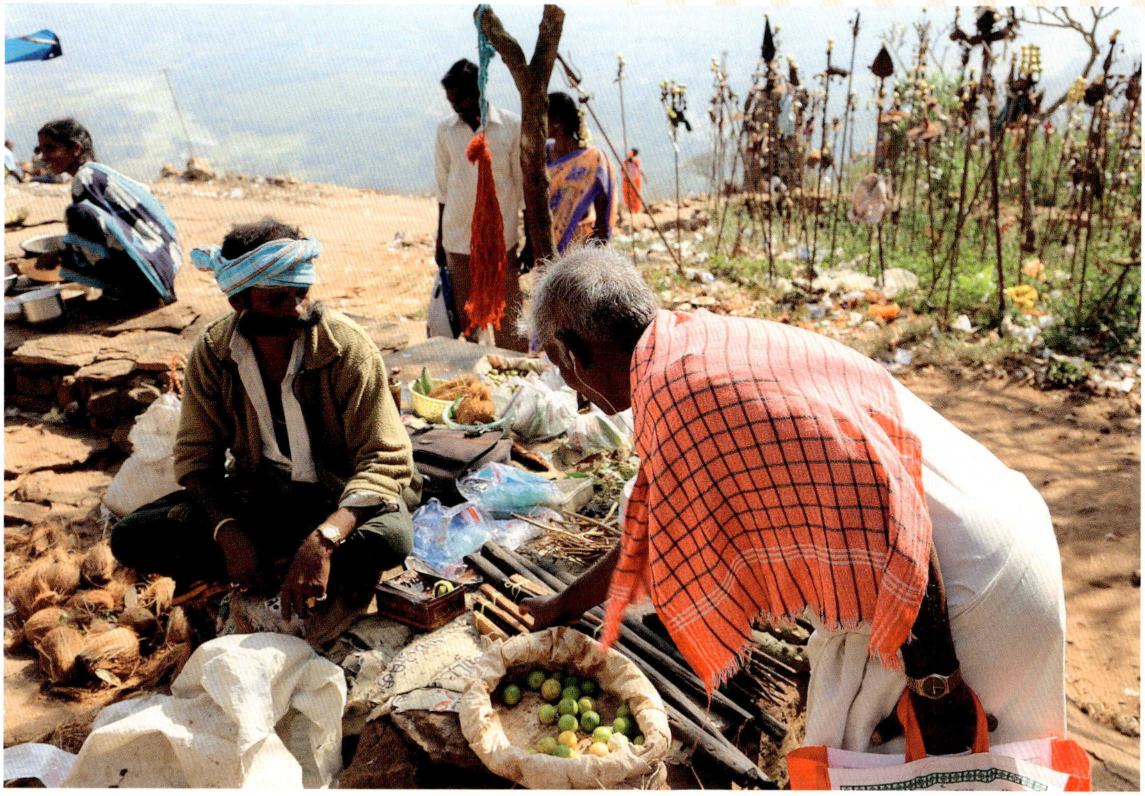

8 Verkauf von Heilpflanzen in den Kolli Malai. Foto: Justus Weiss.

9 Verteilung von Neelavembu Kudineer an die Bevölkerung. Foto: Justus Weiss.

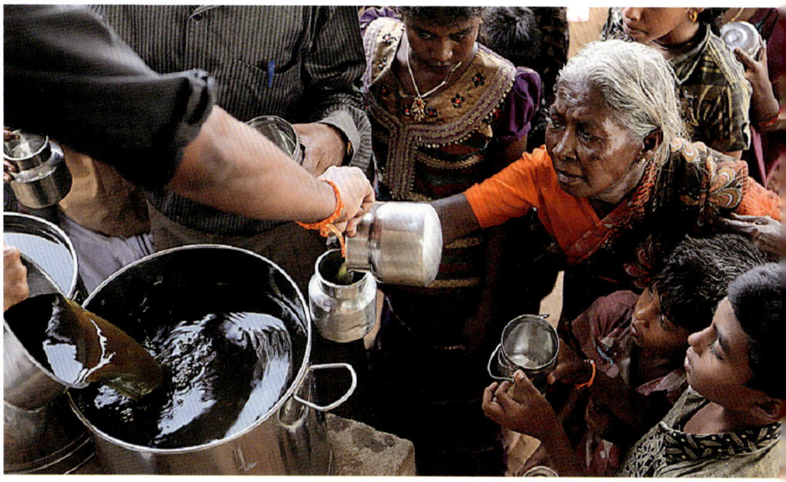

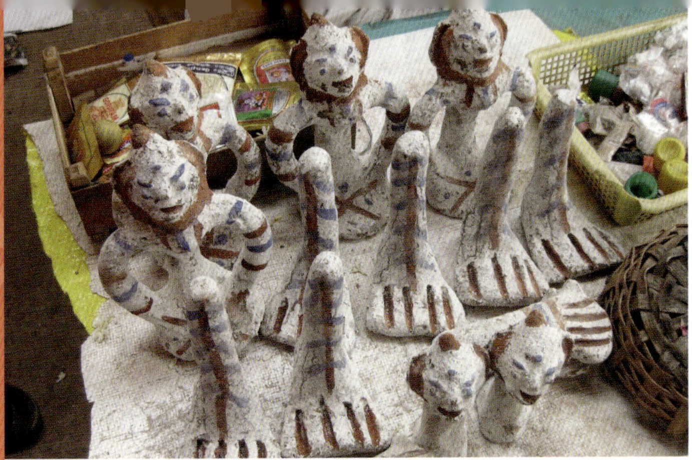

10 Opfergaben in Form von Körperteilen am Mariammantempel in der Nähe von Thanjavur. Foto: Gabriele Alex.

Religiöse und rituelle Heilung

Wenn eine Person oder ein Familienmitglied erkrankt, dann stellt sich immer die Frage nach der Ursache der Erkrankung. Eine weitere wichtige Kategorie ist die der religiösen oder rituellen Heilungen. Bei Krankheiten, wie bei anderen Unglücksfällen auch, besteht die Möglichkeit, dass natürliche oder übernatürliche Kräfte ursächlich sind. In den meisten Fällen, die wir erlebt haben, werden rituelle oder religiöse Therapien parallel zu oder im Anschluss an andere Behandlungsformen in Anspruch genommen. Auch hier treffen wir auf ein breites Spektrum von Praktiken und Ausübenden: So wird rituelle Heilung und Beratung in Gesundheitsfragen von individuellen Heilern oder Tempelpriestern (*Pujaris*) angeboten und an religiösen Stätten oder anderen Orten in etablierten Ritualen durchgeführt.

Ein Beispiel eines rituellen Spezialisten ist der *Kotanki*, der bekannt ist durch seinen mit einer Trommel begleiteten Gesang, der ihn in Trance bringt. In dieser Trance kann er mit der Familiengottheit des Patienten oder anderen Gottheiten in Kontakt treten und dem Patienten die Ursache der Krankheit sowie die Therapie mitteilen. Diese Therapie besteht in der Regel aus Aufgaben, die gegenüber der Gottheit zu verrichten sind, wie beispielsweise das Ausführen bestimmter Rituale und das Darbringen bestimmter Opfergaben. Oftmals werden aber auch hier spezifische Ernährungsvorschriften empfohlen, wie z.B. das Fasten, der Verzicht auf bestimmte Nahrungsmittel oder auch die Einnahme von pflanzlichen Heilmitteln. Auch hier wird die Parallelität von verschiedenen Heilungstraditionen sichtbar, wenn Heilwirkungen bestimmter Lebensmittel oder Diäten in Verbindung mit bestimmten rituellen Orten und Zeiten assoziiert werden.

Generell ist der Besuch religiöser Stätten, seien es Schreine, Kirchen, Tempel oder Moscheen, sehr oft mit einer Bitte nach Gesundheit oder nach Kindersegen verbunden. Die hinduistische Göttin Mariamman nimmt hier eine besondere Stellung ein. Sie gilt als beschützend und lebensspendend und wird mit der Heilung von Krankheiten, insbesondere von Cholera und Pocken, assoziiert. Die Pockenbläschen wurden als ›Perlen‹ der Göttin Mariamman bezeichnet, und sie gilt als die Göttin der unteren Kasten, die töten, aber auch heilen kann. Sie wird mit dem für die Landwirtschaft und die Sicherung der Nahrung überlebenswichtigen Regen in Verbindung gebracht. Nach verbreiteter Auffassung beschützt und heilt sie diejenigen, die im Geiste rein sind. Auch nach den Pockenepidemien in Tamil Nadu, die bis in die 1950er Jahre hineinreichten, ist die Verehrung der Göttin Mariamman ausgesprochen populär geblieben. In den Sommermonaten finden in den großen und kleinen Mariammantempeln Tempelfeste statt, die tausende von Pilgern anziehen (Egnor 1984). Am Eingang des Tempels werden aus Lehm geformte Nachbildungen, aus Blech gefertigte Reliefs oder andere Abbildungen von Körperteilen verkauft, die

11 Zwei hinduistische Frauen suchen Heilung bei einem muslimischen Hakim, der in der Syed Shahul Hameed Dargah, Nagore, sowohl mit pflanzlichen Heilmitteln als auch mit Amuletten behandelt. Foto: Gabriele Alex.

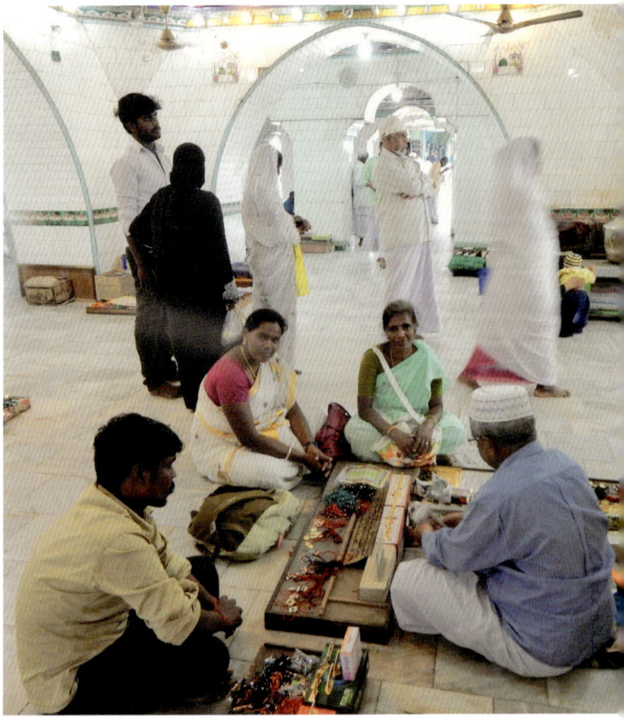

im Tempel zusammen mit anderen Gaben der Göttin geopfert werden. Diese Nachbildungen weisen auf den Sitz der körperlichen Beschwerden hin. Am Rande einiger Tempel gibt es einen abgegrenzten Bereich (*ammai Mantapam*), eine Art Quarantänestation, in dem früher die an Pocken erkrankten Menschen untergebracht wurden. Diese Bereiche werden heute immer noch genutzt, oft von älteren Personen, die krank sind und keine Bleibe haben. Wir konnten beobachten, wie in einigen dieser *ammai Mantapam* die Patienten von Krankenpflegern der staatlichen Krankenhäuser stationär versorgt wurden, was eines der vielen Beispiele ist, wie sich die verschiedenen Traditionen des Heilens verbinden und nicht zwangsläufig gegenseitig ausschließen.

Neben der Parallelität verschiedener Heilpraktiken und Vorstellungen von Gesundheit und Heilung in Tamil Nadu zeigt sich der medizinische Pluralismus auch in der Art und Weise, wie Menschen mit den medizinischen und Heilung oder Fruchtbarkeit versprechenden Angeboten umgehen, wie sie sie beanspruchen. So werden die großen Pilgerstätten, die mit Gesundheit und Heilung assoziiert sind, wie zum Beispiel die katholische, der Jungfrau Maria geweihte Kirche in Velankanni, der Punnai Nallur Mariamman Tempel in Thanjavur oder die Syed Shahul Hameed Moschee in Nagore, von Hindus, Muslimen und Christen gleichermaßen in der Hoffnung auf Gesundheit und Heilung aufgesucht (Alex 2018).

Zusammenfassung

Die Gesundheitslandschaft Tamil Nadus ist bunt und vielfältig, sie zeichnet sich aus durch das Neben- und Miteinander von unterschiedlichen Körperkonzepten, Gesundheitsklassifikationen, Krankheitserklärungen und Gesundheitstheorien, Therapien und Arzneimitteln, die aus ganz unterschiedlichen Zeitperioden und Regionen stammen. Neben der über 2 000 Jahre alten *Siddha*-Medizin kann eine erkrankte Person beispielsweise zwischen den ursprünglich in Deutschland entwickelten homöopathischen und naturopathischen Heiltraditionen, der islamisch geprägten *Unani*-Medizin, der tibetischen *Sowa-Rigpa* oder der Schulmedizin wählen. Zusätzlich zu den institutionalisierten und standardisierten medizinischen Angeboten, die von staatlicher und privater Seite angeboten werden, gibt es ein breites Spektrum an traditioneller Medizin, die *Nāṭṭu Maruntu* (Landmedizin). Die religiöse und rituelle Heilung findet an religiösen Orten wie Tempeln oder Schreinen, aber auch im privaten Bereich statt. Es ist genau dieses lebendige, dynamische Gewerbe, welches Heilung in Tamil Nadu im 21. Jahrhundert ausmacht.

1 Die Naturopathie wirkt gesundheitsfördernd, krankheitsvorbeugend, regenerierend und heilend, sie strebt eine Harmonisierung der konstruktiven Prinzipien der Natur auf körperlichen, geistigen, moralischen und spirituellen Ebenen des Lebens an. Die indische Naturopathie wurde durch die frühe deutsche Naturheilkunde mitgeprägt.

2 *Unani* ist eine aus dem persisch-arabischen Raum stammende Tradition, die heute in Südasien vor allem von muslimischen Therapeuten praktiziert wird.

3 *Sowa-Rigpa* wird die tibetische Heiltradition genannt.

4 Die ursprünglich aus Deutschland stammende Homöopathie ist in Indien sehr populär und wird weithin praktiziert und an den Universitäten gelehrt.

5 Der Einsatz von Quecksilber ist im Hinblick auf seine gesundheitsschädliche Wirkung in den letzten Jahrzehnten stark kritisiert worden (Sebastia 2015). Dennoch beharren viele *Siddha*-Heiler auf der Verwendung von Quecksilber, mit dem Hinweis, dass durch die dem *Siddha* eigenen Reinigungsprozesse das Quecksilber seine giftige Wirkung verliere (Zysk 2008).

6 Nach der naturphilosophisch ausgerichteten Epistemologie der *Siddha*-Medizin sind sowohl Mensch als auch Natur aus fünf Elementen zusammengesetzt (Erde, Wasser, Luft, Raum und Feuer). Die *Muppini* als Grundkonstituenten des Körpers sind ebenfalls aus den fünf Elementen komponiert (*vaddham* aus Luft und Raum, *pittham* aus Feuer und *kapham* aus Erde und Wasser). Ein Ungleichgewicht der *Muppini* drückt sich durch ein Fehlen oder Überwiegen eines spezifischen Elementes aus und kann durch sein gegensätzliches Element ausgeglichen werden (z. B. durch spezifische Nahrungs- und Heilmittel).

7 Eine ausführlichere, aber dennoch gut verständliche und kompakte Beschreibung des *Siddha* liefert Zysk 2008.

Kunst und populäre Kultur

பிரபலமான கலாச்சாரமும் கைலகளும்

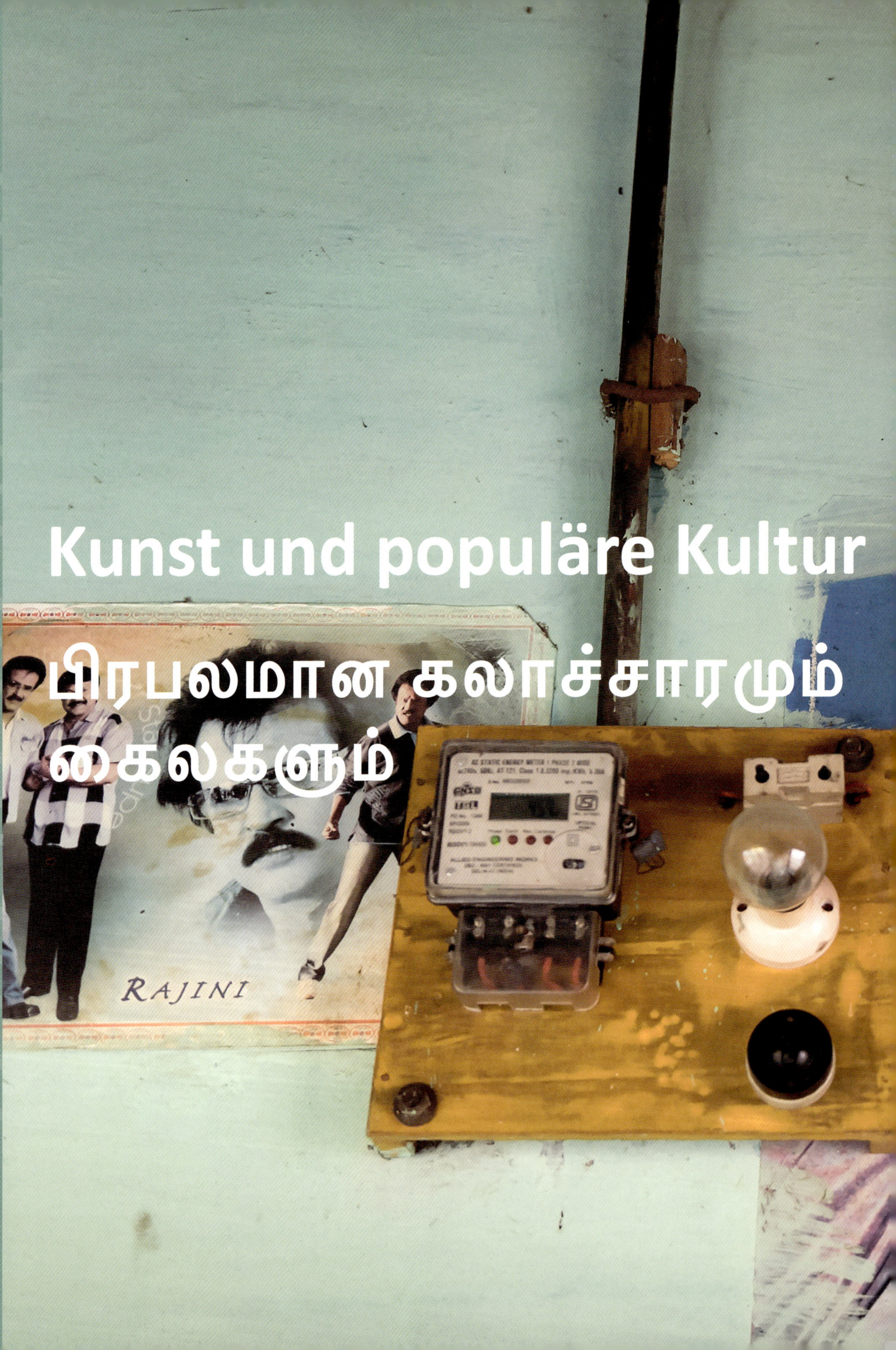

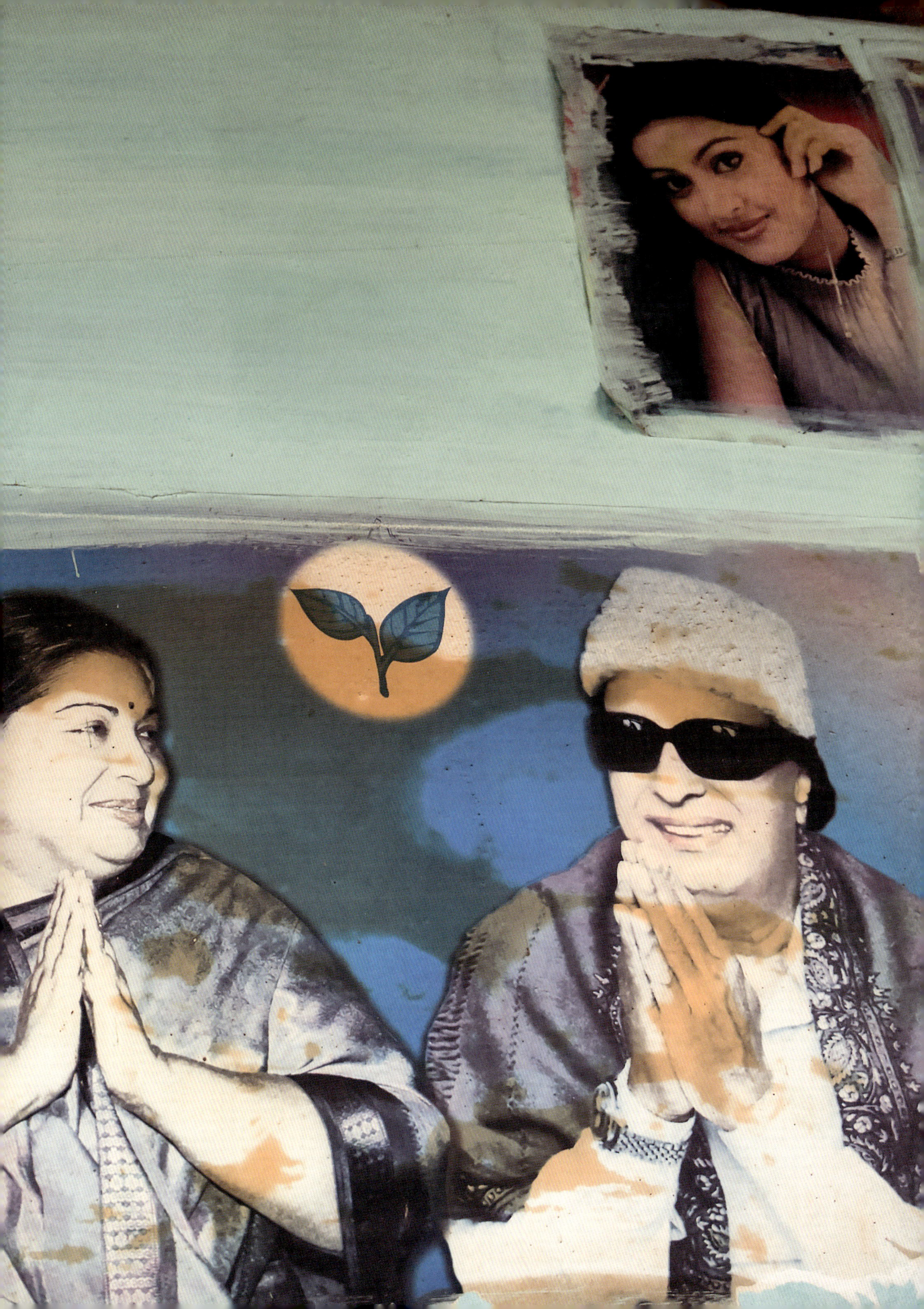

CHITRAVINA N. RAVIKIRAN

Tamilische Musik und karnatische Musik im Laufe der Jahrhunderte. Ein kurzer Überblick

நூற்றாண்டுகளைக் கடந்து தமிழிசையும் கர்நாடக இசையும் – ஒரு சுருக்கமான பார்வை

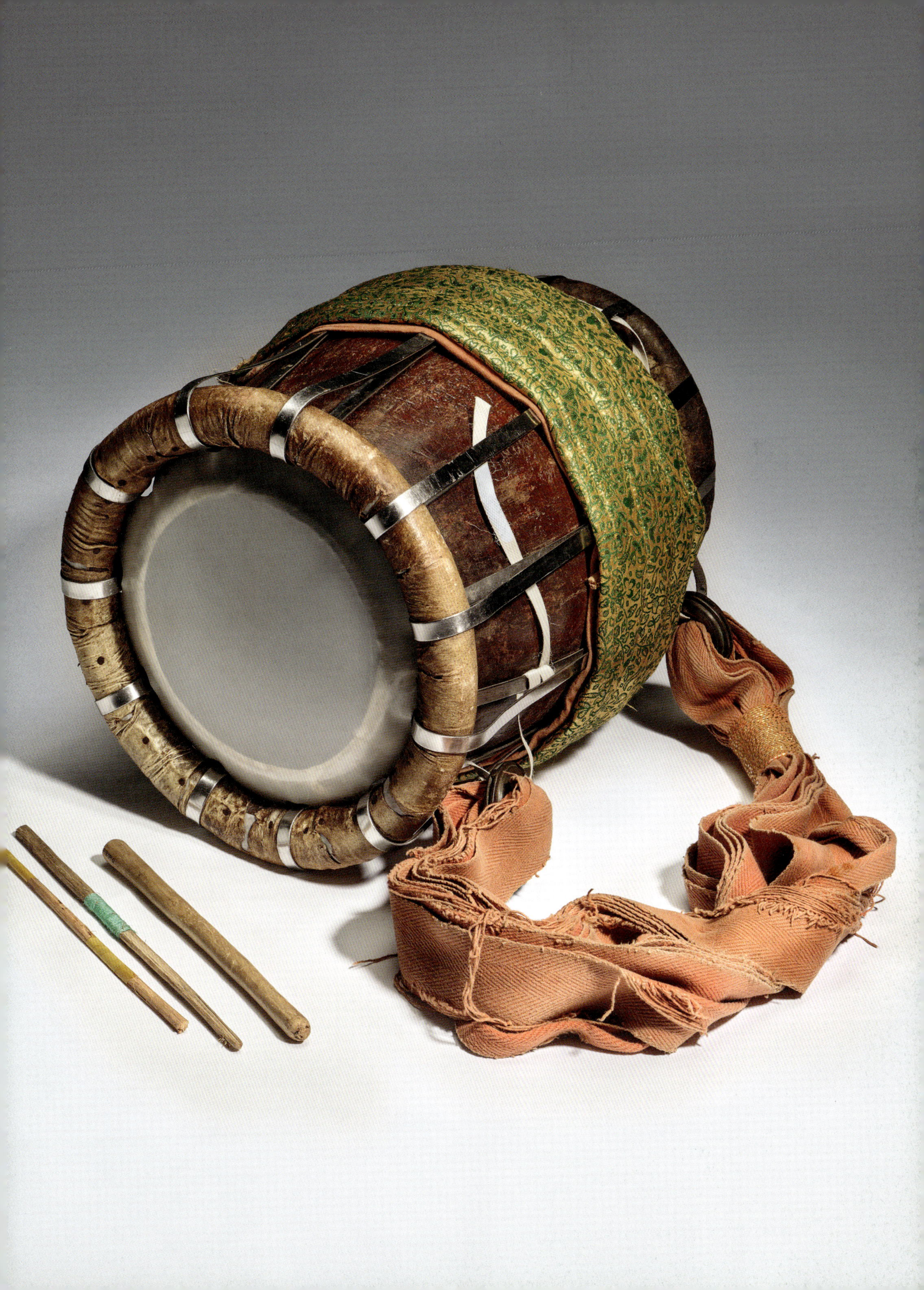

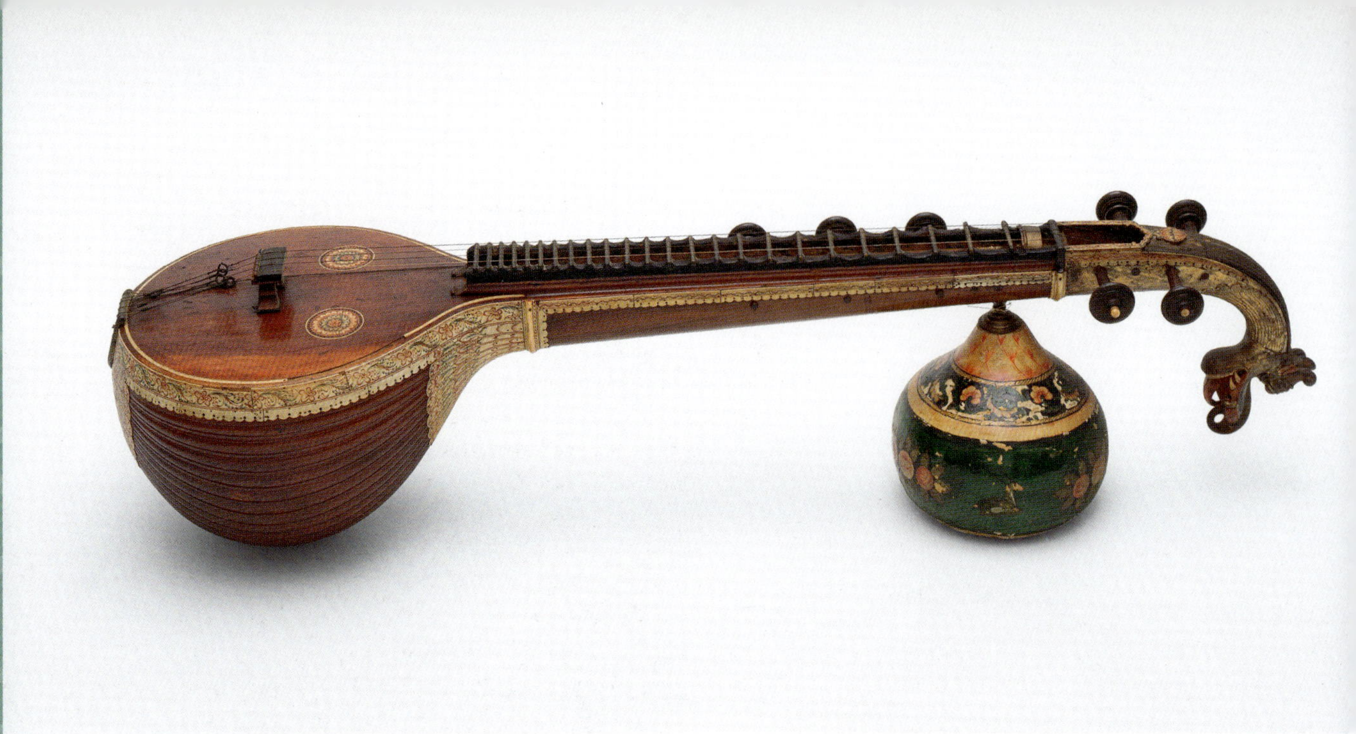

2 Die *Vīṇa* gehört zu den wichtigsten Soloinstrumenten der karnatischen Musik. Holz, Messing, Metallsaiten; 113 × 27 × 17 cm. Museum Rietberg Zürich, Inv.-Nr. 2009.1219. Foto: Rainer Wolfsberger.

Musik – bekannt als *Isai* (auch *Ishai* ausgesprochen) – war neben *Iyal* (Literatur) und *Nāṭakam* (Theater) eine der drei wichtigsten Komponenten der alten tamilischen Kultur. *Isai* kann sowohl »Bewegung« als auch »in Harmonie« bedeuten, und damit passt dieser Begriff perfekt zu Musik, da es in der Musik um organisierte angenehme Schwingungen geht. Literarische Werke, die vertont wurden, bezeichnete man als *Pāḍal*.

Die Ursprünge der tamilischen Musik lassen sich bis in die *Caṅkam*-Periode zurückverfolgen, die zwischen 500 v. Chr. und 200 n. Chr.[1] liegt. Es ist weithin anerkannt, dass die musikalische Entwicklung der Region sowohl in der Theorie als auch in der Praxis von hohem Niveau war und in nicht geringem Maße zur Herausbildung der karnatischen Musik – einer der beiden klassischen Musikrichtungen Indiens – beigetragen hat.

Frühe tamilische musikalische Schöpfungen – insbesondere die der *Bhakti*-Komponisten der *Āḻvārs* und *Nāyanmārs* – wurden von der parallelen Sanskrit-Kultur als *draviḍa Vēda* bezeichnet, was die hohe Wertschätzung für diese musikalische Tradition zeigt.[2] Die karnatische Musik, obwohl sie heute überwiegend von Südinder*innen in der ganzen Welt praktiziert wird, verdankt ihre Entwicklung sowohl der Theorie als auch der Praxis der Musik in der Arya/Sanskrit-Kultur. Es besteht kein Zweifel, dass in diesem Bereich die Sanskrit- und Tamil-Kulturen aktiv interagierten.

◀ 1 Die *Tavil* ist eine zweifellige Fasstrommel, die in der südindischen Volksmusik, bei religiösen Prozessionen, Tempelfesten und in der klassischen Musik Südindiens gespielt wird. Sie begleitet üblicherweise das Doppelrohrblattinstrument *Nātacuvaram* und prägt gemeinsam mit diesem den typischen Klang tamilischer Feste. Holz, Ziegenhaut, synthetisches Trommelfell, Metall, Stoff. Kattucheri, Tamil Nadu, 2007. Nationalmuseum von Dänemark, Kopenhagen, Inv.-Nr. D. 6081 a–c. Foto: Roberto Fortuna.

Missverständnisse

Bestimmte Webseiten wie *https://shaivam.org/* suggerieren, dass die aktuelle karnatische Musik alte Begriffe der tamilischen Musik wie *Ārōhaṇam* für *Ārōshai* (aufsteigende Tonfolgen) und *Avarōhaṇam* für *Amarōshai* (absteigende Tonfolgen) neu benannt oder tamilische Musikbegriffe wie *Tāḻam* verwendet hat, was nicht wirklich der Fall ist. Alle drei sind Sanskrit-Begriffe, die mit oder ohne Modifikationen in die tamilische Musik übernommen wurden, was wiederum von einer gesunden Interaktion zwischen den beiden Kulturen zeugt.

Bestimmte tamilische Begriffe unterscheiden sich jedoch stark von ihren Sanskrit-Pendants. Zum Beispiel wurde eine Note (*Swara* in Sanskrit) in der tamilischen Musik als *Padam* bezeichnet, und eine Tonleiter bzw. ein Modus (*Rāga* im Sanskrit) wurde im Süden als *Paṇṇ*[3] bezeichnet. Einige Sanskrit-Wörter wie *Tantri* (Saiten) wurden einfach »tamilisiert« zu *Tanti*.

Die Namen der Noten in tamilischer Musik und ihre Entsprechungen

Die meisten differenziert entwickelten Musiksysteme der Welt haben eine Oktave in sieben Stufen unterteilt; die tamilische Musik ist darin keine Ausnahme. In einigen Systemen, wie z. B. in der klassischen indischen Musik, werden die sieben Töne mit Namen versehen, anstatt sie nur als erste, zweite Stufe und so weiter zu bezeichnen. Außerdem werden diese Namen für die musikalische Wiedergabe auf einzelne Silben verkürzt, die in der karnatischen und der Hindustani-Musik *Swara* genannt werden (aufgeführt in Spalte 3 der untenstehenden Tabelle). Die tamilische Musik gab den Noten eigene Namen, übernahm aber irgendwann die Abkürzungen aus der Sanskrit-Kultur, wie die Tabelle zeigt. Man beachte, dass in westlichen Systemen Begriffe für *Swara*, wie Solfeggio, aus der Kombination der fünften und vierten Note (Sol-Fa) abgeleitet sind.

Tamil	Karnatische/ Hindustani Musik	abgekürzt	westliche Bezeichnung[4]
kuṟal	*ṣhadjam*	Sa	Do
tuttam	*ṛiṣhabham*	Ri	Re
kaikkiḻai	*gāndhāram*	Ga	Mi
uzhai	*madhyamam*	Ma	Fa
iḻi	*panchamam*	Pa	So
viḻari	*dhaivatham*	Dha	La
tāram	*niṣhādam*	Ni	Ti

Die Musik der antiken *Caṅkam*-Zeit[5]

Die *Caṅkam*-Literatur wurde in fünf Stimmungen eingeteilt, die *Tiṇai* genannt werden und mit natürlichen Landschaften verbunden sind: *Kuruṇchi* (Berge), *Mullai* (Wald), *Marutam* (Ackerland), *Neytal* (Küste) und *Pālai* (Wüste). Es ist interessant, dass jede dieser *Tiṇai* mit spezifischen Arten von Musik und Musikinstrumenten verbunden war. Die *Caṅkam*-zeitlichen Quellen geben Hinweise auf die verschiedenen Instrumente, die sich bis dahin entwickelt hatten. Jede *Tiṇai* hatte spezifische musikalische Modi (*Paṇṇ*), ein Melodieinstrument mit Saiten (*Yāḻ*) und ein Perkussionsinstrument (*Paṛai*), die mit ihm verbunden waren. Stücke zur *Neytal Tiṇai* zum Beispiel, die vom Meer und der Sehnsucht nach dem bzw. der Geliebten handeln, wurden in dem Modus *Sevvaḻi Paṇṇ* (später bekannt als *Rāga Yadukulakāmbhōdhi*) gespielt und verwendeten das *Viḻari Yāḻ* als melodisches Instrument sowie die *Navayapambai* für den Rhythmus. Während die Melodien der Kompositionen nicht überlebt haben, lässt sich aus der Literatur, die über die Musik jener Zeit spricht, viel herauslesen.

Musikinstrumente und Ensembles

Obwohl der Gesang meist Vorrang hatte, wurden in der alten tamilischen Musik zahlreiche Instrumente verwendet, darunter harfen- und lautenartige Saiteninstrumente, aber auch verschiedene Blas- und Perkussionsinstrumente. Die Flöte (*Kuḻal*) war eines der populärsten Instrumente dieser Zeit. In Büchern wie dem *Tiṇai Mālai*[6] finden sich Erwähnungen verschiedener Harfentypen (*Yāḻ*) – basierend auf Anzahl und Anordnung der Saiten und Struktur – wie *Sevvaḻi Yāḻ*, *Makara Yāḻ* und *Pālai Yāḻ*. Zu den Perkussionsinstrumenten gehörten *Parai*, *Murasu* und *Tudi*, von denen einige wegen ihrer großen Lautstärke nur im Freien gespielt wurden. Auch existieren Hinweise auf Ensembles, die aus Harfe, Flöte und Perkussion bestanden. Der Harfentyp verschwand allmählich von der Bildfläche, da er mit den mikrotonalen Nuancen, Stimmungen und der Vielfalt der Modi, die von den Sänger*innen vorgetragen wurden, nicht Schritt halten konnte.[7]

Eine gewachsene Theorie

Das *Cilappatikāram* (auch *Shilappadhikāram* ausgesprochen), in erster Linie Epos über eine Liebesgeschichte (ca. 2.–5. Jahrhundert n. Chr.), zeigt, dass die tamilischen Musiker*innen und Musikgelehrten in der Musiktheorie damals weit fortgeschritten waren, einschließlich eines erwähnten Zyklus von Quinten und eines Zyklus von Quarten, um die zwölf Töne aus sieben Noten abzuleiten.[8] Ganztonintervalle wurden als *Niṛai*, Zwischenintervalle als *Kuṛai* bezeichnet.

Sie leiteten auch die grundlegenden sieben heptatonischen Skalen ab, die *Pālai*. Diese entsprechen jenen Modi, die in anderen Musiktraditionen durch Verschiebung der Tonika entstehen:[9]

Tamilischer Name	Rāga (Sanskrit)	Westliche Modi
Shem Pālai	*Harikāmbhōdhi*	Mixolydisch
Padumalai Pālai	*Naṭabhairavi*	Aeolisch
Sevvaḻi Pālai	*Tōḍi*	Phrygisch
Aṛum Pālai	*Shankarābharanam*	Ionisch
Kodi Pālai	*Kharaharapriya*	Dorisch
Mērchem Pālai	*Kalyāṇi*	Lydisch
Vilari Pālai		

Spätere Werke wie das *Pancha marabu* (10. Jahrhundert) zeigen, dass die frühe tamilische Musik Theorien der Zuordnung der Modi zu Tageszeiten hatte – etwas, das sowohl die nord- als auch die südindische klassische Musik in ihren *Rāgas* beibehielten. Das *Pancha marabu* unterteilt einen Tag in acht Teile – *Jamam* – und listet für jeden die passenden *Rāgas* auf. Frühere Werke wie *Tiṇai Malai* gehen auch darauf ein, dass Harfenisten unterschiedliche *Paṇṇs* für morgens und abends wählen sollten.

Ebenso war der Rhythmus in der tamilischen Musik sehr strukturiert. Zyklische Zeitsignaturen (*Tala* in der klassischen indischen Musik) wurden als *Seer* oder *Paṇi* bezeichnet, und diese wiederum bestanden aus verschiedenen Konfigurationen von Teilen, die Schläge und Handgesten wie *Kottu*, *Ashai* und *Takeku* mit unterschiedlichen Maßen beinhalteten.

4 000 *Divya Prabandham* – die Musik der *Āḻvārs*

Die *Āḻvārs* sind eine Gruppe von zwölf viṣṇuitischen Heiligen, die im 5. bis 10. Jahrhundert lebten. Als Verehrer*innen Viṣṇus verfassten sie zusammen insgesamt 4 000 Verse, die als *Divya Prabandham* (vgl. Venkatesans Beitrag in diesem Band) bekannt wurden. Alle Lieder handelten vom Gott Viṣṇu, mit Ausnahme von etwa einem Dutzend Versen des *Āḻvārs* Madhurakavi, die seinen jüngeren Zeitgenossen Nammāḻvār priesen.

In den *Divya Prabandam* finden sich an 161 Stellen Hinweise auf musikalische Begriffe. Die Namen von *Paṇṇs* wie *Kurinji, Kāmaram, Pālai* und *Panchamam* kommen in neun dieser Verse vor.[10] Einige der *Āḻvārs* verwendeten musikalische Begriffe, aber wir kennen die Melodien ihrer Lieder nicht. Es wird oft angenommen, dass die Verse von Nathāmuni (851–923) neu vertont wurden.

Tirumuṟai – die Musik der *Nāyaṉmār*

Śiva wurde in der alten tamilischen Kultur gleichermaßen verehrt, insbesondere von den 63 *Nāyaṉmārs*, deren Werke im *Tirumuṟai* zwischen dem 6. und 11. Jahrhundert zusammengestellt wurden. Von seinen zwölf Kapiteln werden die ersten sieben *Tēvāram* genannt, die von drei überragenden Komponisten und Dichtern stammen: Tiruñāṉacampantar, Appar und Cuntarar. Ihre Lieder werden als die beste Musik ihrer Zeit gefeiert. Die meisten Wissenschaftler*innen sind sich einig, dass es zwar mindestens 103 alte tamilische *Paṇṇs* gab, dass von diesen allerdings vermutlich nur etwa 24 bis 27 in *Tirumuṟai* eine Rolle gespielt hätten.[11]

Tamilische *Paṇṇs* und entsprechende *Rāgās*

Eine der ersten Tonleitern, die von den frühen tamilischen Musiker*innen verwendet wurde, war *Mullaippaṇṇ*, eine fünfstufige Tonleiter, die später auch als *Rāga Mōhanam*[12] bekannt wurde. Tamilische Musiker*innen entwickelten diese schließlich zu einer siebenstufigen Tonleiter weiter, indem sie die große Quarte und die kleine Septime hinzufügten und sie *Shem Pālai* nannten. Diese wurde später auch als *Rāga Harikāmbhōdhi* bekannt.

Es gibt einige Fälle, in denen mehrere *Paṇṇs* das gleiche *Rāga*-Äquivalent haben. So entsprechen zum Beispiel sowohl *Takkeshi* als auch *Takkaragam* dem karnatischen *Rāga Kāmbhōdhi*, während *Sādāri* und *Nattarāgam* dem *Rāga Pantuvarāli* ähneln. Einige Interpretationen von *Paṇṇs* wie *Viyāḻakkurinji* unterscheiden sich jedoch erheblich von dem oft gleichgesetzten *Rāga*-Äquivalent (*Sowrāshtra*). Sie ähneln eher einem verbundenen *Rāga Chakravākam*. Allerdings werden bestimmte *Paṇṇs* wie *Kuranji*[13] mit demselben Namen wie der äquivalente *Rāga* bezeichnet, während andere Namen nur leicht modifiziert wurden, wie beispielsweise *Naṭṭapādai* (*Nāṭṭai*). Bemerkenswert ist, dass die Namen der *Paṇṇs Naṭṭarāgam* und *Takkarāgam* den Sanskrit-Begriff *Rāga* enthalten.

Entwicklung zur karnatischen Musik

Nach der Cōḻa-Periode verflochten sich tamilische und Sanskrit-Musikkonzepte so sehr, dass sie sich gemeinsam zu dem entwickelten, was heute als karnatische Musik bezeichnet wird. Dies geht auf die Arbeit bedeutender Komponisten zurück, die während der Zeit des Vijayanagara-Reiches (1336–1646) aktiv waren. Der Begriff karnatisch selbst lässt sich auf dieses Reich zurückführen, da es auch als *Karnāṭa*-Reich bekannt war.[14]

Väter der karnatischen Musik

Die Systematisierung der karnatischen Musik ist das Verdienst von Purandara Dāsa (1484–1564), dessen Grundübungen und Etüden (*Gītaṃs*) auch heute noch den Grundlehrplan fast jeder karnatischen Musikschule bilden. Er komponierte auch Hunderte komplexere Stücke und wurde von vielen bedeutenden späteren Komponisten gepriesen. Tālapākkam Aṇṇamācharya (1408–1503) war ein weiterer herausragender Komponist dieser Zeit. Ihnen folgten Kṣhētragnya (1600–1680), Bhadrāchala Rāmadāsa (1620–1680), Nārāyana Teertha (1650–1745), Sadāshiva Brahmēndra (?–1756), um nur einige zu nennen. Diese Komponisten schufen Lieder, deren Texte sie zumeist in den Sprachen Kannada, Telugu und Sanskrit verfassten.

Arunagirinathar und die »Großen Drei«

Parallel dazu leistete Aruṇagirināthar (15. Jahrhundert) der tamilischen Kultur bewundernswerte Dienste: Er war ein überaus begabter Verfasser von Liedertexten in einzigartigen, komplexen Metren, die nur wenige Parallelen in der Weltmusik haben. In seinem Fall diktieren die vielfältigen poetischen Metren die Musik, die oft von späteren Musiker*innen geschaffen wurde.

Muttuttāṇḍavar (1525–1600), Mārimuttāh Pillai (1717–1787) und Aruṇāchala Kavi (1712–1779; bekannt für seine Opern wie *Rāma Nāṭakam*) gelten als die »Großen Drei« der tamilischen Musik, doch die meisten ihrer Musik-, Tanz- und Opernkreationen wurden neu vertont, da die ursprünglichen Melodien verloren gingen. Gopalakriṣhṇa Bhārati (1810–1896) und Neelakaṇṭha Sivan (1839–1900) waren bedeutende Komponisten der nächsten Generation.

Oottukkāḍu Venkaṭa Kavi (ca. 1700–1765) war ein außergewöhnlicher Komponist, aber die Qualität seiner

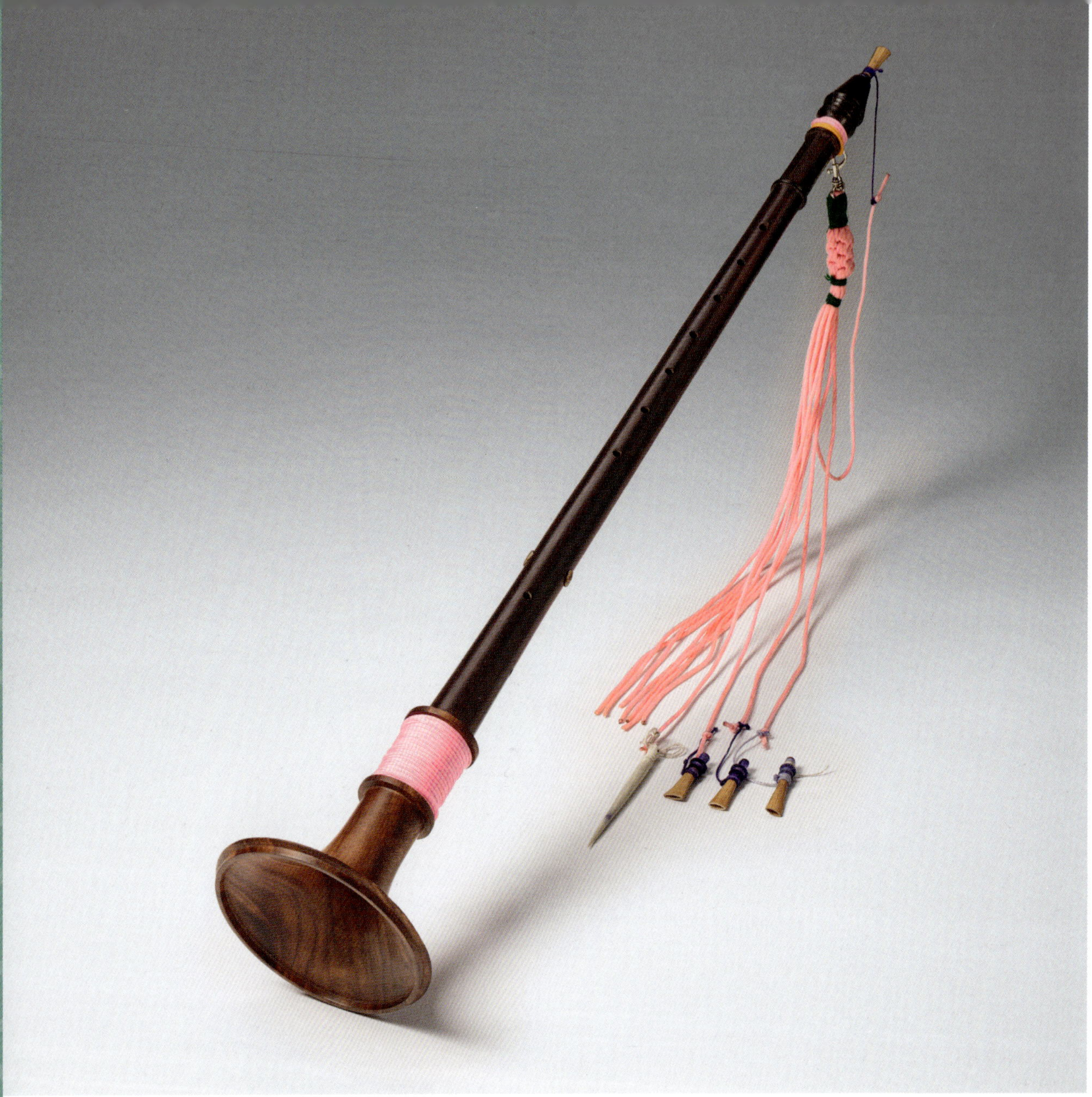

3 Das *Nātacuvaram* (Tamil), auch bekannt als *Nādasvaram* (Hindi), ist ein Doppelrohrblattinstrument, das zu den lautesten Instrumenten der tamilischen Musik gehört. Es führt Tempelrituale und Prozessionen an, begleitet Hochzeiten, hat jedoch auch einige sehr virtuose Solisten der karnatischen Kunstmusiktradition hervorgebracht. Chennai, 2018. Holz, Rohblatt und Nylonschnüre; Länge: 86,5 cm. Linden-Museum Stuttgart, Inv.-Nr. SA 07009. Foto: Dominik Drasdow.

Melodien, Texte, Rhythmen, Tänze und Opern wird erst allmählich von der Kunstwelt erkannt und gewürdigt, da sie erst seit den 1940er Jahren wiederentdeckt wurden.

Bedeutende Komponisten, die vorwiegend Musik mit Texten in anderen Sprachen schufen, aber auch tamilische Lieder versuchten, waren Shyāmā Shāstri und Muttuswāmi Dikṣhitar (der Lieder komponierte, die Texte in den Sprachen Tamil, Telugu und Sanskrit mischten), Rāmaswāmi und Mahā Vaidyanātha Sivan. Das Wachstum der karnatischen Musik ist vor allem dem Mäzenatentum der kulturell interessierten Könige von Tanjore, Mysore, Trivandrum und anderen Regionen zu verdanken, von denen einige, wie Swāti Tiruṇāl, Tulajāji und Jayachāmarāja Woḍayar, selbst Schöpfer von Musik und Dichtkunst waren.

Politische und soziale Bewegungen

Dichter*innen wie Subramaṇya Bhārati (1882–1921) nutzten die Musik als Vehikel zur Verbreitung politischer Ideen, die die indische Unabhängigkeitsbewegung in der Region inspirierten.

Im 20. Jahrhundert leistete insbesondere Pāpanāsam Sivan (1890–1973) einen wichtigen Beitrag zur *Tamil-Isai*-Bewegung, die sich vor allem in Chennai (Madras) entwickelte, weil Liebhaber*innen der tamilischen Sprache Texte in dieser Sprache im karnatischen Musikrepertoire nicht ausreichend repräsentiert sahen. Sivan war selbst ein begabter und verdienstvoller Komponist, wurde jedoch zusätzlich von der tamilischen Lobby angehalten, neue Texte in Tamil für bekannte Melodien berühmter Komponist*innen wie Tyāgarāja (1767–1847) zu verfassen.

Periyasāmi Thooran und Ambujam Krishṇa schufen ebenfalls einen bedeutenden Korpus von Kompositionen mit Texten in tamilischer Sprache, und es gab Dutzende andere, die sie im Laufe der Zeit ergänzten. Darunter waren berühmte Interpreten wie G. N. Bālasubramaṇiam, Dr. Bālamuralikrishṇa und Lālgudi Jayarāman, um nur einige zu nennen.

Heute haben wir eine lebendige Kultur mit Tausenden von demokratischen Musikvereinen, die der Sache der karnatischen Musik in der ganzen Welt dienen. Karnatische Konzerte gehören heute zu den beliebten musikalischen Veranstaltungen rund um den Globus.

1 Die hier angegebenen frühen Daten beruhen auf weithin akzeptierten Zeitangaben.

2 *Ranganatham anisham vande,* ein Lied von Oottukkāḍu Vēnkaṭa Kavi (1700–1765), verwendet den Begriff *draviḍa gāna*.

3 *Paṇṇ* bedeutet wörtlich »verfeinert« und bildet die Wurzel des Wortes *paṇbu*, was wiederum »kultiviert« bedeutet. Auch bekannt als *rāga* (zuerst eingeführt von Matanga im 5. Jahrhundert in seinem Traktat, *Brhaddeshi*), bezieht es sich auf musikalische Einheiten mit spezifischen charakteristischen Noten, die in feststehenden Sequenzen mit Signatur-Kombinationen und Verzierungen verwendet werden und bestimmte Emotionen hervorrufen können.

4 Westliche Systeme verwenden ebenfalls das römische Alphabet, um diese Noten zu identifizieren, oft beginnend mit C (der ersten Taste im Klavier), gefolgt von D, E, F, G und dann von A und B.

5 *Caṅkam* (oder Sangam) bezeichnet die älteste Schicht der poetischen Literatur auf Tamil. Der Legende nach führt sie sich zurück auf eine angesehene Akademie tamilischer Dichter, die zwischen dem 3. Jahrhundert v. Chr. und dem 3. Jahrhundert n. Chr. Dichtkunst betrieb und im »südlichen Madurai« unter der Pāṇṭiya-Herrschaft angesiedelt war. Diese Periode sah ein immenses Wachstum der tamilischen literarischen Werke, und die Legende wirkt bis heute fort.

6 Verfasst um das 5. Jahrhundert.

7 Es gibt eine berühmte Geschichte über den Meistermusiker, Komponisten und das Wunderkind Tiruñāṉacampantar, der bereits im 7. Jahrhundert die Grenzen der Harfe aufzeigte, indem er einen Modus mit Vorzeichen (in fremden Noten) spielte, der von seinem damals größten Vertreter, Tiruneelakaṇtha Yāḷpaṇar, nicht reproduziert werden konnte. Dieser Modus, der in der karnatischen Musik als *raga athaṇa* bekannt ist, wurde dann als *yāḷ-muri paṇṇ* bezeichnet, was wörtlich mit »Modus, der die Harfe bricht«, übersetzt werden kann.

8 Der Quintenzirkel ist ein Prozess, bei dem neue Noten abgeleitet werden, indem die Quinte von der ursprünglichen Note und von jeder abgeleiteten Note genommen wird, wobei deren letzter Ton die gleiche Tonigkeit wie der erste hat, was zu zwölf Noten führt, die in den meisten großen Musiksystemen vorkommen. Das Intervall zwischen diesen Noten wird Halbton genannt. Die gleichen zwölf Noten können mit einem Quartenzirkel abgeleitet werden.

9 Ein *Pālai* besteht aus allen sieben musikalischen Noten, sowohl im Aufstieg als auch im Abstieg.

10 Music in den *Divyaprabandams* – Uma Maheshwari, Music Academy Lecture on 27th December 2010.

11 Hunderte von *Divya Prabandhams* sowie *Tēvāram* wurden im Laufe der Jahre von Künstlern neu vertont.

12 Diese hat die gleichen Noten wie die westliche Durtonleiter, aber ohne die vierte und siebte Note.

13 Einige Gelehrte glauben, dass es sich um *Harikāmbhōdhi* handelt.

14 Karnatisch bedeutet aber auch »uralt« und »wohlklingend für die Ohren«. Der Begriff ist nicht mit dem südindischen Bundesstaat Karnataka verbunden, der erst 1956 gegründet wurde, aber diese Region hat definitiv seit hunderten von Jahren wesentlich zum Wachstum der Musik beigetragen.

CAROLINE JOHANNE LILLELUND

Klänge von Tod und Gefahr: Die beunruhigende *Paṟai*-Trommel

மரண, அபாய ஒலிகள்: பதட்டமான பறை மேளம்

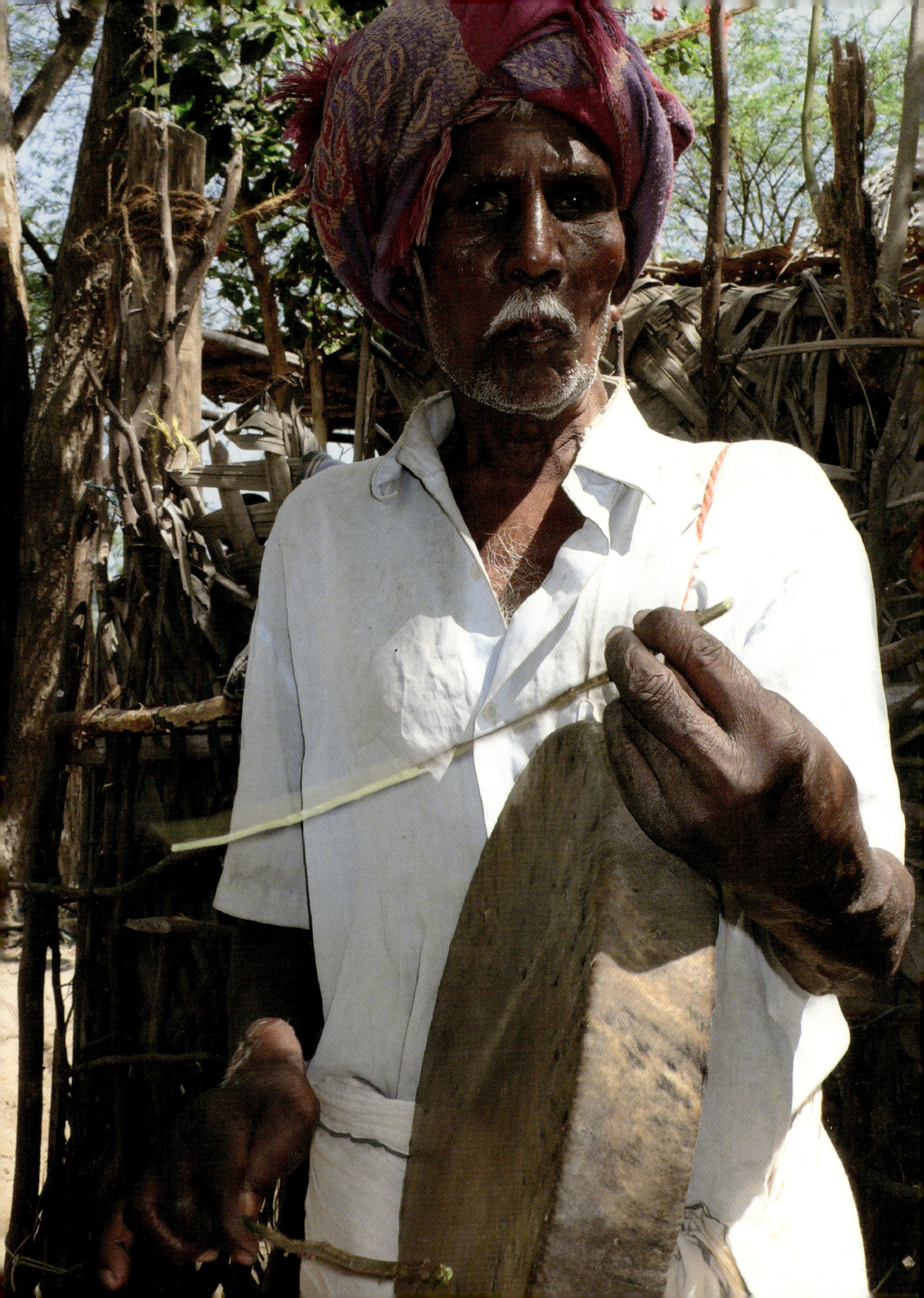

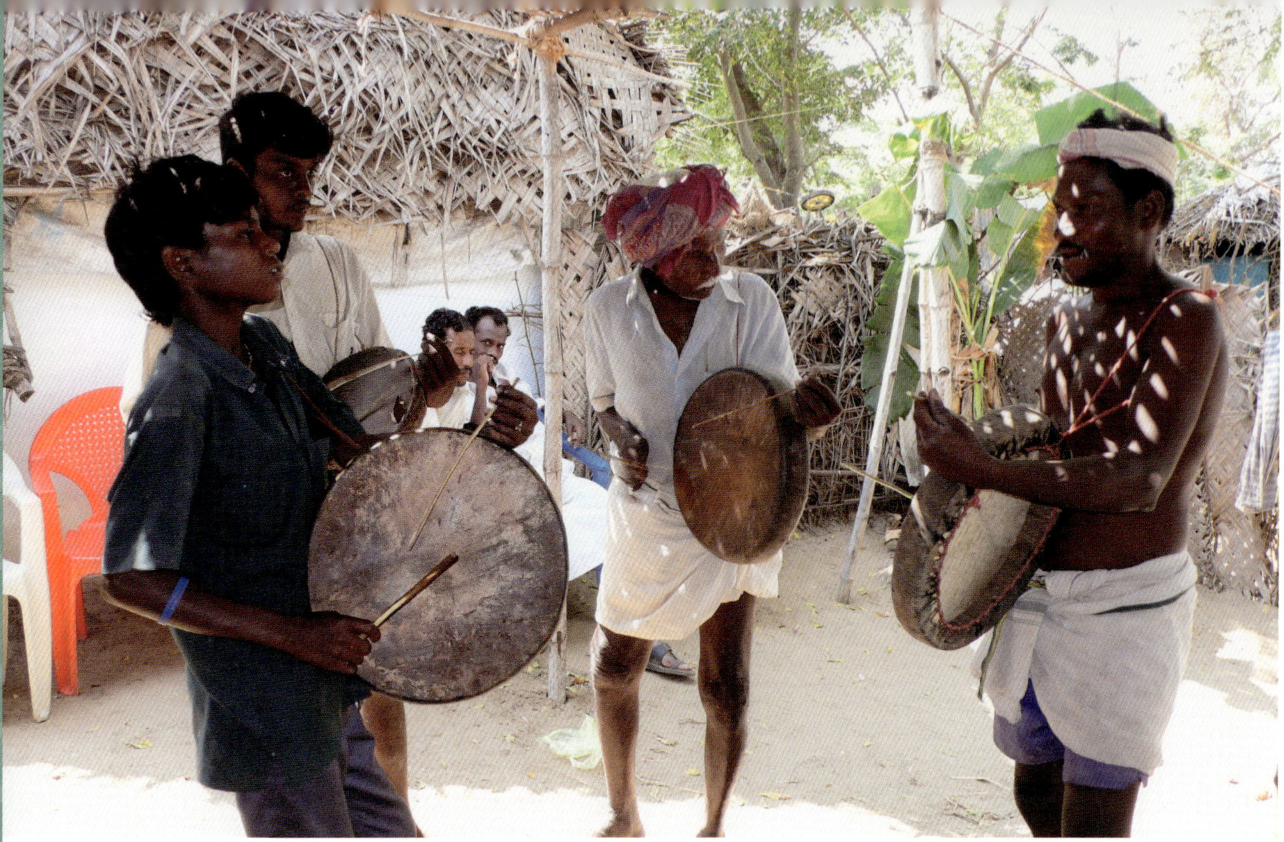

2 Trommler vor dem Haus eines verstorbenen Bauern. Foto: Caroline Johanne Lillelund.

›Thakata, thakata, thakata, thak‹. Der scharfe, treibende Klang der Trommeln durchdringt die Luft. Er verkündet einen Tod im Dorf. Ein alter Bauer ist gestorben. Vor dem Haus des Verstorbenen trommeln drei Männer und ein Junge energisch. Sie stehen sich gegenüber und bewegen sich in tanzähnlichen Bewegungen hin und her, wobei sie ihre flachen, kreisförmigen Trommeln zwischen linkem Arm und Brust eingeklemmt halten. Sie sind barfuß. Der Schweiß läuft ihnen von der Stirn. Der Klang ist ohrenbetäubend laut. Die Trommler halten inne, und die Erwachsenen gehen zur Seite, rauchen eine Zigarette und trinken ein paar Schlucke billigen Schnaps. Dann machen sie weiter. Im Haus wird der Leichnam des Toten gewaschen und für die Beerdigung vorbereitet, dann wird er auf eine mit Blumen und Bananenblättern geschmückte Bambusbahre gelegt. Wenn die reine Männerprozession zum Begräbnisplatz beginnt, gehen die Trommler voraus. Erst wenn die Leiche unter der Erde liegt, hören sie auf zu trommeln und beginnen, um ihre Bezahlung zu kämpfen.

◄ 1 Ein alter *Vettiyan*. Foto: Caroline Johanne Lillelund.

In der Gegend um Tharangambadi (Tranquebar) in der Nähe von Karaikal an der südindischen Ostküste ist die Praxis des Trommelns zu Bestattungen noch lebendig. Bei meinem ersten Besuch im Jahr 2007 wandten sich die Angehörigen eines Verstorbenen sofort an den Dorf-*Vettiyan*, der als Bestattungstrommler, Totengräber und Einäscherungshelfer für alle Hindus im Dorf und in den nahe gelegenen Weilern diente. Je nach individueller Vereinbarung versammelte der *Vettiyan* eine Gruppe von bis zu vier Trommlern aus der Gegend, darunter seinen Sohn und seinen Schwiegersohn, die für die letzte Rituale und den Trauerzug trommelten. Jeder im Dorf und seiner Umgebung wusste dann, dass es einen Todesfall gegeben hatte. Der Klang der Bestattungstrommeln dient dazu, die bösen Geister abzuwehren, von denen man glaubt, dass sie sich um den Leichnam des Verstorbenen scharen. Es ist ein bedeutungsschwerer Klang, der Tod und Gefahr signalisiert. In Tharangambadi ist die bei Beerdigungen gespielte Trommel allgemein als *Thappu* bekannt, während der *Vettiyan* selbst sie als *Cahatai* bezeichnen würde. In anderen Regionen Tamil Nadus wird die Trommel als *Thappatām* oder *Paṟai* bezeichnet. Der letztgenannte Name ist etymologisch mit dem Namen der *Paṟaiyar*-Kaste verbunden, die die größte und sozial differenzierteste der ehemals »unberührbar« genannten Kasten in Tamil Nadu ist und deren kulturelle Identität eng mit der Trommel verbunden ist. Ausgewählte männliche Mitglieder der *Paṟaiyar*-Kaste sind seit Jahrhunderten verpflichtet, bei Bestattungen und Tempelfesten als *Tōḻil* (Dienst) für die ranghöheren nichtbrahmanischen Hindukasten gegen Sach- und Geldentschädigung die Trommel zu spielen. Aufgrund ihrer engen Verbindung mit dem Tod und potenziell böswilligen Geistern gelten Bestattungstrommler als von Natur aus unheilvoll und verunreinigend, selbst für Mitglieder ihrer eigenen Kaste. Bestattungstrommler werden regelmäßig verbal und körperlich misshandelt, und die meisten von ihnen trinken während des Dienstes heftig. Dies war auch in Tharangambadi der Fall, wo der *Vettiyan* und seine Familie isoliert am Rande der *Paṟaiyar*-Siedlung hin zum offenen Gelände lebten. »Wir sind von allen Menschen im Dorf die Niedrigsten«, sagte er ohne Umschweife, als ich ihn nach der sozialen Stellung seiner Familie fragte.

Obwohl der Klang von Trommeln früher Voraussetzung für Bestattungen in ganz Tamil Nadu war, ist er heute nur noch selten zu hören. Seit Ende der 1980er Jahre weigern sich *Paṟaiyar*-Trommler zunehmend, bei Bestattungen und Festivals für die höheren Kasten zu trommeln, um sich von Stigma und Diskriminierung zu befreien. Als die auf der feudalen Kastenzugehörigkeit basierende Arbeitsorganisation in ländlichen Gebieten der kapitalistischen Marktwirtschaft und den Lohnarbeitsverhältnissen wich, brachen die Patron-Klientel-Beziehungen zwischen hochkastigen Grundbesitzern und niedrigkastigen landlosen Bauern und Handwerkern zusammen. Dementsprechend sind Mäzene höherer Kasten nicht mehr in der Lage, den Männern aus der *Paṟaiyar*-Kaste die ehemals erbliche Pflicht des Trommelns aufzuerlegen. Vielerorts spielt niemand mehr bei Bestattungen und Festivals die Trommel, und das Trommeln wird entweder von anderweitig angemieteten *Paṟaiyar*-Trommelorchestern oder gar nicht mehr ausgeübt. Diese Entwicklung hat sich auch in Tharangambadi vollzogen. Vor vierzig Jahren gab es im Dorf vier *Paṟaiyar*-Trommler, heute gibt es nur noch einen. Der verbliebene Trommler lernte das Trommeln schon als Kind und übernahm nach dem Tod seines Vaters, als er gerade neun Jahre alt war, den *Vettiyan*-Dienst. Er hatte nie einen anderen Beruf erlernt und verfügte weder über die Kraft noch über die Ressourcen oder das soziale Netz, um das Trommeln für Mitglieder der lokal mächtigen Kaste der *Pattinavar*-Fischer ablehnen zu können. Bei Bestattungen in der Fischerkaste erhielt der *Vettiyan* nur eine minimale Bezahlung zusätzlich zu der täglichen Menge Fisch, auf die er das ganze Jahr über Anspruch hatte. Zwar stand es ihm frei, einen höheren Lohn auszuhandeln, wenn er für Angehörige anderer Kasten trommelte, er musste jedoch in der Regel einen Streit mit den Verwandten des Verstorbenen anfangen, um die vereinbarte Summe auch tatsächlich zu erhalten. Als ich den *Vettiyan* 2007 befragte, wünschte er sich sehr, dass sein zwölfjähriger Sohn nicht den Beruf des Bestattungstrommlers von ihm übernähme. Trotzdem nahm er seinen Sohn oft mit, wenn er bei Bestattungen spielte.

Soziale Hierarchie von Trommeln und Menschen

Die Bestattungstrommel (*Paṟai*) ist eine einfellige Rahmentrommel, die auf einer Seite mit straff gespanntem Kalbs- oder Ziegenleder bespannt ist, das mit Tamarindensamenpaste auf einen Holzrahmen geklebt und mit einer Schnur aus Leder oder Baumwolle gespannt wird. *Paṟai*-Trommeln messen normalerweise etwa vierzig Zentimeter im Durchmesser, aber es gibt große Unterschiede. Heute stellen die Trommler ihre Trommeln selbst her und versehen sie mit neuen Fellen, wenn die alten reißen oder abgenutzt sind, aber früher war die Herstellung von *Paṟai*-Trommeln möglicherweise eine eigenständige berufliche Tätigkeit (Clarke 1998). Zunehmend bevorzugen die Trommler jedoch fertige Trommeln mit Metallrahmen und Fellen aus synthetischen Materialien, weil sie haltbarer sind und nicht die Konnotationen von Schmutz und Unreinheit tragen, die mit Tierhaut verbunden sind. Die *Paṟai* wird entweder mit zwei Stöcken gespielt – einem dicken Holzstab und einem dünnen Bambusstab – wie in Tharangambadi (Lillelund 2009) und Endavur[1] (Moffatt 1979) oder mit einem Stock und der Handfläche der linken Hand (Clarke 1998; Arun 2007). *Paṟai*-Trommeln werden oft zusammen mit der kleineren *Satti*-Kesseltrommel gespielt, die aus einem flachen Tontopf mit weiter Öffnung und einem Ziegenhautfell besteht und mit zwei dünnen Bambusstöcken gespielt wird.

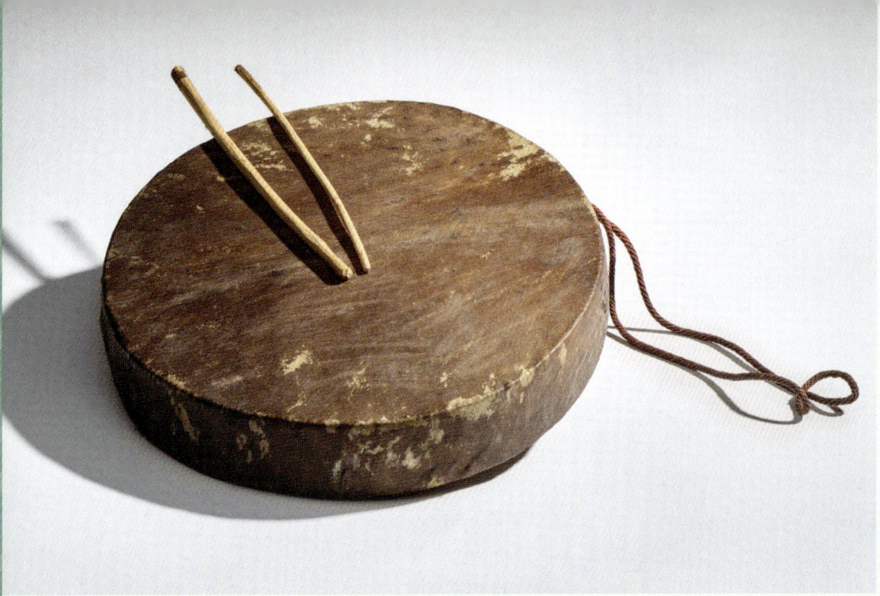

3 *Paṟai.* Holz, Ziegenhaut, Baumwollschnur. Kattucherri, Tamil Nadu, 2007. Nationalmuseum von Dänemark, Kopenhagen, Inv.-Nr. D.6072 a–c. Foto: Roberto Fortuna.

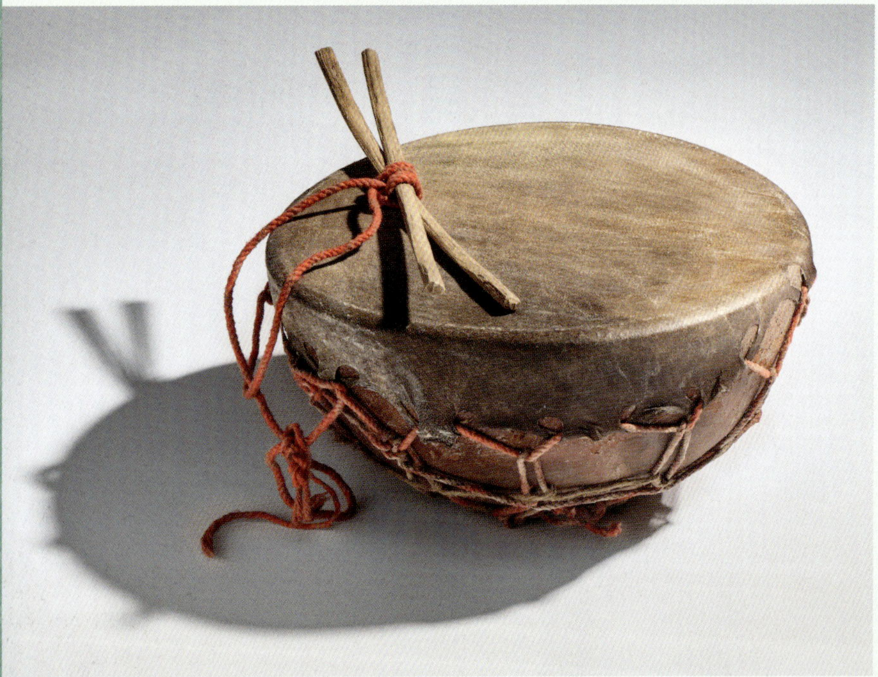

4 *Satti.* Gebrannter Ton, Ziegenhaut, Baumwollschnur. Kattucherri, Tamil Nadu, 2007. Nationalmuseum von Dänemark, Kopenhagen, Inv.-Nr. D.6075 a–c. Foto: Roberto Fortuna.

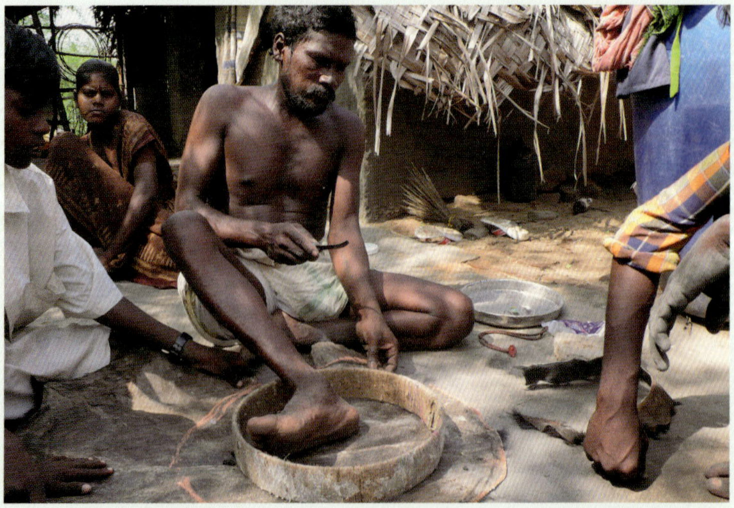

5 Beziehen einer alten Trommel mit einem neuen Fell. Foto: Caroline Johanne Lillelund.

Früher scheinen *Paṟai-Mēlam*-Orchester mit typischerweise vier *Paṟai*-Trommlern und einem *Satti*-Trommler der Standard für Bestattungszeremonien in tamilischen Dörfern gewesen zu sein. Die Trommler spielen verschiedene *Talams* (Rhythmen) für verschiedene Anlässe und Zeiten bei der Ausführung des Rituals. Clarke (1998) beschreibt zwölf verschiedene *Talams* – sowohl glücksverheißende als auch unglücksverheißende –, während der *Vettiyan* in Tharangambadi 42 verschiedene Rhythmen aufzählte.

Die *Paṟai*-Trommel ist eine aus einer Reihe verschiedener Trommeln, die von *Paṟaiyar*-Musikern zu religiösen und Unterhaltungszwecken gespielt werden. Die typischen Instrumente der *Paṟaiyar*-Volksorchester sind Holztrommeln, wie die zweifellige *Urumi*-Trommel, die auf der einen Seite mit einem geraden Stock gespielt und auf der anderen Seite mit einem gebogenen Stock gerieben wird, oder auch die *Pampai*-Doppeltrommel, die ebenfalls mit Stöcken gespielt wird. Andere Trommeln sind die kleine *Ravanai* und die *Tavil*, eine große zweifellige Fasstrommel. Diese Trommeln haben nicht die Kraft, böse Geister zu verjagen, und sind mit keiner der negativen Eigenschaften verbunden, die an der *Paṟai*-Trommel haften, so dass die Trommler von keinem Stigma der Verunreinigung betroffen sind. Die *Tavil*-Trommel ist ein wichtiges Instrument der klassischen Musiktradition und wird von allen Kasten als sehr glückverheißend angesehen. Lokale Statushierarchien umfassen daher sowohl Trommeln als auch Menschen. Volkstrommeln werden oft von der *Nayanam*, einem doppelrohrblättrigen Blasinstrument, begleitet. Im Gegensatz zur klassischen südindischen Musik, die von der Elite geschätzt wird, hat die Volksmusik der *Paṟaiyar*s in der Wissenschaft wenig Beachtung gefunden. In der Gegend von Tharangambadi wurden die *Urumi*- und *Pampai*-Trommeln nach und nach durch *Tavil*-Trommeln und Seitentrommeln europäischen Stils ersetzt, während die *Nayanam* typischerweise durch eine Klarinette ersetzt wird. Als ich das Dorf besuchte, spielte ein Volksorchester von sechs bis zwölf Musikern regelmäßig bei Festen, Hochzeiten niedriger Kasten und sogar bei Bestattungen zusammen mit dem *Vettiyan*. Im Gegensatz zu den *Paṟai*-Trommlern spielen sie jedoch nicht, weil sie eine kastenspezifische Pflicht geerbt haben.

6 Ein Volksorchester spielt für einen Trauerzug in Tharangambadi 2007. Foto: Caroline Johanne Lillelund.

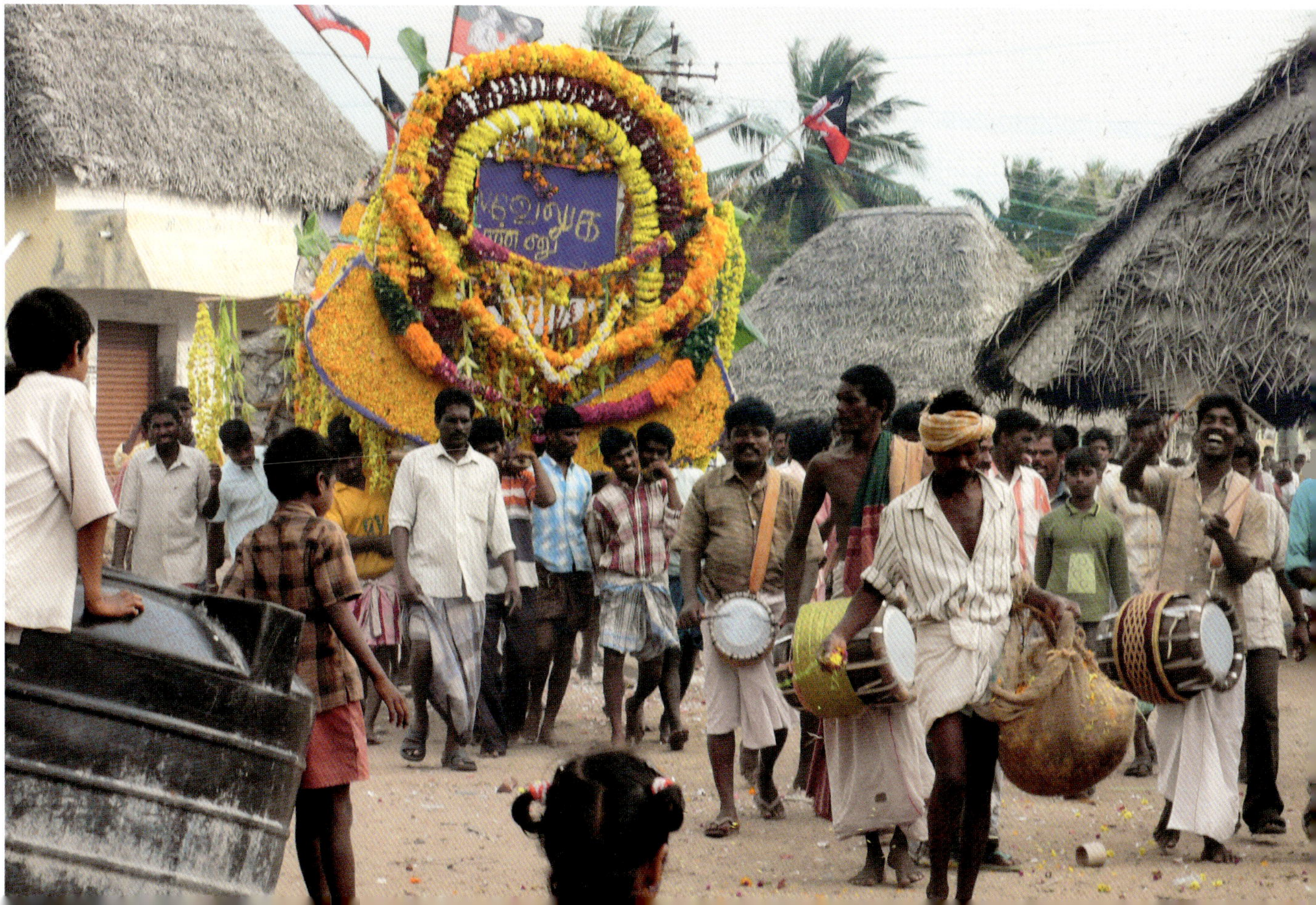

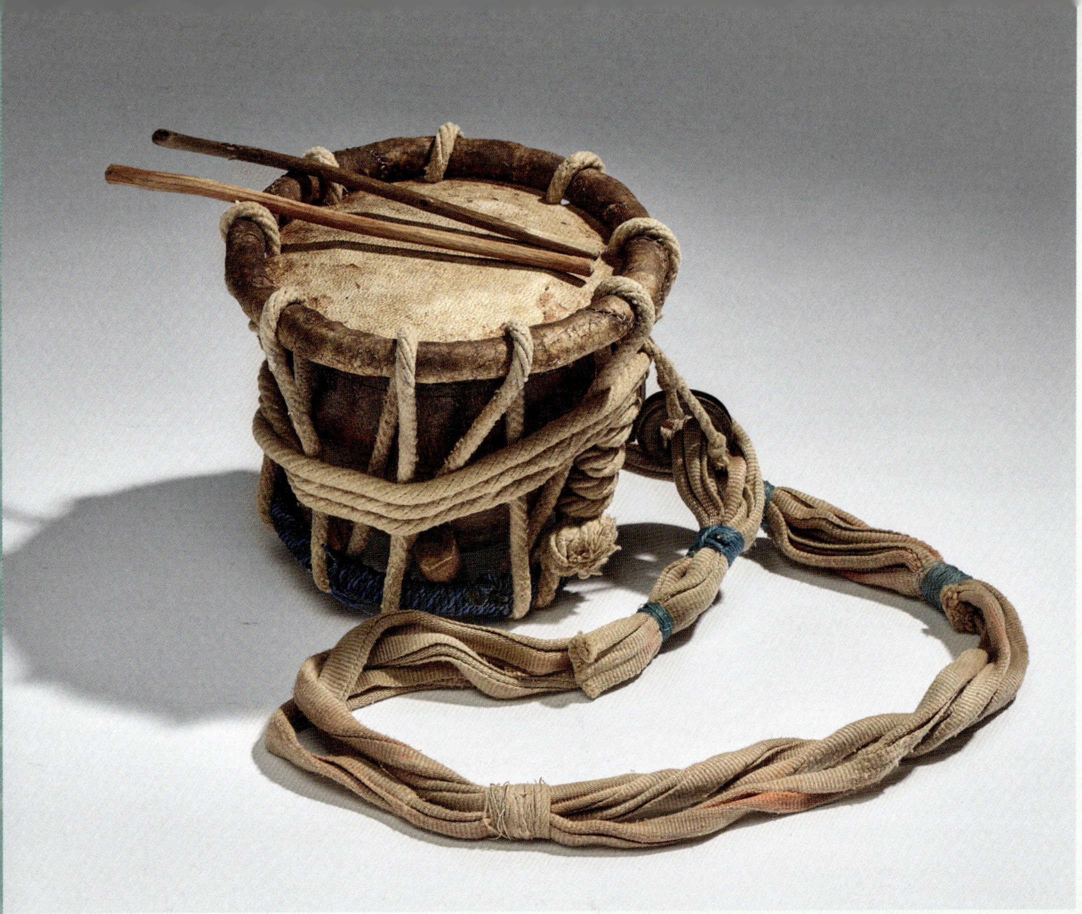

7 *Ravanai.* Holz, Holz, Ziegenhaut, Baumwollschnur. Kattucherry, Tamil Nadu, 2006. Nationalmuseum von Dänemark, Kopenhagen, Inv.-Nr. D.6082 a–c. Foto: Roberto Fortuna.

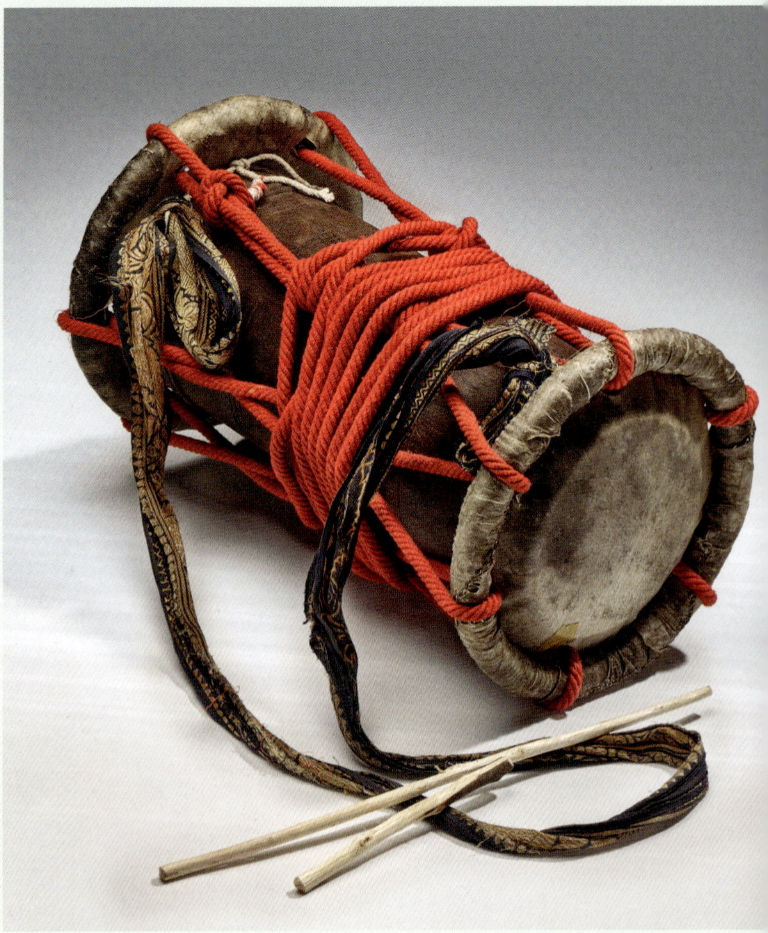

8 *Nayanam.* Holz, Ziegenhaut. Kurangu Puthur, Tamil Nadu, 2006. Nationalmuseum von Dänemark, Kopenhagen, Inv.-Nr. D.6084 a–c. Foto: Roberto Fortuna.

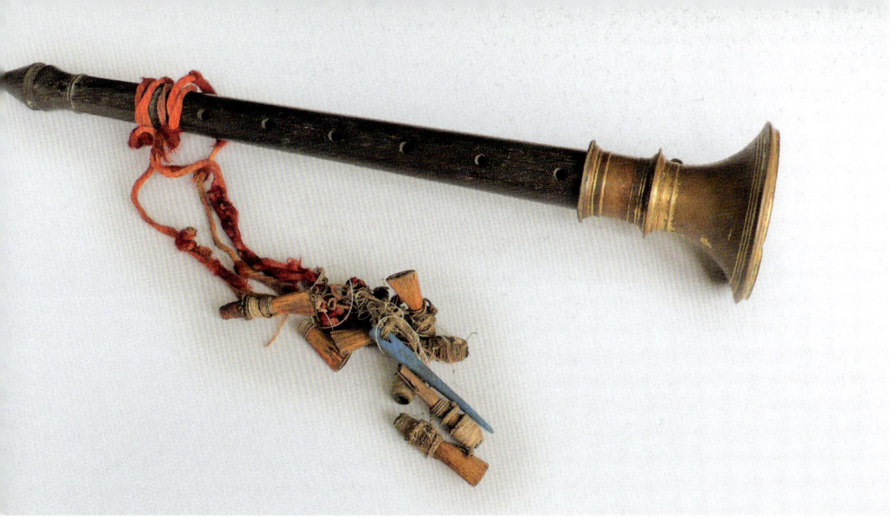

9 *Nayanam*. Holz, Messing, synthetische Schnüre, Schilfrohrblätter. Kattucherri, Tamil Nadu, 2006. Nationalmuseum von Dänemark, Kopenhagen, Inv.-Nr. D. 6085. Foto: Roberto Fortuna.

Wiederbelebung der *Paṟai*-Trommel

Während der Klang von *Paṟai-Melam*-Orchestern heute in ländlichen Gegenden nur noch selten zu hören ist, hat die *Paṟai*-Trommel in Städten und Gemeinden in ganz Tamil Nadu ein Revival erlebt. In den späten 1980er Jahren, als *Paṟaiyar*-Trommler in großer Zahl begannen, das Trommeln für die höheren Kasten abzulehnen, wurden *Paṟai*-Trommeln in Gemeindeaktivitäten von protestantischen Pastoren eingeführt, die an die kulturellen Traditionen der konvertierten *Paṟaiyar*-Christen anknüpfen wollten, die den Großteil der protestantischen Gemeinden in der Region ausmachen (siehe Clarke 1998; Sherinian 2017). Später wurde das Trommeln auch von der *Dalit*-Bewegung aufgegriffen, die für die sozialen und politischen Rechte der ehemals unberührbaren Kasten kämpft. Heute sind *Paṟai*-Performances in den Kundgebungen und Demonstrationen der Bewegung und bei *Dalit*-Kulturfestivals allgegenwärtig, bei denen das Trommeln als eine für die *Paṟaiyar*-Kaste typische traditionelle Kunstform neu interpretiert wird. In letzter Zeit haben sogar alternative tamilische Rock- und Rap-Bands das *Paṟai*-Trommeln aufgenommen, wie man auf YouTube sehen kann.
Ein Beispiel ist das Casteless Collective aus Chennai, das auf Tamil singt und rappt und die *Paṟai*-Trommel mit elektrischen Gitarren und einem klassischen Rock-Schlagzeug verbindet. Indem die *Paṟai*-Trommel vom Bestattungsplatz auf die Bühne gebracht wird, werden die rituellen, unheilvollen Trommelschläge in angenehm klingende Musik verwandelt. Die Volksmusik der *Paṟaiyar*s wartet jedoch noch immer auf eine Wiederbelebung. Im Gegensatz zur *Paṟai*-Trommel wird weniger symbolträchtigen Instrumenten wie der *Pampai*- und der *Urumi*-Trommel auf der Bühne nicht die gleiche Bedeutung zugemessen. Unter den *Paṟaiyar*-Intellektuellen und sozialen Aktivist*innen unterstützen nicht alle die Versuche, die *Paṟai*-Trommel umzudeuten (Gorringe 2016). Gegner der gegenwärtigen Wiederbelebung der *Paṟai*-Trommeln sind der Ansicht, dass die negative Symbolik der Trommel zu stark ist und dass der anhaltende Gebrauch der *Paṟai*-Trommel als kulturelles und politisches Symbol nur den negativen und verunreinigenden Status fortsetzen wird, der den Mitgliedern der *Paṟaiyar*-Kaste zugeschrieben wird. Stattdessen argumentieren sie, dass sich *Paṟaiyars* nur mit eindeutig positiven kulturellen Symbolen und Merkmalen identifizieren sollten.

In Tharangambadi, wie auch in vielen anderen Dörfern in Tamil Nadu, wird der Klang der *Paṟai*-Trommeln von den meisten Dorfbewohner*innen immer noch als unheilvoll und verunreinigend empfunden. Vor einigen Jahren starb der *Vettiyan*, krank und verarmt. Als Gönner des *Vettiyan* halfen die Familien der Fischer seiner Familie in der schwierigen Zeit mit Reis und Bargeld, und der junge, erwachsene Sohn fühlte sich daher verpflichtet, den Dienst seines Vaters als Bestattungstrommler fortzusetzen. Als ich ihn 2017 besuchte, sagte er mir, dass er die Bestattungstrommeln nur einige Jahre lang schlagen wolle, um seine moralische Schuld gegenüber den Familien der Fischer zurückzuzahlen. Dann würde er es aufgeben und eine anständige Arbeit finden, um seine Familie zu ernähren.

1 Endavur ist ein Pseudonym für das von Moffatt (1979) untersuchte Dorf im Distrikt Chengalpattu.

M. D. MUTHUKUMARASWAMY

Tamilisches Volkstheater

126

தமிழ் நாட்டுப்புற அரங்கம்

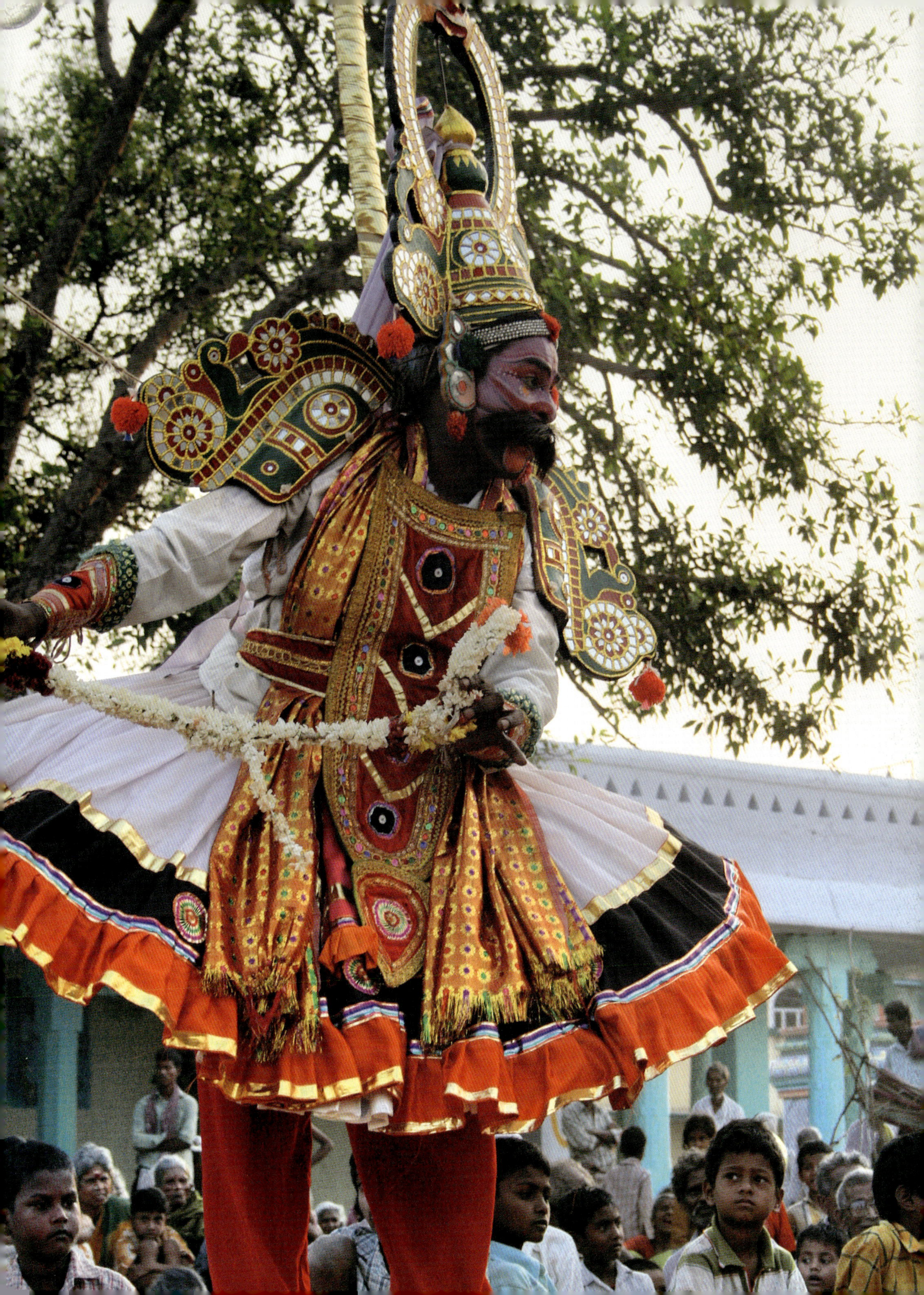

Es gibt verschiedene Bezeichnungen für das tamilische Volkstheater: *Koothu*, *Therukoothu* und *Bharathakoothu* (*Paratakūttu*). Der Name *Therukoothu* bedeutet übersetzt »Straßendrama«. Die Etymologie des Wortes *Koothu* geht auf die *Caṅkam*-Literatur des ersten Jahrhunderts zurück und bezeichnet rituelle Handlungen, die heilige Besessenheit oder Trance beinhalten. Der urbane, umgangssprachliche Gebrauch des Wortes *Koothu* bezeichnet »Aufruhr«, »Spaß« oder eine »melodramatische Situation« im täglichen Leben und niemals die Kunstform.

Bharathakoothu (*Koothu*-Aufführung des Mahābhārata)[1] ist ein großes Festival, das nahezu einen Monat lang in den nördlichen Bezirken von Tamil Nadu während der indischen Sommermonate (April bis Juni) stattfindet. Das Festival wird in der Regel in mehr als vierzig Dörfern gleichzeitig aufgeführt, wenn auch nicht jedes Jahr in denselben Dörfern. Da es sich um ein Erntefest handelt, bestimmt der Reichtum der Ernte die Möglichkeiten eines Dorfes zur Ausrichtung des Festes. Ein Dorf kann entscheiden, das *Bharathakoothu* in seiner Gesamtheit oder in kleinerem Rahmen für drei bis sieben Tage auszurichten. Ort des Festes ist normalerweise der Tempel der Göttin Draupadī. Da es überall in den nördlichen Distrikten von Tamil Nadu (einschließlich der Stadt Chennai) Draupadī-Tempel gibt, sind die Feierlichkeiten weit verbreitet und haben eine große Anhängerschaft. In den nordwestlichen Bezirken von Tamil Nadu (Salem, Krishnagiri und Coimbatore) gibt es *Koothu* als Volkstheater mit leichten Unterschieden im Stil der Aufführung und in den Kostümen.

Es gibt fast fünfzig professionelle Vollzeit-*Koothu*-Gruppen, die jeweils unter der Leitung eines bekannten Gurus arbeiten. Daneben gibt es auch semiprofessionelle Gruppen, die während der *Koothu*-Saison zusammenkommen und sich wieder auflösen, wenn die Saison vorbei ist. Auch Dorfbewohner*innen, die keiner festen Gruppe angehören, führen nicht selten *Koothu* auf. Die professionellen *Koothu*-Gruppen tragen Titel wie *Caṅkam* oder *Manram* (Dichter- oder Literatur-Verein). Der Leiter der professionellen *Koothu*-Gruppen, bekannt als *Vathiyar* (Lehrer), komponiert die Stücke und Lieder und trainiert die Schauspieler durch Proben, die das ganze Jahr über stattfinden. Professionelle *Koothu*-Gruppen verlangen zwischen 100 000 und 200 000 Rupien (ca. 1 200 bis 2 400 Euro) für einen Zyklus von Mahābhārata-Aufführungen in einem Dorf. Außerdem müssen die Dorfbewohner*innen die *Koothu*-Gruppen beherbergen und für ihre Verpflegung sorgen. Der Leiter der *Koothu*-Gruppe teilt das Honorar mit den Schauspielern und Musikern[2] entsprechend der Rollen und der Anzahl der Tage, an denen sie auftreten. In der Nebensaison führen die professionellen *Koothu*-Gruppen Bühnenstücke in nahe gelegenen Städten auf und bestreiten so ihren Lebensunterhalt. Das Repertoire der Bühnenstücke umfasst Auszüge aus dem Epos Mahābhārata, zeitgenössische Stücke mit sozialen Themen und Stücke, die auf lokalen Geschichten und Tempelmythen basieren. Die *Koothu*-Lehrer, -Schauspieler und -Musiker stammen aus allen Kasten mit Ausnahme der Brahmanen. In einem einmonatigen *Bharathakoothu* sind die Vormittage den Ritualen und Prozessionen gewidmet. Die Rituale werden von den nicht-brahmanischen Priestern der Draupadī-Amman-Tempel durchgeführt und geleitet. Allerdings wird es zunehmend üblich, auch einen Brahmanen-Priester für die Festsaison zu engagieren.

Die Nachmittage der ersten 15 Tage sind dem Erzählen des Mahābhārata durch professionelle Geschichtenerzähler*innen gewidmet. Diese treten in der Regel an den Nachmittagen auf, während das *Koothu* als nächtliche Theateraufführung stattfindet. Dabei gibt es auch während des *Bharathakoothu* zahlreiche Momente, in denen die Geschichtenerzähler*innen eine entscheidende Rolle spielen, indem sie beispielsweise den Verlauf der Ereignisse lenken und erzählen. Die professionellen Geschichtenerzähler*innen, die als »*Pirasangiyar*« bekannt sind, werden ebenso bezahlt wie die *Koothu*-Gruppen. Dabei treten sie in Gruppen auf, die aus drei Personen bestehen: einer Haupterzähler*in, einem Musiker, der die Zimbeln spielt, und einer Hilfserzähler*in. Die/der Haupterzähler*in rezitiert, singt, erzählt und improvisiert das Mahābhārata. Dabei spielt sie/er Harmonium und hat den tamilischen Text des Mahābhārata von Villiputurar aus dem 17. Jahrhundert auf dem Instrument liegen, um gleichzeitig daraus zu rezitieren. Obwohl die Mahābhārata-Erzähler*innen wegen ihrer Gelehrsamkeit und Interpretationsfähigkeit hoch angesehen sind, ist ihre Zahl auf weniger als fünfzig geschrumpft. Auch einige wenige weibliche Geschichtenerzählerinnen blühen in diesem Beruf auf. Ab dem 16. Tag werden Mahābhārata-Episoden als *Koothu* in nächtelangen

◄ 1 *Koothu*-Darsteller bei einem Auftritt.
Foto: M. D. Muthukumaraswamy.

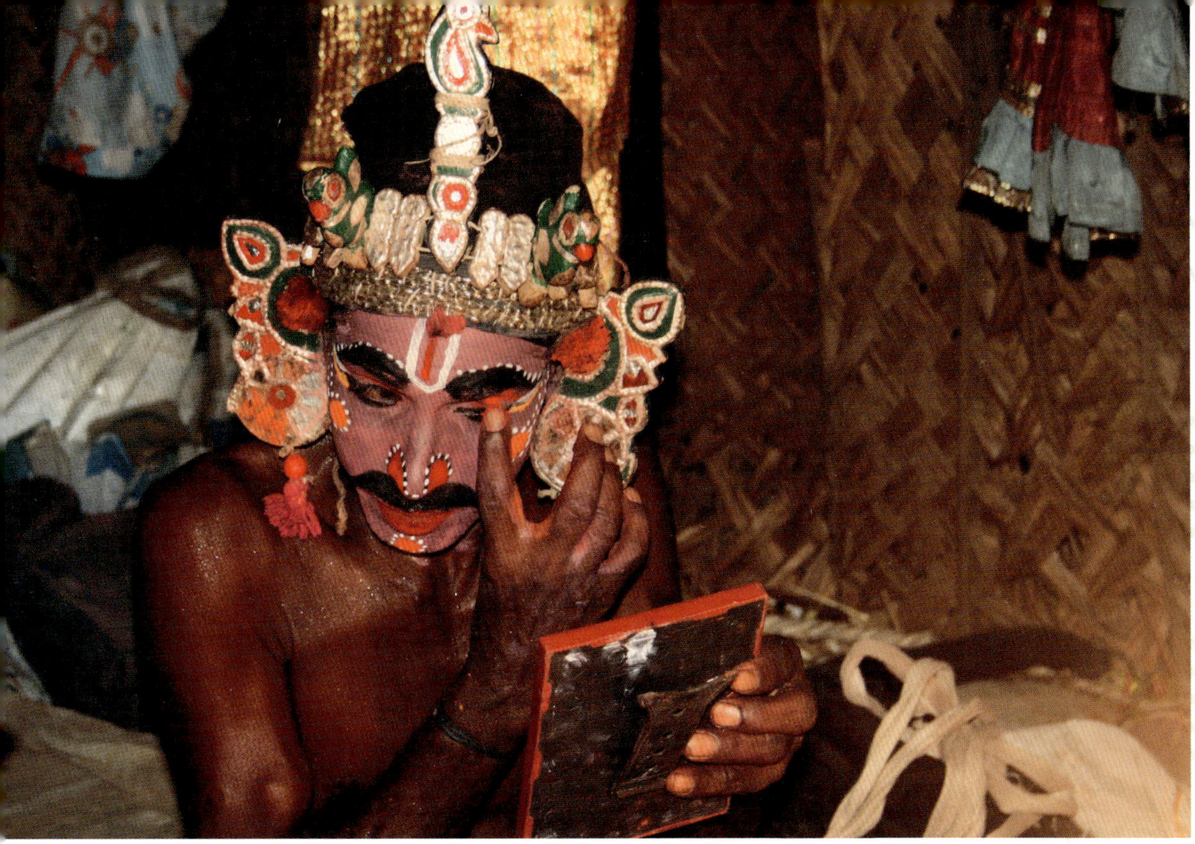

2 Ein Koothu-Darsteller schminkt sich. Foto: M. D. Muthukumaraswamy.

Aufführungen dargeboten. Viele der Episoden des Mahābhārata werden nicht nur auf der Bühne, sondern auch in den Straßen des Dorfes und manchmal im ganzen Dorf aufgeführt, wobei die Dorfbewohner*innen als Bürgercharaktere des Mahābhārata teilnehmen. Die partizipativen Aspekte von *Bharathakoothu* machen es zu einem der größten »Umwelttheater« der Welt. Das *Bharathakoothu*-Fest erreicht seinen Höhepunkt mit dem Feuerlauf der Anhänger*innen von Draupadī und der Krönung von Dharmaraja, dem ältesten der *Pandava*-Brüder.

Das gesamte Theater, die Feierlichkeiten und Rituale sind der Göttin Draupadī gewidmet, die auch die Heldin des Epos ist. Darum ist die Kulisse des Draupadī-Amman-Tempels integraler Bestandteil der *Bharathakoothu*-Aufführungen. Als Hauptgottheit und Figur im Epos, hört sie ihrer eigenen Geschichte zu, die im *Bharathakoothu* aufgeführt wird. Die komplexe Reihe von Ritualen, Theaterereignissen und Festlichkeiten von *Bharathakoothu* wäre nicht vollständig ohne die Festlichkeiten, die Koothandavar (wörtlich »Herr des *Koothu*«) gewidmet sind. Die Schreine für Koothandavar sind ebenfalls in dem Gelände verteilt, in dem *Bharathakoothu* aufgeführt wird, und die Festlichkeiten und Rituale an den Schreinen von Koothandavar müssen als Teil von *Bharathakoothu* betrachtet werden. Koothandavar ist auch bekannt als Aravan, der Sohn des *Pandava*-Prinzen Arjuna und der *Naga*-Prinzessin Ulupi. Die *Pandavas* enthaupteten Aravan als Kriegsopfer vor dem Kurukshetra-Krieg, und abgesehen davon, dass es eigene Schreine gibt, die der Aravan-Verehrung gewidmet sind, bleibt seine Statue ein markanter Bestandteil der Draupadī-Aman-Tempelkulisse.

Zum Aufführungsstil von *Koothu* gehört es, sich schnell zu drehen, die Augen zu rollen, die Zunge herauszustrecken und energisch zu tanzen. Der Dialog wechselt zwischen Singen und Sprechen. Make-Up und Kostümierung unterstreichen das Schauspiel und helfen dem Publikum, die Natur der Charaktere zu verstehen. Während das Farbschema und die Symbolik des *Koothu*-Make-ups die gleichen wie auch in anderen südindischen Darstellungskünsten sind, gibt es kleinere regionale Variationen.

Vor der Aufführung schminken sich die Schauspieler des *Koothu* selbst, was ganze drei bis vier Stunden in Anspruch nehmen kann. Dieser Akt des Schminkens ist auch eine vorbereitende Methode der Schauspieler, um sich in den Charakter hineinzuversetzen. Von den drei

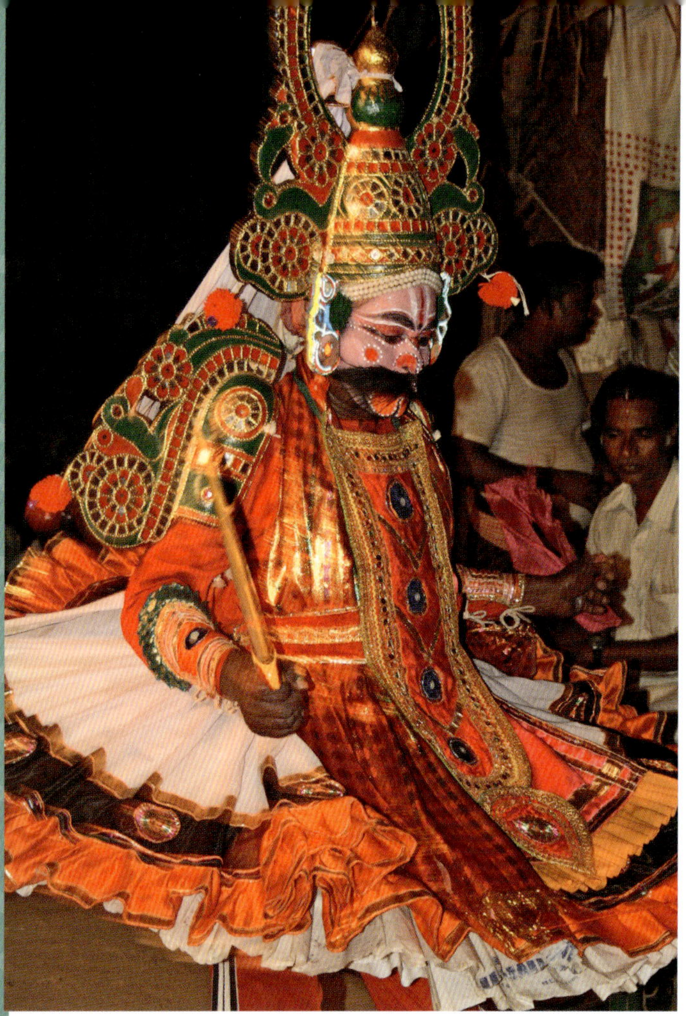

Gesichtsfarben, die beim *Koothu*-Make-up verwendet werden, steht Grün für einen kämpferischen und guten Charakter, Rot für einen kämpferischen, aber negativen Charakter, und Rosa symbolisiert einen neutralen Charakter. Die Art des Charakters wird durch die Episode im Mahābhārata bestimmt und nicht durch den Charakter selbst. Zum Beispiel ist Karna im *Koothu*-Stück »*Karna moksham*« (Der Aufstieg Karnas in den Himmel) ein guter Charakter, also muss der Karna-Darsteller Grün als Gesichtsfarbe tragen, in allen anderen Episoden wiederum trägt der Karna-Darsteller Rot als Gesichtsfarbe, was zeigt, dass er hier ein kämpferischer, aber negativer Charakter ist. Die hellen Linien auf der Stirn, die gepunkteten Kreise auf dem Kinn und der Nase und manchmal die Linien über dem Nasenrücken sind Teil des *Koothu*-Make-up-Schemas und ermöglichen das Hervorheben von Augen und deren Bewegungen. Der Kopf wird mit einem Tuch bedeckt, damit eine Holzkrone darüber getragen werden kann. *Koothu*-Darsteller tragen gerade Strohröcke über ihren engen Hosen. Darüber werden dann bunte Tücher gelegt. Die Strohröcke sind hinten leicht nach oben gebogen, um eine ungleichmäßige Schirmform zu erhalten. Dies hilft den *Koothu*-Darstellern, sich schnell zu drehen und zu

3–6 Koothu-Aufführung.
Fotos: M. D. Muthukumaraswamy.

4

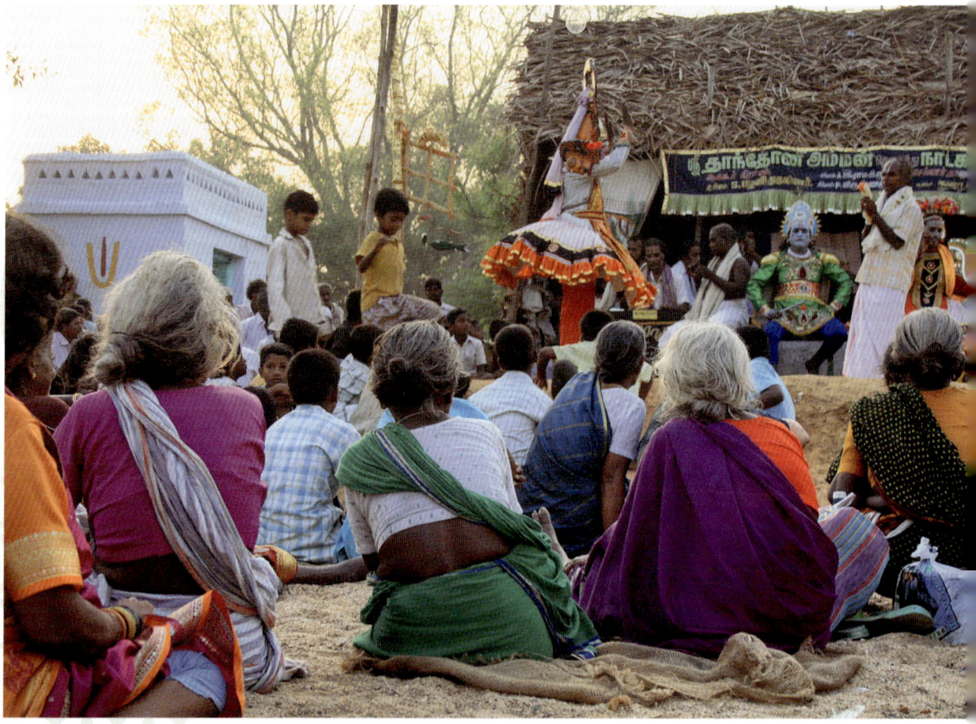

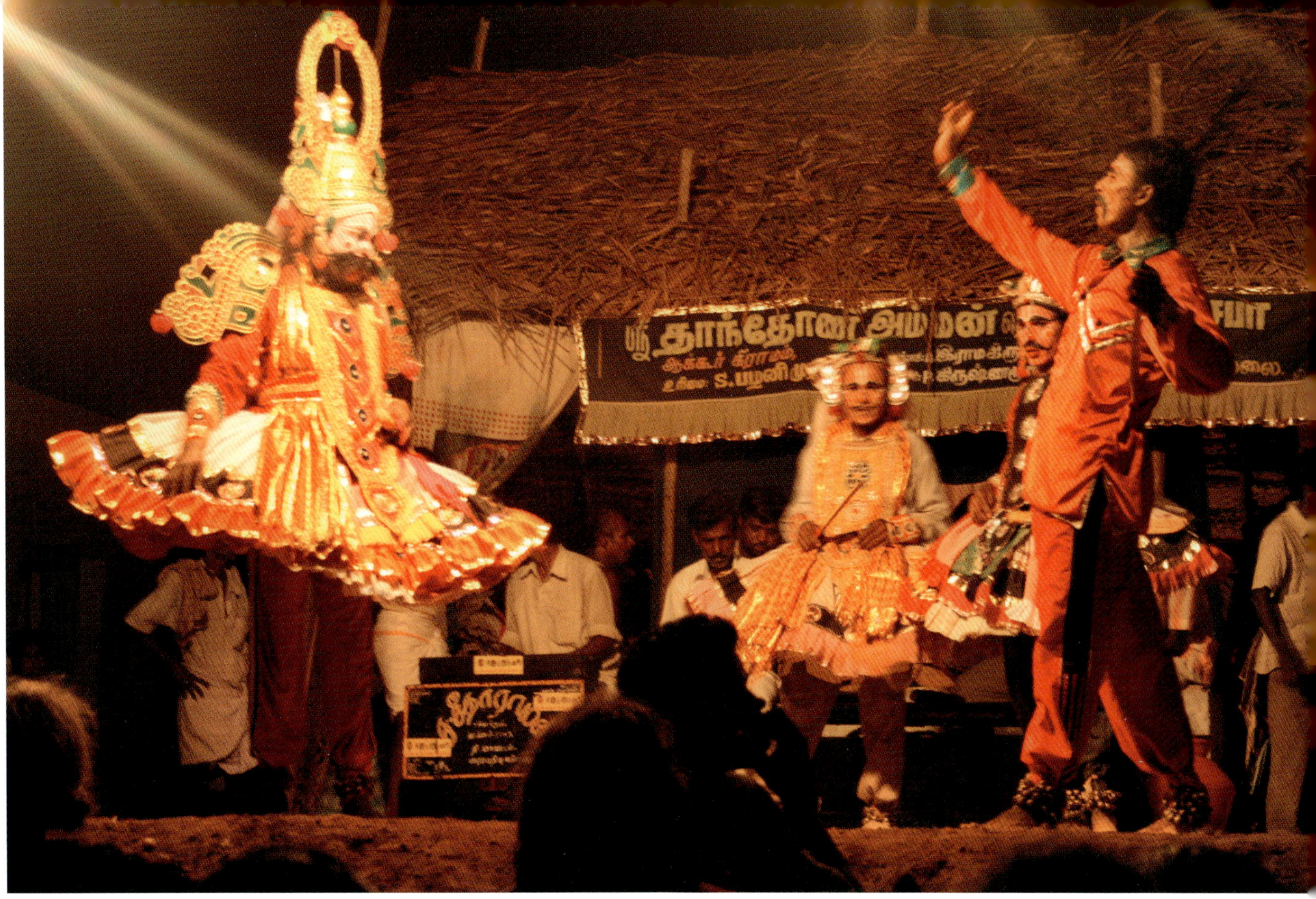

5

springen, wenn es nötig ist. Es gibt zwei Arten von Holzkronen, die bei den *Koothu*-Aufführungen verwendet werden. Die kleineren werden *Chikerek* genannt und von den vornehmen Charakteren getragen, die keine Könige sind. Die großen Kronen, *Kreetam*, werden von den Königen getragen. Die hölzernen Ornamente, die auf den Schultern getragen werden, sind unter dem Namen *Pujakeerti* bekannt. Gemeinsam mit den Kronen bilden sie zusammen das Erscheinungsbild der wichtigsten königlichen Figuren im *Koothu*. Auch die weiblichen Charaktere werden im *Koothu* traditionell nur von männlichen Schauspielern gespielt.

Der Handvorhang spielt eine entscheidende Rolle der Verwandlung der *Koothu*-Darsteller in ihre Charaktere. Wenn die Schauspieler aus dem Aufenthaltsbereich auf die Bühne kommen, sprechen sie von ihren Figuren zunächst in der dritten Person. Auch die Musiker singen mit ihnen in der dritten Person. Zu diesem Zeitpunkt sieht das Publikum nur die Beine der Schauspieler und ihre Kronen. Erst wenn der Vorhang entfernt wird, wechseln sie zum Singen in der Ich-Erzählung über. Zu diesem Zeitpunkt sind die Schauspieler bereits vollständig mit ihren Charakteren verschmolzen.

Das Musikensemble des *Koothu* besteht aus Hintergrund-Sängern, indischem Harmonium, Becken und *Mukaveenai*, einem kleinen Blasinstrument, das einen durchdringenden Ton erzeugt. Normalerweise spielt der Anführer der *Koothu*-Gruppe das Harmonium oder die Zimbeln und singt zusammen mit der Gruppe und den Schauspielern auf der Bühne. *Koothu* zeichnet sich durch eine komplexe dramatische Musikstruktur aus, wobei es die Namen der klassischen karnatischen *Rāgas* (melodische Grundstruktur der klassischen indischen Musik; vgl. Ravikiran in diesem Buch) verwendet. Die Becken akzentuieren die Dramatik des hohen Gesangs, der sich mit dem schrillen Klang der *Mukaveenai* vermischt.

Eine wesentliche Figur in *Koothu*-Stücken ist der *Kattiyankaran* (Clown). Er kündigt die Auftritte der königlichen Figuren an und agiert als Vertreter des Publikums, indem er zwischen den Figuren und dem Publikum vermittelt. Außerdem weckt er die im Publikum

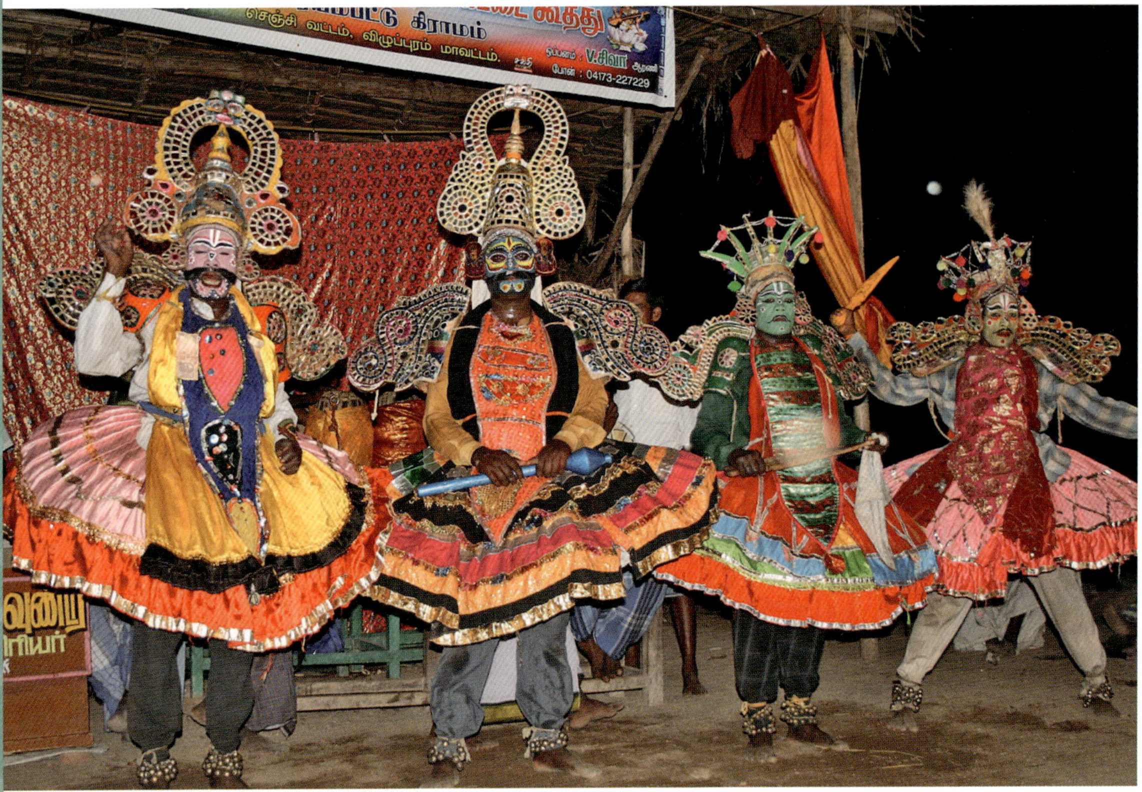

6

schlafenden Zuschauer*innen auf und füllt die Lücken in den Aufführungen. Da der *Kattiyankaran* die ganze Nacht auf der Bühne stehen muss, gilt seine Rolle als körperlich sehr anspruchsvoll. Von den Schauspielern, die die Rolle des *Kattiyankaran* spielen, wird erwartet, dass sie einen bissigen Sinn für Humor und außergewöhnliche Improvisationsfähigkeiten haben. Die *Koothu*-Clowns tragen bunte Hosen und Hemden, Fußkettchen, eine Clownsmütze und und halten einen Stock in der Hand.

Die Dorfbewohner*innen führen viele Episoden aus dem Mahābhārata als erweiterte und partizipative Veranstaltungen auf. Beliebt sind zentrale Themen des Mahābhārata, wie das Verbrennen des Lackpalastes, der Sieg über Bakasura, der Kampf um das Vieh, Arjunas Buße, die Hochzeit von Draupadī und die letzte Schlacht von Kurukshetra. Indem sie die Grenzen zwischen Ritual, Theater und sozialem Beisammensein verwischen, können diese Aufführungen im Zyklus von *Bharathakoothu* als das bezeichnet werden, was Richard Schechner, ein amerikanischer Performance-Theoretiker und Theaterregisseur, als »Environmental Theatre« (Umwelttheater) bezeichnet. Während die Bewegung darauf abzielte, das Bewusstsein des Publikums zu schärfen, indem sie die Distanz zwischen Schauspieler und Publikum aufhob, wird in den ausgedehnten Ereignissen von *Bharathakoothu*, die im ganzen Dorf stattfinden, das Publikum zu einem Teil des Stücks. Weitere kollektive Aktionen und die Beteiligung des Publikums an den Ereignissen verleihen *Bharathakoothu* seine unvergleichliche Einzigartigkeit.

Die Inszenierung der letzten Schlacht zwischen Bhima und Duryodhana, bekannt als Padukalam, ist das spektakulärste Ereignis im Zyklus der *Bharathakoothu*-Aufführungen. Für die Aufführung wird der Boden neben dem Draupadī-Amman-Tempel in den dramatischen Raum von Kurukshetra verwandelt, indem Duryodhana (der König der Kauravas) als Lehmstatue aufgestellt wird. In einigen Dörfern wird die Figur von Duryodhana als Stuckskulptur gestaltet und dann während der Aufführung von Padukalam teilweise zerstört. Die Schauspieler, die Bhima und Duryodhana in ihren *Koothu*-Kostümen spielen, laufen um Duryodhanas Statue herum und jagen sich gegenseitig. Als Bhima schließlich Duryodhana auf den Oberschenkel schlägt, bricht Duryodhana zusammen und stirbt auf der Statue.

Zeitgleich tragen die Erzähler*innen vor, was sich auf dem Feld von Kurukshetra abspielt. Außerdem bringen die Dorfbewohner*innen eine Ikone der Göttin Kālī von der einen Seite des Feldes in die Szene herein, die die Zerstörung des Krieges beobachtet, während auf der anderen Seite Aravan die Schlacht durch die Augen seines abgetrennten Kopfes beobachtet.

Nach der Inszenierung der letzten Schlacht zwischen Bhima und Duryodhana in Kurukshetra enden die *Bharathakoothu*-Feierlichkeiten damit, dass die Verehrer*innen der Göttin Draupadī-Amman über brennende Kohlen gehen, um ihren Glauben zum Ausdruck zu bringen. Draupadī, die aus dem Feuer geboren ist, wird ebenso als die Göttin des Feuers betrachtet, und deshalb glauben ihre Anhänger*innen, dass sie bei diesem Gang über die glühenden Kohlen von ihr beschützt würden.

1 In der Mahābhārata geht es um einen Bruderkrieg der *Kauravas* mit den *Pandavas*, zweier verwandter Königsfamilien, auf dem Schlachtfeld in Kurukshetra.

2 Da die Leiter, Schauspieler und Musiker der Bharathakoothu-Gruppen traditionell ausschließlich Männer sind, wurde auf Wunsch des Autors auch in der Übersetzung bewusst auf das Gendern dieser Begriffe verzichtet.

7 Die Lehmstatue von Duryōdhana im Tempel der Göttin Draupadī.
Foto: M. D. Muthukumaraswamy.

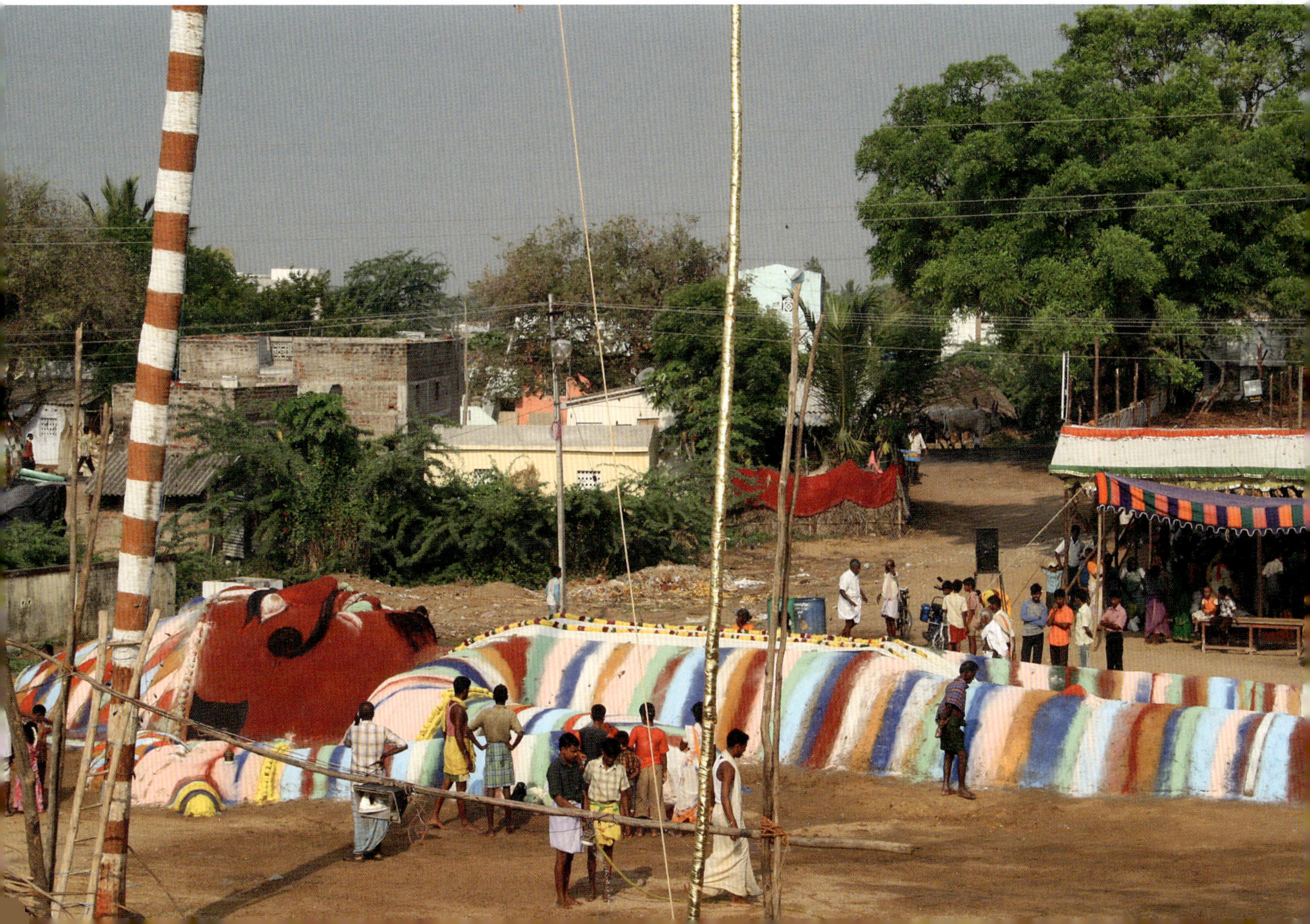

RAJAN KURAI KRISHNAN

Die Filmleinwand als kultureller Baldachin

தமிழ் கலாச்சார விதானமாக திரைப்படத் திரை

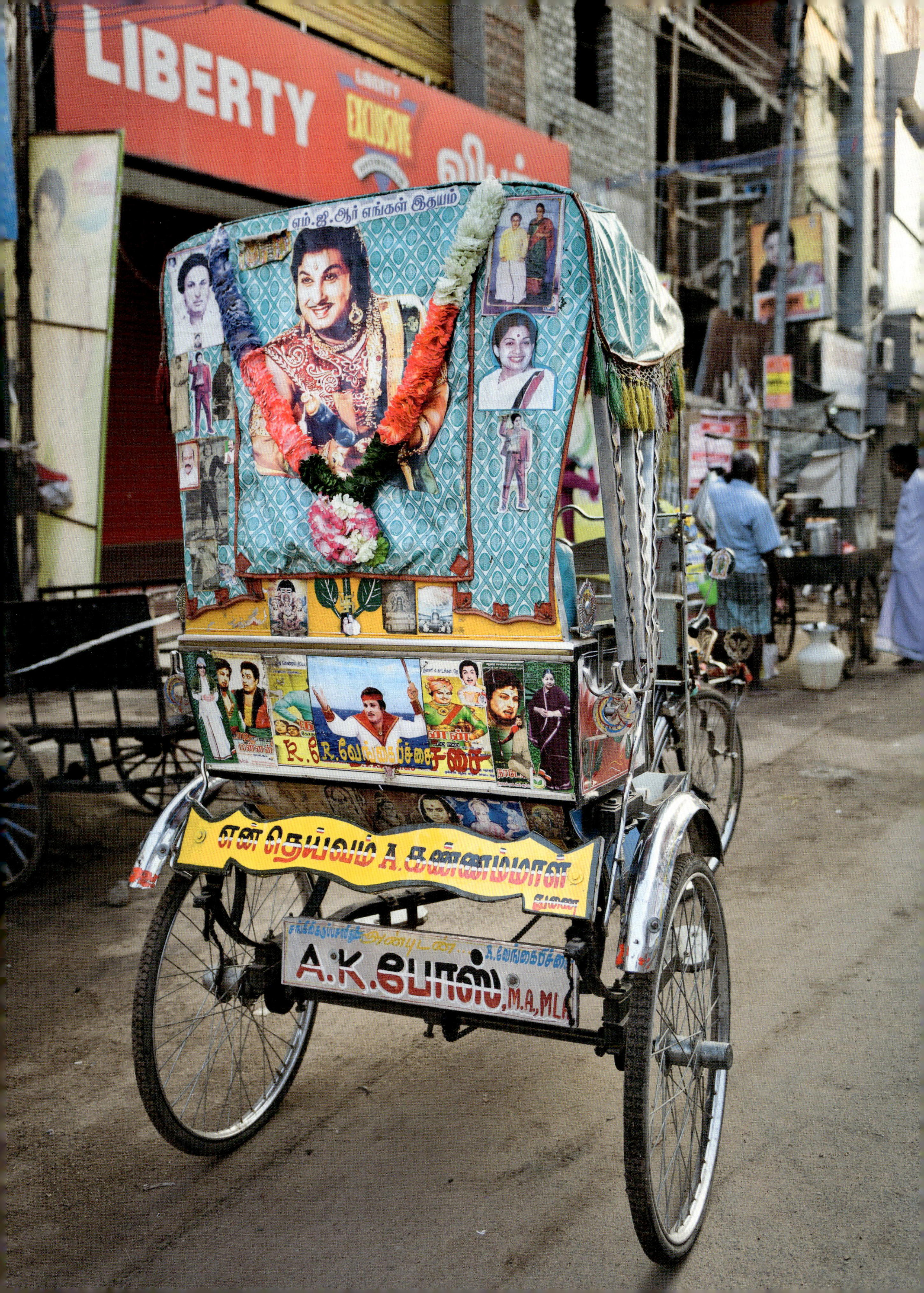
LIBERTY
EXCLUSIVE
எம்.ஜி.ஆர் எங்கள் இதயம்
என் தெய்வம் A.கண்ணம்மாள்
A.K.போஸ்,M.A,MLA

Ein tamilischer Filmsong des Liedtexters Vaali aus dem Jahr 2009 begann so: »*Wer hat gesehen, wer Gott ist? Es war das Kino, das Gott für unsere Augen sichtbar machte.*« Mit dieser poetischen Eröffnung des nostalgischen Liedes, das die Leistungen des Kinos und seine Rolle in der Psyche der Bevölkerung von Tamil Nadu im 20. Jahrhundert preist, beschwor der Liedermacher unwillkürlich das berühmte Gedankenspiel von D.G. Phalke, dem Pionier des indischen Kinos, als dieser 1906 einen im Westen gedrehten Film über das Leben von Jesus Christus sah und sich fragte, wann die Söhne und Töchter Indiens ihre Götter auf der Leinwand laufen sehen würden. Vaalis Echo dieses »Urimpulses« des indischen Kinos ein Jahrhundert später im Jahr 2009 deutet an, dass die vorherrschende Herangehensweise im tamilischen Kino darin besteht, die Kunst des Filmemachens als Visualisierung von imaginären Welten zu behandeln, statt fragmentierte Bilder der realen Welt zusammenzufügen, die im Kopf des Zuschauers eine Handlung entstehen lassen. Man könnte sagen, dass sich das tamilische Kino beim In-Szene-Setzen eher an Georges Mèliés als an den Brüdern Lumière orientierte. Das tamilische Kino nahm nach der Einführung des Tonfilms in den 1930er Jahren einen lebhaften Aufschwung, da es nun solche Visualisierungen von imaginären Welten an die überwiegend mündlichen Erzählungen binden konnte, die durch Lieder und Dialoge in der Tonspur wiedergegeben wurden. Statt die physische Realität einer Erzählung unterzuordnen, befreite das an der Tonspur orientierte tamilische Kino die Bilder von der Notwendigkeit, eine Illusion von Realität zu erzeugen. Es rettete, wie Kracauer sagen würde, die äußere Wirklichkeit in die Bereiche der freien Imagination, die von dem in der Tonspur artikulierten kulturellen Bewusstsein durchdrungen war. Die bemalten Leinwände der Studios verwandelten sich in himmlische Götterwelten.

◄ 1 Mit Bildern von Filmstars und Politikern dekorierte Fahrrad-Rikscha, im Zentrum von Madurai, Tamil Nadu. Foto: Olaf Krüger.

Das frühe Kino: 1931 bis 1950

Infolgedessen überfluteten Bilder von Mythen, Volkserzählungen und Fantasien, von vergangenen Welten imaginärer und legendärer Könige und Königinnen die Leinwand und erfreuten das Publikum, das nun mit großem Vergnügen in bewegten Bildern sah, was es sich durch die mündliche oder auf Theaterbühnen inszenierte Erzählung solcher Geschichten vorgestellt hatte. Die Heldentaten des Kṛṣṇas als Kind, das Werben des charmanten Vēlaṉ um Vaḷḷi, die List Gaṇeśas, sie in seine Arme zu locken, das wundersame Überleben des jungen Prahlād in jeder durch den Zorn Hiraṇyas verursachten tödlichen Prüfung waren alle auf der Leinwand zu sehen, zusammen mit bekannten musikalischen Darbietungen. Allerdings gab es einen Unterschied: Statt sich die Ereignisse individuell vorzustellen, wurden Imaginationen für den kollektiven Konsum projiziert. Das affektive Potenzial einer Fülle performativer Traditionen, der Balladengesänge, des Volkstheaters und des Musiktheaters konnte nun vereint das Unbewusste ansprechen und ein bis dahin unbekanntes Potenzial wechselseitiger Verbundenheit hervorbringen. So breitete das tamilische Kino in den ersten zwei Jahrzehnten des Tonfilms, den dreißiger und vierziger Jahren, mit der Magie der Kunst der mechanischen Reproduktion einen neuen kulturellen Baldachin über dem Land aus, der dieselben Bilder tausendfach über die Bildschirme in den Städten und Dörfern flimmern ließ. Die großen Stars des Gesangs, M.K. Thyagaraja Bhagavathar (1910–1959) und P.U. Chinnappa (1916–1951) zogen die Bevölkerung in ihren Bann, während N.S. Krishnan (1908–1957) die Menschen mit seinem komödiantischen Genie amüsierte.

Langsam lernte das tamilische Kino, das melodramatische Potenzial des Volkstümlichen und Mythologischen zu transformieren, um Geschichten von Konflikten, Herausforderungen und Beschwerlichkeiten in der zeitgenössischen Gesellschaft zu erzählen. Das Übernatürliche wich den ethischen und moralischen Imperativen des sozialen Zusammenhalts und der gesellschaftlichen Veränderungen. Dies ist der Kontext, in dem politische Bewegungen, die soziale Veränderungen anstrebten, eine Synergie mit den Erzählungen fanden, die mit bewegten Bildern über den kulturellen Himmel des Kinos gestreut wurden. Angesichts des weit verbreiteten Analphabetismus kam den Filmerzählungen eine große Bedeutung bei der Vermittlung von Botschaften an die Bevölkerung zu. Die Unabhängigkeitsbewegung produzierte zunächst Erzählungen über den antikolonialen Kampf und erstrebenswerte soziale Reformen.

Dieser Trend wird beispielsweise in dem Film *Thyaga Bhoomi* (1939) deutlich, der auf einem Drehbuch von Kalki Krishnamurthy (1899–1954) basiert und unter der Regie von K. Subramanyam (1904–1971) gedreht wurde. Darauf folgte eine andere politische Zielsetzung: unter dem Oberbegriff des Dravidentums die Gesellschaft zu reformieren und sie vom Kastendenken und von der Vorherrschaft der Brahmanen zu befreien. Da die Dravidische Politik auch stark mit tamilischer Identität befasst war, wurden die Tonspuren mit alliterativen Monologen gefüllt, die Feuer und Schwefel gegen den Status quo spuckten. C. N. Annadurai (1909–1969), der Gründer der DMK,[1] war führend im Verfassen solcher Drehbücher und Dialoge, gefolgt von seiner talentierten »rechten Hand« M. Karunanidhi (1924–2018). *Velaikkari* (1949) mit Drehbuch und Dialogen von Annadurai und *Parasakthi* (1952), der Film der Dravidischen Bewegung schlechthin, mit Drehbuch und Dialogen von Karunanidhi erwiesen sich als Meilensteine, die einen entscheidenden Wendepunkt signalisierten. Sie beendeten jedoch nicht das mythologische und das devotionale Genre, wie der Film *Avvaiyār* (1953) aus den Gemini Studios zeigen sollte. In diesem Film

2 Szene aus dem Film *Parasakhti* (1952). Foto: Sammlung des Autors.

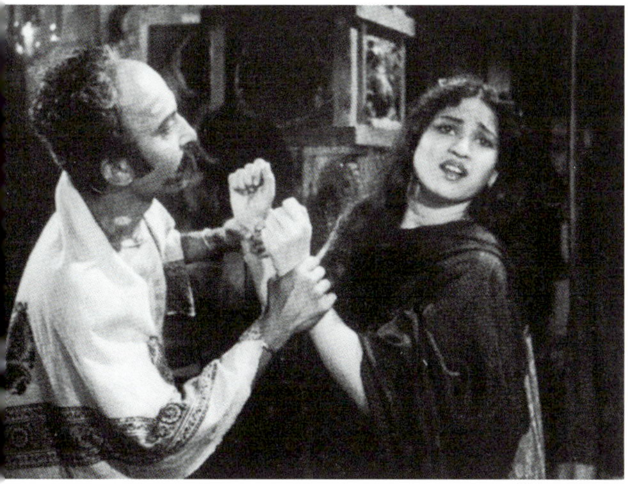

3 Songbook zum Film *Parasakhti* (1952). Rojah Muthiah Research Library, Chennai.

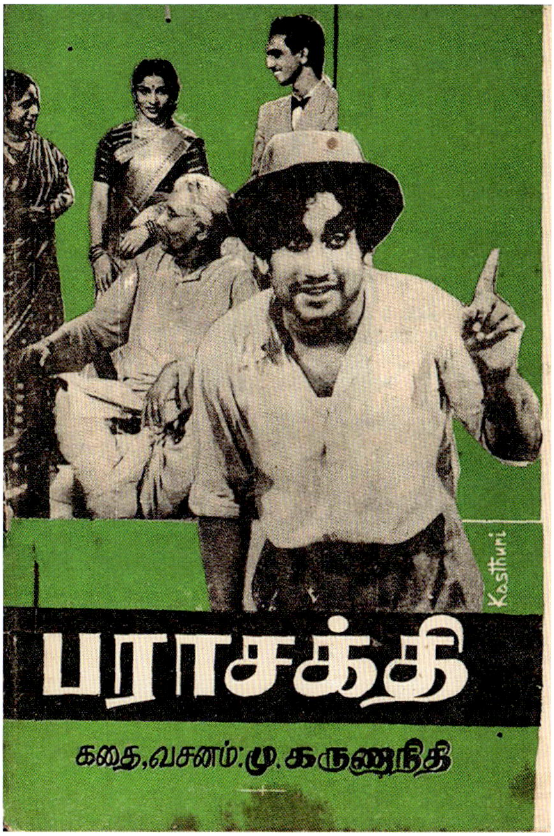

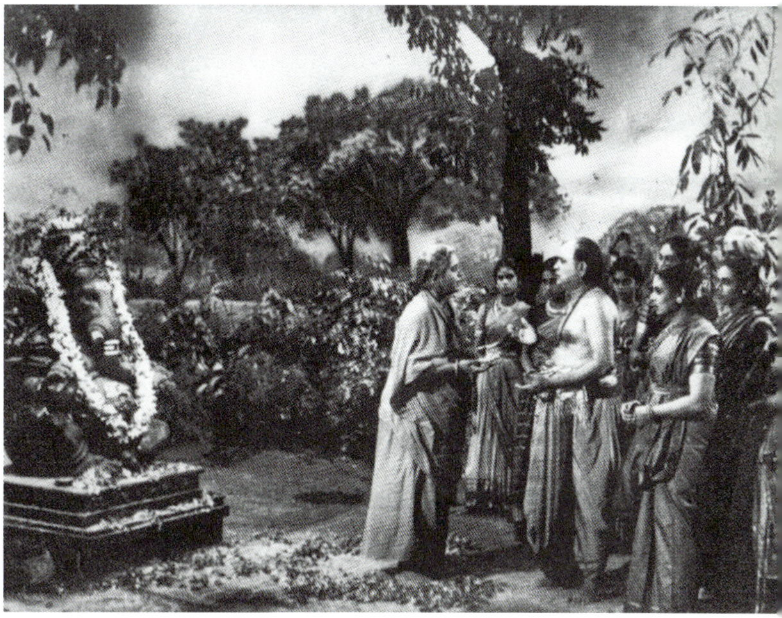

4 K. B. Sundarambal im Film *Avvaiyār* (1953). Foto: Sammlung des Autors.

reagierten die Götter auf die Anrufungen der sie verehrenden Dichterin *Avvaiyār* und versetzten das Publikum derart in Verzückung, dass es zu Fällen von Besessenheit in den Kinosälen kam. Einige der volkstümlichen Geschichten, die in der Ära des Gesangs ihre erste Verfilmung erlebten, wurden erneut verfilmt, wobei feurige Dialoge die Lieder ersetzten und eine humanistischere Färbung hinzufügten. Der Film *Kathavarayan* (1958) ist ein gutes Beispiel für diesen Trend. Obwohl das tamilische Kino begann, Aspekte des real existierenden sozialen Lebens darzustellen, blieben Elemente des mytho-poetischen Erzählmodus weiterhin in der melodramatischen Handlung präsent, vor allem in den Gesangssequenzen. Auch nachdem Dialoge und eine realistischere Inszenierung in Mode gekommen waren, brauchte ein Film Lieder, um die emotionalen Höhepunkte der Erzählung zu unterstreichen.

5 Songbook zum Film *Avvaiyār* (1953).
Rojah Muthiah Research Library, Chennai.

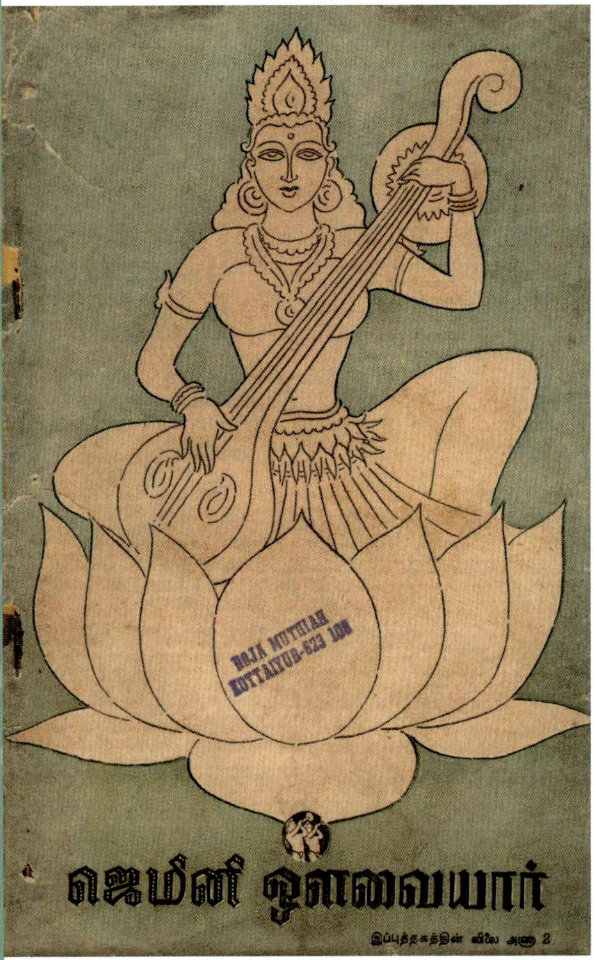

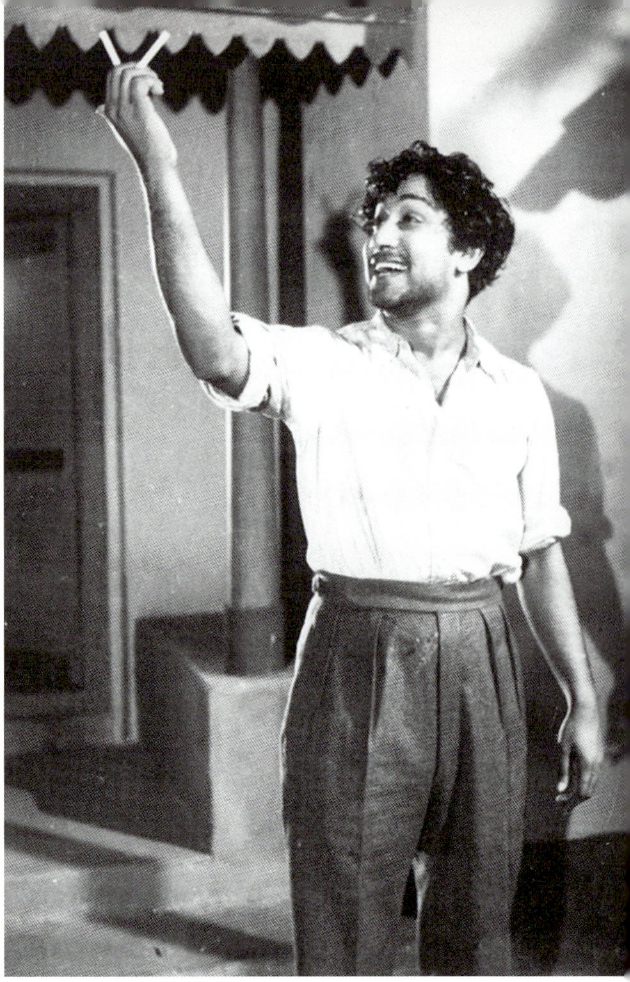

6 Sivaji Ganesan im Film *Parasakhti* (1952).
Foto: Sammlung des Autors.

Kino und Politik: 1950 bis 1975

Der Übergang vom gesanglichen zum dialogorientierten Film, nüchterner gestaltet und in humanistischer Ausrichtung, brachte zwei Stars hervor, die durch die von M. Karunanidhi verfassten Dialoge berühmt wurden und als antagonistisches Paar das tamilische Kino für 25 Jahre zwischen 1952 und 1977 dominierten. Sivaji Ganesan (1928–2001) debütierte 1952, und M.G. Ramachandran (genannt M.G.R., 1917–1987) beendete 1977 seine Schauspielkarriere, nachdem er Chief Minister des Staates Tamil Nadu geworden war. Das Vierteljahrhundert, in dem ein erbitterter Wettstreit zwischen diesen beiden Stars das tamilische Kino bestimmte, war die Zeit, in der das postkoloniale Tamil Nadu mit der Ausbreitung von Bildung, industrieller Produktion, neuen Verwaltungsstrukturen, der Elektrifizierung der ländlichen Regionen, dem Ausbau des Verkehrsnetzes und rascher Urbanisierung einen rasanten

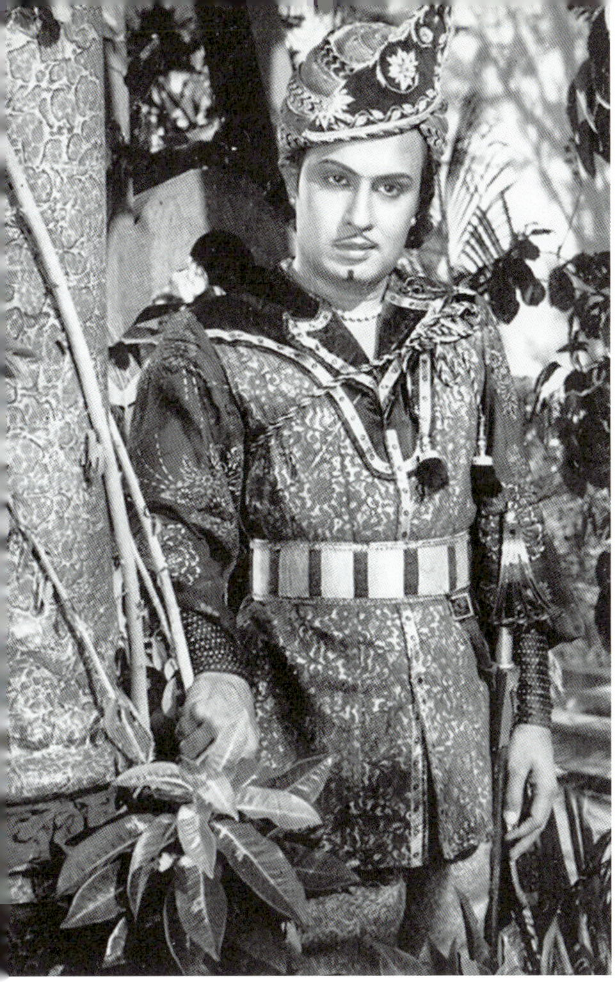

7 M. G. Ramachandran im Film *Mantiri Kumāri* (1950). Foto: Sammlung des Autors.

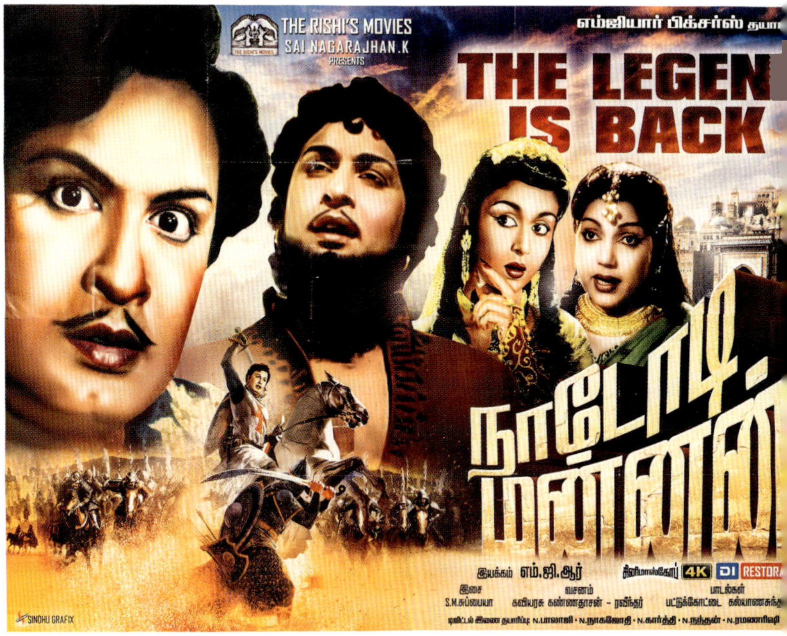

8 Kinoplakat für den Film *Nāṭōṭi maṉṉaṉ* (Der Nomadenkönig, 1958) von M. G. Ramachandran, der auch mehrere der Hauptfiguren spielt. Linden-Museum Stuttgart, Inv.-Nr. SA 07375. Foto: Dominik Drasdow.

Prozess gesellschaftlicher Transformation durchlief. In einer Erweiterung der wichtigsten ästhetischen Teilung der tamilischen Literatur, *akam* (Innerlichkeit) und *puṟam* (Äußerlichkeit), zeichnete sich Sivaji Ganesan durch die Darstellung von Charakteren aus, die die innere Agonie des Individuums, das in den Wirren der Zeit gefangen ist, auf der Leinwand sichtbar machten, während M. G. Ramachandran den verwegenen Abenteurer oder Rächer spielte, der es mit den gierigen Schurken aufnimmt, um die soziale Ordnung wiederherzustellen und oft nicht nur die Sanftmütigen und Tugendhaften, sondern auch die imaginäre Republik oder das Land zu retten. So entstand das moderne Individuum mit einem eigenständigen Selbst in der Privatsphäre seiner inneren Emotionen, das gleichzeitig aktiv und deutlich artikuliert an der kollektiven Souveränität der Republik teilnimmt. Jeder Junge musste sich entscheiden, ob er ein M. G. R.-Fan oder ein Sivaji-Fan war, um seine Position zu skizzieren und ansatzweise eine Solidarität aufzubauen. Die Opposition M. G. R. – Sivaji auf der Filmleinwand leitete den Zusammenbruch der vormaligen Einheit zugunsten der individualisierenden und totalisierenden Achsen des modernen Selbst ein. Das stetige Wachstum der Dravidischen Politik in der Wahlarena in Opposition zur nationalen, indischen Politik verortete M. G. R. und Sivaji auch politisch in oppositionellen Lagern. Sivajis tamilische Innerlichkeit stärkte jedoch nur M. G. R.s Image als Vertreter der dravidisch-tamilischen Identität, was dazu führte, dass M. G. R. 1977 nach einem Zerwürfnis mit Karunanidhi selbst Chief Minister wurde. Jayalalitha (1948–2016), eine Hauptdarstellerin, die in den Sechzigern sowohl mit M. G. R. als auch mit Sivaji gemeinsam auftrat, M. G. R. jedoch persönlich nahestand, wurde M. G. R.s politische Nachfolgerin. Ein halbes Jahrhundert lang, von 1967 bis 2017, wurde Tamil Nadu von Politiker*innen regiert, die sich im tamilischen Kino einen Namen gemacht hatten: C. N. Annadurai und M. Karunanidhi als Drehbuch- und

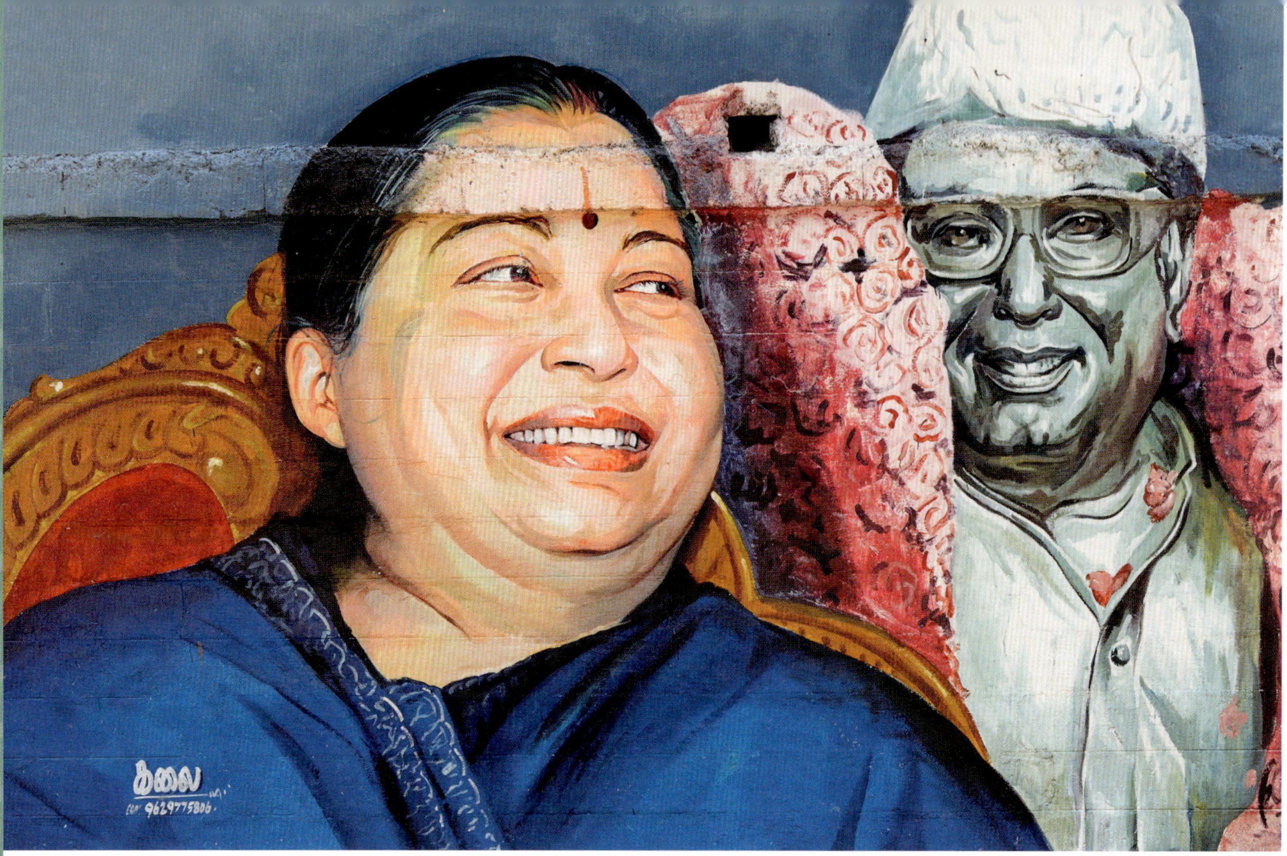

9 Das Gemälde auf einer Hauswand zeigt die tamilische Schauspielerin und Politikerin Jayalalithaa Jayaram. Madurai, Tamil Nadu. Foto: Olaf Krüger.

Dialogautoren, M.G.R. und Jayalalitha als Hauptdarsteller*innen. Aus anthropologischer Sicht vereinte das tamilische Kino historische Narrative des sozialen Wandels und der Ermächtigung der Massen mit filmischen Narrativen zu einem Netz von Bedeutungen. Dies konstituierte die tamilische Gesellschaft als eine der cinephilsten, wenn nicht die cinephilste Gesellschaft der Welt.

In einer Gesellschaft, in der die starre Kastenendogamie erhalten blieb und verwandtschaftliche Bindungen als heilig galten, bedeutete die Geburt des freien Individuums und dessen Recht auf freie Partner*innenwahl eine soziale Kernspaltung; das tamilische Kino schuf einen virtuellen Raum, in dem die Feier der Liebe, die zur freien Wahl der eigenen Partner*innen führte, ein allgegenwärtiges Thema wurde. Das populäre Kino war nicht mehr vorstellbar, ohne dass die Liebe zwischen einem Mann und einer Frau Teil der Erzählung war. Da Lieder und Tanz weiterhin integraler Bestandteil des Kinos blieben, war es die Liebesschiene, die ihnen Raum gab, unabhängig davon, was sonst im Film passierte. Die Liebe vereinte Männer und Frauen auf der Leinwand über Kasten-, Klassen- und Religionsgrenzen

10 Gemini Ganesan in *Missiamma* (1955). Foto: Sammlung des Autors.

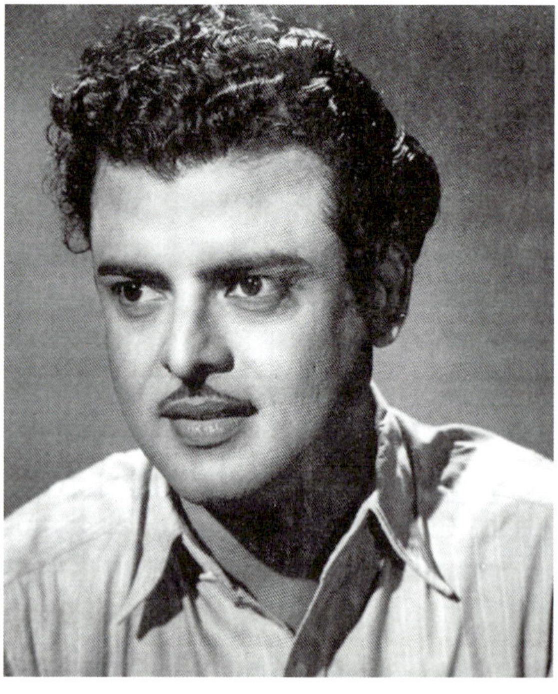

hinweg und rüttelte an den Grundfesten des Patriarchats. Die Liebenden widersetzten sich entweder erfolgreich der elterlichen Autorität oder gingen in ihrem Widerstand unter und opferten ihr Leben auf dem Altar der Liebe. Unzählige Lieder, die die Freude, den Liebesrausch, den Trennungsschmerz und die Ablehnung in der Liebe ausdrücken, haben ein erstaunliches Archiv der populären Musik gebildet. Abgesehen von M. G. R. und Sivaji war es vor allem Gemini Ganesan (1920–2005), der den von Amor getroffenen Menschen verkörperte, was ihm den Titel »König der Liebe« einbrachte. Heterosexuelle Liebe ist bis heute das immerwährende Thema des tamilischen Kinos geblieben.

Das Ländliche und das Urbane – Kino im Übergang: 1975 bis 2000

Die sensationelle Ankunft von Ilayaraja (geb. 1943), einem außerordentlich talentierten Komponisten und Musiker, der aus einer unterdrückten Kaste im ländlichen Tamil Nadu stammte, wurde zum Aushängeschild eines radikalen Wandels in den Bildern und Erzählungen, die das tamilische Kino produzierte. Sein Debüt in dem Film *Annakkili* (1975) machte das Leben auf dem Lande, das in seiner ethnischen Zugehörigkeit unberührt ist, aber in den Halbschatten der Moderne gerät, zum Hauptschauplatz der Handlung. Seine Musik, die lokale Folklore, klassische indische und westliche Musik mischte, wurde zur Vorlage für die hybriden Selbstbilder, die diese Übergangserzählungen produzierten. Bharathiraja (geb. 1944), der aus der gleichen Region stammt wie Ilayaraja, mit dem er seit seiner Jugend befreundet war, wurde zu einem der wegweisenden Filmemacher, der die tamilische Leinwand mit ethnischen, rustikalen Inszenierungen zu der Musik von Ilayaraja revolutionierte. Sein Debütfilm *16 Vayathinile* (1977) zeigte Kamal Haasan (geb. 1954) und Rajinikanth (geb. 1950) in legendären Rollen. Sie sollten bald das neue Gespann werden, das das M. G. R.-Sivaji-Paar als Star-Duo ablöste, an das sich das tamilische Kino gewöhnt hatte. Mit der Ausbreitung der Elektrizitätsversorgung auf dem Land nahm die Zahl der semipermanenten Kinos im ländlichen Raum stetig zu.
In der Sprache der Filmbranche wurde das städtische Gebiet als A-Zentrum bezeichnet, die zweitrangigen Städte oder Bezirkshauptstädte als B-Zentren und die ländlichen Kleinstädte als C-Zentren. Die Ausdehnung der C-Zentren in den siebziger Jahren brachte Erzählungen und Stars hervor, die das dortige Publikum besonders begeisterten, wie zum Beispiel T. Rajendar (geb. 1955) und Ramarajan (geb. 1958). Die zunehmende Stärke der A-Zentren ermöglichte den Aufstieg von Filmemacher*innen, die, wie Balu Mahendra (1939–2014) und J. Mahendran (1939–2017), neue Perspektiven einnahmen. Der Prozess der schnellen Urbanisierung und die Einführung des Satellitenfernsehens in den ländlichen Haushalten beendete jedoch in den neunziger Jahren die Ära der semipermanenten Kinos.

Die Filmmusik signalisierte wieder einmal den Übergang zu einer neuen Phase des tamilischen Kinos. In seiner nationalistischen Fabel *Roja* (1992), die sich national und international kritische Aufmerksamkeit sicherte, stellte Mani Ratnam (geb. 1956) A. R. Rahman (geb. 1967) vor, der die Musik für die Ära der Globalisierung synthetisierte. S. Shankar (geb. 1963) begann, urbane Fantasien wie *Gentleman* (1993) und *Kadhalan* (1994) zu produzieren. Das Filmemachen erreichte eine technologische Raffinesse, die jetzt internationalen Standards entsprach. Langsam entstand eine Vielfalt an Narrativen, auch wenn populäre Erzählungen immer noch die Trope des manichäischen Dualismus verwendeten. Die Bösewichte begannen, das pure Böse zu verkörpern – ob es sich nun um feudale Aristokraten, korrupte Politiker, Mafia-Bosse, Terroristen oder Söldner handelte – die vom guten Samariter/Rächer/Polizisten/Soldaten/Patrioten/Helden kurzerhand ausgelöscht werden mussten. Einige Filmemacher verwoben zeitgenössische Geschichten geschickt mit epischen Vorlagen: Mani Ratnams *Thalapathy* (1991) inszeniert die Karna-Duryodhana-Arjuna-Dreiecksgeschichte des *Mahābhārata* neu, und der Rajinikanth-Blockbuster *Baasha* (1995) greift geschickt die Trope *Agnatha Vaasa* auf, als die Pandava-Brüder im gleichen Epos ein Jahr lang inkognito leben mussten.

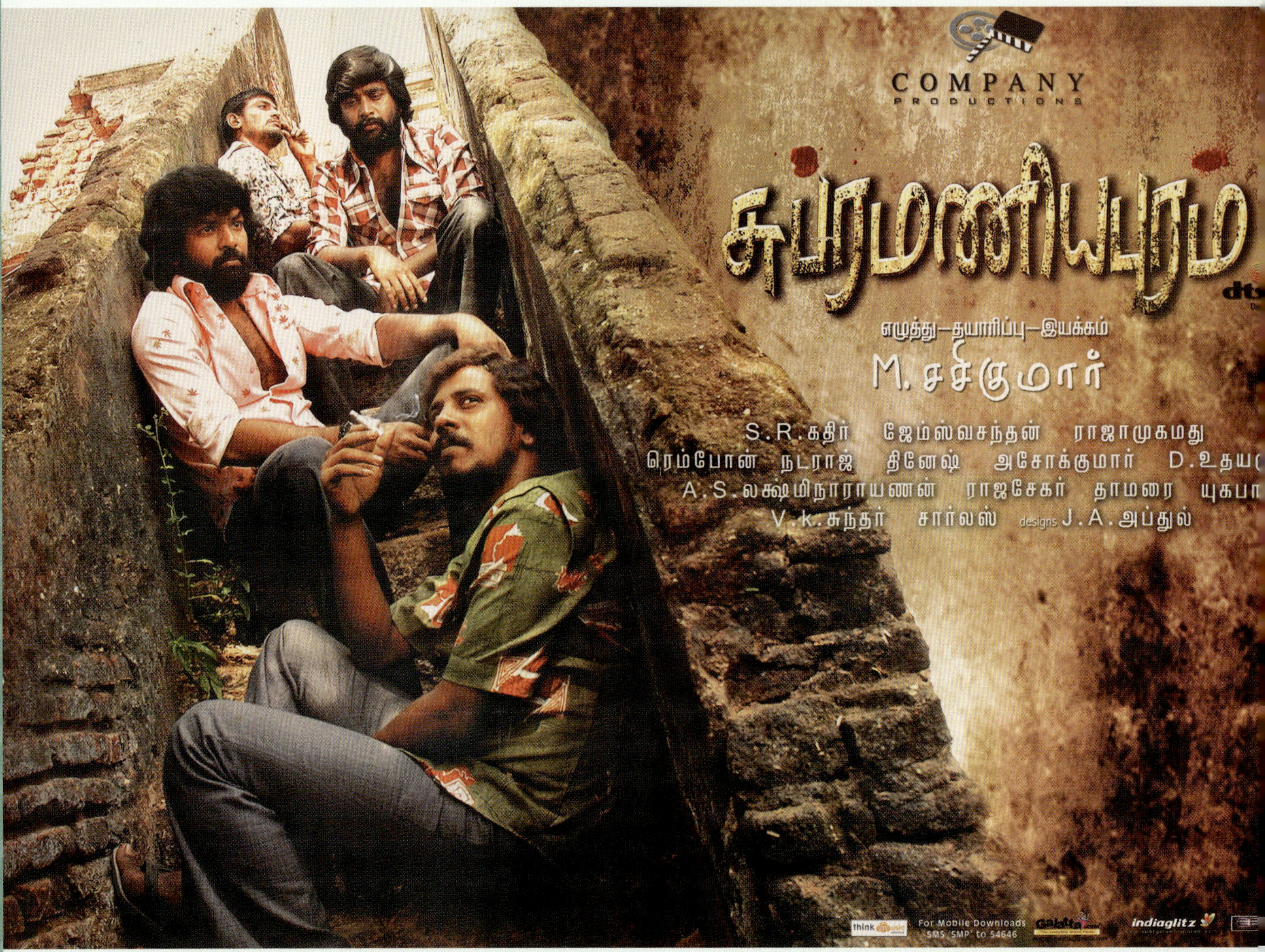

11 Kinoplakat für den Film *Subramaniapuram* (2008) von M. Sasikumar. Linden-Museum Stuttgart, Inv.-Nr. SA 07399. Foto: Dominik Drasdow.

Zeitgenössisches tamilisches Kino: ab 2000

Das tamilische Kino hat nie vollständig mit seiner Vergangenheit gebrochen. Mit der erfolgreichen Verbreitung von Bildung in der zweiten Hälfte des 20. Jahrhunderts und einer fast vollständigen Verbreitung der Alphabetisierung ist jedoch eine viel größere Vielfalt von Filmerzählungen möglich geworden, die das Kino aus den Fängen der transzendentalen Helden als moralischen Mittlern befreit. Eine solche Veränderung wird auch durch das Aufkommen von Multiplex-Kinos begünstigt, in denen Leinwände für eine bestimmte Anzahl von Vorstellungen gemietet werden können. Die Möglichkeit, Filme digital zu streamen, hat die Notwendigkeit überflüssig gemacht, Kopien für die Vorführung an einem bestimmten Ort herzustellen. Es gibt eine neue Gruppe von hochtalentierten Filmemacher*innen, die den Alltag betreten, um Geschichten zu produzieren, die die Sorgen der heutigen Gesellschaft ansprechen. Der Erfolg von *Kaadhal* (2004) von Balaji Sakthivel (geb. 1964) läutete diesen neuen Trend ein. Es folgten Filme wie *Veyil* (2006) und *Angaadi Theru* (2010) von Vasanthabalan (geb. 1972), *Subramaniapuram* (2008) von M. Sasikumar (geb. 1974) und *Aadukalam* (2011) von Vetrimaaran (geb. 1975), um nur einige der Trendsetter zu nennen. Das tamilische Kino produziert weiterhin sowohl Big-Budget-Filme mit Helden als auch Medium- und Small-Budget-Filme verschiedener Genres, die eine weitaus größere Reflexion der verschiedenen Aspekte und transformativen Prismen der heutigen Gesellschaft versprechen. Filme wie *Pariyerum Perumal* (2018) von Mari Selvaraj (geb. 1984), produziert von dem Filmproduzenten P. Ranjith (geb. 1982), der die Qualen des Dalit-Bewusstseins und seine Entschlossenheit, die Kastendiskriminierung zu bekämpfen, kraftvoll zum Ausdruck gebracht hat, weisen auf die Lebendigkeit des kulturellen Baldachins hin, den die Filmleinwand über ein Jahrhundert gebildet hat.

1 Die DMK, Dravida Munnetra Kazhagam (*Tirāviṭa Muṉṉēṟṟak Kaḻakam*), »Dravidischer Fortschrittsbund«, ist eine politische Partei der Dravidischen Bewegung (vgl. den Artikel von Niklas in diesem Band). Ursprünglich kämpfte sie für einen unabhängigen Tamilenstaat, heute beschränken sich ihre Forderungen auf die Bewahrung der tamilischen Identität, Sprache und Kultur innerhalb Indiens. Soziale Gerechtigkeit und die Überwindung des von Brahmanen dominierten Kastensystems stellen ebenfalls zentrale Forderungen der DMK dar.

ZOÉ E. HEADLEY

Tamilische Studiofotografie

தமிழ் ஸ்டுடியோ உள்ளே இருந்து புகைப்படம் எடுத்தல்

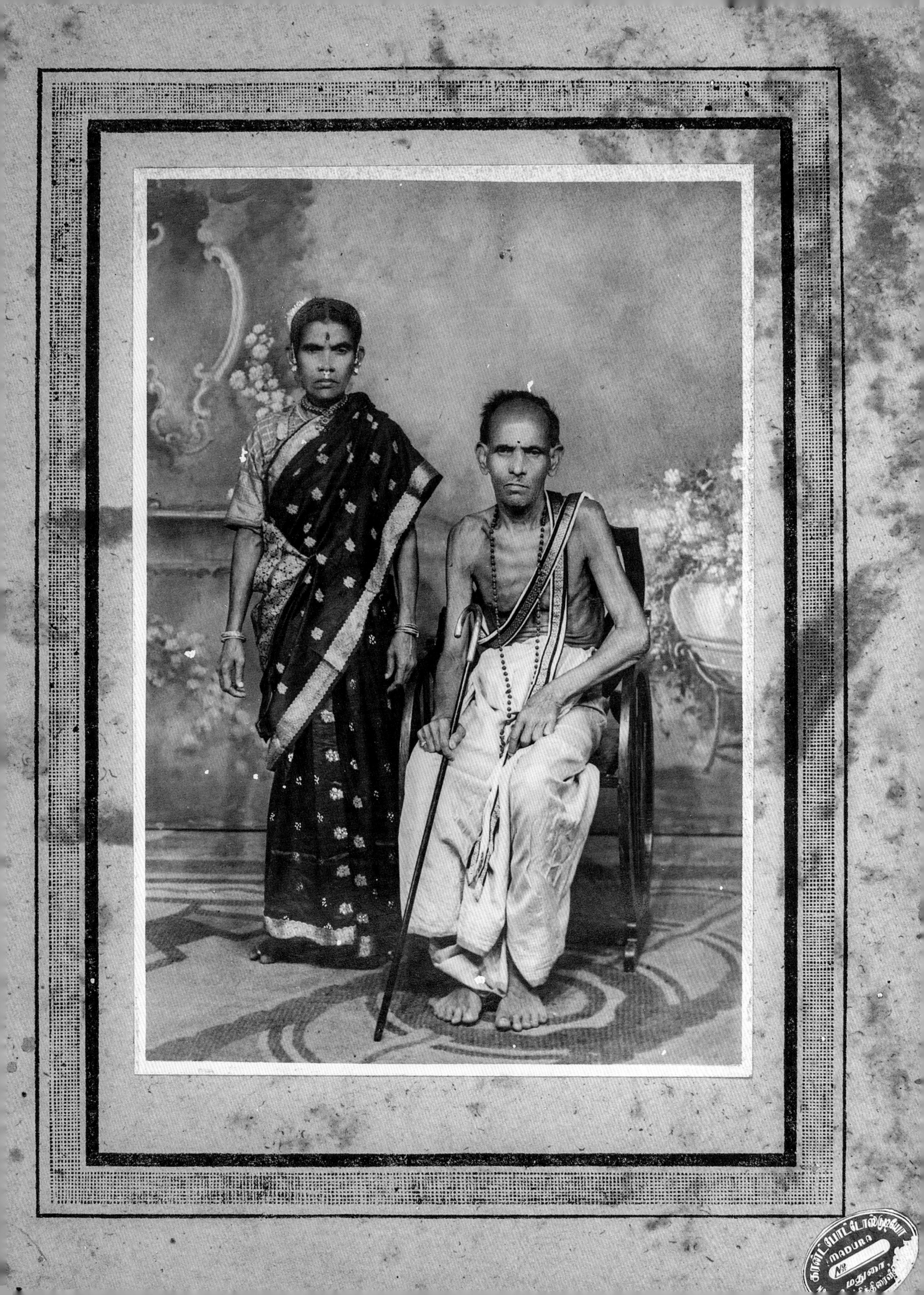
MADURA
No
மதுரை

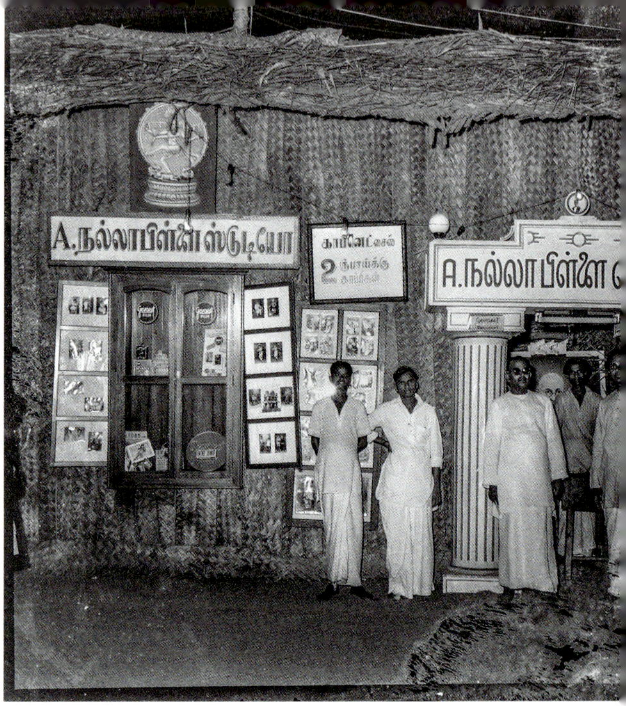

2 Außenansicht eines temporären Fotostudios (Nalla Pillai Studio) während einer Messe. Zelluloid-Negativ. Datum unbekannt © Nalla Pillai Studio (Kumbakonam) [Stars Archiv EAP946_KMU_SD_NAAI_00190].

Im heutigen Tamil Nadu sind Studioporträts allgegenwärtig, sowohl in der privaten Sphäre des Haushalts als auch an einer Vielzahl öffentlicher Orte. In praktisch jedem Haus, Geschäft, Büro und Regierungsgebäude in Tamil Nadu hängen Porträts von Einzelpersonen und Gruppen, Lebenden und Verstorbenen. Dabei kann es sich zum Beispiel um Familienangehörige, Firmengründer*innen oder Wohltäter*innen handeln. Die gerahmten Bilder werden oft mit Girlanden geschmückt, *Cumcum* (rotes Farbpulver) und Sandelholzpaste werden auf das schützende Glas in Höhe der Stirn aufgetragen, und es wird – gelegentlich oder täglich – *Āratti*[1] (eine Zeremonie) vor ihnen durchgeführt. Erstaunlicherweise wissen wir, obwohl Millionen von Studioporträts Privathaushalte, Geschäftsräume und öffentliche Büros schmücken, nur sehr wenig über die tamilische Studiofotografie, über ihre Praktiken und die Ausübenden.

Im Bereich der Sozialwissenschaften war die Fotografie lange Zeit auf den Status der bloßen »Illustration« reduziert. In den letzten drei Jahrzehnten haben jedoch bedeutende Beiträge die Erforschung der Geschichte der Fotografie in Indien vorangebracht. Viele dieser Studien bestehen aus schön illustrierten und treffend kommentierten Bänden, die sich auf ausgewählte Themen konzentrieren: das tägliche Leben der britischen und indischen Elite während der Kolonialzeit (Worswick und Embree 1976; Gutman 1982; Falconer 1995, 2001), historische und archäologische Stätten (Michell 2008), politische Ereignisse wie den Aufstand von 1857/58 (Gupta 2000) oder Darstellungen der »Eingeborenen« nach Kategorien der damaligen Rassenlehre. In der Tat gab die Kolonialverwaltung die Produktion großer Mengen von Fotos in Auftrag, die natürliche Ressourcen, archäologische Überreste, historische Monumente[2] und ethnische Gruppen dokumentierten. Darüber sind interessante Darstellungen der Fotografie als Machtpraxis im kolonialen Kontext entstanden (Ryan 1997; Boetsch und Savarese 2000; Pelizarri 2003; Edwards 2013). Die wenigen Studien, die sich mit der Arbeit indischer Fotografen befassen, haben sich bisher auf die bekanntesten Figuren konzentriert, die entweder den Fürstenhöfen nahestanden, wie Lala Deen Dayal (Worswick 1980; Dehejia 2000; Carotenuto 2003), oder aus königlichen Familien stammten, wie der berühmte Maharaja Sawaj Ram Singh II von Jaipur (Sahai und Singh 1996). Diese historiografischen Verzerrungen erklären sich teilweise durch die Beschaffenheit der fotografischen Archive, die für die Forschung zur Verfügung stehen und die weitgehend repräsentativ für die fotografische Praxis der lokalen und kolonialen Eliten auf dem Subkontinent sind. Ist daneben eine andere Geschichte der Fotografie denkbar?

Die erste fotografische Ausrüstung kam bereits 1840 per Schiff im Hafen von Madras an. In den ersten zwei oder drei Jahrzehnten blieb die Fotografie in den Händen der britischen Verwaltung sowie einiger europäischer Fotografen. Wie aus den Gewerbelisten des jährlich erscheinenden »Asylum Press Almanac«[3] hervorgeht, entstanden jedoch um die 1880er Jahre tamilische Studios, zunächst in der Hauptstadt, später auch in den mittelgroßen Städten der Tamil-sprachigen Distrikte der Madras Presidency. Die ersten tamilischen Fotografen, die ihre eigenen Studios eröffneten, waren

◄ 1 Portrait eines Paares. Silbergelatineabzug. Datum unbekannt. Current Studio (Madurai). © Stars Archive.

ehemalige Assistenten von britischen und europäischen Fotografen. Jüngste ethnografische Erhebungen, die ich im Rahmen des STARS-Projekts[4] durchführte, zeigten, dass die kommerzielle Fotografie ab der zweiten Generation zu einem Beruf wurde, der vom Vater an den Sohn weitergegeben wurde, Jahrzehnt für Jahrzehnt.

Diese Besonderheit der tamilischen Fotostudios ermöglicht es, die Etappen der technischen Geschichte des Mediums zurückzuverfolgen. So kann ein Licht auf die Langlebigkeit bestimmter Materialien, Prozesse und Geräte geworfen werden, die in anderen Teilen der Welt längst aufgegeben wurden. Dies erklärt sich größtenteils durch die Schwierigkeit, neuere Geräte zu erwerben, die bis zur Liberalisierung der indischen Wirtschaft in den frühen 1990er Jahren zwangsläufig importiert werden mussten und hoch besteuert wurden. Dieser Faktor hatte entscheidende Auswirkungen sowohl auf den Konsum als auch auf die Produktion von Fotografie in diesem Teil der Welt.

Erstens bedeutete der sehr eingeschränkte Zugang zu Kameras (und Film) bis zur Einführung digitaler Medien, dass der Besuch des Fotostudios oft der einzige Zugang zur Fotografie für die Mehrheit der Bevölkerung war, sowohl in kleineren Städten als auch in den Großstädten. Das Aufkommen von einfachen Amateurkameras (wie der Kodak Brownie) zu Beginn des 20. Jahrhunderts verdrängte die Fotografie nicht – wie in Europa – aus den Studios in die Haushalte, da diese Geräte den indischen Mainstream-Markt nie erreichten. Zweitens hatten diese technischen Beschränkungen mindestens zwei Auswirkungen auf die Produktion eines Jahrhunderts südindischer Porträtfotografie: Zum einen zeichnet sich die tamilische Studiofotografie durch eine große Ausdauer ihrer Geräte und Verfahren aus, die in anderen Teilen der Welt längst ersetzt wurden. So waren z. B. Plattenkameras und Glasplatten bis in die 1980er Jahre hinein in vielen Studios gang und gäbe. Diese Beständigkeit prägte den fotografischen Stil und die Studioarbeit so stark, dass es manchmal schwierig ist, ein Porträt aus den 1900er Jahren von einem aus den 1950er Jahren zu unterscheiden. Andere, die mehr zu Innovation und Kreativität neigten, haben durch diese technischen Zwänge eine enorme Fülle an Versuchen unternommen, »neue« Porträts mit alter Ausrüstung zu erstellen.

3 Ausstellung der fotografischen Ausrüstung im Sathyam Studio (Chennai). Foto: Stars Archiv.

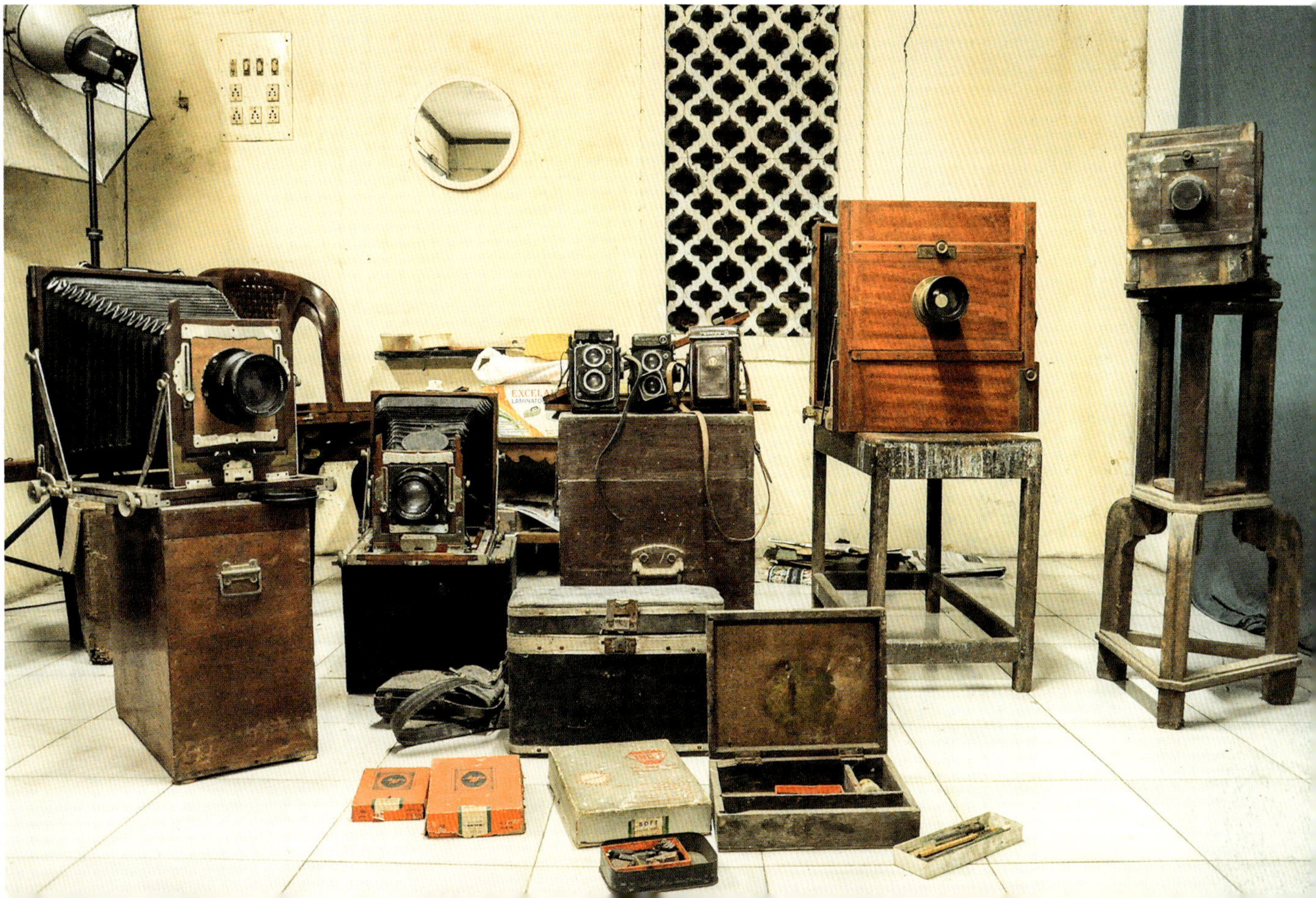

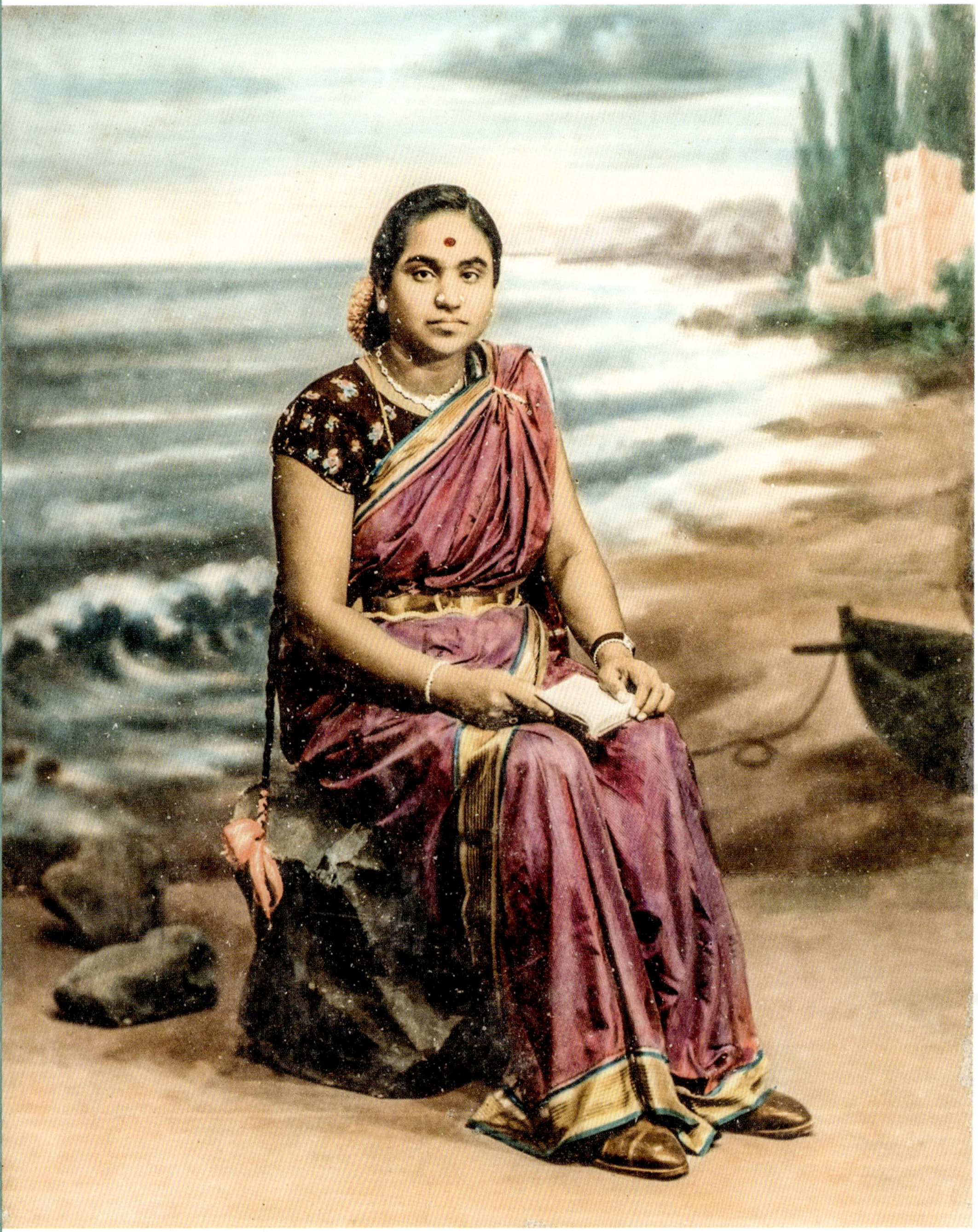

4 Porträt einer Frau. Übermalter Silbergelatineabzug. R. Dasen Studio. [Stars Archive KARAIKUDI_3A_R DASEN STUDIO_2016_00054].

Studios konkurrierten untereinander darin, ihrer Kundschaft abwechslungsreiche, gemalte Hintergründe zur Verfügung zu stellen, wobei die Themen von Stränden, Flussufern und Gebirgszügen bis hin zu luxuriösen Hausinterieurs reichten. Kataloge von in Großbritannien hergestellten Kulissen wurden in einigen wenigen Studios gefunden, aber die meisten Studios beauftragten Maler vor Ort mit der Gestaltung von auf großen Leinwänden gemalten Kulissen. Sets von Accessoires (Modeschmuck, Uhren, Stifte, die in die Brusttasche der Männer passen sollten, Lese- und Sonnenbrillen, Westernhemden usw.) wurden den Kund*innen angeboten und verschiedene Bühnenrequisiten neu arrangiert, um die Komposition jedes Porträts zu variieren (Topfpflanzen, Blumenvasen, Bücher und Zeitungen, Teppiche, Tische und Stühle usw.).

Das Repertoire an technischen Manipulationen, die von den Studiofotografen eingesetzt wurden, um ihre Produktionskosten zu senken, unbefriedigende Aufnahmen zu korrigieren und in diesem Nischenmarkt mit innovativen fotografischen Produkten Kund*innen zu gewinnen, obwohl ihnen nur sehr begrenzte technische Möglichkeiten zur Verfügung standen, zeichnet sich durch seine große Vielfalt aus. Manipulationen von Bildern erfolgten in einer, zwei, drei oder allen fünf Produktionsstufen: (1) bei der Gestaltung der Szene, (2) bei der Aufnahme, (3) während der Entwicklung des Negativs, (4) auf dem entwickelten Negativ und schließlich (5) auf dem Abzug. Von den vielen Manipulationen möchte ich hier nur einige hervorheben: Mehrfachbelichtungen (die im Moment der Aufnahme erfolgen), »Pink-Wash« (auf dem Negativ vor der Herstellung des Abzugs) und Vignettierung (die nachträgliche Manipulation eines Abzugs, um daraus ein neues Porträt zu erzeugen).

Die Beispiele für die Verwendung von Mehrfachbelichtungen (eine fotografische Technik, die mehrere Aufnahmen zu einem einzigen Bild kombiniert) sind in den Archiven tamilischer Studios reichlich vorhanden. Wir können zwischen jenen unterscheiden, die nur auf dem Negativ sichtbar sind, und jenen, die auch auf dem Abzug sichtbar sein sollen. Viele Studios entschieden sich, wenn es möglich war, die Kosten für die Negative zu sparen und sie mehrfach zu verwenden, d.h. das Verfahren der Doppelbelichtung nicht aus ästhetischen Gründen (wie es oft der Fall ist), sondern einfach aus wirtschaftlichen Gründen anzuwenden. Dies geschah sowohl bei Glasplatten- als auch bei Zelluloidnegativen.

Der Einsatz der Doppelbelichtung diente auch szenografischen Gestaltungen wie etwa dem Thema »Herr und Knecht«, bei dem dieselbe Person zweimal aufgenommen wurde, oder um Atmosphären zu schaffen, die weniger paradigmatisch für das koloniale Setting sind: Mehrfachbelichtungen, die für einen einzigen Abzug bestimmt waren, sind eine schwierige Manipulation, und es gab oft Debatten darüber, wessen Urgroßvater, Großvater, Vater oder Onkel als erster ein »neues Bild« erfunden hatte, das von den konkurrierenden Studios vor Ort schnell »nachgemacht« wurde.

Die Praxis, Negative zu retuschieren, um das Aussehen des Dargestellten zu verbessern, war ebenfalls weit verbreitet. Gesichtszüge wie Augen und Mund wurden mit spitzem Bleistift ausgeprägter gestaltet (eine Praxis, die auch auf dem Abzug angewandt wurde), und der Hautton (Gesicht, Hals, Arme und Hände) erschien durch das Auftragen von »Pink Wash«, einer rosafarbenen Tönung, heller. Diese Manipulation, die zwar auf Negativen sofort zu erkennen ist, auf Abzügen jedoch kaum, ist extrem häufig.

Der Ursprung liegt nach Aussagen der befragten Studiofotograf*innen in der Notwendigkeit, Tageslichtporträts zu korrigieren. Bis zum Aufkommen der Elektrizität (Mitte der 1930er Jahre in den großen Städten und den von den Briten bevorzugten »Hill Stations«) waren die Studios vom Sonnenlicht abhängig, indem sie entweder im Freien fotografierten oder die Dächer des Studios anpassten (abnehmbare Dachplatten, Glasdächer usw.).[5] Das Sonnenlicht von oben erzeugte starke Schatten unter der Nase und auf dem Hals der Porträtierten, was als unästhetisch empfunden wurde. Trotz der Einführung der Elektrizität, die eine kontrollierte Beleuchtung im Studio ermöglichte, wurde der »Pink Wash« weiterhin massiv eingesetzt, nicht um unschöne Schatten zu korrigieren, sondern um den Hautton auf Gesicht, Hals, Armen und Händen (und manchmal den nackten Füßen) der Porträtierten aufzuhellen. Tamilische Fotograf*innen scherzen deshalb oft darüber, dass sie Photoshop schon lange vor der Erfindung der Computer eingesetzt hätten!

Häufig baten Kund*innen die Studios auch, ein »neues« Porträt aus einem älteren Abzug anzufertigen. Dabei konnte es sich entweder um die einfache Erstellung eines neuen Abzugs handeln oder um die komplexere Erstellung eines neuen Porträts daraus. Die Praxis der »Vignettierung« ermöglichte letzteres. In der ersten Phase gab der Kunde entweder seinen Abzug ab, damit dieser abfotografiert werden konnte, oder das Studio, das das Originalfoto aufgenommen hatte, holte das Negativ aus seinem Archiv. In der Tat bewahrten die meisten, wenn nicht sogar alle Studios ihre Negative zehn, zwanzig und manchmal dreißig Jahre lang auf, so dass die Kunden weitere Abzüge bei ihnen bestellen konnten.

Auf dem Negativ werden dann die dargestellten Personen mit einer Papierabdeckung eingefasst und dadurch der Hintergrund »entfernt«. Unerwünschte Personen konnten so ebenfalls ausgeblendet werden. Den nun leeren Hintergrund füllte man in einem zweiten Schritt neu aus oder verschönerte das Bild durch manuelle Übermalung.

Kunst und populäre Kultur 150 Tamilische Studiofotografie

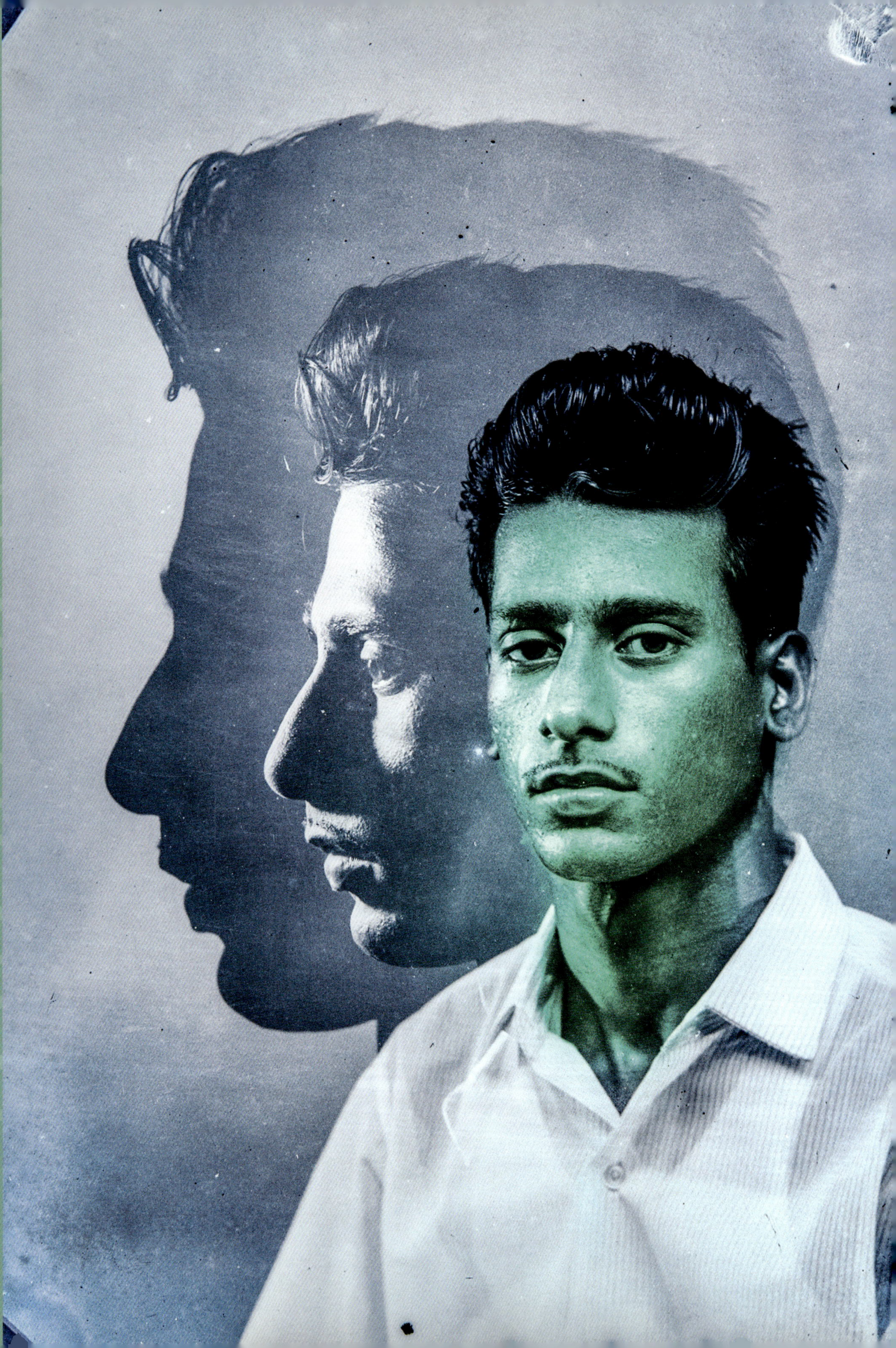

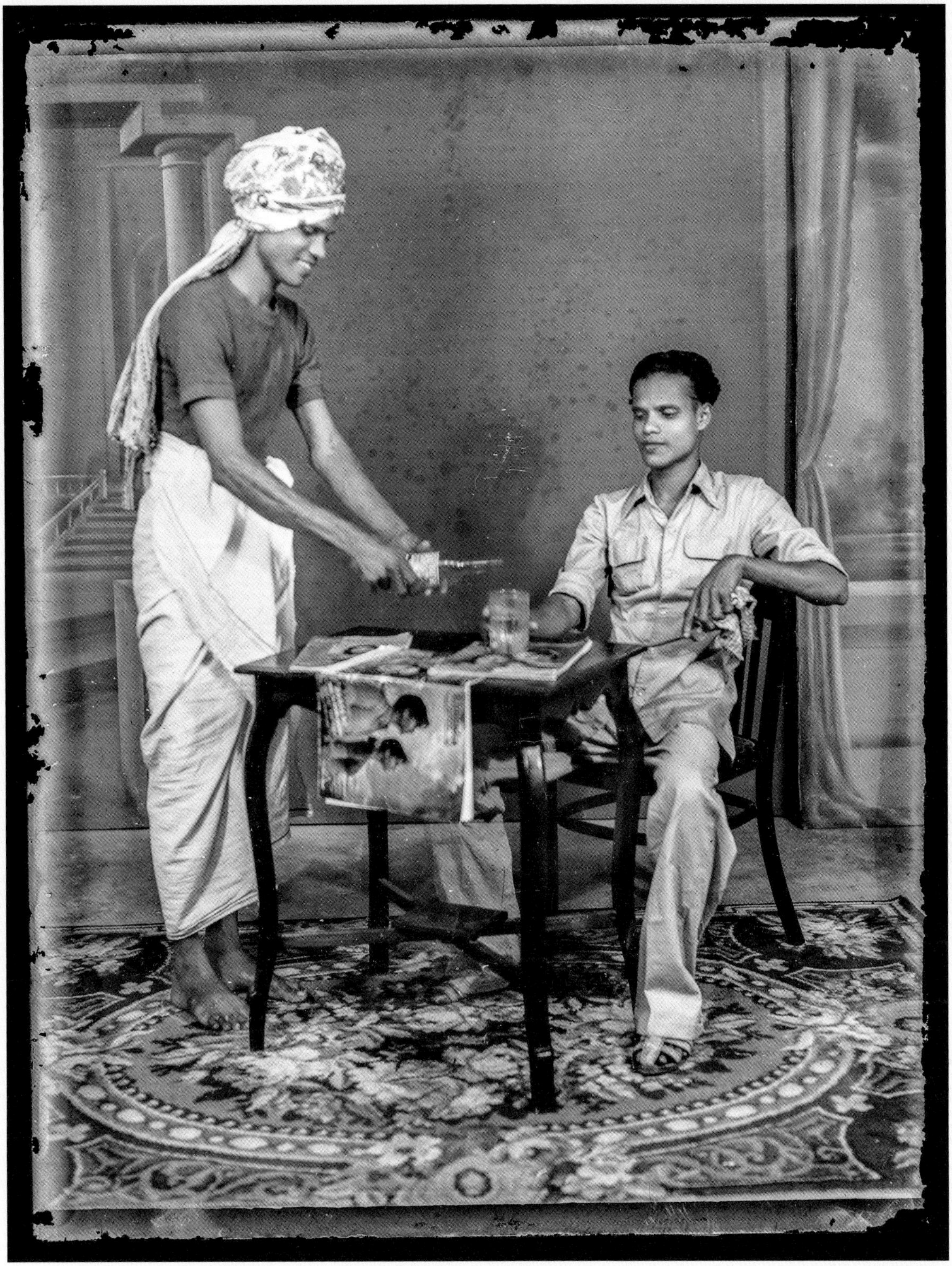

◄ 5 Porträt eines Mannes. Dreifache Belichtung und pinkfarbener Farbauftrag auf dem Gesicht. Zelluloid-Negativ. Datum unbekannt © Saraswati Studio (Thanjavur). (Das Negativ wird hier als Positiv gezeigt, daher erscheint Pink blaugrün.) [Stars Archive EAP946_TPJ_SD_SATI_00276].

6 Porträt eines Mannes in Doppelbelichtung und mit veränderter Kleidung. Zelluloid-Negativ. Datum unbekannt © Vasen Studio (Karaikudi) [Stars Archiv EAP737_coll4_SP_GP_B18_002].

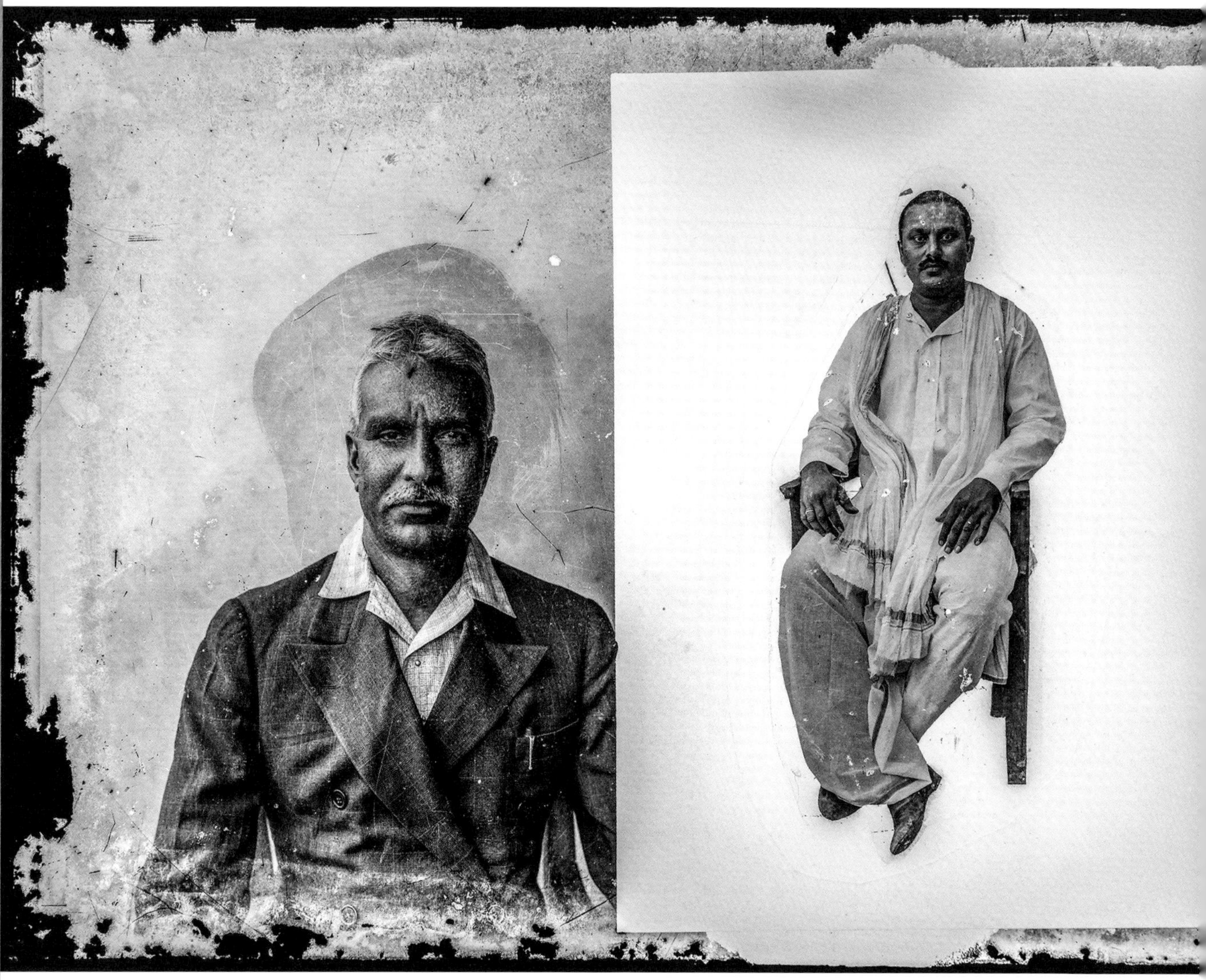

7 Zwei separate Porträts von Männern (Doppelbelichtung des Negativs).
Das rechte Bild zeigt die Technik der Vignettierung.
Glasplattennegativ. Datum unbekannt © Sathyam Studio (Chennai)
[Stars Archive EAP946_MAS_SD_SAAM_00013].

Das reiche und umfangreiche Erbe der tamilischen Studiofotografie ist in Gefahr, zu verschwinden. Einerseits fördert Tamil Nadu die Erhaltung von fotografischem Material wie Glasplattennegativen, Filmnegativen oder Abzügen nicht, und das tropische Klima Südindiens mit einer Luftfeuchtigkeit, die während eines großen Teils des Jahres 80 oder sogar 90 Prozent erreicht, beschleunigt den Verfall dieses reichen Erbes der visuellen Weltgeschichte. Andererseits versetzte das Aufkommen der Mechanisierung des Entwicklungsprozesses und des Drucks sowie die Einführung des Farbfilms und kurz darauf die massive Einführung der Digitaltechnik (Ende der 1990er Jahre) der Tätigkeit der Studios einen schweren Schlag. Eine große Anzahl von Studios musste ihre Türen schließen. Die Mehrzahl der Studiobesitzer*innen entledigte sich daraufhin ihrer Archive, sowohl aus Platzmangel als auch wegen des mangelnden Interesses der jüngeren Generation an nicht-digitalem Material.

Darüber hinaus zeigten die Forschungen eine Zerstörung dieser Studioarchive en bloc: Die Glasplatten und Negative enthalten Silbersalze, und viele Studios verkauften ihre Archive an Silberextrakteur*innen, die das Geheimnis dieses lukrativen Know-hows sorgsam hüteten. Das Ausmaß der Zerstörung wird erkennbar, wenn man weiß, dass man etwa 250 Kilogramm Negative benötigt, um 1 Kilogramm Silber zu extrahieren. Schließlich trägt ein weiterer Faktor, vielleicht langsamer, aber nicht weniger bedeutsam, zum Verschwinden eines ganz bestimmten Teils dieses Erbes bei, nämlich der Abzüge: Diese wurden nie von den Studios aufbewahrt, da sie für die Kunden bestimmt waren. Die Veränderungen der Familienstruktur, insbesondere die schnell fortschreitende Tendenz zum Leben und Wohnen als Kleinfamilie, die Zunahme der geografischen Mobilität (vor allem aus beruflichen Gründen) und die Veränderung der Wohnräume (vom angestammten Familienhaus zur Mietwohnung) sind jedoch alles Gründe, die bei den Befragungen genannt wurden, um zu erklären, warum viele Familien ihre »alten Fotos« wegwerfen.

Die in den Ateliers, Wohnungen und Geschäften erhaltenen Bilder bieten einen Blick auf tamilische Fotoproduktionen, die weitaus vielfältiger sind als das hier vorgestellte allgegenwärtige »Vintage«-Studioporträt. In der Tat haben sich Verwendung, Funktionen und Zirkulation der Fotografie während des gesamten Untersuchungszeitraums (1880–1980) vervielfältigt. Ein vorläufiger Rundgang durch die 42 000 Bilder des STARS-Archivs zeigt, dass die Studios nicht nur das allgegenwärtige Familienporträt produzierten, sondern in sechs weiteren Genres fotografischer Produktionen tätig waren (Lebenszyklusfotografie, institutionelle Fotografie, Fotojournalismus, staatlich geförderte Fotografie, forensische Fotografie und Schnappschussfotografie), die eine genauere Betrachtung verdienen.

1 Dabei wird eine Kampferflamme auf einer Platte angezündet und um die Darstellung der Gottheit herumgeführt. Dadurch wird die Kraft der Gottheit auf das Licht übertragen und kann an den Gläubigen weitergegeben werden, der seine Hände über die Flamme und dann über sein Gesicht legt und so Reinigung erhält.

2 Der prominenteste Fotograf der frühen Periode ist Linneaus Tripe (1822–1902). Zwischen 1857 und 1860 wurde Tripe zum offiziellen Fotografen der Madras Presidency ernannt.

3 Diese umfangreichen Publikationen stellen eine wertvolle Referenzquelle für das Studium der britischen Verwaltung in der Madras Presidency dar. Jeder Jahresband deckt eine Vielzahl von Themen ab: die zivilen, militärischen und religiösen Einrichtungen einschließlich der Gehälter; die juristische Verwaltung; Berufsvorschriften; Postvorschriften und -gebühren; Schiffsankünfte und -abfahrten; Geburten, Sterbefälle, Eheschließungen und Nachlässe, die innerhalb der Presidency beurkundet wurden; sowie ein Handelsverzeichnis, geordnet nach den verschiedenen Handelskategorien. Im Jahr 1799 erschienen sie unter dem Titel *Madras Register*, von 1860 bis 1861 als *New Madras Almanac* und von 1862 bis 1935 als *Asylum Press Almanac*. Von Anfang an wurden sie von der *Asylum Press*, Madras, zum »Nutzen des Military Male Orphan Asylum« gedruckt und veröffentlicht.

4 Das Projekt STARS, *Studies in Tamil Studio Archives and Society*, will einen Beitrag zur Weltgeschichte der Fotografie leisten, indem es die Praktiken, Codes und Fähigkeiten der populären Fotostudios im Süden des indischen Subkontinentes zwischen 1880 und 1980 untersucht. STARS verfügt über ein Archiv von über 42 000 Fotografien, das seit 2015 vom französischen Centre d'Études de l'Inde et de l'Asie du Sud (CEIAS, CNRS-UMR 8564) koordiniert, durch das Endangered Archives Programme (EAP) der British Library finanziert und von einem technischen Team des Institut Français de Pondichéry (IFP-CNRS USR 330) betreut wird. Dazu gehören ein physisches Archiv von 5 000 historischen Abzügen, die im Institut Français de Pondichéry aufbewahrt werden, und ein digitales Archiv mit Digitalisaten von 37 000 Glasplatten, Negativen und Abzügen aus Studioarchiven, Familiensammlungen, Privatsammlungen und Beständen von Antiquitäten- und Gebrauchtwarenhändlern, die sich bereiterklärt haben, ihre Sammlungen vor Ort digitalisieren zu lassen.

5 Die Architektur mehrerer während des Projekts besuchter Ateliers zeugt noch von der notwendigen Nutzung des Sonnenlichts zum Zeitpunkt der Belichtung.

ASHRAFI S. BHAGAT

Madras Art Movement: Regionale Moderne von 1960 bis 2000

மெட்ராஸ் கலை இயக்கம்: பிராந்திய நவீனத்துவம் 1960 முதல் 2000 வரை

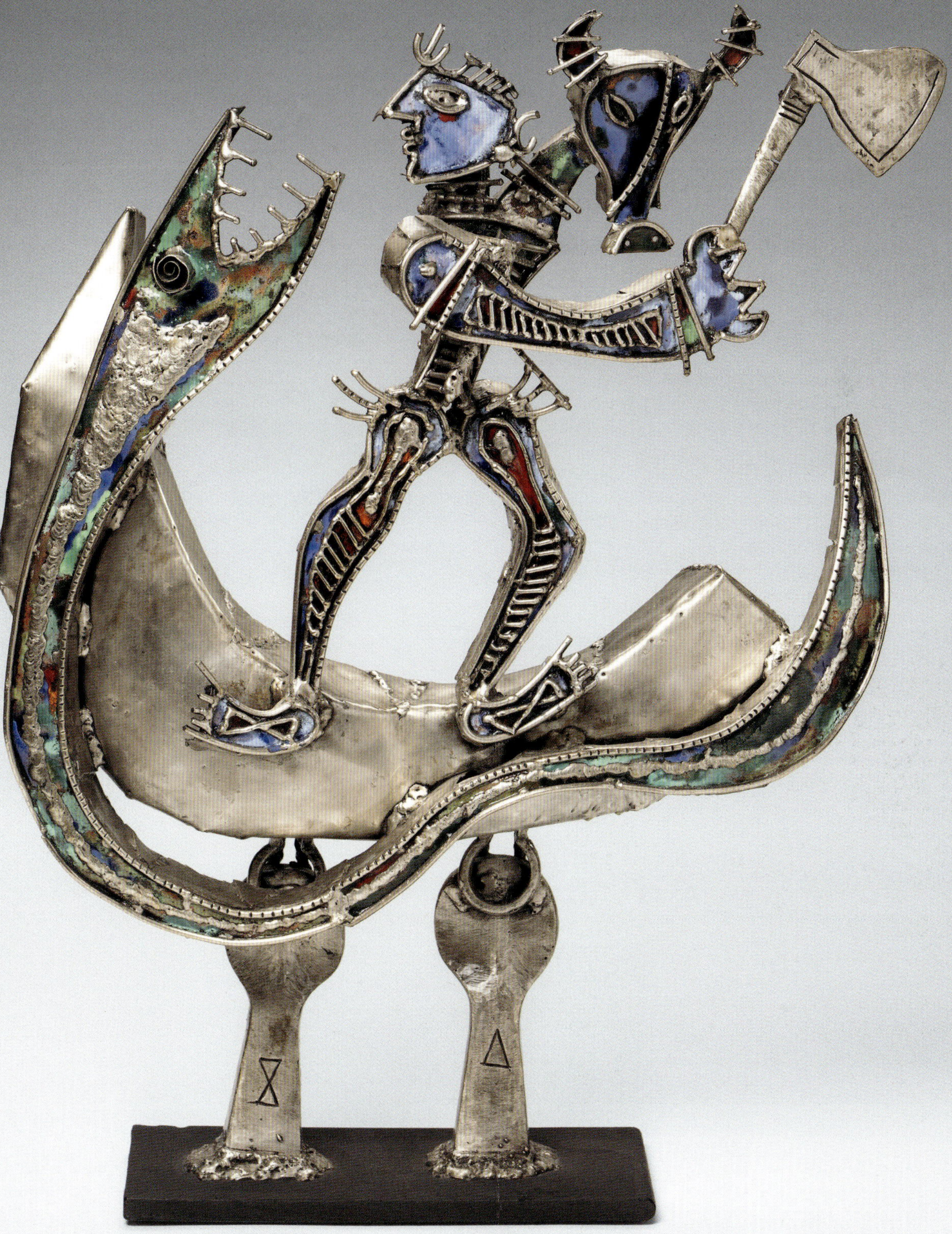

Das Madras Art Movement war ein regionales Phänomen, das ab Mitte der 1940er Jahre seine besondere Ausprägung fand, indem es die Suche nach Authentizität in einer Kunst der Moderne initiierte, die im kulturellen Erbe der Region verwurzelt war. Das *College of Arts and Crafts*, eine in der Kolonialzeit gegründete Kunstinstitution, wurde in den 1960er Jahren zum Zentrum dieser modernen Kunstbewegung im Süden Indiens. Diese Institution war die einzige, die eine umfassende Kunstausbildung in Südindien anbot. Folglich zog es viele Student*innen, die Künstler*innen werden wollten, aus den vier Bundesstaaten Kerala, Karnataka, Andhra Pradesh und Tamil Nadu hierher.

Das Konzept des Nativismus

Die Agenda des »Regionalismus« und »Nativismus« im Süden schlug sich im Milieu der Zeit nach der Unabhängigkeit Indiens nieder. In gewisser Weise waren Nativismus und Regionalismus ein Versuch, die Invasion fremder Wahrnehmungen und Empfindungen zu bekämpfen, nämlich den Einfluss von Künstlern der europäischen Moderne in der bildenden Kunst. Indem die lokale Kultur auf diese Weise strategisch Raum für die künstlerische Verhandlung von Formen und Idiomen durch Künstler mit moderner Sensibilität öffnete, ermöglichte sie dynamisch die Bühne dafür, vergangene Traditionen zu Hauptakteuren werden zu lassen. Künstler erkundeten Kunstformen, die sowohl zu höheren kanonischen Traditionen als auch zu Volks- und indigenen Künsten gehörten. Dazu gehörten *kōlam* oder die Bodenornamente, Amman-Göttinnen, *Grāmadevatā* (Dorfgottheiten, meist weiblich), Formen der Puppenkunst, Holzspielzeug, Tanzmasken, rituelle tantrische *Yantras* (geometrische Diagramme), die Muster der *Kalamkari*-Stoffe (handbemaltes oder blockbedrucktes Baumwolltextil), Tempelschnitzereien sowie epische und religiöse Texte. Die Aufwertung regionalkultureller Formen in der Kunst und ihre Repräsentation innerhalb des Madras Art Movement waren also maßgeblich dafür verantwortlich, das Wachstum und die Entwicklung der Bewegung in Gang zu setzen. Dabei wurde ein sinnhafter Dialog zwischen der Vergangenheit und der Gegenwart geschaffen, der die Weichen für die Zukunft stellte.

Innerhalb des Madras Art Movement lassen sich grob zwei Stränge der Bildsprache ausmachen, mit denen sich die Künstler*innen beschäftigten: figurativ und abstrakt.

Zu den Künstler*innen, die sich in figurativer Bildsprache ausdrückten, zählen K. Sreenivasulu, Sultan Ali, Redappa Naidu, A. P. Santhanaraj, Alphonso Doss, Anthony Doss, K. Ramanujam, R.B. Bhaskaran, S.G. Vasudev, M. Senathipathi, K. Muralidharan, C. Douglas, P. Perumal, S.K. Rajavelu, M. Suriyamoorthy und andere.

Diejenigen, die abstrakte Kunst praktizierten, waren L. Munuswamy, K.V. Haridasan, V. Viswanathan, Achuthan Kudallur, K.M. Adimoolam, P. Gopinath, Jaypal Panniker, A. P. Paneerselvam, K.S. Gopal, Rm. Palaniappan und andere. Diese Kerngruppe von Künstler*innen leistete einen bedeutenden Beitrag zur Entwicklung der Moderne von Madras.

Es muss erwähnt werden, dass es auch Künstlerinnen gelang, sich innerhalb dieses patriarchalischen Milieus eine eigene Identität zu schaffen. Bedeutende Künstlerinnen waren Arnawaz Vasudev, Rani Nanjappa, T. K. Padmini, Premlatha Seshadhri und die Bildhauerin Anila Jacob. Sie leisteten mit ihren Werken wichtige Beiträge zur nativistischen Agenda der Bewegung. Eine Ausnahme bildete T. K. Padmini, deren Werke als autobiografisch bezeichnet werden können. In ihrem Mittelpunkt stehen das weibliche Geschlecht und die Verwurzelung der Künstlerin in den kulturellen Traditionen Keralas.

Es scheint notwendig, die Fäden der Geschichte des Madras Art Movement herauszuarbeiten, insbesondere der Geschichte seines Wachstums, seiner Entwicklung und der Schaffung seiner eigenen Form der Moderne mit einem regionalen Charakter durch visionäre Künstler wie K.C.S. Paniker in der Malerei und S. Dhanapal in der Bildhauerei, unterstützt von den erwähnten Künstler*innen, deren Beiträge von großer Bedeutung sein sollten. Paniker zeichnete sich durch eine dynamische Vision aus und verfügte als Verwaltungsleiter und Direktor über offensichtliche Führungsqualitäten. So war er weitgehend dafür verantwortlich, der Bewegung einen neuen, einzigartigen kreativen Anstoß zu geben.

◄ 1 »The Boat«, S. Nandagopal, 2015. Kupfer und Messing, versilbert, Emaille, 61 × 58 cm. Linden-Museum Stuttgart. Inv-Nr. SA 07585 L. Foto: Dominik Drasdow.

K. C. S. Paniker (1911–1977) war Visionär, Pädagoge, Künstler und Theoretiker, der die heute als Madras Art Movement bekannte Kunstbewegung gründete. Durch seine Initiierung des Dialogs mit der Vergangenheit, beeinflusst durch das visuelle, folkloristische Vokabular von Jamini Roy, begann er regionale Kunstformen und -traditionen zu untersuchen. Auch Roy galt als herausragender Künstler, der sich in seiner modernen Wahrnehmung mit der Tradition der Volkskunst und -kultur auseinandersetzte mit dem Ziel, eine visuelle Sprache zu schaffen, die eine ganze Generation von Künstler*innen nach ihm beeinflussen sollte. Paniker scharte eine Gruppe intelligenter, sensibler und arbeitsorientierter Student*innen um sich, mit denen er debattierte und den Status der Moderne in Indien aus der Position einer postkolonialen Nation diskutierte. In der Serie »Wörter und Symbole«, die einen Durchbruch für ihn bedeutete, spielte Paniker mit der Abstraktion von Wörtern und Schriften, integrierte jedoch auch mathematische Formeln, algebraische Gleichungen und astrologische Diagramme. Paniker wird auch die Initiative für die Gründung der Künstlerkommune Cholamandal Artists Village im Jahr 1966 zugeschrieben.

S. G. Vasudevs (geb. 1941) Inspiration für seine Bilder kam oft aus literarischen Quellen. Er arbeitete mit dem Dichter, Linguisten und Volkskundler A. K. Ramanujan und dem Dramatiker Girish Karnad zusammen und erlernte von Handwerkern die Kunst des Metallreliefs und der Holzintarsienarbeit, um zeitgenössische Kunstwerke in diesen Medien zu schaffen. Er erprobte seine Kreativität an indischen Mythen, Legenden und Motiven der Folklore. Ein wichtiger Teil seiner Arbeit sind kraftvolle Metaphern, die er bewusst einsetzt, etwa in Gestalt der *Mithunas*, erotischer Paardarstellungen, und später von *Vriksha*, dem Baum des Lebens. Die Idee des *kalpa Vriksha*, des phantasievollen Lebensbaums, die aus der Poesie von R. Bendre entlehnt wurde, blieb als dominantes, durchgehendes Symbol, Bild und Metapher, mit der er das pulsierende Leben feierte. Vasudev schuf einen Dialog zwischen »Selbst« und »Erfahrungen«, indem er sich in seinen Arbeiten fließend zwischen Themen seiner gelebten Erfahrungen in »Humanscapes«, »Earthscapes«, »Theatres of life«, »He and She« bewegte. Seine jüngsten Werke zeigen oft Gegenüberstellungen mehrerer dieser verschiedenen Themen auf einer einzigen Leinwand.

2 »She and Bird«. S. G. Vasudev, 2004.
Öl auf Leinwand, 96 × 96 cm. Privatleihgabe.
Foto: Ernst Kölnsperger.

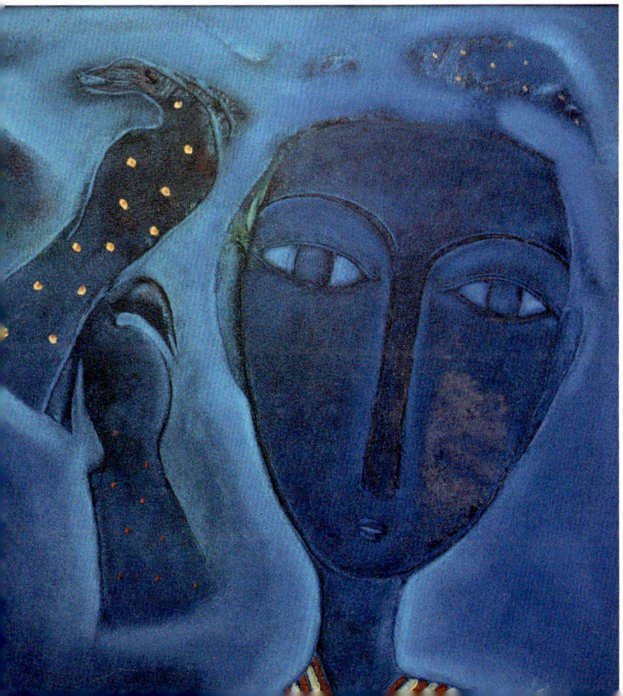

R. B. Bhaskaran (geb. 1942) ist ein weiterer bedeutender Künstler der Moderne des Madras Art Movement. Es genügte ihm nicht, das »Indische« nur durch Symbole oder mythische Erzählungen darzustellen. In verschiedenen Medien wie Malerei, Grafik, Fresko oder Zeichnung, konzentrierte er sich auf den Ausdruck der Form und ihre Beziehung zum Raum. Dies führte ihn dazu, an Themen wie »Lebenszyklen«, »Evolution«, »Katzen«, »Hochzeitsfotos« und »Stillleben« zu arbeiten. Dem Thema »Katzen« widmete er sich ausgiebig, um künstlerische Probleme zu erforschen und zu lösen. Seine Kunst stellte die Phänomenologie der Wahrnehmung, empirische Erfahrungen und die Philosophie des Lebens als Kontinuum von Geburt, Wachstum, Entwicklung und Tod in den Vordergrund.

C. Douglas (geb. 1951) genießt in Indien und international hohes Ansehen. Ein brillanter Künstler, ein tiefgründiger Intellektueller, scharfsinnig in seinen Wahrnehmungen, konzeptionell stark, erfahren und geschickt in seiner Kunstfertigkeit – ein Avantgarde-Modernist, dessen Kunst einen anderen und eindeutigen Wegweiser innerhalb des Madras Art Movement darstellt. Literatur, Philosophie und Kunst sind drei Säulen, die sein Werk geprägt haben, ergänzt durch sein Interesse am Theater. Obwohl er als herausragender Künstler des Madras Art Movement gilt, passen seine Werke nicht in die Ideologie der Nativisten, die ihre Ressourcen aus der lokalen Kultur schöpfen. Sie haben jedoch eine Gemeinsamkeit in der Auseinandersetzung mit der Linie und der Schaffung ästhetischer, dekorativer Texturen, die im Zentrum seiner

Arbeit stehen. In Douglas' Denken fungieren »Fragmentierung und Ganzheit«, »Zerbrechlichkeit und Widerstandsfähigkeit«, »Anwesenheit und Abwesenheit«, Positives und Negatives, Leben und Tod, Tragödien und Feiern als gegensätzliche Werte. Die dunkleren Aspekte dieser Binaritäten enthielten Verletzlichkeit und Anfälligkeit, die ihn anzogen. Im Zentrum von Douglas' Œuvre steht die fragmentierte menschliche Form. Sein visuelles Vokabular von Symbolen und Metaphern bilden allgegenwärtige Elemente und Formen aus seiner zeitgenössischen Realität, wie Schaufensterpuppen, Vögel, Schlüssel, Schlüssellöcher, Leitern, Tassen, bandagierte Köpfe, Bücher, Handynummern, zugebundene Lippen, schwebende Drähte und verzerrte Ohren.

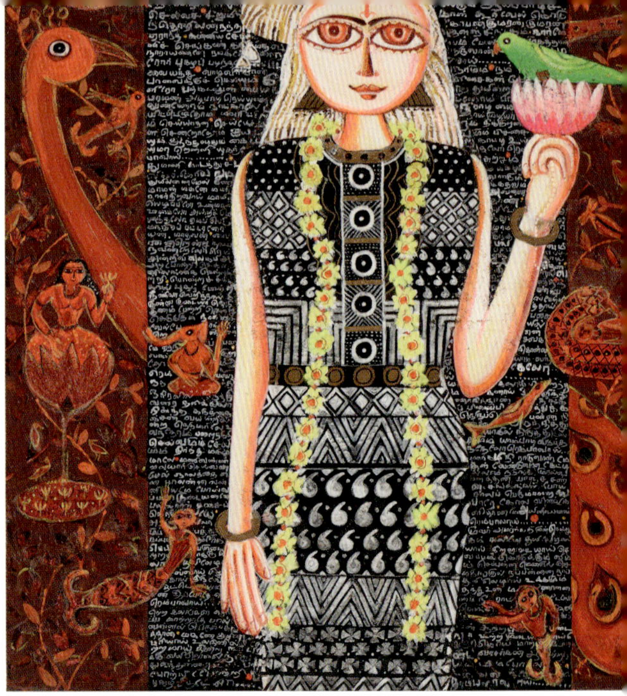

4 »Āṇṭāḷ«. K. Muralidharan, 2015. Acryl auf Leinwand, 107 × 107 cm. Linden-Museum Stuttgart, Inv.-Nr. SA 07153 L. Foto: Dominik Drasdow.

3 »Blind Poet and Butterflies«, C. Douglas, 2017. Verschiedene Materialien auf Papier und Stoff, 122 × 92 cm. Linden-Museum Stuttgart, Inv.-Nr. SA 07154 L. Foto: Dominik Drasdow.

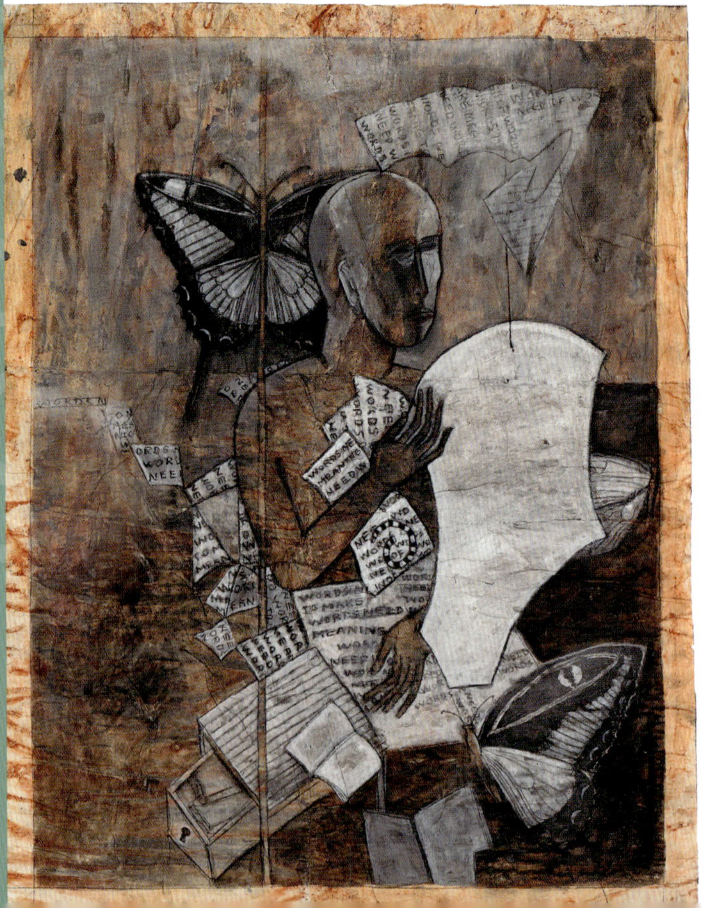

K. Muralidharans (geb. 1954) Kunst hat den Reiz der naiven und kalkulierten Spontaneität. Im Mittelpunkt seiner Werke stehen die Götter und Göttinnen, mythische Vögel, Tiere und Mischwesen, die er aus seinem Unterbewusstsein ausgräbt. Muralidharans Bildsprache wurzelt im Fundus indischer Mythologie, was zu seiner Signatur geworden ist. Sein Unterbewusstsein erkundet die einheimische Tradition und den Reichtum ihrer kulturellen Topografie. Das erlaubt ihm, mythische Motive ans Tageslicht zu bringen, die er in geeigneter Weise in etwas Postmodernes transformiert, etwa durch das Spiel mit Parodien. Über das kollektive Unterbewusstsein dringt Muralidharan in die Welt der Populärkultur ein, indem er sein mythisches Material konstruiert, so dass es mit grellen Farben, eingeschriebenen Texten und populären Bildern im zeitgenössischen Milieu kontextualisiert wird. Dennoch schafft er mit schwebenden Alphabeten, ornamentalen Blumen, Vögeln und Tieren eine Aura des Surrealen. Seine Kompositionen werden durch Farbschichten und Materialien wie Sand, Sägemehl, Jute, Impasto-Farbe, Dispersionen, Plastik und Industriefarben aufgebaut, die zu fühlbaren Texturen führen.

K. V. Haridasan (1937–2013) war einer der ersten Künstler, die im Süden mit tantrischen Bildern gearbeitet haben. Tantra war ein breites philosophisches Konzept, das die Dreierbeziehung von *Mantra, Yantra* und *Tantra* zusammenfasst. *Mantra* war der Klang einer bestimmten Silbe, die, wenn sie wiederholt gesungen wurde, mit Kraft ausgestattet ist. *Yantra* war die Gestalt und Struktur. *Tantra* stellte das Beziehungssystem zwischen beiden her. Dies war auf dramatische Weise ein indisches Konzept der Zusammenschau von Mensch und Natur in einer einzigen Vision. Das dominierende Motiv in der Gestaltung der *Tantra*-Kunst waren die *Yantras,* geometrische Diagramme, die Haridasan für seine Erzählungen personalisierte. Der Künstler zitierte dabei Konzepte aus der tantrischen Philosophie, wie *Bija* (der Samen oder die Quelle des Lebens); *Jiva* (das Leben); Materie (als das männliche Prinzip); Energie (als das weibliche Prinzip) und schließlich die Verschmelzung von Materie und Energie. Den Samen symbolisierte Haridasan durch einen zentralen Punkt, den Punkt der Energie, die »Existenz, aber keine Dimension« hatte. Die Dreiecke, die von vielen neotantrischen Künsten verwendet wurden, zeigten die männliche und weibliche Energie an. Dreiecke mit nach unten zeigenden Spitzen symbolisierten die weibliche Energie und die nach oben zeigenden das männliche Äquivalent. Diese Darstellungen basierten auf alten indischen Konzepten.

Sein nativistischer Indigenismus stärkte Haridasans Bedeutung innerhalb der Bewegung. Dies wird sichtbar an seinen Kompositionen, die sich später um ausgewählte Symbole, wie Sonne, Mond, Muttergöttin, Fruchtbarkeit und *Śakti* (die weibliche Energie) drehten.

Haridasan hatte eine starke Vorliebe für das Oval als Form, das er als starkes tantrisches Motiv betrachtete, da es für ihn auf *Sunya* (das Nichts), das Ei oder den Samen (*Bija*) hinwies – alle diese Symbole und Formen gebrauchte er jedoch auf eine ganz persönliche Art und Weise. Haridasan setzte menschliche Aspekte in Bezug zu Naturphänomenen, so erschienen der Mann beispielsweise als Feuer und die Frau als Blütenblatt. Seine erste Gruppe von tantrischen Gemälden wurde 1968 in Madras unter dem Titel *»Yantra«* ausgestellt. Seine bedeutendsten Werke gehörten zu der *Yantra*-Serie mit den Titeln *»Madhyanna Surya Yantra«, »Bija Yantra«, »Maya Yantra«, »Jyotir Yantra«, »Nivrirti Yantra«* und *»Mohan Yantra«*. Um die Einförmigkeit dieser Titel zu variieren, schuf er zudem die *»Brahma-Sutra«*-Serie.

5 Ohne Titel. K. V. Haridasan, Jahr unbekannt. Lithografie (2/6), 72 × 55 cm, Privatleihgabe. Foto: Ernst Kölnsperger.

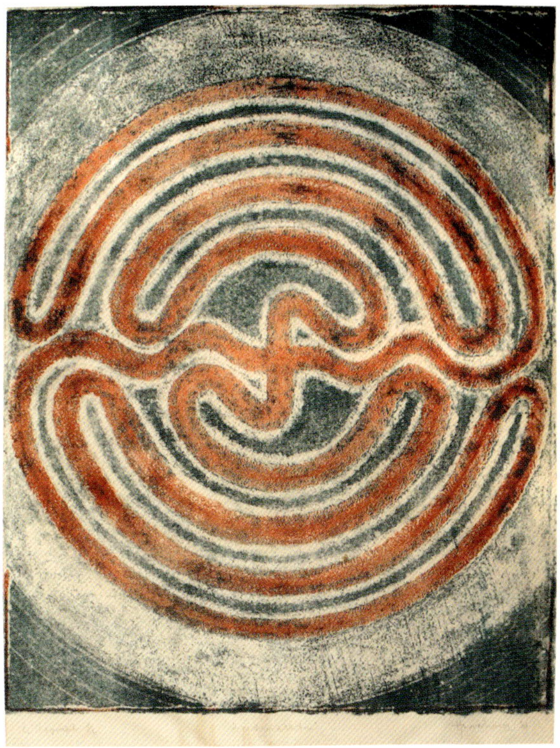

Rm. Palaniappan (geb. 1958) ist ein führender und international anerkannter Grafikkünstler aus dem Süden. Seine Ästhetik ist eine herausfordernde Schnittstelle zwischen Wahrnehmung und Intuition. Sein Ansatz erforscht die komplexen Beziehungen zwischen Wahrnehmung (Zeit), Erinnerung (Raum) und Identität; vermittelt durch Anordnungen von Linien und Texturen, wobei er eine intuitive Vorstellung entwickelt, die das Konzept des Flugs und damit der Bewegung repräsentiert. Palaniappan begann seine Karriere als Grafiker im Jahr 1982. Seine erste Serie war »*The Flying Man*«, 1982. Es folgten die Serien »*Space Drawing*«, »*Documents*« und »*Alien Planet*«, die ihm nationale und internationale Anerkennung brachten. In der »*Space-Drawing*«-Serie von 1982/83 hatte er Radierung und Mischtechnik eingesetzt. »*Documents*« war eine Mischtechnik-Grafik, die zwischen 1984 und 1988 entstand. Diese Serie war sehr umfangreich, da viele verschiedene Drucke entstanden, und ebenso komplex, wobei er erfolgreich Erfahrungen seiner gelebten Realität mit seiner imaginierten mentalen Topografie verband.

Bildhauerei innerhalb des Madras Art Movement

Während Paniker in der Malerei seine nativistische Agenda begann, gab es parallele Entwicklungen in der Bildhauerei, die von dem bekannten Lehrer und Bildhauer S. Dhanapal umgesetzt wurden.

S. Dhanapal (1919–2000) war ein Bildhauer, der zusammen mit Paniker auf der Suche nach einem persönlichen, modernen und traditionell inspirierten Stil war. Anfang 1957 experimentierte er mit einem volkstümlichen Idiom in einer Terrakotta-Skulptur einer Mutter mit Kind. Zu einer Synthese von Ost und West gelangte er 1961 in der Bronzeskulptur mit dem Titel *»Drei Figuren«*. Letztere erinnert an den Stil des zeitgenössischen englischen Bildhauers Henry Moore, vor allem in den großen schweren Körpern und den kleinen knaufartigen Köpfen aus geschlagenem Metall, die fast zweidimensional sind. Die scherenschnittartigen Figuren werden durch eine scharfe, schwungvolle, ungebrochene Linie zusammengehalten. Die Flächigkeit und Zweidimensionalität sollte später von anderen Bildhauern in den sogenannten zweidimensionalen Bildplastiken weitergeführt werden.

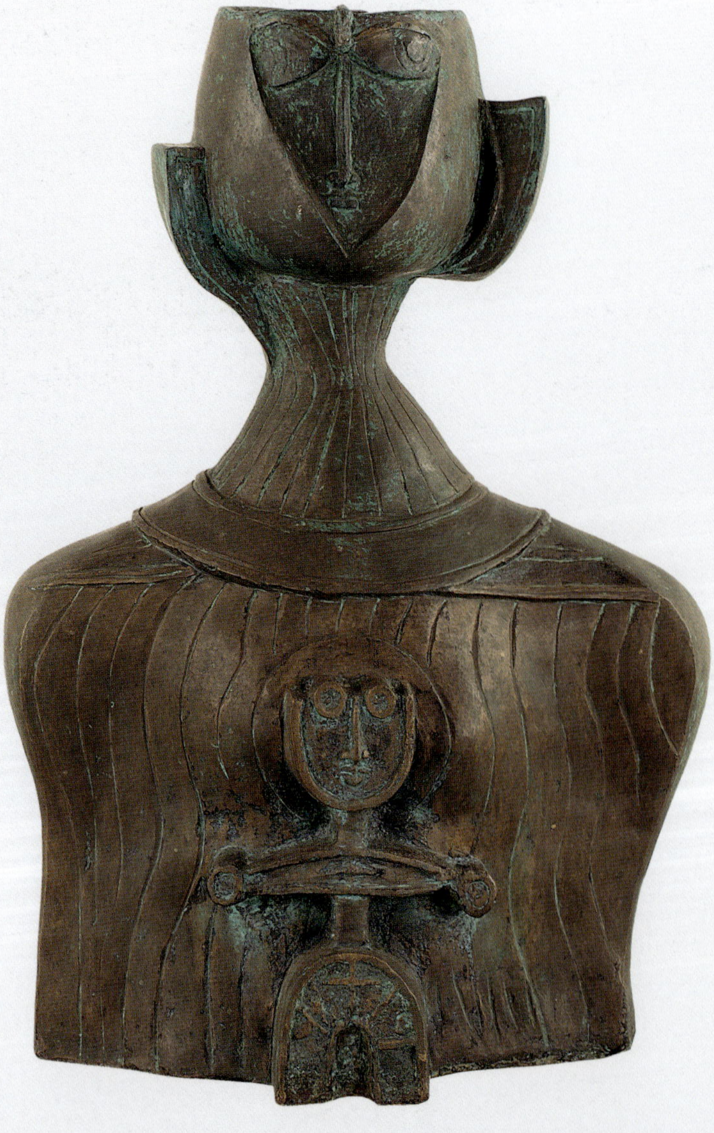

6 »Maria und Christus«,
Höhe: 69,85 cm. DAG Galerie, New Delhi.
Foto: Ashrafi S. Bhagat.

P. V. Janakiram (1930–1995) war verantwortlich für die Popularisierung der zweidimensionalen oder ausschließlich frontalen Skulptur, die durch die Arbeiten von Dhanapal, Kanayi Kunhiraman und Vidyashankar Sthapathy initiiert wurde. Durch das Studium der traditionellen Bildhauerei entdeckte er mit verzierten Metallplatten bewehrte Tempeltüren (*Kavaca*).
In einem nächsten Schritt erweiterte er diese Technik, indem er sie an seine individuellen Bedürfnisse anpasste. Dies erforderte das Arbeiten auf Blech, und in diesem Modus kombinierte er Repoussé (Treibarbeit) mit Konstruktionen darauf, indem er auf die Oberfläche des Metalls Drähte und Kabel schweißte und in spielerischer Kombination und Gegenüberstellung interessante und verwandte Formen und Gestalten erarbeitete, um flache oder bildhafte Skulpturen zu schaffen. Janakiram behielt bei der Arbeit an seinen Metallskulpturen das Vokabular der einheimischen Bildsprache bei, das den Piktogrammen von Paniker sehr nahekommt.

S. G. Vidyashankar Sthapathy (geb. 1938) gilt neben Dhanapal und Janakiram als Pionier. Sthapathys Innovationen und Experimente bestanden darin, sich vom traditionellen Tempelbildhauer in einen zeitgenössischen Künstler zu verwandeln, indem er seine Skulpturen aus seiner persönlichen, modernen Empfindung heraus gestaltete. Seine Anwesenheit auf dem Campus diente in vielerlei Hinsicht als Katalysator für Experimente. Da er zu den Nachfahren des legendären Raja Raja Perumthatchan, dem Erbauer des berühmten Brihadesvara-Tempels in Thanjavur, angehört, trägt er das in der Familie weitergegebene Wissen um den vorgeschriebenen Kanon in sich. Sthapathys Platz in der Gruppe des Madras Art Movement ist in der Tat einzigartig. Seine Werke sind überwiegend ikonisch, etwa in Form von Einzeldarstellungen des vogelartigen Gottes Garuda oder der Göttin Devi mit dekorativen Stilisierungen, die gleichzeitig traditionell und modern wirken. Bei der Gestaltung der Werke lässt Sthapathy keine Rituale oder Dogmen einfließen, sondern gestaltet sie frei, ohne Rücksicht auf Proportionen oder andere klassische Vorgaben. Nicht nur ikonische, sondern auch abstrakte Kompositionen gehören zu Sthapathys Werkkomplex. Als Bildhauer sagte Sthapathy: »Meine Formen und Gestalten sind modern. Aber die Motive meiner Arbeiten stammen aus den reichen Resonanzen der Vergangenheit in Bildern von Karaikka, Vinayaka, Kumar oder der Regengöttin Renuka Devi.«

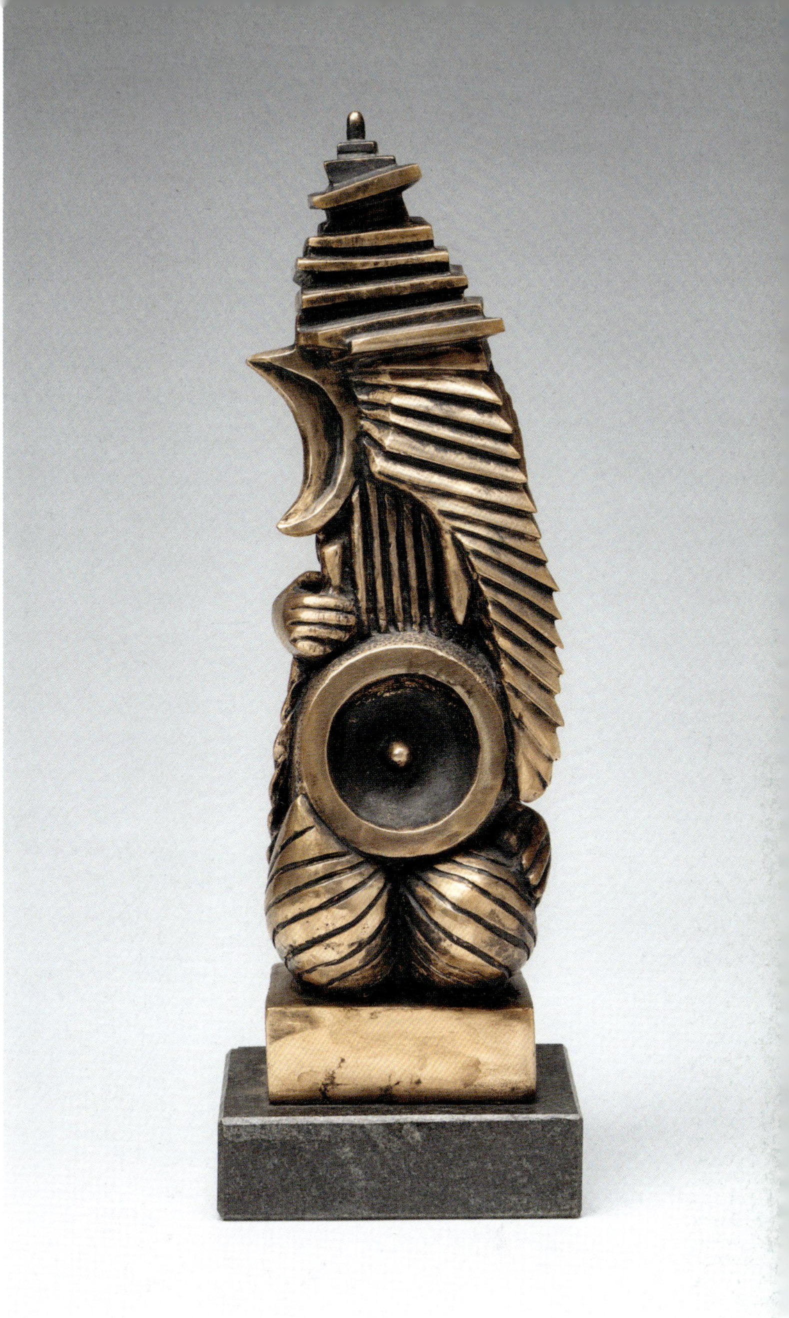

7 »Ganapati«, P. S. Nandhan, 2016. Bronze, 45 × 15 × 12,5 cm. Linden-Museum Stuttgart, Inv.-Nr. SA 07150 L. Foto: Dominik Drasdow.

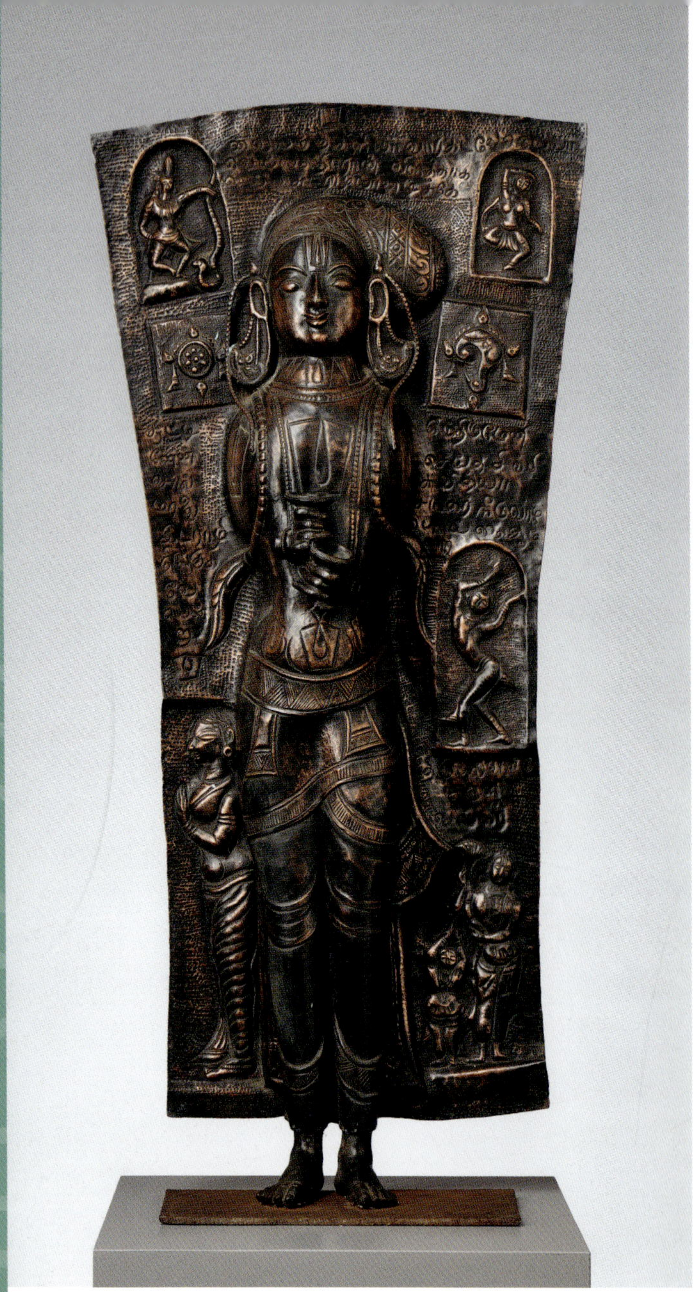

8 »Tirumaḻicai Āḻvār«. Vidyashankar Sthapathi, 1981. Kupferblech, Bronze- und Eisenteile. Höhe: 92,8 cm. Linden-Museum Stuttgart, Inv.-Nr. SA 07007. Foto: Dominik Drasdow.

P. S. Nandhan (geb. 1940), der im Cholamandal Artist Village lebt und arbeitet, visualisiert seine Skulpturen aus der Matrix des Materials heraus, indem er zunächst die Kontur oder die Silhouette der Form festlegt, wie sie sich vor seinem inneren Auge abzuzeichnen beginnt. Nandhan hat nie an die Malerei geglaubt, obwohl er das College of Arts and Crafts mit einem Diplom abgeschlossen hat. Er fühlte sich von seiner Natur her zur Bildhauerei hingezogen, getrieben von seinen inneren Bedürfnissen. Bei der Bearbeitung von Stein sind Nandhans persönliche Schwerpunkte die Kontraste in der Textur, dabei bearbeitet er das Material entweder bis zur absoluten Vollendung oder lässt es rau mit einer Vielzahl von Meißelspuren, wodurch Lebendigkeit und Dynamik entstehen, die einen stillen Dialog zwischen dem Objekt und dem Betrachter ermöglichen. Nandhans Inspiration ist die Natur, d. h. ihr Rhythmus, ihre Dynamik, Bewegung und Launenhaftigkeit, die ihn intensiv bewegt. Obwohl seine persönliche Empfindung in der Volkskunst und den einheimischen Traditionen begründet ist, bleiben sie instinktiv und leiten unbewusst seine Hand bei der Entwicklung von Formen und Texturen.

S. Nandagopal (geb. 1946) ließ sich vom Konzept der Monumentalität sowie von den alten *Viragal* (Heldensteinen) inspirieren, die zur Volkstradition gehören und die Taten eines verstorbenen Kriegers zeigen. Darüber beschäftigte er sich auch mit Künstlern der westlichen Moderne wie Antony Caro, Jean Tinguely, Robert Rauschenberg und Michael Puryear, zu denen er auch Kontakte pflegte. Das Zusammentreffen von Westlichem und Traditionellem erlaubte ihm, einen Erzählfaden individueller Aussagen zu ziehen. Seine künstlerische Inspiration war die Form der allgegenwärtigen *Gopurams*, der Tempeltortürme, die die Skyline Südindiens prägen. Die inspirierende Ästhetik, die er herausarbeitete, bestand darin, ihre zweifache Wirkung zu betonen und mit ihr zu spielen. Das bedeutete, dass die Skulptur eine eindrucksvolle Form aufweisen sollte, die genug Interesse weckt, um eine genaue Betrachtung nach sich zu ziehen, die dann ein reiches Spiel von figurativen und dekorativen Details offenbarte. Nandagopal erweiterte damit das von Janakiram inspirierte Konzept der frontalen Bildsprache. Nandagopals Werke der 1970er und 1980er Jahren reichten in ihrem thematischen Inhalt von ikonischen Bildern, Bäumen, der Begegnung von Mensch und Tier bis zum Konzept des Heldensteins. Die »Form« in seinen Werken nahm Mitte der 1970er Jahre oft die Gestalt der *Naga* oder Schlange an, und innerhalb dieser konstruierte er seine dynamischen Bilder, die durch ein Wechselspiel von Licht und Schatten Spannung und Aggression erzeugen. Die Oberflächenornamente wurden sorgfältig ausgearbeitet, um das Gefühl von Sinnlichkeit und Reichtum zu verstärken.

Schluss

Die zentrale Prämisse der Moderne des Madras Art Movement war die Ambivalenz von Tradition und Moderne, die es in sich vereinigte, sowie seine Definition einer regionalen Moderne. Letzteres war die Folge des heterogenen Charakters der Gruppe, die sich auf einer gemeinsamen Basis zusammenfand und konzeptionell mit der nativistischen Agenda arbeitete, wie sie von ihrem individuellen, modernen Empfinden interpretiert wurde. Dies beinhaltete das Aufgreifen regionaler oder lokaler Kunstformen in Verbindung mit einer westlichen modernen Bildsprache und das Bestreben, sich von den südlichen Grenzen des Landes aus in den nationalen Mainstream zu projizieren. Die Künstler*innen der eher figurativ und der eher abstrakt arbeitenden Gruppierungen innerhalb des Madras Art Movement entwickelten eine Gemeinsamkeit im dekorativen Charakter, der sich aus ihrer Beschäftigung mit dem Kunsthandwerk und seinen Mustern ergab. Die Farben, Linien und der Raum wurden durch Einfachheit oder die Abstraktion der Formen miteinander verbunden, was die Wahrnehmung der Künstler*innen und deren Übersetzung gemäß ihres modernen Empfindens dominierte. Ob figurativ oder abstrakt: Die Arbeiten der Künstler*innen spiegelten die lokale oder volkstümliche Kultur wider.

Die Bildhauerei, die sich zusammen mit der Malerei entwickelte, folgte in ihrem Kern ebenfalls der dominanten Agenda des Nativismus. Die Skulpturen bildeten flache, frontale Narrative, die nicht dreidimensional im konventionellen Sinne, sondern flächig oder zweidimensional gefertigt wurden. Die Idee war, die dekorativen Effekte nur frontal zu konzentrieren. In vielerlei Hinsicht trugen gerade diese Frontalskulpturen, eine Pionierleistung der Künstler*innen des Madras Art Movement, in den 1970er und 1980er Jahren zur Aufwertung der indischen Moderne bei.

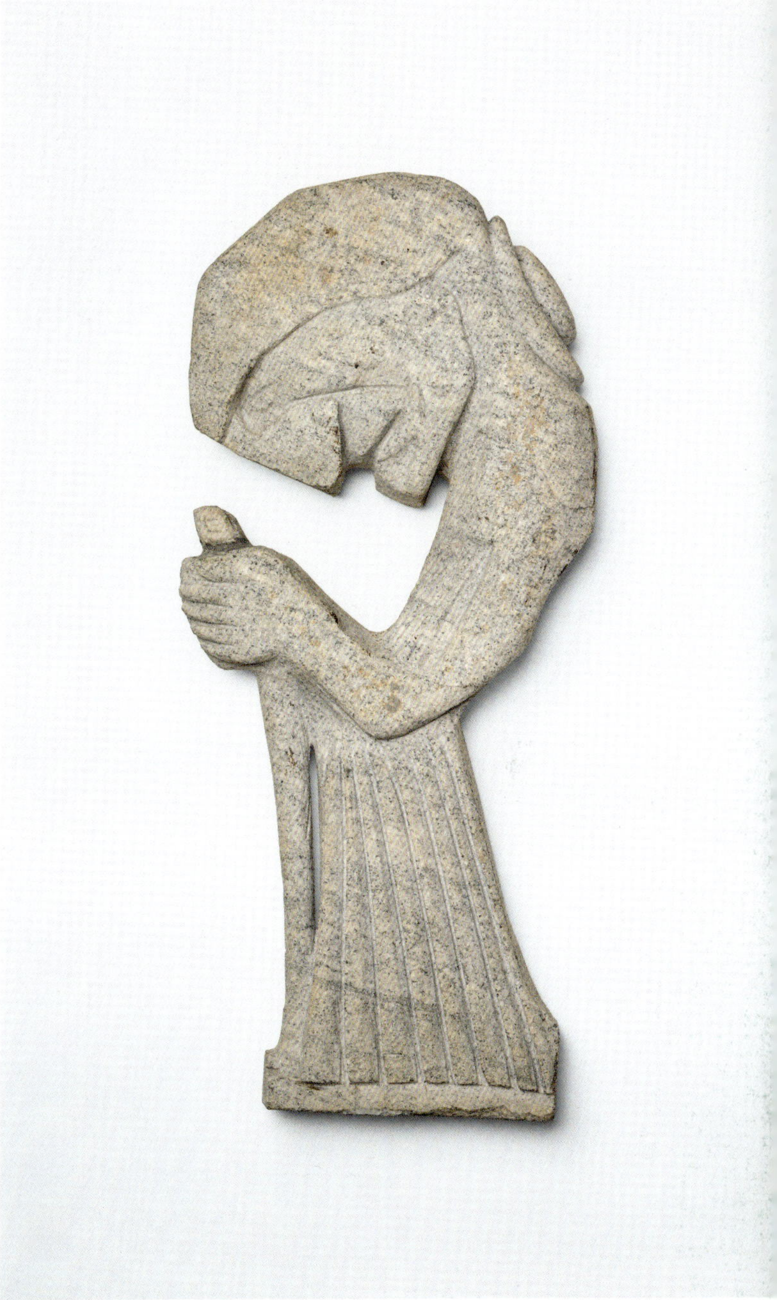

9 »Avvaiyār«, S. Murugesan, 2013. Murugesan, geb. 1933, prägte gemeinsam mit K. C. S. Paniker und S. Dhanapal die Ursprünge des Madras Art Movement. Granit, Höhe: 55 cm. Linden-Museum Stuttgart, Inv.-Nr. SA 07151 L. Foto: Dominik Drasdow.

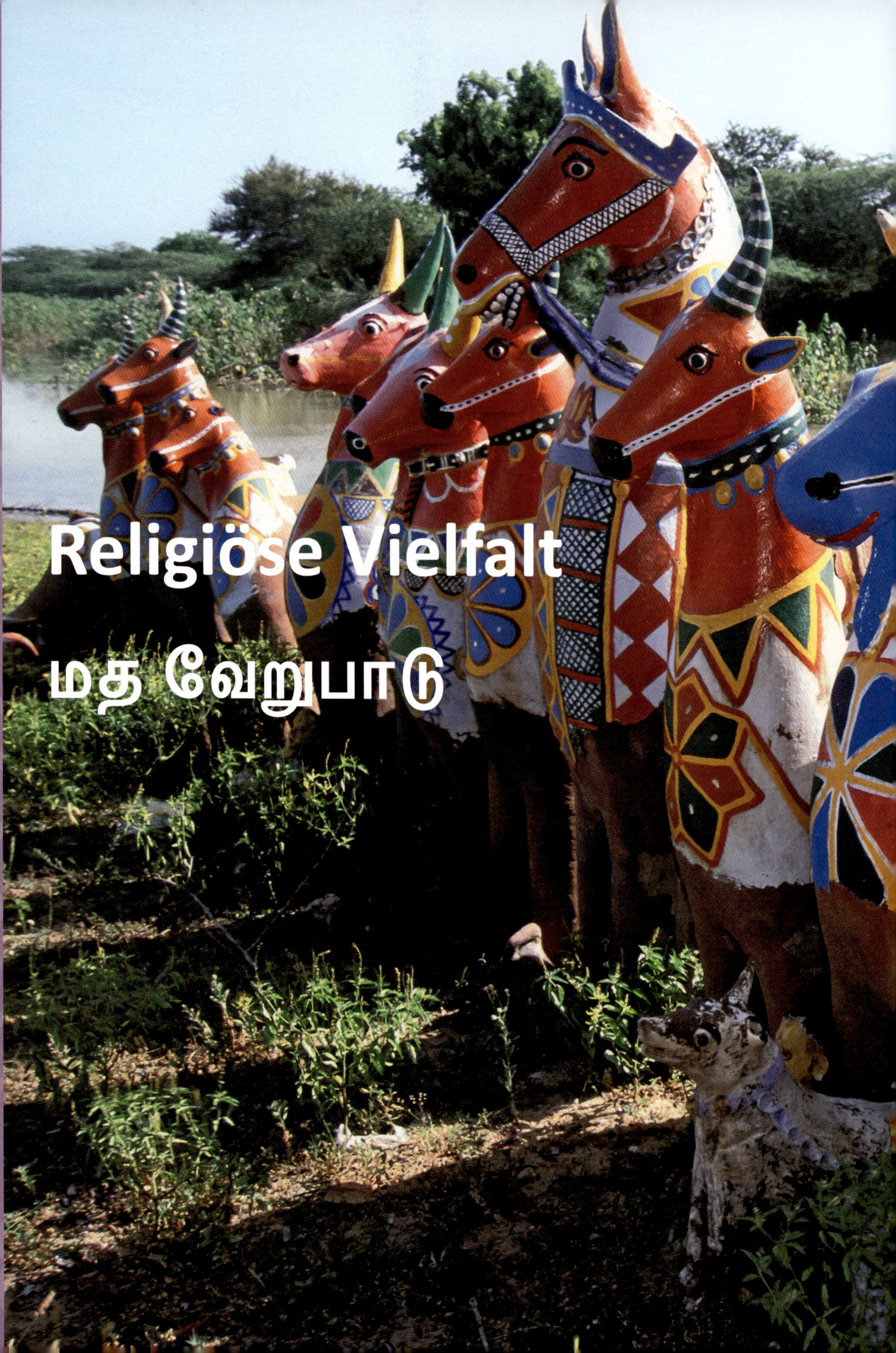

Religiöse Vielfalt

மத வேறுபாடு

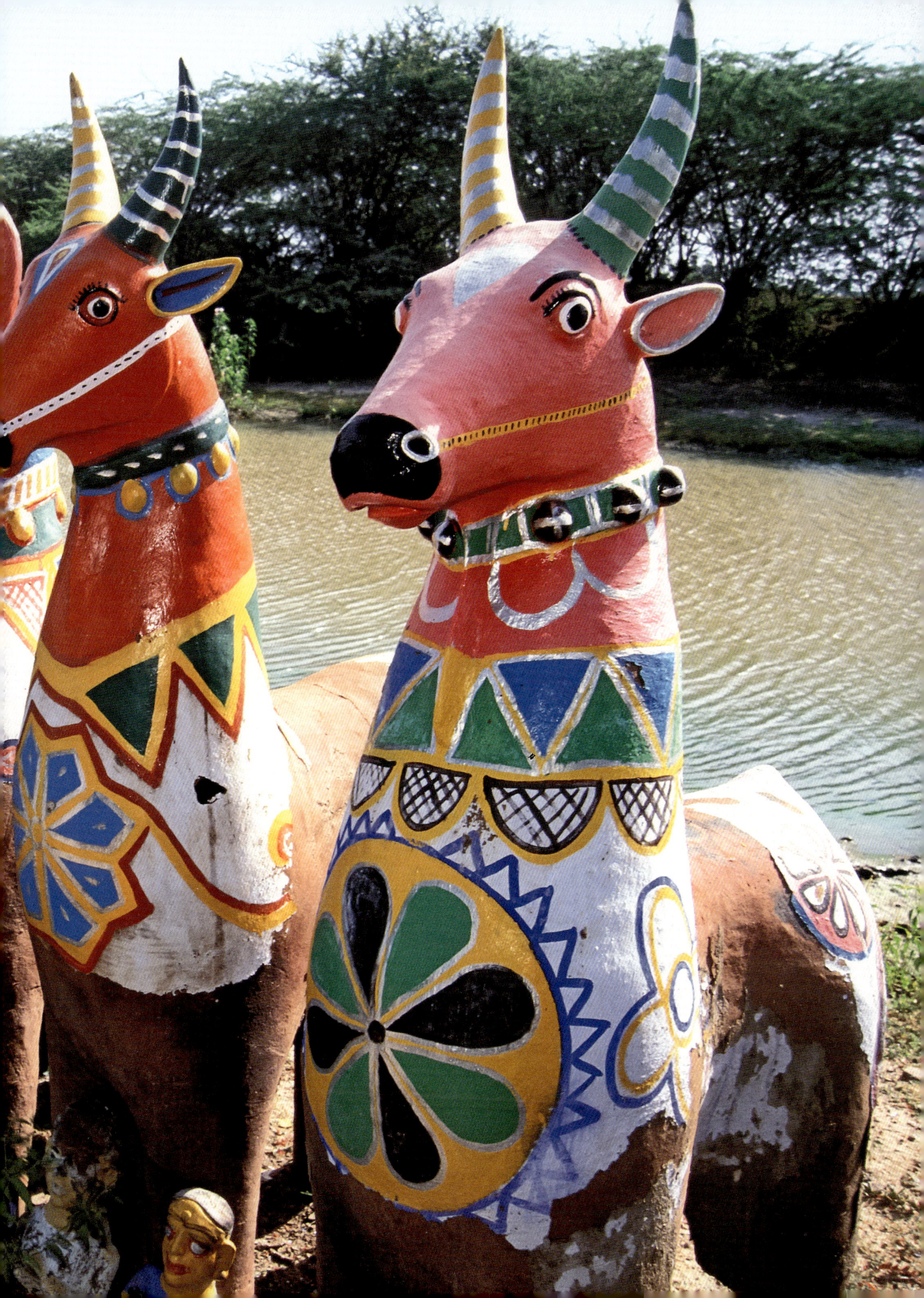

CRISPIN BRANFOOT

Buddhismus und Jainismus in der tamilischen Kulturgeschichte

தமிழ் கலாச்சார வரலாற்றில் பௌத்தமும் சமணமும்

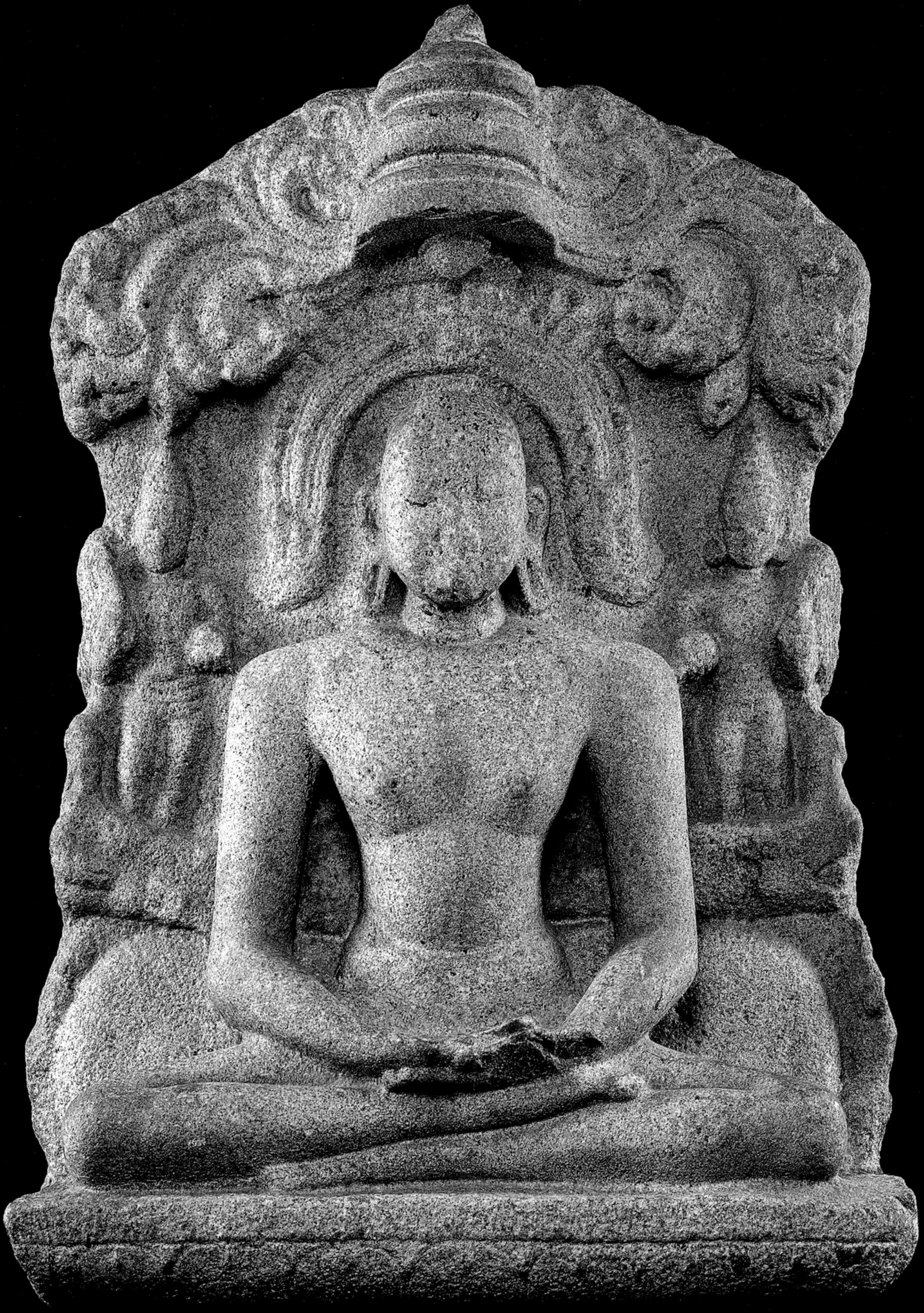

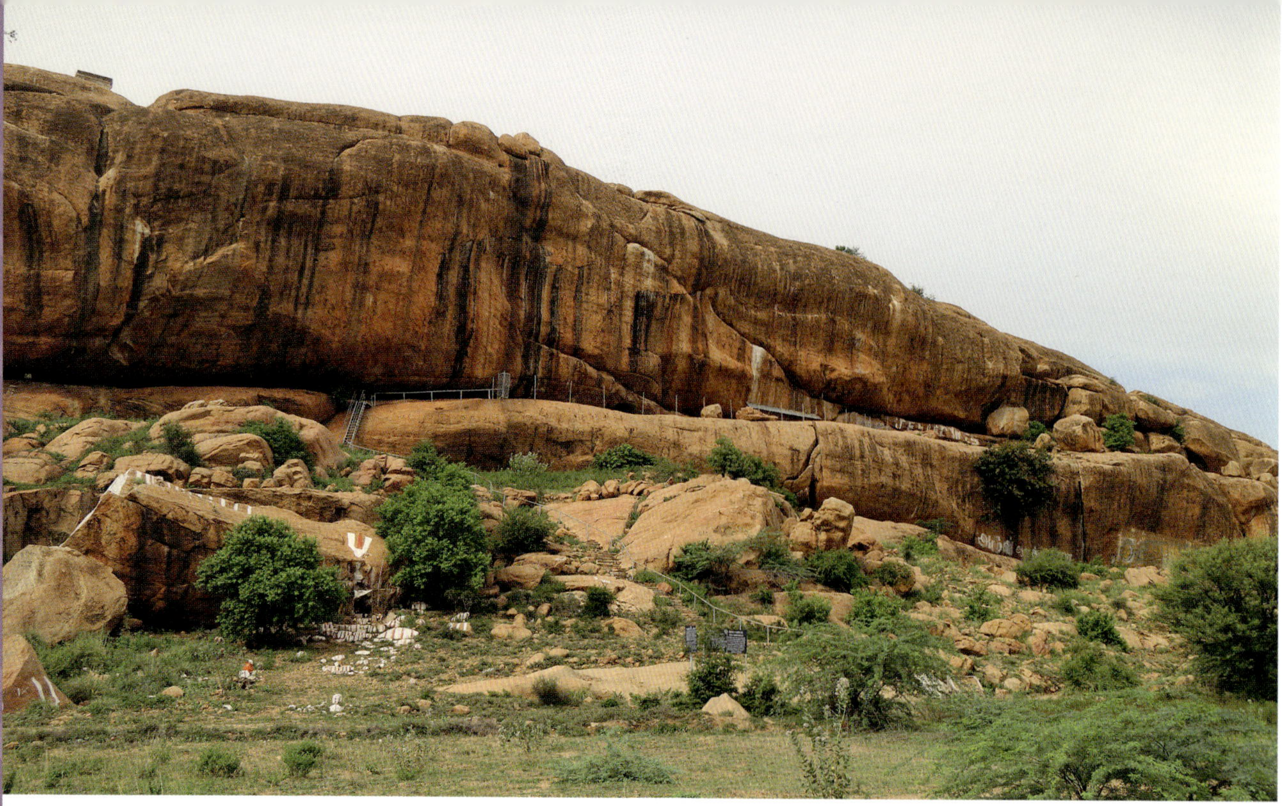

2 Naturhöhle mit fünfzig in den Boden gehauenen Jain-›Betten‹. Kongar Puliyangulam in der Nähe von Madurai. Foto: Crispin Branfoot.

In den letzten Jahren wurden viele kleine gelbe Schilder entlang der Straßen aufgestellt, die an den imposanten Felsen rund um die Stadt Madurai vorbeiführen. Diese leiten interessierte Besucher*innen durch die Felder und über lange, in den Fels geschlagene Treppenstufen zu einigen der ältesten archäologischen Stätten in Tamil Nadu – Höhlen, in denen vor über zweitausend Jahren Jain-Asket*innen lebten. Viele dieser natürlichen Höhlen und Felsspalten weisen Spuren menschlicher Bearbeitung auf, die zwischen dem zweiten Jahrhundert vor unserer Zeit und dem zweiten Jahrhundert nach unserer Zeit datiert werden: ein glatter Boden mit einer erhöhten Plattform, eine polierte Wand oder ein Überhang mit Reihen in den Felsen geschlagener Schriftzeichen, ein Relief eines stehenden oder sitzenden Jain-Lehrers (*Tīrthaṅkara*, »Furtmacher«). Die in Tamil-Brāhmī geschriebenen Inschriften in diesen Höhlen gehören zu den ältesten erhaltenen Texten in

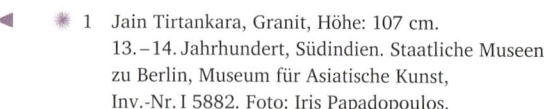

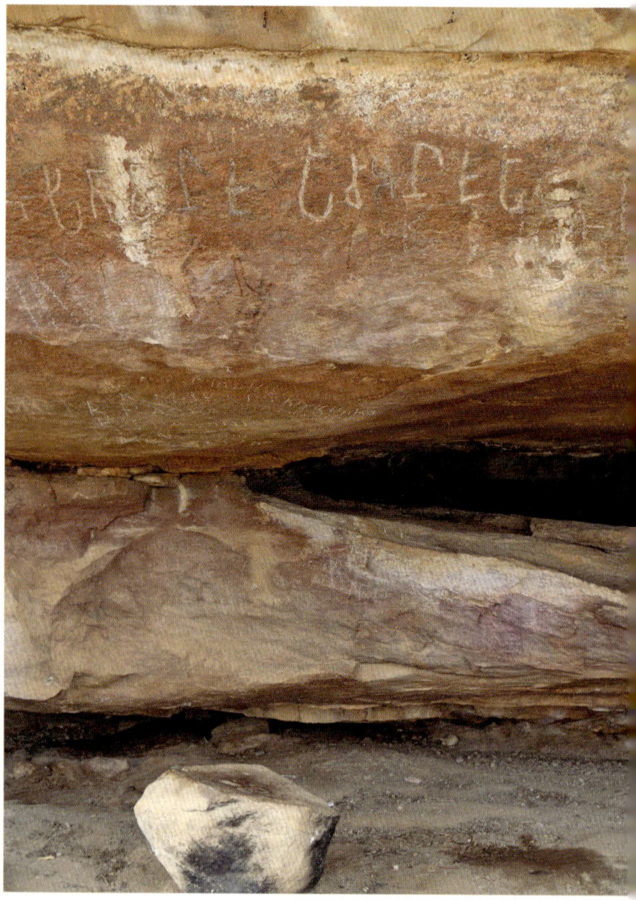

3 Tamil-Brāhmī-Inschrift, Kongar Puliyangulam bei Madurai, 1. Jahrhundert v. Chr. Foto: Crispin Branfoot.

◄ 1 Jain Tirtankara, Granit, Höhe: 107 cm. 13.–14. Jahrhundert, Südindien. Staatliche Museen zu Berlin, Museum für Asiatische Kunst, Inv.-Nr. I 5882. Foto: Iris Papadopoulos.

der tamilischen Sprache. Darüber hinaus sind diese Jain-Höhlen eine Erinnerung daran, dass die religiöse Landschaft des tamilischen Landes, wie Südasiens überhaupt, schon immer eine Vielfalt von Glaubensrichtungen und religiösen Gemeinschaften aufwies – wobei einige Überzeugungen und Praktiken geteilt wurden, während andere miteinander in Konflikt standen. Jains und Buddhist*innen haben nicht nur Spuren ihrer früheren Gegenwart in der Landschaft hinterlassen, sondern auch bedeutende Beiträge zur tamilischen Literatur und zu den anderen Künsten geleistet.

Jains und Buddhisten in der tamilischen Literaturgeschichte

Im Jahr 1887 veröffentlichte U. V. Swaminatha Iyer (1855–1942) eine kritische Ausgabe des *Cīvakacintāmaṇi*, eines langen, erzählenden Gedichtes in Tamil aus dem zehnten Jahrhundert, das einem Jain-Dichter zugeschrieben wird und das Swaminatha Iyer trotz seiner Gelehrsamkeit und langjährigen wissenschaftlichen Ausbildung bis 1880 unbekannt gewesen war. Die Begegnung mit Gelehrten aus der kleinen Jain-Gemeinschaft, die den Text immer noch lasen und verehrten und die er bei der Bearbeitung des Textes um Hilfe bat, führte ihn auf eine literarische Entdeckungsreise, die ihn den Rest seines Lebens beschäftigen sollte. Zusammen mit C. W. Damodaram Pillai (1832–1901) entdeckte und veröffentlichte Swaminatha Iyer viele Werke der klassischen tamilischen Literatur wieder, darunter die Gedichte der *Caṅkam*-Anthologien, die früheste Grammatik, das *Tolkāppiyam*, und längere erzählende Gedichte wie das *Cilappatikāram* und das *Maṇimēkalai* (Cutler 2003: 272–275). Das *Cilappatikāram* (»Geschichte eines Fußkettchens«) ist ein langes, erzählendes Gedicht, das etwa im fünften bis sechsten Jahrhundert verfasst wurde und Ilankovatikal, einem Jain-Mönch, zugeschrieben wird. Es ist eine Geschichte von Liebe und Verlust, gewaltsamem Tod und Ungerechtigkeit, die zur Verwandlung der Heldin der Erzählung von einer hingebungsvollen Ehefrau zu einer wilden Göttin führt. Das *Cilappatikāram* spielt in den Reichen der Könige (*Mūvēntar*) der drei alten tamilischen Dynastien der Cōḻa, Cēra und Pāṇṭiya. Aus diesem Grund haben einige Befürworter*innen des modernen tamilischen Kulturnationalismus den Text als starkes Symbol der tamilischen Identität und Macht verstanden (Cutler 2003: 300). Das *Maṇimēkalai* stammt etwa aus der gleichen Zeit, entstand aber in einem buddhistischen Milieu. Es ist eine lange, raffinierte und schöne, poetische Erzählung über das junge Mädchen Maṇimēkalai, Tochter einer Kurtisane, die sich allmählich vom Leben der Sinneslust abwendet, um auf der Suche nach Befreiung Asketin zu werden. Die Publikation dieser Texte in gedruckter Form, die aus der »tamilischen Renaissance« zwischen den 1880er und 1920er Jahren hervorging, zeigte nicht nur die frühen Wurzeln der klassischen tamilischen Literatur und Kultur. Sie unterstrich auch die einflussreiche und dauerhafte Präsenz von Jains und Buddhist*innen in der gemeinsamen religiösen und literarischen Kultur des frühen Südindien – ein Beitrag, der durch die spätere Dominanz des Śivaismus und Viṣṇuismus übersehen, wenn nicht sogar aktiv verzerrt wurde.

Im *Tēvāram*, einer Sammlung tamilischer śivaitischer *Bhakti*-Dichtung, verurteilten die Dichter-Heiligen Appar und Campantar sowohl die Jains als auch die Buddhisten für ihre Lehren und Praktiken. Jains wurden durchweg als verhasste »Andere« dargestellt, und die gegen sie gerichtete Polemik war ein wichtiges Element im Aufstieg des Śivaismus als dominante Religion der tamilischen Bevölkerung seit dem elften Jahrhundert (Peterson 1998: 163–164). Eine der populärsten Erzählungen über den Umgang der śivaitischen Gemeinschaft mit der Jain-Gemeinschaft ist der Konflikt zwischen Campantar und den Jains in Madurai, der Hauptstadt der Pāṇṭiya-Könige. In einer Reihe von wundersamen Wettkämpfen wird die Überlegenheit der Verehrung Śivas gegenüber den Lehren der Jains demonstriert: Der König wird durch heilige Asche und das Rezitieren eines Mantras von einer Krankheit geheilt; ein Manuskript von Campantars Hymne zum Lob Śivas taucht unberührt aus einem Feuer auf, während ein Jain-Manuskript zu Asche verbrennt. Die Niederlage in diesem Wettkampf führte zur massenhaften Pfählung der Jains – einem Ereignis, das im *Periyapurāṇam* (einem Werk aus dem zwölften Jahrhundert) und in den lokalen Legenden und Festen von Madurai überliefert, gefeiert und gelegentlich auch von Künstlern dargestellt wurde. Obwohl es keine historischen Aufzeichnungen darüber gibt, führte es der tamilischen śivaitischen Gemeinschaft die Überlegenheit der Hingabe an Śiva vor Augen und begründete den Verlust der wirtschaftlichen oder politischen Macht der Jains in Madurai.

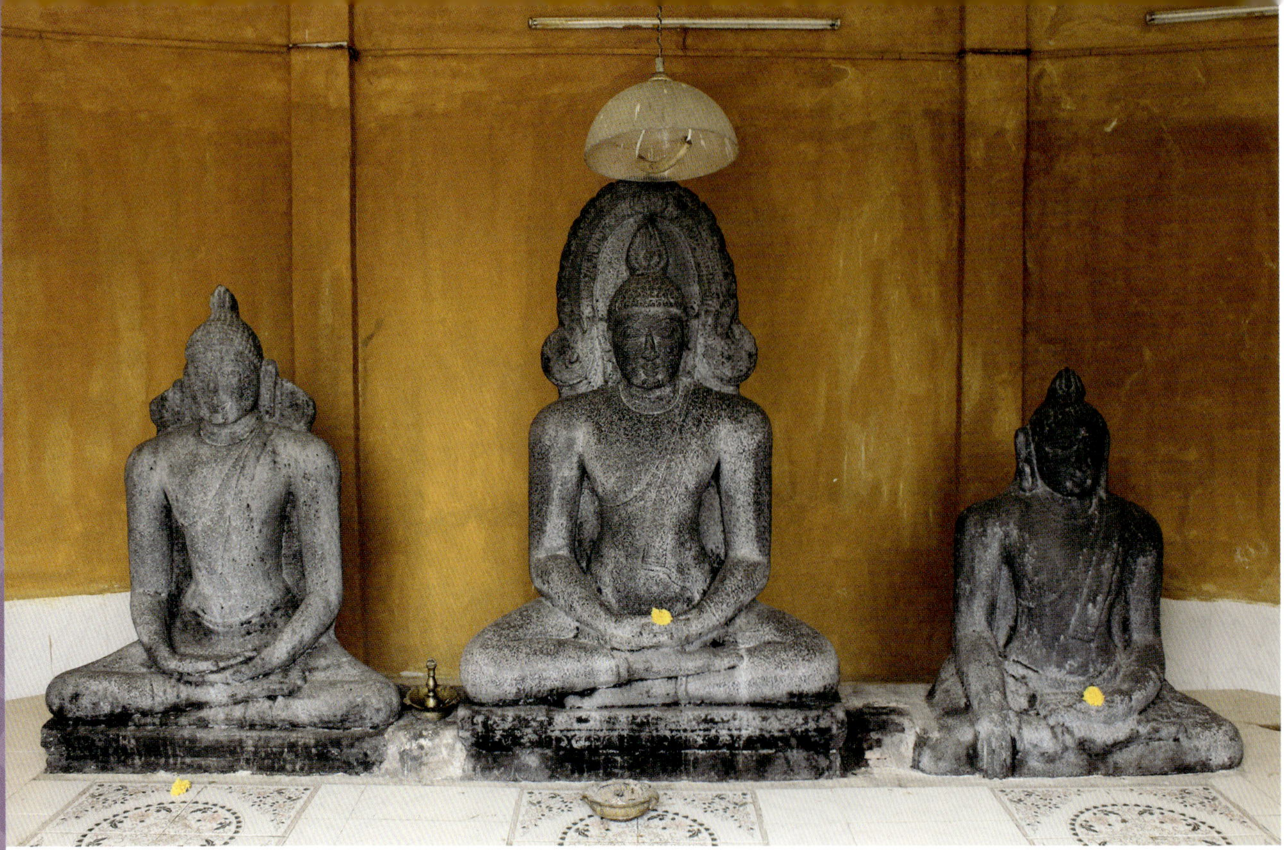

4 Drei sitzende Buddha-Abbildungen, Granit, 9.–10. Jahrhundert, Pallur bei Kanchipuram. Foto: Emma Natalya Stein.

Neben der Wiederentdeckung der frühen jainistischen und buddhistischen tamilischen Literatur im späten 19. Jahrhundert enthüllten auch andere Entdeckungen allmählich den Beitrag der Jains und Buddhisten zur Entstehung der tamilischen Kultur: Veröffentlichungen von Übersetzungen der Reiseberichte des chinesischen Pilgers Xuanzang durch Indien im siebten Jahrhundert (Französisch 1853, Englisch 1884) zeigten, dass die Tempelstadt Kanchipuram damals eine große buddhistische Gemeinde hatte. Dazu gehörten hundert Klöster, 10 000 Mönche sowie ein monumentaler Stūpa, der angeblich im dritten Jahrhundert v. Chr. von Kaiser Aśoka errichtet wurde, der für seine Unterstützung des Buddhismus bekannt war. Die Entdeckung einer großen, zwei Meter hohen stehenden Statue des Buddha im Kāmākṣī-Tempel der Stadt im Jahr 1906 schien zu bestätigen, dass der Buddhismus, vor dem Aufstieg des devotionalen Hinduismus in der Tat ein bedeutenderer Aspekt der frühen Geschichte Kanchipurams gewesen war. Weitere Funde und Ausgrabungen haben die frühe buddhistische Präsenz in der Stadt und ihrer Umgebung bestätigt.

Die im *Cilappatikāram* und *Maṇimēkalai* dargestellte Welt war eine Welt der Herrscher und Kaufleute, die Jains und Buddhist*innen in Städten im Landesinneren, etwa Kanchipuram und Madurai, sowie in den florierenden Häfen der Ostküste, etwa in Puhar (Poompuhar bzw. Kaveripumpattinam), unterstützten. Weitere archäologische Entdeckungen bestätigten das sich abzeichnende Bild vom Beitrag des Buddhismus zur frühen tamilischen Geschichte. Die Veröffentlichung einer Kupfertafel-Inschrift aus der Bibliothek der Universität Leiden in den Niederlanden in den 1880er Jahren enthielt nicht nur eine detailliertere Genealogie der Cōḻa-Könige als bisher bekannt, sondern hielt auch fest, dass im elften Jahrhundert ein buddhistisches Kloster in der Cōḻa-Hafenstadt Nagapattinam errichtet worden war.[1] Nur zwanzig Jahre zuvor, im Jahr 1867, hatten viele den Abriss der letzten Ruinen dieses Klosters beklagt. Die Erkenntnisse zur Bedeutung von Nagapattinam als einem wichtigen Zentrum des tamilischen Buddhismus mit Verbindungen in das gesamte maritime Asien haben seit Beginn des zwanzigsten Jahrhunderts zugenommen.

Monumente des Jainismus und Buddhismus

Im Laufe des letzten Jahrhunderts haben viele weitere Funde von Buddha-Statuen in Tamil Nadu gezeigt, dass der Buddhismus im ersten Jahrtausend n. Chr. an der Küste, wie etwa in Nagapattinam, aber auch im Landesinneren, weit verbreitet war: Über hundert buddhistische Stätten wurden seither identifiziert. Sitzende Steinbuddhas sind häufig in den Dörfern zu finden, manchmal noch verehrt oder neben später errichteten Hindutempeln. Diese Granitstatuen sitzen gewöhnlich in *Ardhapadmāsana* (»Halblotus-Haltung«, wobei das rechte Bein auf dem linken ruht) und mit den Händen in den Schoß gelegt oder seltener mit der Rechten die Erde berührend (*Bhūmisparśamudrā*). In den 1920er und 1930er Jahren wurden in Nagapattinam über 350 buddhistische Bronzefiguren ausgegraben, von denen viele aus dem zehnten bis 13. Jahrhundert stammen, dem Höhepunkt der Cōḻa-Macht in Südindien. Der Stil, mit Merkmalen wie der unbedeckten rechten Schulter und der flammenartigen *uṣṇīṣa* auf dem Kopf des Buddha ist dem der im gleichen Zeitraum im benachbarten Sri Lanka hergestellten Statuen ähnlich, was die engen Kontakte zwischen den klösterlichen Zentren und die gemeinsame religiöse Kultur belegt.

Kleinere, sitzende oder stehende Buddha-Figuren bestehen aus Kupferlegierungen, waren manchmal vergoldet und werden meist auf das zehnte bis zwölfte Jahrhundert datiert. Die Zapfen auf jeder Seite der Basis waren für die Befestigung einer separat gegossenen ornamentalen Einfassung (*Prabhāvalī*) gedacht. Seltener wurden auch Darstellungen des zukünftigen Buddha Maitreya oder von Bodhisattvas gefunden. Wie ihre hinduistischen Gegenstücke wurden auch buddhistische Metallfiguren gelegentlich in festlichen Prozessionen getragen. Erhaltene buddhistische Metallfiguren befinden sich heute meist in Museen und Privatsammlungen, aber viele sitzende und stehende Steinbuddhas, vor allem die großen, bis zu zwei Meter hohen, bleiben *in situ*, wenn auch oft im Freien. Mit Ausnahme der ausgegrabenen Überreste eines Klosters am ehemaligen Hafen von Pukar, das frühestens auf das 4. Jahrhundert n. Chr. datiert werden kann, gibt es nur wenige erhaltene Überreste von Bauwerken – Klöster, Stupas oder Tempel –, in denen diese buddhistischen Statuen verehrt wurden, nicht nur in Nagapattinam an der Küste, sondern in der gesamten tamilischen Region im Landesinneren. Viele Bauwerke könnten eher aus Ziegeln als aus Stein gebaut worden sein. Die Erklärungen für das Verschwinden der buddhistischen Architektur in

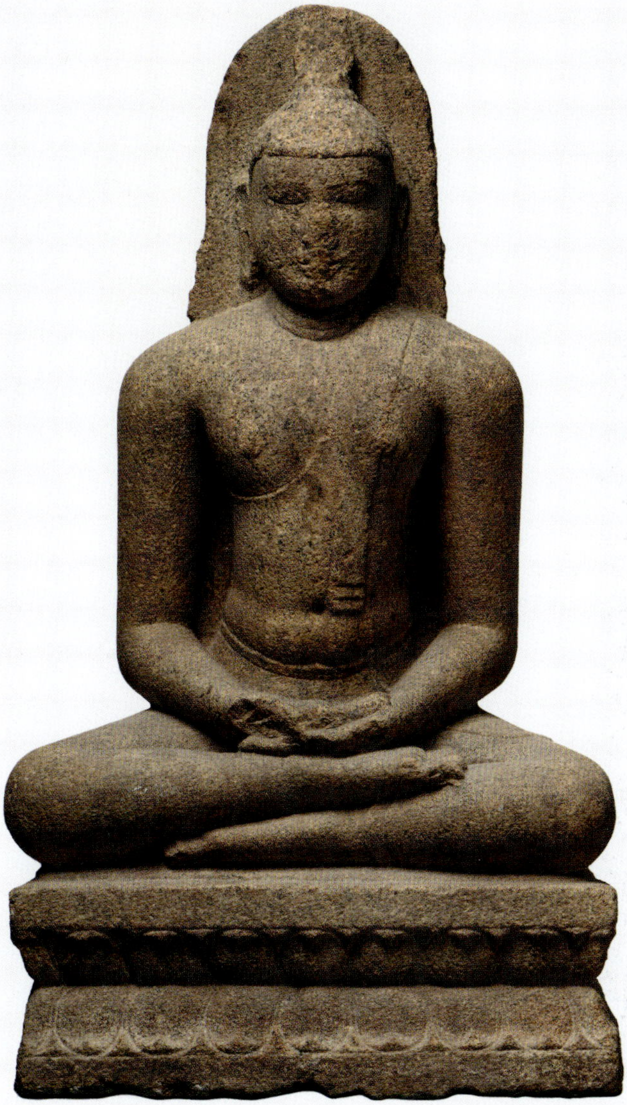

5 Sitzender Buddha, Granit, Höhe: 102 cm, 7. Jahrhundert, Nagapattinam, Tamil Nadu, Südindien.
Museum Rietberg Zürich, Inv.-Nr. RVI 221.
Foto: Rainer Wolfsberger.

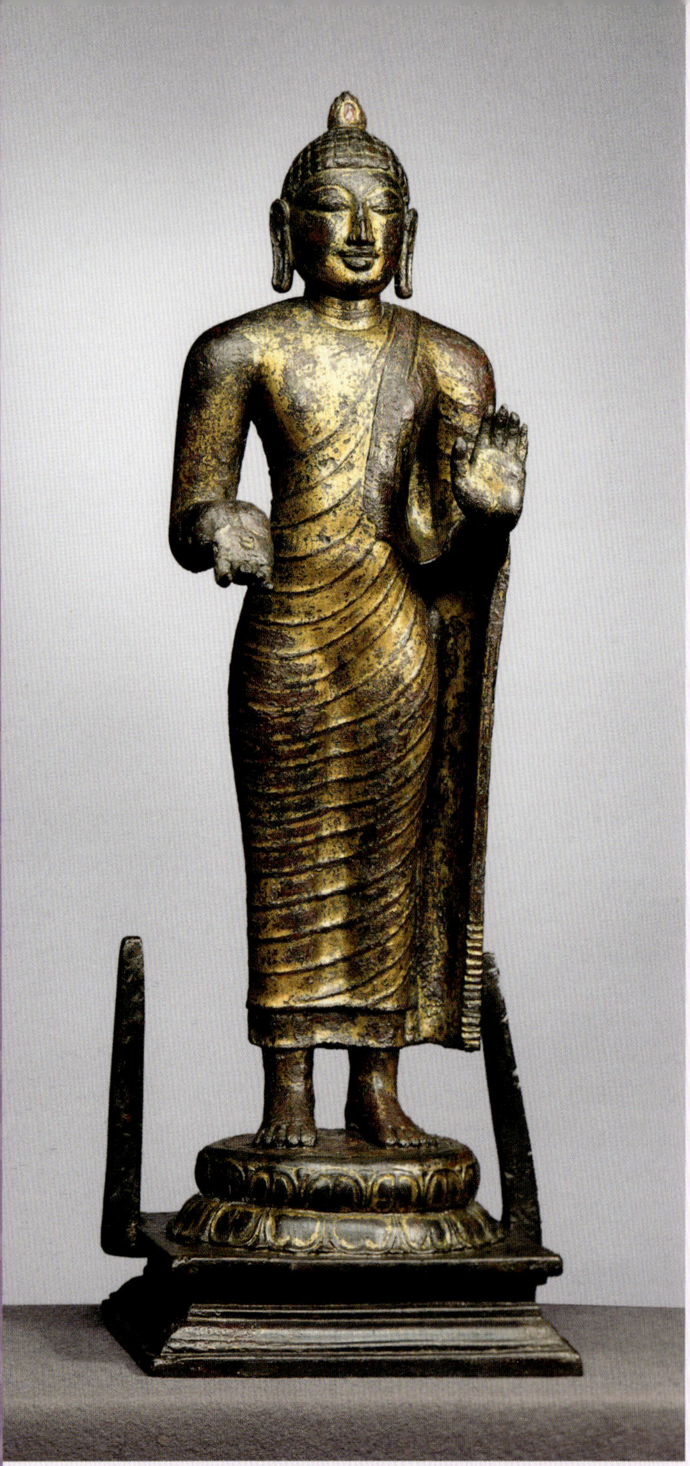

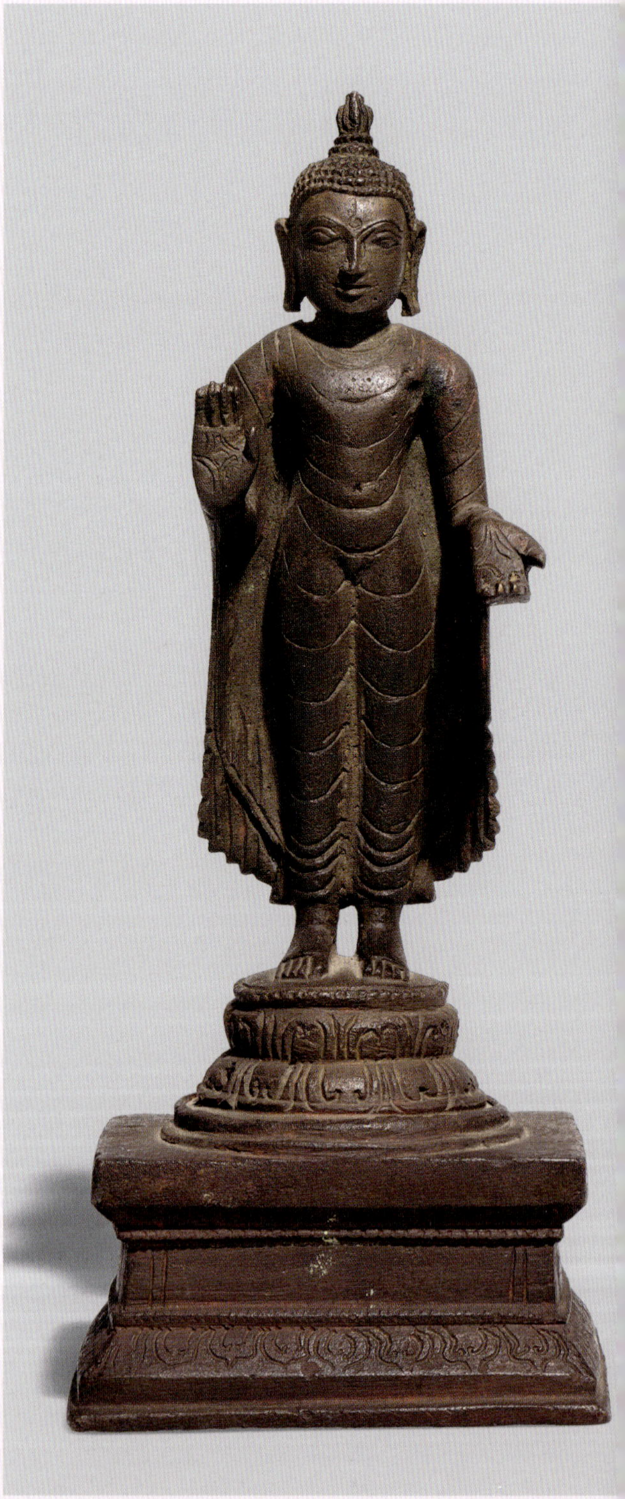

6 Stehender Buddha, Bronze, Höhe: 54,5 cm, 11.–12. Jahrhundert, Südindien oder Sri Lanka. Staatliche Museen zu Berlin, Museum für Asiatische Kunst, Inv.-Nr. I 5882. Foto: Iris Papadopoulos.

7 Stehender Buddha, Bronze, Höhe: 20,5 cm, 13. Jahrhundert, Nagapattinam, Tamil Nadu, Südindien. Museum Rietberg Zürich, Inv.-Nr. RVI 517. Foto: Rainer Wolfsberger.

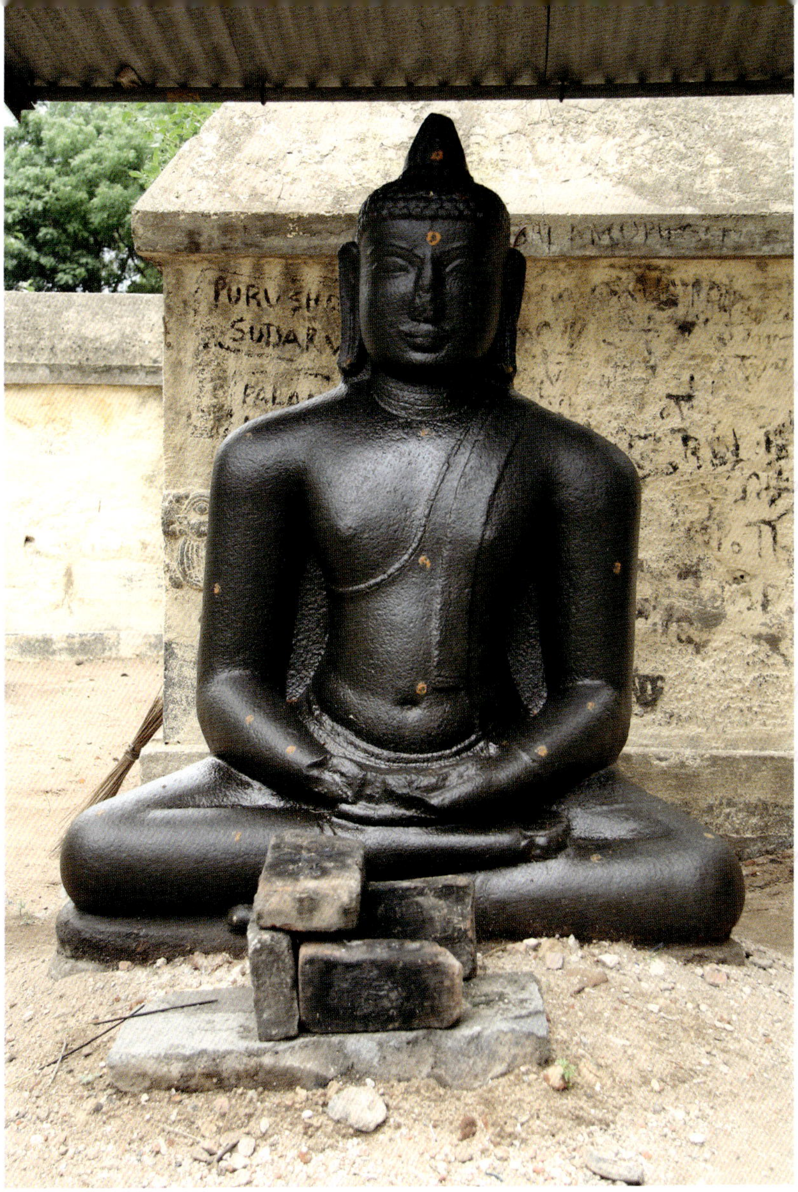

8 Sitzender Buddha, Granit, 9.–10. Jahrhundert, Vīraṭṭaneśvara-Tempel, Tiruvadigai.
Foto: Crispin Branfoot.

der tamilischen Region reichen von Verfall durch Vernachlässigung bis hin zu Zerstörung, Umwandlung oder Überbauung durch spätere Hindu-Tempel. Angesichts der Ähnlichkeiten zwischen Statuen, die in Südindien und Sri Lanka gefunden wurden, sowie der bekannten Zirkulation buddhistischer Mönche und Statuen zwischen den benachbarten Regionen, sollten das tamilische Südindien und Sri Lanka als eine kulturelle Sphäre innerhalb des maritimen buddhistischen Asien betrachtet werden. Im 16. Jahrhundert jedoch verschwand der Buddhismus in den tamilischen Regionen allmählich.

Jainismus und Buddhismus waren in der Region seit dem zweiten Jahrhundert v. Chr. präsent und erreichten ihre größte Popularität im fünften bis sechsten Jahrhundert, als die meisten literarischen Werke in Tamil von Buddhist*innen oder Jains verfasst wurden. Der Aufstieg der *Bhakti*-Bewegung zusammen mit der Ausdehnung der Macht der Dynastien der Pallava, Pāṇṭiya und Cōḻa ab dem siebten Jahrhundert legte das rasche Verschwinden des Buddhismus und Jainismus danach nahe. Doch das Bild vom Triumph des Śivaismus über den Jainismus und den Buddhismus wird durch andere Quellen – aus Inschriften, erhaltenen Bauwerken, archäologischen Funden – nicht gestützt, die die fortwährende Präsenz dieser religiösen Gemeinschaften und die Interaktion mit den Hindus bis mindestens zum 14. Jahrhundert und für die Jains als Minderheitengemeinschaft bis in die Gegenwart belegen.

Im neunten bis zehnten Jahrhundert waren viele der frühesten bekannten Jain-Stätten, wie die Höhlen und Felsunterstände mit *Brāhmi*-Inschriften in den Hügeln um Madurai, noch bewohnt. Neue Inschriften aus dieser Zeit in kursiver *Vaṭṭelutu*-Schrift dokumentieren Spenden, und es wurden Reliefs sitzender *Tīrthaṅkaras* und weiblicher Wächterinnen (*Yakṣīs*) hinzugefügt. Andere Stätten wurden von Jains neu errichtet, vielleicht als Ergebnis der Migration von Jains aus dem Dekkan nach Süden. Obwohl viele von ihnen heute verschwunden sind, haben etwa 350 Inschriften überlebt, die Stiftungen durch Jains in der Zeit vom achten bis zum 13. Jahrhundert dokumentieren (Orr, in Cort 1998). Jain-Inschriften sind weit über Tamil Nadu verteilt, wenn auch konzentriert im Norden zwischen Kanchipuram und Tiruvannamalai sowie südlich von Madurai. Allein aus Kalugumalai stammen etwa hundert dieser Inschriften, die sich im Umfeld von etwa 150 Reliefs befinden, die im 9. bis 10. Jahrhundert auf einer riesigen Felsfläche eingemeißelt wurden (Owen 2010). Die Inschriften dokumentieren die individuelle Beauftragung dieser Jain-Bilder durch Lai*innen und klösterliche Stifter*innen, darunter viele Frauen, aus so weit entfernten Orten wie Kanyakumari im Süden und Kanchipuram 300 Meilen nordöstlich. Zusätzlich zu den Reihen von sitzenden und stehenden Jinas sind Bilder der Göttin Ambikā mit ihren Kindern, dem »wunscherfüllenden« Mangobaum und ihrem Löwenreittier zu sehen. Der Ort könnte ursprünglich von Buddhisten bewohnt worden sein, da der Name Kalugumalai (Geierhügel) auf den Hügel außerhalb von *Rājagṛiha* verweist, auf dem einst der Buddha gepredigt hatte (Dundas 1992: 108). Heute ist er ein Wallfahrtsort für *Digambara*-Jains.[1]

Moderne Bewegungen

Obwohl der Buddhismus im tamilischen Südindien im späten 19. Jahrhundert gänzlich ausgestorben war, führten die Wiederentdeckung der alten, buddhistischen Literatur in Tamil, einschließlich des *Maṇimēkalai*, und die Neubewertung religiöser Traditionen im kolonialen Milieu zu seiner bescheidenen Wiederbelebung. 1898 konvertierte der Anti-Kasten-Aktivist C. Iyothee Dass (1845–1914) mit Unterstützung von Henry Steel Olcott und des singhalesischen Mönches Anagarika Dharmapala, den Führern zweier moderner religiöser Bewegungen, der Theosophischen Gesellschaft und der *Mahabodhi*-Gesellschaft, zum Buddhismus. Iyothee

9 Jain-Höhle mit Relief des Mahāvīra aus dem 9. Jahrhundert, Kilakuyilkudi bei Madurai. Foto: Crispin Branfoot.

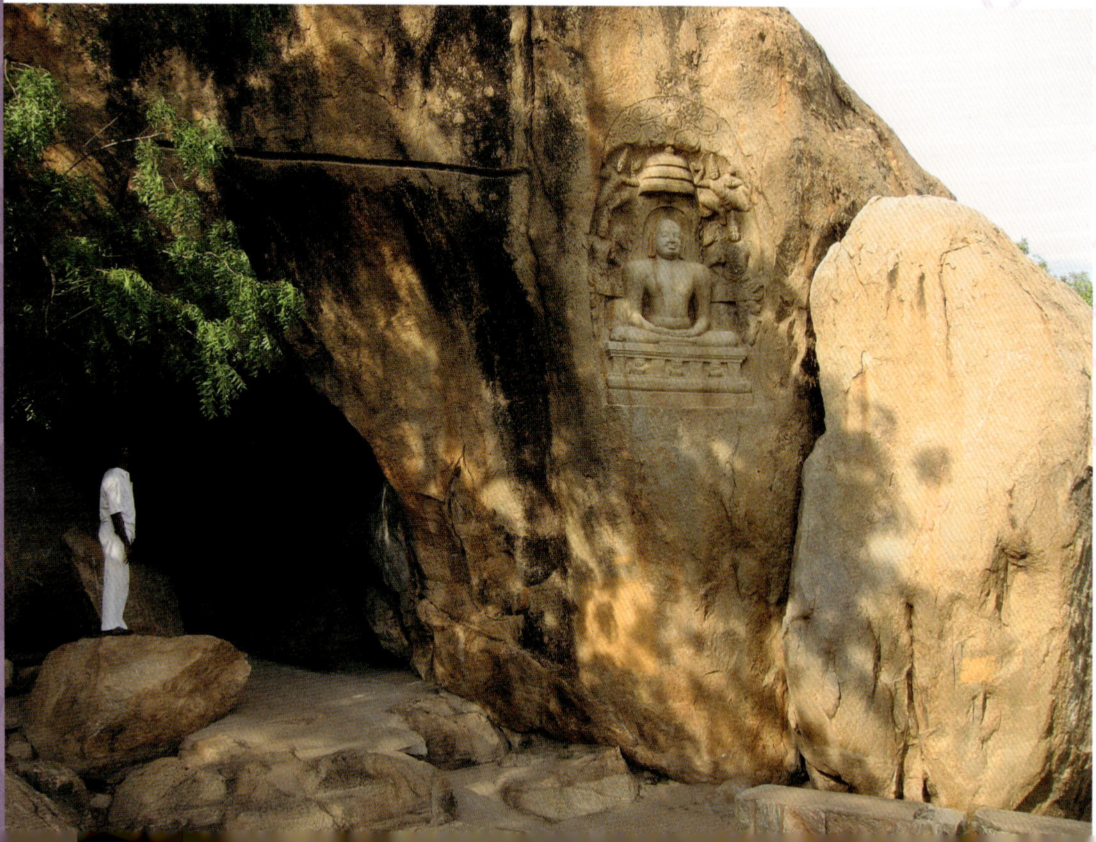

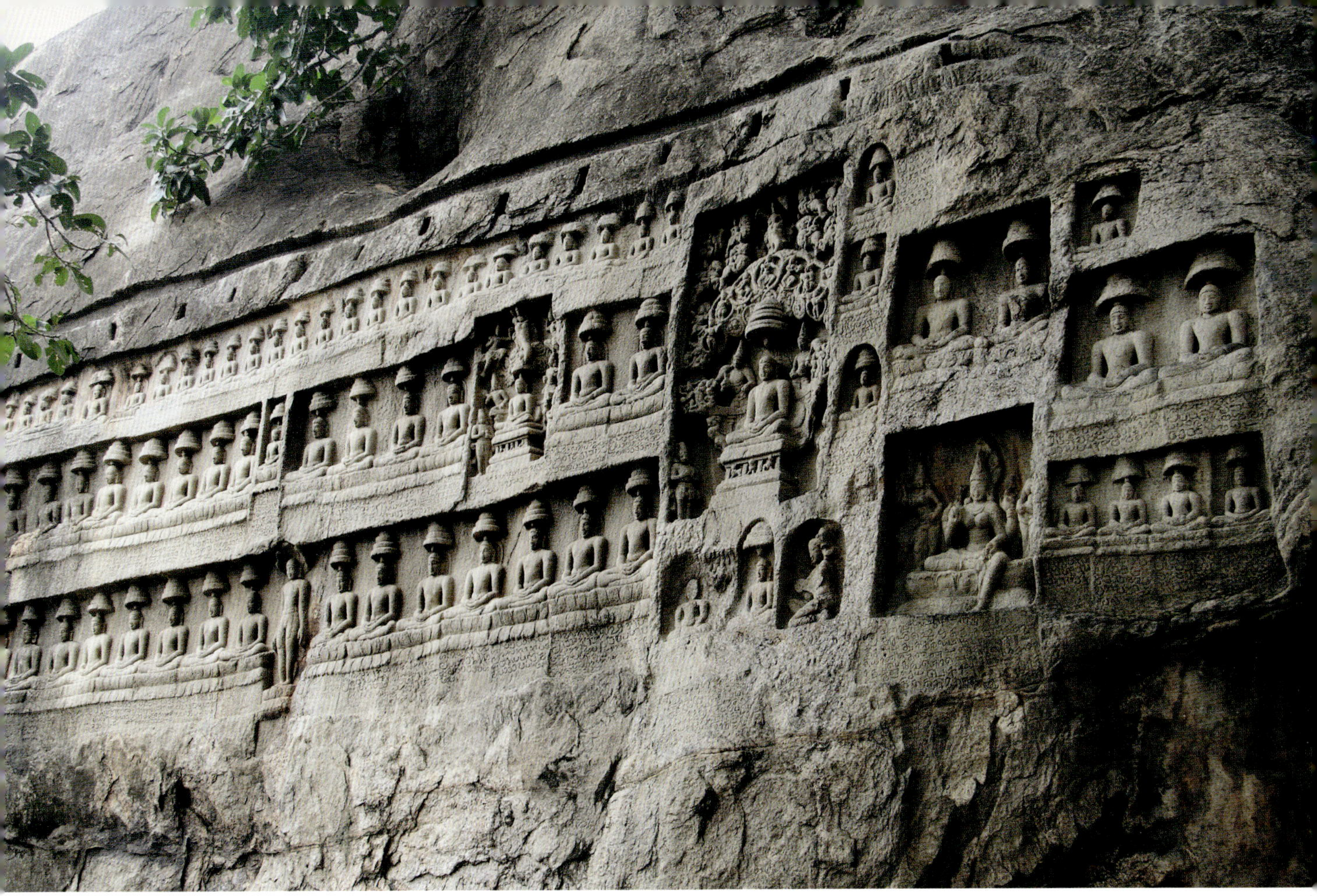

10 Reliefs von sitzenden und stehenden Jinas, 9.–10. Jahrhundert, Kalugumalai.
Foto: Crispin Branfoot.

Dass hatte sich zuvor der Sache der *Paṟaiyar*-Kaste (»Unberührbare«, Dalits) als »ursprüngliche Dravid*innen« angenommen und argumentierte, dass die *Paṟaiyar* zum Buddhismus konvertieren sollten, da dies die Religion der frühen Tamilen gewesen sei. Obwohl die Sakya Buddhist Society oder Indian Buddhist Association, die er 1898 gründete, in den folgenden Jahrzehnten nur einen begrenzten Einfluss auf die Zunahme der Zahl der Buddhisten in Südindien hatte, war er ein wichtiger Vorläufer für die Förderung des Buddhismus durch den Dalit-Führer Dr. B. R. Ambedkar nach der Unabhängigkeit in den 1950er Jahren. Innerhalb von Tamil Nadu wird Iyothee Dass auch als einer der Pioniere der Dravidischen Bewegung angesehen.

Im Gegensatz zum Buddhismus überlebte eine kleine Jain-Gemeinschaft bis in die Kolonialzeit (Emmrich 2020). Heute ist die Zahl der Jains in Tamil Nadu mit etwa 80 000 Menschen immer noch klein. Etwa die Hälfte davon sind *Śvētāmbara*-Jains aus Rajasthan und Gujarat (Nordindien), die sich ab den 1820er Jahren als Unternehmer*innen im kolonialen Madras niederzulassen begannen. Die tamilischen Jains bleiben im ländlichen Norden Tamil Nadus konzentriert, mit einer kleineren Anzahl in Chennai. Obwohl nur wenige der vielen Jain-Stätten heute noch rituell aktiv sind, haben Gemeindeorganisationen vor kurzem damit begonnen, »*ahimsa* (gewaltfreie) Wanderungen« zu veranstalten, bei denen sie archäologische Stätten besuchen, die Restaurierung verfallener Bauwerke sponsern und das öffentliche Interesse an dem besonderen Beitrag des Jainismus zum tamilischen Kulturerbe wiederbeleben.

1 Kat.-Nr. 69, S. 250.
2 Im Jainismus gibt es zwei Schulen, deren Anhänger sich in *Digambaras*, »Luftgewandeten«, und *Śvētāmbara*, die »Weißgewandeten«, unterteilen. Die *Digambaras* zeichnen sich durch die Einhaltung von »*ahimsa*«, völlige Gewaltlosigkeit, aus, indem sie meist in völliger Nacktheit und Abgeschiedenheit leben und sich achtsam durch ihre Umwelt bewegen. Diese Gruppen finden sich in den südlichen Regionen des indischen Subkontinents, während die *Śvētāmbara* meist in den nördlichen indischen Bundesstaaten anzutreffen sind. Auch sie gehen den Weg der Gewaltlosigkeit, bezeichnen sich aber eher als Laien und nehmen auch am gesellschaftlichen Leben teil.

VIDYA DEHEJIA

Die Kunst der Cōḻa

சோழர் கலை கலாச்சாரம்

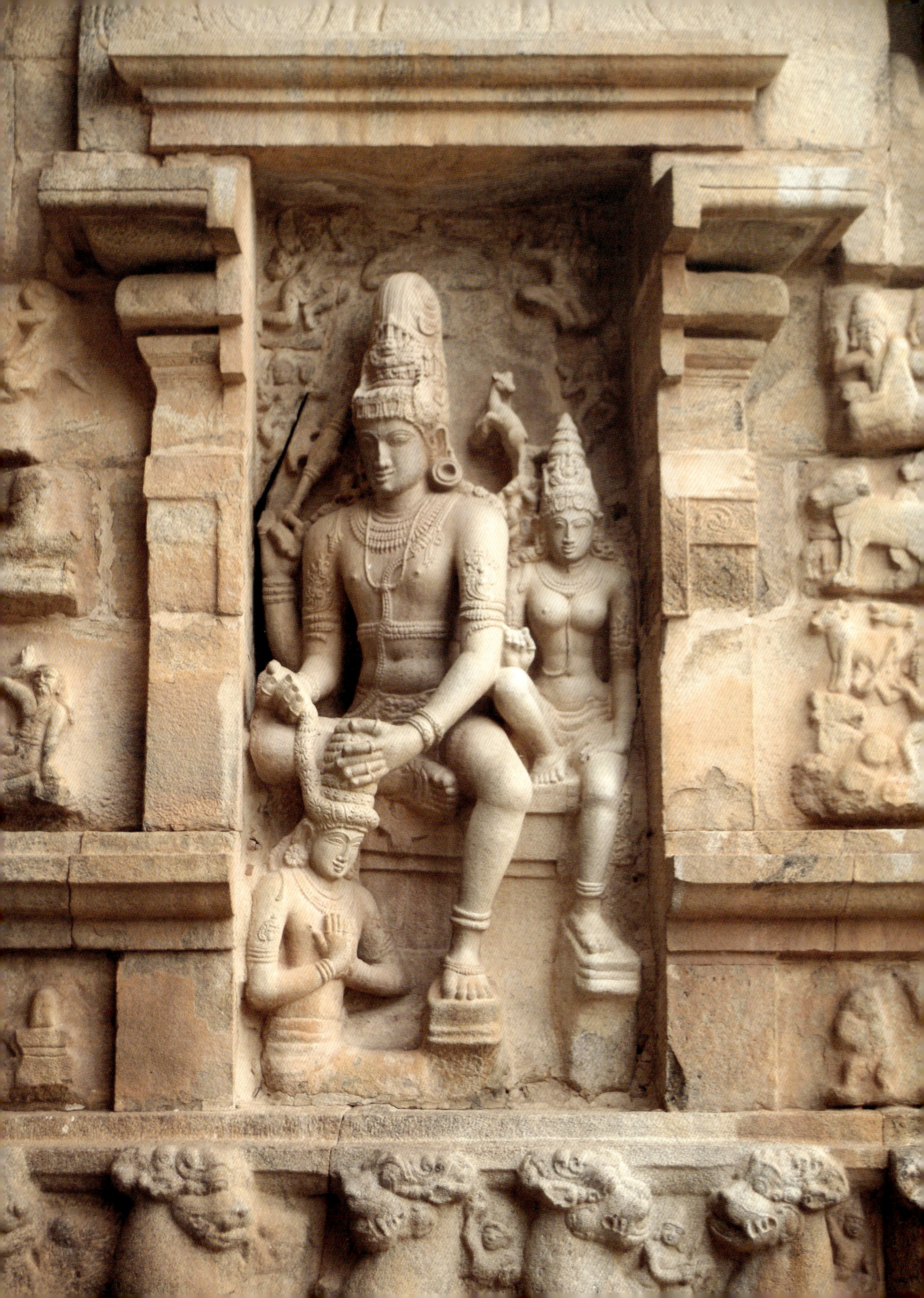

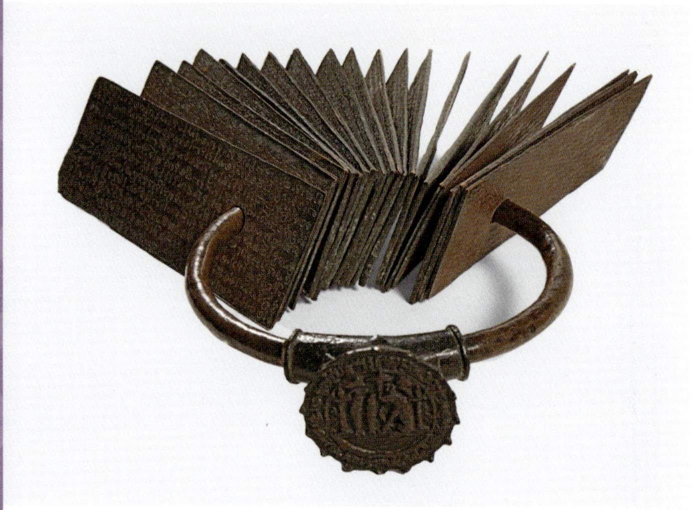

2 Kupfertafelinschrift von Rājēndra Cō̱la, zugleich Stiftungsurkunde und Genealogie der Cō̱la-Könige. Universitätsbibliothek Leiden, Inv.-Nr. Or. 1687.

Die Blütezeit der Kunst und der kulturellen Aktivitäten begann ganz allmählich um das Jahr 855, als ein kluger Herrscher namens Vijayalaya die Stadt Thanjavur eroberte und die Cō̱la-Dynastie gründete. Dieser besaß die Chuzpe, den Namen eines berühmten Herrschergeschlechtes anzunehmen, das einige Jahrhunderte zuvor von der Bildfläche verschwunden war. Zudem behauptete er, Thanjavur zu erobern sei so einfach gewesen, wie seine eigene Frau an die Hand zu nehmen! Die von ihm gegründete Dynastie hatte ihr Machtzentrum im Kaveri-Becken und erreichte ihre größte territoriale Ausdehnung während der Herrschaft von Rājarāja Cō̱la (985–1012) und seinem Sohn Rājēndra (1012–1035), als das Cō̱la-Reich einen Großteil Südindiens, den nördlichen Teil Sri Lankas und die Malediven umfasste. Zusätzlich wurden Seeexpeditionen, wenn auch von begrenzter Reichweite, zur Insel Sumatra und zur südlichen malaiischen Halbinsel entsandt, die beide vom Königreich Srivijaya beherrscht wurden.

In Südindien ist der Begriff Cō̱la gleichbedeutend mit Raffinesse in jedem Bereich kultureller Aktivitäten, insbesondere in denen, die sich um das Heilige drehen. Tempelarchitektur und Bildhauerei erreichten große Höhepunkte, genauso wie die Kunst, tragbare heilige Bilder in Bronze zu gießen, die mit eigens dafür angefertigtem Goldschmuck, besetzt mit Edelsteinen, geschmückt wurden. Musik und Tanz, dargeboten von geschickten und geübten Spezialisten, waren Teil der Feierlichkeiten des Festzyklus, während die literarischen Künste der Prosa, Poesie und des Dramas mit den Errungenschaften der Institutionen der religiösen Bildung wetteiferten. Das innovative Bewässerungsnetz der Cō̱la, bestehend aus Kanälen und Reservoirs, führte zu landwirtschaftlichem Wohlstand, der wiederum die Grundlage für das großzügige Patronatswesen der sakralen Strukturen bildete. Frauen, königliche und aristokratische, aber auch solche aus bescheideneren Verhältnissen, spielten eine bedeutende Rolle in der Welt der Cō̱la. Alles in allem war es eine Zeit von großer Strahlkraft.

3 Der Śiva-Tempel von Pullamangai. Fotos: Vidya Dehejia.

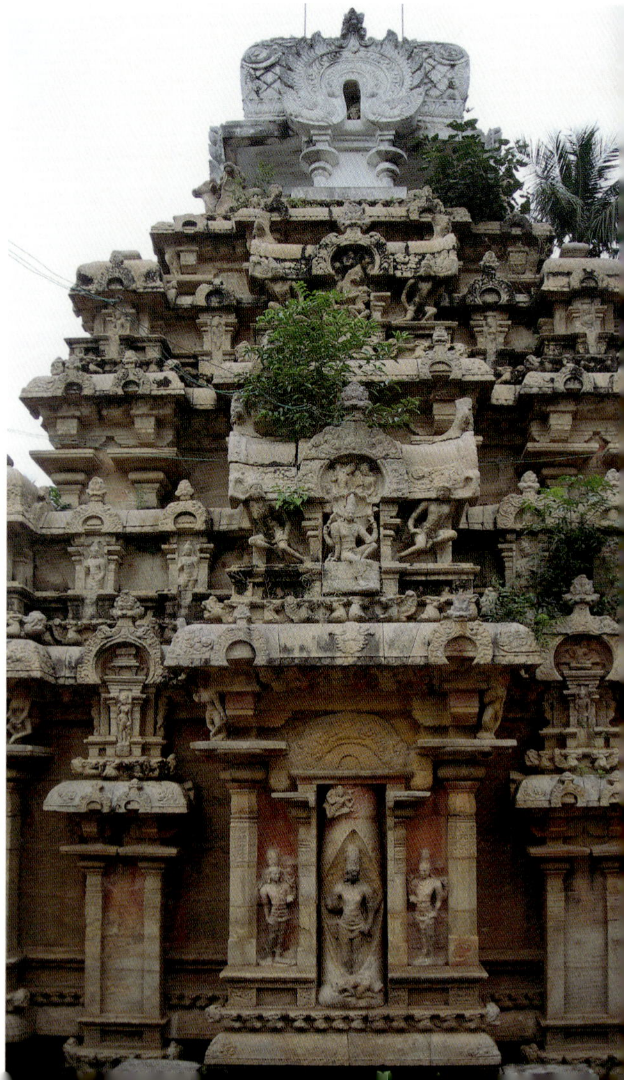

◄ 1 Śiva erteilt dem heiligen Caṇḍeśa seinen Segen. Steinrelief an der Wand eines von König Rājendra Cō̱la I. (reg. 1012–1035) erbauten Tempels in Gangaikondacholapuram. Foto: Georg Noack.

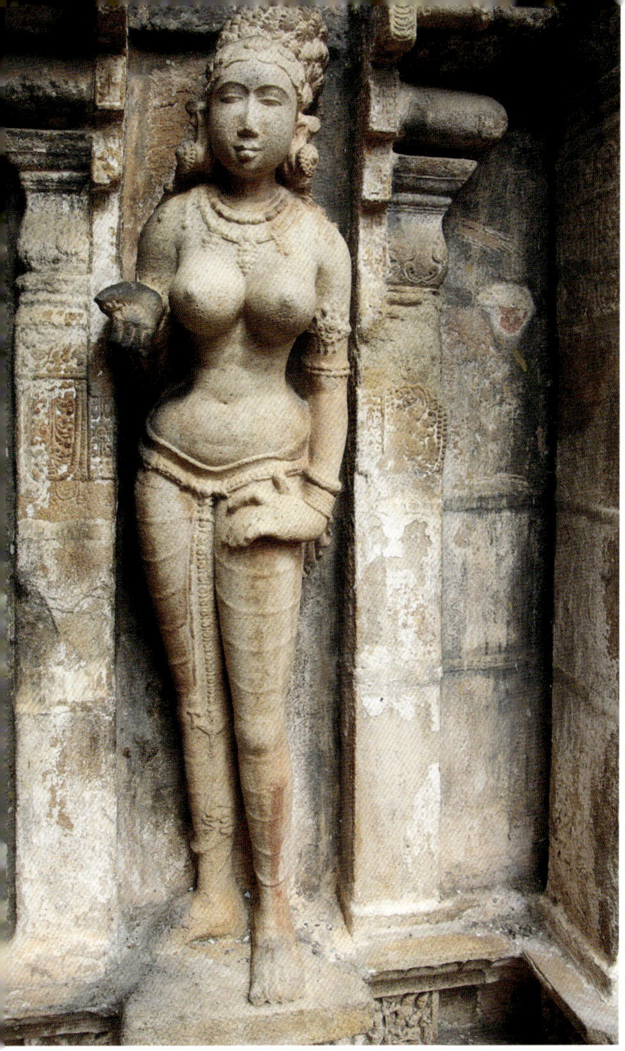

4 Darstellung einer Königin im Nāgeśvara-Tempel von Kumbakonam. Foto: Vidya Dehejia.

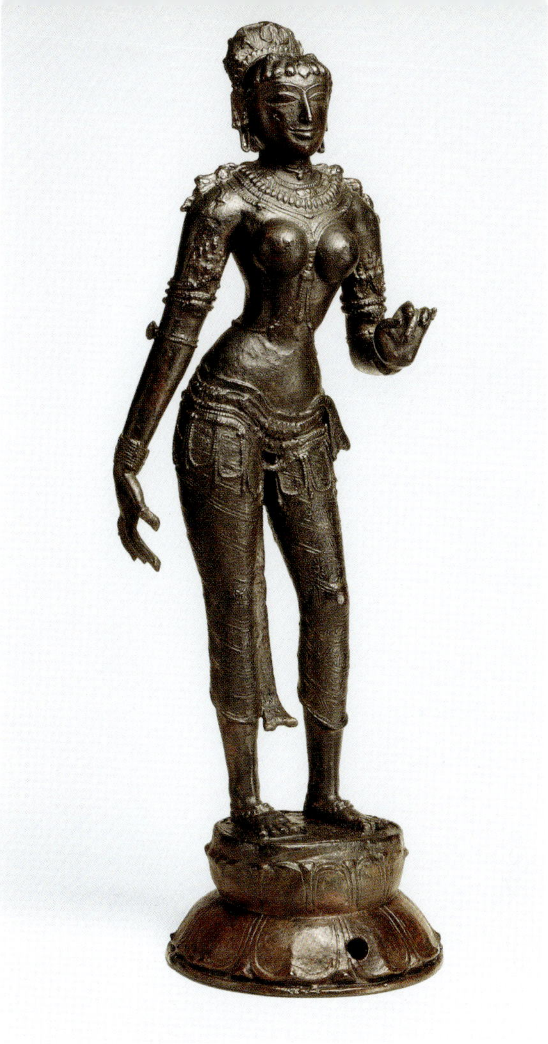

5 Sītā, Tamil Nadu, ca. 980 n. Chr. Bronze, Höhe 66 cm. Linden-Museum Stuttgart, Inv.-Nr. SA 33610 L. Foto: Dominik Drasdow.

Frühe Cōḻa-Tempel, wie der Śiva-Schrein von Pullamangai, sind kleine, exquisit proportionierte Bauwerke. In den Nischen des Allerheiligsten und der vorgelagerten Halle finden sich außerdem anmutige Skulpturen. Ein Meisterwerk der Granitarchitektur ist der Nāgeśvara-Tempel in Kumbakonam, der neben den Götterbildern auch Bilder von Königen beinhaltet. Diese Tempel wurden in der frühen Herrschaftsperiode von Parāntaka Cōḻa errichtet, dessen lange Amtszeit sich von 905 bis 956 erstreckte. In der zweiten Hälfte des 10. Jahrhunderts trat eine bemerkenswerte weibliche Mäzenin auf, die Königin Sembiyan Mahādevi, die während der Herrschaft ihres Sohnes Uttama Cōḻa Ansehen erlangte. Sie trat in ihrer Rolle als junge Prinzessin im Jahr 941 auf den Plan, als sie sich zum ersten Mal an Spenden für einen Tempel in der Nähe von Trichy beteiligte, und sie blieb bis zum Jahr 1002 aktiv, als sie während der Herrschaft ihres Großneffen, des berühmten Königs Rājarāja, für einen Tempel spendete. Sie wandelte mehrere ältere Ziegelsteintempel in Steinbauten um, und um sicherzustellen, dass frühere Schenkungen nicht in Vergessenheit gerieten, ließ sie diese als Inschriften in ihre Steintempel eingravieren. Sie war Schirmherrin einer außergewöhnlichen Bronzewerkstatt, die elegante und herzergreifende Statuen schuf, hauptsächlich von Śiva und Umā, aber auch von anderen Gottheiten.
Die bronzene Sītā aus der Stuttgarter Sammlung, deren Gemahl Rāma heute fehlt, stammt vermutlich aus dieser Werkstatt. Die stattliche Eleganz, der schlanke Torso, die langen Gliedmaßen, das exquisite Gesicht und die bezaubernde Frisur sprechen für einen Künstler aus der sogenannten Sembiyan-Bronzewerkstatt.

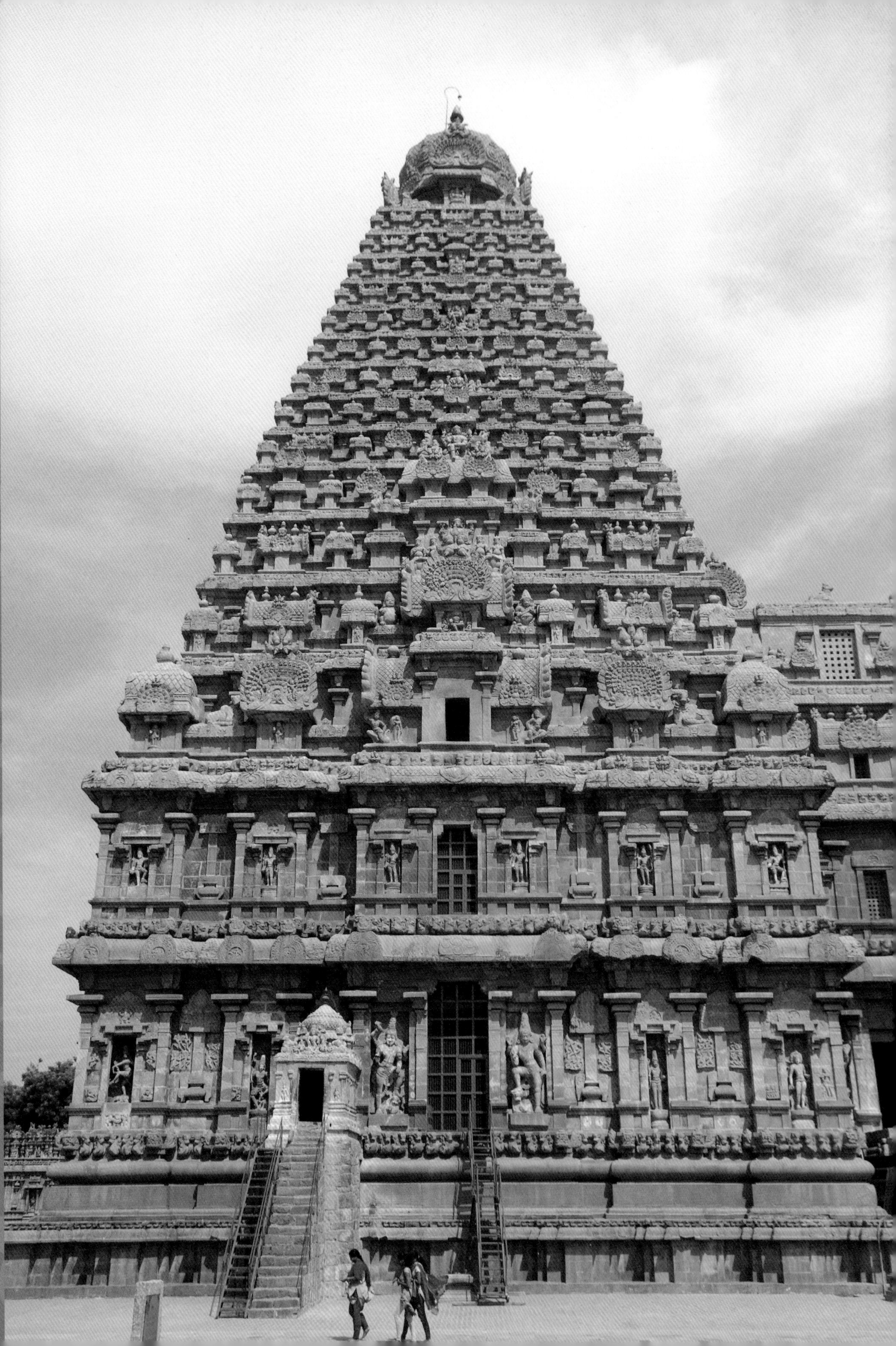

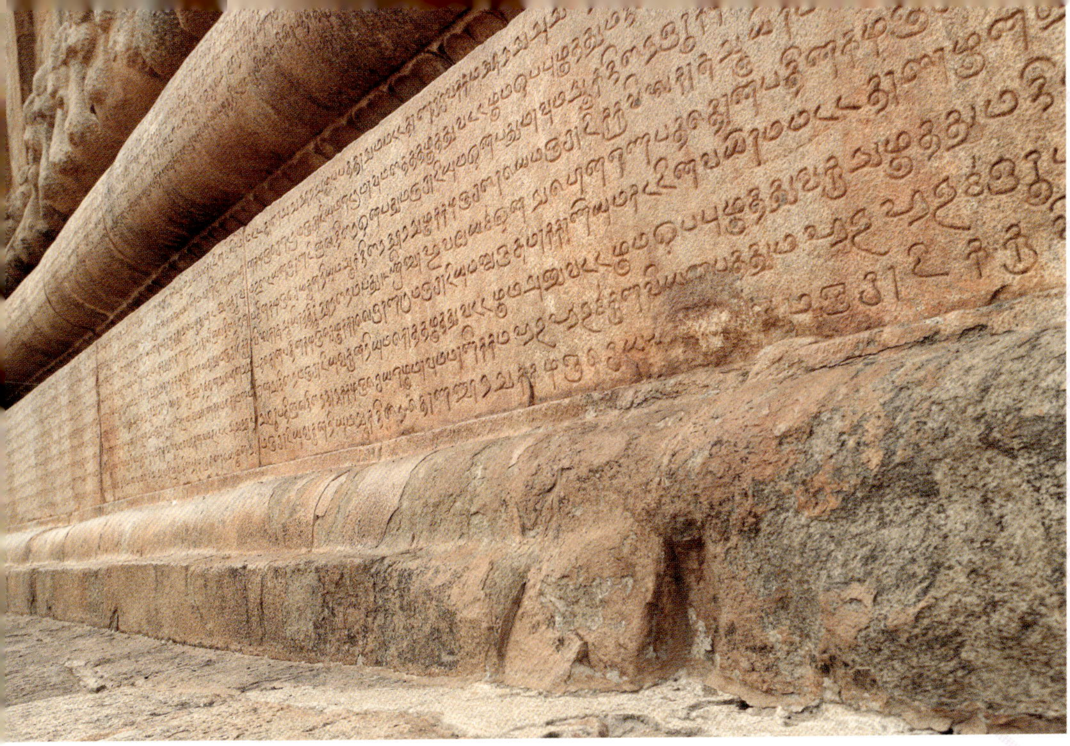

◄ 6 Der Brihadiśvara-Tempel, Thanjavur. Foto: Georg Noack.

7 Inschriften am Brihadiśvara-Tempel. Foto: Georg Noack.

Die Cōḻa-Hauptstadt Thanjavur gehörte nicht zu den vielen Stätten von geheiligtem Rang, die bereits von den tamilischen *Nāyaṉmār*[1] besungen worden waren. Sie war brandneu, und es gab hier keinen alten Backsteintempel, der in Stein umgewandelt werden konnte. So nutzte Rājarāja Cōḻa die Gelegenheit, dort einen Śiva-Tempel zu errichten, der in seinen Inschriften Rājarājeśvara-Tempel (»Tempel des Herrschers Rājarāja«) genannt wird und seinerzeit als Wolkenkratzer Bekanntheit erlangte. Frühere Tempel, so exquisit sie auch waren, waren kleine Bauwerke, etwa zehn bis elf Meter hoch; Rājarājas Tempel war mit einer Höhe von 66 Metern sechsmal so groß wie alle anderen, die bis dahin in der Region gebaut worden waren. Nachdem er seine Kühnheit im Krieg durch die Eroberung eines großen Territoriums unter Beweis gestellt hatte, verspürte er wohl den Drang, auch seine Verehrung Śivas zu demonstrieren, indem er ihm diesen prächtigen Tempel errichtete, der heute unter dem Namen Brihadiśvara-Tempel oder Tempel des großen Herrn bekannt ist.

Eine obere und eine untere Reihe von Nischen in der Außenmauer des Allerheiligsten verherrlichen Śiva, indem sie große Skulpturen seiner vielen Erscheinungsformen zeigen. Dabei sind in den Nischen der unteren Ebene verschiedene Erscheinungsformen von Śiva zu sehen, während alle 32 oberen Nischen Śiva als Sieger der drei Festungen (Tripuravijaya) zeigen. Diese Darstellung Śivas als Zerstörer der Festungen dreier großer Dämonen diente Rājarāja wohl als Inspiration, und die Wiederholung dieser Darstellungsformen war Ausdruck seiner Dankbarkeit dafür, das Śiva seine eigenen Siege ermöglicht hatte.

Eine bemerkenswerte Besonderheit von Rājarājas Thanjavur-Tempel sind die Inschriften in tamilischer Schrift, die die Grundmauern des Tempels sowie verschiedene Abschnitte seiner Säulen und Wände bedecken. Sie verraten uns erstaunliche Details über die Bronzen des Tempels, den Schmuck, der diesen Bronzen gestiftet wurde, die rituellen Gefäße des Tempels aus Gold und Silber sowie außergewöhnliche Details der Tempelverwaltung. So ist zu lesen, dass alle Dörfer im Cōḻa-Territorium, einschließlich derer im neu eroberten Sri Lanka, verpflichtet waren, dem Tempel Reis und bestimmte Mengen anderer Lebensmittel zukommen zu lassen, die in den Tempelküchen für Speisen (*Tiru-amudu* oder heiliger Nektar) verwendet wurden, welche man zuerst den Tempelbildern opferte und dann an eine Reihe dem Tempel verbundener Persönlichkeiten verteilte. Zudem informieren die Inschriften darüber, dass die Dörfer verpflichtet waren, Priester und Wächter für den Tempeldienst zu schicken. Detailliert schildern sie, dass der Tempel 800 Personen beschäftigte, um eine Reihe von Anforderungen zu erfüllen, darunter 400 Tänzerinnen, die für den Gott

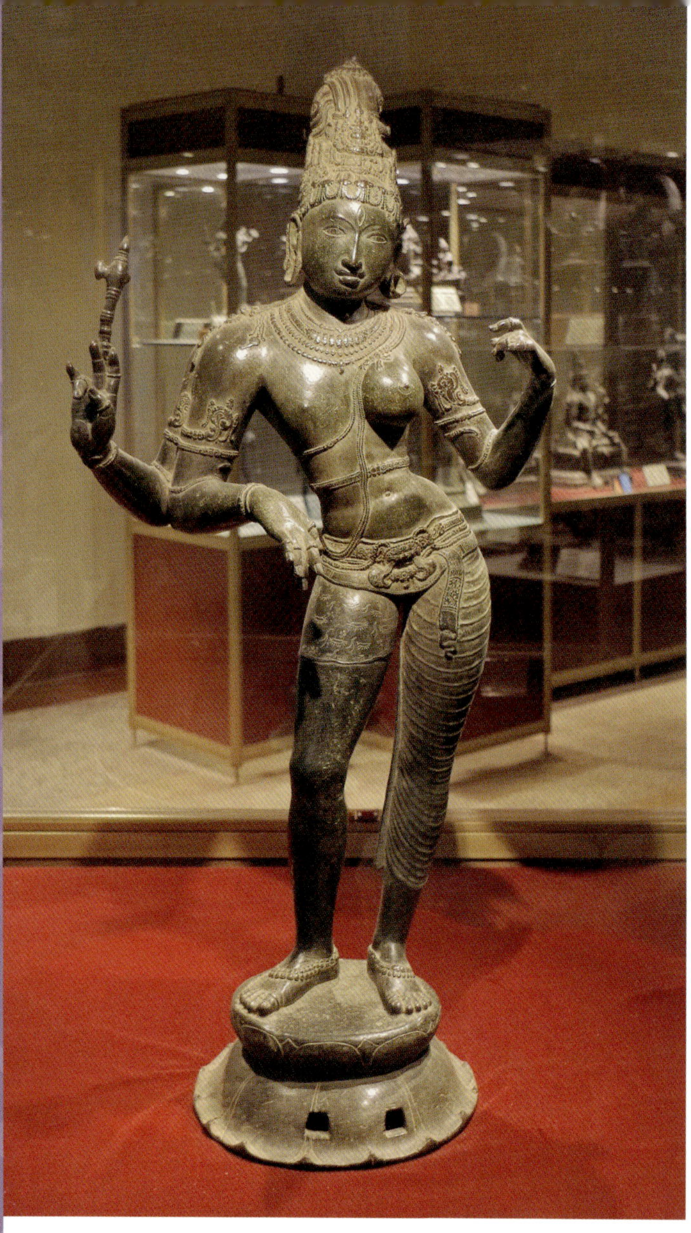

8 Śiva als *Ardhanārī* – Ardhanarishvara aus dem Tempel von Tiruvenkadu, ca. 1020 n. Chr. Sammlung des Goovernment Museum of Tamil Nadu, Chennai. Foto: Georg Noack.

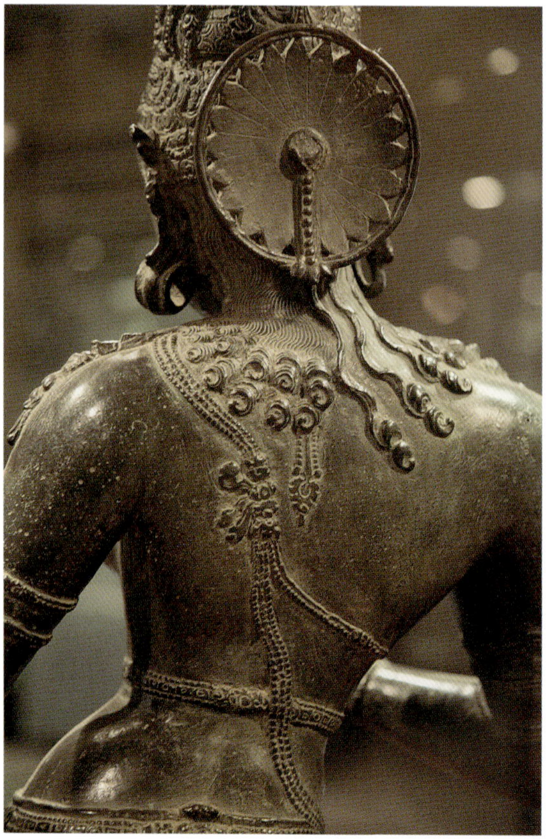

9 Detail. Foto: Christine Guidolotti.

auftraten, eine Reihe von Musiker*innen, die sie begleiteten, und einen Schätzer von Juwelen, der zweifellos den Überblick über die Schmuckstücke behielt, die den heiligen Bronzen gestiftet wurden. Die Inschriften liefern Details über die genaue Anzahl der Diamanten, Rubine und Perlen in jedem Schmuckstück sowie die Qualität jedes Edelsteins, ob er fehlerhaft, gesprungen oder von minderer Qualität war. Wir erfahren, dass der Tempel nicht weniger als 66 heilige Bronzen besaß, die von Rājarāja, seinen Königinnen, seiner Schwester und ausgewählten hochrangigen Tempelbeamten geschenkt wurden; wir lesen auch von Stiftungen kompletter Schmucksets, mit denen diese Statuen von Kopf bis Fuß geschmückt wurden. Mehrere Buchhalter, die von einer Reihe von Hilfsbuchhaltern unterstützt wurden, waren für die Verwaltung der Tempelgelder zuständig. Wir erfahren auch von Śivas eigenem Buchhalter, dem heiligen Caṇḍeśa, in dessen Namen alle Tempeltransaktionen durchgeführt wurden. Die Thanjavur-Inschriften liefern verblüffende Details darüber, wie vor tausend Jahren der Betrieb und die Verwaltung eines königlichen Tempels gehandhabt wurden.

Während der Herrschaft von Rājarāja und Rājēndra wurden herausragende Bronzen geschaffen. Es gibt nur wenige Informationen über einzelne Künstler, jedoch schuf der Meister von Tiruvenkadu, den ich nach dem Tempel benannt habe, der viele seiner Bronzen in Auftrag gab, mehrere spektakuläre Figuren. Tiruvenkadu ist etwa 99,3 Kilometer von der Hauptstadt Thanjavur entfernt und liegt direkt nördlich der Mündung des Kaveri-Flusses. Eine der vielen aufregenden Bronzen des Meisters besteht in einem beeindruckenden Bildnis von Śiva als *Ardhanārī* oder Halb-Frau, eine Erscheinungsform Śivas, in der er mit seiner Gemahlin Umā vereint ist, die die Essenz seiner Kunstfertigkeit einfängt. Indem er die Herausforderung annahm, körperliche Perfektion in einer so ungewöhnlichen Form darzustellen, gelang es dem Meister, den klaren, harten, männlichen Aspekt von Śiva mit der weichen Weiblichkeit von Uma zu einem harmonischen Bild zu verschmelzen, das in seiner Darstellung sinnlich und fesselnd ist.

Im letzten Viertel des 11. Jahrhunderts ging die von Vijayālaya gegründete Cōḻa-Dynastie zu Ende, und eine neue Dynastie von Cōḻas, die bisweilen als die Chālukya-Cōḻas bezeichnet werden, kam an die Macht. Der östliche Chālukya-Prinz Rājēndra, dessen Mutter und Großmutter beide Cōḻa-Prinzessinnen waren, bestieg den Cōḻa-Thron im Jahr 1070 und nahm den Titel Kulottunga oder »Verherrlicher der Dynastie« an. Während das Kaveri-Delta und die Stadt Thanjavur wichtig blieben, erlebte diese Periode einen dramatischen Anstieg der architektonischen Aktivitäten in Chidambaram, der Heimat des tanzenden Śiva. Während der Herrschaft von Kulottunga und seinem Nachfolger Vikrama Cōḻa, zwischen 1070 und 1135, erfährt dieses heilige Zentrum eine dramatische Veränderung und wird eine der ersten erweiterten Tempelanlagen Tamil Nadus. Auch wenn Chidambaram schon seit mehreren Jahrhunderten ein heiliges Zentrum war, verdankte es seine Erweiterung und Konsolidierung in Stein vor allem dem Anstoß des Ministers Naralokaviran, der beiden Monarchen diente. Er errichtete die innerste Mauer, die den heiligen Schrein umschloss, und ließ im Westen einen Tempel für die Göttin bauen, der mit einer Mauer umgeben wurde, die durch ein einziges Tor betreten wurde. Er ließ den Tempelteich mit Steinstufen und Korridoren säumen und eine Halle für die Rezitation der Hymnen der *Mūvar* oder »Ehrwürdigen Drei«, der Heiligen Campantar, Appar und Cuntarar, erbauen.

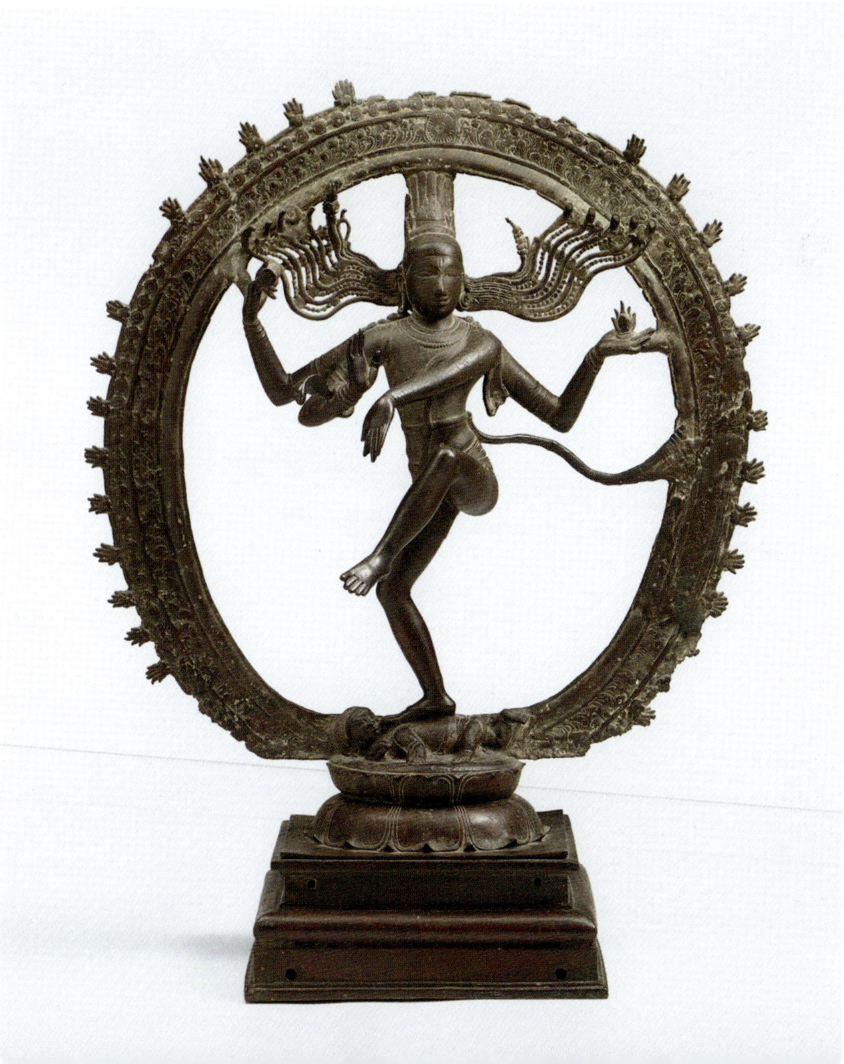

10 Śiva Naṭarāja, »der König des Tanzes«, Tamil Nadu, 12.–13. Jahrhundert, Bronze, Höhe: 108 cm. Linden-Museum Stuttgart, SA 36293 L. Foto: Dominik Drasdow.

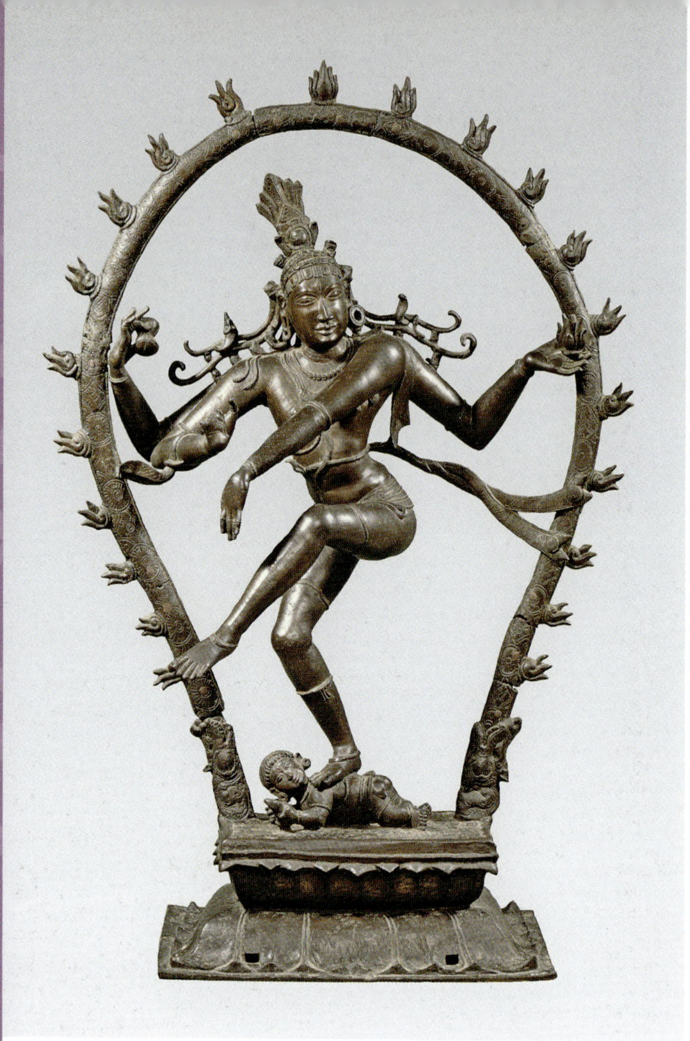

11 Śiva Naṭarāja, Tamil Nadu, 13. Jahrhundert, Bronze, Höhe: 117 cm. Nationalmuseum von Dänemark, Inv.-Nr. Da. 161. Foto: John Lee.

Er konstruierte die äußere dritte Mauer, um den gesamten, erweiterten Tempel zu umschließen, und gab ein westliches Gopuram-Tor für den Zugang von den Priesterresidenzen und ein östliches Gopuram für den Zugang von der Stadt in Auftrag. Zudem traf er wichtige Vorkehrungen für das Fest, das den tanzenden Śiva im Februar und März an das Meeresufer führte: Er stellte Lampen vor dem südlichen Tor auf, durch das die Prozession den Tempel verließ, er ließ eine Straße zum Strand anlegen, wo er einen Pavillon für das Bildnis errichtete, und sorgte für einen Garten, eine Wasserzisterne und einen schattenspendenden Banyanbaum für die Anhänger und Pilger, die den tanzenden Herrn auf diesem heiligen Festausflug begleiteten.

Das 13. Jahrhundert sah Unruhen in den Cōḻa-Territorien, und Inschriften in einigen Tempeln sprechen von den unsicheren Bedingungen dieser Zeit; es scheint, dass ein Tsunami den Niedergang der Tempel beschleunigte. In Tiruvenkadu lesen wir zum Beispiel von Land, das aufgrund von ausgedehnten Überschwemmungen jahrelang brach lag; um solches Land wieder kultivieren zu können, waren wesentlich mehr Mittel erforderlich als für den ursprünglichen Landkauf. Um 1280 weisen Inschriften, die in immer mehr Tempeln von Stiftungen der Pāṇṭiya-Herrscher sprechen, darauf hin, dass die Cōḻa-Macht der Vergangenheit angehörte.

12 Śiva Candraśekhara, Tamil Nadu, 13. Jahrhundert, Bronze, Höhe: 75,5 cm. Museum Rietberg Zürich, Inv.-Nr. RVI 506. Foto: Rainer Wolfsberger.

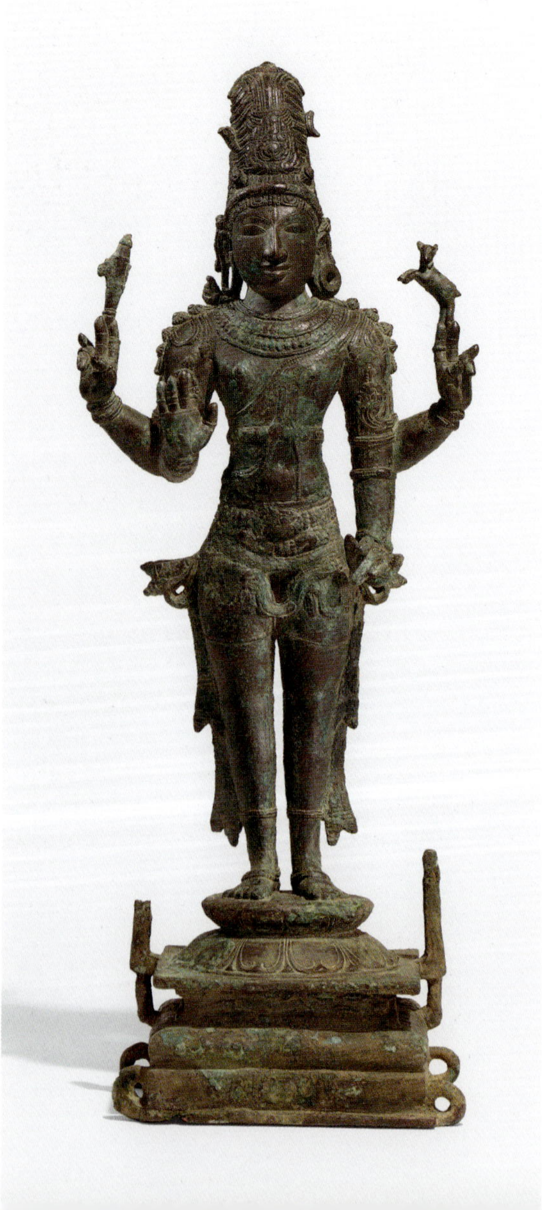

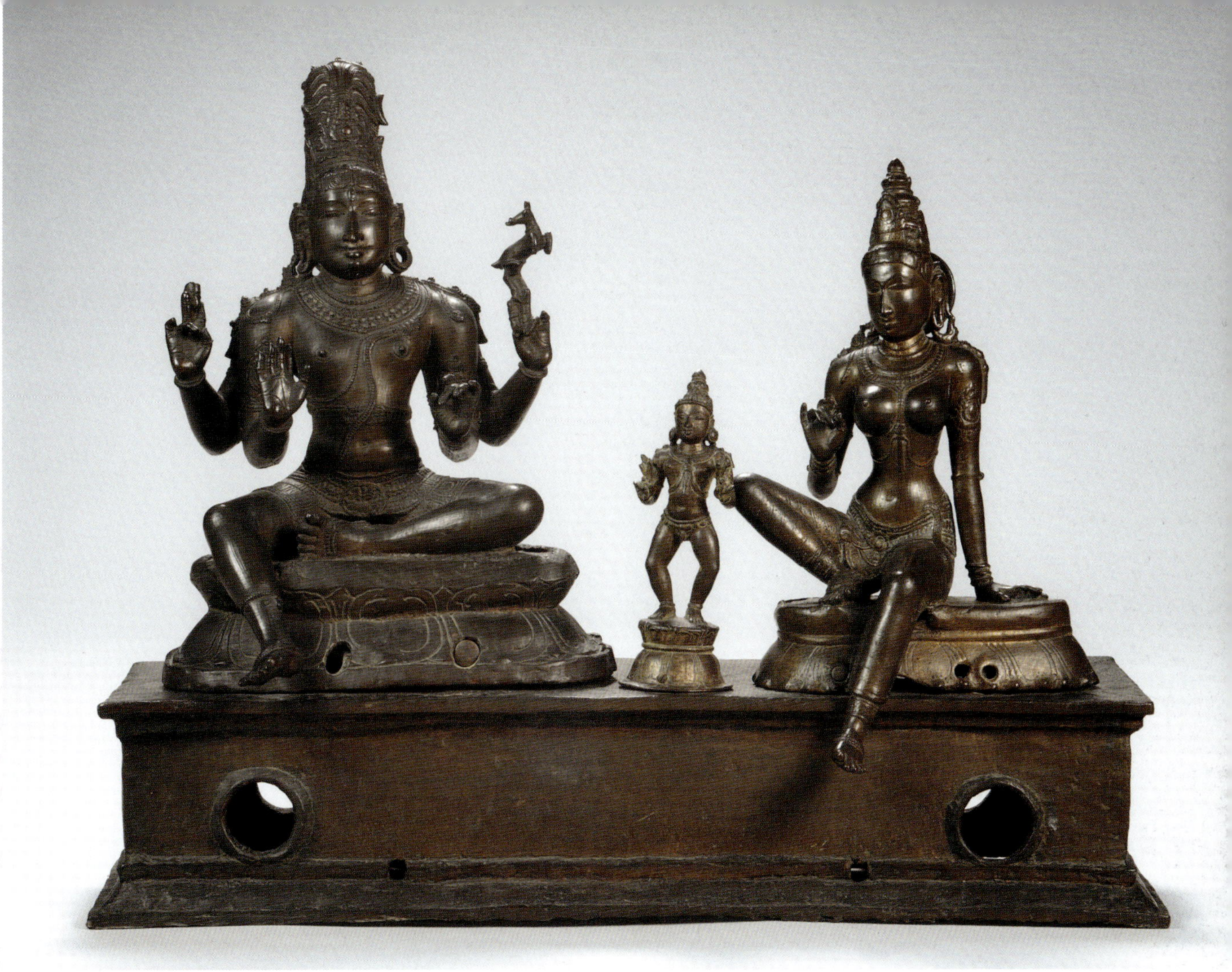

13 Śiva und Umā mit ihrem Sohn Murukaṉ (Sanskrit: Skanda). Tamil Nadu, 12. Jahrhundert. Bronze, Höhe: 58 cm. Nationalmuseum von Dänemark, Inv.-Nr. Da.156. Foto: John Lee.

Museumsbesucher werden eine grüne Patina auf vielen Bronzen bemerken, die ursprünglich kupferfarben waren und später durch die Einwirkung der Luft während der jahrhundertelangen Verehrungszeremonien dunkel wurden. Die Patina ist ein Hinweis darauf, dass diese Bronzen jahrhundertelang vergraben waren. Dies geschah höchstwahrscheinlich im Jahr 1310, als das Herannahen der Armeen des Sultanats von Delhi bei den tamilischen Tempeln Besorgnis über eine mögliche Entweihung der verehrten Bronzen auslöste. Der Plan, die Bronzen auszugraben, neu zu weihen und wieder der Götterverehrung zuzuführen, musste verschoben werden, als in Madurai über längere Zeit ein Sultanat errichtet wurde. Der Ort, an dem die Bronzen vergraben worden waren, wurde dabei nicht an die nächste Generation weitergegeben, so dass die Statuen bis in die jüngste Zeit vergraben blieben. Die berühmten Tiruvenkadu-Bronzen zum Beispiel tauchten in vier separat vergrabenen Horten auf – entdeckt in den Jahren 1925, 1951, 1960 und 1972 während einer Serie von Tempelrenovierungen und -erweiterungen. Neue Bronzen, die während der Zeit der Vijayanagar-Dynastie für tamilische Tempel geschaffen wurden, werden heute in diesem und anderen Tempeln verehrt, die eine ähnliche Geschichte erlebten. Das Wunder ist, dass prächtige Cōḻa-Bronzen, die einst als verloren galten, wieder-aufgetaucht sind und von der Kunstfertigkeit und Virtuosität der Künstler aus der Cōḻa-Zeit erzählen.

Für weitere Erklärungen zu diesem Thema siehe: Vidya Dehejia, *The Thief Who Stole My Heart: The Material Life of Chola Bronzes, 855–1280,* Princeton University Press, 2021.

1 Vgl. den Artikel von Venkatesan in diesem Band.

UTE HÜSKEN

Navarāttiri: Die neun Nächte der Göttin

தேவியின் நவராத்திரி

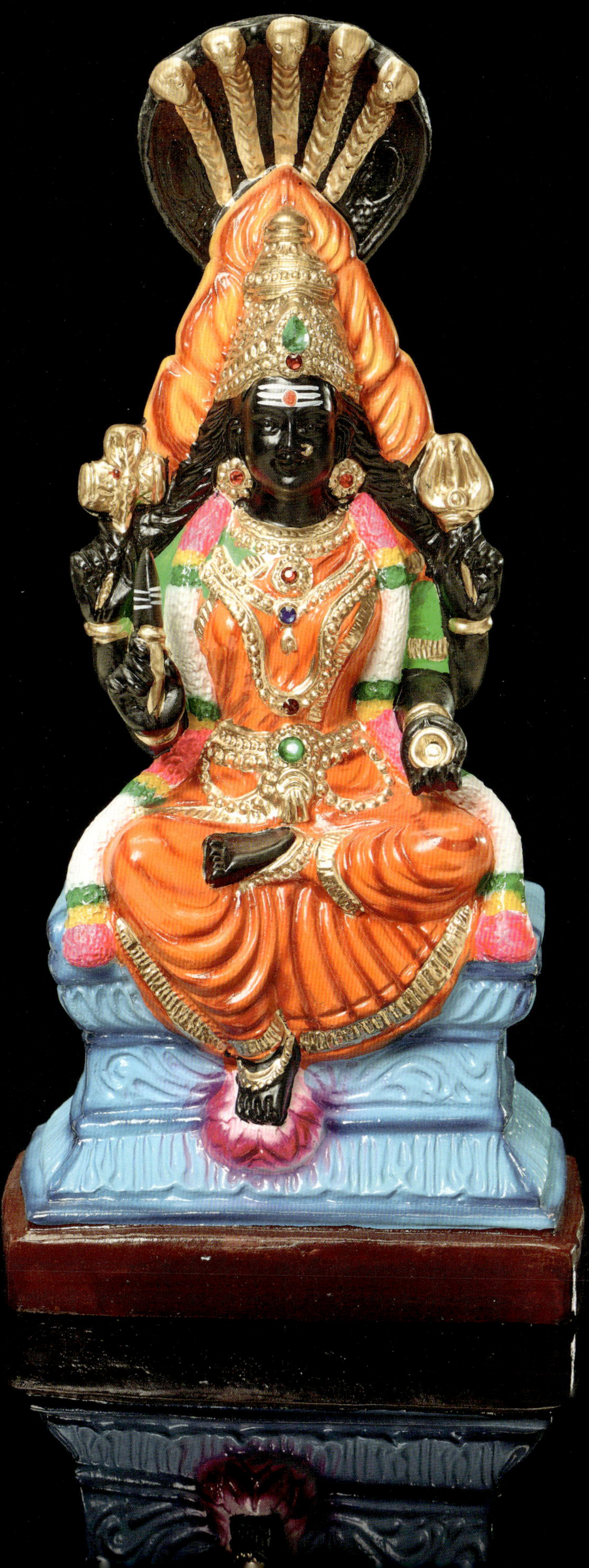

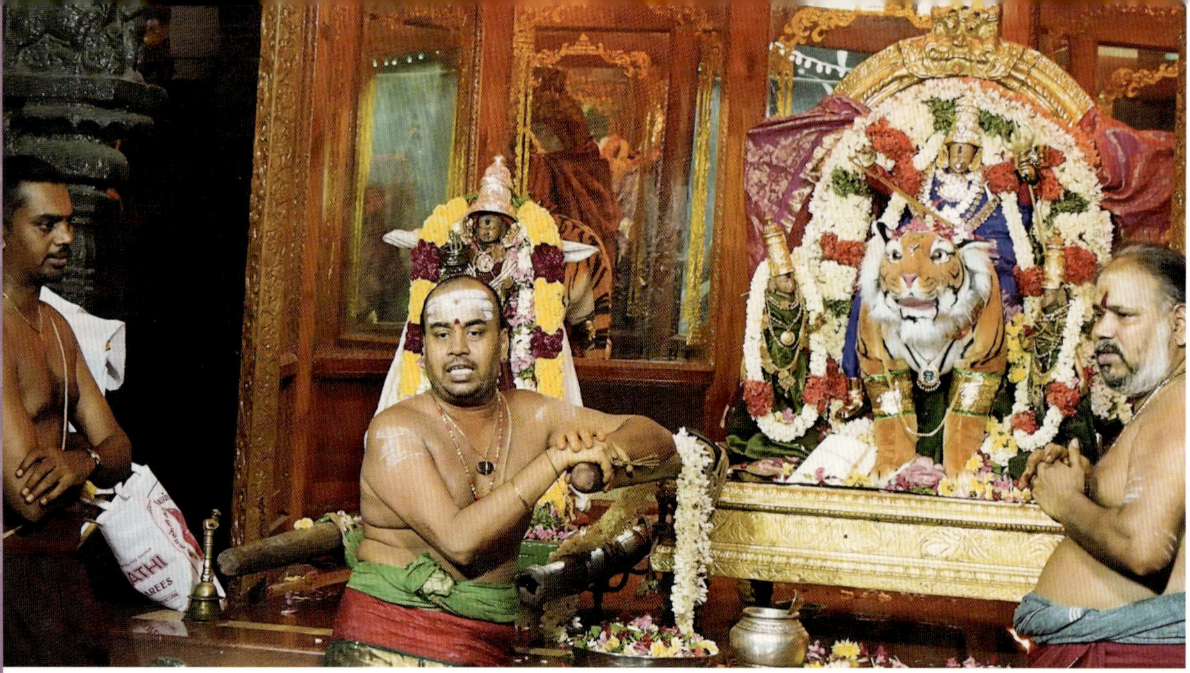

2 Göttin Kāmākṣī auf einem Tiger reitend während des Festes *Navarāttiri* im Kāmākṣī-Tempel in Kanchipuram. Foto: Ute Hüsken, 2006.

Jedes Jahr bei zunehmendem Mond im Monat *puraṭṭāci* (September/Oktober) feiert man in Tamil Nadu – wie in ganz Indien – ein Fest, das neun Nächte und zehn Tage andauert. Dieses Fest kann mit Fug und Recht als das populärste hinduistische Fest bezeichnet werden. Es ist unter unterschiedlichen Namen bekannt, je nach Region: als *Durgāpūjā* in Bengalen und generell im Norden Indiens, als *Dasarā* (»*Dussehra*«) in Karnataka und vor allem in Mysore oder als *Navarāttiri* in Tamil Nadu. Dies ist die tamilische Version des Sanskrit Wortes Navarātri und bedeutet »das Fest, das neun Nächte dauert«. Wenngleich dieses Fest, das in ganz Indien gefeiert wird, als ein und dasselbe Fest verstanden wird, ist nicht nur die Bezeichnung, sondern auch die konkrete Form der Feier lokal sehr unterschiedlich. Hier geht es um dieses Fest, *Navarāttiri*, wie es in Tamil Nadu gefeiert wird.

Allein schon die Dauer des Festes deutet auf die Wichtigkeit hin, die ihm zugemessen wird. So verwundert es nicht, dass sich viele Haushalte in dieser Zeit für zehn Tage quasi im Ausnahmezustand befinden. Doch das Fest wird nicht nur im Haus, sondern auch in vielen Tempeln gefeiert. Diese beiden Aspekte des Festes ergänzen sich gleichsam: Während im Tempel der alljährlich sich wiederholende Kampf des Guten gegen das Böse ausgetragen wird, stehen im Haus die auspiziösen oder glückverheißenden Aspekte des Festes im Vordergrund. Hier wird die positive Kraft der Göttin und der Weiblichkeit gefeiert (Fuller und Logan 1985).

Beide Aspekte der Festlichkeiten stehen durch die große Göttin und ihre Mythologie in enger Verbindung. Die Göttin wird unter vielen Namen und in vielen Identitäten verehrt – als Kāmākṣī, Mahātripurasundarī, Durgā, Kālī, Ampāḷ, Cāmuṇḍī oder als Paṭavēṭṭamman̲. Die zugehörigen mythologischen Erzählungen handeln vom Kampf und Sieg der Göttin über einen Dämon, der die Ordnung der Welt bedroht. Wenngleich der panindische Mythos aus dem Sanskrittext *Devīmāhātmya* den Dämon als Büffeldämon beschreibt, zeigt doch der Blick in lokale Narrative, dass auch anderen Dämonen hier der Kampf angesagt wird. Im südindischen Text *Kāmākṣīvilāsa* beispielsweise, dem »Spiel der Göttin Kāmākṣī«, besiegt Göttin Kāmākṣī, die Schutzherrin der südindischen Stadt Kanchipuram, einen Dämon namens Bandhaka (Ilkama 2018).

Dieser Kampf wird nicht nur in den relevanten Texten beschrieben, sondern auch während des Festes *Navarāttiri* allabendlich im Kāmākṣī-Tempel rituell aufgeführt. Zu dieser Gelegenheit verlässt die Göttin Kāmākṣī das Innerste ihres Tempels und bekämpft auf einem Tiger reitend den Dämon Pantacura. Der Kampf wird Abend für Abend fortgesetzt, doch erst am letzten Abend besiegt Kāmākṣī diesen Dämon endgültig. Dieser allabendliche Kampf ist ein populäres Spektakel während des Festes *Navarāttiri*, das nicht nur bei den gläu-

◄ 1 Die Göttin als Māriyamman̲ oder Kālī. Kolu-Figur. Pappmachée, Höhe: 48 cm. Linden-Museum Stuttgart, Inv.-Nr. SA 07171. Foto: Dominik Drasdow.

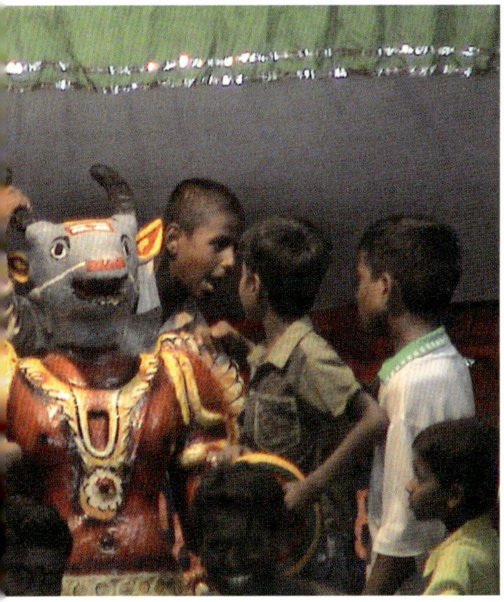

3 Kinder aus der Nachbarschaft verkörpern den Dämon Pantacura. Foto: Ute Hüsken, 2006.

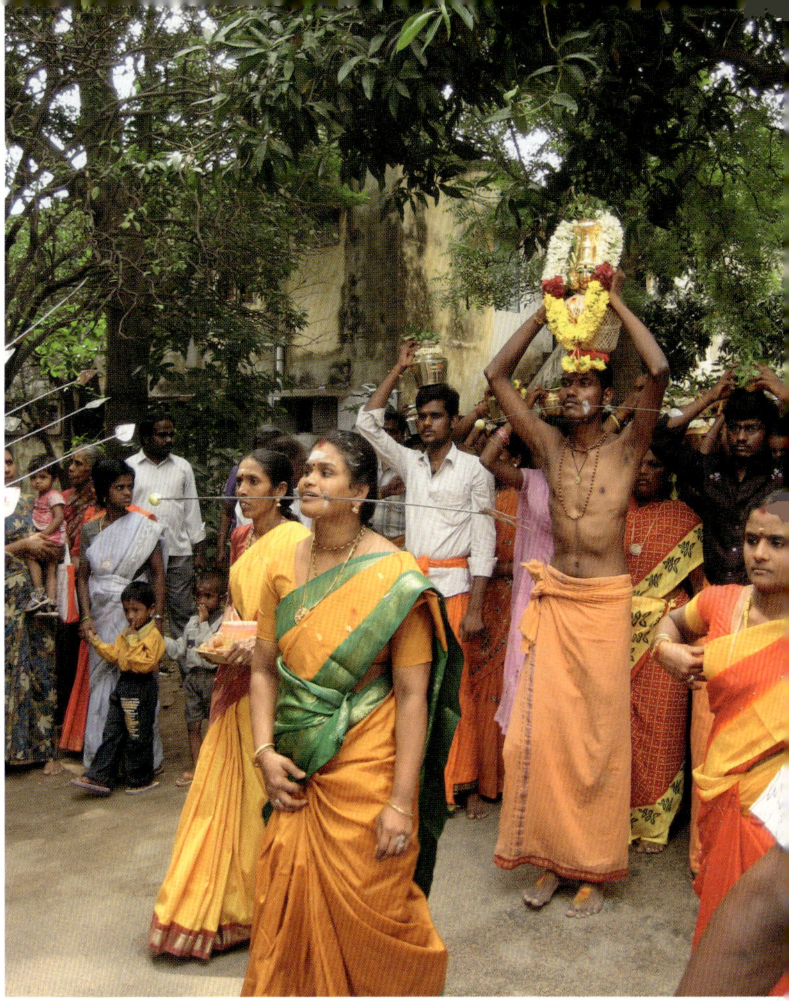

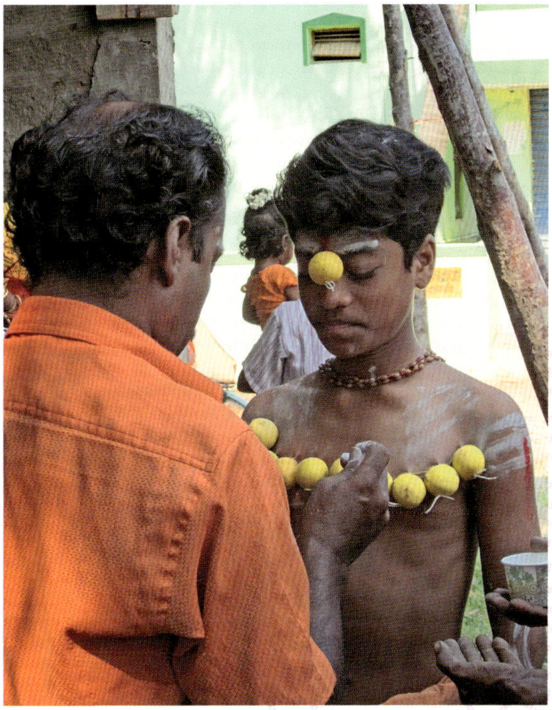

4, 5 Milchtopf-Prozession und Hautdurchbohrungen zu Ehren der Göttin Māriyammaṉ. Fotos: Ute Hüsken, 2009 und 2011.

bigen Anhängern der Göttin beliebt ist, so dass sie auch von weither anreisen, sondern auch den Kindern aus der Nachbarschaft Spaß bereitet.

In Göttinnentempeln, die nicht-brahmanischen Ritualtraditionen folgen, greift die Göttin persönlich ein, indem sie von verschiedenen Ritualteilnehmern »Besitz ergreift«. So fährt sie in den Priester, der den in einem jungen Bananenbaum gegenwärtigen Dämon mit einem einzigen kräftigen Schlag mit der Machete »tötet« (Ilkama 2018). Ferner zeigt auch die Tatsache, dass diejenigen Teilnehmer an den sogenannten *pālkuṭam*-Prozessionen, die an sich Hautdurchbohrungen vollziehen lassen, keinen Schmerz spüren, dass die Göttin mit bzw. in ihnen ist.

Navarāttiri wird im Süden Indiens häufig auch als »Fest der Frauen« beschrieben. Dies liegt zunächst an der Prominenz der Göttin, deren *Śakti* – weibliche Energie – von allen weiblichen Wesen geteilt wird. Ferner beruht diese Wahrnehmung auf den *Navarāttiri*-Feierlichkeiten im häuslichen Bereich, wo Frauen und Mädchen im Rahmen der Rituale zentrale Rollen spielen. Die Rituale werden daher als »weiblich« verstanden. Wie viele der Rituale, die vor allem von Frauen ausgeführt werden, beruft sich diese Ritualtradition nicht auf eine schriftliche Tradition (Hüsken 2013), und es existieren keine normativen Texte, die die konkrete Ausführung dieser Rituale festhalten oder vorschreiben. Die Festtradition wird vielmehr mündlich und performativ innerhalb der Familien von einer Generation an die nächste weitergegeben.

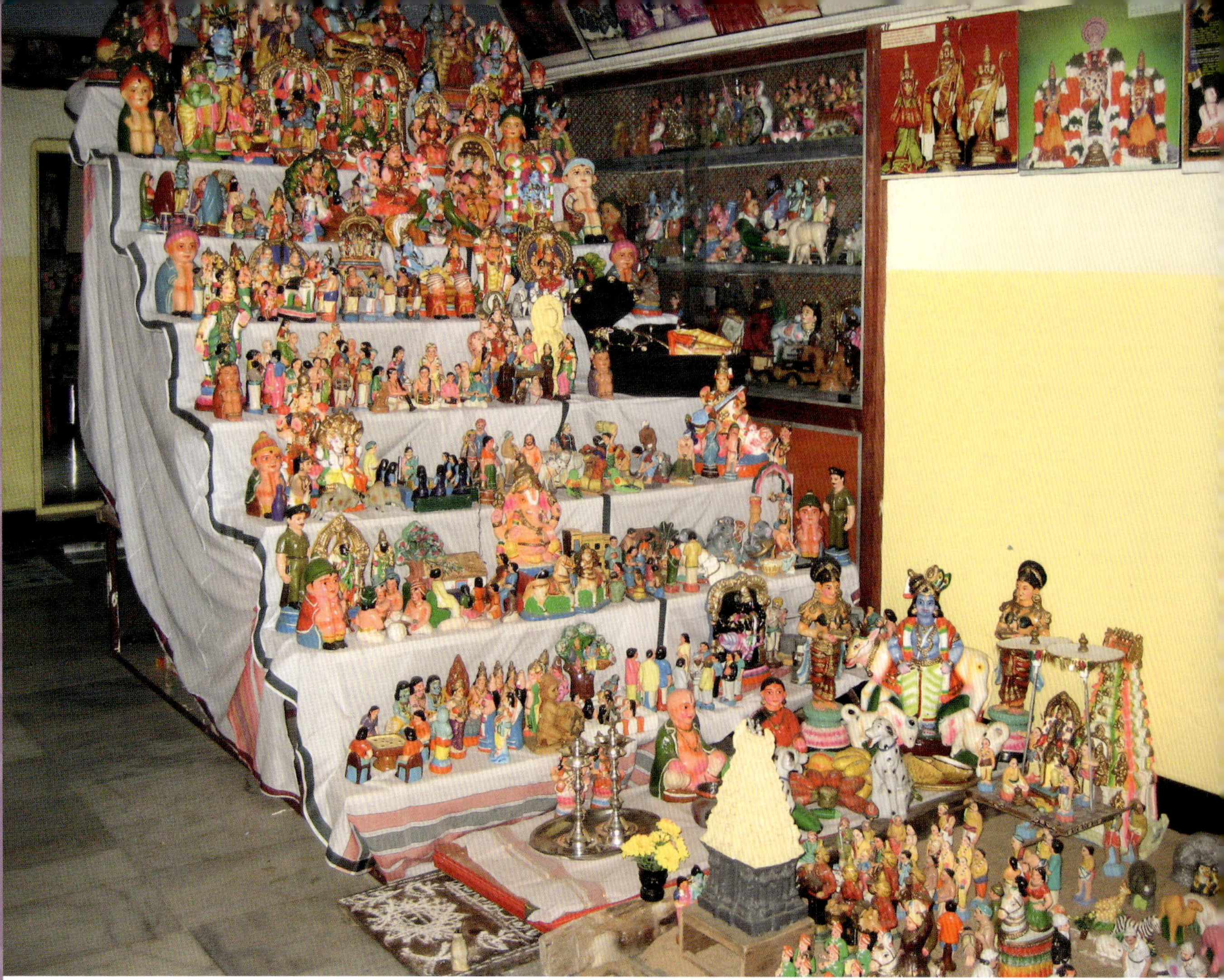

6 *Kolu*: Götterfiguren und Puppen sind auf und vor einem mehrstufigen Gestell angeordnet. Foto: Ute Hüsken, 2008.

In brahmanischen Häusern in Tamil Nadu konzentrieren sich die *Navarāttiri*-Feierlichkeiten auf das sogenannte *Kolu*, was »Hofstaat« bedeutet. Es handelt sich um ein Arrangement von Figuren und Puppen aus unterschiedlichem Material, die für die Dauer der neun Tage des Festes auf einem mehrstufigen Gestell (es handelt sich immer um eine ungerade Anzahl an Stufen) auf- und ausgestellt werden. Handelt es sich um ein kleineres Ensemble mit nur wenigen Figuren, wird dieses *Kolu* oft nahe dem Hausschrein platziert. Umfasst das *Kolu* jedoch viele Figuren, so nimmt es oft den zentralen Raum in dem Zimmer ein, in dem Gäste empfangen werden. Die Figuren, die das mehrstufige Gestell bevölkern, sind sehr unterschiedlich. Hier findet man Götterfiguren, Darstellungen mythologischer Szenen aus den Purāṇas oder aus den Epen, Szenen eines imaginierten und idealisierten Dorflebens, aber auch diverse von

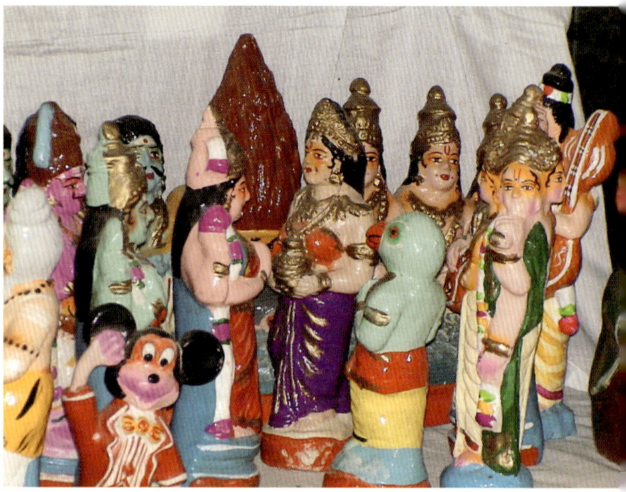

7 Auch Cricket-Teams, Mickeymouse und Zoos finden Platz auf einem *Kolu*. Foto: Ute Hüsken, 2008.

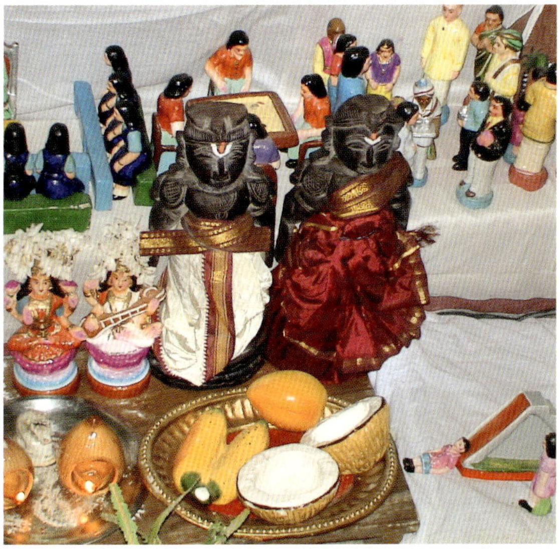

8 *Marappācipommai*: ein königlich gekleidetes Puppenpaar aus Holz. Foto: Ute Hüsken, 2006.

Reisen mitgebrachte Andenken, Cricket-Teams, Mickey Mouse und Zoos mit Dinosauriern. Die konkrete Gestaltung des *Kolu* ist üblicherweise den Frauen des Haushalts überlassen, während die Männer eher dafür zuständig sind, die gut verpackten Kartons mit den Puppen hervorzuholen und gegebenenfalls noch für die angemessene Beleuchtung Sorge zu tragen.

Kolu war wohl lange eine vor allem brahmanische Ritualtradition. In brahmanischen Familien erhalten junge Frauen traditionell die ersten *Kolu*-Puppen von ihrer Mutter als Hochzeitsgeschenk. Diese ersten beiden Puppen heißen *Marappācipommai*. Es handelt sich dabei um ein königlich gekleidetes Puppenpaar aus Holz. *Kolu* bedeutet tatsächlich wörtlich »Hofstaat«, und die Ursprünge dieser Festtradition mögen im Umfeld des Hofstaates von Mysore zu suchen sein (Ikegame 2013). Viele Familien bemühen sich, jedes Jahr mindestens eine neue Puppe für das *Kolu* zu kaufen. So wächst die Sammlung der Puppen über die Jahre an.

Die Anordnung der verschiedenen Figuren auf den Stufen folgt keinem allgemeingültig festgelegten Muster. Gleichwohl nimmt die zentrale Position (wenngleich nicht immer die höchste) im *Kolu* meist eine Repräsentation der Göttin ein: Dies ist ein mit Wasser und anderen Ingredienzen gefüllter Topf (*Kalaca*), in welchem die Göttin angerufen, d. h. durch Rituale gegenwärtig gemacht wurde. Oft ist dies die im Haushalt bevorzugte Göttin oder, wie in Kanchipuram, eine Göttin von vor allem lokaler Relevanz. An diese Repräsentation der Göttin richten sich auch die am *Kolu* ausgeführten Rituale, denn *Kolu* ist keine reine Ausstellung von Figuren, sondern die Göttin wird als im *Kolu* gegenwärtig verstanden. Entsprechend wird sie auch morgens und abends mit Verehrungsritualen bedacht, die von den Frauen im Haushalt ausgeführt werden. Dies steht im Gegensatz zu vielen Ritualverrichtungen im Rahmen von anderen Festen im Jahresablauf, bei welchen Männer die Ritualakteure sind.

Trotz fehlender expliziter Normen sind Götterfiguren meist im oberen Drittel des *Kolu* platziert. Die unteren Stufen dagegen werden oft den Kindern zur Gestaltung überlassen. Doch in vielen Haushalten wird auch der Boden vor dem *Kolu* mit religiösen Szenen wie Tempelprozessionen oder Darstellungen von Pilgerorten bestückt. Meist ist es daher individuelle Kreativität, welche die Ordnung der Puppen auf dem *Kolu* bestimmt.

9 Ein mit Wasser gefüllter Topf, der mit einer Kokosnuss verschlossen ist, repräsentiert die Göttin. Foto: Ute Hüsken, 2008.

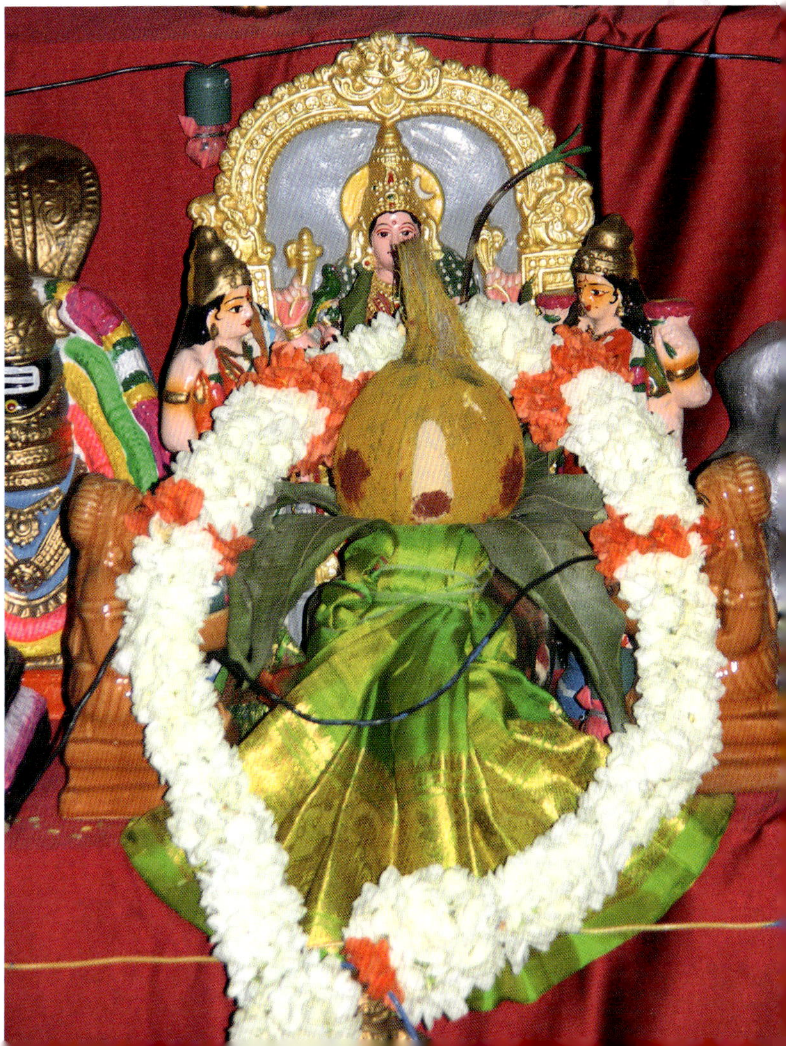

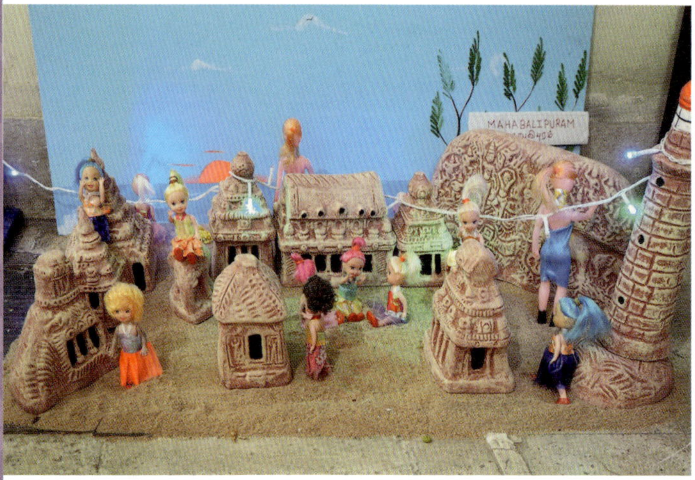

10 Knapp bekleidete westliche Touristinnen posieren auf Kulturdenkmälern und Tempeln – hier ist Mahābalipuram dargestellt. Foto: Ute Hüsken, 2015.

Dies Fehlen von strikten Normen bietet zugleich Raum für Subversion und Kritik im Rahmen dieses Rituals. Während traditionell vor allem religiöse oder dörfliche Szenen auf dem *Kolu* dargestellt sind, wird *Kolu* zuweilen auch dazu genutzt, auf empfundene Missstände hinzuweisen. So in der Szene, die den Küstenort Mahabalipuram darstellt: Hier posieren knapp bekleidete westliche Touristinnen auf Kulturdenkmälern und Tempeln.

Neben der Tatsache, dass während *Navarāttiri* vor allem Frauen für die Rituale am *Kolu* zuständig sind, ist das Fest auch in anderer Hinsicht eine Gelegenheit, die alltägliche Hierarchie der Geschlechter in Frage zu stellen. Dies wird besonders am Abend deutlich, wenn die Häuser, in welchen *Kolu* gepflegt wird, sich den Besuchen vor allem von Frauen und Kindern öffnen. Während es im Alltag nicht üblich ist, dass Frauen und Mädchen nach Einbruch der Dunkelheit ohne männliche Begleitung unterwegs sind, ist dies an den *Navarāttiri*-Abenden die Regel. Die Frauen und Mädchen besuchen sich gegenseitig, um das *Kolu* zu bewundern und Geschichten über die diversen Figuren auszutauschen. Man singt devotionale Lieder und nimmt kleine Gaben der gastgebenden Familie entgegen. Dabei werden die besuchenden Frauen und Mädchen selbst als Göttinnen verehrt, denn es herrscht die Ansicht, dass mit den Frauen und Mädchen auch die Göttin zu Besuch kommt. Hier legen sich parallel existierende Vorstellungen übereinander: Die Frauen und Mädchen kommen, um die Göttin im *Kolu* zu verehren, werden aber gleichzeitig selbst als Göttinnen verehrt.

Zu den *Navarāttiri*-Feierlichkeiten gehört auch eine formalisierte Form dieser Verehrung, die sogenannte *Kanyāpūjā* und *Suvāsinīpūjā*. Dabei handelt es sich um die Verehrung von spezifisch dafür eingeladenen vorpubertären Mädchen (*Kanyā*) und verheirateten Frauen, die Kinder haben (*Suvāsinī*). Eine solche Verehrungshandlung wird sowohl in Göttinnen-Tempeln als auch in privaten Haushalten vollzogen. Dabei werden die Mädchen und Frauen formell als Göttinnen verehrt und beschenkt: Sie erhalten Speise, neue Kleidung, gläserne Armreifen und Ähnliches.

In den letzten Jahrzehnten sieht man auch mehr und mehr Frauen aus nichtbrahmanischen Kasten, die *Kolu* pflegen. Hier kann diese Ritualtradition auch als Methode des sozialen oder kasteninternen Aufstiegs verstanden werden, als Teil eines oft als Sanskritisierung bezeichneten Prozesses – das heißt, ein Aufstieg von Kasten innerhalb der Kastenhierarchie durch die Übernahme von Ritualen höher angesiedelter Kasten. Tatsächlich markiert die Praxis des *Kolu* vor allem materiellen Wohlstand. *Kolu* gibt den Familien die Gelegenheit, die ökonomische Prosperität eines Haushaltes zu demonstrieren. Dies bezieht sich sowohl auf den Umfang und die Qualität des *Kolu* selbst, als auch auf die Geschenke, die den Gästen mit nach Hause gegeben werden. Dies alles drückt Klassenzugehörigkeit

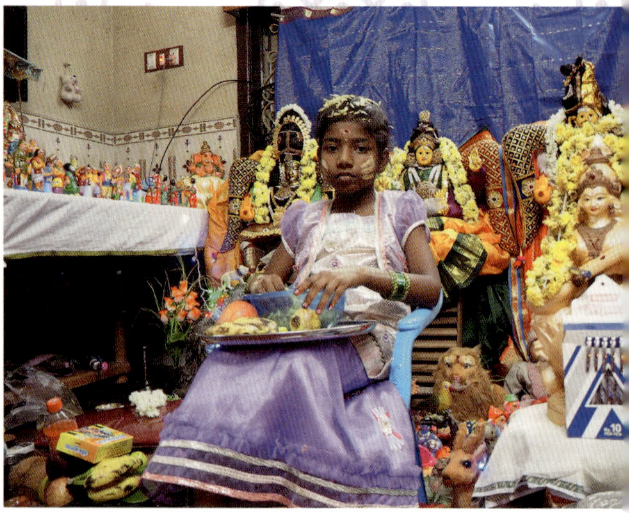

11 Die Verehrung von vorpubertären Mädchen (*Kanyāpūjā*) ist wichtiger Bestandteil von *Navarāttiri*. Foto: Ute Hüsken, 2015.

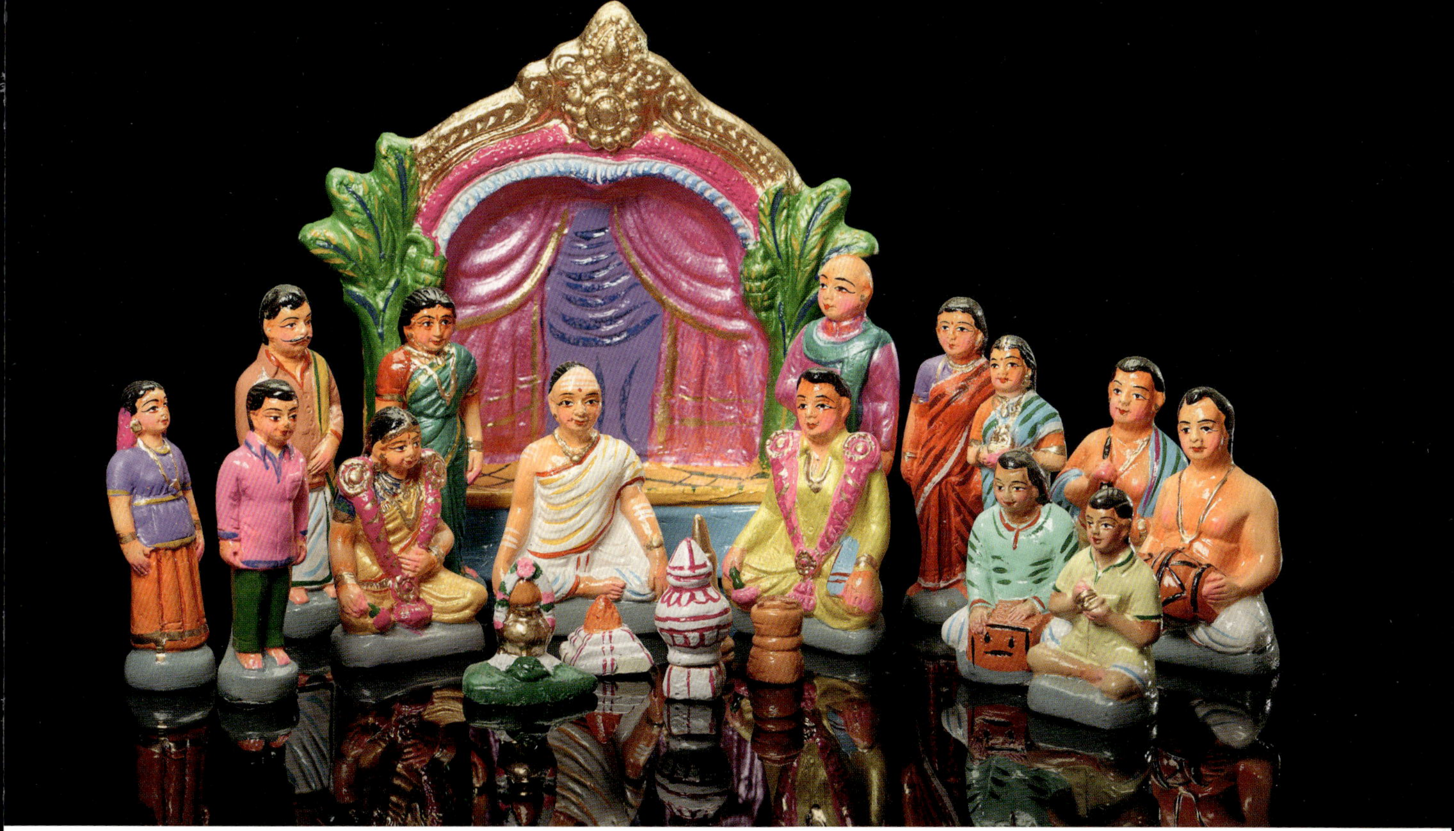

12 Die Hochzeitsszenen drücken den Wunsch aus, dass eine Tochter bald heiraten möge. Papiermaché, ca. 35 × 35 × 20 cm. Chennai, 2018. Linden-Museum Stuttgart, Inv.-Nr. SA 07179 a–t. Foto: Dominik Drasdow.

13–16 Darstellungen der Gottheiten Durgā und Mīnākṣī (oben), Gaṇapati und Śiva (unten) für die Präsentation auf dem Kolu. Chennai, 2018. Linden-Museum, Inv.-Nr. SA 07173 (Papiermaché, Höhe: 46 cm), SA 01758 (Papiermaché, Höhe: 40,4 cm), SA 07156 (Ton, Höhe: 59 cm) und SA 07157 (Papiermaché, Höhe: 45 cm). Fotos: Dominik Drasdow.

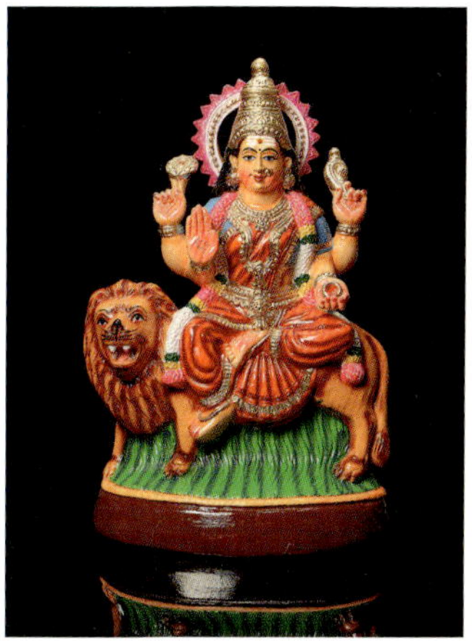

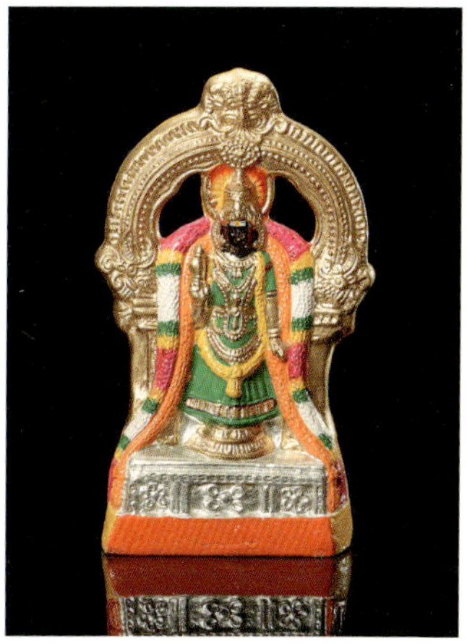

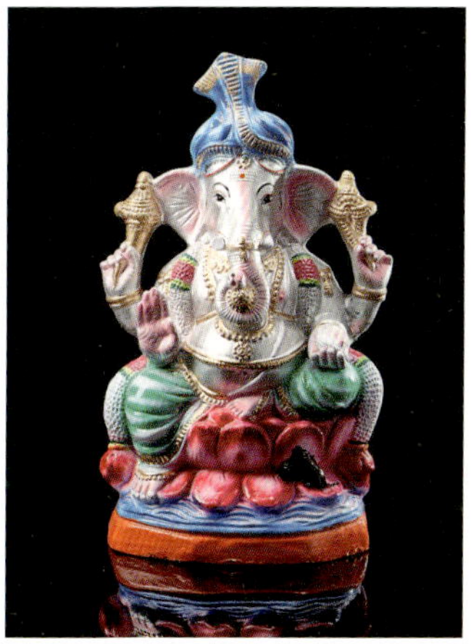

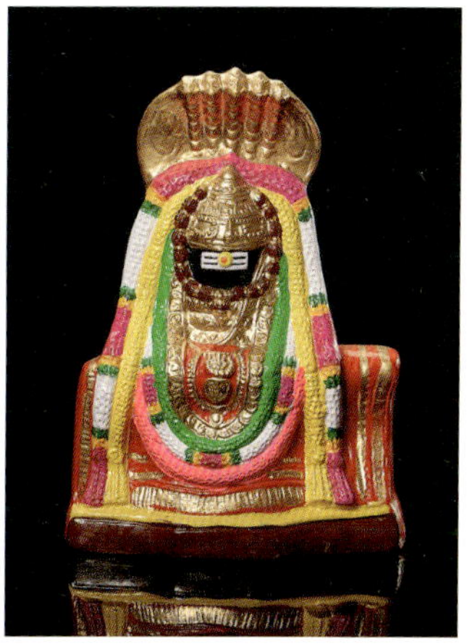

oder auch die Ambitionen eines Haushalts aus. Parallel zur Aneignung des brahmanischen *Kolu*-Rituals durch nicht-brahmanische Haushalte findet im gleichen Prozess meist auch eine »Ent-Brahmanisierung« des *Kolu* statt – beispielsweise, wenn der Göttin im *Kolu* nicht-vegetarische Speisen und Alkohol als Opfergaben dargereicht werden.

Spezifisch für nicht-brahmanische Haushalte ist ferner, dass hier *Kolu* oft zum Mittel der Wunscherfüllung wird. So werden häufig Puppen oder ganze Sets gekauft, die als Votivgaben fungieren. Darstellungen des Gottes Kṛṣṇa als Kleinkind in einer Wiege drücken beispielsweise Kinderwunsch aus, während Hochzeits-

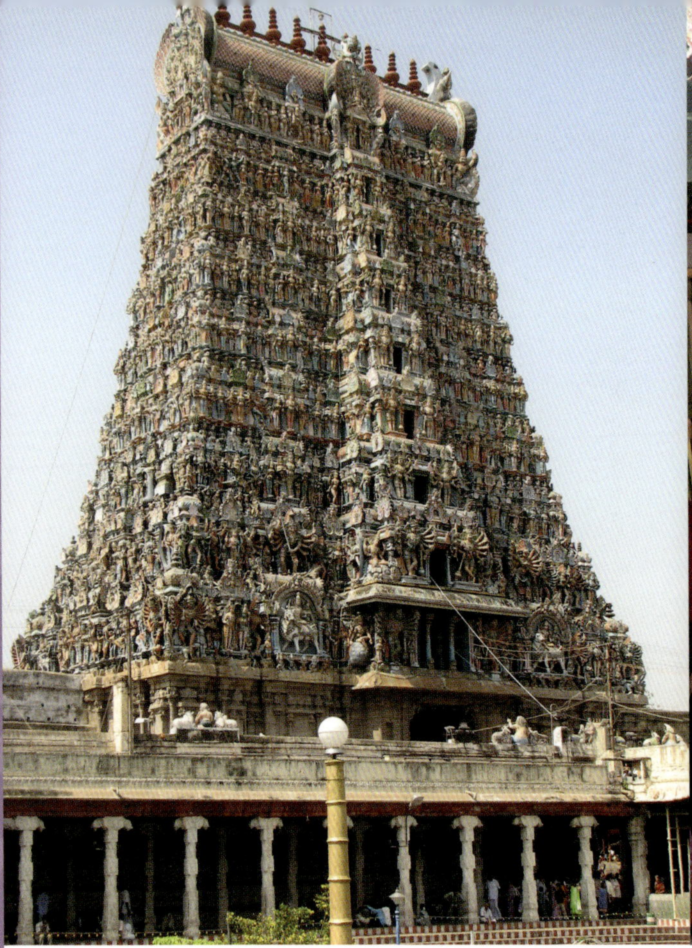

17 *Gopuram* des Mīnākṣī-Tempels in Madurai, 2006. Quelle: https://upload.wikimedia.org/wikipedia/commons/3/36/Madurai_meenakshi_temple.jpg

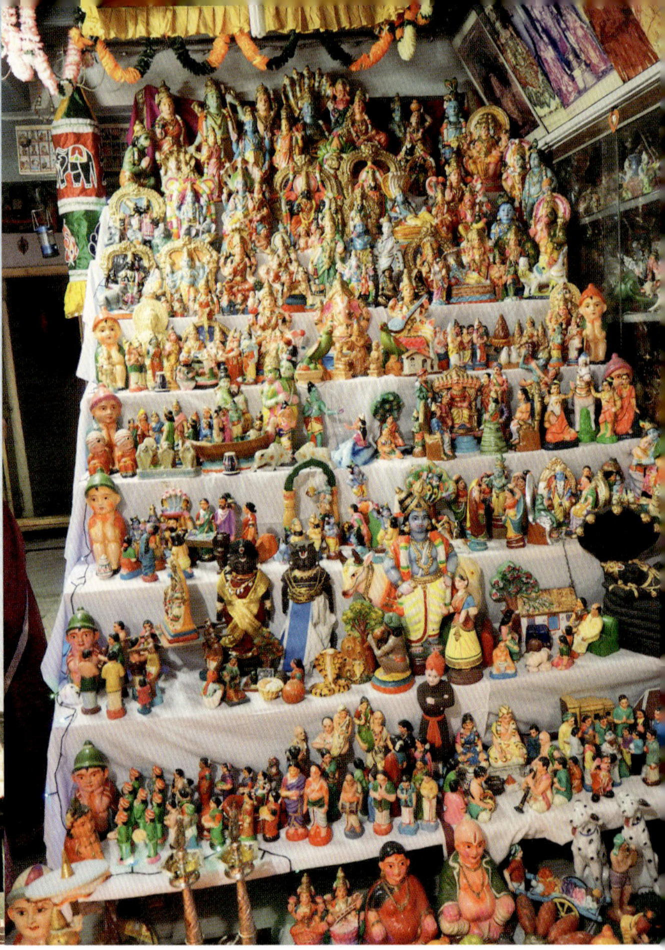

18 Auf einem Kolu tummeln sich wie auf dem *Gopuram* göttliche und halbgöttliche Wesen. Foto: Ute Hüsken, 2015.

szenen den Wunsch nach einer baldigen Verheiratung der Tochter implizieren. Wenn diese Wünsche in Erfüllung gehen, wird *Kolu* als wirksam verstanden und über Jahre beibehalten und gepflegt.

Kolu findet im Haus statt und ist insofern sowohl eine Parallele als auch ein Gegenpol zum Ritual im Tempel, da *Kolu* den unmittelbaren Zugang der Frauen zur Welt der Götter erlaubt: Es bedarf keiner (männlichen) Priester, die zwischen Gläubigen (und insbesondere Frauen) und der Gottheit vermitteln. Tatsächlich schwinden während *Navarāttiri* die sonst strikteren Grenzen zwischen öffentlichem und privatem Raum. Das Haus wird zum (halb)öffentlichen Raum, da die Gäste unangekündigt kommen und gehen. Dies wird sogar erwartet. Wenn man das *Kolu* der Nachbarn oder Freunde nicht mindestens einmal besucht, gilt dies als Affront. Frauen in Tamil Nadu, die *Navarāttiri* mit *Kolu* feiern, sagen oft »Ein *Kolu* ist wie ein Tempel zu Hause.« Oder gar »Während *Navarāttiri* ist dies kein Haus, es ist ein Tempel!« Diese Gleichsetzung wird auch in der Raumkonstruktion zum Ausdruck gebracht: Nicht zufällig ist ein *Kolu* einem *Gopuram* sehr ähnlich, dem Turm über dem Eingangstor zu einem südindischen Tempel: Hier wie dort tummeln sich göttliche und halbgöttliche Wesen auf einer ungeraden Anzahl von Stufen. So verändert sich der Raum im Rahmen von *Navarāttiri,* bzw. parallel existierende Ebenen des Raums werden offensichtlich. Genau diese temporäre Gleichsetzung von Haus und Tempel, von häuslichem Ritual und Tempelritual setzt kreative Kräfte frei, die auch besondere Dynamiken entwickeln können.

Wie erwähnt, fand in den letzten Jahrzehnten ein Prozess der Aneignung der Praxis des *Kolu* auch durch nicht-brahmanische Akteure statt. Dies geht zuweilen mit einer fundamentalen Transformation in der Bedeutungszuweisung und Funktion des *Kolu* einher. So berichtet Ilkama (2022) von einer Dame, die seit etlichen Jahren *Kolu* praktiziert und dabei regelmäßig von der Göttin besessen wird: Sie wird zur Göttin und interagiert als Göttin mit ihren Gästen. Sie gibt den Besuchern des Hauses Weissagungen und Ratschläge für ihre Sorgen und Probleme und deckt die Wurzeln familieninterner Schwierigkeiten auf. Im Kontext dieses Extremfalls der »nicht-brahmanischen« Aneignung und Umdeutung des *Kolu*-Rituals wird hier das Haus noch expliziter zum Tempel, und die gastgebende Hausherrin wird sowohl zur Göttin als auch zur Priesterin. Anders als beim brahmanischen *Kolu* ist hier jedoch die Wirksamkeit der Rituale von außerordentlich großer Bedeutung: Die Gäste kommen vor allem, da die Göttin ihre Probleme hier und jetzt zu lösen vermag.

Im Rahmen des Festes *Navarāttiri* kann sowohl Traditionsverbundenheit als auch Innovation und Adaption in Szene gesetzt und gelebt werden. Als ein Fest mit einer Reihe von stabilen Elementen, die sehr unterschiedlich genutzt, aktualisiert und interpretiert werden können, eröffnet *Navarāttiri* neue Räume (auch für Kritik und Subversion) und ermöglicht damit die Neuaushandlung vieler Aspekte des sozialen Miteinanders.

19 | 20 Die Gastgeberin wird zur Göttin und interagiert mit ihren Gästen.
Fotos: Ute Hüsken, 2015.

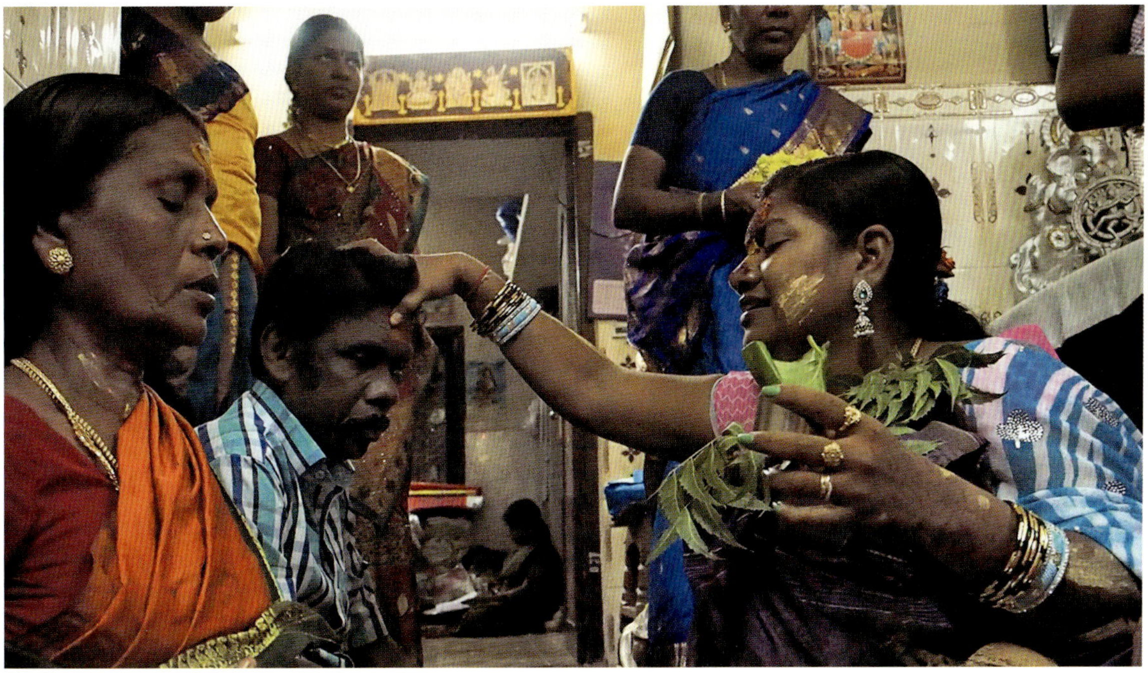

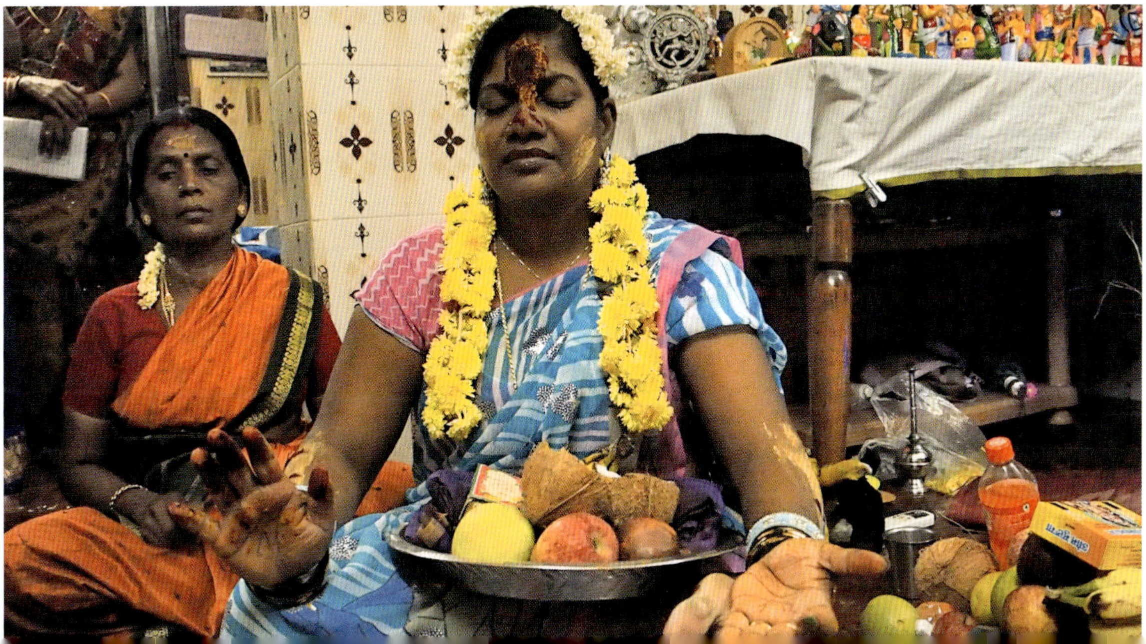

KOMBAI S. ANWAR · TORSTEN TSCHACHER

Tamilische Muslim*innen: Kinder der Gewürzroute

தமிழ் இசுலாமியர்கள்: நறுமண வணிகப் பாதையின் வாரிசுகள்

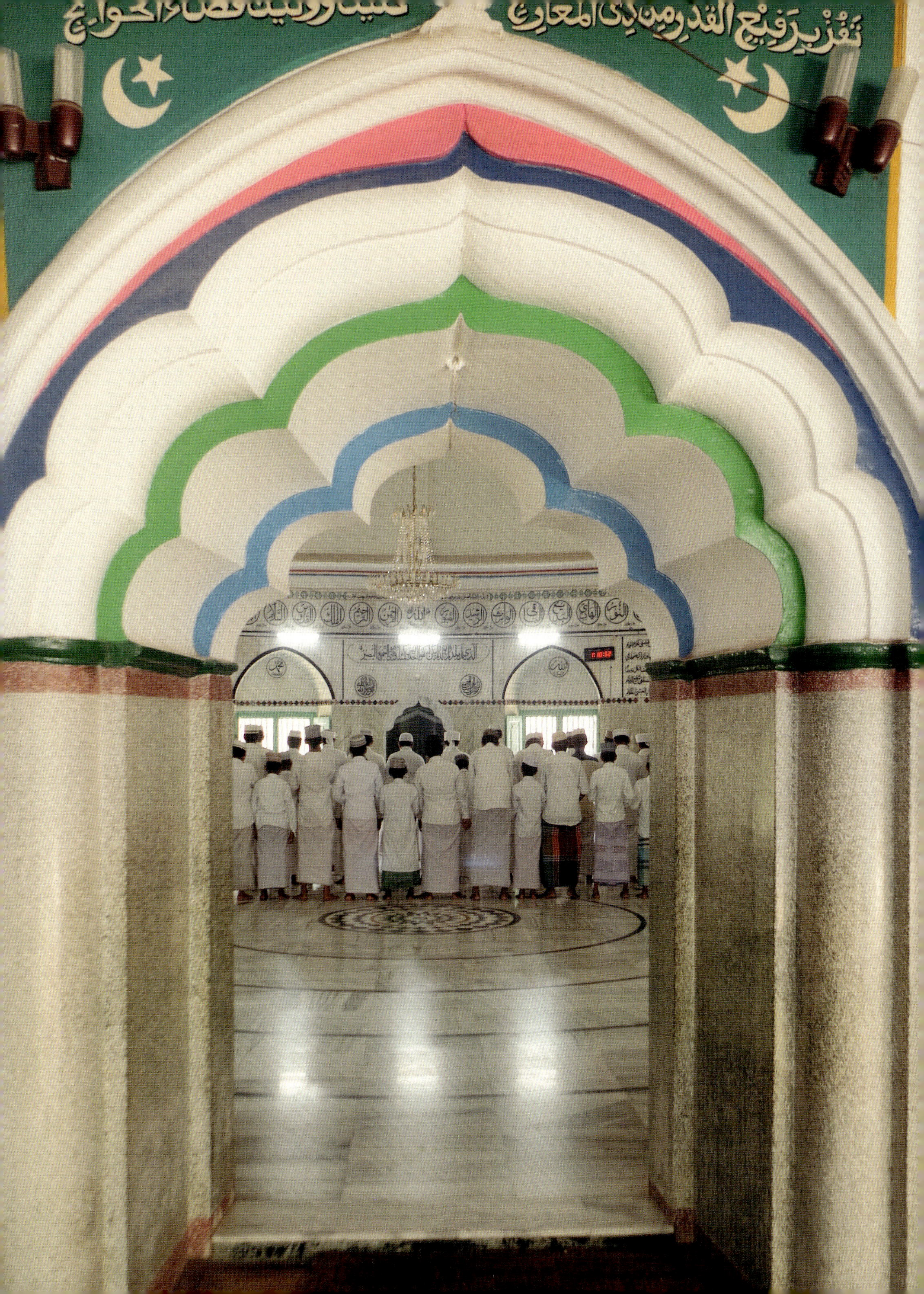

Unter den alten Handelswegen spielte die maritime Gewürzstraße eine wichtige Rolle in der Ausgestaltung der Wirtschafts- und Lebensweisen vieler Menschen in den Ländern entlang des Indischen Ozeans. Es heißt, die Händler bezogen Zimt von Ceylon und Sumatra, Gewürznelken von den Molukken, Muskat und Mazisblüte von den Gewürzinseln sowie Pfeffer und Kardamom aus Südindien. Der Gewürzhandel, der Asien, Afrika und Europa schon vor 2 500 Jahren miteinander verband, führte nicht nur zum Austausch von Waren, sondern auch von Ideen und Technologien.

In der alten *Caṅkam*-Literatur finden sich Hinweise auf den Gewürzhandel und die »*Yavaṉas*«, die eine wesentliche Rolle dabei spielten:

> »*Muziris, das zu Wohlstand gelangte,*
> *durch die ankommenden Schiffe der Yavaṉas,*
> *die Gold brachten und*
> *dafür Pfeffer wieder mitnahmen.*«
>
> (Vers 149 aus dem *Akanāṉūṟu*, einem rund 2 000 Jahre alten tamilischen *Caṅkam*-Gedicht)

Der Begriff *Yavaṉas* wurde fälschlich als »Griechen und Römer« interpretiert, bezog sich tatsächlich jedoch auf alle Fremden. Griechische und römische Schiffe liefen zur Blütezeit dieser Zivilisationen zwar indische Häfen an; westasiatische Händler trieben jedoch bereits lange vor den Römern und auch lange nach ihnen Handel in Indien – eine Tatsache, die durch Funde mesopotamischer und sassanidischer Objekte bei den Pattanam-Ausgrabungen des *Kerala Council for Historical Research* in der Nähe von Kochi, Kerala, eindeutig belegt ist.

Ein besseres Verständnis für die jahreszeitlichen Wechsel der Richtung der Monsunwinde führte zu Beginn unserer Zeitrechnung zu einem direkteren, kürzeren Seeweg, der Arabien mit Indien und noch weiter entfernten Regionen verband. Die Reise von Arabien bis an die Westküste des alten *Tamiḻakam* dauerte zur Zeit des Südwestmonsuns nun nur noch 40 Tage. Auch die Dauer von Reisen zwischen *Tamiḻakam* und dem südostasiatischen Archipel verringerte sich.

◄ 1 Betende Schüler im von dem Qādirīya Sufiorden betriebenen Arabic College, Kayalpatnam. Foto: Georg Noack.

Mit der Ausbreitung des Islam im 7. Jahrhundert auf der arabischen Halbinsel gelangte er durch arabische Händler auch in das Land der Tamil*innen. Zu dieser Zeit gab es hier Konflikte zwischen Jainismus, Buddhismus, *Śivaismus* und Viṣṇuismus, die sich gegenseitig bekämpften. Diese Konflikte, die eine Verfolgung der Anhänger*innen des Jainismus und Buddhismus auslösten, führten nach dem Community-Historiker A. K. Rifaye vermutlich zu ersten Massenbekehrungen zum Islam. Viele der heute von tamilischen Muslimen gebrauchten religiösen Begriffe wie *Paḷḷi(vācal), Nōṉpu, Toḻukai* und *Perunāḷ* gehörten ursprünglich zum Vokabular des tamilischen Jainismus. Das von Sreekanteswaram G. Padmanabhapillai verfasste und später von P. Damodaran Nair überarbeitete *Śabdatārāvali,* das allgemein als maßgeblichstes Wörterbuch des Malayalam gilt und zuerst 1923 erschien, gibt an, dass das Wort *Bauddhan* zwei Bedeutungen habe: *Buddhamatakkāran* (Buddhist*in) und *Māppiḷa* (Muslim*in). Ein neueres und ebenso maßgebliches Wörterbuch, das *Abhinava Malayāḷa Nighaṇṭu* von C. Madhavan Pillai, gibt an, das Wort habe sogar drei Bedeutungen: Buddhist*innen, *Muhammadīyar* (Muslim*innen) und Atheist*innen. Diese Wörterbucheinträge geben an, dass das Wort *Bauddhan* in Kerala grundsätzlich auch Muslime bezeichnet. Dies stärkt nun die Vermutung, dass Buddhist*innen, die der Verfolgung zu entkommen suchten und den Islam annahmen, von der lokalen Bevölkerung noch lange mit einem ihre frühere Religionszugehörigkeit bezeichnenden Begriff angesprochen wurden, teilweise sogar bis ins 19. Jahrhundert.

Unter den verschiedenen Händlergilden, die im mittelalterlichen Indien aktiv waren, haben Wissenschaftler*innen die *Añcuvaṇṇam* (wohl eine Korruption des persischen Wortes *Anjuman*) als eine der westasiatischen Seehandelsgilden identifiziert, die an den Küsten Südindiens, Sri Lankas und Südostasiens aktiv waren. Die *Terisāppaḷḷi*-Kupfertafel aus dem neunten Jahrhundert (»Kupfertafel aus der Theresa-Kirche«) ist ein eindeutiges Indiz der Gegenwart westasiatischer Händler und Muslime im Reich der Cēra.[1] Der in Pahlavi, arabischer Kufischrift und hebräischer Schrift geschriebene Text auf der Kupfertafel lässt keine Zweifel daran, wie diese Händlergilde zusammengesetzt war. Weitere Kupfertafeln, die in Südindien und auf Java gefunden wurden, verhelfen zu einem noch besseren Verständnis der Gilde. Die tamilischen Muslim*innen werden überwiegend als die Erb*innen dieser Händler betrachtet, und viele von ihnen besiedelte Orte tragen das Wort *Añcuvaṇṇam* im Namen.

2 Die erste Seite der Ānaimangalam-Kupfertafelinschrift. Universitätsbibliothek Leiden, Inv.-Nr. Or. 1678 (vgl. S. 178 sowie Kat.-Nr. 69, S. 250).

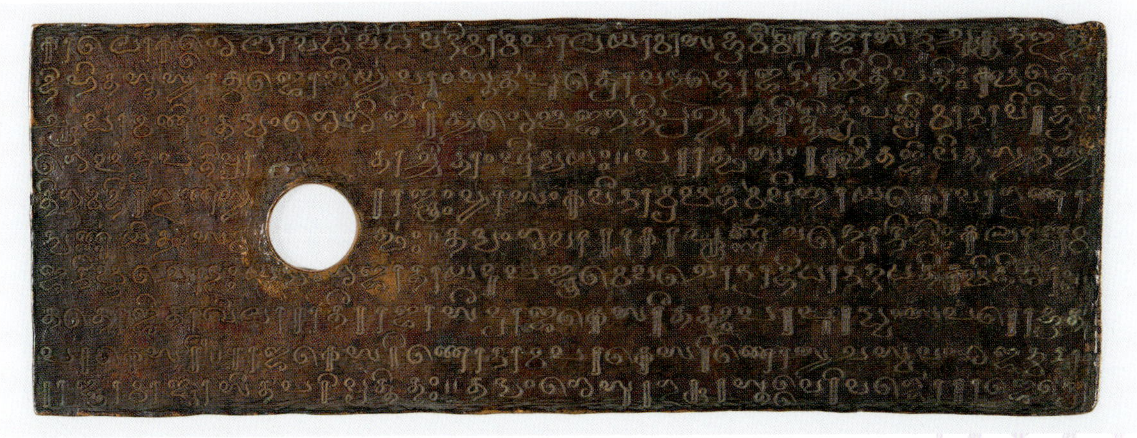

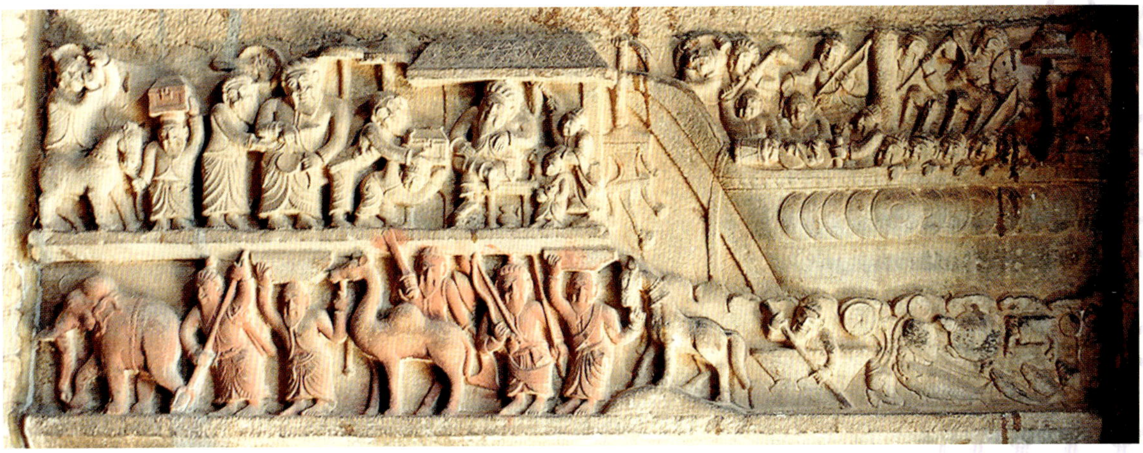

3 Basrelief im Aḻakiya Nampi-Tempel in Thirukurungudi.
Foto: Kombai S. Anwar.

Den Händlergilden folgte das Geld, und so ist es nicht verwunderlich, dass der arabische Dirham als »*Dhrammam*« in diversen Inschriften in Tamil Nadu auftaucht. In den zahlreichen Inschriften des großen Tempels von Thanjavur, der vor 1 000 Jahren von König Rājarāja erbaut wurde, finden wir nicht nur die Erwähnung des »*Dhrammam*«, sondern auch das Wort *Cōṉakaṉ*. Zu jener Zeit, als der Tempel erbaut wurde, wurde der Begriff *Yavaṉa* langsam durch den Begriff *Cōṉakaṉ* ersetzt, von dem Wissenschaftler*innen allerdings annehmen, dass er sich zumeist auf tamilsprachige Muslime bezieht. Rājarājas berühmter Sohn Rājēndra Cōḻa verfasste die *Ānaimangalam*-Kupfertafelinschrift (»Leidener Kupfertafelinschrift«),[2] die die Stiftung des Dorfes *Ānaimangalam* an ein durch König Sri Māṟavijayōttuṅkavarmaṉ erbautes buddhistisches Kloster dokumentiert. Einer der Unterzeichner der Urkunde ist *Turukkaṉ Akamatu*, d.h. »Aḥmad der Türke« – ein eindeutiger Hinweis auf die Gegenwart von Muslimen im Cōḻa-Reich. Einige Jahrhunderte später berichtet der venezianische Reisende Marco Polo, der auf der Rückreise von China auch nach *Tamiḻakam* gelangte, von muslimischen Händlern dort.

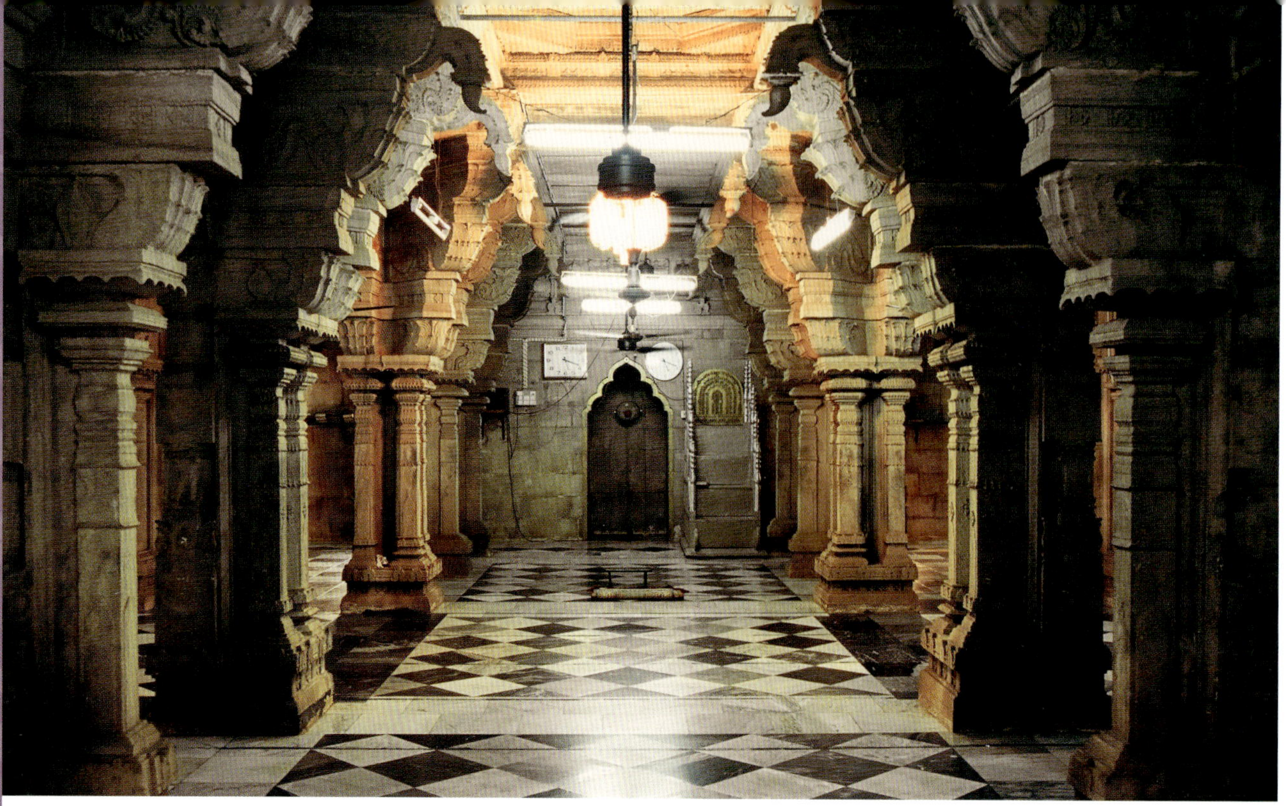

4 Die Palaiya Jummā Palli von Kilakarai soll eine der ältesten Moscheen Indiens sein. Ihre Geschichte reicht bis in die Frühzeit des Islam zurück. Foto: Kombai S. Anwar.

Die muslimischen Händler genossen großen Respekt, da sie dem Land der Tamil*innen enormen Reichtum brachten. Tamilische Herrscher überließen ihnen Grundstücke zur Errichtung von Moscheen und verliehen Privilegien, wie aus zahlreichen Inschriften hervorgeht. Im Islam gibt es keine festen Regeln, wie eine Moschee erbaut werden soll. Deshalb übernahm der Islam, wohin er sich auch ausbreitete, lokale architektonische Traditionen – ob nun in Afrika oder in China. In Tamil Nadu übernahm er die vorherrschende dravidische Architekturtradition unter Nutzung von Granit als Material für religiöse Bauwerke. Da die tamilischen Moscheen also aus Stein bestanden, wurden sie *kalluppaḷḷi* (»steinerne Moschee«) genannt. Es gibt tausende solcher in feiner Steinmetzarbeit errichteter Moscheen in ganz Tamil Nadu. Im Jagannathaswamy-Tempel in Thirupullani bei Ramanathapuram befindet sich eine aus dem 13. Jahrhundert stammende Inschrift des Pāṇṭiya-Königs Māṟavarma Cuntarapāṇṭiyaṉ II. Diese berichtet von der Stiftung eines Grundstücks an eine Moschee, die als *Cōṉakacāmantapaḷḷi*, »Moschee des muslimischen Vasallen«, bezeichnet wird. Es gibt viele solcher Stiftungsurkunden verschiedener Pāṇṭiya-Könige sowie der späteren Vēṇāṭu-Könige, der Nāyaks und der Cētupatis. Eines der schönsten Beispiele dravidisch-muslimischer Architektur ist die im 17. Jahrhundert von dem großen Seehandelskaufmann und Philanthropen Cītākkāti Maraikkāyar errichtete Moschee von Kilakarai im Distrikt Ramanathapuram, Tamil Nadu.

Im heutigen Kerala wurden die Moscheen ebenfalls gemäß der lokalen Architekturtradition errichtet, die überwiegend Holz als Baumaterial verwendet. Die *Cēramāṉ Jummā Paḷḷi*, erbaut zwischen 800 und 1100 in dem Ort Kodungallur, den Wissenschaftler*innen mit dem alten Muziris identifizieren, die *Mitqāl Paḷḷi*, erbaut im 14. Jahrhundert von dem arabischen Händler Nāḫudā Mitqāl in Calicut, oder auch die *Cempiṭṭappaḷḷi* in Mattanchery, Kochi – es gibt hunderte solcher im einheimischen Architekturstil errichteten Moscheen in ganz Kerala.

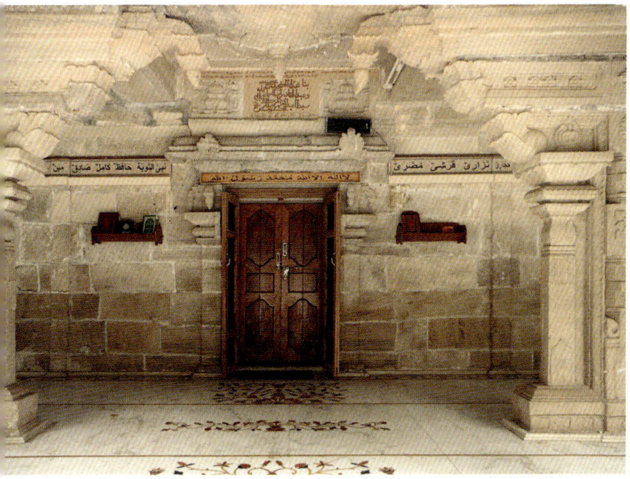

5 Der wie bei einem tamilischen Hindu-Tempel von Granitsäulen flankierte Eingang der Odaikarai Masjid in Kilakarai. Foto: Georg Noack.

Islamische Literatur in Tamil

Eines der bedeutendsten Vermächtnisse des Islam in der tamilischen Welt ist ein reicher Korpus an Literatur, der über einen Zeitraum von fünf Jahrhunderten in tamilischer und arabischer Sprache verfasst wurde. Er besteht aus einer großen Vielfalt von Werken, angefangen von Abhandlungen über Lehren und Rechtsangelegenheiten über Preisgedichte, bis hin zu mystischen Liedern und langen Versepen über Ereignisse im Leben des Propheten Mohammed sowie über andere Propheten, Heilige und Herrscher. Einige dieser Gedichte wurden unter der Patronage wohlhabender Händler verfasst, andere sind das Werk von Dichter*innen, die ihre Hingabe und Frömmigkeit dadurch zum Ausdruck brachten, dass sie es vermieden, sich von den Reichen und Mächtigen unterstützen zu lassen. Viele dieser Gedichte werden noch immer regelmäßig zu besonderen Anlässen rezitiert und spielen in der Erinnerung muslimischer Gemeinschaften heute eine wichtige Rolle.

Bereits unter der Herrschaft der Pāṇṭiya-Könige im 13. Jahrhundert förderten muslimische Händler aus dem Nahen Osten das Verfassen tamilischer Literatur. Einige Verse eines als *Palcantamālai* bekannten Gedichtes sind erhalten, die einen gewissen Vinnan, »König der *Yavaṉas*«, preisen, »welche kommen und beten, indem sie ›Allah‹ rufen«.[3] Eine größere Tradition muslimischer Literatur in tamilischer Sprache, die über solche isolierten Beispiele hinausging, begann sich erst im späten 16. Jahrhundert zu entwickeln, nachdem portugiesische Angriffe auf den muslimischen Handel im Indischen Ozean die unmittelbaren Verbindungen zum Nahen Osten vermindert hatten. Die ersten bedeutenden Werke muslimischer Literatur in Tamil waren *Āyiramacalā* (»*1000 Fragen*«), eine Art Katechismus, der in den Jahren 1572/73 geschrieben wurde, gefolgt von der durch Ālippulavar verfassten *Mikuṟācumālai* (»*Girlande des Miʿrādsch*«), einem Gedicht über die nächtliche Himmelfahrt des Propheten Mohammed (arabisch: *Miʿrādsch*). Das wichtigste muslimische Gedicht der tamilischen Literatur wurde jedoch um das Jahr 1700 verfasst: Das *Cīṟāppurāṇam* von Umaṟuppulavar ist ein episches Gedicht, bestehend aus mehr als 5 000 Quartetten, die das Leben des Propheten Mohammed erzählen. Es ist bis heute unter tamilischen Muslimen in Indien und Sri Lanka sehr beliebt. Der Missionar Bartholomäus Ziegenbalg notierte 1708, dass tamilische Gedichte wie das *Āyiramacalā* von Kindern in muslimischen Schulen auswendig gelernt wurden, dass diese Gedichte aber auch darüber hinaus für ihren ästhetischen Wert geschätzt wurden. In Vokabular und Sprachbildern folgten muslimische Autoren den in der tamilischen Literatur allgemein verbreiteten Traditionen und Praktiken. So wird der Koran als »Veda« bezeichnet, die Engel als *Tēvar* (ein Begriff, der in hinduistischen Kontexten meist als »Götter« übersetzt wird), und es war üblich, dass die Dichter ihre Verehrung für die »Lotus-Füße« des Propheten zum Ausdruck brachten. Die größten Überschneidungen zwischen muslimischen und hinduistischen Terminologien und Sprachbildern finden sich in der mystischen Dichtung, so etwa

6 Buch der Kombai Muslime von Pulicat: Tamil in arabischer Schrift. Foto: Kombai S. Anwar.

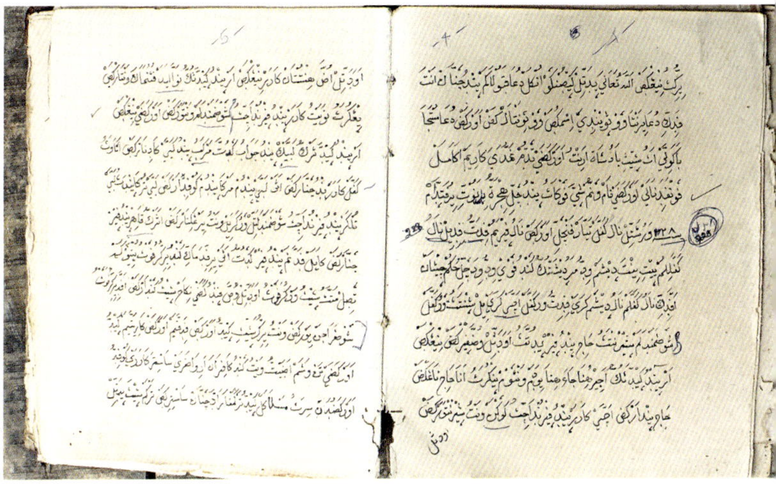

in den Liedern des Kuṇaṅkuṭi Mastāṉ Cākipu (frühes 19. Jahrhundert), die unter Muslimen und Hindus gleichermaßen beliebt sind.

Dieser reiche Schatz an Literatur in Tamil entstand neben einer umfangreichen Tradition arabischsprachiger Texte. Wie Muslime überall auf der Welt, pflegten auch tamilische Muslime ihre Kenntnisse der arabischen Sprache, um Zugang zum Koran und zu anderen Werken religiöser Gelehrsamkeit zu erhalten. Darunter waren die Texte von Abū Ḥamid al-Ġazzālī (gest. 1111) und Ibn ʿArabī (1165–1240) besonders beliebt. Aber nicht nur auf Arabisch verfasste religiöse Abhandlungen waren unter tamilischen Muslim*innen bekannt, sondern auch Lobpreisgedichte, die bis heute oft an Festtagen und während religiöser Zeremonien rezitiert werden. Einige dieser arabischsprachigen Gedichte wurden von südindischen Autoren verfasst, anderen beliebten Gedichten fügten lokale Dichter neue Verse hinzu. So verschieden arabischsprachige und tamilsprachige Dichtung in ihrer Ästhetik und Bildersprache auch erscheinen mögen, so wurden sie doch von denselben Leser*innen geschätzt. Ein Ergebnis des verbreiteten Gebrauchs beider Sprachen war die Annahme einer modifizierten Version der arabischen Schrift, um Tamil zu schreiben, dass dann »Arabisch-Tamil« oder »Arwi« genannt wurde. Vor allem religiöse Abhandlungen in Prosa mit ihren häufigen arabischsprachigen Zitaten wurden oft in arabischer Schrift verfasst, aber zu keinem Zeitpunkt wurde die tamilische Schrift völlig durch die arabische ersetzt. Oft finden sich sogar beide Schriften auf derselben Buchseite. Die Einführung des Buchdrucks mit beweglichen Lettern und der Lithografie im 19. Jahrhundert führten zu einer neuen Blüte der islamischen Literatur in tamilischer und arabischer Schrift, nicht nur in Indien und Ceylon, sondern auch unter der tamilischen Diaspora in Burma und Malaya. Zu dieser Zeit wurden auch die ersten vollständigen Übersetzungen des Korans ins Tamil veröffentlicht.

Mit der Einführung des öffentlichen Schulwesens und der fortschreitenden Integration tamilischer Muslime in die breitere tamilische Gesellschaft geriet das »Arabisch-Tamil« allerdings zunehmend in Kritik. Interessanterweise waren es vor allem muslimische Reformer*innen, die den Einfluss hinduistischer Praktiken unter tamilischen Muslimen kritisierten, welche sich am energischsten für die Aufgabe des »Arabisch-Tamil« und das Schreiben in modernem Tamil einsetzten, unter ihnen der kontroverse Verleger P. Daud Shah (1885–1969). Obwohl die Beiträge muslimischer Autor*innen zur älteren tamilischen Literatur zuneh-

7 Über dem Grab des Sufis Natherwali (969–1039) in Tiruchirappalli, Tamil Nadu, wurde ein Dargah-Schrein errichtet, der täglich von zahlreichen Pilgern besucht wird. Foto: Georg Noack.

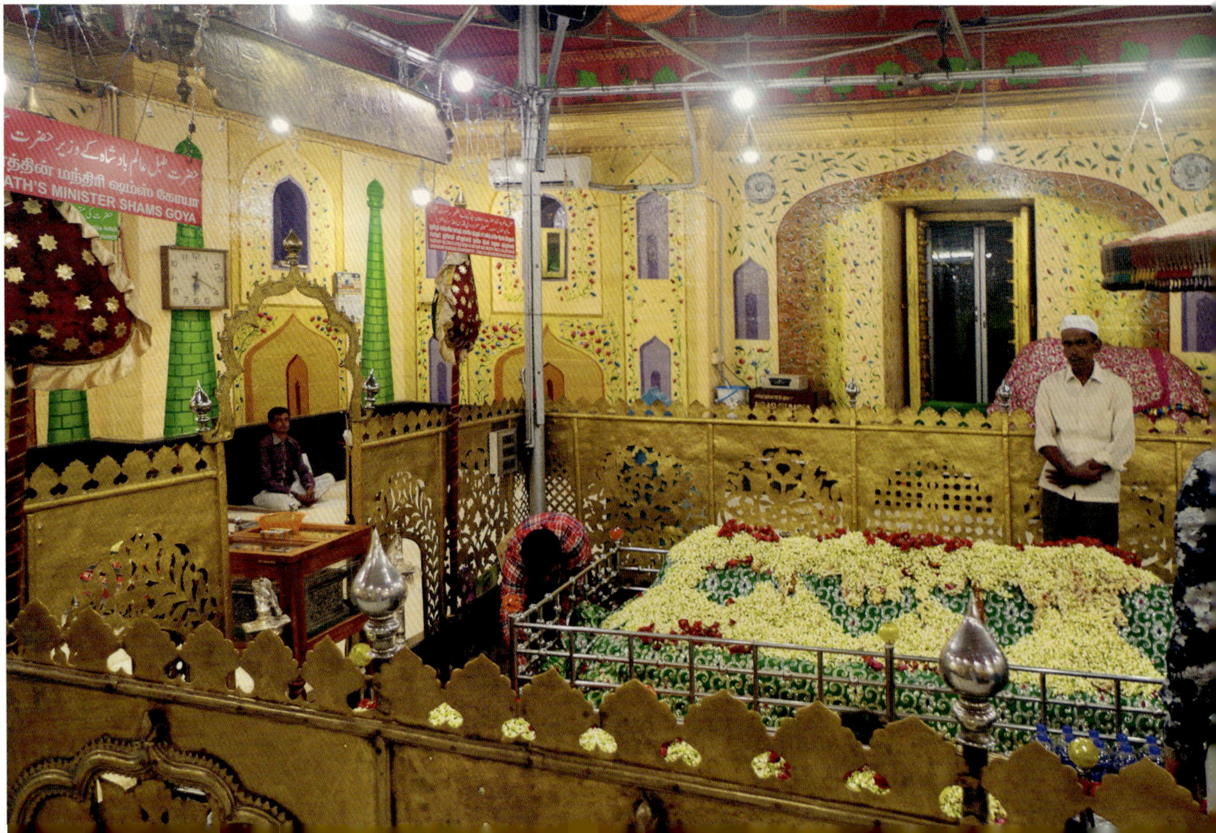

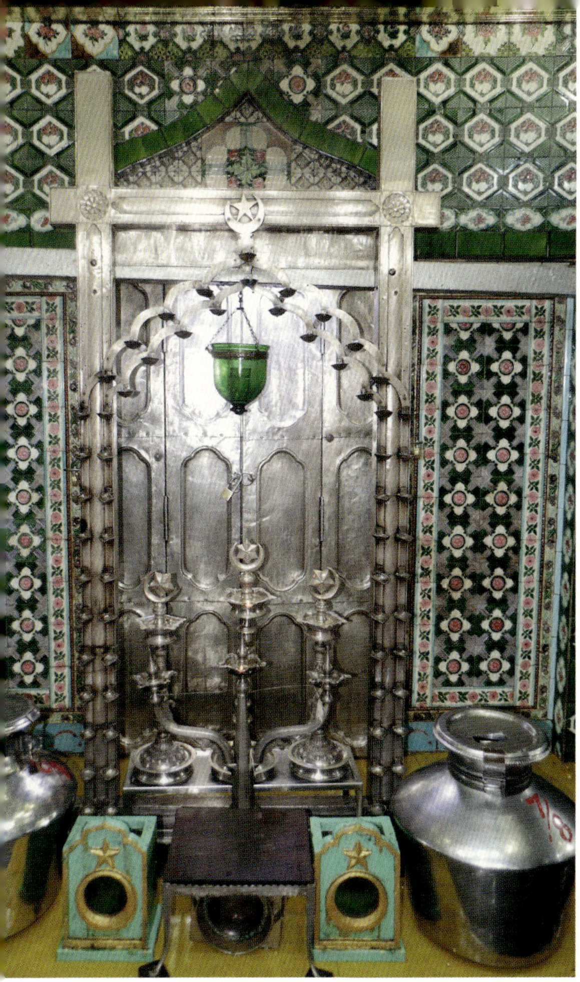

8 Über dem Grab des Sufis Nagore Sahul Hamid entstand die Dargah von Nagore, einem der größten muslimischen Pilgerorte Indiens, dem auch Wunderheilungen zugeschrieben werden. Auch Hinduist*innen und Christ*innen pilgern zu diesem Sufi-Schrein in Hoffnung auf Heilung. Foto: Georg Noack.

mend Anerkennung fanden, dauerte es bis in die 1980er Jahre, bis zur Veröffentlichung von Thoppil Mohammed Meerans (1944–2019) Roman *Die Geschichte eines Dorfes am Meer* (*Oru Kaṭalōra Kirāmattiṉ Katai*), ehe muslimische Autor*innen, die über die Gesellschaft der tamilischen Muslime schrieben, auch von nichtmuslimischen Leser*innen wahrgenommen wurden. Heute bereichert eine neue Generation muslimischer Autor*innen in Indien, Sri Lanka, Malaysia und Singapur die tamilische Literatur, nicht zuletzt durch die z. T. kontrovers diskutierten Werke von Autorinnen wie Rajathi Salma (*1968) und Sharmila Seyyid (*1982), aber auch durch Literaturkritiker*innen und politische Kommentator*innen wie z. B. M. A. Nuhman (*1944) und Kalanthai Peer Mohamed (*1953).

9 Pilger auf dem Weg zur Dargah von Nagore. Foto: Torsten Tschacher.

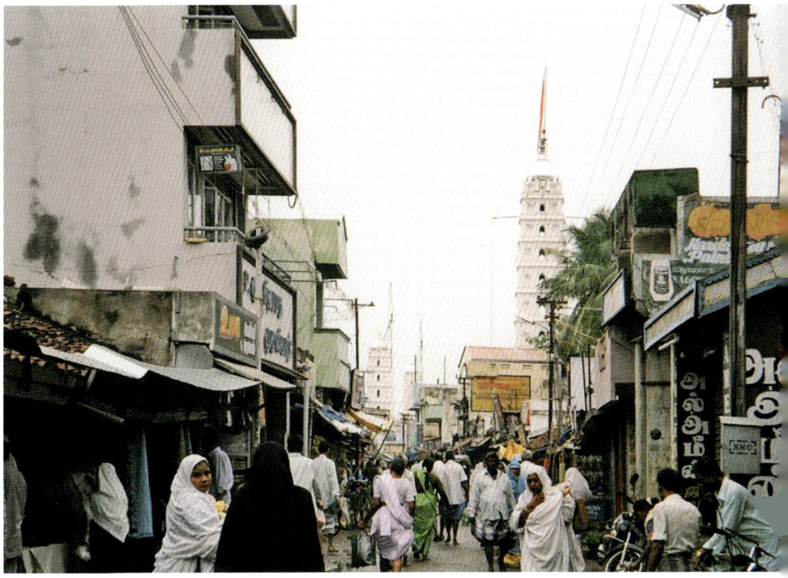

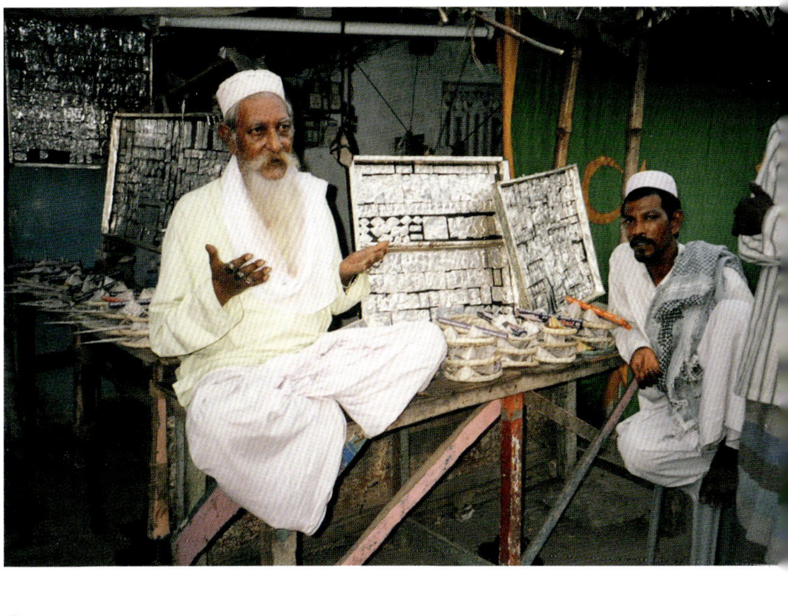

10 Vor der Dargah verkaufen Händler Metallreliefs, die Körperteile darstellen. Pilger kaufen diese und legen so ein Abbild eines erkrankten Körperteils mit der Bitte um Heilung am Grab des Sufis nieder. Foto: Torsten Tschacher.

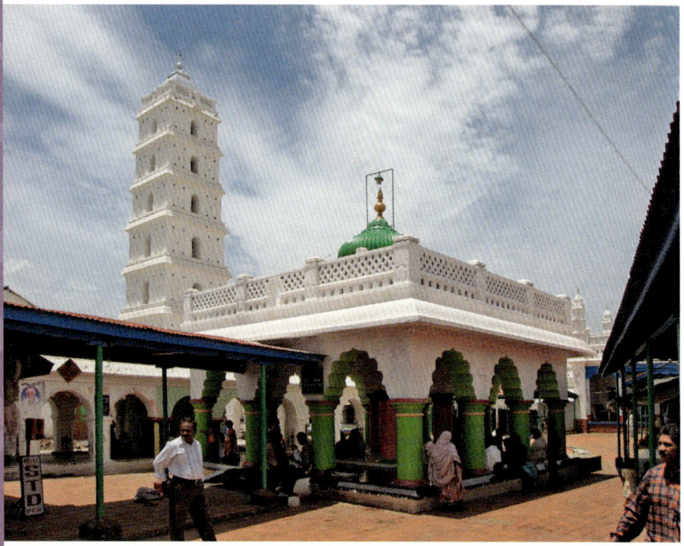

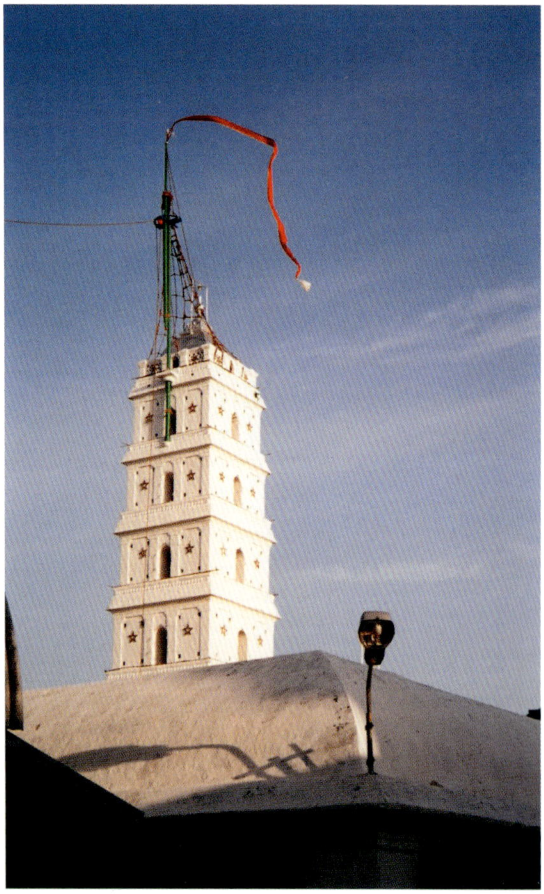

11 | 12 Auf dem Gelände der Dargah von Nagore.
Fotos: Torsten Tschacher.

Verwandtschaft

Ein einzigartiger Aspekt der tamilischen Muslimgemeinschaft sind die Verwandtschaftsbeziehungen, die sie mit anderen religiösen Gemeinschaften in Tamil Nadu teilen.[4] Mitglieder der hinduistischen *Pirāṉmalai-Kallar*-Gemeinschaft sprechen ältere Muslime meist mit dem Wort *Cīyāṉ* an, das »Großvater mütterlicherseits« bedeutet; umgekehrt betiteln auch Muslime ältere *Pirāṉmalai-Kallars* mit dem Wort *Cīyāṉ*. Die telugusprachige hinduistische Gemeinschaft der Naidu spricht auf ähnliche Weise ältere Muslime als *Māmā* an (Onkel mütterlicherseits), und diese erwidern dies entsprechend. Die christlichen *Bharathar* sprechen Muslime meist als *Cāccā* (Onkel väterlicherseits) an; Muslime wiederum sprechen *Bharathar*-Frauen als *Citti* (Tante väterlicherseits) und *Bharathar*-Männer als *Cittappā* (Onkel väterlicherseits) an. In Tamil Nadu gibt es vielerorts solche Formen der »Verwandtschaft« zwischen Muslimen und Mitgliedern anderer Gemeinschaften. Diese Verwandtschaftsbeziehungen zwischen solchen Gemeinschaften sind möglicherweise nur in Tamil Nadu zu finden und zeigen den hohen Grad der Integration der Muslime in die tamilische Gemeinschaft.

Tamilische Muslim*innen heute

Araber brachten mit dem Gewürzhandel auch den Islam nach *Tamiḻakam*. Menschen, die sozialen und religiösen Konflikten seit dem 7. Jahrhundert sowie auch der kastenbasierten Unterdrückung zu entfliehen suchten, fanden Zuflucht im Islam. Die Eheschließungen zwischen Muslim*innen und anderen Gruppen und das Wirken von Sufis wie Natherwali und Nagore Sahul Hameed sowie auch spätere Übertritte zum Islam führten zu einem stetigen Wachstum der tamilisch-muslimischen Gemeinschaft im Laufe der Zeit.

Die tamilischen Muslim*innen können grob in drei Kategorien eingeteilt werden – *Maraikkāyars*, *Rāvuttars* und *Leppais* –, abgeleitet von Tätigkeiten ihrer Vorfahren in alter Zeit. *Maraikkāyar* ist beispielsweise die Bezeichnung der Seehändler, die sich zumeist an den Küsten Tamil Nadus ansiedelten und die auch als Küstenwachen der tamilischen Herrscher fungierten. Die Berühmtesten unter ihnen waren im 16. Jahrhundert *Kuññāli Maraikkāyars*. Der oben erwähnte Cītakkāti Maraikkāyar war zur Regierungszeit von König Kiḻavaṉ Cētupati von Ramanathapuram besonders bekannt für seine Philanthropie.

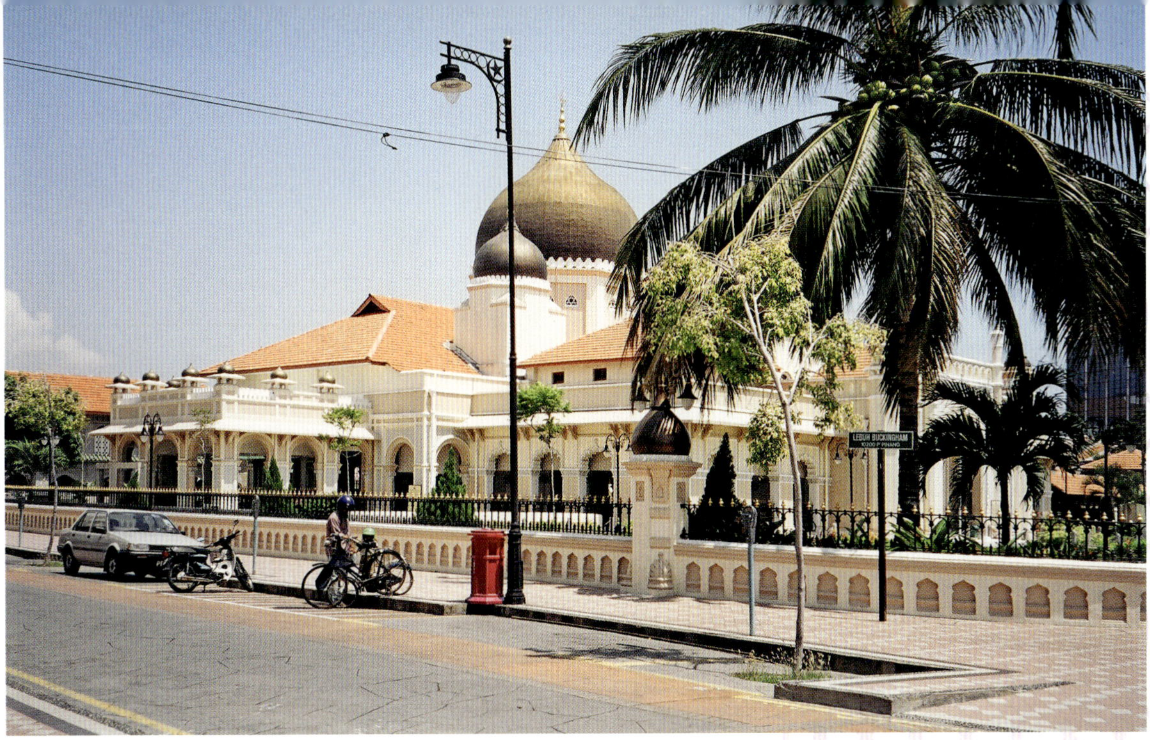

13 »Kapitan Kling« Moschee, Penang, Malaysia. »Kapitan Kling«, eigentlich Cauder Mohudeen, war 1801 vom britischen Gouverneur von Penang zum Vorsteher der tamilischen Muslime dort ernannt worden und ließ die Moschee errichten. Foto: Torsten Tschacher.

Die *Rāvuttars* waren einst Binnenhändler, die sich vor allem dem Pferdehandel widmeten und zugleich den lokalen Herrschern als Kavallerie dienten. Sie wurden dabei so berühmt für ihren Heldenmut, dass sogar der in Tamil Nadu sehr verehrte Hindu-Gott Murugan im *Kantapurāṇam*[5] als »*Rāvuttar*, der den Dämonen Sur tötete«, betitelt wird.

Der Titel *Leppai* deutet auf religiöse Amtsträger hin. Es sollte angemerkt werden, dass diese Gruppen nicht für eine Aufteilung in Kasten stehen, wie sie im Hinduismus zu finden ist.

Der seit über einem Jahrtausend andauernde Seehandel hat zur Folge, dass die Gemeinschaft der tamilischsprachigen Muslime heute über Tamil Nadu, Kerala, Sri Lanka, Myanmar, Malaysia und große Teile Südostasiens verbreitet ist. In Südostasien bezeichnete man sie oft als »*Chulia*« oder »*Kling*«, wobei der letztere Begriff auch für tamilische Hindus gebraucht wurde. Sie waren in die malaiische Gesellschaft weitgehend integriert, und die Nachfahren gemischter Ehen waren wiederum als die *Jawi Peranakan* bekannt. Das Aufkommen des westlichen Kolonialismus brachte die Gemeinschaft jedoch in Konflikt mit den Interessen der Kolonialmächte, die die Seehoheit allein für sich beanspruchten. Die Ankunft großer Dampfschiffe nach dem Bau des Suezkanals und die koloniale Politik der absichtlich hohen Besteuerung lokaler Schifffahrt führte zum Niedergang der tamilisch-muslimischen Seefahrt und dadurch auch des Handels.

Trotz solcher Widrigkeiten spielte die Gemeinschaft der tamilischen Muslime weiterhin eine bedeutende Rolle in der Wirtschaft all jener Regionen, die einst von der Gewürzstraße berührt wurden. Tamilische Muslime können, aufgrund der tiefen Wurzeln und Verbindungen, die sie nicht nur in *Tamiḻakam*, sondern über die Ozeane hinweg überall entlang der Gewürzstraße entstehen ließen, »Kinder der Gewürzstraße« genannt werden.

1 Eine der drei großen Königsdynastien des alten *Tamiḻakam*, die anderen beiden waren die Cōḻa (vgl. Dehejia) und die Pāṇṭiya. Die Cēra regierten den westlichen Teil der Region, d. h. im Wesentlichen das heutige Kerala.
2 Vgl. S. 178 sowie Kat.-Nr. 69, S. 250.
3 *Iyavaṉa rācaṉ*... (*Palcantamālai* 5); *...allā eṉa vantu...toḻum*... (*Palcantamālai* 7; zitiert in Uwise und Ajmalkhan 1986–1997: Bd. 1, 67–68).
4 Hierunter sind nicht zwingend durch Ehen entstandene Verwandtschaftsbeziehungen zu verstehen; vielmehr dient das Ansprechen anderer mit Begriffen, die für Verwandtschaftsbeziehungen stehen, dazu, soziale Beziehungen zwischen den betroffenen Gemeinschaften auszudrücken und zu gestalten.
5 Eine vielleicht um 1400 von Kacciyappa Civācāriyar verfasste Erzählung in mehr als 10 000 Versen über die Taten des Gottes Murukaṉ.

ANAND AMALADASS

Tamilische Christen

தமிழ்க் கிறிஸ்தவர்கள்

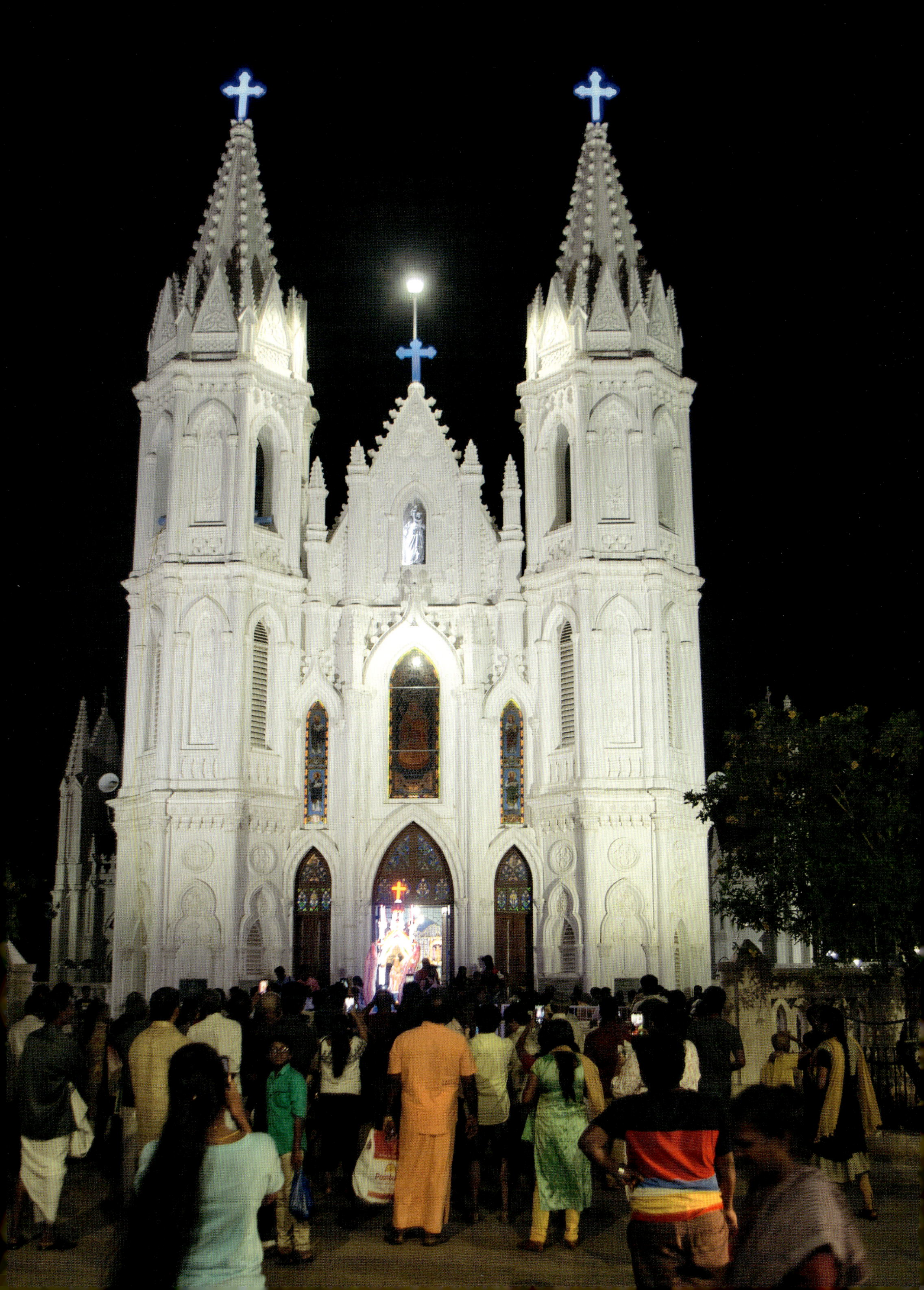

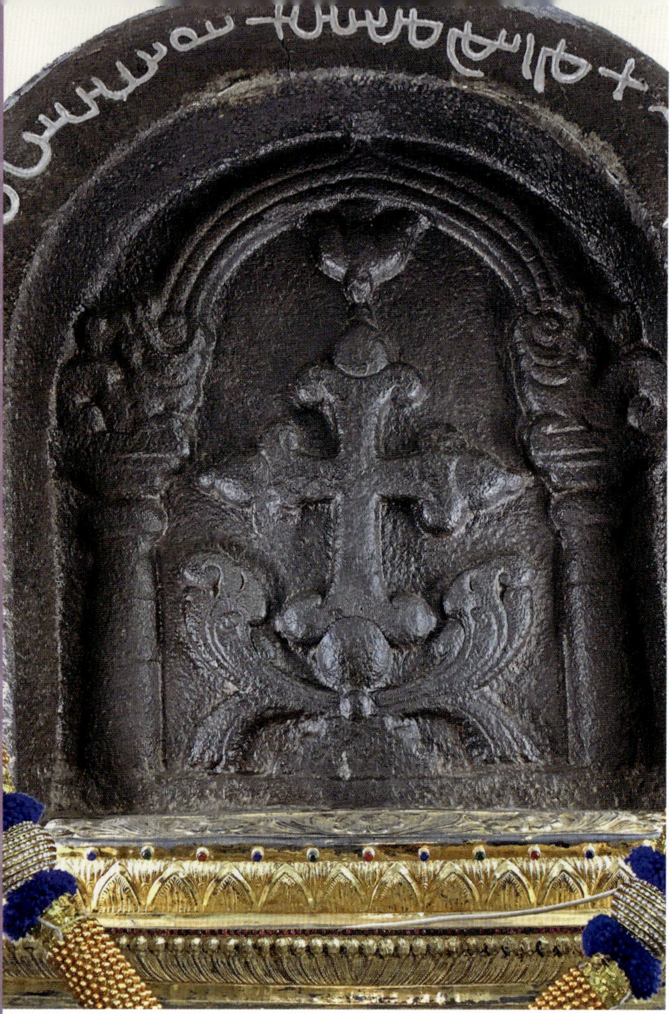

2 Kreuzstein, der der Legende nach auf den Apostel Thomas zurückgehen soll. Er soll, während er im Gebet auf dem heutigen Saint Thomas Mount vor diesem Kreuz kniete, das Martyrium erlitten haben. Das Kreuz in dieser besonderen Form ist das Erkennungszeichen der St.-Thomas-Christen Südindiens, die ihre Tradition bis in die ersten Jahrhunderte n. Chr. zurückführen. Foto: Fr. Arulraj.

Die Verbreitung des Christentums in Südindien beginnt mit Legenden über den Apostel Thomas: In Chennai gibt es einen Hügel, auf dem er im ersten Jahrhundert ermordet und beerdigt worden sein soll. Mündliche Überlieferungen erzählen davon, dass er auf einem Felsen im Meer nahe Kap Komorin gebetet haben soll. In der Nähe von Punnaiykayal im Distrikt Tuticorin gibt es eine Kirche, die an einem Ort errichtet wurde, von dem man sich erzählt, er habe sich dort aufgehalten.

Es gibt einige Quellen, wie etwa die Kupfertafel-Inschrift von Tharisapalli aus dem 9. Jahrhundert, die eine starke christliche Präsenz im westlichen Teil des alten *Tamiḻakam*, dem heutigen Kerala, dokumentieren, weit weniger allerdings für die Ostküste. Eine alte Palmblatthandschrift in Malayalam berichtet, dass aufgrund von Verfolgungen die Christ*innen aus dem Cōḻa-Reich an die Malabarküste flohen. Im 16. Jahrhundert etablierte sich die katholische Tradition des Christentums mit Hilfe der Portugiesen. Im 18. Jahrhundert wurden mit der Ankunft deutscher, lutherischer Missionar*innen in Tranquebar auch evangelische Gemeinden errichtet.

Kein Historiker, der über tamilische Geschichte schreibt, kann die Anwesenheit von Christ*innen auslassen; ihre Beiträge werden jedoch meist nicht gebührend gewürdigt. Die tamilische Literatur, zum Beispiel, wird zumeist vor allem mit den Beiträgen śivaitischer und viṣṇuitischer Hindu-Autor*innen in Verbindung gebracht, implizierend, diese seien eben »natürlich« Teil der tamilischen Tradition, wohingegen Buddhisten, Jains, Muslime und Christen irgendwie »fremd« wären. Obwohl jedoch europäische Missionar*innen eine wichtige Rolle in der Geschichte des Christentums in Tamil Nadu spielten, bedeutete dies nie, dass diejenigen, die sich entschieden, dem christlichen Glauben

3 In der Krypta der St.-Thomas-Basilika in Mylapore, Chennai, 1893 an der Stelle einer älteren Kirche errichtet, wird das Grab des Apostels verehrt. Foto: Georg Noack.

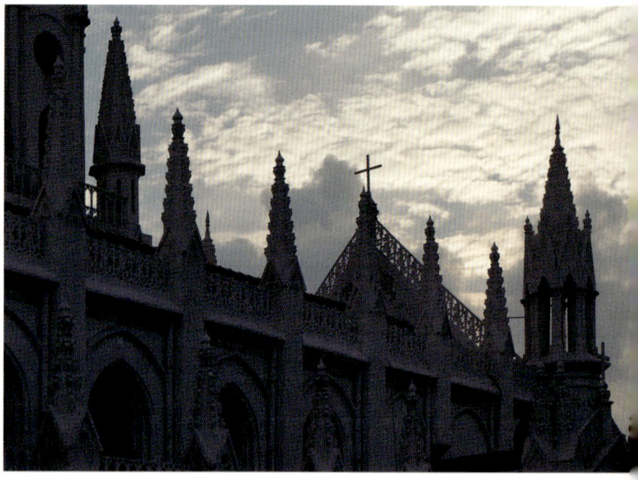

◄ 1 Velankanni, gelegen in der Nähe des einstigen portugiesischen Stützpunktes Nagapattinam, soll im 17. Jahrhundert der Ort dreier Marienerscheinungen gewesen sein. Heute ist es der größte christliche Pilgerort Indiens und zieht jährlich über 20 Millionen Pilger an. Foto: Georg Noack.

zu folgen, dadurch zu Europäern wurden. Tamilische Christ*innen erbten und verbanden einen großen Reichtum an Traditionen sowohl lokalen wie auch ausländischen Ursprungs.

Die meisten Tamil*innen verbinden das Christentum in Tamil Nadu mit literarischen Werken wie dem berühmten epischen Gedicht *Tēmpāvaṇi* des Jesuiten Constanzo Guiseppe Beschi (1680–1747) sowie mit Persönlichkeiten wie Bartholomäus Ziegenbalg (1682–1719) und seiner Druckerpresse in Tranquebar, mit dem anglikanischen Bischof Robert Caldwell (1814–1891), der zuerst die Theorie einer in einer alten, dravidischen Zivilisation verwurzelten Dravidischen Sprachfamilie entwickelte – jener Theorie, die die Grundlage für die Tamil-Renaissance und die dravidische Bewegung bilden sollte – und mit dem Gelehrten und Missionar G. U. Pope und seinen weithin anerkannten englischen Übersetzungen der Klassiker der tamilischen Literatur. Auch die Einführung des Buchdrucks in tamilischer Schrift, die Gründung der angesehensten Schulen und Colleges von Tamil Nadu, aber auch der vielen Waisenhäuser im Land sind als Beitrag der Christ*innen zur Kultur in Tamil Nadu bekannt. Die christliche Präsenz wird auch als aktive Stimme des Protests diskriminierter Bevölkerungsschichten (der Dalits) und Kraft der Schaffung einer Gegen-Kultur durch diese wahrgenommen.

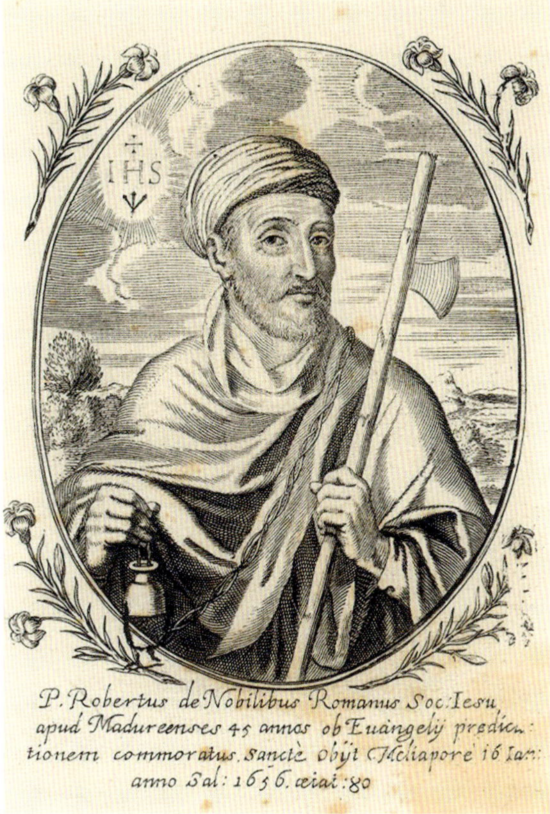

4 Roberto de Nobili: Kupferstich aus: Alfred Hamy, Galerie illustrée de la Compagnie de Jésus, 1893.

Perspektiven

Das Thema der tamilischen Christ*innen kann auf unterschiedliche Weise behandelt werden: Erstens könnte man untersuchen, wann Mitglieder der tamilischen Gesellschaft das Christentum annahmen und wie es sich über die Jahrhunderte entwickelte; dafür fehlen jedoch historische Daten. Zweitens könnte man die Perspektiven der Missionar*innen betrachten, die das Christentum über die Jahrhunderte in diesem Teil Indiens verbreiteten. Drittens ist es möglich, die Geschichten des Christentums unter den Tamil*innen aus den Aufzeichnungen der christlichen Konvertit*innen zu lesen, die ihren neuen Glauben mit ihren traditionellen kulturellen Werten verbanden. Viertens wäre es erhellend, die ikonografischen Zeugnisse davon zu betrachten, wie der christliche Glaube sich unter den Tamil*innen verwurzelte, beispielsweise in den christlichen Symbolen, die in Objekten der Alltagskultur auftauchen. Schließlich war die Präsenz des Christentums in Tamil Nadu kein isoliertes Phänomen: Es hatte auch Auswirkungen auf die tamilischen Hindus und Muslime, etwa Schriftsteller*innen und Künstler*innen.

Die Ursprünge des tamilischen Katholizismus

Wann und wie wurde das tamilische Christentum eine lokale Religion Südindiens? Da die Jesuiten hierbei eine wichtige Rolle einnehmen, soll der Fokus an dieser Stelle auf der Jesuitenmission im tamilischen Hinterland liegen, die 1606 von Roberto de Nobili (1577–1657) begründet wurde. Obwohl es davor schon Christ*innen entlang der Küste gab, beginnend mit den alten syrisch-christlichen Gemeinschaften von Mylapore bis hin zu den Fischer*innen der *Paravar*-Kaste, die unter Franz

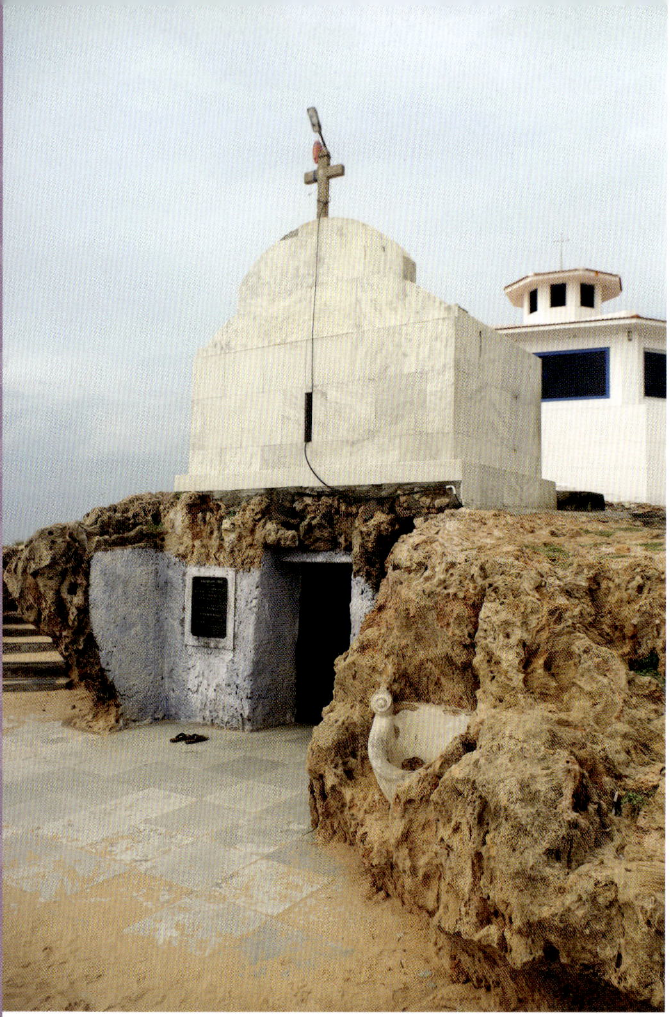

5 Eingang zu einer Höhle bei dem Fischerdorf Manapad, in der der spanische Jesuit Franz Xaver 1542 bis 1544 gelebt haben soll, um den Fischern das Christentum zu verkünden. Foto: Georg Noack.

Xaver (1506–1552) zum Christentum übertraten, war die Madurai-Mission der Beginn einer andauernden christlichen Präsenz im Hinterland. Die Historikerin Ines G. Županov (1999) zeigt, wie die von den Jesuiten vertretene Strategie der Akkommodation von ihnen verlangte, zwischen sogenannten »neutralen Handlungen« und den Glaubensvorstellungen und religiösen Praktiken, die sie im Land vorfanden, zu unterscheiden. Paolo Aranha (2014) beschreibt, wie die Missionare den Konvertit*innen in Südindien gestatteten, lokale Traditionen weiter zu pflegen: Dies schloss Rituale der Wahrung von Kastenzugehörigkeit ein, aber auch Anpassungen der katholischen Liturgie, um diese im Einklang mit Vorstellungen von Reinheit und Separation der Kasten durchführen zu können. Jesuitenmissionare wie Constanzo Beschi (1680–1747) kleideten und verhielten sich wie lokale geistliche Lehrer, feierten Gottesdienste in einem besonderen »malabarischen Ritus«, schrieben Briefe an ihre Ordensoberen in Europa darüber und Petitionen nach Rom, um für ihre Missionsstrategie zu werben.

Die Jesuitenmissionare lernten die Sprachen der Menschen, mit denen sie lebten, verfassten Grammatiken dieser Sprachen und nutzten sie, um Katechismen, theologische Schriften und Predigten in diesen Sprachen zu verfassen. Wurden diese Texte von lokalen Gelehrten als Texte von literarischem Wert verstanden? Margherita Trentos Buch *Writing Tamil Catholicism: Literature, Presuasion and Religion in the Eighteenth Century* (2022) über jesuitische Autoren und die Katechisten, die sie ausbildeten, bietet viele neue Einsichten dazu. Der folgende Überblick hat ihrer Forschung viel zu verdanken.

6 Statue von Constanzo Beschi bei der Kirche »Our Lady of Periyanayagi« in Konakuppam. Foto: Anand Amaladass.

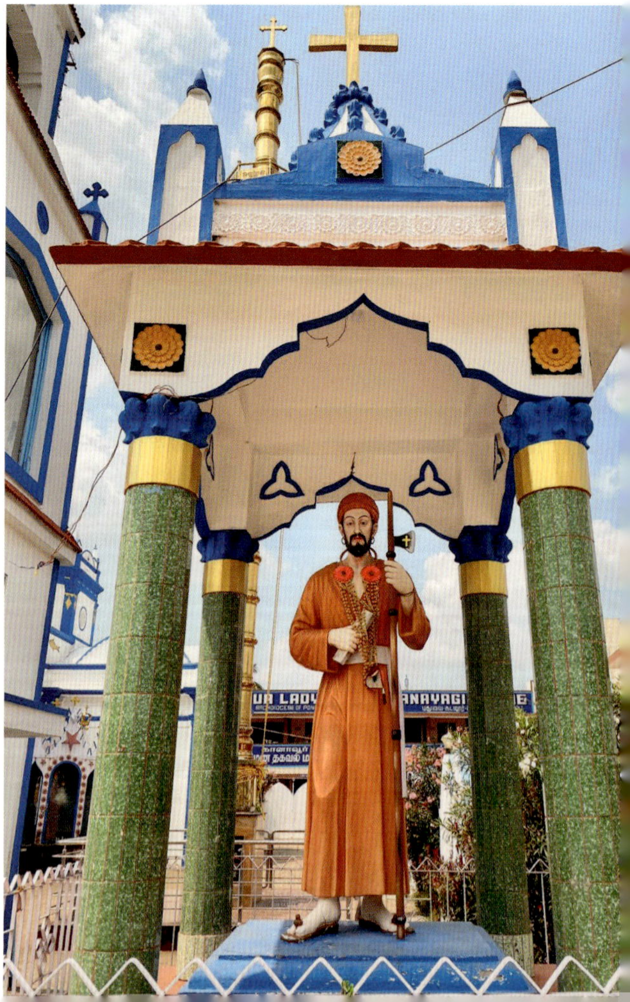

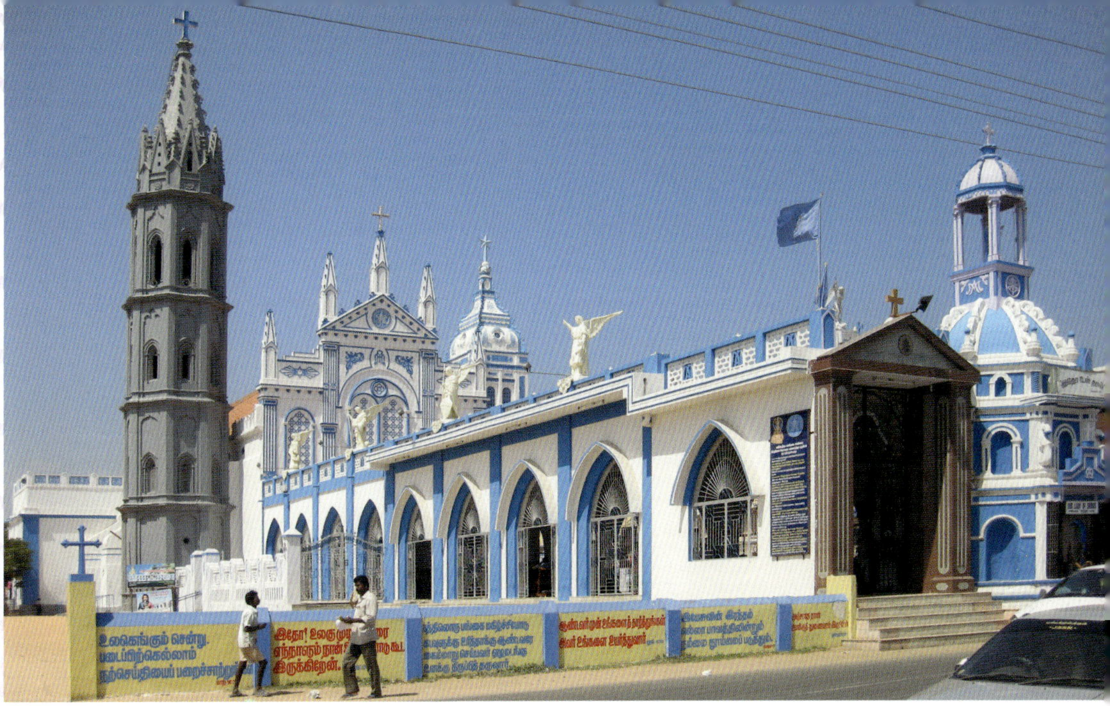

7 Die Kirche »Our Lady of Snows« in Tuticorin ist das wichtigste geistliche Zentrum der *Paravars*. Foto: Georg Noack.

Missionarische Beiträge zum Wachstum des tamilischen Christentums

Henrique Henriques (1520–1600) war der erste Jesuitenmissionar, der in Tamil schrieb. Während der zweiten Hälfte des 16. Jahrhunderts lebte und arbeitete er mit den Konvertit*innen der *Paravar*-Fischerkaste an der Koromandelküste. Die geschlossene Konversion der *Paravar*-Kaste zum Christentum war eine strategische Entscheidung gewesen, um die Verbindungen mit den Portugiesen zu stärken und deren Beistand gegen rivalisierende muslimische Händler zu erlangen. Das erste in Tamil gedruckte Buch war Henriques' *Tampiran Vanakkam*, ein kurzer Katechismus. Henriques übersetzte auch die Heiligenleben, die als Quelle für christliche Namen dienen sollten. In seiner Einleitung zu diesem Werk schrieb er: »*Als Jesus geboren wurde, gab es keine Muslime. Deshalb erschienen die Engel den jüdischen Hirten und der Stern den tamilischen Königen.*« Henriques ersetzt hier den Begriff »heidnisch« durch »tamilisch« – eine politische Übersetzung, die die *Paravars* erfreute, da diese bereits zuvor königliche Vorfahren für sich beansprucht hatten und sich gerne mit der biblischen Erzählung identifizierten. Mit der Erwähnung der Tamilen in der biblischen Überlieferung konnten die *Paravars* nun sogar den europäischen Überlegenheitsansprüchen ihre Zugehörigkeit zur biblischen Tradition entgegensetzen.

8 Titelblatt einer Reproduktion des *Tampiran* Vanakkam, des ersten in tamilischer Schrift gedruckten Buches.

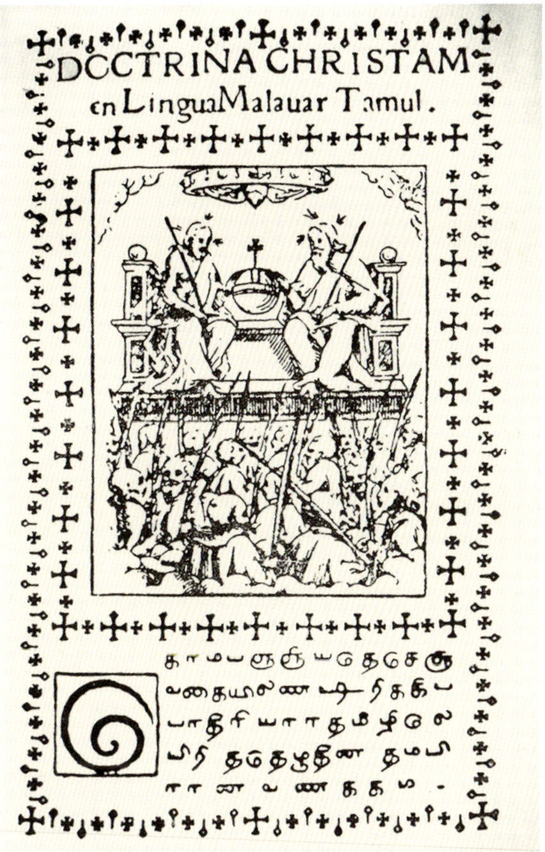

DOCTRINA CHRISTAM
en Lingua Malauar Tamul.

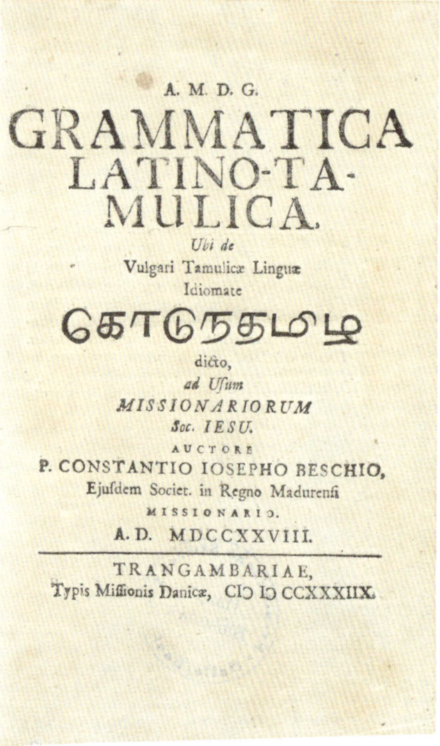

A. M. D. G.
GRAMMATICA
LATINO-TAMULICA.
Ubi de
Vulgari Tamulicæ Linguæ
Idiomate
கொடுநதமிழ
dicto,
ad Usum
MISSIONARIORUM
Soc. IESU.
AUCTORE
P. CONSTANTIO IOSEPHO BESCHIO,
Ejusdem Societ. in Regno Madurensi
MISSIONARIO.
A. D. MDCCXXVIII.

TRANGAMBARIAE,
Typis Missionis Danicæ, CIↃ IↃ CCXXXIIX.

9 Titelseite von Constanzo Beschis Grammatik der tamilischen Sprache. Franckesche Stiftungen, Inv.-Nr. BFSt: Miss: C 69.

10 Prozessionswagen nach dem Vorbild hinduistischer Tempelwagen bei der Kirche »Our Lady of Ransom« in Kanyakumari. Foto: Georg Noack.

Roberto de Nobili (1577–1665), der Begründer der Jesuitenmission in Madurai, führte die Strategie der Akkommodation in Südindien ein. Er selbst übernahm soziale und rituelle Praktiken, die darauf ausgerichtet waren, das Christentum mit der brahmanischen Kultur vereinbar zu machen. De Nobilis Strategie ließ kulturelle Rahmenbedingungen unberührt und war bemüht, eine Form des Christentums in Indien zu etablieren, die es nicht erforderlich machen würde, die kulturelle Identität aufzugeben. Das Ergebnis war eine klare Unterscheidung zwischen Kultur und Religion. De Nobili verfuhr jedoch bereits, wie später viele Kolonialverwalter und Indologen verfahren würden: Er erwarb sein Wissen über Indien durch Beziehungen zu Brahmanen und übernahm deren Ansichten und Theorien über die Gesellschaft (Mosse 2021: 9).

Constanzo Guiseppe Beschi (1680–1747), bekannt unter seinem tamilischen Namen *Vīramāmunivar*, verstand die tamilische Liebe zur poetischen Sprache und die Bedeutung der tamilischen Literatur für seine Mission. Er forderte seine Kollegen auf, tamilische Poetik zu studieren und tamilische Klassiker wie das *Cilappatikāram* und das *Cīvakacintāmani* zu lesen. Er übersetzte das *Tirukkuṟaḷ* ins Lateinische, verfasste eine Grammatik des Tamil, ein Wörterbuch und das christliche Versepos *Tēmpāvaṇi* nach den Regeln der

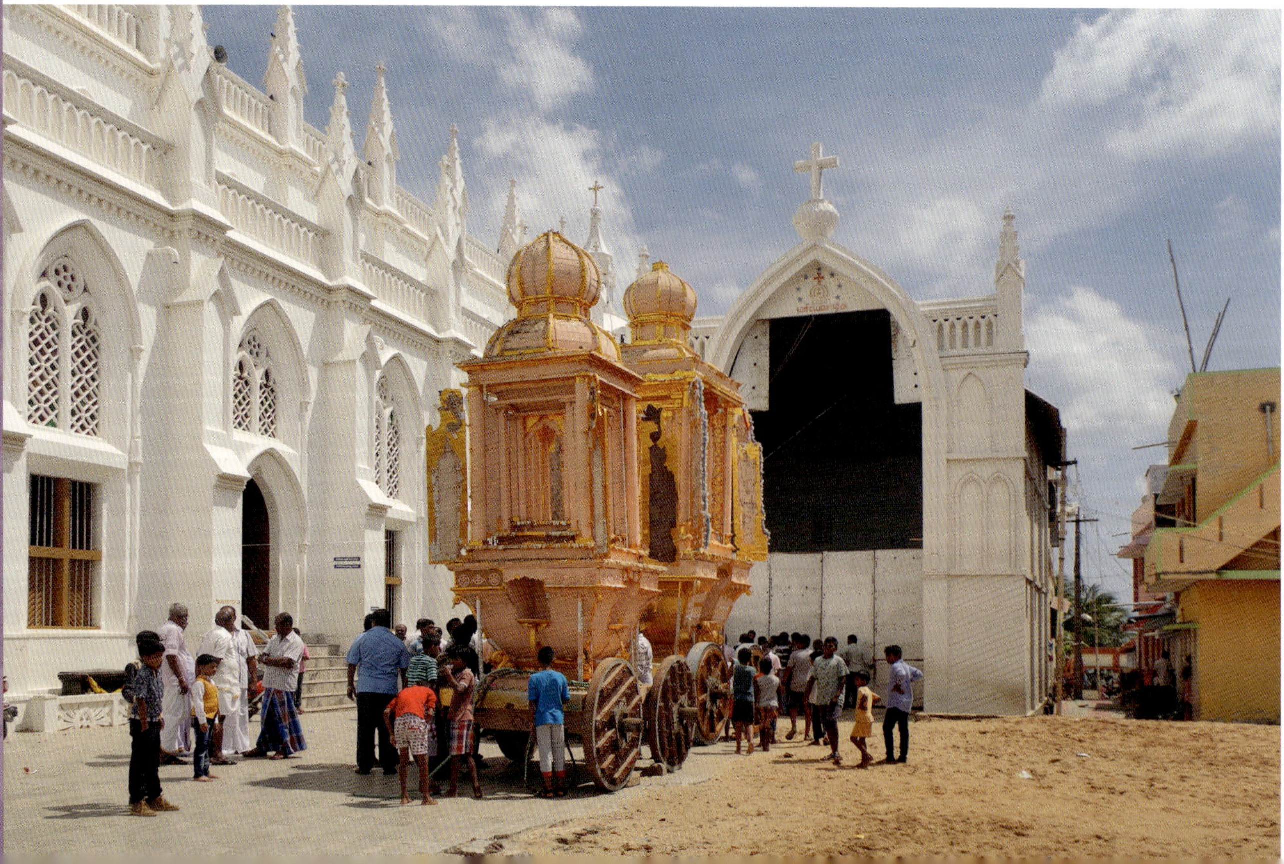

tamilischen Poetik und literarisch den Epen der anderen Religionsgemeinschaften ebenbürtig – die Śivait*innen, Viṣṇuit*innen, Jains, Buddhist*innen und Muslime hatten bereits solche Meisterwerke der tamilischen Lyrik hervorgebracht. Viele der religiösen Praktiken tamilischer Christ*innen wurden von ihm eingeführt: das Singen religiöser Lieder im Stil der devotionalen Musik der hinduistischen Traditionen, Prozessionen mit großen geschmückten Wagen, wie sie auch Hindu-Gemeinschaften verwenden und Volkstheater im traditionell tamilischen Stil, jedoch über die Passion Christi. Die Regierung von Tamil Nadu hat seine Statue auf der Strandpromenade von Chennai errichtet und lässt sie jedes Jahr an seinem Geburtstag (am 8. 11.) mit Blumengirlanden schmücken. Auch in dem śivaitischen Hindutempel *Acalāttaman Kovil* in Nungambakkam wurde ihm eine Statue errichtet, die ihn als gelehrten *Siddha* (siehe Alex und Weiss in diesem Band) ehrt.

Die Katechisten

Die Jesuiten waren bemüht, den christlichen Glauben mit Hilfe tamilischer Katechisten zu verkünden. Diese wurden von den Missionaren ausgebildet, und sie reisten ständig durch das Land, predigten, evangelisierten und feierten eigenständig Sonntagsgottesdienste. Sie übernahmen Verantwortung für die lokalen christlichen Gemeinden und engagierten sich in der Verwaltung der Dörfer – eine wichtige Rolle, die sie bis ins 19. Jahrhundert behielten.

Die Missionare wählten Katechisten aus den verschiedenen Kasten aus, in denen es Christ*innen gab und vertrauten ihnen die geistliche Leitung dieser Gemeinschaften an. Die Familienaufzeichnungen der Katechisten des Dorfes Vaṭakkaṉkuḷam zeigen das Beispiel einer Familie von Katechisten aus der *Vēḷāḷar*-Kaste, deren Identität durch diesen Beruf geprägt ist. Sie würdigten *Ñāṉappirakācam* als ihren Ahnherren, einen Katechisten, der den konvertierten und seliggesprochenen Nayar-Hauptmann Tēvacakāyam Piḷḷai (1712–1752) belehrt hatte. Die Autorität *Ñāṉappirakācams* hatte ihren Ursprung in seiner engen Beziehung zu dieser Heiligengestalt. Er wagte es sogar, sich dem Zorn König Marthanda Varma von Travancore (1705–1758) auszusetzen, indem er einen Turban und ein Schwert Tēvacakāyams nach Vaṭakkaṉkuḷam zurück brachte, wo sie bis heute erhalten sind. Auf diese Weise wurden *Ñāṉappirakācam* und seine Nachfahren Vorsteher des Dorfes, bis sie dieses Amt im späten 19. Jahrhundert verloren (Bayly 1989).

Das *Ñāṉamuyarci*

Das *Ñāṉamuyarci* (»geistliche Übungen«) wurde erstmals 1843 gedruckt, und die Titelseite dieser Ausgabe identifiziert den Autor als *Ñāṉappirakācar* Cuvāmiyār – der tamilische Name des Jesuiten Carlo Michele Bertoldi (1662–1740). Im *Ñāṉamuyarci* scheint die tamilische Landschaft die Sprache des Katholizismus zu sprechen, und die Natur, die die Katechisten umgibt, wird zur Offenbarung katholischer Wahrheiten. Dabei schult das *Ñāṉamuyarci* die Augen der Katechisten, die tamilische Landschaft als einen Code zu betrachten, der anhand der katholischen Lehre entschlüsselt werden kann. Doch der Text erschafft für die Katechisten nicht nur eine christianisierte natürliche Umgebung, er trägt auch zur Schaffung einer neuen textuellen Umgebung bei. Dies wird durch häufige Verweise auf tamilische Sprichwörter und Passagen aus dem *Tirukkuṟaḷ* erreicht.

11 | 12   Christliches Gebetbuch auf Palmblattstreifen, 18. Jahrhundert, 8,7 × 3 cm, Linden-Museum Stuttgart, Inv.-Nr. 051085. Fotos: Dominik Drasdow.

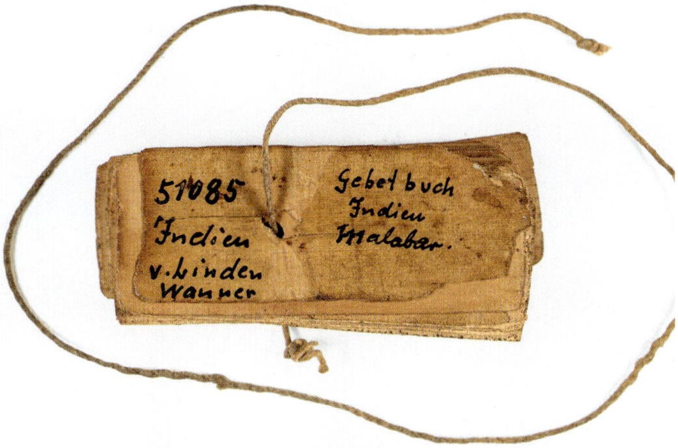

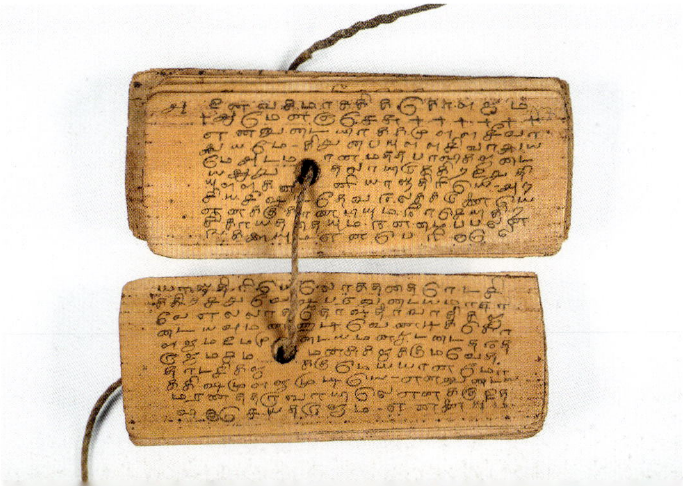

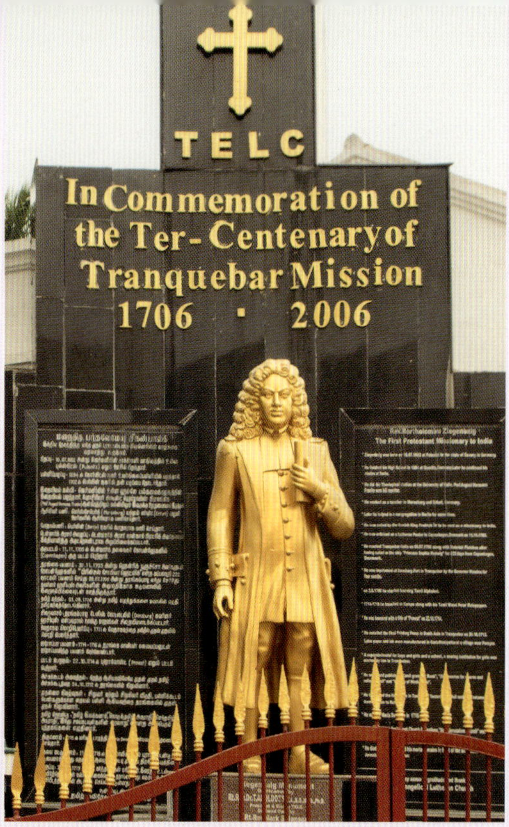

13 Statue von Bartholomäus Ziegenbalg in Traquebar (Tarangambadi), von der lutherischen Kirche Tamil Nadus am Ort seines Wirkens errichtet. Foto: Georg Noack.

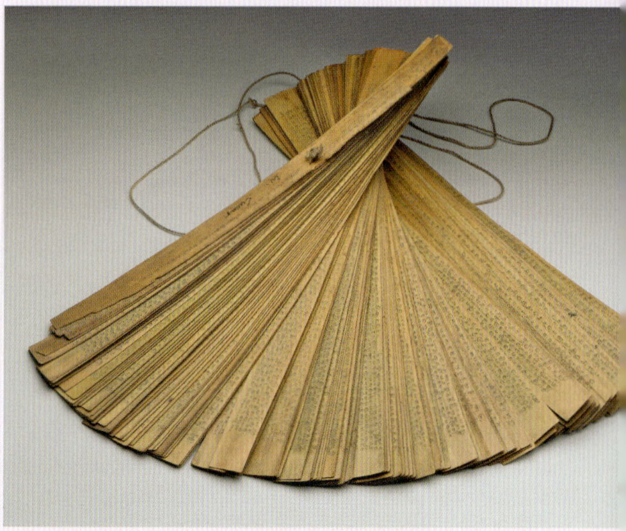

14 Ziegenbalgs Übersetzung des Lukas-Evangeliums ins Tamil, auf Palmblatt, datiert 1711. Franckesche Stiftungen, Inv.-Nr. AFSt/P TAM 16.

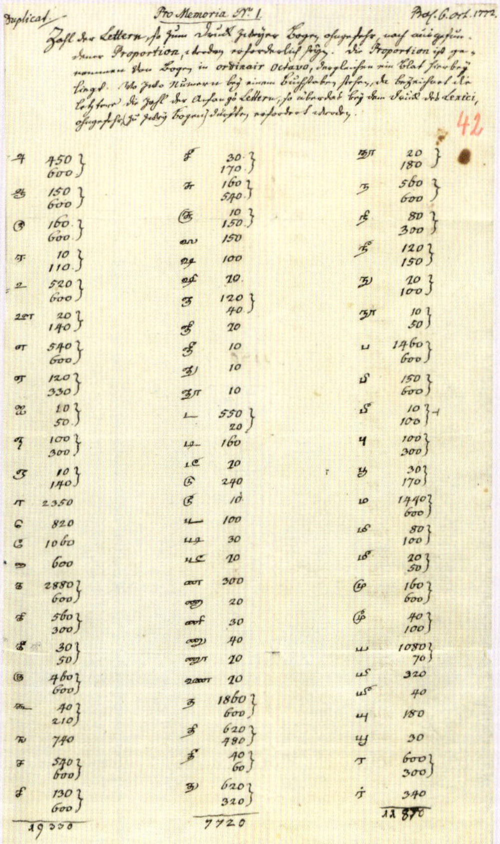
Duplicat

Pro Memoria No. 1

42

19300 | 7720 | 12 870

15 Ziegenbalg ließ anfangs die Lettern für seine Druckerpresse durch die Zentrale seiner Missionsgesellschaft in Halle/Saale fertigen. Mit solchen Zetteln wurden benötigte Drucklettern in Halle nachbestellt. Franckesche Stiftungen, Inv.-Nr. AFSt/M 2 B 6 : 42.

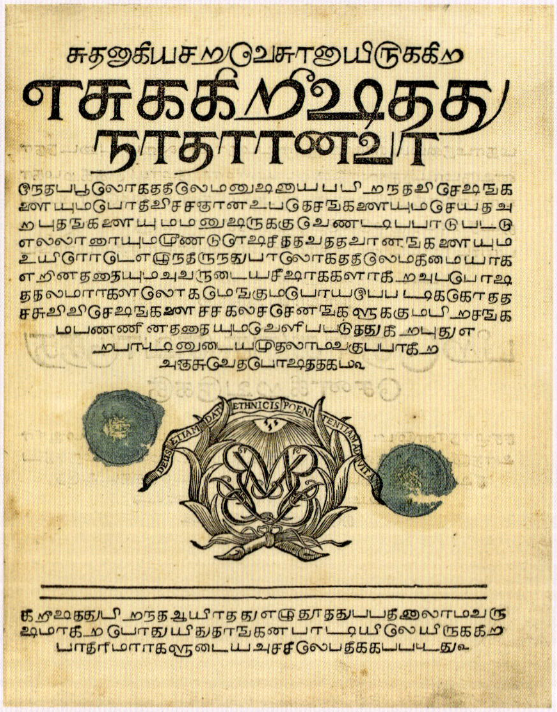

16 Ziegenbalgs Übersetzung des Neuen Testamentes ins Tamil, gedruckt 1714 in Tranquebar. Franckesche Stiftungen. Inv.-Nr. BFSt: Miss: C 61.

Das *Vētiyar Oḻukkam*

Das *Vētiyar Oḻukkam* (»Handbuch für Katechisten«) war ein von Beschi verfasstes Werk, das den Beruf des Katechisten und die damit verbundenen Pflichten und Privilegien erklärte. Es wurde oft zusammen mit einer kurzen Liste von acht Anweisungen gedruckt, die beschrieben, wie der Katechist sich gegenüber Gott, sich selbst, seiner Familie, den Missionaren, der Kirche, den Nicht-Gläubigen, gegenüber Menschen in extremer Not und in schweren Zeiten verhalten sollte.

Traditionell war die spirituelle Belehrung anderer den Brahmanen vorbehalten, und der Titel »*Vētiyar*« wurde nur für sie verwendet. Beschis Definition der Rolle des Katechisten (und seine Verwendung des Titels »*Vētiyar*« für sie) muss vor diesem Hintergrund und als Teil einer allgemeineren Tendenz bestimmter Kasten – insbesondere der *Vēḷāḷar*[1] – gelesen werden, Protagonisten des spirituellen und kulturellen Lebens zu werden. Die Katechisten imitierten nicht einfach die Ansprüche der zeitgenössischen *śivaitischen Vēḷāḷar*-Lehrer, die ihre Brüder, Freunde und Nachbarn waren, sie identifizierten sich mit diesen Ansprüchen selbst. Beschi schlägt im letzten Kapitel des *Vētiyar Oḻukkam* vor, dass die Katechisten sein Buch oft lesen sollten, um ihre Rolle besser zu verstehen und demütig zu bleiben. Dieser Vorschlag deutet darauf hin, dass die Katechisten eine gebildete Elite innerhalb der Gemeinden der Madurai-Mission waren und dass die von den Missionaren verfasste Literatur vor allem für sie bestimmt war. Im frühen 18. Jahrhundert stand den Katechisten bereits ein ganzer Korpus an devotionaler und theologischer Literatur zur Verfügung, dessen gemeinsame Kenntnis sie als spirituelle und soziale Gruppe verband.

Bartholomäus Ziegenbalg (1682–1719)

Der deutsche lutherische Missionar Bartholomäus Ziegenbalg wurde eine weitere bedeutende Persönlichkeit in der Geschichte des tamilischen Christentums. Er übersetzte das Neue Testament ins Tamil und gründete in Tranquebar eine erste kommerzielle Druckerei zur finanziellen Unterstützung seiner Gemeindemitglieder. Dies ermöglichte zum ersten Mal den Massendruck und die weite Verbreitung von Literatur verschiedenster Art in Tamil. Sowohl seine Druckerei als auch die Prosaform seiner Bibelübersetzung sollen einen starken Einfluss auf die Entwicklung der modernen tamilischen Literatur gehabt haben.

Tamilische christliche Dichter*innen und Schriftsteller*innen

Die Werke tamilischer christlicher Schriftsteller*innen illustrieren, wie ihr Glaube kreativen Ausdruck fand. Einige fanden in Tamil Nadu breite Anerkennung als herausragende Gelehrte und Autor*innen: Antonykutty Annaviyar (18. Jahrhundert) schrieb Gedichte, die den christlichen Glauben auf eine Weise artikulierten, die die *Paravar*-Gemeinschaft ansprach (Gomas 2014).

Vedanayaka Sastri (1773–1864) war ein Schüler der Halleschen Missionare in Tranquebar und Thanjavur. Er verfasste 141 Werke, darunter Prosa-Traktate und ein tamilisches Lehrbuch der Arithmetik, seine Hauptwerke lagen jedoch in poetischen, literarischen und musikalischen Genres, darunter lutherische Hymnen in Tonarten und Rhythmen der klassischen karnatischen Musik. Er wurde Leiter der Katechistenschule von Thanjavur und unterrichtete dort unter anderem Theologie, Mathematik und Astronomie.

Samuel Vedanayagam Pillai (1826–1889) war ein Dichter, Romancier und Sozialarbeiter, der als Autor des ersten tamilischen Romans Geschichte schrieb. Der Roman spiegelt Vedanayagams eigene Vorstellungen von Frauenbefreiung und Bildung wider. Er schrieb darüber hinaus auch katholische Andachtspoesie (Ebeling 2010: 202).

Devaneya Pavanar (1902–1981) war ein prominenter Schriftsteller und Befürworter der »Pure-Tamil«-Bewegung, die die tamilische Sprache von Lehnworten aus dem Sanskrit und Hindi zu reinigen suchte. Er initiierte ein Wörterbuchprojekt, das vor allem die Wurzeln der tamilischen Wörter und ihre Verbindungen und Verzweigungen herausarbeiten sollte. Devaneya Pavanar komponierte auch viele Musikstücke und verfasste Gedichte.

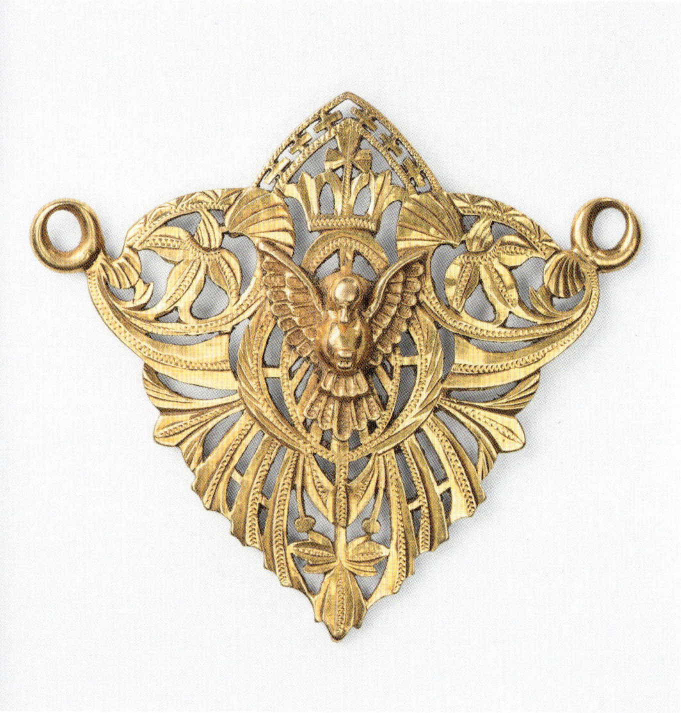

17 Tāli für christliche Tamilinnen, mit einer Taube als Symbol des Heiligen Geistes. Gold, 5 × 5 cm. Linden-Museum-Stuttgart, Inv.-Nr. SA 07592. Foto: Dominik Drasdow.

18 a – d Öllampen mit christlichen Motiven auf dem Spiegel. Gelbmetall, Höhe: 10 – 20 cm. Linden-Museum, Inv.-Nr. SA 07588 – SA07591; SA 07019. Fotos: Dominik Drasdow.

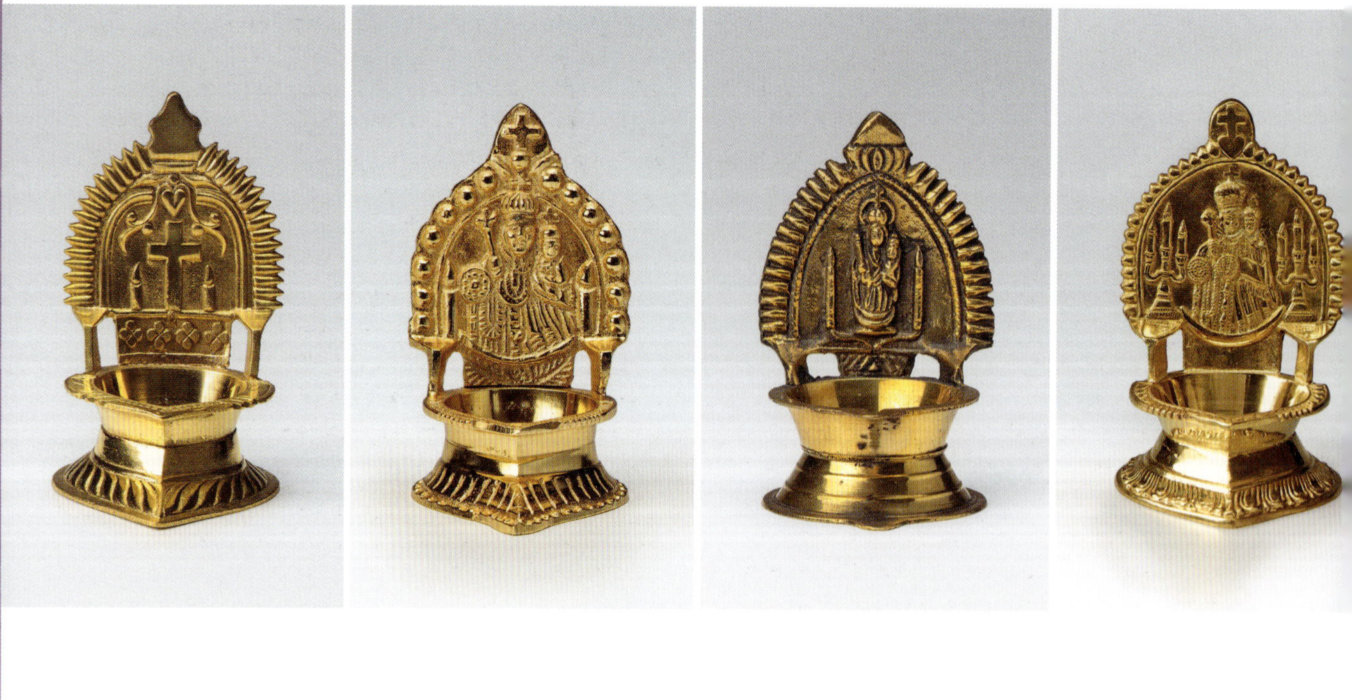

Integration volksreligiöser Praktiken des Hinduismus in die christlichen Traditionen

Tamilische Christ*innen teilen viele Symbole und Praktiken mit Tamil*innen anderer Religionen, aber sie christianisierten diese. Zum Beispiel tragen hinduistische verheiratete Frauen den *Tāli*, die »Heiratskette«, die der Bräutigam während der Hochzeitszeremonie um den Hals der Braut legt. Diese Kette enthält einen Anhänger mit vielschichtiger Symbolik, die ethnische Zugehörigkeit, Kastenzugehörigkeit und religiöse Identität ausdrückt. Die Christ*innen kennen diese Tradition ebenfalls, ersetzten aber die religiösen Symbole der Hindus auf den Anhängern durch christliche.

Die Öllampen, die die Menschen in ihren Häusern verwenden, werden in einer Nische in der Wand platziert. Bei Hindu-Familien ist auf dem Messingspiegel dahinter eine Gottheit wie Gaṇeśa, Pārvatī oder Saraswati abgebildet; die Lampen der christlichen Familien zeigen oft ein Kreuz, Maria oder andere christliche Symbole. Andere Praktiken, die tamilische Christ*innen mit Tamil*innen anderer Glaubensrichtungen teilen, sind Prozessionen mit Tempelwagen, Pilgerfahrten zu den heiligen Schreinen, der Bau von Kirchen im architektonischen Stil von Hindu-Tempeln und das Malen von christlichen Motiven, die in Malstil und Ästhetik den devotionalen Bildern der Hindus ähneln.

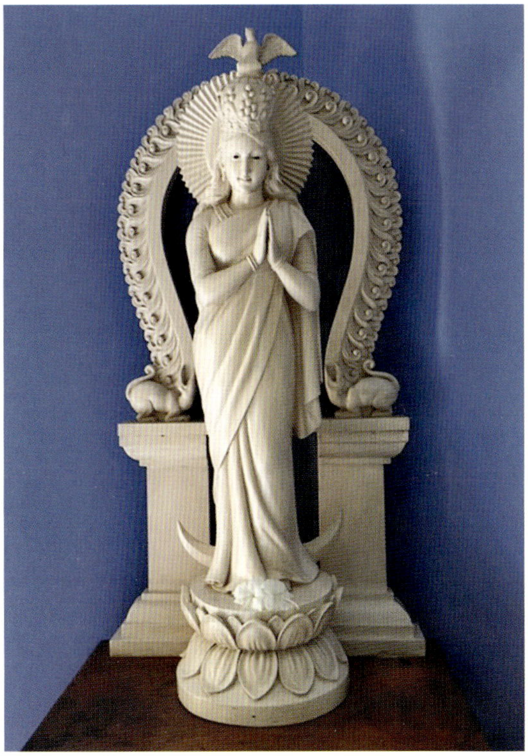

19 Maria, gekleidet wie eine tamilische Frau. Statue im Dialogzentrum, Loyola College, Chennai. Foto: Anand Amaladass.

Die Faszination christlicher Themen auf Hindu-Künstler*innen und Schriftsteller*innen

Über die christliche Gemeinschaft hinaus ist es bedeutsam, dass viele tamilische Hindu-Künstler*innen des 20. Jahrhunderts Bilder von Christus geschaffen haben und viele Hindu-Schriftsteller*innen von christlichen Themen fasziniert waren. Viele Künstler*innen bewegte insbesondere das Kreuz und das Leiden Christi. Es scheint nichtchristliche Künstler*innen mehr zu inspirieren als die glorreichen Darstellungen Christi, die von vielen christlichen Maler*innen in Indien bevorzugt werden. Sie berührt oft insbesondere das Bild des Kreuzes und die Art und Weise, wie Christen das Leiden der Menschheit mit dem Göttlichen durch Christus verbunden haben.

Subramania Bhārati (1882–1921), der als der wichtigste tamilische Dichter des 20. Jahrhunderts gilt, schrieb ein Gedicht, das die Botschaft Jesu zusammenfasst und über den Weg spricht, ihm nachzufolgen.

Bhāratidāsan (Kanaka Subburattinam, 1891–1964), ein weiterer bedeutender tamilischer Dichter, Dramatiker und Prosaschriftsteller, erzählt in einem seiner Gedichte, warum Jesus keinen Platz unter den Hindus gefunden hat:
»Wer hat von dem von Jesus gezeigten Weg profitiert?«
»Alle Menschen außer den Indern.«
»Warum?«
»Weil sie die Gesetze von Manu akzeptieren, der die vier Varnas mit 4 000 Unterkasten verkündete. Jesus sagte, alle sind gleich und alle sind Brüder. Aber seine eigenen Anhänger loben die Reichen und setzen die Armen herab und teilen die Menschen in hohe und niedrige Kasten ein.«
»Wer kann dann sein Jünger werden?«
»Diejenigen, die nicht in den Begriffen von Wir und die Anderen sprechen.«

Kannadāsan (A. L. Mutthaiya, 1926–1981) – ein populärer Schriftsteller und Autor von Gedichten und Filmsongs – hat das Neue Testament in tamilische Verse übertragen: *Yesukāvyam*.

Schluss

Mit dem St.-Thomas-Schrein war das tamilische Land von Anfang an ein Zentrum der christlichen Präsenz in Indien. Die Küste von Tamil Nadu wurde ab dem 16. Jahrhundert von westlichen Händler*innen und Kolonisator*innen aus Portugal, den Niederlanden, Dänemark, Frankreich, Armenien und Großbritannien besucht und besetzt. Die Missionar*innen, die mit ihnen kamen, gründeten nach und nach katholische und protestantische Gemeinden. Die Anzahl der Kirchen in Städten wie Chennai und entlang der Küste bis hinunter in den Süden zeugen von der langjährigen und intensiven christlichen Präsenz. Der Beitrag der christlichen Präsenz in Tamil Nadu zur tamilischen Kulturgeschichte wird auch von Vertreter*innen des Hinduismus und des Islam bezeugt, die in den christlichen Werten einen Sinn gefunden haben und christliche Missionar*innen, Wissenschaftler*innen, Schriftsteller*innen und Dichter*innen auf vielfältige Art und Weise geehrt haben. Bedeutend ist auch, dass das Christentum starken Einfluss auf die Vorstellungen von tamilischer Identität hatte und durch seine Kritik am System der Kasten zur Befreiungsbewegung der als »Unberührbare« unterdrückten Dalits maßgeblich beitrug.

1 Die *Vēḷāḷar* (auch *Vellalars* oder *Vellalas* geschrieben) waren ursprünglich eine tamilische Elitekaste und Landbesitzer*innen in Tamil Nadu und Kerala sowie in Sri Lanka. Sie unterhielten gute Beziehungen mit verschiedenen Königsdynastien.

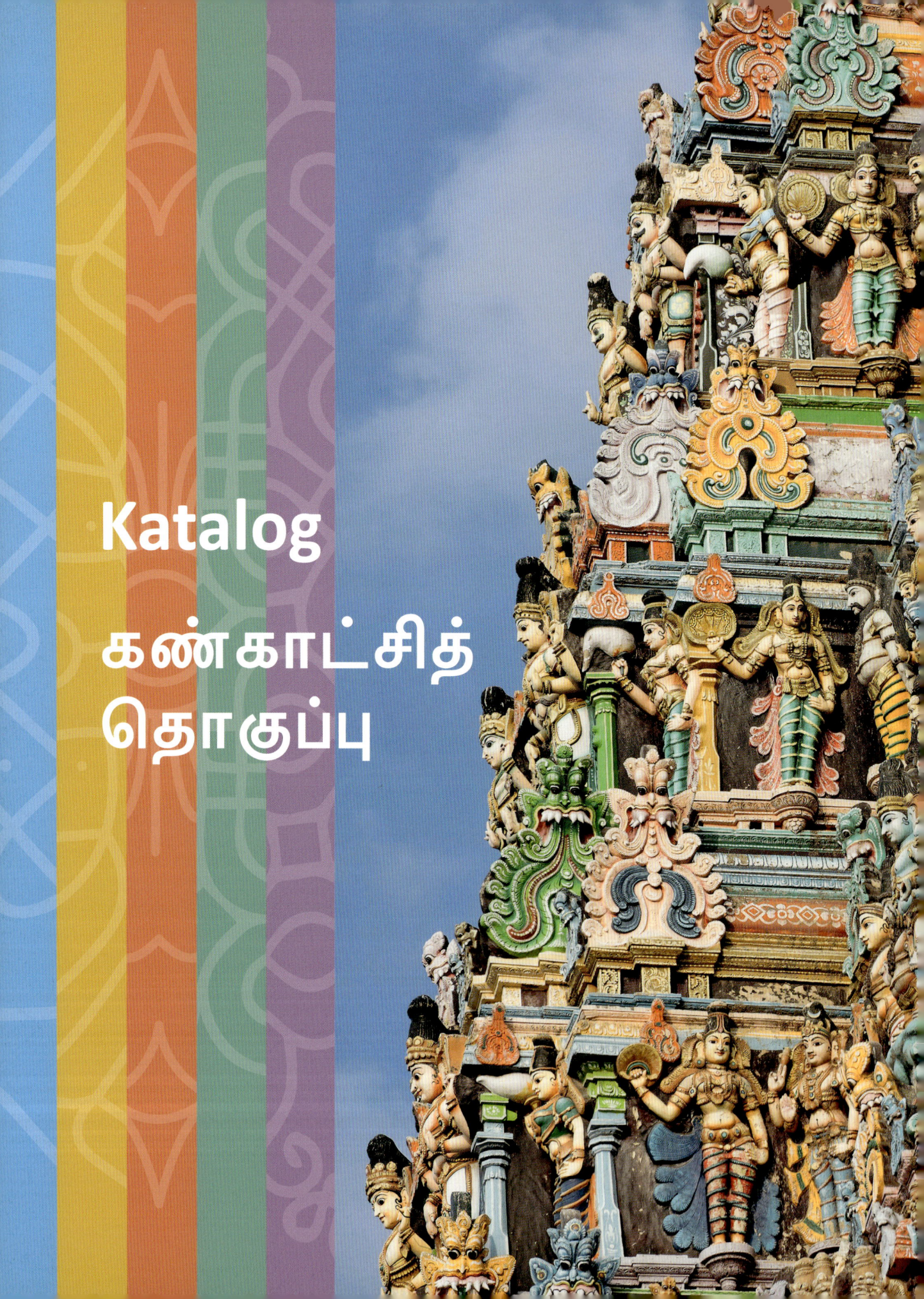

Katalog

கண்காட்சித் தொகுப்பு

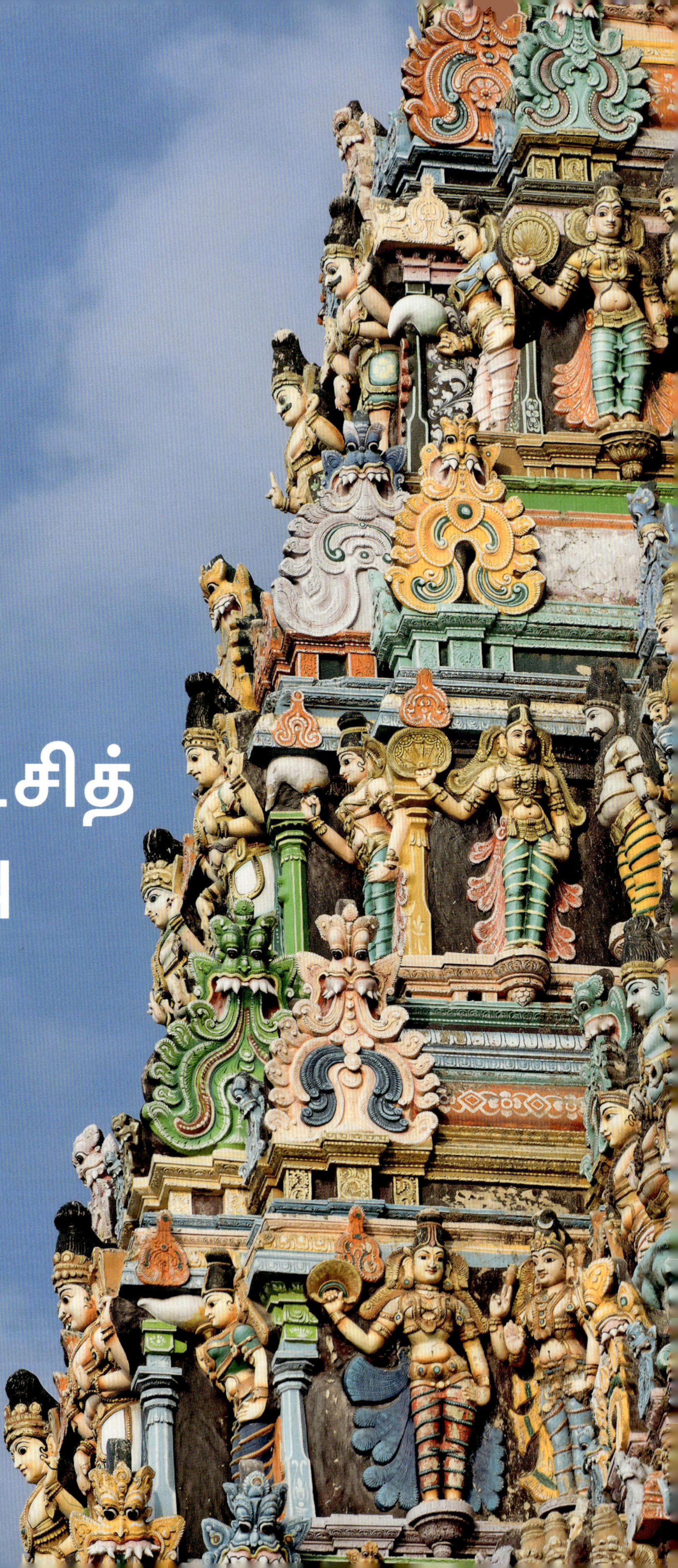

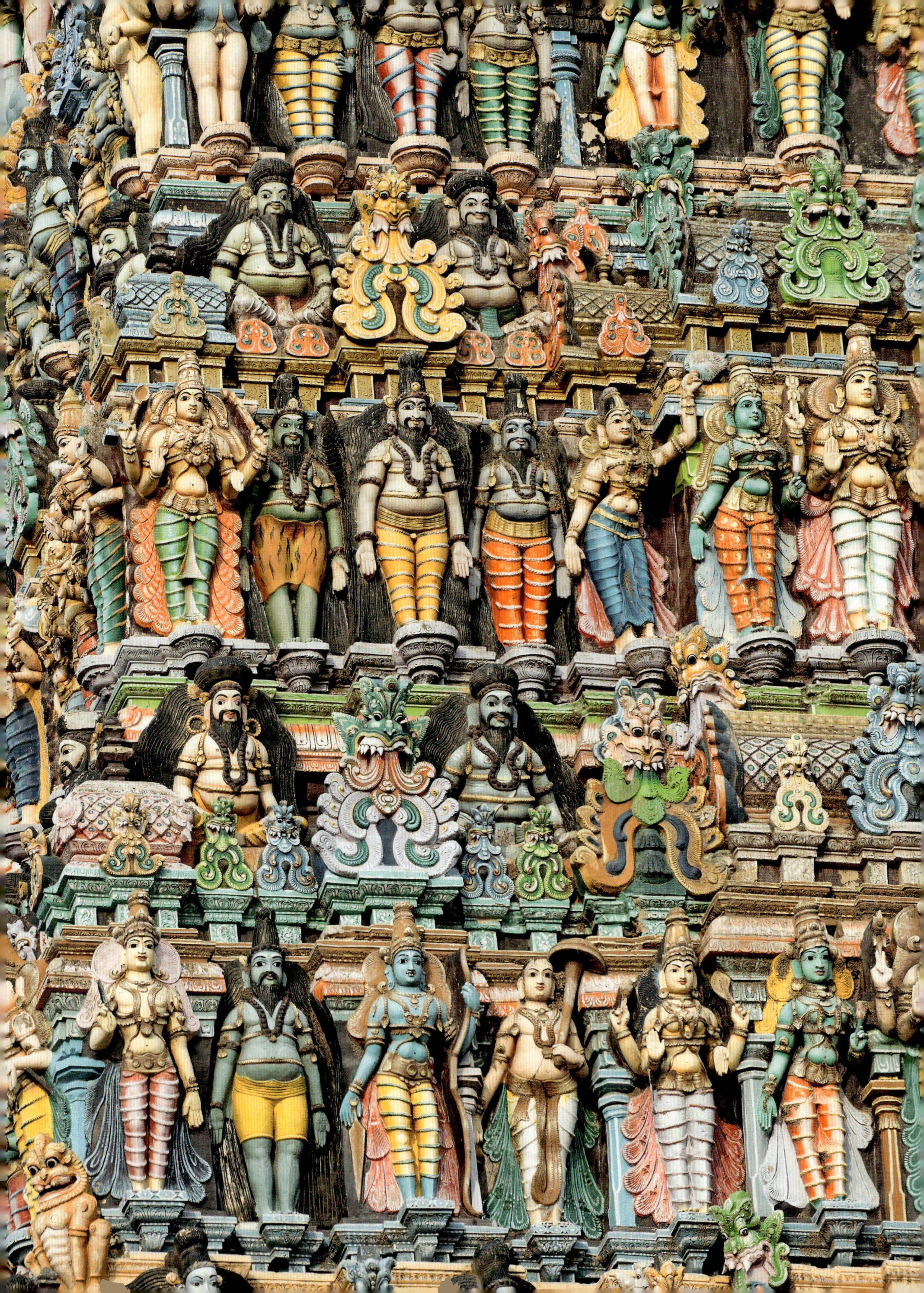

Tamil – Eine Sprache gebiert eine Zivilisation der Poesie

Legenden erzählen, dass vor langer Zeit der weise Akattiyar (oder Agasthya) eine Grammatik der tamilischen Sprache verfasste und sie dadurch sprechbar machte und lebendig werden ließ. Er soll auch das erste *Caṅkam* gegründet haben, ein Gremium von Dichtern, die Meister der Sprache und höchste moralische Autorität der alten tamilischen Gesellschaft waren. Gedichte aus der mythischen Zeit der alten *Caṅkams* sind in Anthologien überliefert, deren Studium ein wichtiger Impuls für Vorstellungen darüber wurde, was es bedeutet, Tamil*in zu sein. Tiruvaḷḷuvar und Avvaiyār gehören zu den bekanntesten und beliebtesten Dichtern des *Caṅkam*-Zeitalters. Ihre Werke und die Liebe zur Sprache verbinden den Tamil-Sprecher heute über Grenzen von Staaten, Kasten und Religionen hinweg. Tamilische Historiker sind stolz, Verbindungen zwischen archäologischen Funden und literarischen Überlieferungen aus der *Caṅkam*-Zeit aufzuzeigen. Inzwischen wurden überall auf der Welt *Caṅkams* gegründet, um die tamilische Sprache und Dichtung zu fördern.

GEORG NOACK

1

Chandru: »Tiruvaḷḷuvar«

Statue des Künstlers G. Chandrasekaran (»Chandru«), Tirunelveli, 2019
Pañcalōkam (Legierung aus fünf Metallen), 81 × 25 × 25 cm
Linden-Museum Stuttgart, gestiftet von der Tamil Heritage Foundation
Foto: Dominik Drasdow

Über das Leben des Dichters Tiruvaḷḷuvar gibt es viele Legenden. Er soll in der mythischen Vergangenheit des *Caṅkam*-Zeitalters gelebt haben. Sein Werk, das *Tirukkuṟaḷ*, wird von modernen Philologen auf das 2. bis 6. Jahrhundert unserer Zeit datiert. Es beinhaltet tiefgründige Einsichten in die menschliche Natur. | GN

2

S. Murugesan: »Avvaiyār«

Statue des Künstlers S. Murugesan, Chennai, 2016
Granit, 55 × 27 × 8 cm
Linden-Museum Stuttgart, Inv.-Nr. SA 07151 L
Foto: Dominik Drasdow

Avvaiyār, auch Auvaiyār, wörtlich »ehrwürdige Frau«, war der Titel mehrerer Dichterinnen, die in der Legende zu einer Person verschmolzen. Aufgrund ihrer Leidenschaft für Tamil und die Dichtkunst wollte sie sich nicht verheiraten lassen, und so gewährte ihr der Gott Gaṇapati das Aussehen einer alten Frau.
Könige schätzten ihre Weisheit und baten sie, an ihren Höfen zu bleiben, aber sie weigerte sich, sich binden zu lassen. Ihre moralische Prinzipientreue gab ihr den Mut, mit Königen auf Augenhöhe zu sprechen und sie zu korrigieren, wenn sie sich irrten. König Athiaman Neduman Anji von Dharmapuri, war besonders von Avvaiyār angetan. Als er eine seltene Beere bekam, die ein langes Leben bewirken sollte, schenkte er die Frucht Avvaiyār, weil er glaubte, dass sie für die Gesellschaft von größerem Nutzen sein würde. Manche führen Avvaiyārs fortgesetztes Wirken über die Jahrhunderte hinweg auf diese Beere zurück. Literaturwissenschaftler meinen allerdings, dass es mindestens drei Dichterinnen dieses Namens gab, die in unterschiedlichen Jahrhunderten wichtige Beiträge zur tamilischen Literatur leisteten. | GN

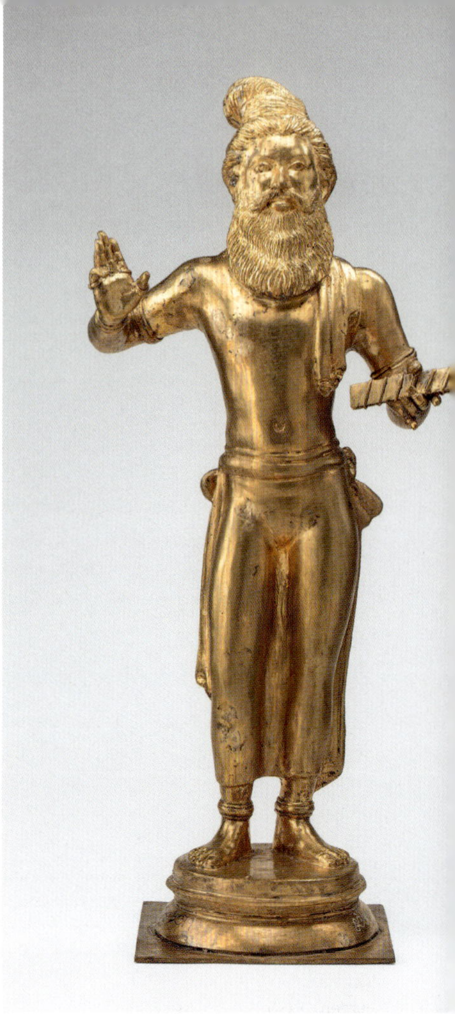

1

2

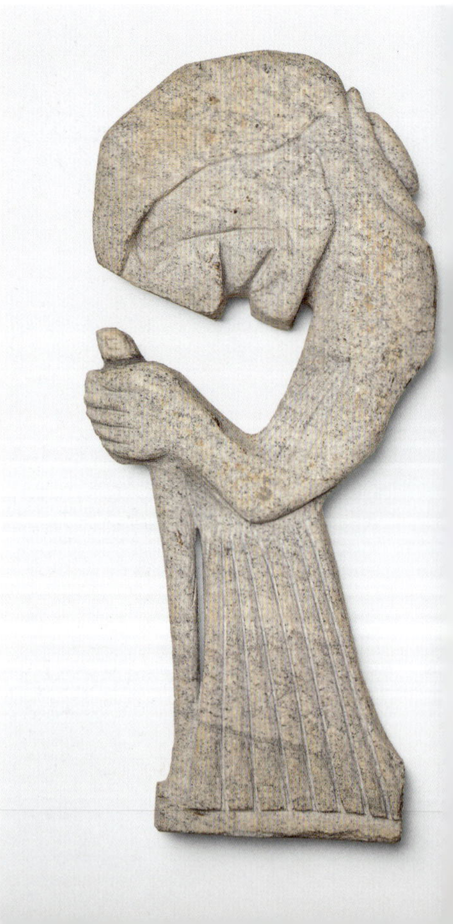

3

Das Tirukkuṟaḷ

Gedruckt 1812
Rojah Mutthiah Research Library, Chennai,
Inv.-Nr. 094492
Bild: Rojah Mutthiah Research Library

Eine frühe Druckausgabe des *Tirukkuṟaḷ* von Tiruvaḷḷuvar. Das *Tirukkuṟaḷ* gilt als gemeinsames Kulturerbe und Identitätssymbol von Tamilen aller Kasten- und Religionszugehörigkeiten in Indien, Sri Lanka und der weltweiten Diaspora. Zitate aus dem *Tirukkuṟaḷ* sind heute fester Bestandteil der tamilischen Populärkultur und dienen sogar als Leitlinien für Politik und Wirtschaft. | GN

4

Gedichte auf Palmblattstreifen

Palmblattstreifen (*Corypha umbraculifera*),
44 × 3 cm
Tamil Nadu, 1735
Franckesche Stiftungen zu Halle,
Inv.-Nr. AFSt/P TAM 89 A-G
Foto: Franckesche Stiftungen zu Halle

Diese im Jahr 1735 abgeschriebene Palmblatthandschrift enthält mehrere Gedichte einer Dichterin namens Avvaiyār, die vermutlich zwischen dem 9. und 10. Jahrhundert verfasst wurden. | GN

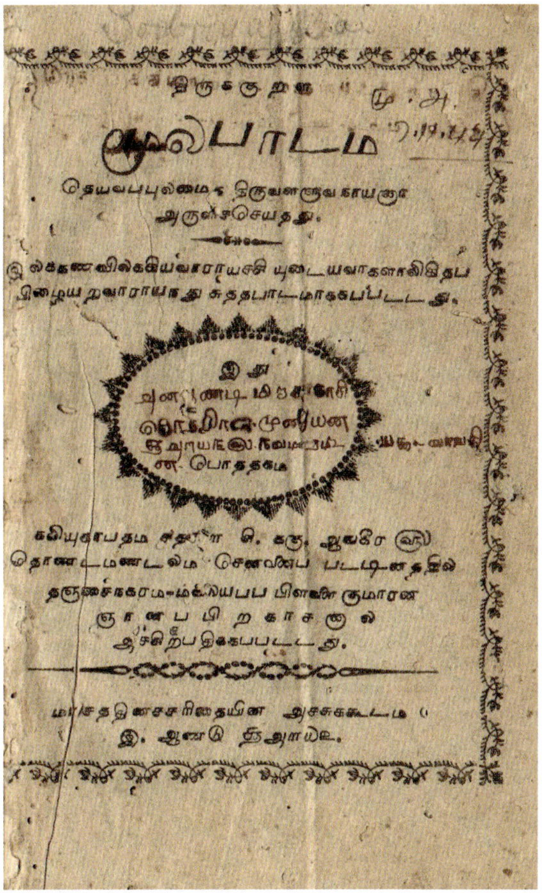

3

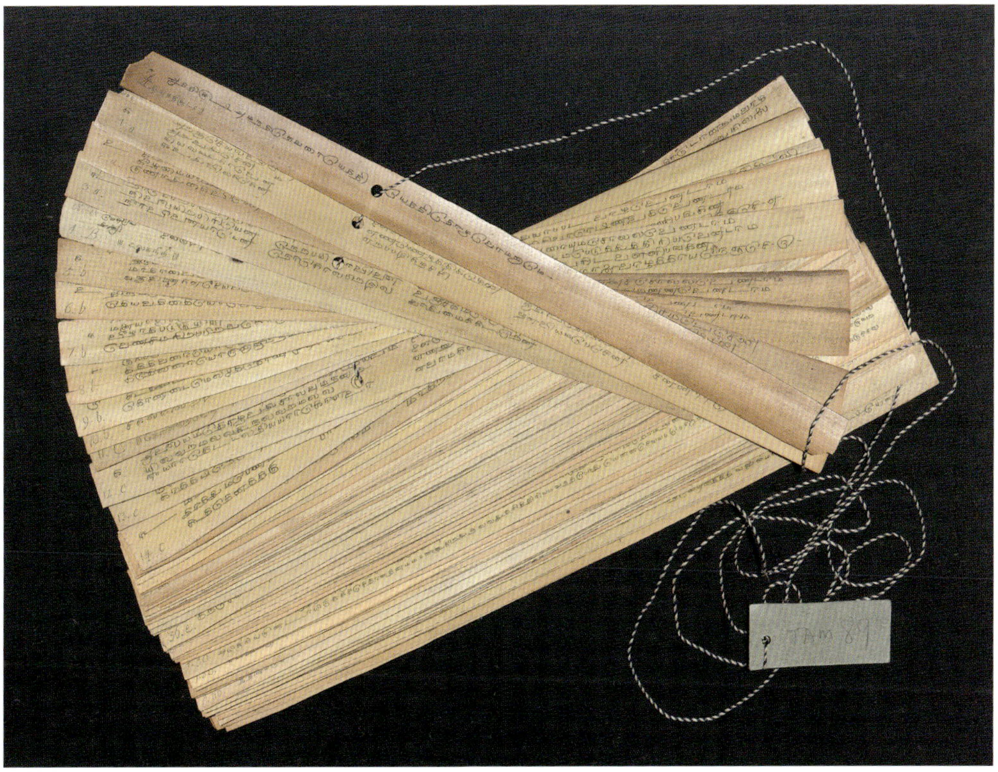

4

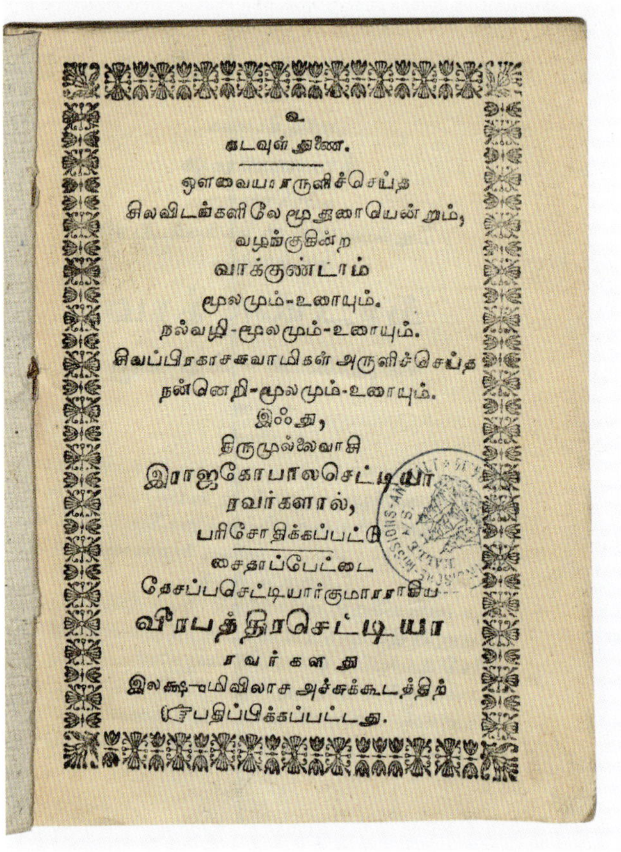

உ
கடவுள் துணை.
ஔவையாரருளிச்செய்த
சிலவிடங்களிலே மூதுரையென்றும்,
வழங்குகின்ற
வாக்குண்டாம்
மூலமும்-உரையும்.
நல்வழி-மூலமும்-உரையும்.
சிவப்பிரகாசசுவாமிகள் அருளிச்செய்த
நன்னெறி-மூலமும்-உரையும்.
இஃது,
திருமுல்லைவாசி
இராஜகோபாலசெட்டியா
ரவர்களால்,
பரிசோதிக்கப்பட்டு
சைதாப்பேட்டை
தேசப்பசெட்டியார்குமாரராகிய
வீரபத்திரசெட்டியா
ரவர்களது
இலக்ஷ்மிவிலாச அச்சுக்கூடத்திற்
பதிப்பிக்கப்பட்டது.

5

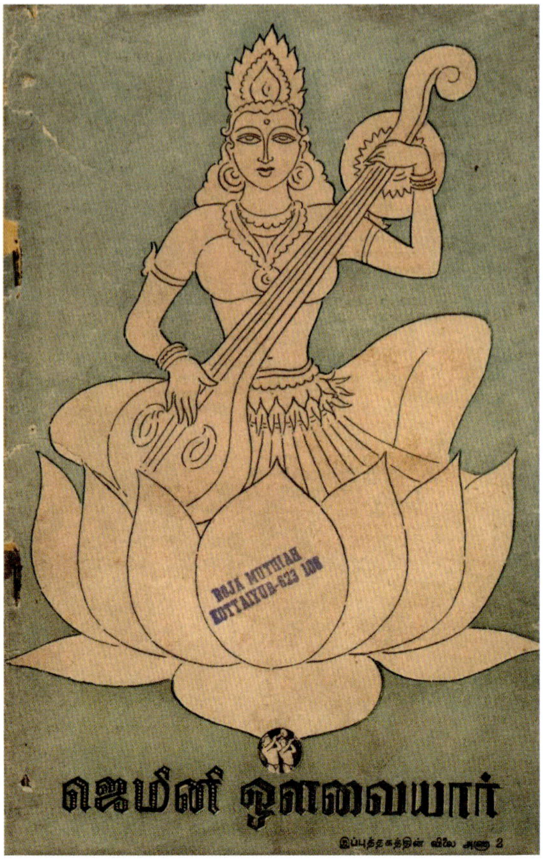

6

5

Das Mūturai der Avvaiyār

Papier
Tamil Nadu, 1822
Franckesche Stiftungen zu Halle,
Inv.-Nr. BFSt: Miss: C 38:15
Bild: Franckesche Stiftungen zu Halle

Das *Mūturai* von Avvaiyār gehört zu ihren beliebtesten Werken und besteht aus Lehrversen oder Aphorismen in einem einzigartigen, tamilischen Versmaß. | GN

6

Liederbuch: Avvaiyār

Tamil Nadu, 1953
Rojah Mutthiah Research Library,
Chennai, Inv.-Nr. 043123
Bild: Rojah Mutthiah Research Library

Liederbuch mit der Musik zu einem Blockbuster des tamilischen Kinos: »Avvaiyār«, 1953. | GN

7

Keramikgefäße aus Adhichanallur

Adhichanallur, Tamil Nadu,
ca. 6.–4. Jahrhundert v. Chr.
Keramik, Höhe: 7–8,3 cm,
Durchmesser: 11–19,8 cm
Staatliche Museen zu Berlin, Museum für Asiatische Kunst, Inv.-Nr. I 728, I 730, I 732, I 804, I 880
Foto: Dominik Drasdow

Diese Keramikgefäße entdeckte der deutsche Forscher Fedor Jagor 1876 bei Ausgrabungen in Adhichanallur, Tamil Nadu. Die Qualität der Gefäße und ihr Alter, das zunächst auf 3000 bis 4000 v. Chr. geschätzt wurde, bestätigten für viele die Existenz einer frühen Hochkultur im Zeitalter der *Caṅkams*. Heute werden sie auf das 6. bis 4. Jahrhundert v. Chr. datiert. | GN

8

Zwei Tonscherben aus Arikamedu

Arikamedu, Puducherry,
ca. 1.–2. Jahrhundert
Keramik, ca. 7 × 10 cm
Musée national des arts asiatiques – Guimet, Paris, Inv.-Nr. MA 2100, MA 2498
Foto: Musée national des arts asiatiques – Guimet

Arikamedu an der Coromandelküste war seit alter Zeit als Handelshafen bekannt, der bereits vor 2 000 Jahren von griechischen, römischen und arabischen Schiffen angelaufen wurde. Die von französischen Archäologen dort ausgegrabenen Scherben sind wohl lokalen Ursprungs, imitieren jedoch griechisch-römische Intaglios und bezeugen so die zahlreichen Austauschbeziehungen der Gesellschaft des alten *Tamiḻakam*. | GN

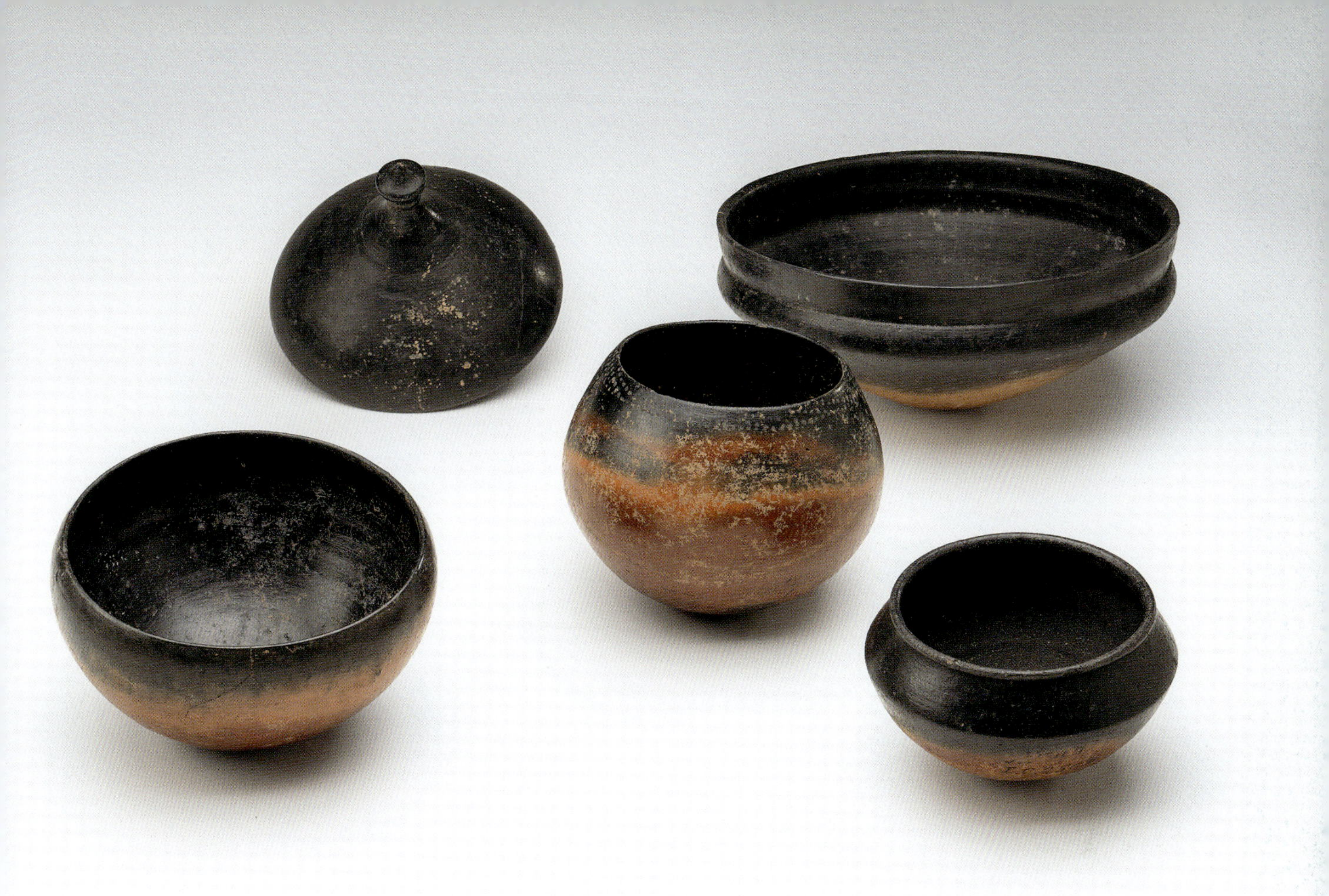

7

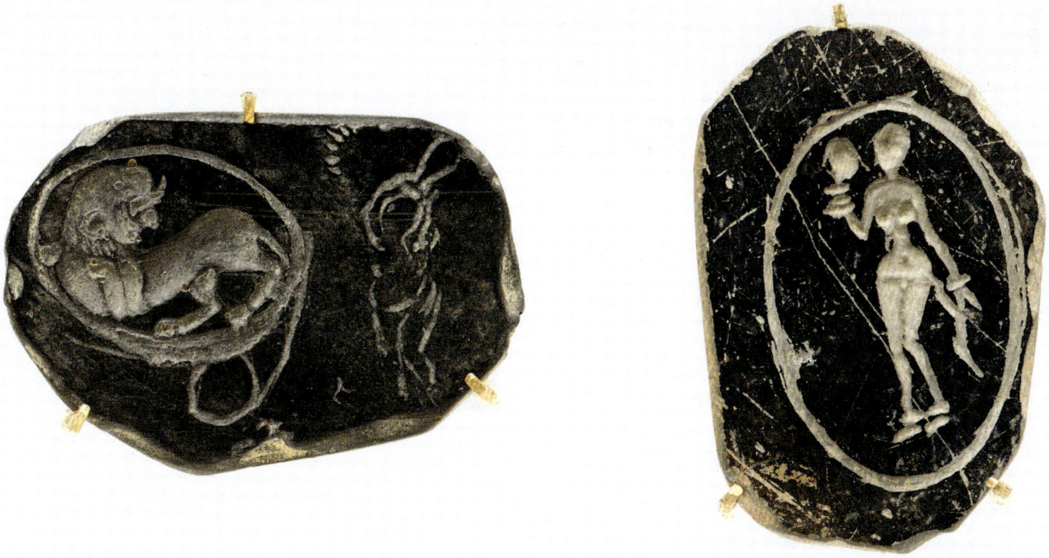

8

Soziale Bewegungen zwischen Liebe und Krieg

Tamilische soziale Bewegungen, die sich um *Bhakti*, die tamilische Renaissance, den Kampf für die indische Unabhängigkeit und um Dravidische Politik drehten, weisen rückblickend eine erstaunliche Kontinuität der zugrundeliegenden Themen und Ziele auf. Sie strebten eine kastenlose, klassenlose, egalitäre Gesellschaft an, in der Frauen und Männer gleich behandelt werden. Die alte *Caṅkam*-Lehre von *akam* (Liebe, das Intime, Introvertierte) und *puṟam* (Krieg, das Öffentliche, Extrovertierte) zieht sich als zentrale Achse durch die sozialen Bewegungen, wenn *akam* (Liebe) in der Bhakti-Ära auf Gott gerichtet war, auf das tamilische Altertum während der Tamil-Renaissance, auf Mutter Indien (*Bhāratmāta*) in der Unabhängigkeitsbewegung und auf die tamilische Sprache in der Dravidischen Bewegung. Daraus folgt andererseits, dass Tamil*innen in der *Caṅkam*-Ära für die Liebe, in der Zeit der Bhakti-Bewegung für Gott (die Bhakti-Bewegung verdrängte den Jainismus und den Buddhismus aus Südindien), in der Unabhängigkeitsbewegung für die Nation (gegen britische Kolonialherrschaft) und in der Dravidischen Bewegung für die tamilische Sprache und gegen die Einführung von Hindi in den Krieg zogen.

M. D. MUTHUKUMARASWAMY

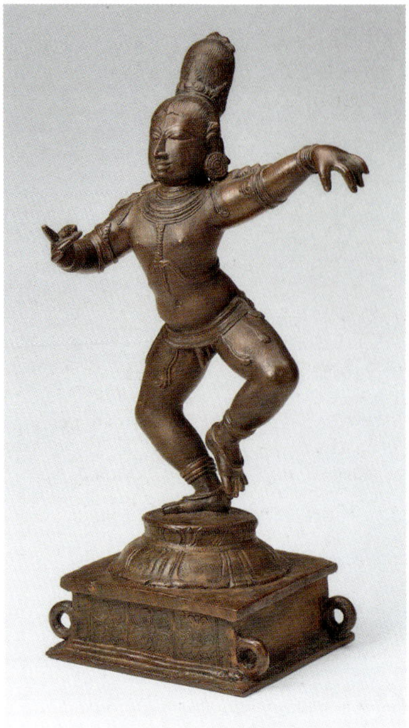

9

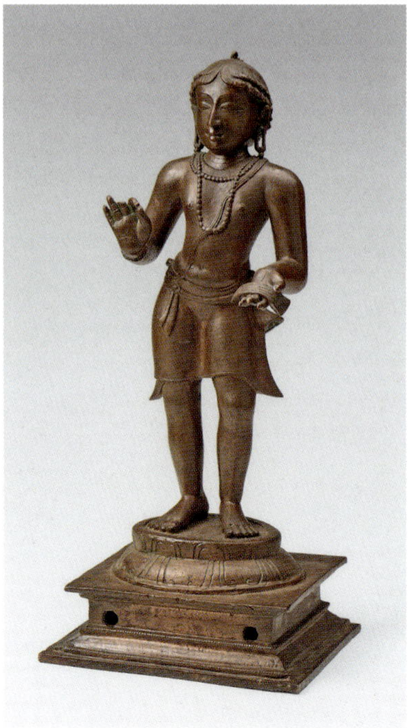

10

9

Campantar

Cōḻa-Reich, Südindien, ca. 12. Jahrhundert
Bronze, 43 × 25 × 15 cm
Linden-Museum Stuttgart,
Inv.-Nr. SA 33588 L
Foto: Dominik Drasdow

Der jugendliche Dichter Campantar (ca. 7. Jahrhundert n. Chr.) ist einer der 63 *Nāyaṉmārs*, der tamilisch-śivaitischen Bhakti-Heiligen, die zwischen dem 6. und 10. Jahrhundert lebten. Campantars Lobeshymnen an Śiva wurden in den ersten drei Bänden der kanonischen Texte der tamilischen Śaiva Siddhāntā, dem *Tirumuṟai*, zusammengestellt. Campantar wurde als dreijähriges Kind von keiner Geringeren als der Göttin Pārvatī, der Gattin Śivas, gestillt, als das Kind in einem Śiva-Tempel weinte. Als Kind von großer Weisheit begann er von da an, Lieder für Śiva zu komponieren. Bis zu dem Zeitpunkt, als er mit 16 Jahren die Erlösung (*Mukti*) erlangte, soll er mehr als 10 000 Gesänge komponiert haben, von denen 384 erhalten sind. Der Gelehrte Nampiyāṇṭār Nampi stellte sie im 12. Jahrhundert als *Tēvāram* zusammen. Das Singen des *Tēvāram* ist auch heute noch eine in den Śiva-Tempeln gepflegte Praxis. Die exquisite Cōḻa-Bronze des Kinderdichters Campantar zeugt von der kulturellen Wertschätzung von Wunderkindern und der Jugend. | MDM

10

Māṇikkavācakar

Cōḻa-Reich, Südindien,
ca. 11.–12. Jahrhundert
Bronze, 54 × 23 × 20 cm
Linden-Museum Stuttgart,
Inv.-Nr. SA 33908 L
Foto: Dominik Drasdow

Māṇikkavācakar war ein Dichter des 9. Jahrhunderts, der das *Tiruvācakam* verfasste, ein Buch mit Lobeshymnen an Śiva. Das *Tiruvācakam* beschreibt Gotteserfahrungen in so kraftvoller Poesie, dass ein tamilisches Sprichwort besagt: »Wenn dein Herz nicht bei der Rezitation des *Tiruvācakam* schmilzt, kann überhaupt nichts es zum schmelzen bringen.« Anhänger Śivas rezitieren das *Tiruvācakam* als tägliche Praxis zu Hause oder in den Tempeln. Oft kommen sie auch in Gruppen zusammen, um das *Tiruvācakam* in vollem Umfang zu rezitieren. Ilayaraja, ein tamilischer Filmkomponist der Gegenwart, arangierte das *Tiruvācakam* als Symphonie, die mit einem klassischen Orchester westlichen Stils gespielt werden kann. Die Popularität des *Tiruvācakam* ist so groß, dass einige Teile davon auch zu beliebten Filmhits geworden sind. Obwohl er nicht zur Gruppe der 63 *Nāyaṉmārs* gehört, wird Māṇikkavācakar bei feierlichen Prozessionen oft ein Ehrenplatz eingeräumt, zusammen mit den großen drei (*Mūvar*), Appar, Campantar und Cuntarar. Māṇikkavācakars Liederzyklen des *Tiruvempāvai* und des *Tiruppaḷḷiyeḻucci* werden im tamilischen Monat *Mārkaḻi* (Dezember–Januar) in ganz Tamil Nadu in den Stunden vor dem Morgengrauen gesungen. | MDM

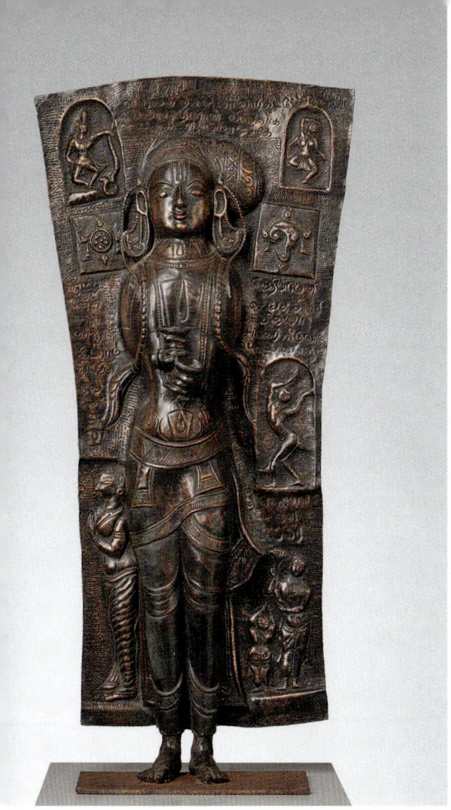

11

11

Vidhyashankar Sthapathi: »Tirumaḻisai Āḻvār«

Skulptur des Künstlers Vidhyashankar Sthapathi, Kumbakonam, 1981
Kupferblech, Bronze, Eisen, 92,8 × 43 × 21 cm
Linden-Museum Stuttgart, Inv.-Nr. SA 07007
Foto: Dominik Drasdow

Vidhyashankar Sthapathis Darstellung des Tirumaḻisai Āḻvār (der zwischen 4203 v. Chr. und 297 n. Chr. gelebt haben soll), einem der zwölf viṣṇuitischen Heiligen der Bhakti-Dichtung, verbindet traditionelle Ikonografie mit modernen Metallbearbeitungstechniken, um die Anmut des Heiligen und die Verehrung zu unterstreichen, die die Anhänger*innen der Srivaiṣṇava-Tradition für Tirumaḻisai Āḻvār empfinden. Das Wort *Āḻvār* bedeutet »einer, der tief in den Ozean der zahllosen Eigenschaften Viṣṇus eintaucht«. Der in dem kleinen Dorf Tirumaḻisai geborene Dichterheilige erklärte sich selbst als jenseits aller Kasten stehend. Seine Hingabe an Viṣṇu war so groß, seine Lieder waren so tiefgründig, dass – so die Legende – Viṣṇu sein Schlangenbett zusammenrollte und mit ihm ging, wann immer Tirumaḻisai Āḻvār ihn dazu aufforderte. | MDM

12

A. Selvaraj: »Kanakanden …«

Bild des Künstlers A. Selvaraj, Chennai, 2018
Acryl auf Leinwand, 157,5 × 157,5 cm
Linden-Museum Stuttgart, Inv.-Nr. SA 07152 L
Foto: Dominik Drasdow

Selvarajs zeitgenössische Darstellung von Āṇṭāḷ (einer viṣṇuitischen Bhakti-Dichterin) beruht auf ihrem berühmten Gedicht »*Ich hatte einen Traum, oh mein Freund*«. Āṇṭāḷs Hingabe an Viṣṇu hat die Form eines Liebesgesprächs, das von Lust und Sehnsucht durchtränkt ist. Selvaraj verwendet Sittichgrün und Rosengirlanden, die mit der traditionellen Ikonografie von Āṇṭāḷ assoziiert werden, vor einem roten Boden und einer violetten Wand, um die traumartige Anmutung der Szene zu verstärken. | MDM

12

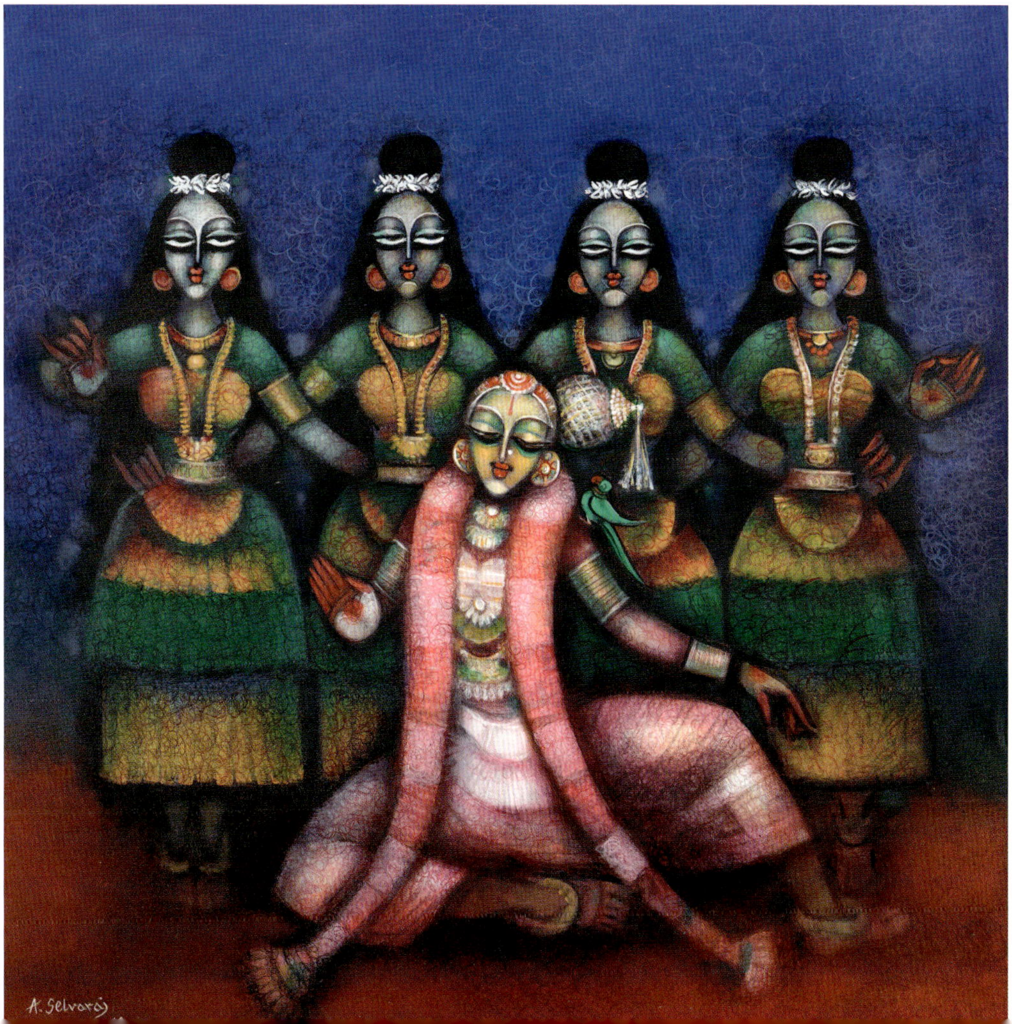

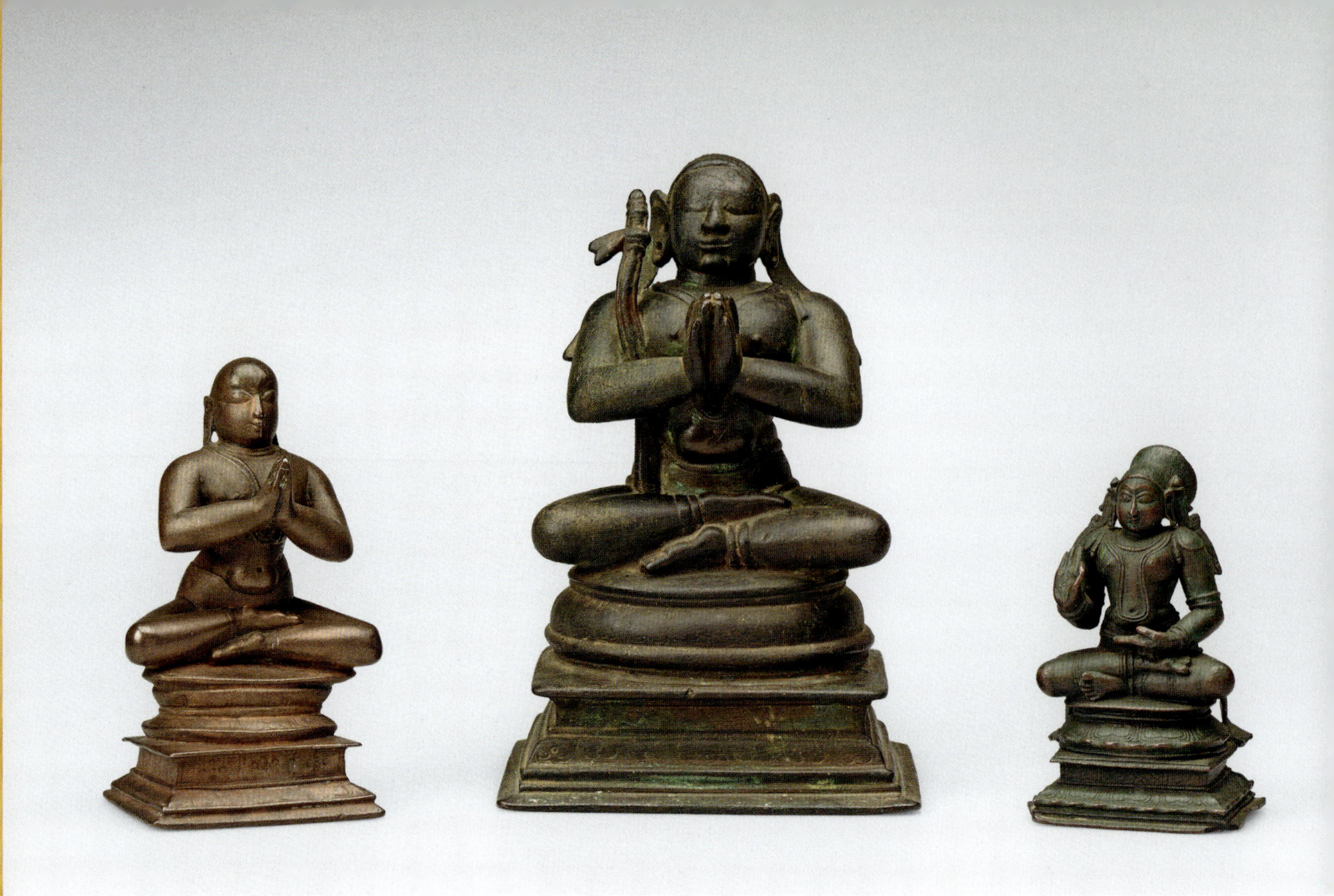

13

13

Drei viṣṇuitische Heilige: Nammāḻvār, Ramānuja und Manavāḷamunikal

Südindien, ca. 14. – 17. Jahrhundert (?)
Bronze, Höhe: 14 cm, 20 cm, 11 cm
Privatsammlung
Foto: Dominik Drasdow

Nammāḻvār, ein viṣṇuitischer *Bhakti*-Dichter aus dem 8. Jahrhundert, Ramānuja, ein viṣṇuitischer Philosoph und Theologe (ca. 1017 – 1137 n. Chr.) und Manavāḷamunikal, ein viṣṇuitischer Kommentator und Kompilator von heiligen Schriften des Viṣṇuismus (ca. 1370 – 1450) werden als die drei großen Lehrer des Viṣṇuismus verehrt. In allen tamilischen Viṣṇu-Tempeln befinden sich die Darstellungen dieser drei Lehrer in der Nähe des Haupteingangs, die mit einer Geste der Verehrung Viṣṇu zugewandt sind. | MDM

14

Kaṇṇappar

Südindien, ca. 12. – 13. Jahrhundert
Bronze, 43 × 17 × 13,2 cm
Nationalmuseum von Dänemark,
Inv.-Nr. Da.168
Foto: John Lee

Kaṇṇappar Nāyaṉār war ein unerschrockener Anhänger Śivas, der sich ein Auge ausgerissen und es auf ein Śivaliṅga gelegt haben soll, als dessen Augen bluteten. In den Erzählungen über die 63 śivaitischen *Nāyaṉmār*-Heiligen gilt Kaṇṇappars gewalttätige und leidenschaftliche Hingabe als wahrhaftiger als die leere, mechanische Wiederholung von Mantras und andere rituelle Formen der Verehrung. Die Darstellung Kaṇṇappars als Jäger zeigt auch, dass die śivaitischen *Bhakti*-Heiligen aus allen Gesellschaftsschichten und Kasten kamen. Kaṇṇappar wird in dieser Figur als Jäger dargestellt.
Aus der Sammlung von Peter Anker, der von 1788 bis 1806 als Gouverneur von Tranquebar (dänisch-Indien, heute Tharangambadi, Tamil Nadu) residierte. | MDM

14

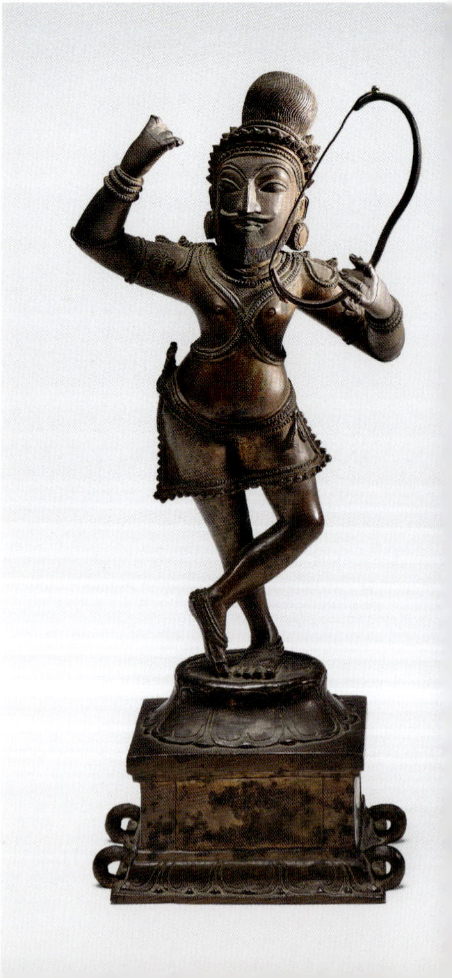

15

Kaṇṇappar

Südindien, ca. 12. Jahrhundert (?)
Bronze, Höhe: 11,3 cm
Privatsammlung
Foto: Dominik Drasdow

In den inneren Korridoren der Śiva-Tempel werden in der Regel die 63 *Nāyaṉmār* entweder als Steinstatuen oder als Bronzefiguren aufgestellt. Diese Bronzedarstellung Kaṇṇappars hat die Eleganz der berühmten Cōḻa-Bronzen. Die verehrungsvolle Geste und die stehende Haltung sind typisch für die Statuen der śivaitischen Bhakti-Heiligen. | MDM

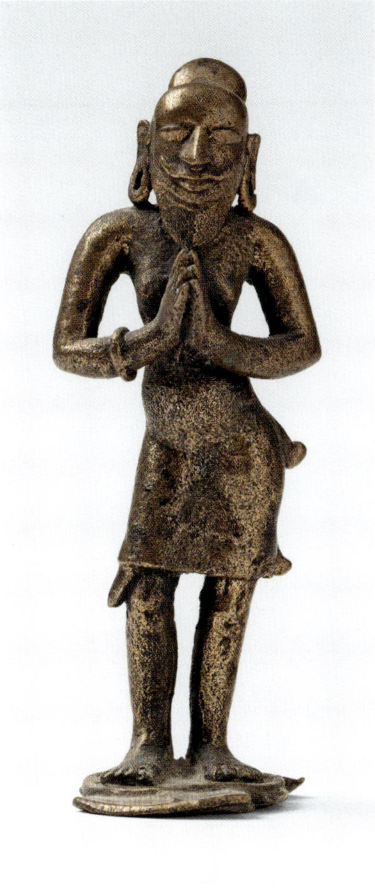

15

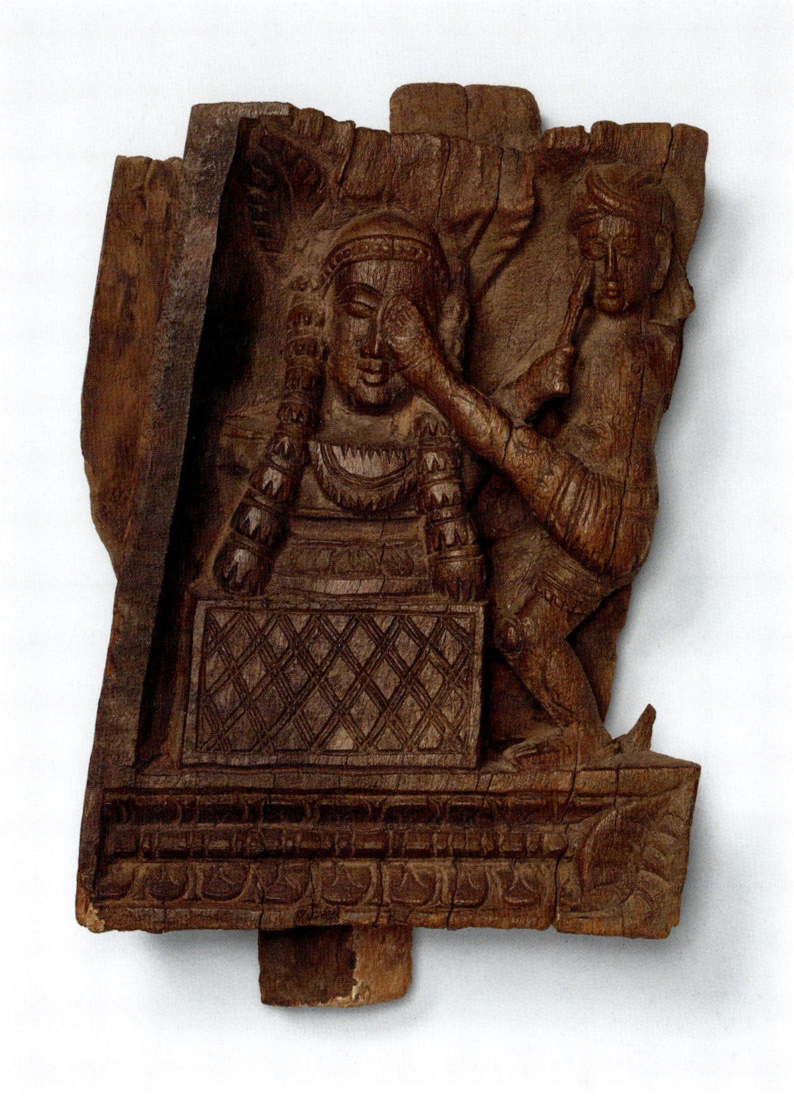

16

16

Kaṇṇappa Nāyaṉār sticht seine Augen aus

Südindien, ca. 18.–19. Jahrhundert
Holz, 26 × 18 cm
Privatsammlung
Foto: Dominik Drasdow

Dass Kaṇṇappa Nāyaṉār sich die Augen ausstach, um das Bluten des Auges des Śivalinga zu stoppen, war ein leidenschaftlicher Akt der Hingabe, zu dem kein rituell geschulter Verehrer Śivas fähig gewesen wäre. Da Kaṇṇappar als Jäger geboren wurde, kannte er die Rituale der Verehrung Śivas nicht. Bei der Verehrung von Śiva muss keine Regel befolgt werden, wenn nur die Bhakti, d. h. die leidenschaftliche Hingabe an den Gott, wahr und rein ist. | MDM

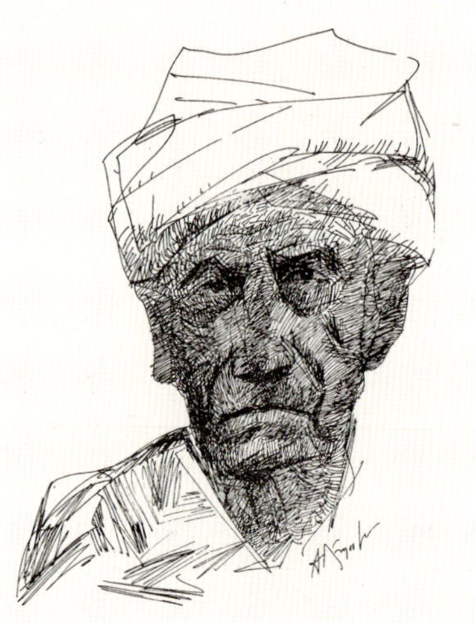

17

17

K. M. Adimoolam: »U. Ve. Ca.«

Zeichnung des Künstlers K. M. Adimoolam (1938–2008), Chennai, Jahr unbekannt
Tinte auf Papier, Reproduktion
Sammlung der Familie des Künstlers
Foto: Aparajithan Adimoolam

Die unermüdlichen Bemühungen von U. Vē. Cāminātaiyar (1855–1942), Palmblattmanuskripte der alten, klassischen Tamil-Literatur zu sammeln, zu bearbeiten und in gedruckter Form neu zu veröffentlichen, die sich über einen Zeitraum von fünf Jahrzehnten erstreckten, brachten ihm den liebevollen Namen *Tamil Thatha* (»Großvater des Tamil«) ein. U. Ve. Ca., wie er auch genannt wurde, veröffentlichte im Laufe seines Lebens über 90 Bücher und sammelte fast 3 000 Manuskripte. Seine Arbeit, zusammen mit der von C. W. Damodaram Pillai, motivierte viele andere tamilische Gelehrte, nach alten literarischen Werken zu suchen, sie zu sammeln und zu veröffentlichen, einschließlich der *Caṅkam*-Literatur. Das auf diese Weise entstandene Korpus wiederentdeckter Werke führte zu gesellschaftlicher Begeisterung für die Einzigartigkeit der tamilischen Identität und des tamilischen literarischen Erbes, die als tamilische Renaissance des 19. Jahrhunderts bekannt wurde. U. V. Swaminatha Iyers Veröffentlichungen von *Cilappatikāram*, *Pattuppāṭṭu* und *Eṭṭuttokai* trugen außerdem zum Verständnis der alten tamilischen Musik bei und führten zu einer Bewegung für authentische tamilische Musik. U. Ve. Ca.s Autobiografie, die als Serie von 1940 bis 1942 in einer beliebten Wochenzeitschrift veröffentlicht wurde, zementierte sein Vermächtnis in der tamilischen Volkskultur weiter. K. M. Adimoolams ausdrucksstarke Skizze unterstreicht wirkungsvoll die Ernsthaftigkeit von U. V. Swaminatha Iyers Bestreben, das tamilische literarische Erbe zu bewahren. | MDM

18

U. V. Swaminatha Iyer (Hrsg.): *Puṟanāṉūṟu*, *Ainkuṟunūṟu*

Gedruckte Erstausgaben, 1894, 1903
Rojah Mutthiah Research Library, Chennai, Inv.-Nr. 006253, 046117
Bilder: Rojah Mutthiah Research Library

Die Poetik der klassischen tamilischen *Caṅkam*-Literatur, die in *Akam* (innen) und *Puṟam* (außen) unterteilt ist, wurde mit U. V. Swaminatha Iyers Veröffentlichungen erneut lebendig: *Puṟanāṉūṟu* (1894) – *Puṟam*-Literatur, die die Ethik des Krieges und der Tapferkeit zelebriert – und *Ainkuṟunūṟu* (1903) – *Akam*-Literatur, die die Nuancen der Liebe und ihre Konturen beschreibt. U. V. Swaminatha Iyers Veröffentlichung des *Pattuppāṭṭu* (1889) und anderer Anthologien der *Caṅkam*-Dichtung in gedruckter Form lieferten das ästhetische und historische Rüstzeug für das Verständnis zentraler Konzepte, die tamilische Identität heute ausmachen. | MDM

19

U. V. Swaminatha Iyer (Hrsg.): *Cilappatikāram*

Gedruckte Erstausgabe, 1892
Rojah Mutthiah Research Library, Chennai, Inv.-Nr. 26580
Bild: Rojah Mutthiah Research Library

U. V. Swaminatha Iyers Veröffentlichung des *Cilappatikāram* (»Geschichte eines Fußkettchens«, ein Epos, das einem tamilischen Jain-Autor zugeschrieben wird, der zwischen dem 2. und dem 5. Jahrhundert gelebt haben soll) im Jahr 1892 markiert einen wichtigen Moment der tamilischen Geschichte. Die Handlung des *Cilappatikāram* – eine Frau namens Kannagi kämpft nach der Ermordung ihres Mannes Kovalan alleine für Gerechtigkeit gegen einen allmächtigen König und den Staat – mag universelle Anziehungskraft haben. Der Text des *Cilappatikāram* enthält zahlreiche ausführliche Beschreibungen und Anmerkungen zur alten tamilischen Musik, die U. V. Swaminatha Iyer sorgfältig aufzeigte. | MDM

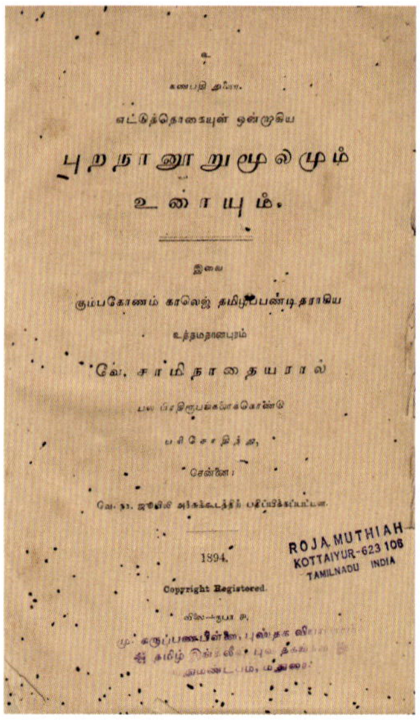

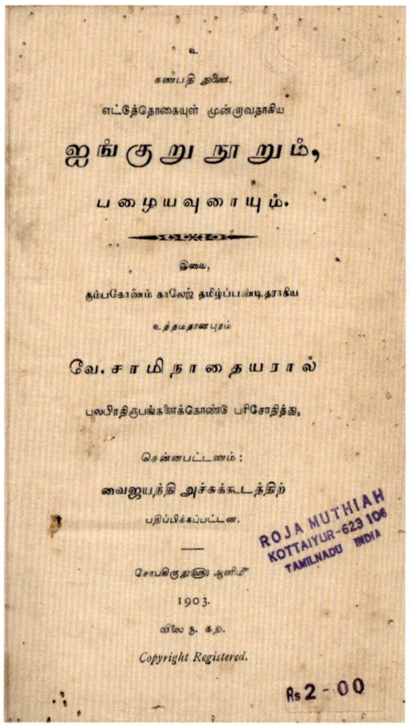

18 a | 18 b

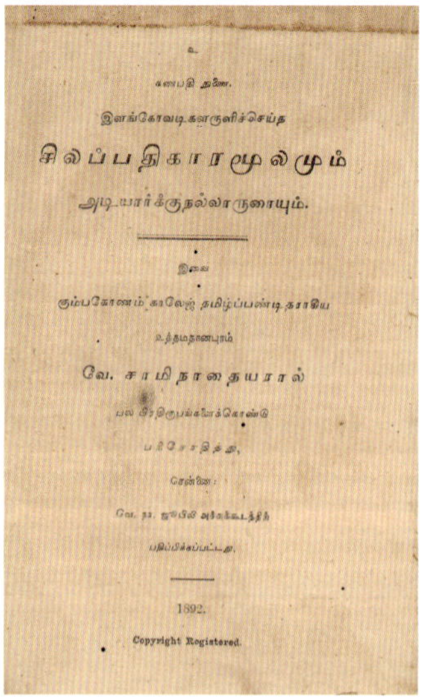

19

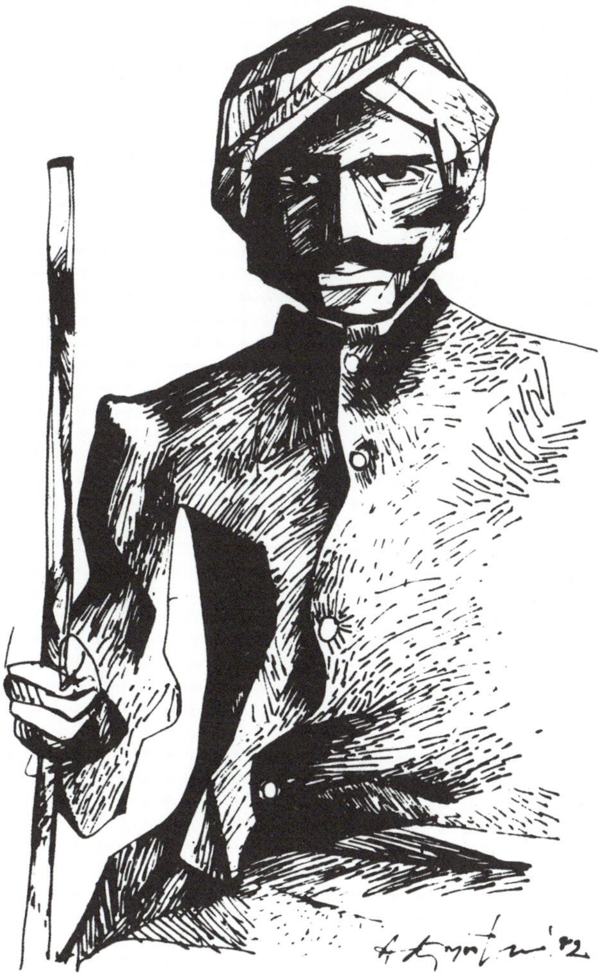

20

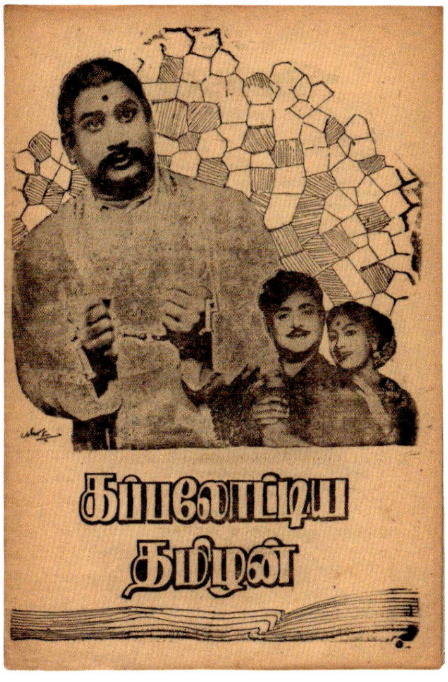

21

✳ 20

K. M. Adimoolam: »Subramania Bharathi«

Gemälde des Künstlers K. M. Adimoolam (1938–2008), Chennai, Jahr unbekannt
Tinte auf Papier, Reproduktion
Sammlung der Familie des Künstlers
Foto: Aparajithan Adimoolam

Subramania Bharathi (1882–1921) war ein tamilischer Schriftsteller, Dichter, Journalist, Aktivist für die indische Unabhängigkeit und Sozialreformer. Er wird oft als Mahakavi Bharathi (großer Dichter Bharati) bezeichnet, war ein Vorreiter der modernen tamilischen Lyrik und gilt als größter tamilischer Literat aller Zeiten. Der Einfluss von Bharathi auf die moderne und zeitgenössische tamilische Literatur ist außerordentlich groß. Adimoolam griff auf ikonische Bilder von Bharathi im Gedächtnis vieler Menschen zurück, um den romantischen Nationalisten so darzustellen, wie er wirklich war. | MDM

✳ 21

Film-Liederheft: Kappalōṭṭiya Tamiḻan

Madras (Chennai), 1961
Rojah Mutthiah Research Library, Chennai, Inv.-Nr. 45213
Bild: Rojah Mutthiah Research Library

Kappalōṭṭiya Tamiḻan (Übersetzung: Ein Tamile, der Schiffe betrieb) ist ein tamilischer Film aus dem Jahr 1961, der das außergewöhnliche Leben von V. O. Chidambaram Pillai (1872 bis 1936) thematisiert, der sein Leben der Freiheit Indiens widmete. V. O. Chidambaram Pillai gründete eine nationale Schifffahrtsgesellschaft, die mit den britischen Schifffahrtslinien konkurrierte, und leitete sie einige Zeit lang erfolgreich. Er beteiligte sich an Massenstreiks gegen die britische Herrschaft in Indien und organisierte diese. V. O. Chidambaram wurde verhaftet und zu einer lebenslangen Haftstrafe verurteilt. | MDM

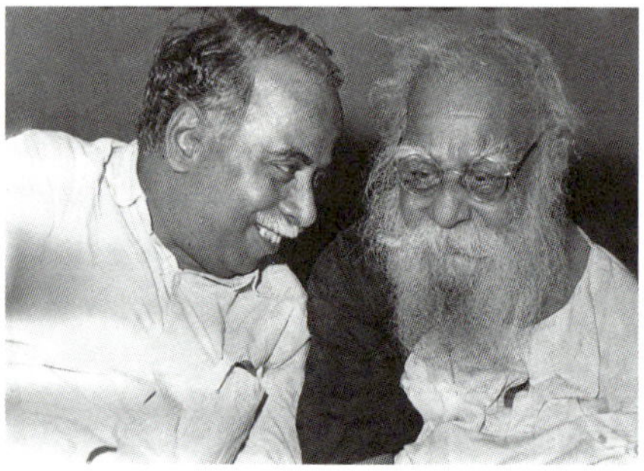

22

22

Historisches Foto von Periyar und C. N. Annadurai

Madras (Chennai), 1948
Digitale Kopie
Archiv der *Dravida Kaḻakam*, Chennai

E. V. Ramasamy (1879–1973), genannt Periyar (»der Große«), gründete die Selbstachtungsbewegung und die *Dravida Kaḻakam* (Dravidische Bewegung), um gegen die auf dem Denken der Brahmanen basierenden Kastenhierarchien und die Ungleichheit der Geschlechter zu kämpfen. Periyar bezeichnete seine Bewegung als soziale Reformbewegung und lehnte es ab, sich an der Parteienpolitik in Tamil Nadu zu beteiligen. Periyar trat für eine rationale Herangehensweise an das Leben und die Religion ein und vertrat den Atheismus. Er lehnte die Einführung der Sprache Hindi in Tamil Nadu ab. *Dravida Kaḻakam* kämpfte vehement für die Abschaffung der Unberührbarkeit der Dalits, die Befreiung der Frauen, Bildungsmöglichkeiten für Frauen und die Möglichkeit der Wiederverheiratung von Witwen. Obwohl C. N. Annadurai (1909–1969), sein treuer Gefährte, Periyars Prinzipien und Ideale teilte, war er mit Periyar in der Frage der Teilnahme an der Politik uneins und gründete 1949 eine eigene Partei namens *Dravida Munnetra Kaḻakam* (DMK). Unter der Führung von Annadurai errang die DMK 1967 einen Erdrutschsieg, und er wurde Ministerpräsident von Tamil Nadu. | GN

23

Film-Liederheft: Parasakthi

Madras (Chennai), 1952
Rojah Mutthiah Research Library, Chennai, Inv.-Nr. 87555
Bild: Rojah Mutthiah Research Library

Das Drehbuch des DMK-Führers M. Karunanidhi (der später Chief-Minister von Tamil Nadu wurde) und die Hauptrolle des Sivaji Ganesan machten diesen tamilischen Film aus dem Jahr 1952 zu einem Blockbuster und zu einem Meilenstein in der Geschichte des tamilischen Kinos. Der Film galt als Propagandamittel für die als politische Partei der Dravidischen Bewegung neu gegründete DMK. Der starke moralische Appell der Geschichte einer jungen Witwe mit einem Baby, die mit den Grausamkeiten der Gesellschaft konfrontiert wird, setzte sich schließlich durch und verschaffte dem Film einen Kultstatus. | MDM

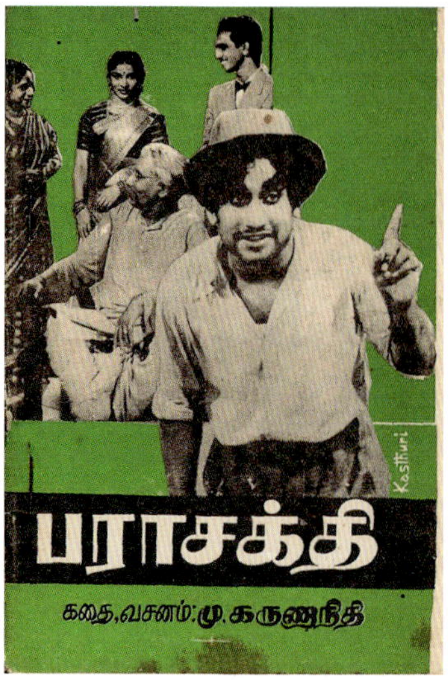

23

24

Film-Liederheft: Marmayogi

Madras (Chennai), 1951
Rojah Mutthiah Research Library, Chennai, Inv.-Nr. 45175
Bild: Rojah Mutthiah Research Library

Marmayogi (»Der geheimnisvolle Weise«) war ein Film aus dem Jahr 1951, in dem M. G. Ramachandran die Hauptrolle spielte.

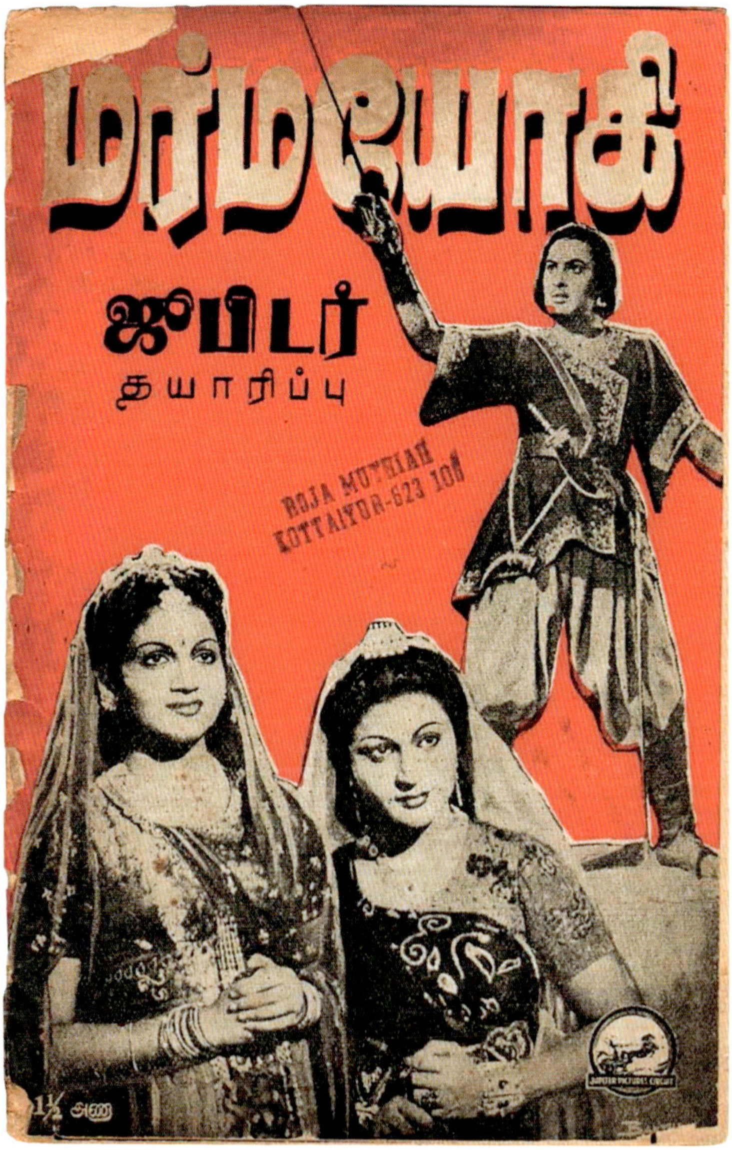

24

Als Adaption von Marie Corellis Roman »Vengeance« und Shakespeares »Macbeth« wurde der Film ein Kassenschlager. Der Film war ein wichtiger Meilenstein in der Karriere von M. G. Ramachandran, der später als Führer einer zweiten Dravidischen Partei, AIADMK, Ministerpräsident von Tamil Nadu werden sollte. | MDM

25

Pushpakanthan Pakkiyarajah: Zwei Arbeiten aus der Serie »The Disappearance of Disappearances«

Gemälde des Künstlers Pushpakanthan Pakkiyarajah, Batticola, Sri Lanka, 2018
Acrylfarben, japanische Tinte und Bleistift auf Papier
Privatsammlung
Fotos: Eva Ambos

Pakkirajahs Arbeiten aus dieser Serie beschäftigen sich mit dem Verschwinden von Menschen während des Bürgerkriegs in Sri Lanka. Sie thematisieren die emotionale Folter der Familien, deren Fragen nach dem Schicksal ihrer Angehörigen bis heute unbeantwortet bleiben. Erinnerungen, Vorstellungen und erstickende Emotionen erdrücken diejenigen, die sich das Leiden ihrer Familienmitglieder vorstellen und ihre eigene Unfähigkeit, ihnen zu helfen. Durch diese Erinnerungen sind sie zwischen Imagination und Wirklichkeit gefangen. Während die Verschwundenen für Hinterbliebene allgegenwärtig und in den Alltag von Müttern, Ehefrauen und Kindern tief eingebettet sind, verschwindet das Verschwinden selbst aus der Öffentlichkeit. Es verschwindet aus dem politischen Diskurs, wenn es für politische Agenden vereinnahmt wird, aus dem kollektiven Gedächtnis, wenn sich die Öffentlichkeit anderen Themen zuwendet, aus der Gesellschaft, wenn die nicht Betroffenen ihre eigenen Leben weiterführen. Pakkirajahs Zeichnungen versuchen, das Verschwinden des Verschwindens zu artikulieren, indem sie einen weißen Raum füllen, der die Leere bezeichnet, die durch das Weißwaschen von Geschichte, von Landschaften und des Alltagslebens hinterlassen wird. Die verworfenen Überreste des Alltags und die Wurzeln, die für die Körper der Verschwundenen stehen, die in den Boden gesät wurden, sind Vermittler zwischen Glück und Leid des Heute und dem, was durch den Krieg zerbrochen und verbrannt wurde. Die Zeichnungen sollen dem Betrachter die Möglichkeit geben, sich das Leiden der Anderen vor Augen zu führen, jener Anderen, die vielleicht durch Nationalität, ethnische Zugehörigkeit oder Religion getrennt sind, die aber im selben Trauma des Verschwindens gefangen bleiben. | GN (basierend auf einer Beschreibung der Serie durch den Künstler)

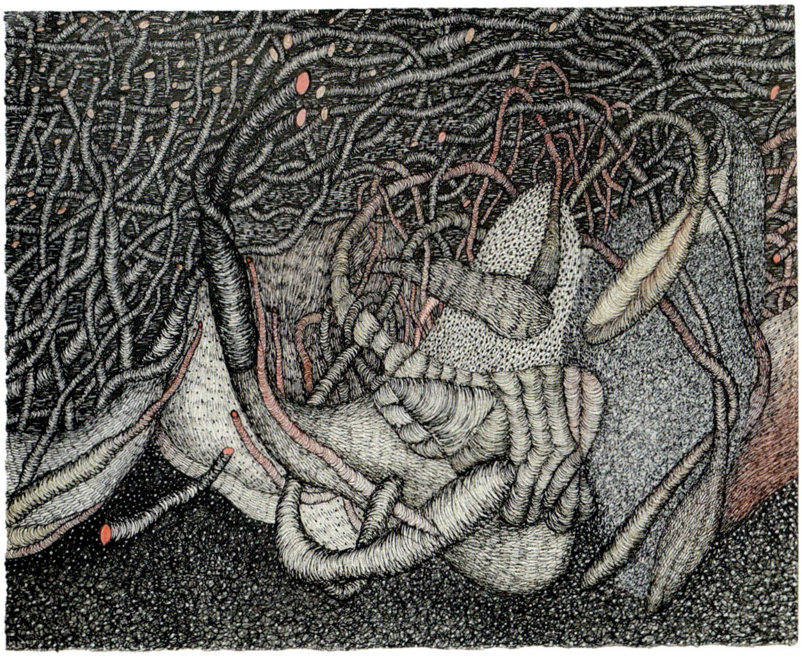

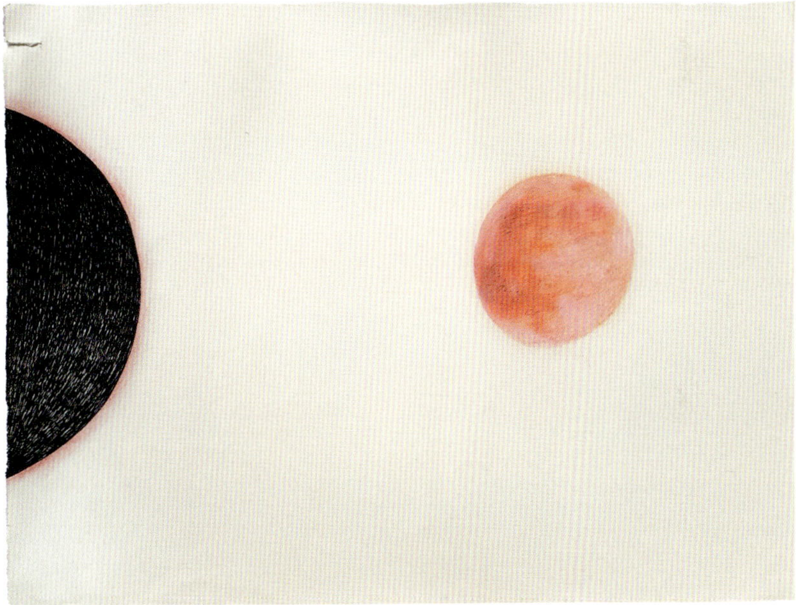

25 a | 25 b

Typisch Tamilisch? Aspekte des täglichen Lebens

Aspekte des täglichen Lebens, wie Kleiden, Kochen, Krankheit, Gesundheit, Familie und soziale Beziehungen, haben regionalen Charakter und spiegeln die regionale Identität. So ist die tamilische Küche basierend auf Reis, frischen Chutneys und regionalen Produkten über die Grenzen Indiens hinaus bekannt. Auch die Herstellung von Kleidung und Stoffen hat eine lange Tradition in Tamil Nadu. Berühmte Baumwoll- und Seidenstoffe aus der Region spielten schon früh eine wichtige Rolle für den Export nach Asien, nach Nordafrika und in den Vorderen Orient. Kleidung wie auch Schmuck erzählen in einer eigenen Sprache der Farben, Muster und Formen von der Lebensphase und der gesellschaftlichen Rolle der sich kleidenden Personen. Moden unterworfen und geprägt durch lokale Traditionen und das Lebensgefühl der jeweiligen Zeit, können sie jedoch auch religiösen und politischen Identifikationen der Träger*innen Ausdruck verleihen.

LISA PRIESTER-LASCH

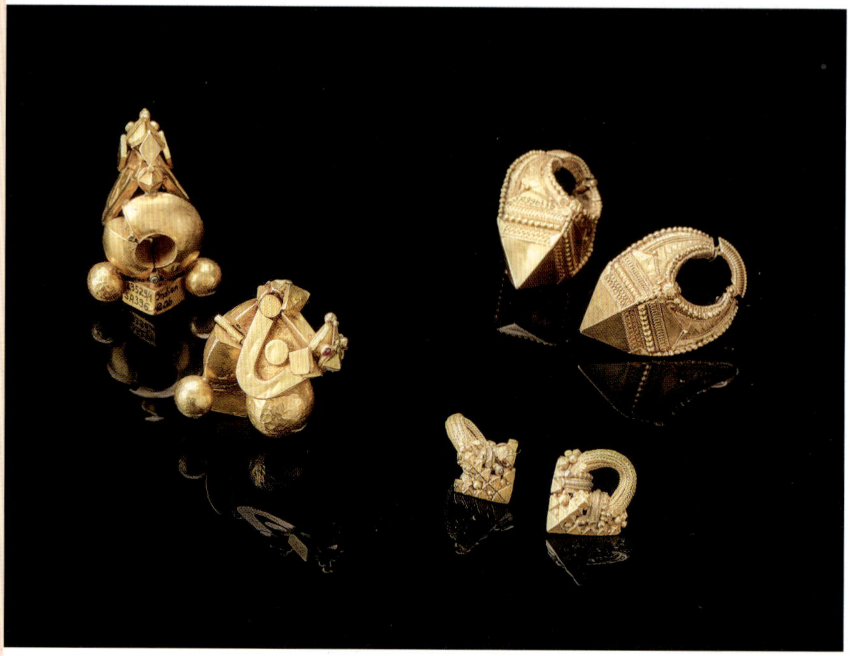

26

26

Goldener Ohrschmuck

Tamil Nadu, 19.–20. Jahrhundert
Gold, Länge: 4,5 cm, 2,5 cm, 4,5 cm
Linden-Museum Stuttgart,
Inv.-Nr. SA 39620 a+b, SA 39632 a+b, SA 39633 a+b
Foto: Dominik Drasdow

Goldener Ohrschmuck, der auch heute von vielen tamilischen Frauen getragen wird, ist oft sehr aufwendig gestaltet und dient als modisches Statement, das eine bestimmte Zeit und eine bestimmte Region in Tamil Nadu widerspiegelt. Während einige Designs über einen langen Zeitraum hinweg beliebt bleiben, halten sich viele nur für ein oder zwei Festsaisons. Dieser Ohrschmuck stammt aus einer vergangenen Zeit und ist in dieser Form nicht mehr in Mode. Schwerer goldener Ohrschmuck wie auf der linken Seite des Fotos (Tamil: »*Pampadam*«) wird manchmal noch von älteren Frauen getragen. Durch das Gewicht des Schmucks werden die Löcher in den Ohrläppchen so weit verlängert, dass sie manchmal fast die Schultern der Trägerinnen berühren. Der Brauch, *Pampadam* zu tragen, wird immer seltener und ist heute nur noch in ländlichen Gebieten zu sehen. | MDM

27

Goldanhänger mit Darstellung von Siva und seinen Gefährtinnen

Tamil Nadu, 19.–20. Jahrhundert
Gold, Rubine, Bergkristall,
10 × 5,5 × 3 cm
Linden-Museum Stuttgart,
Foto: Dominik Drasdow

In Tamil Nadu ist es üblich, einen Goldanhänger zu tragen, in dem kunstvoll ein von der Träger*in selbst gewählter Gott dargestellt ist. Sowohl Männer als auch Frauen tragen diese Anhänger an langen Goldketten, so dass der von ihnen bevorzugte Gott immer in der Nähe ihres Herzens ist. | MDM

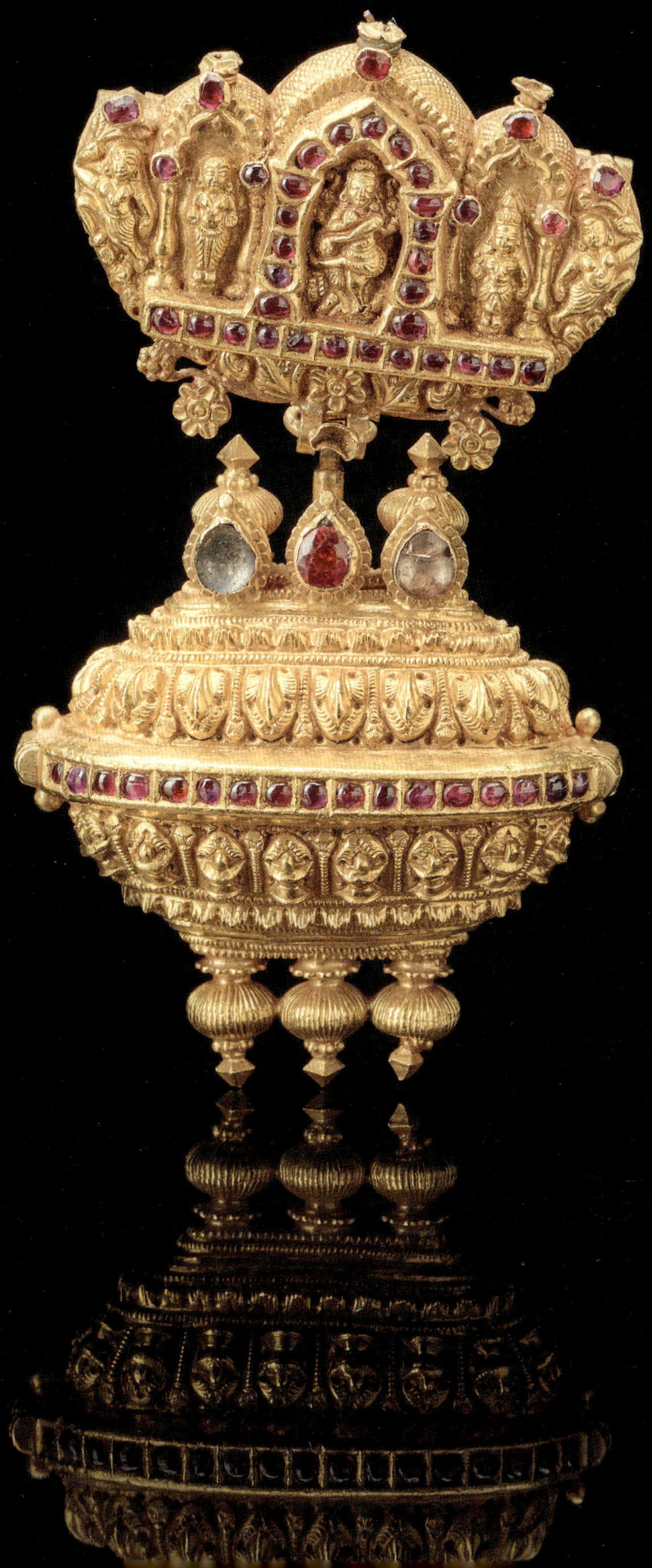

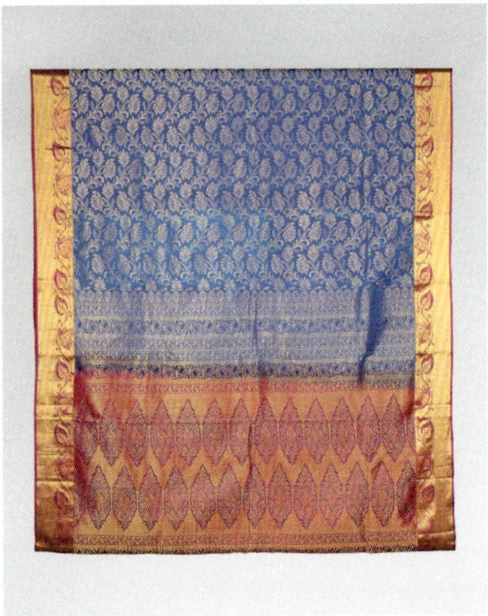

28

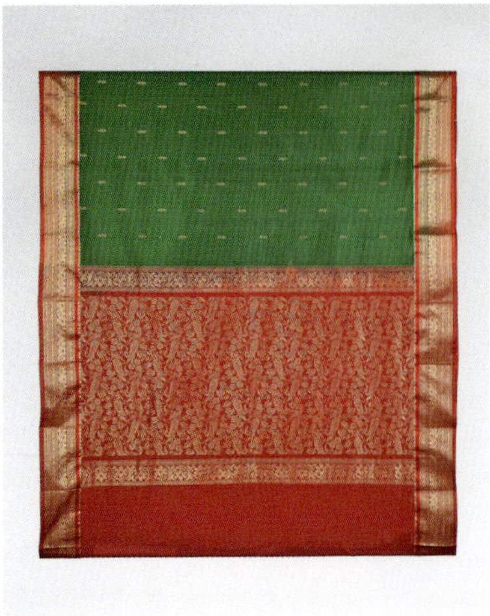

30

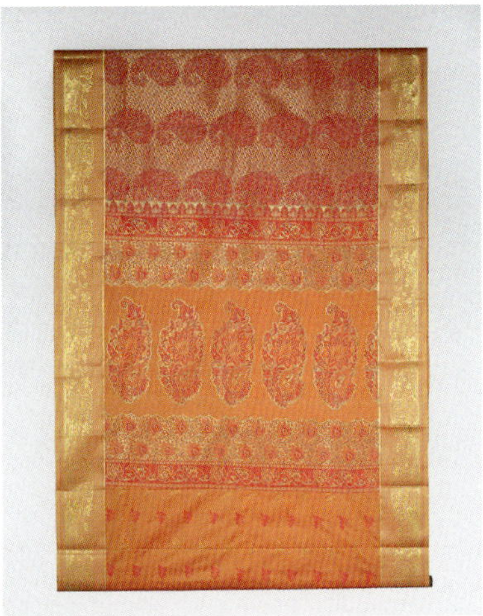

29

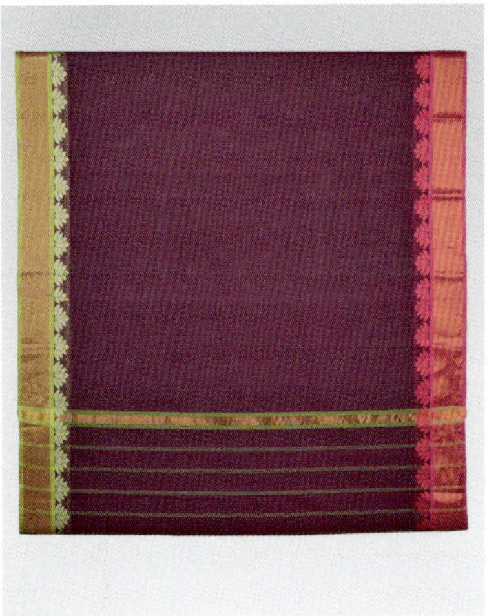

31

28

Kanchipuram-Sāṛī für festliche Anlässe

Kanchipuram, Tamil Nadu, 2018
Seide, Goldlitze, ca. 120,5 × 660 cm
Linden-Museum Stuttgart,
Inv.-Nr. SA 07010
Foto: Dominik Drasdow

Sāṛīs wie dieser, in der für die Herstellung von *Seidensāṛīs* bekannten Stadt Kanchipuram gefertigt, werden zu Festtagen und Hochzeiten getragen. Kanchipuram-*Sāṛīs* mit eingewebten Goldfäden (*Zari*) werden als *Hochzeitssāṛīs* und *Festtagssāṛīs* in ganz Indien geschätzt. | LPL

29

Seidensāṛī aus Kanchipuram

Kanchipuram, Tamil Nadu, 2018
Seide, ca. 109 × 660 cm
Linden-Museum Stuttgart,
Inv.-Nr. SA 07011
Foto: Dominik Drasdow

Die lange Stoffbahn wird um die Hüfte gewickelt und ein Teil quer über die Schulter getragen. Dazu kommen Bluse (*Colī*) und Unterrock. Opulente Farbgebung und Ornamentik des *Sāṛī* zeigen an, dass eine Frau frisch verheiratet ist. Gold gilt als glückverheißend, und dies soll sich auch auf die Trägerin übertragen. | LPL

30

Seidensāṛī aus Kanchipuram

Kanchipuram, Tamil Nadu, 2018
Seide, ca. 125 × 660 cm
Linden-Museum Stuttgart,
Inv.-Nr. SA 07012
Foto: Dominik Drasdow

Seidensāṛīs werden von Frauen vor allem an Festtagen und beim Tempelbesuch bevorzugt, weil einerseits das Reinigen der Stoffe aufwendig ist und er extra zum Bügeln weggegeben werden muss, andererseits wird das Tragen der glatten Seidenstoffe als nicht alltagstauglich empfunden. | LPL

31

Baumwollsāṛī

Kanchipuram, Tamil Nadu, 2018
Baumwolle, ca. 120 × 660 cm
Linden-Museum Stuttgart,
Inv.-Nr. SA 07015
Foto: Dominik Drasdow

Der *Sāṛī* wird erstmals um 1500 v. Chr. in der hinduistischen Hymnensammlung *Ṛgveda* erwähnt, wurde aber als einzelnes Kleidungsstück getragen und ließ die Brust der Frau teilweise unbedeckt. Erst im 19. Jahrhundert unter britischer Herrschaft wird der *Sāṛī* um Bluse und Unterrock ergänzt.
Ein einfaches Muster und gedämpfte Farbgebung zeigen, dass dieses Modell von älteren Frauen getragen wird. Wegen der langen Trocken- und Bügelzeit wird jedoch auch der *Baumwollsāṛī* nicht mehr als alltagstauglich empfunden. Viele Frauen bevorzugen darum heute pflegeleichte *Sāṛīs* aus synthetischen Stoffen. | LPL

32

Weißer Baumwollsāṛī

Kanchipuram, Tamil Nadu, 2018
Baumwolle, ca. 125 × 660 cm
Linden-Museum Stuttgart,
Inv.-Nr. SA 07016
Foto: Dominik Drasdow

Der einfache, weiße *Baumwollsāṛī* wird klassischerweise von Witwen getragen. Die meisten Frauen reduzieren im Laufe ihrer Ehe Farbe und Ornamentik der *Sāṛīs* zunehmend, bis sie als Witwen allen Schmuck abgelegt haben und nur noch Weiß tragen. | LPL

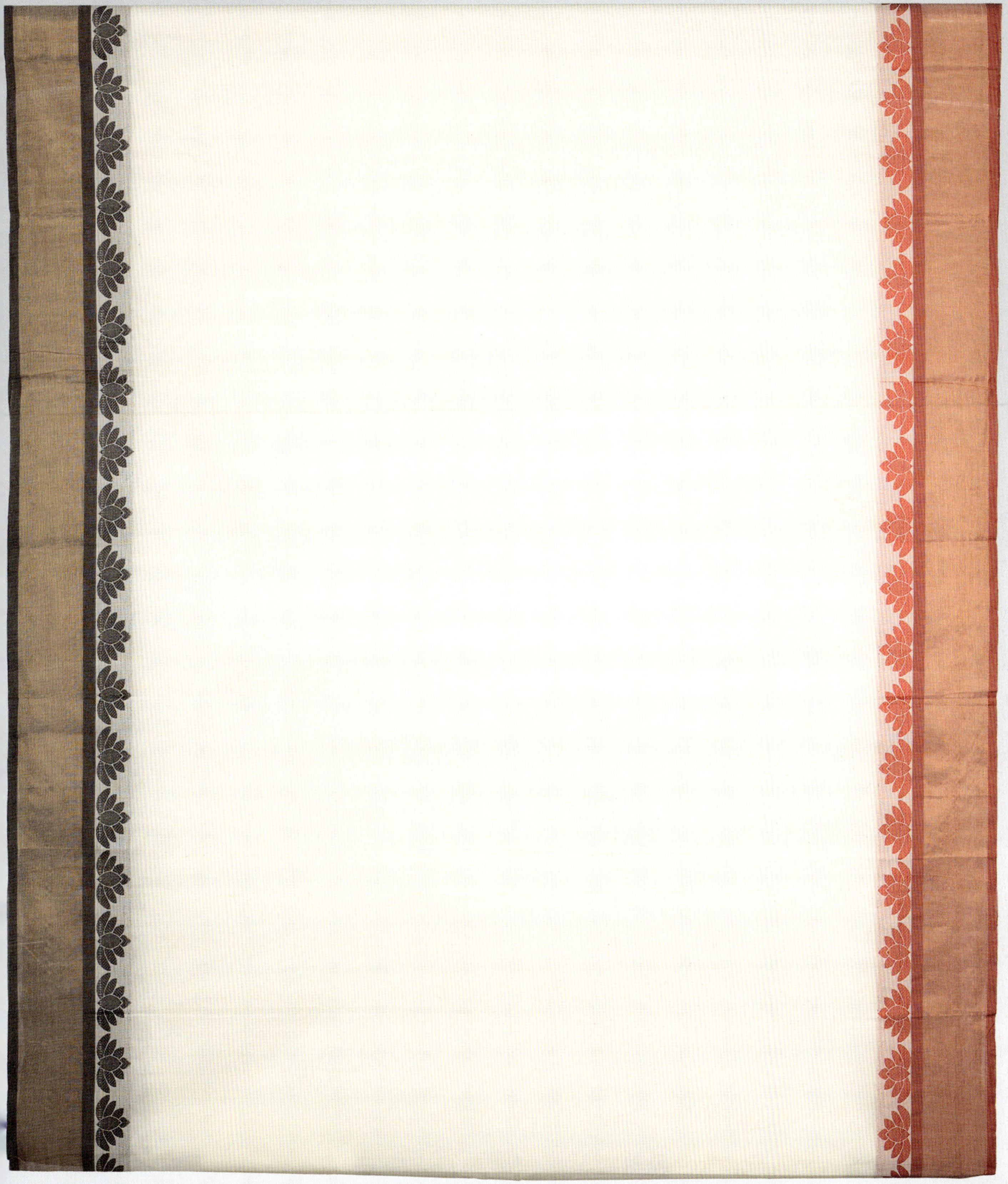

Tradition und Innovation in der Kunst und Pop-Kultur

Tamilische kulturelle Identitäten kommen in verschiedenen Kunstformen zum Ausdruck, sei es in der Musik, im Theater, im tamilischsprachigen Kino, in der Fotografie oder in der modernen Kunst. Vor und in den Jahren nach der indischen Unabhängigkeit machten sich Künstler*innen und Kulturschaffende in Tamil Nadu neue Ausdrucksformen wie Fotografie und Kino zu eigen, während sie gleichzeitig traditionelle Formen adaptierten – sowohl durch Bemühungen um eine Wiederbelebung als auch durch Aneignung – entweder im Dienste einer neuen, selbstbewussten indischen Nation oder im Rahmen von Bewegungen, die eine tamilische oder dravidische Identität geltend machen, die eine vom Hindi-sprachigen Norden Indiens verschiedene tamilische oder dravidische Identität geltend machen. Innerhalb der tamilischen Kultur unterscheiden sich die künstlerischen Ausdrucksformen und der ihnen zugewiesene Wert (z. B. volkstümlich versus klassisch) u. a. aufgrund von Unterschieden und Ungleichheiten in Bezug auf Kaste und Religion. Sie sind jedoch durch gemeinsame Vorstellungen einer alten, glorreichen, kosmopolitischen und egalitären Vergangenheit verbunden, deren Mythen und Motive in einem breiten Spektrum kultureller Ausdrucksformen, vom klassischen Tanz bis zur modernen Bildhauerei, ständig erneuert werden.

NANDINI THILAK

33

Sarasvatī Vīṇā

Südindien, 20. Jahrhundert
Holz, Messing, Stahlsaiten, Wachs, 113 × 27 × 17 cm
Museum Rietberg Zürich, Inv.-Nr. 2009.1219
Foto: Rainer Wolfsberger

Vīṇās sind traditionelle Zupflauten aus Südindien und eines der wichtigsten Soloinstrumente für südindische klassische, d. h. karnatische Musik. Die Sarasvatī Vīṇā ist nach der hinduistischen Göttin Sarasvatī, der Schutzherrin des Lernens und der Künste, benannt, die in der Regel Vīṇā spielend dargestellt wird.
Die heutige Form der Sarasvatī Vīṇā soll in Thanjavur, Tamil Nadu, während der Herrschaft von Raghunatha Nayak (reg. 1600–1634) entstanden sein, der ein großer Förderer der karnatischen Musik war. Sie wird aus diesem Grund manchmal auch Thanjavur Vīṇā oder Raghunatha Vīṇā genannt.
Sie hat einen großen, aus Jackfruchtholz geschnitzten Resonanzkörper, einen hohlen Hals mit 24 in Wachs eingefassten Messingbünden, der in einem Stimmkasten und dem Kopf eines mythischen Wesens (*Yāḷi*) endet. Die vier Hauptsaiten sind auf die Tonika und die Quinte in zwei Oktaven gestimmt und reichen bis zu vier Wirbeln am oberen Ende des Halses, drei Bordunsaiten laufen über einen Seitensteg, der sich an den Hauptsteg anlehnt, zu drei Wirbeln an der Seite des Halses. Alle sieben Saiten sind heute aus Stahl. | GN

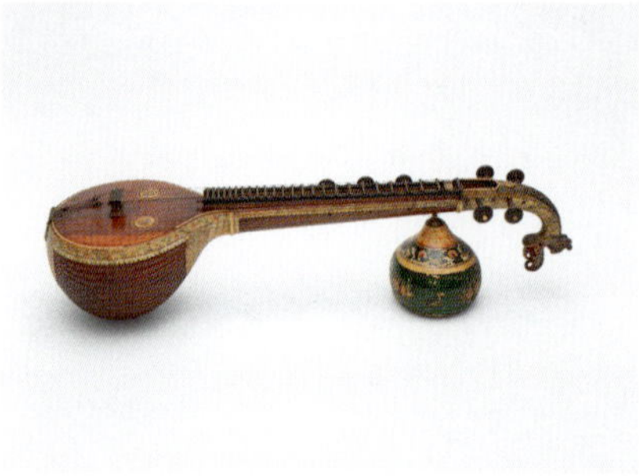

33

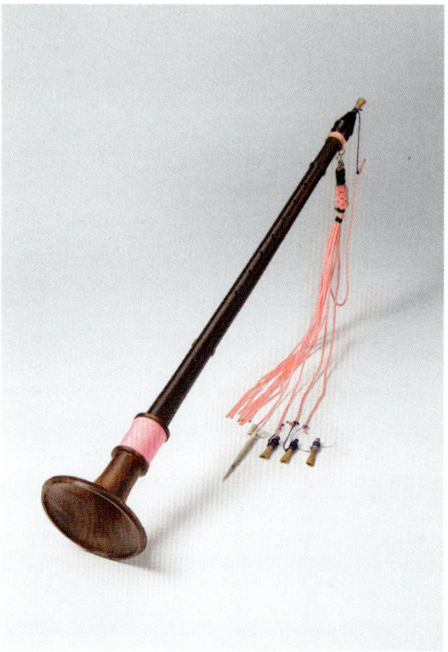

34

35

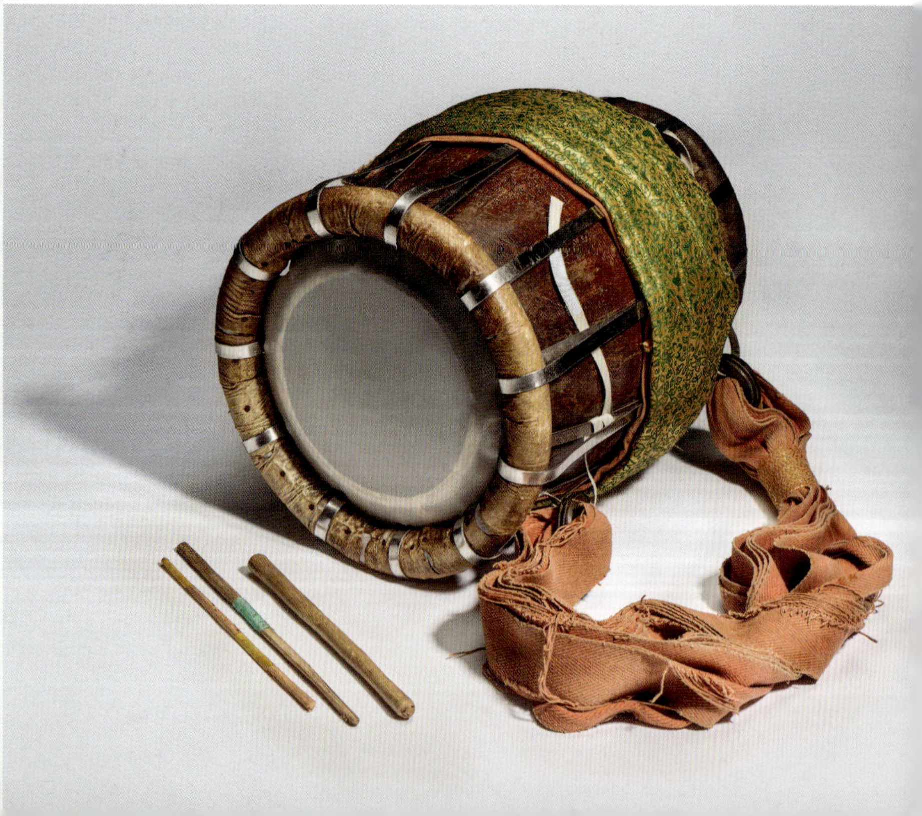

34

Nātacuvaram

Tamil Nadu, 2018
Holz, Nylonschnur, Rohrblätter,
Länge: 86,5 cm
Linden-Museum Stuttgart,
Inv.-Nr. SA 07009
Foto: Dominik Drasdow

In der tamilischen Kultur gilt das *Nātacuvaram* (Tamil), auch als *Nādasvaram* (Hindi) bekannt, als sehr glücksverheißend. Es ist das wichtigste Musikinstrument, das bei hinduistischen Hochzeiten, feierlichen Prozessionen und in Tempeln gespielt wird. Es wird in der Regel paarweise gespielt und von einem Paar Trommeln, *Tavil* genannt, begleitet. Es handelt sich um ein Instrument mit doppeltem Rohrblatt und einer konischen Bohrung, die sich zum unteren Ende hin allmählich erweitert. Der obere Teil hat eine Metallfassung, die das Rohrblatt hält. Mit Schnüren sind Ersatzzungen und eine kleine Elfenbein- oder Hornnadel an dem Instrument befestigt, die dazu dient, die Zungen von Speichel und anderen Verunreinigungen zu befreien. Ein Schalltrichter aus Holz oder Metall bildet das untere Ende des Instruments. Das *Nātacuvaram* ist auch ein Konzertinstrument. T. N. Rajarathinam Pillai, Karukurichi Arunachalam, Sheik Chinna Moulana und Namagiripettai Krishnan sind nur einige der vielen legendär gewordenen *Nātacuvaram*-Spieler. | MDM

35

Tavil mit Schlägern

Kattucheri, Tamil Nadu, 2007
Jackfruchtholz, Ziegenhaut und synthetisches Fell, Stahlrahmen, Textil,
Durchmesser: 36 cm, Höhe: 45 cm
Nationalmuseum von Dänemark,
Inv.-Nr. D.6081
Foto: Roberto Fortuna

Die *Tavil* ist ein Perkussionsinstrument aus Tamil Nadu. Es ist auch in den benachbarten Bundesstaaten Südindiens weit verbreitet und spielt eine wichtige Rolle in der Tempel-, Volks- und der klassischen karnatischen Musik, wobei sie häufig das *Nātacuvaram* begleitet. Der laute, durchdringende Klang von *Tavil* und Nātacuvaram sind wesentlicher Bestandteil aller traditionellen Feste und Zeremonien in Südindien. | GN

36–39

Trommeln

36: *Paṟai*
Kattucherry, Tamil Nadu, 2007
Holz, Ziegenhaut, Baumwollschnur,
Durchmesser: 35,5 cm, Höhe: 7 cm
Inv.-Nr. D.6072 a–c

37: *Satti*
Kattucherry, Tamil Nadu, 2007
Gebrannter Ton, Ziegenhaut,
Baumwollschnur, Durchmesser:
24,5 cm, Höhe: 13 cm
Inv.-Nr. D.6075 a–c

38: *Ravanai*
Kattucherry, Tamil Nadu, 2007
Holz, Ziegenhaut, Baumwollschnur,
Durchmesser: 22 cm, Höhe: 19 cm
Inv.-Nr. D.6082 a–c

39: *Pampai*
Kurangu Puthur, Tamil Nadu, 2007
Holz, Ziegenhaut, Baumwollschnur,
Durchmesser: 25 cm, Länge: 41 cm
Inv.-Nr. D.6084 a–c

Nationalmuseum von Dänemark
Fotos: Roberto Fortuna

In ganz Südindien werden bei Beerdigungen und religiösen Festen Trommelklänge eingesetzt, um böse Geister zu vertreiben. Die *Paṟai*-Trommeln (36) symbolisieren Tod und Gefahr und gelten als rituell verunreinigend – was auch von den Trommlern angenommen wird. Seit Jahrhunderten sind Männer aus der »unberührbaren« *Paṟaiyar*-Kaste verpflichtet, gegen geringen Lohn für die Hindus der höheren Kasten zu trommeln. Üblicherweise wird die *Paṟai*-Trommel in fünf Mitglieder umfassenden Gruppen gespielt, wobei eine Person die kleinere *Satti*-Trommel (37) spielt. In den meisten Dörfern weigern sich die *Paṟaiyars* heute, das rituelle Trommeln auf der *Paṟai*-Trommel zu übernehmen, um ihren sozialen Status zu erhöhen und die Assoziation mit ritueller Verunreinigung zu vermeiden.
In manchen Orten spielen sie stattdessen die respektablen *Tavil*- und *Ravanai* (38), begleitet von einem Blasinstrument namens *Nayanam*. Die *Pampai* (39) ist ein typisches Instrument von *Paṟaiyar*-Volkskapellen, aber diese Trommeln haben (wie auch die *Tavil* und *Ravanai*) nicht die Kraft, böse Geister zu vertreiben, und werden nicht mit den negativen Eigenschaften in Verbindung gebracht, die der *Paṟaiyar*-Trommel anhaften. | CJL

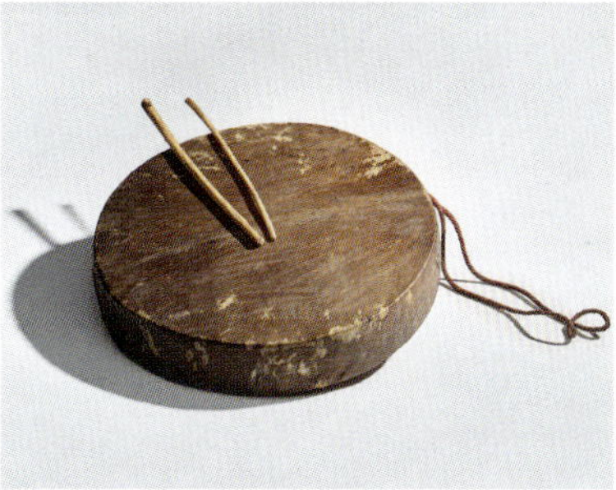

36

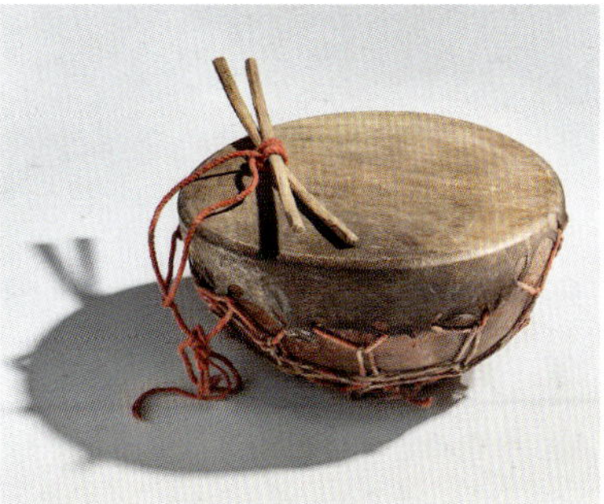

37

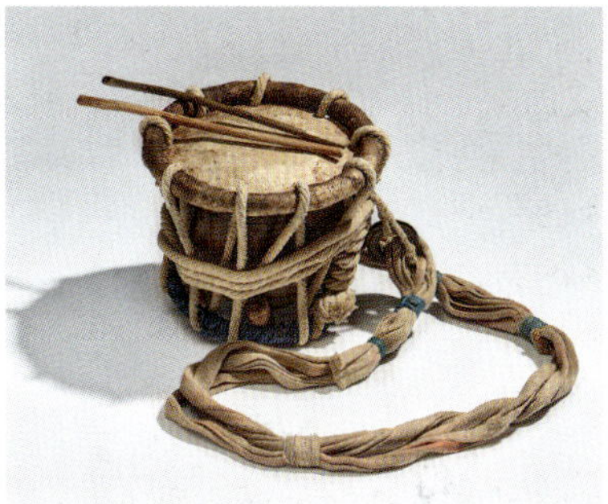

38

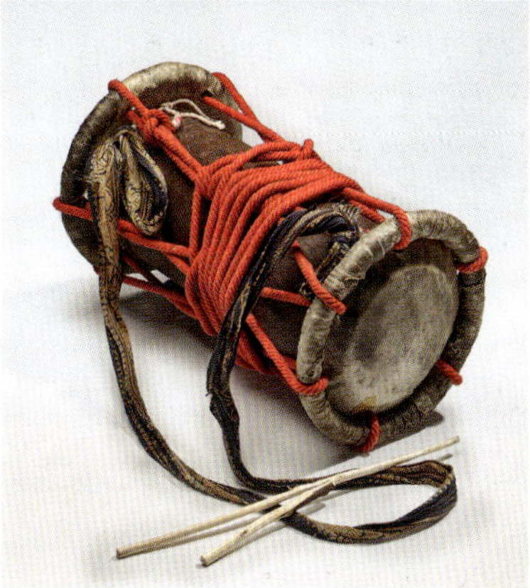

39

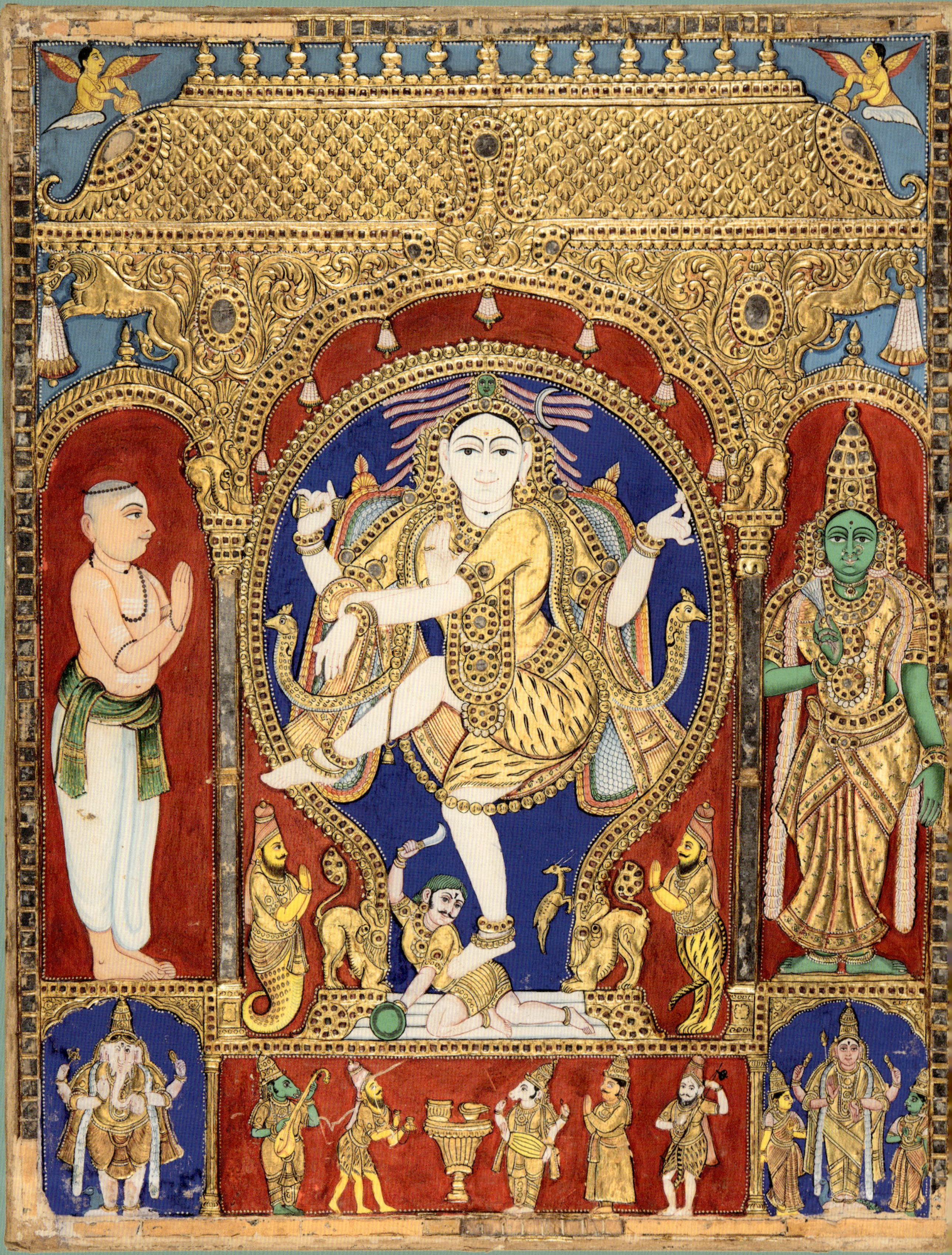

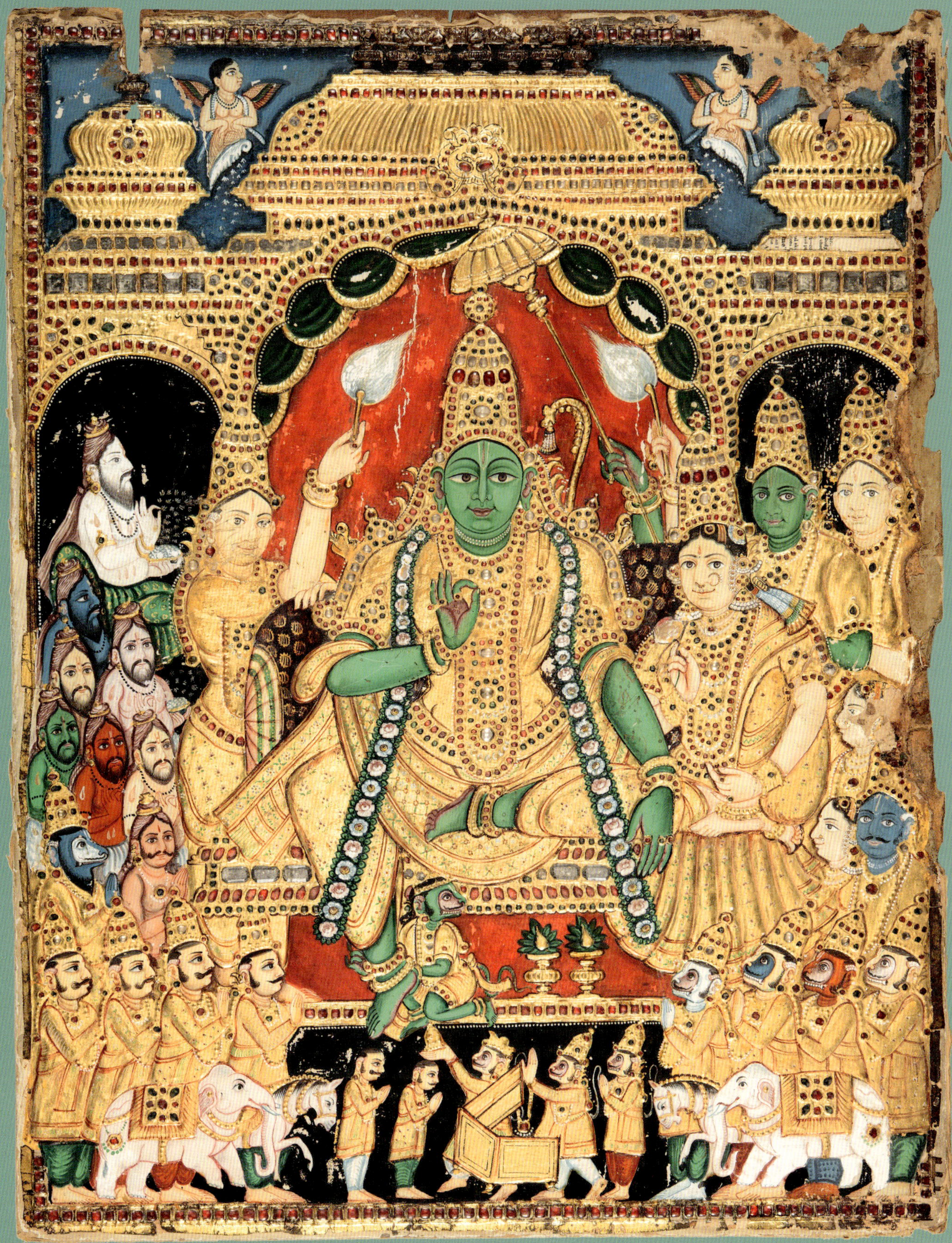

◄ 40

Thanjavur-Malerei: Śiva Naṭarāja

Region Thanjavur, 19. Jahrhundert
Holz, Wasli-Papier (oder Leinwand?), Farbe, Blattgold, Glas, Papier, Metall, 76 × 60 cm
Museum Fünf Kontinente München, Inv.-Nr. 87-308 529 R 309
Foto: Nikolai Kästner

Die Geschichte der Thanjavur-Malerei lässt sich bis etwa ins Jahr 1600 n. Chr. zurückverfolgen. Die heute populäre Kunstform der Thanjavur-Malerei zeichnet sich durch reiche und lebendige Farben, eine einfache ikonische Komposition, glitzernde Goldfolien, die über zarte, aber umfangreiche Gesso-Arbeiten gelegt werden, und Einlegearbeiten aus Glasperlen und Edelsteinen aus. | MDM

◄ 41

Thanjavur-Malerei: Die Krönung des Rāmā

Region Thanjavur, 19. Jahrhundert
Holz, Farbe, Blattgold, Glas, Papier, Metall, 70 × 55 cm
Museum Fünf Kontinente München, Inv.-Nr. 87-308 530 R 310
Foto: Nikolai Kästner

Von allen Szenen des *Rāmāyaṇa* gilt die Krönung von Rāmā als die glückverheißendste. Die Unterscheidung zwischen dekorativer Kunst und ritueller Ikonenverehrung ist fließend, und die Thanjavur-Gemälde sind in der Region sehr gefragt. | MDM

42

Thanjavur Malerei: Kind Kṛṣṇa

Südindien, Ende des 18. Jahrhunderts
Holz, Farbe, Blattgold, Glas, Papier, Metall, 103 × 77 cm
Linden-Museum Stuttgart, Inv.-Nr. SA 35357
Foto: Dominik Drasdow

Das pausbäckige Kind Kṛṣṇa, umgeben von verliebten Gopīs, ist ein beliebtes Motiv der Thanjavur-Bilder. Das Motiv wurde unzählige Male mit denselben Details reproduziert. | MDM

43

Thanjavur-Malerei: Pradośa Śiva

Südindien, 18.–19. Jahrhundert
Holz, Papier, Farbe, Blattgold, Glas, Papier, Metall, 44 × 38,5 cm
Privatsammlung
Foto: Dominik Drasdow

Die Darstellung von Śiva und seiner Gefährtin Pārvatī auf Nandī (Śivas Stier) ist als Pradośa Śiva bekannt. Viele Menschen glauben, dass die Verehrung von Pradośa Śiva alle Sünden beseitigt. | MDM

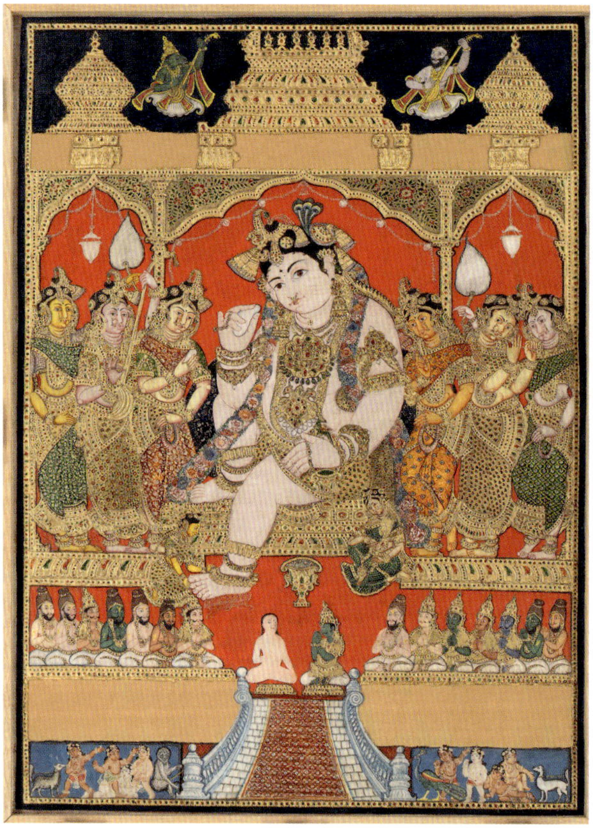

42

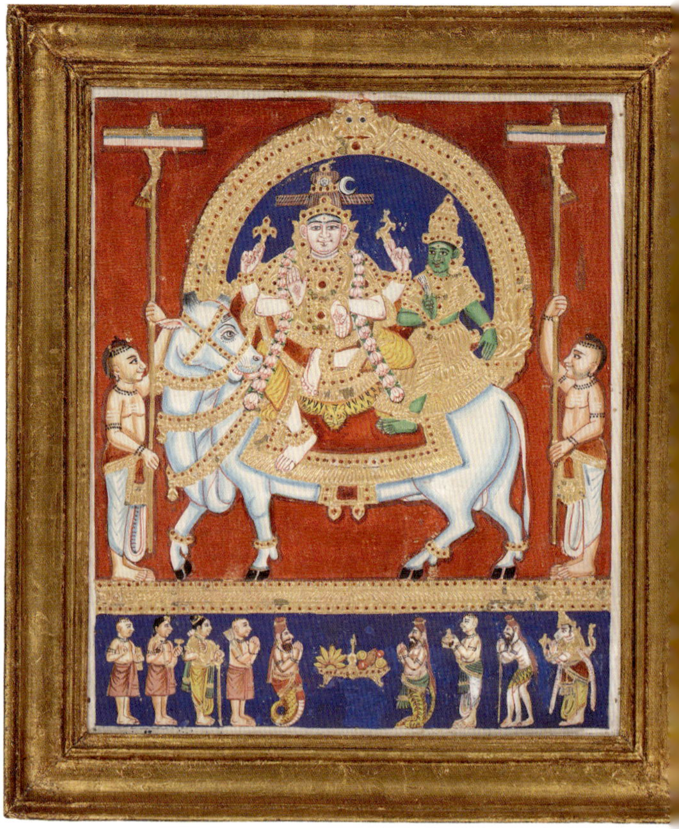

43

44–45

Thanjavur-Prachtteller

Region Thanjavur, 19. Jahrhundert
Kupfer, Messing, Silber,
Durchmesser: 23,8 cm, 39,5 cm
Linden-Museum Stuttgart,
Inv.-Nr. 001429, SA 31244
Foto: Dominik Drasdow

Die Thanjavur-Prachtteller sind ein berühmtes Kunsthandwerk aus der Region Thanjavur im heutigen Tamil Nadu. Dieses wurde während der Marathen-Herrschaft in Thanjavur auf Anregung von König Serfoji II (1777–1832) eingeführt, der sie als exklusive Geschenke überreichen wollte. Die Teller wurden von der Gemeinschaft der Vishwakarmas, einer Kaste von Goldschmieden in der Region, hergestellt. Die Thanjavur-Teller werden heute als traditionelles Kunsthandwerk von Tamil Nadu beworben und sind beliebte Geschenke. | MDM

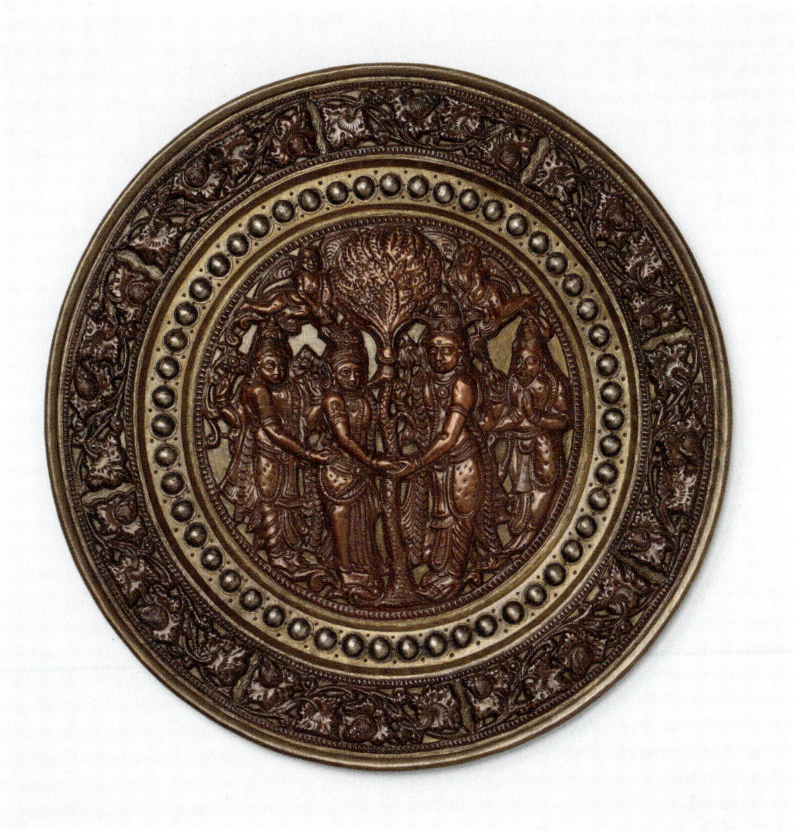

44

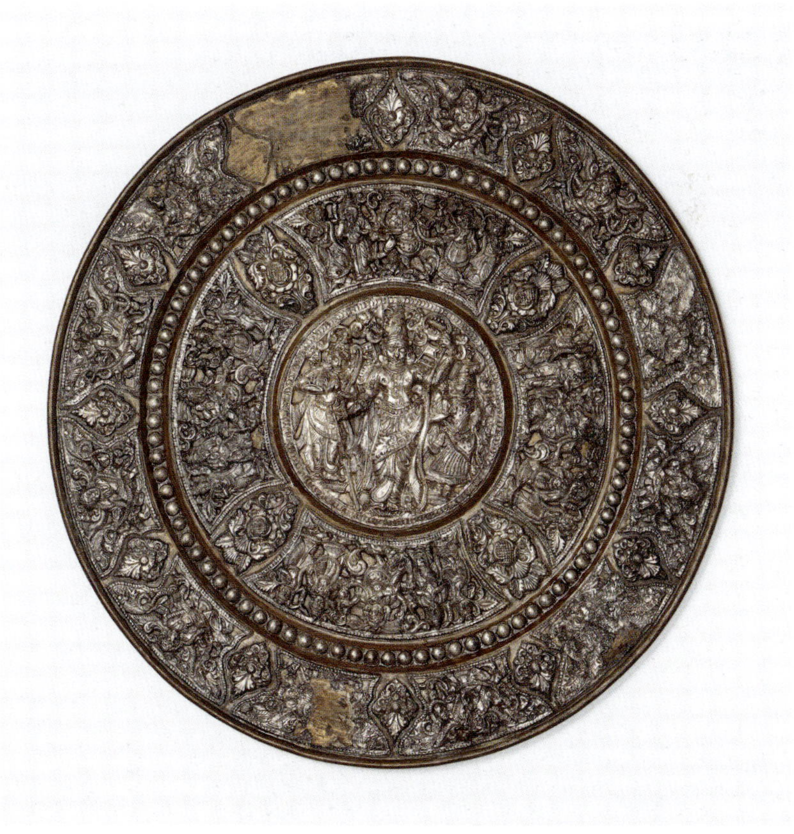

45

46

Shankar Nandagopal: Skulptur »Das Boot«

Skulptur des Künstlers Shankar Nandagopal (1946–2017), Chennai, 2015
Kupferblech, Metallteile, Versilberung, Emaille, 61 × 58 cm
Linden-Museum Stuttgart,
Inv.-Nr. SA 07585 L
Foto: Dominik Drasdow

Die aus Kupfer, Messing und weggeworfenen Metallteilen geschweißte, versilberte und in Teilen mit Emaille bemalte Skulptur »Das Boot« von Nandagopal balanciert auf zwei Spateln. Im klassischen tamilischen Klassifizierungssystem von *Akam* (Innen, Liebe) und *Puṟam* (Außen, Krieg) würde man Nandagopals zeitgenössische Skulpturen im *Puṟam*, dem Genre des »Äußeren« verorten. Die öffentliche Zurschaustellung der meisterhaften Beherrschung künstlerischer Fertigkeiten entspricht dem Ethos dieses Genres. | MDM

47

P. S. Nandhan: »Gaṇapati«

Skulptur des Künstlers P. S. Nandhan (*1940), Chennai, 2016
Bronze, 45 × 15 × 12,5 cm
Linden-Museum Stuttgart,
Inv.-Nr. SA 07150 L
Foto: Dominik Drasdow

Diese moderne Skulptur des Elefantengottes Gaṇapati (Ganeśa) stammt vom Künstler P. S. Nandhan, der zum Madras Art Movement gehört. Nandhans Skulpturen wirken durch das Spiel von Präsenz und Abwesenheit und sind durch starke Linien gekennzeichnet. Als Bildhauer und Maler hat P. S. Nandhan viele junge Künstler beeinflusst, und indischen Kunstkritikern zufolge ist gerade sein Werk ein wichtiger Schlüssel zum Verständnis der gesamten Bewegung des Madras Art Movement. Ganapati heißt Herr (*pati*) der Scharen (*gaṇa*, eine Armee halb göttlicher Wesen, die zu Śiva gehören). | LPL | GN

48

K. Muraliadharan: »Āṇṭāḷ«

Gemälde des Künstlers K. Muraliadharan (*1954), Chennai, 2015
Acryl auf Leinwand, 107 × 107 cm
Linden-Museum Stuttgart,
Inv.-Nr. SA 07153 L
Foto: Dominik Drasdow

K. Muralidharans moderne Darstellung der vaiṣṇavitischen Dichterin Āṇṭāḷ hat eine verführerische Bildsprache und maskiert seine meisterhafte Porträtkunst mit naiver Verstellung. Bei näherer Betrachtung der vertrauten Merkmale von Āṇṭāḷ – dem seitlichen Haarknoten, dem Sittich und der Blumengirlande – wird man sich der reichen Textur des Gemäldes bewusst. Ihre Figur steht vor den Versen des *Tiruppavai*, die geschrieben sind, als wäre die Leinwand eine steinerne Inschriftenstele. | MDM

49

C. Douglas: »Blinder Dichter und Schmetterlinge«

Gemälde des Künstlers C. Douglas (*1951), Chennai, 2017
Mischtechnik auf Papier, auf Stoff aufgezogen, 135,5 × 110,5 cm
Linden-Museum Stuttgart,
Inv.-Nr. SA 07154 L
Foto: Dominik Drasdow

Die Metapher des fragmentierten Selbst und des verkrüppelten Körpers wird in Douglas' Gemäldeserie mit dem Titel »Blind Poet and Butterflies«, die er 2011 begonnen hat, neu beleuchtet. In Anbetracht der Tatsache, dass die bedeutendsten Dichter der Welt, wie etwa Homer und Milton, blind waren, wandert Douglas' blinder Dichter über seine Leinwände mit bunten Mustern aus Schmetterlingsflügeln und schwebenden Worten. | MDM

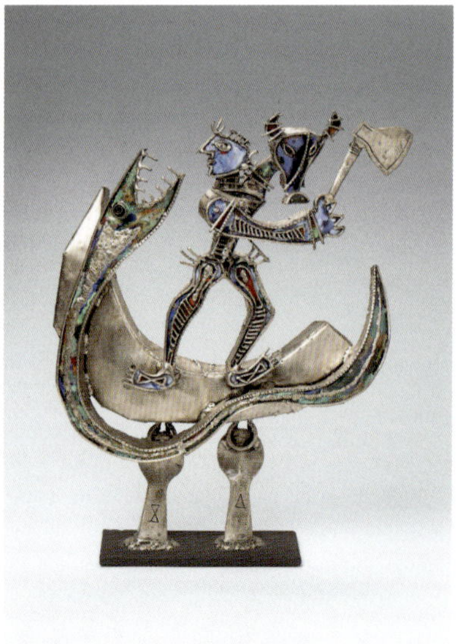

46

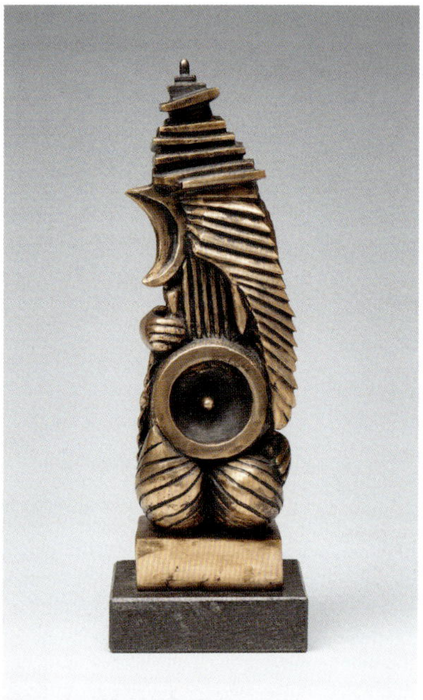

47

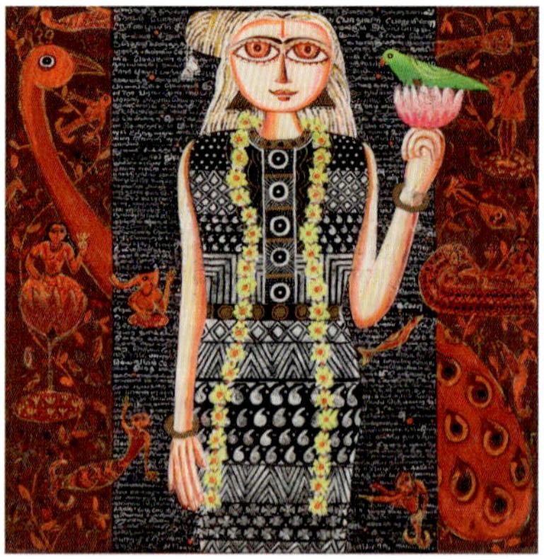

48

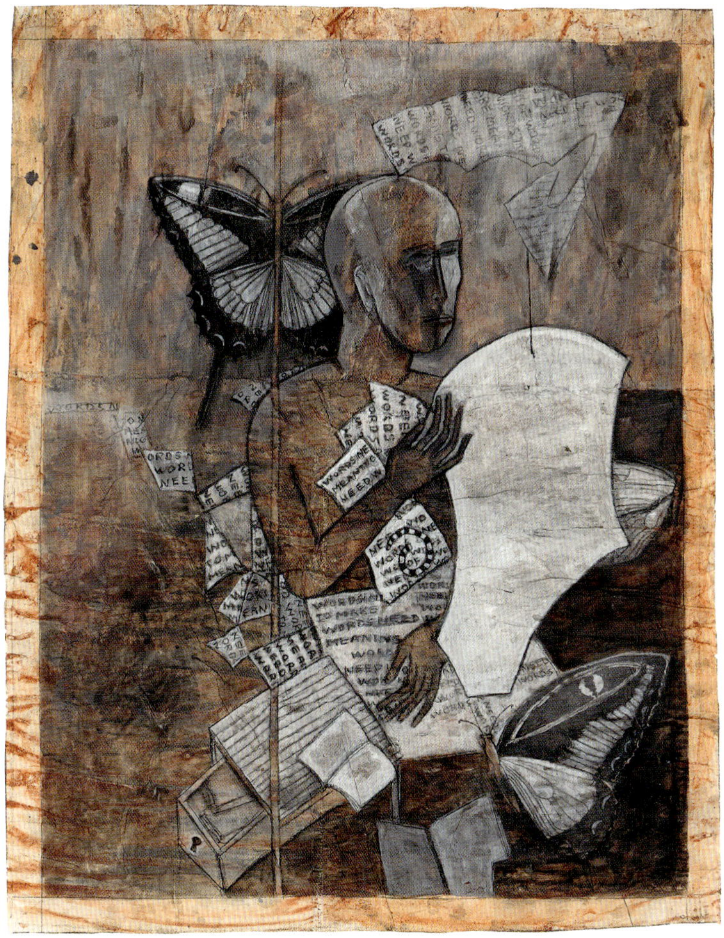

49

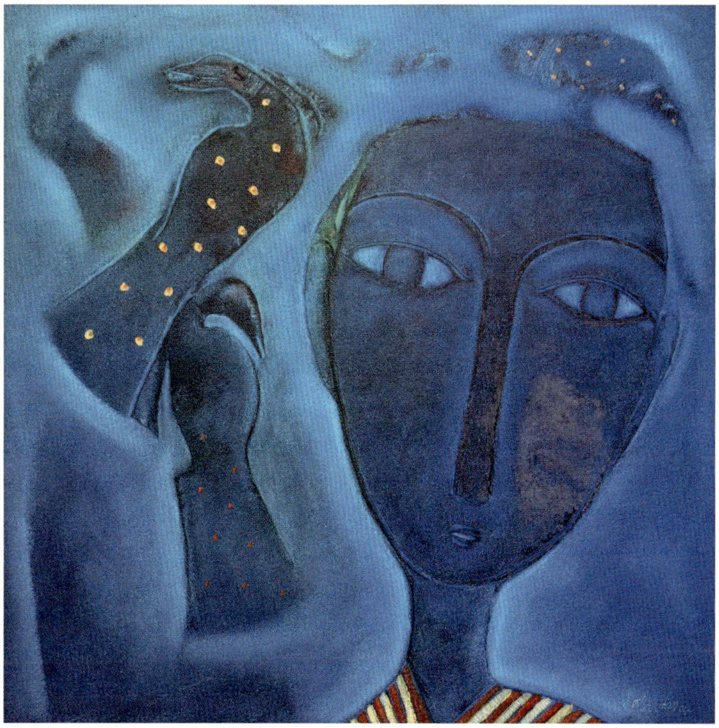

50

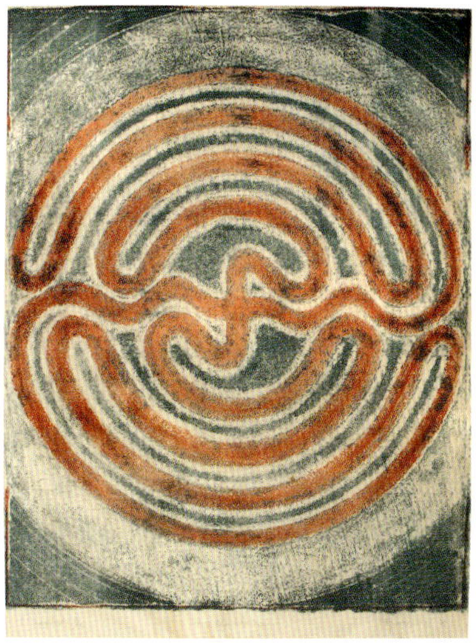

51

50

S. G. Vasudev, »She and Bird«

Gemälde des Künstlers S. G. Vasudev,
Chennai und Bangalore, ca. 2004
Öl auf Leinwand, 96 × 96 cm
Privatsammlung
Foto: Ernst Kölnsperger

S. G. Vasudevs Inspiration für seine Bilder stammt aus literarischen Quellen, Poesie, indischen Mythologien, Legenden und Folklore. Vasudevs neuere Arbeiten beschäftigen sich oft mit realen und fiktiven Erfahrungen des Selbst und tragen Titel wie »Humanscapes«, »Earthscapes«, »Theatre of Life« oder »He and She«. Auch dieses Bild mit dem Titel »She and Bird« (»Sie und Vogel«) stammt aus dieser Schaffensphase. | GN

51

K. V. Haridasan: Ohne Titel

Lithografie des Künstlers K. V. Haridasan
(1937–2013), Chennai, Jahr unbekannt
Lithografie auf Papier, 72 × 55 cm
Privatsammlung
Foto: Ernst Kölnsperger

Haridasan verwendete in seinen Gemälden tantrische Yantras (rituelle geometrische Diagramme des hinduistischen Tantrismus, die buddhistischen Mandalas ähnlich sehen), um zu erforschen und hervorzuheben, wie eine Grundenergie (*Bīja*) Wellen von sich kreuzenden Punkten erzeugt und das gesamte Universum durchdringt. In diesem unbetitelten Gemälde schuf Haridasan eine einzige Linie mit nur einem Schnittpunkt, die interessante Halbkreise der Ausdehnung und des Selbsteinschlusses erzeugt. | MDM

52

Film-Liederheft: Nantaṉār

Madras (Chennai), 1942
Rojah Mutthiah Research Library,
Chennai, Inv.-Nr. 43132
Bild: Rojah Mutthiah Research Library

Nantaṉār war ein tamilischer Film aus dem Jahr 1942, der auf der Geschichte von Nandan, einem Landarbeiter aus einer niedrigen Kaste, und seiner tiefen Hingabe an den Śiva Naṭarāja des Tempels von Chidambaram basiert. Der Film des Regisseurs Muruga Dossa, der in den berühmten Gemini Studios in Madras (heute Chennai) produziert wurde, war ein großer Erfolg, auch weil die Kinosäle als Tempel dekoriert wurden und das Anschauen des Films so zu einem religiösen Erlebnis für die Zuschauer wurde. Da der Held ein Dalit (»Unberührbarer«) ist und Śiva seinen Status in den Augen seiner höherkastigen Arbeitgeber aufwertet, behandelt der Film auch Fragen der Ungleichheit zwischen den Kasten. | GN

53

Film-Liederheft: Karṇaṉ

Madras (Chennai), 1964
Rojah Mutthiah Research Library,
Chennai, Inv.-Nr. 43643
Bild: Rojah Mutthiah Research Library

Karṇaṉ war ein tamilischer Film aus dem Jahr 1964, der auf einem Stoff aus der Hindu-Mythologie basiert. *Karṇaṉ* galt als ein Meilenstein des tamilischen Kinos, da er die damals führenden Schauspieler des südindischen Kinos, Sivaji Ganesan und N. T. Rama Rao, zusammenbrachte. Zusammen mit Ganesans späterem Film *Tiruviḷaiyāṭal* (1965) war er für das Wiederaufleben mythologischer Filme verantwortlich. | GN

54

Filmplakat: Nāṭōṭi Maṉṉaṉ

Madras (Chennai), 1958
Linden-Museum Stuttgart,
Inv.-Nr. SA 07375
Foto: Dominik Drasdow

Nāṭōṭi Maṉṉaṉ (»Nomadenkönig«) war ein sehr erfolgreicher Actionfilm mit dem Star des tamilischen Kinos, dem Dravidischen Aktivisten und späteren Chief Minister von Tamil Nadu »M. G. R.« (Maruthur Gopala Ramachandran, 1917–1987) in der Hauptrolle. *Nāṭōṭi Maṉṉaṉ* war ein Wendepunkt in M. G. R.s Karriere sowohl als Schauspieler als auch als Politiker und gilt als Propagandafilm für die Dravidische Bewegung. Das Plakat mit M. G. R. darauf wurde 2006 für die Wiederveröffentlichung des restaurierten Originalfilms in Tamil Nadu gedruckt. | GN

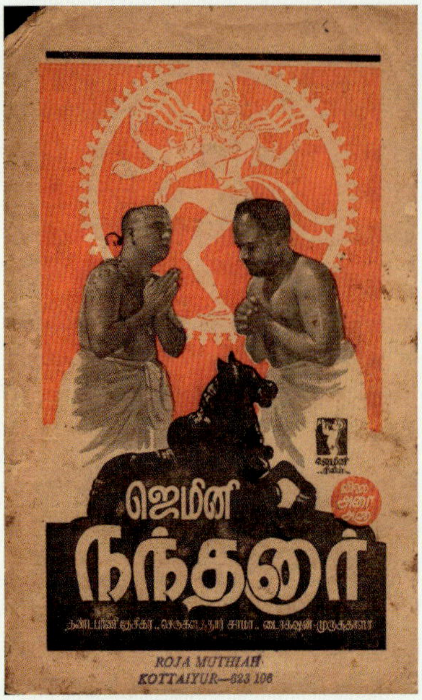

52

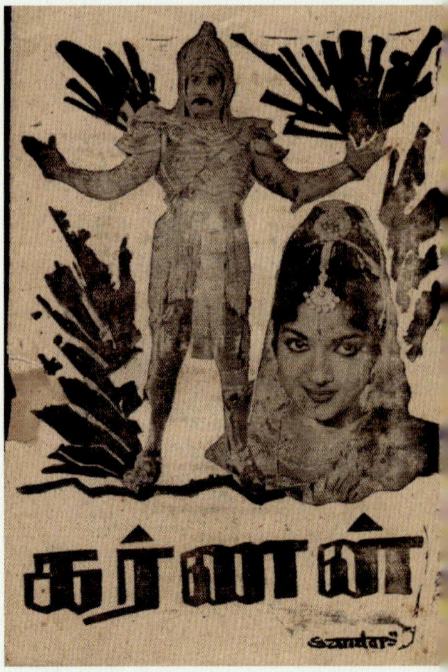

53

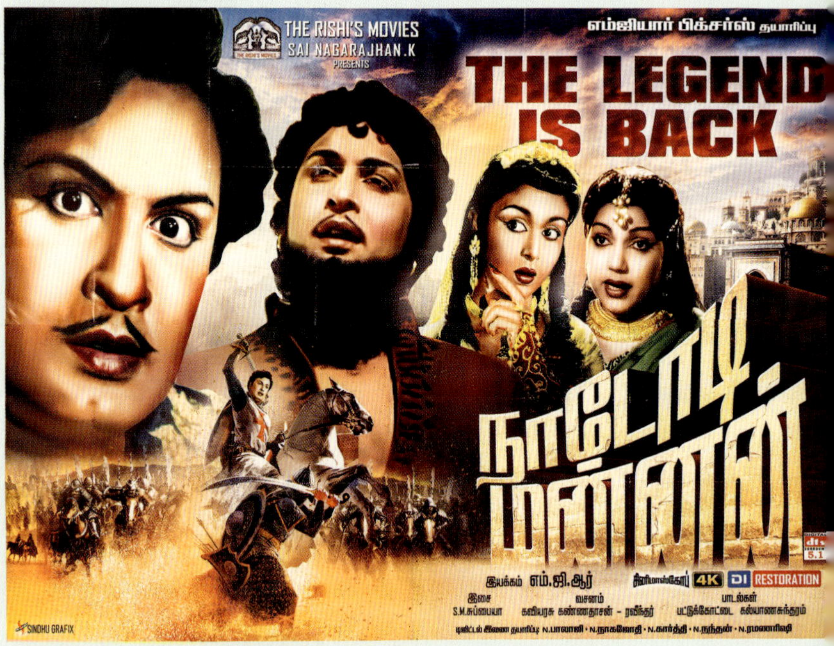

54

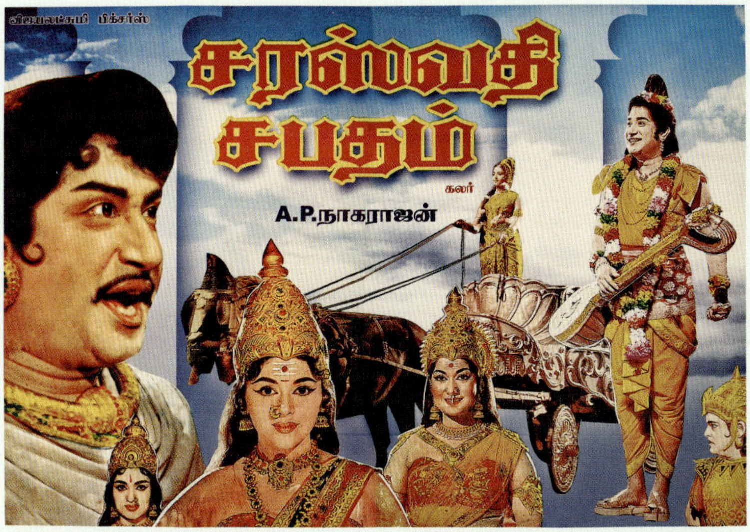

55

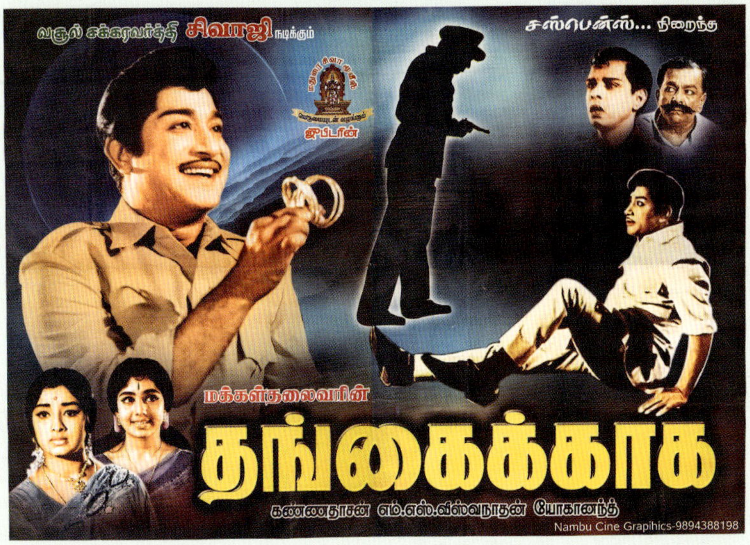

56

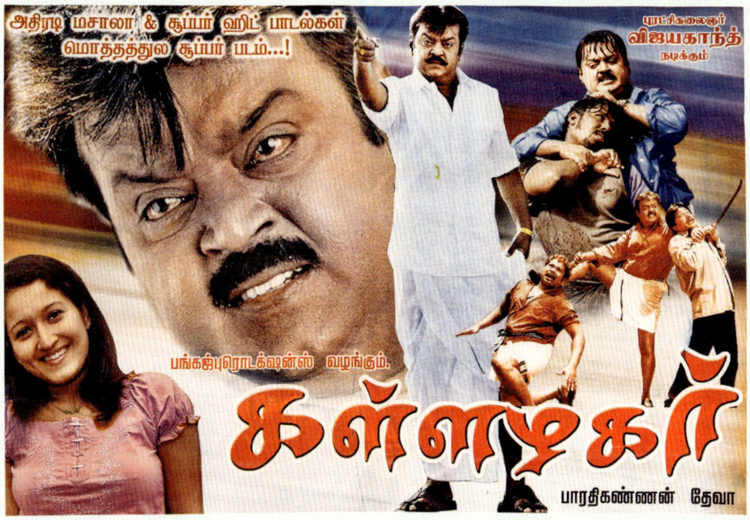

57

55

Filmplakat: Carasvati Capatam

Madras (Chennai), 1966
Linden-Museum Stuttgart,
Inv.-Nr. SA 07398
Foto: Dominik Drasdow

Carasvati capatam (Sarasvatī's Eid) war ein Film aus dem Jahr 1966 über eine Legende aus der Hindu-Mythologie. Die Hauptrolle spielte der auf dem Poster zu sehende Sivaji Ganesan, einer der ganz großen Stars des tamilischen Kinos | GN.

56

Filmplakat: Taṅkaikkāka

Madras (Chennai), 1971
Linden-Museum Stuttgart,
Inv.-Nr. SA 07386
Foto: Dominik Drasdow

Taṅkaikkāka (»Um der Schwester willen«) war ein sehr erfolgreicher tamilischer Film aus dem Jahr 1971, bei dem D. Yoganand Regie führte und der auf dem Poster abgebildete Sivaji Ganesan die Hauptrolle spielte. | GN

57

Filmplakat: Kaḷḷaḻakar

Chennai, 1999
Linden-Museum Stuttgart,
Inv.-Nr. SA 07380
Foto: Dominik Drasdow

Kaḷḷaḻakar ist ein indisches Action-Drama aus dem Jahr 1999 in tamilischer Sprache unter der Regie von K. Bharathi mit den Schauspielern Vijayakanth und Laila in den Hauptrollen. Vijayakanth (groß abgebildet auf dem Plakat) ist vor allem für Low-Budget-Filme bekannt, in denen er seine Feinde mit atemberaubenden Stunts im Alleingang ausschaltete. Die meisten seiner Filme drehen sich um Korruption, Aufrichtigkeit und das Einhalten von Versprechen. Später gründete Vijayakanth seine eigene »Progressive Dravidian Party« (DMDK) und wurde Oppositionsführer im Parlament von Tamil Nadu. | GN

58

Filmplakat: Āṟu

Chennai, 2005
Linden-Museum Stuttgart,
Inv.-Nr. SA 07376
Foto: Dominik Drasdow

Āṟu (»Sechs«) ist ein Action-Gangsterdrama in tamilischer Sprache von Hari Gopalakrishnan. Die Hauptrollen spielen »Suriya« (Saravanan Sivakumar, einer der populärsten und bestbezahlten Schauspieler des aktuellen tamilischen Kinos) und Trisha Krishnan (eine ehemalige Miss Chennai, die heute wegen ihrer beliebten Auftritte in Filmen in allen südindischen Sprachen oft als »Königin Südindiens« bezeichnet wird). | GN

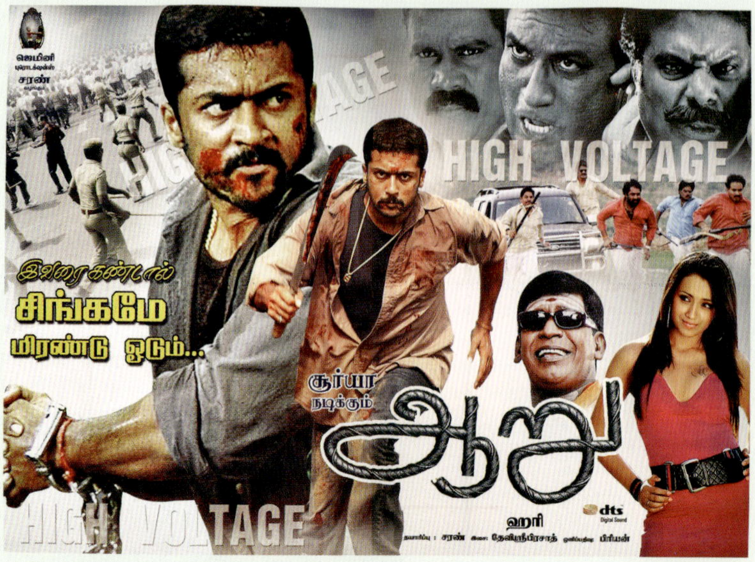

58

59

Filmplakat: Subramaniapuram

Chennai, 2008
Linden-Museum Stuttgart,
Inv.-Nr. SA 07399
Foto: Dominik Drasdow

Subramaniapuram ist ein tamilischsprachiges Kriminaldrama aus dem Jahr 2008, produziert, geschrieben und inszeniert von Mahalingam Sasikumar. Die Handlung spielt in Madurai, im Stadtteil Subramaniapuram. Der Low-Budget-Film wurde von der Kritik für sein originelles Drehbuch, die Musik, die akkuraten Sets und Kostüme gelobt, die das Madurai der 1980er Jahre wiederaufleben lassen. Sasikumar engagierte unbekannte Schauspieler und drehte den Film in nur 85 Tagen, dennoch wurde der Film ein »Blockbuster« und einer der größten kommerziellen Erfolge des Jahres. | GN

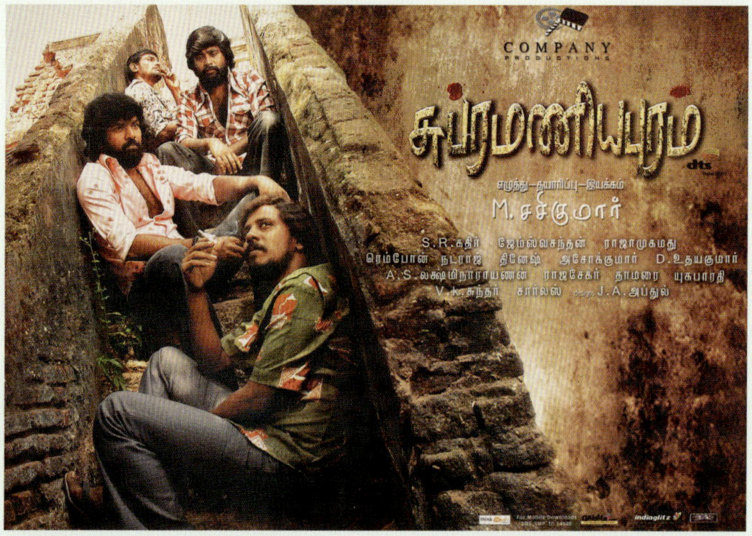

59

60

Filmplakat: Ārampam

Chennai, 2013
Linden-Museum Stuttgart,
Inv.-Nr. SA 07373
Foto: Dominik Drasdow

Ārampam (»Der Anfang«) ist ein tamilischsprachiger Actionthriller des Regisseurs Vishnuvardhan Kulasekaran aus dem Jahr 2013. Er erzählt eine Geschichte von Korruption, Verrat und Rache, die sich in einem rasanten Tempo in verschiedenen Regionen Indiens und des Nahen Ostens abspielt. Der Film war nicht nur in Tamil Nadu ein großer Erfolg, sondern wurde auch in anderen Teilen Indiens, in Malaysia, den USA und im Vereinigten Königreich erfolgreich gezeigt. | GN

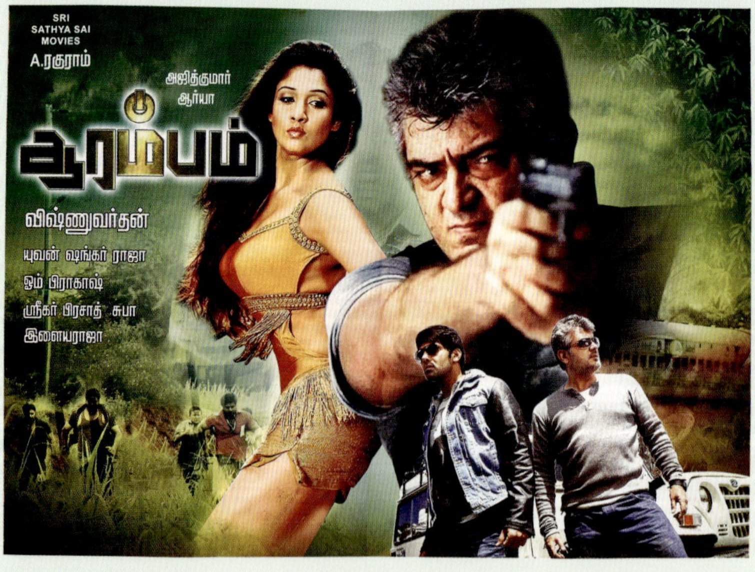

60

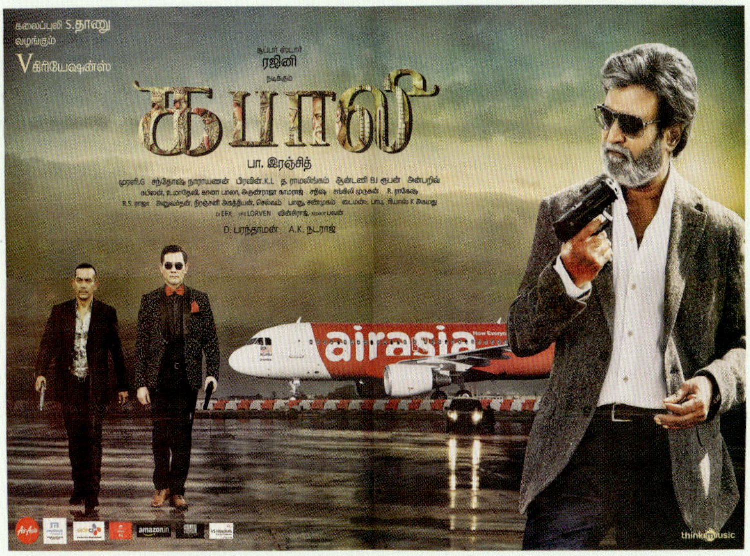

61

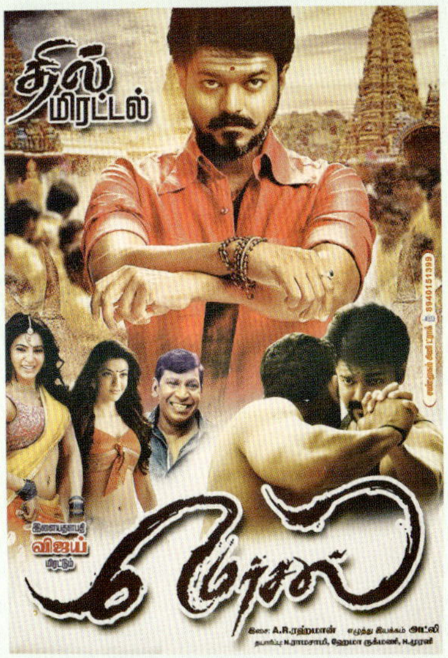

62

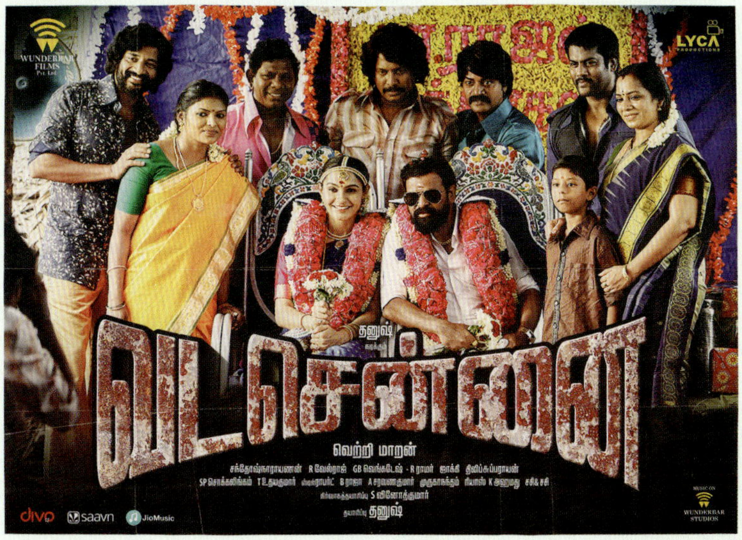

63

61

Filmplakat: Kapāli

Chennai, 2016
Linden-Museum Stuttgart,
Inv.-Nr. SA 07396
Foto: Dominik Drasdow

Kapāli ist ein tamilischsprachiges Action-Drama des Regisseurs Pa. Ranjith aus dem Jahr 2016. Der Film folgt *Kapāli*, einem gealterten Gangster, der gerade aus dem Gefängnis entlassen wurde und auf Rache sinnt, während er zugleich nach seiner Frau und seiner Tochter sucht. Pa. Ranjith hat eine neue Welle des tamilischen Kinos zwischen 2010 und 2020 maßgeblich geprägt. Er ist dafür bekannt, in seinen Filmen Symbolik einzusetzen, um soziale Probleme anzusprechen, die ansonsten aufgrund der staatlichen Beschränkungen für Verweise auf kastenbasierte Ausbeutung in Filmen nur schwer ein Massenpublikum erreichen könnten. Ranjith gründete auch das Neelam Cultural Centre, das in Zusammenarbeit mit dem Label Madras Records eine Band namens »The Casteless Collective« gründete, die Rapper, Instrumentalisten und traditionelle tamilische Volksmusiker umfasst. | GN

62

Filmplakat: Mercal

Chennai, 2017
Linden-Museum Stuttgart,
Inv.-Nr. SA 07397
Foto: Dominik Drasdow

Mercal ist ein tamilischsprachiger Actionthriller von Atlee Kumar aus dem Jahr 2017. Die Geschichte dreht sich um zwei Brüder: Der eine ist ein Magier, der den Tod seiner Eltern rächen will, der andere ein angesehener Arzt, der von seinen Patienten nur wenig Geld nimmt. Zu den Darstellern gehören »Vijay« (Joseph Vijay Chandrasekhar), einer der bekanntesten Filmstars Indiens, und einige weitere beliebte Schauspieler. Die Dreharbeiten fanden in Gdańsk (Polen) und in Rajasthan (Nordindien) statt. Der von Kritikern sehr gelobte Soundtrack wurde von A. R. Rahman komponiert (oft »der Mozart von Madras« genannt), dem wohl erfolgreichsten indischen Filmmusik-Komponisten. | GN

63

Filmplakat: Vaṭa Chennai

Chennai, 2018
Linden-Museum Stuttgart,
Inv.-Nr. SA 07368
Foto: Dominik Drasdow

Vaṭa Chennai ist ein tamilischer Actionfilm aus dem Jahr 2018, der von Regisseur Vetrimaaran als erster Teil einer geplanten Trilogie gedreht wurde. Er war sehr erfolgreich und erhielt positive Rezensionen von Indiens führenden Filmkritikern, die die Geschichte, das Drehbuch und die Leistung der Schauspieler lobten. | GN

Religiöse Vielfalt

Religiöse Objekte bilden den Kern der indischen Sammlungen in vielen Museen, und spirituelle Traditionen stehen oft im Mittelpunkt der europäischen Faszination für Indien. Der Reichtum der tamilischen religiösen Vielfalt bildet daher den größten Teil unserer Ausstellung in Stuttgart und dieses Buches. Buddhist*innen, Jains, Hindus, Christ*innen (im Süden Indiens seit dem 3. oder 4. Jahrhundert) und Muslim*innen, insbesondere Sufis (seit dem 8. Jahrhundert), bereicherten die tamilische Kultur. Sie lernten voneinander Formen der Kunst, spirituelle Praktiken und Wege der Vermittlung spirituellen Wissens. Ihre heiligen Orte und Heilungswunder ziehen nicht nur Mitglieder der eigenen Glaubensgemeinschaft an, sondern Pilger*innen aller Religionen. Dennoch erwies es sich als unmöglich, in den Sammlungen unserer europäischen Leihgeber*innen Objekte mit Bezügen zu den lokalisierten, tamilischen Traditionen des Islams und des Christentums zu finden. Während das Wirken europäischer Missionar*innen in den Archiven der Missionsgesellschaften gut dokumentiert ist, finden sich auch dort nur wenige Hinweise auf die bedeutenden Beiträge tamilischer Christ*innen und Muslim*innen zur tamilischen Kulturgeschichte. Dies konnte in der Ausstellung durch visuelle Medien kompensiert werden, im Katalog muss jedoch eine Lücke bleiben, die auch für das klischeehafte Denken und die Blindheit europäischer Sammler*innen steht.

GEORG NOACK

64

Tīrthaṅkara

Südindien, ca. 13.–14. Jahrhundert
Granit, 107 × 72 × 36,5 cm
Staatliche Museen zu Berlin, Museum für Asiatische Kunst, Inv.-Nr. I 1193
Foto: Iris Papadopulos

Das Granitrelief aus dem mittelalterlichen Südindien zeigt einen *Tīrthaṅkara* (»Furt-Bereiter«), d. h. einen Erlöser und spirituellen Lehrer der Jains. Das Wort *Tīrthaṅkara* bezeichnet den Gründer einer Furt, die eine Passage über das Meer der unendlichen Wiedergeburten und Tode, das *Saṃsāra*, ermöglicht. Jains glauben, dass ein *Tīrthaṅkara* eine Person ist, die das *Saṃsāra* selbst überwunden und einen Weg für andere zur Erlösung geschaffen hat, dem sie folgen können. Obwohl die im alten *Tamiḻakam* einst weit verbreiteten und einflussreichen Jains seit der Zeit der mittelalterlichen Cōḻa-Dynastie (9.–13. Jahrhundert) zu einer kleinen Minderheit wurden, schufen sie auch danach noch beeindruckende Kunstwerke.
Dieser *Tīrthaṅkara* sitzt in Meditationshaltung auf einem mit Lotuspolster unterlegten Thron. Hinter ihm stehen rechts und links Wedelträger als Ausdruck seiner Würde, ebenso wie der dreistufige Schirm über seinem Kopf. | GN

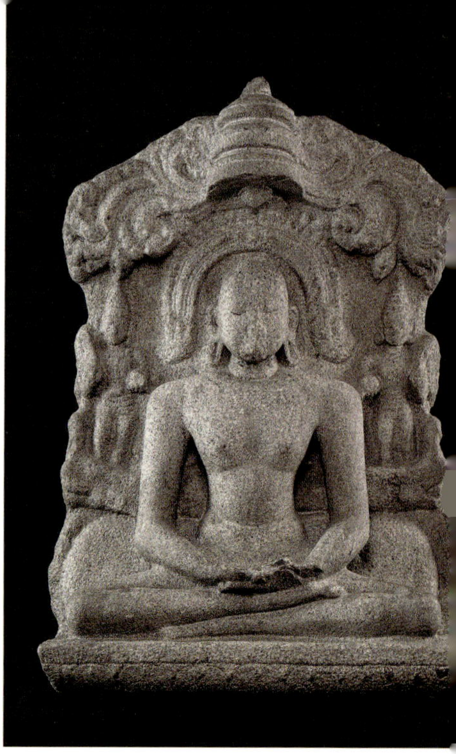

64

65

Bāhubali

Südindien, ca. 13.–15. Jahrhundert (?)
Bronze, 26 × 9 × 9 cm
Privatsammlung
Foto: Dominik Drasdow

Bāhubali (»Einer mit starken Armen«) wird unter den Jains sehr verehrt. Der Legende nach war er der Sohn des ersten *Tīrthaṅkara*.
Es heißt, dass er ein Jahr lang regungslos im Stehen meditierte und dass während dieser Zeit Schlingpflanzen um seine Beine wuchsen.
Nach einem Jahr der Meditation soll *Bāhubali* Allwissenheit erlangt haben. | GN

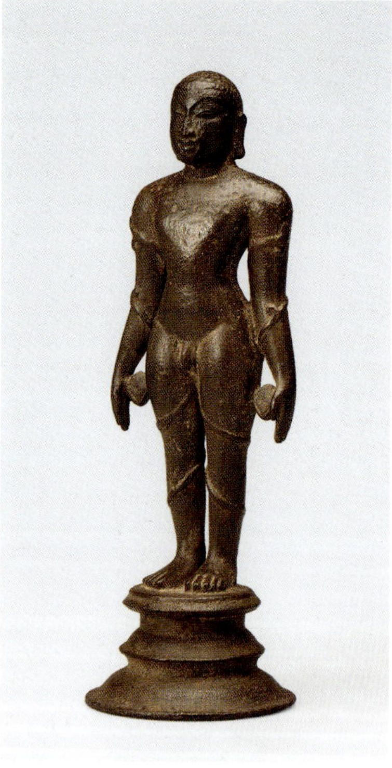

65

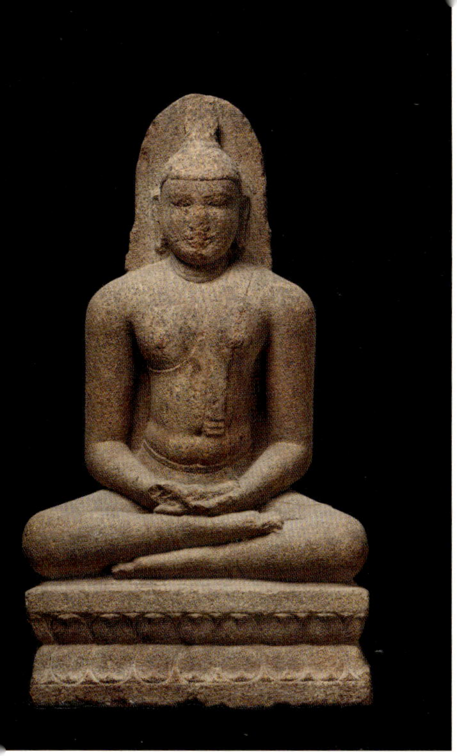

66

66

Sitzender Buddha

Nagapattinam, 7. Jahrhundert
Granit, 102 × 59 cm
Museum Rietberg Zürich, Inv.-Nr. RVI 221
Foto: Rainer Wolfsberger

Dieser meditierende, sitzende Buddha stammt aus der Hafenstadt Nagapattinam, dem berühmtesten buddhistischen Zentrum in Tamil Nadu. Nagapattinam gilt als eine der letzten Hochburgen des Buddhismus in Südindien, wo buddhistische Klöster während der Blütezeit der Cōḻa-Herrschaft florierten, bevor sie um das 16. Jahrhundert ausstarben. Die Klöster in Nagapattinam waren in die maritimen Netzwerke des Buddhismus eingebettet, die die südindische Küste mit dem benachbarten Sri Lanka und Teilen Ost- und Südostasiens verbanden. | NT

67

Stehender Buddha

Südindien oder Sri Lanka,
ca. 11.–12. Jahrhundert
Bronze, 54,5 × 20,3 × 17,5 cm
Staatliche Museen zu Berlin, Museum für Asiatische Kunst, Inv.-Nr. I 5882
Foto: Iris Papadopoulos

Bei dieser vergoldeten Bronzeskulptur sind die Hände des Buddha in einer Geste erhoben, die Schutz bietet und Furcht vertreibt, genannt *abhaya mudrā*. Diese Bronze wurde zur Zeit des Höhepunktes der Cōḻa-Herrschaft entweder in Tamil Nadu oder auf Sri Lanka hergestellt. Wie viele Hindu-Bronzen, die zur gleichen Zeit entstanden, handelt es sich um ein Prozessionsbildnis, das bei Festen aus dem Tempel getragen wurde. Zwischen den buddhistischen Zentren an der südindischen Küste und in Sri Lanka gab es einen ständigen Austausch. Infolgedessen gehen Wissenschaftler davon aus, dass diese beiden Regionen, die nominell durch ein kleines Stück Meer getrennt sind, Teil desselben buddhistischen Kulturkreises waren (vgl. Aufsatz von Crispin Branfoot in diesem Band). Die buddhistischen Statuen, die in den Küstenregionen von Tamil Nadu und Sri Lanka gefunden wurden, weisen viele gemeinsame ikonografische Merkmale auf, wie z. B. den flammenden Haarknoten (*uṣṇīṣa*). | NT

68

Stehender Buddha

Nagapattinam, Tamil Nadu,
ca. 13. Jahrhundert
Bronze, 20,5 × 8,5 cm
Museum Rietberg Zürich, Inv.-Nr. RVI 517
Foto: Rainer Wolfsberger

Diese aus Nagapattinam, einer der letzten Bastionen des Buddhismus in Südindien, stammende Bronzefigur zeigt den Buddha mit wohlwollend erhobenen Händen im *abhaya mudrā* (einer Geste, die Angst vertreibt und Schutz bietet). Hunderte solcher buddhistischer Bronzen, die zwischen dem 10. und 13. Jahrhundert hergestellt wurden, sind seit dem frühen 20. Jahrhundert in Nagapattinam gefunden worden und beleuchten die lebhafte buddhistische Vergangenheit Tamil Nadus. | NT

67

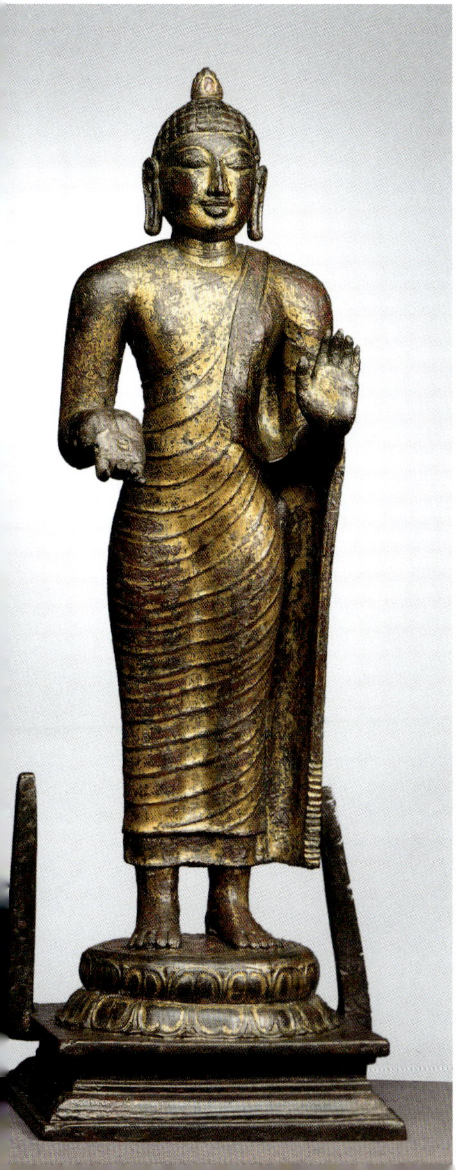

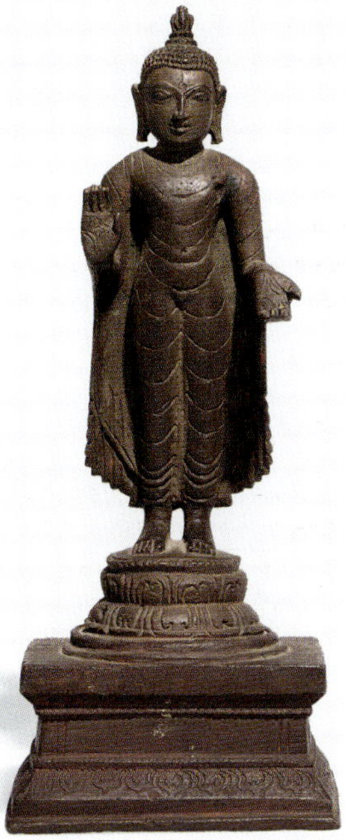

68

69

Kupfertafel-Inschrift von Rājendra Cōḻa I.

Cōḻa-Reich, 11. Jahrhundert
Kupfer, Bronze, ca. 54 × 38 cm,
einzelne Tafeln ca. 35 × 12 cm
Universitätsbibliothek Leiden,
Inv.-Nr. Or. 1687
Fotos: Universitätsbibliothek Leiden

Diese von König Rājendra Cōḻa I. (reg. 1012–1042) ausgestellte Kupfertafel-Urkunde ist eine sehr wichtige Quelle für Studien der tamilischen Geschichte, auch für einige Beiträge in diesem Band. Darauf sind Texte in 21 Kupferplatten graviert, die von einem massiven Bronzering zusammengehalten werden, der mit dem Siegel von Rājendra Cōḻa verschlossen ist. Fünf Platten enthalten Sanskrit-Text in der alten Grantha-Schrift, 16 Platten enthalten Text in altem Tamil. Der Sanskrit-Teil erläutert detailliert die Genealogie der Cōḻa-Dynastie, beginnend mit einem mythischen Vorfahren: dem Gott Viṣṇu selbst. Der tamilische Teil erinnert an die großen Leistungen von Rājendras Vater Rājarāja I. (reg. 985–1012). In einer langen Passage wird erzählt, wie Rājarāja I. im 21. Jahr seiner Herrschaft verkündete, dass die gesamten Steuereinkünfte eines Dorfes für den Unterhalt eines buddhistischen Schreins (*Vihāra*) gespendet werden sollten. Der Bau des *Vihāra* in Nagapattinam, einer Hafenstadt an der Coromandel-Küste, wurde von dem buddhistischen König des Königreichs Sriwijaya (im heutigen Indonesien, fern jenseits des Meeres) in Auftrag gegeben. Danach blieb Nagapattinam lange Zeit ein wichtiges Zentrum buddhistischer Gelehrsamkeit und Kunstproduktion. | GN

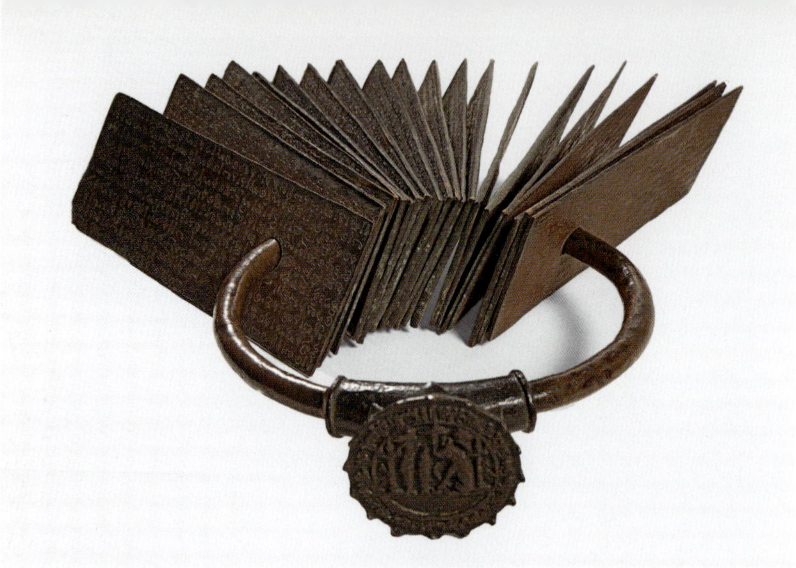

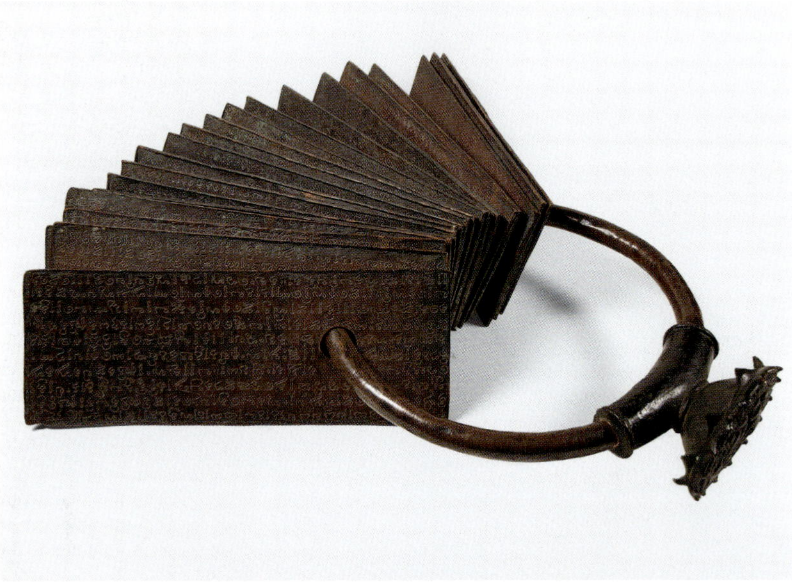

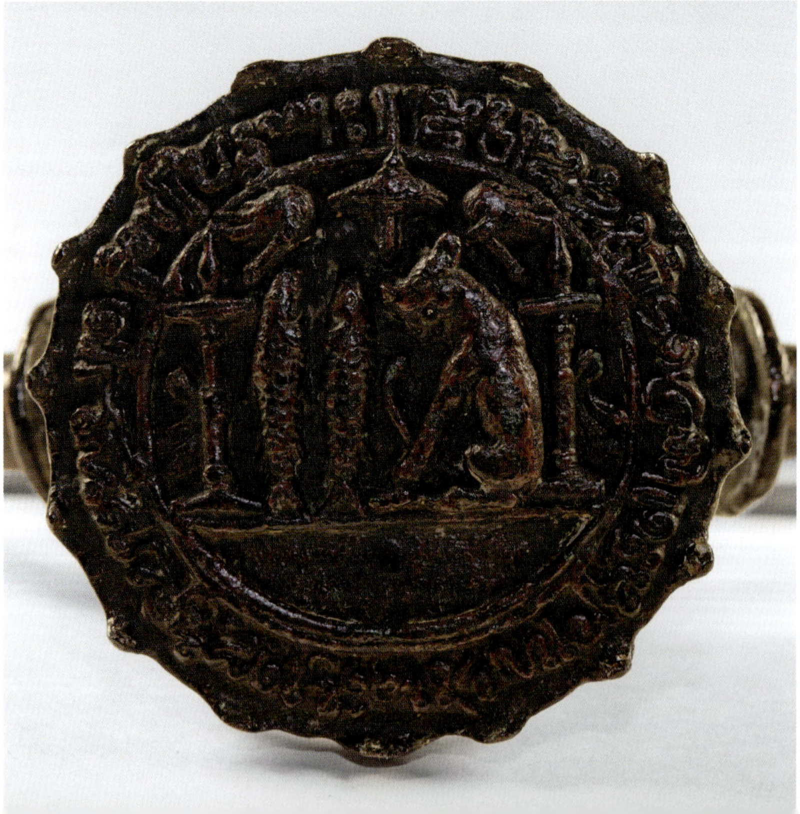

69

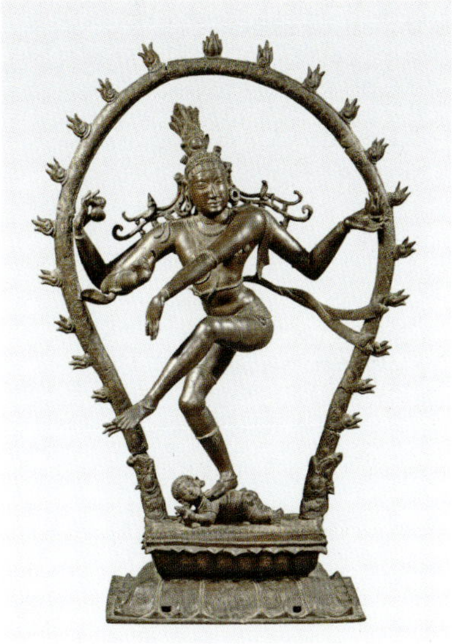

70

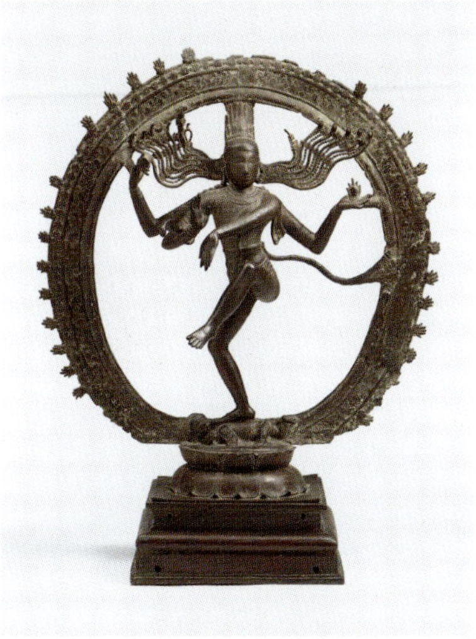

71

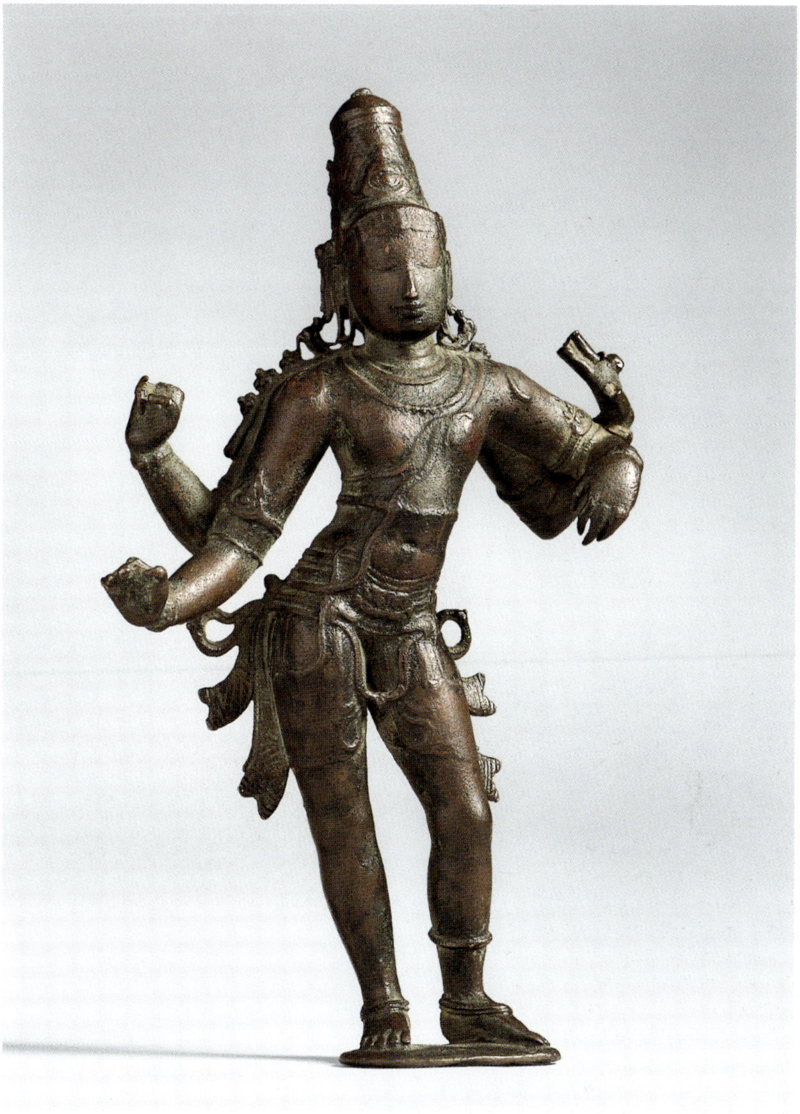

72

70

Śiva Naṭarāja

Cōḻa-Reich, ca. 11.–13. Jahrhundert
Bronze, 117 × 80 cm
Nationalmuseum von Dänemark,
Inv.-Nr. Da. 161
Foto: John Lee

Die Tempelstadt Chidambaram gilt als Zentrum der Verehrung Śivas, in Form des göttlichen Tänzers Naṭarāja. Der Cōḻa-König Vira Cōḻa soll eine Vision von Śiva gehabt haben, der in der Nähe eines Schreins seinen kosmischen Tanz aufführte. Daraufhin ließ er den goldenen Tempel von Chidambaram für Śiva Naṭarāja erbauen. Aus der Sammlung von Peter Anker, der 1788 bis 1806 Gouverneur von Tranquebar (Dänisch-Indien, heute Tharangambadi, Tamil Nadu) war. | LPL

71

Śiva Naṭarāja »König des Tanzes«

Cōḻa-Reich, ca. 12.–13. Jahrhundert
Bronze, 108 × 85 × 37 cm
Linden-Museum Stuttgart,
Inv.-Nr. SA 36293 L
Foto: Dominik Drasdow

Der »König des Tanzes« symbolisiert den kosmischen Kreislauf von Werden und Vergehen. In der einen Hand schlägt er mit der Sanduhrtrommel *Ḍamaru* den Rhythmus des Lebens; in einer anderen erscheint die Flamme der Zerstörung. Triumphierend zertritt er den Dämon der Unwissenheit unter seinen Füßen, der den Menschen den Weg zur Erlösung aus diesem Kreislauf verwehrt. Im Haar Śivas hat sich die Flussgöttin Ganga verstrickt. | GN

72

Śiva Tripuravijaya

Cōḻa-Reich, 10.–11. Jahrhundert
Bronze, 21,2 × 13,5 × 5,5 cm
Museum Rietberg Zürich, Inv.-Nr. RVI 509
Foto: Rainer Wolfsberger

Diese unter der Schirmherrschaft der Cōḻa-Könige hergestellte Bronze zeigt Śiva als Tripuravijaya, den Zerstörer der drei Städte. Der Legende nach bedrohten drei mächtige Dämonen, die in drei Himmelsstädten lebten, die Welt. Śiva, der zu Hilfe gerufen wurde, zerstörte alle drei Städte mit einem einzigen Pfeil, als ihre Umlaufbahnen am Himmel sich trafen. Die Cōḻa-Könige verehrten diese Form von Śiva besonders, da sich ihre eigenen Herrschaftsambitionen in diesem Bild eines triumphierenden göttlichen Eroberers der Welten widergespiegelten. | NT

73

Śiva Candraśekhara

Tamil Nadu, 13.–14. Jahrhundert
Bronze, 75,5 × 31 × 21,3 cm
Museum Rietberg Zürich, Inv.-Nr. RVI 506
Foto: Rainer Wolfsberger

Diese Bronze stellt Śiva als Candraśekhara oder den »mit dem Mond gekrönten Herrn« dar. Der Mond in Form einer Sichel thront auf der Krone der Figur aus den verfilzten Haarstränen des Asketen. In zwei seiner Arme hält Śiva eine Streitaxt und eine Antilope. Die Antilope wird in der hinduistischen Ikonografie traditionell mit dem Mondgott in Verbindung gebracht. Sie steht auch für die Rolle Śivas als Beschützer des Tierreichs (*Paśupati*). Diese Bronze wurde als Prozessionsfigur verwendet, wie die Haken an ihrem Sockel zeigen. | NT

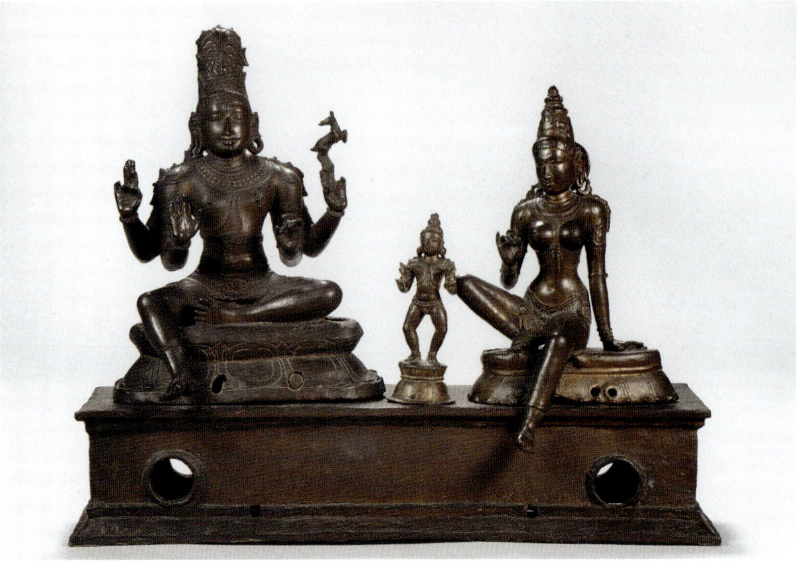

74

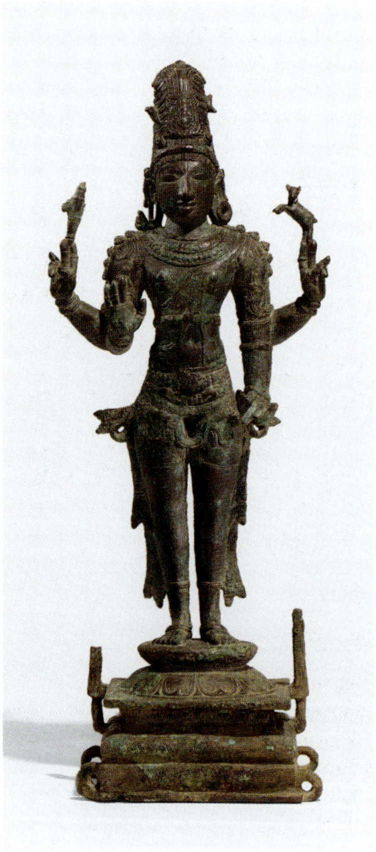

73

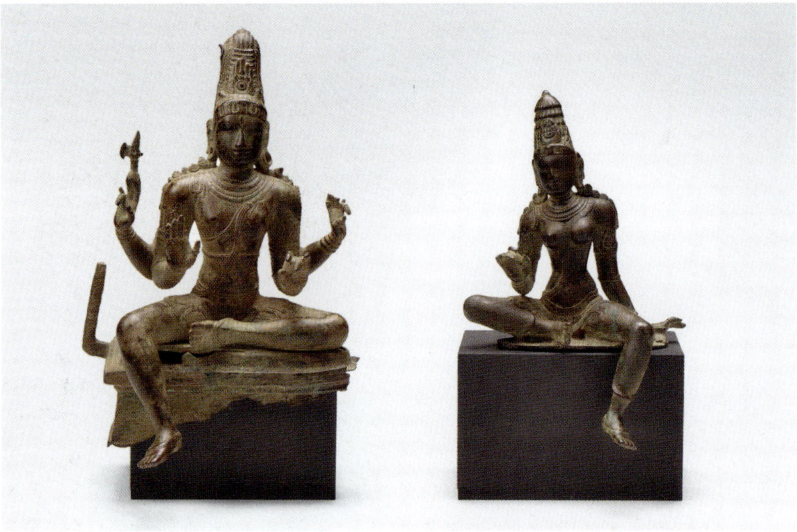

75

74

Somāskanda

Cōḻa-Reich, ca. 12.–13. Jahrhundert
Bronze, 58 × 93,5 × 30,5 cm
Nationalmuseum von Dänemark,
Inv.-Nr. Da.156
Foto: John Lee

Der Sanskritname Somāskanda steht für Śiva, Uma (Pārvatī, Śivas Gattin) und Skanda (auf Tamil Murukaṉ genannt), die göttliche Familientrinität (Skanda hier fehlend). Die Gottheiten thronen auf dem Kailāsa, dem für Buddhisten und Hindus heiligsten Berg im Himalaya.
Aus der Sammlung von Peter Anker, der 1788 bis 1806 Gouverneur von Tranquebar (Dänisch-Indien, heute Tharangambadi, Tamil Nadu) war. | GN

75

Śiva und Umā

Cōḻa-Reich, ca. 12. Jahrhundert
Bronze, Śiva 52 × 33 × 28 cm,
Pārvatī 38 × 23 × 20 cm
Linden-Museum Stuttgart,
Inv.-Nr. SA 32509 L a + b
Foto: Dominik Drasdow

Die beiden Figuren bildeten, gemeinsam mit der hier verloren gegangenen Figur ihres Sohnes Murukaṉ (Skanda), einst eine Somāskanda-Gruppe. Da während zahlreicher Kriege viele der alten Bronzestatuen zur Sicherheit vergraben und oft erst viele Jahrhunderte später wiederentdeckt wurden, nahmen einige – wie diese – im Laufe der Zeit oder bei den Grabungsarbeiten Schaden. | GN

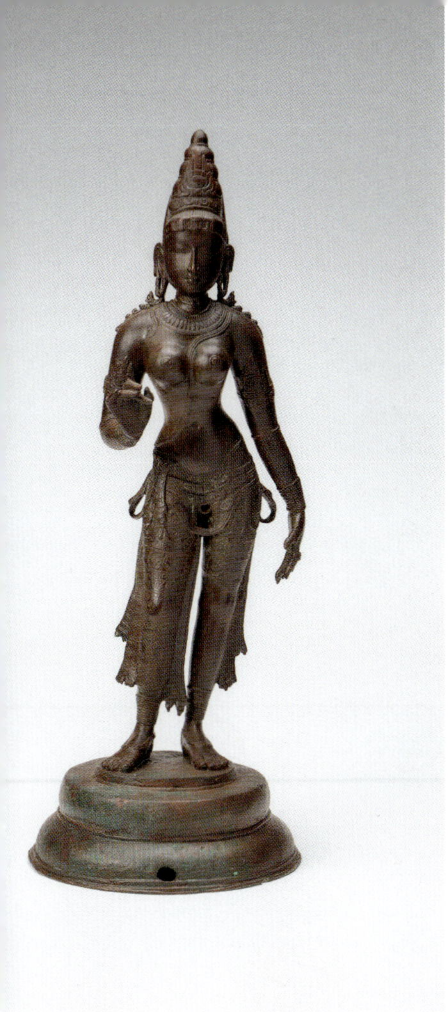

76

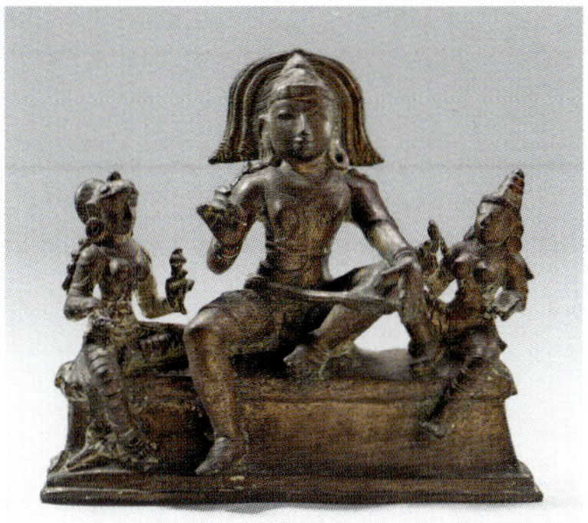

78

77

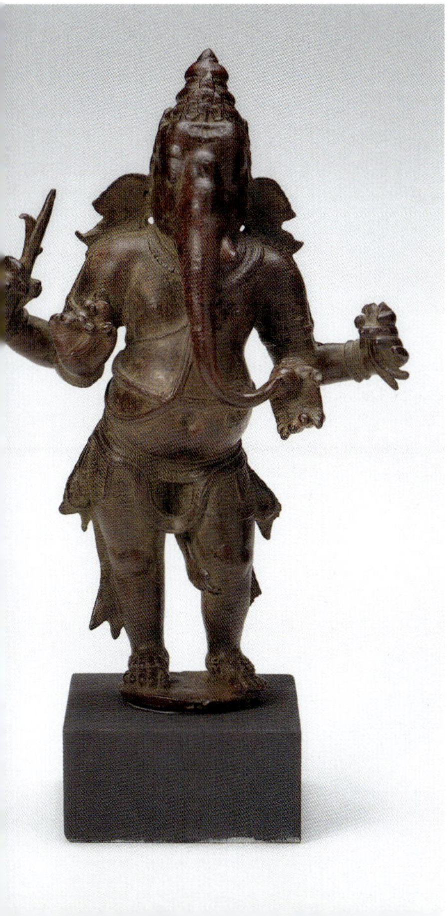

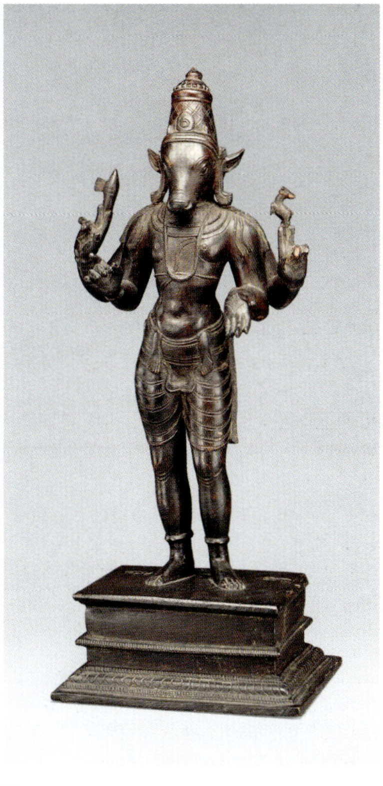

79

76

Pārvatī

Cōḻa-Reich, ca. 11. Jahrhundert
Bronze, 67 × 25 × 25 cm
Linden-Museum Stuttgart,
Inv.-Nr. SA 33587 L
Foto: Dominik Drasdow

In der hinduistischen Mythologie ist Pārvatī (die, die zu den Bergen gehört) die Frau des Gottes Śiva. Sie gilt als die Wiedergeburt Satīs, Śivas erster Frau. Pārvatī wird in einigen Erzählungen geboren, um Śiva von der Askese abzubringen, damit er einen Sohn zeugt, der in der Lage ist, einen Dämon zu töten. In ihrer Hingabe führt sie die schwierigsten Entbehrungen durch (jahrelanges auf einem Bein stehen), bis Śiva in die Hochzeit einwilligt. | LPL

77

Gaṇapati

Cōḻa-Reich, ca. 11. Jahrhundert
Bronze, Höhe ca. 38 cm
Linden-Museum Stuttgart,
Inv.-Nr. SA 33586 L
Foto: Dominik Drasdow

Eine Legende über den Sohn Śivas und Pārvatīs erzählt, dass er seine Elefantengestalt erhielt, weil Pārvatīs Wunsch nach einem Kind während Śivas Abwesenheit, der als Asket auf einem Berg weilte, so groß war, dass sie einen Sohn aus Erde schuf. Bei seiner Rückkehr schlägt Śiva in blinder Wut und Eifersucht dem Sohn den Kopf ab und ersetzt ihn, als Pārvatī die Situation aufklärt, durch den des nächsten Lebewesens, welches vorbeizieht. | LPL

78

Aiyaṉār mit seinen Gefährtinnen

Südindien, ca. 17.–18. Jahrhundert
Bronze, 19 × 22 cm
Nationalmuseum von Dänemark,
Inv.-Nr. Da.156
Foto: John Lee

Aiyaṉār gilt als der Sohn von Śiva und Viṣṇu, wobei letzterer die Gestalt der schönen Frau Mohinī angenommen hat, in die Śiva sich verliebte und aus deren Vereinigung Aiyaṉār entstand. Er wird als Schutzgottheit gemeinsam mit seinen zwei Gefährtinnen Puranai und Putkalya verehrt. Aiyaṉār-Schreine befinden sich am Rande von Dörfern in ganz Südindien, wo ein Terrakotta- oder Gipsbild des Gottes von einer Schar männlicher Terrakotta-Diener, Pferden und Elefanten umgeben ist. Aus der Sammlung von Peter Anker, der 1788 bis 1806 Gouverneur von Tranquebar (Dänisch-Indien, heute Tharangambadi, Tamil Nadu) war. | LPL

79

Nandi

Cōḻa-Reich, ca. 12.–13. Jahrhundert
Bronze, Höhe ca. 30 cm
Musée national des arts asiatiques – Guimet, Paris, Inv.-Nr. MA2100
Foto: Musée national des arts asiatiques – Guimet

Diese ungewöhnliche Bronze stellt das Reittier Śivas, den majestätischen Stier Nandi, in einer halb menschlichen, halb tierischen Form dar. In Śiva-Tempeln in ganz Südindien wird Nandi normalerweise als sitzender Stier dargestellt (vgl. Nr. 82), der dem Heiligtum, in dem Śiva residiert, zugewandt ist. Hier jedoch wird er mit einem jugendlichen menschlichen Körper dargestellt, der eine Krone trägt und eine Muschel sowie eine gefleckte Antilope in zwei seiner Hände hält. | NT

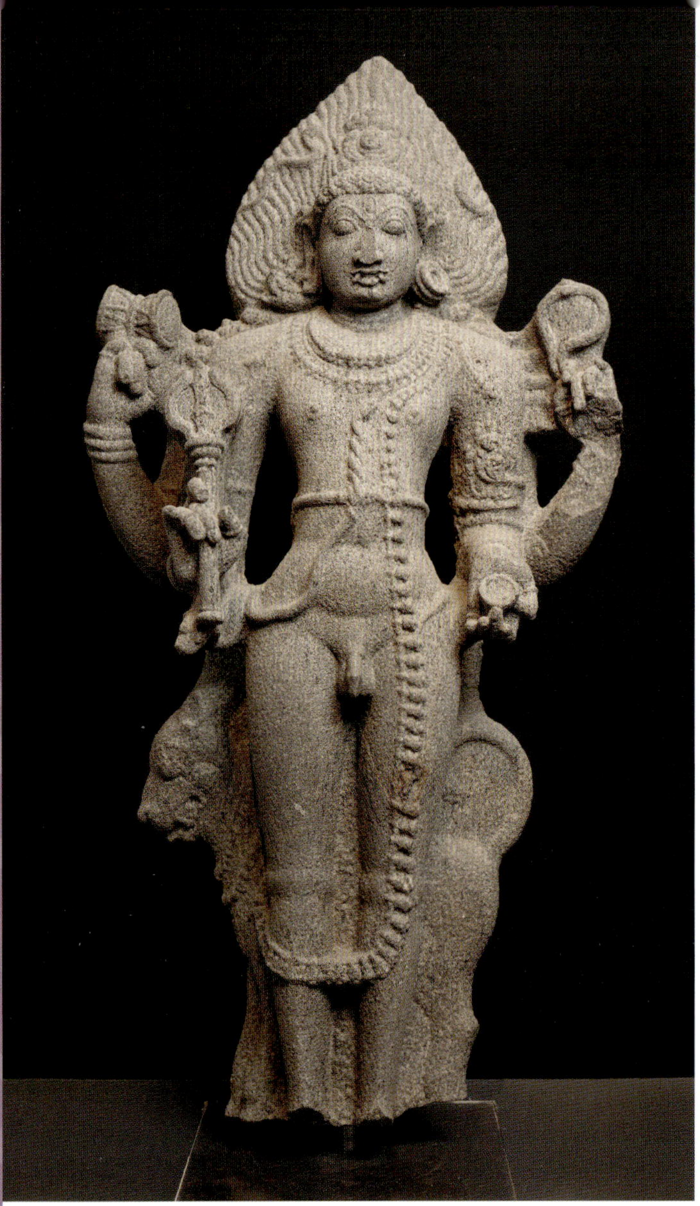

80

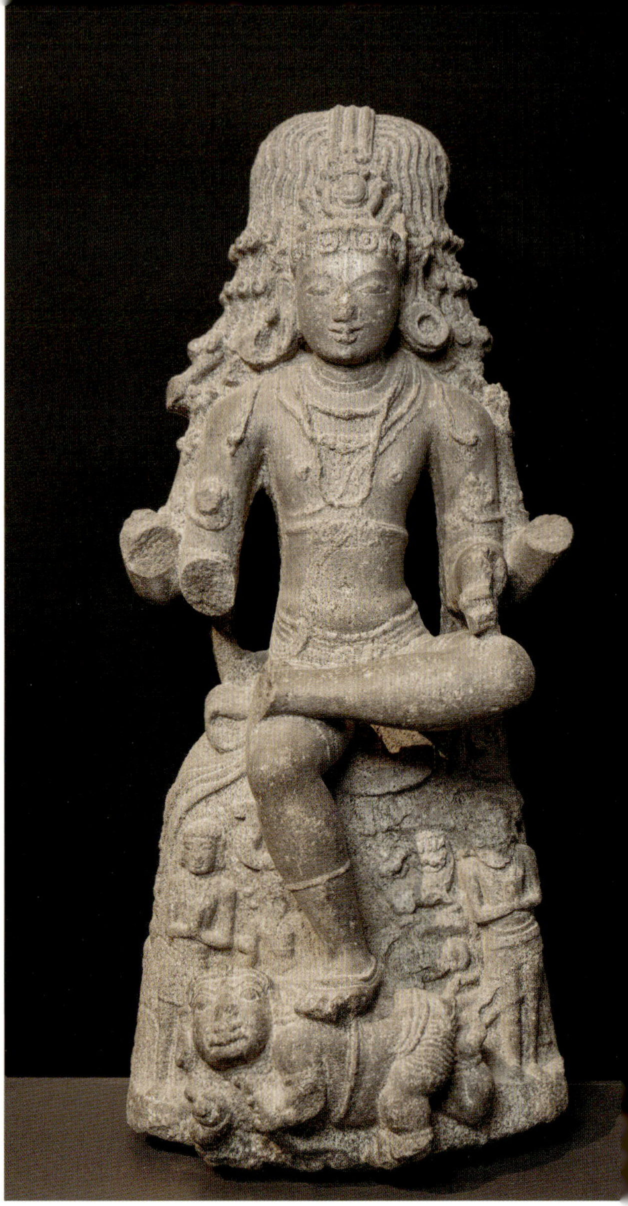

81

80

Śiva Bhikṣāṭana

Cōḻa-Reich, ca. 12. Jahrhundert
Granit, 104 × 48 × 23 cm
Linden-Museum Stuttgart,
Inv.-Nr. SA 01266 L
Foto: Dominik Drasdow

In seiner Form als Śiva Bhikṣāṭana geht Śiva als Bettler mit dem Körper von Brahma, den er getötet hat, nach Varanasi, um im Wasser der Ganga Absolution von seiner Todsünde zu finden. Ein Hund begleitet ihn. Bhikṣāṭana ist eine beliebte Form Śivas in Südindien. Obwohl es keine eigenen Tempel für ihn als Hauptgottheit gibt, wird er vielerorts, als Relief in Tempelmauern geschlagen, als Nebengottheit verehrt oder als Bronzestatue anlässlich von Tempelfesten in Prozessionen getragen. Viele Hymnen in tamilischer Sprache besingen Bhikṣāṭanas Wanderschaft und erzählen oft von der Sehnsucht derer, die ihm verliebt folgen. | GN

81

Śiva Dakṣiṇāmūrti

Cōḻa-Reich, ca. 12. Jahrhundert
Granit, 86 × 38 × 33 cm
Linden-Museum Stuttgart,
Inv.-Nr. SA 31287
Foto: Dominik Drasdow

Nach Süden ausgerichtet (*dakṣiṇā*) auf einem Berg sitzend verkündet der asketische Gott seine Erlösungslehre. Dieser Aspekt Śivas, als der ursprüngliche Guru, gilt als Verkörperung des höchsten Bewusstseins, des Verstehens und des Wissens. Diese Form repräsentiert Śiva als Lehrer des Yoga, der Musik und aller Weisheit. Wer keinen Guru hat, soll Śiva *Dakṣiṇāmūrti* als seinen Guru betrachten und verehren – er wird sie mit einem vollkommenen menschlichen Guru segnen. Der rechte Fuß des Bildnisses steht auf dem Dämon der Unwissenheit, den seine Lehre bezwingt und damit den Menschen den Weg der Erlösung öffnet. | GN

82

Nandi

Südindien, ca. 13.–15. Jahrhundert
Granit, 85 × 70 × 40 cm
Linden-Museum Stuttgart,
Inv.-Nr. SA 33589 L
Foto: Dominik Drasdow

Der Stier Nandi ist das Symbol- und Reittier Śivas. Sein Name bedeutet »der Freundliche«. Oft findet sich der Stier Nandi in südindischen Śiva-Tempeln als Freiplastik aus Stein in einem kleinen Pavillon, dabei blickt er auf die residierende Gottheit des Tempels im Inneren Heiligtum. Viele Frauen mit Kinderwunsch besuchen Nandi, bestreichen ihn dabei mit roter Farbe und umrunden ihn. | LPL

83

Viṣṇu

Spätes Cōḻa-Reich, ca. 1300
Bronze, 78 × 36 × 30 cm
Linden-Museum Stuttgart,
Inv.-Nr. SA 33589 L
Foto: Dominik Drasdow

Viṣṇu wird als Monarch dargestellt, ist er doch »unter den Menschen zur Erhaltung des Dharma geboren«. In dieser Form hält er die Moral des hinduistischen Gesellschaftssystems und seiner hierarchischen Institutionen aufrecht. | LPL

84

Sītā

Cōḻa-Reich, ca. 980
Bronze, 66 × 20 cm
Linden-Museum Stuttgart,
Inv.-Nr. SA 33610 L
Foto: Dominik Drasdow

Sītā ist eine Inkarnation der Göttin Lakṣmī und bedeutet »Furche«. Sie wurde von ihrem Vater Janaka während eines Opferrituals aus dem Boden gepflügt, um Nachkommen zu bekommen. Im Epos Rāmāyaṇa ist Sītā die Frau der siebten Viṣṇu-Inkarnation Rāma, was sie zum Vorbild für eheliche Treue und Reinheit machte (obwohl heutzutage oft gegen dieses Vorbild rebelliert wird). Dieses Meisterwerk der cōḻazeitlichen Bronzekunst wird der Werkstatt der königlichen Stifterin Sembiyan Mahādevi zugeschrieben (vgl. S. 179). | LPL

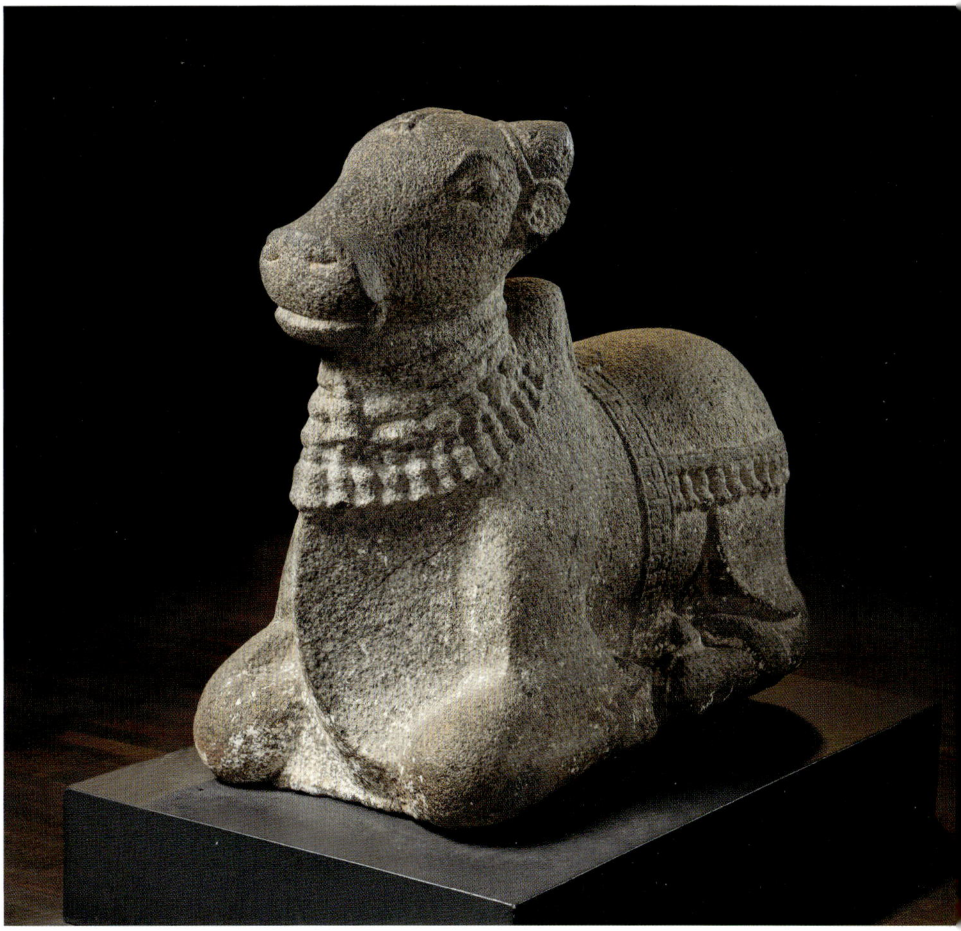

82

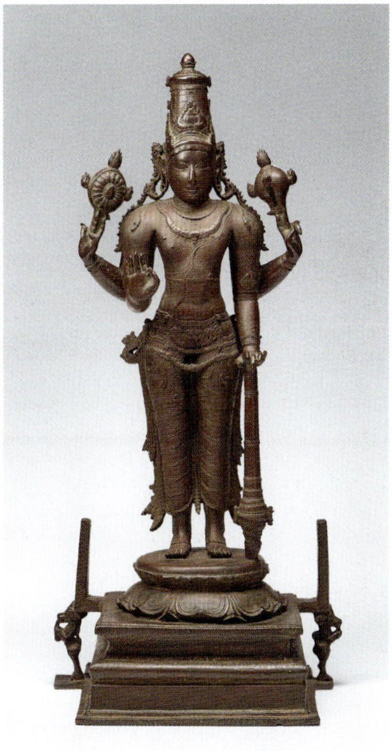

83

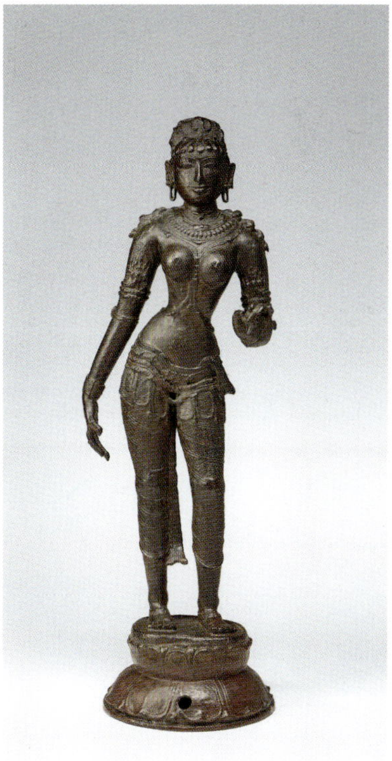

84

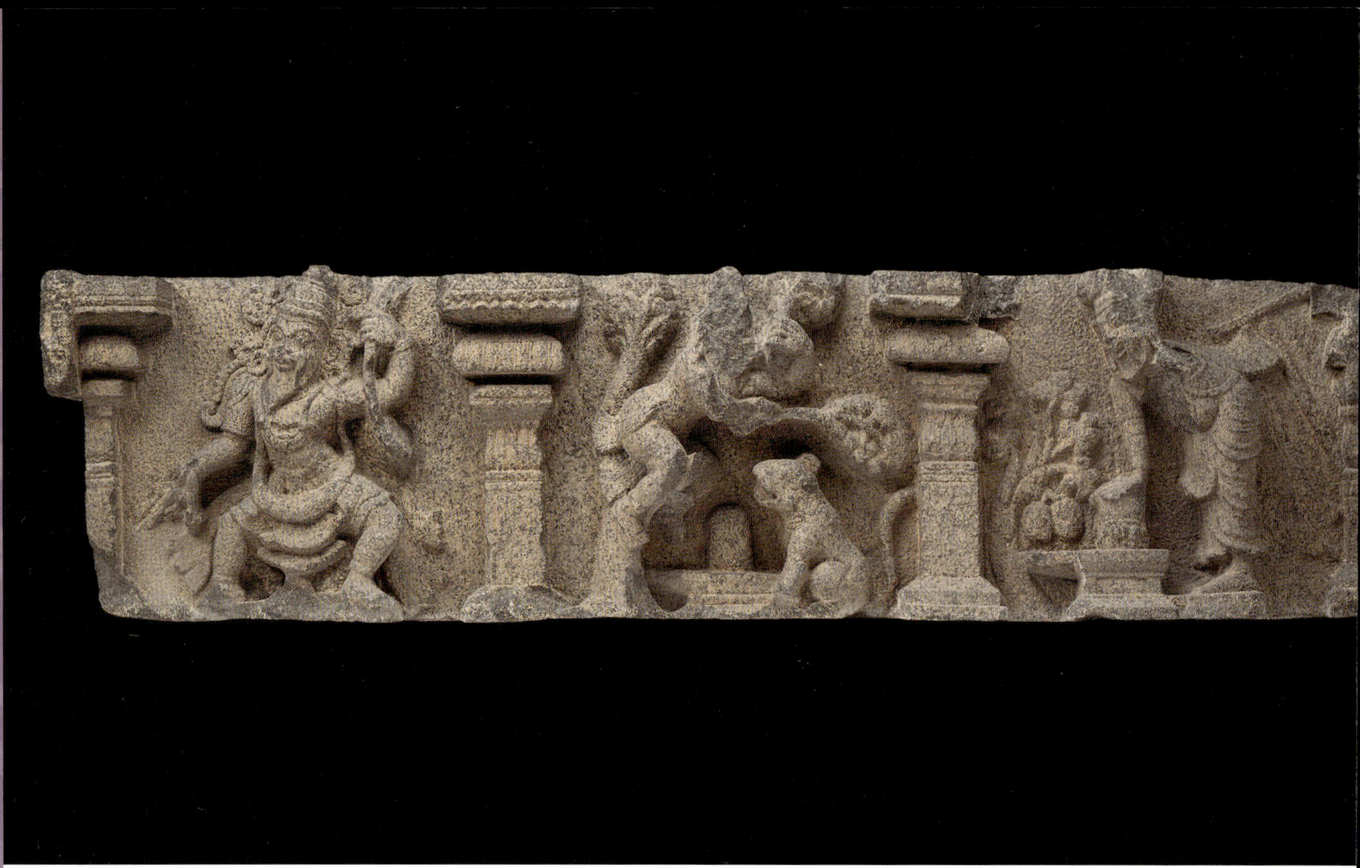

85

85

Śivarātri-Relief

Südindien, ca. 16. – 17. Jahrhundert
Granit, 150 × 39 × 24 cm
Staatliche Museen zu Berlin,
Museum für Asiatische Kunst,
Inv.-Nr. I 403
Foto: Dominik Drasdow

Bei diesem Granitrelief handelt es sich um ein architektonisches Fragment, das sich wahrscheinlich einst an den Innen- oder Außenwänden eines Śiva-Tempels entlang des Weges befand, den die Gläubigen bei der Umrundung des Heiligtums zurücklegten. Es zeigt die Geschichte eines Jägers, der unwissentlich zum Empfänger von Śivas Gnade wird, und ist ein Zeugnis für die große Verheißung von Mahāśivarātri, der für die Verehrer Śivas heiligsten aller Nächte, in der selbst ein zufälliger Akt der Hingabe an Śiva den Gott immens erfreut. Mahāśivarātri ist eine von Fasten und Gebeten geprägte Nacht, die im Monat Phalgun (Februar – März) des Hindu-Kalenders gefeiert wird und als die Nacht gilt, in der Śiva seinen kosmischen Tanz vollführt. Die dargestellte Geschichte findet sich im großen Hindu-Epos *Mahābhārata* und wird im Text vom König Citrabhānu, einem glühenden Verehrer Śivas, erzählt, als er sein früheres Leben als Jäger beschreibt. Der Jäger, ein armer Mann, war im Wald unterwegs, um Hirsche zu schießen, als er sich verirrte. Als die Nacht hereinbrach und wilde Raubtiere ihn zu belauern begannen, kletterte er mit dem Körper eines Hirsches, den er an diesem Tag erlegt hatte, auf einen Bilva-Baum (*Aegle marmelos*). Als die Nacht hereinbrach und die Raubtiere ihn umkreisten, vergoss der Jäger Tränen, denn er fürchtete um sein Leben und dachte an seine hungrige Familie zu Hause. Um sich nachts wach zu halten, begann er, Blätter und Früchte vom Bilva-Baum zu pflücken – dessen Teile, obwohl sie dem Jäger unbekannt waren, Śiva besonders gut gefielen – und ließ sie herunterfallen. Durch einen glücklichen Zufall fielen sowohl die Blätter als auch die Früchte auf ein Śivaliṅga, das im Dickicht unter dem Baum versteckt war. Außerdem war diese Nacht, die der Jäger auf dem Baum verbrachte, zufällig Mahāśivarātri, die verheißungsvollste Nacht des Jahres für die Verehrung Śivas. Erfreut über die Opfergaben vertrieb Śiva, der sich im Liṅga manifestierte, die wilden Tiere und beruhigte die Ängste des Jägers. Der Jäger stieg hinab und entdeckte das Liṅga. Daraufhin verehrte er das Śivaliṅga ausgiebig, bevor er bei Tagesanbruch zu seiner Familie zurückkehrte. Viele Jahre später, zum Zeitpunkt seines Todes, erschienen dem Jäger zwei Boten von Śiva, um ihn nach Kailasa, dem Wohnsitz von Śiva, zu geleiten. Die Boten erzählten ihm von seinen guten Taten in der Nacht von Mahāśivarātri, als er unwissentlich die ganze Nacht Śiva verehrt hatte, indem er den Liṅga mit seinen Tränen wusch und ihn mit Tausenden von Bilva-Blättern überschüttete. Der Jäger verbrachte daraufhin viele wunderbare Jahre im Kailasa-Himmel in der Gesellschaft von Śiva, bevor er als berühmter König wiedergeboren wurde.

Der Fries stellt die Legende in drei Teilen dar, wobei jede Szene durch architektonische Pfeilermotive getrennt ist. 1. Der Jäger mit Pfeil und Bogen. 2. Die Nacht auf dem Bilva-Baum, mit dem Śivaliṅga darunter. 3. Die Verehrung des Śivaliṅga. Besonders reizvoll ist hier die zentrale Szene, die den Jäger zeigt, wie er sich in Todesangst an den Bilva-Baum klammert. Dieses Relief war wahrscheinlich nur für diejenigen verständlich, die bereits mit der Geschichte vertraut waren, die wie andere hinduistische Legenden seit Jahrtausenden von Generation zu Generation mündlich weitergegeben wird. Innerhalb der Tempelmauern platziert, hätte ein solcher Fries als Anregung zum Erzählen von Geschichten und zur Erinnerung der Gläubigen an eine geliebte Geschichte über Sivas Großzügigkeit in der heiligen Nacht von Mahāśivarātri gedient. | NT

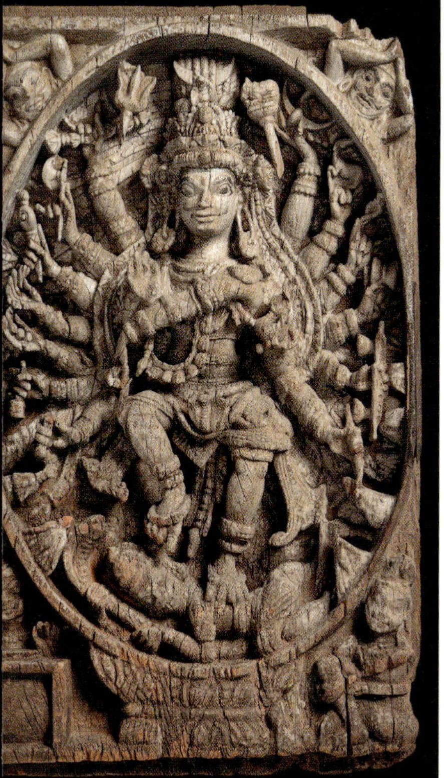

86

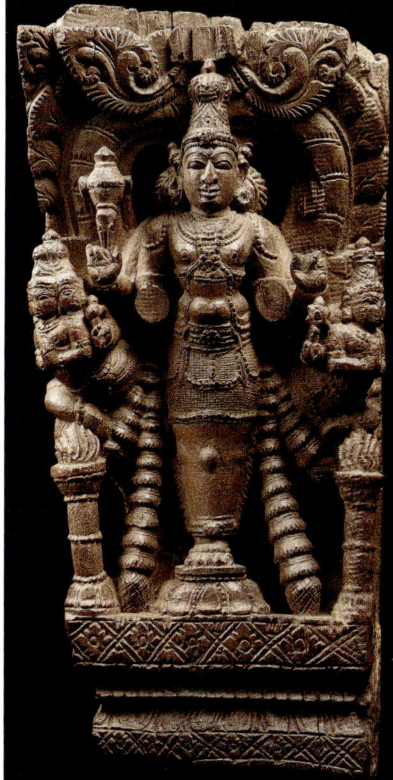

87

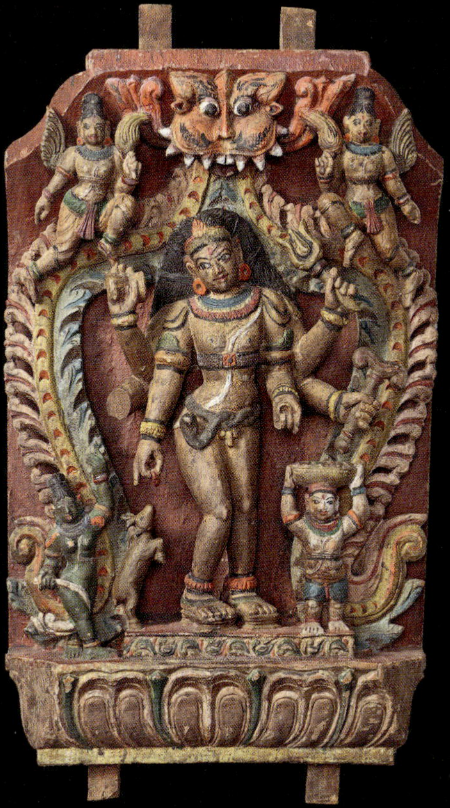

88

89

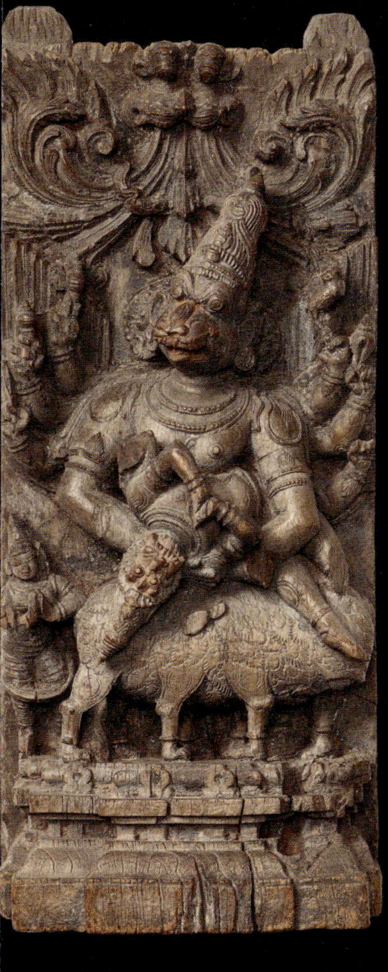

86

Holzrelief: Śiva Naṭarāja

Südindien, vermutlich Kerala, 17. Jahrhundert
Holz, 69 × 43 cm
Museum Fünf Kontinente, München, Inv.-Nr. 75-9-1
Foto: Nicolai Kästner

Śiva als der Herr des Tanzes (Naṭarāja) erschafft, erhält und zerstört die Welt mit seinem kosmischen Tanz. Er besiegt den Dämon der Unwissenheit (Apasmāra), der unter seinem Fuß zertreten wird. In dieser Darstellung wird Śiva mit vielen seiner charakteristischen Attribute abgebildet: dem Dreizack, der Trommel, der Schlange und der Antilope. Mit der Trommel (*ḍamaru*) schlägt er den Rhythmus des Lebens. | NT

87

Holzrelief: Śiva Ekapādamurti

Südindien, 18. Jahrhundert
Holz, 55 × 26 cm
Musée national des arts asiatiques – Guimet, Paris, Inv.-Nr. MG20904
Foto: Musée national des arts asiatiques – Guimet

Als »einfüßige Gottheit« steht dieser Aspekt Śivas, der vor allem in Odisha und Südindien verehrt wird, für den Beschützer des Universums, der dieses auf seinem einen Bein stützt. In dieser Form wurde er von den śivaitischen Anhänger*innen verehrt. Es wird dargestellt, dass Brahmā und Viṣṇu aus seinem Körper entstehen und Ekapādamurti verehren. | LPL

88

Holzrelief: Śiva

Südindien, 19. Jahrhundert
Holz, 65 × 33 cm
Privatsammlung
Foto: Dominik Drasdow

Ein Holzrelief mit einer Darstellung Śivas, erkennbar an Dreizack und Krug, heiliger Schnur, seiner Haartracht und den ihn oft umgebenden Schlangen. Solche Panele waren z. B. Teil von Tempelwagen oder fanden in den Tempeln selber Verwendung. | GN

89

Holzrelief: Śiva Śarabha

Tamil Nadu, ca. 18. – 19. Jahrhundert
Holz, 54 × 26 × 12 cm
Privatsammlung
Foto: Dominik Drasdow

Śarabha ist ein achtbeiniges Wesen, das zum Teil Mensch, zum Teil Löwe und zum Teil Vogel ist. Śivaitischen Legenden zufolge nahm Śiva diese Gestalt an, um Narasiṃha, einen grausamen Avatar Viṣṇus, zu besiegen. Narasiṃha ist hier im Griff von Śarabha gefangen. Der Ursprung von Śiva Śarabha ist eng mit der Rivalität zwischen Śiva- und Viṣṇu-Verehrern in Südindien verbunden. | NT

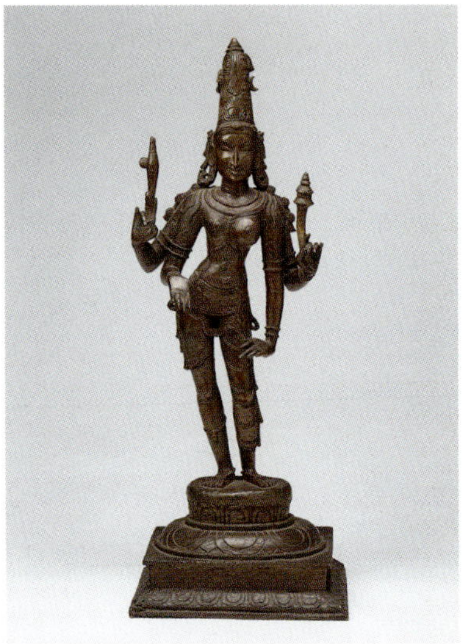

90

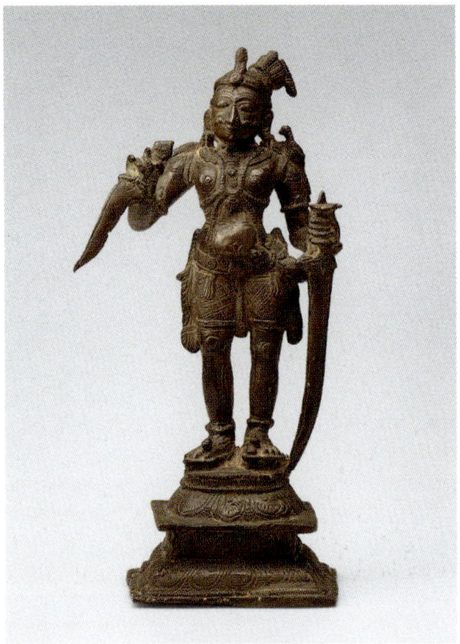

91

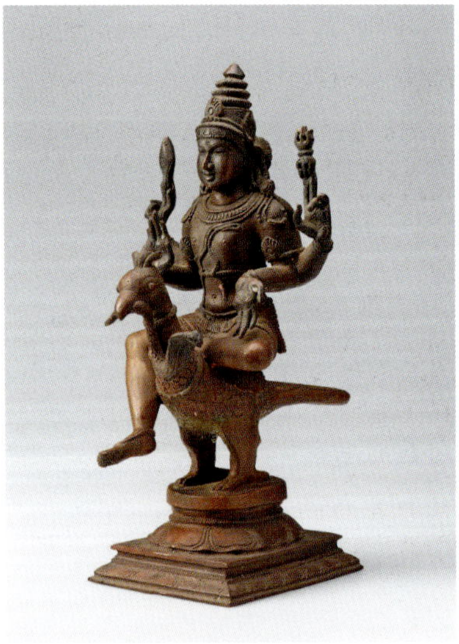

92

90

Ardhanārīśvara

Südindien, 19.–frühes 20. Jahrhundert
Bronze, 59 × 23,5 × 23,5 cm
Linden-Museum Stuttgart,
Inv.-Nr. SA 31531
Foto: Dominik Drasdow

»Gott, der halb Frau ist«, meist zusammengesetzt aus dem Gott Śiva (rechts mit verfilzten Locken und Tigerfell) und (links mit gekämmtem Haar, Brust, Gewand mit Gürtel) der weiblichen Kraft Śakti (bzw. Śivas Gefährtin Pārvatī). Die Gottheit ist die schöpferische und zeugungsfähige Kraft, aus der die weiteren Geschöpfe entstehen. | LPL

91

Madurai Vīraṉ

Südindien, 17.–19. Jahrhundert
Bronze, 29 × 15 × 11 cm
Privatsammlung
Foto: Dominik Drasdow

Während seines kurzen Lebens brach Madurai Vīran (»der Krieger von Madurai«) Konventionen, bewegte sich ständig zwischen Wildnis und sozialem Raum. So wurde er zum Wächter der Göttin Mīnākṣī in Madurai. Besondere Bekanntheit erhielt Madurai Vīran durch den gleichnamigen tamilischen Film, in dem M. G. Ramachandran, Schauspieler und langjähriger Ministerpräsident von Tamil Nadu, die Rolle des Madurai Vīran spielte. | LPL

92

Murukaṉ

Thanjavur, 2018, nach einem Vorbild aus dem 17. Jahrhundert
Bronze, 59 × 23,5 × 23,5 cm
Linden-Museum Stuttgart,
Inv.-Nr. SA 31531
Foto: Dominik Drasdow

Śiva hat zwei Söhne, Gaṇapati (oder Gaṇeśa) und Skanda. Letzterer ist in Tamil Nadu, unter dem tamilischen Namen Murukaṉ bekannt. Er ist einer der beliebtesten Götter der tamilischsprachigen Hindus. Murukaṉ gilt als die Verkörperung der tamilischen Renaissance; seine Pilgerstätten gehören zu den beliebtesten in Südindien. Gefertigt von dem Bronzegießer Dass Nathan in Thanjavur, nach einem historischen Vorbild (15.–16. Jahrhundert), das sich im Museum des Nayak-Palastes von Thanjavur befindet. | LPL

93

Bhṛṅgī – der Verehrer Śivas

Südindien, 19. Jahrhundert (?)
Holz, polychrom gefasst,
38,4 × 10 × 9,5 cm
Linden-Museum Stuttgart,
Inv.-Nr. SA 37546
Foto: Dominik Drasdow

Der Asket (*ṛṣi*) Bhṛṅgī, ein hingebungsvoller Śiva-Verehrer, reiste nach Kailasa, dem Aufenthaltsort von Śiva und seiner Frau Pārvatī. Dort huldigte er Śiva, indem er den Gott betend umkreiste (ein Ritual der Umrundung, das als pradakṣiṇa bekannt ist). In Unkenntnis der Einheit zwischen Śiva und seinem weiblichen Gegenstück, Śakti, weigerte er sich jedoch, Pārvatī, die eine Inkarnation von Śakti ist, in gleicher Weise Respekt zu erweisen. Um Bhṛṅgī die Wahrheit klarzumachen, setzte sich Pārvatī auf Śivas Schoß und hinderte ihn daran, nur ihren Mann allein zu umkreisen. Hartnäckig in seiner Unwissenheit nahm Bhṛṅgī die Gestalt einer Schlange an und schlüpfte durch die Lücke zwischen den beiden göttlichen Körpern, um Pārvatī zu umgehen. Śiva und Pārvatī verschmolzen daraufhin zu einer halb männlichen und halb weiblichen Form, die als *Ardhanārīśvara* bekannt ist. Unbeeindruckt davon versuchte Bhṛṅgī, der die Gestalt eines Käfers annahm, sich durch den Körper des *Ardhanārīśvara* zu graben, um zu verhindern, dass er Pārvatī umkreisen musste. Darüber verärgert, verfluchte Pārvatī Bhṛṅgī mit den Worten:
»Du sollst alle Teile deines Körpers verlieren, die du von deiner Mutter geerbt hast.«
Nach tantrischer Vorstellung erbt ein Mensch die weichen Teile seines Körpers, wie Fleisch und Blut, von seiner Mutter, während die Knochen und anderen harten Teile vom Vater kommen. Bhṛṅgī brach also zu einem ausgemergelten Knochensack zusammen. An diesem Punkt erkannte Bhṛṅgī die Wahrheit und zollte Pārvatī seinen Respekt. Śiva hatte Mitleid mit ihm und stützte Bhṛṅgīs Körper, indem er ihm ein zusätzliches Bein als Stütze gab – so wurde Bhṛṅgī zu einem Dreibein.
In dieser Holzskulptur weisen Bhṛṅgīs lange Haarsträhnen, der Bart, die *Rudrākṣa*-Perlen und die Ascheflecken auf seiner Stirn ihn als Asketen aus. | NT

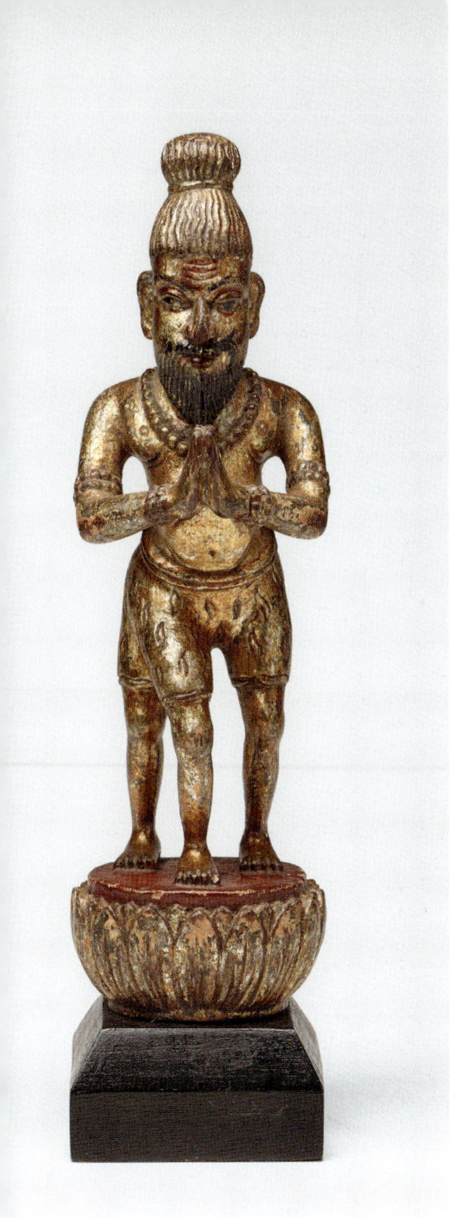

93

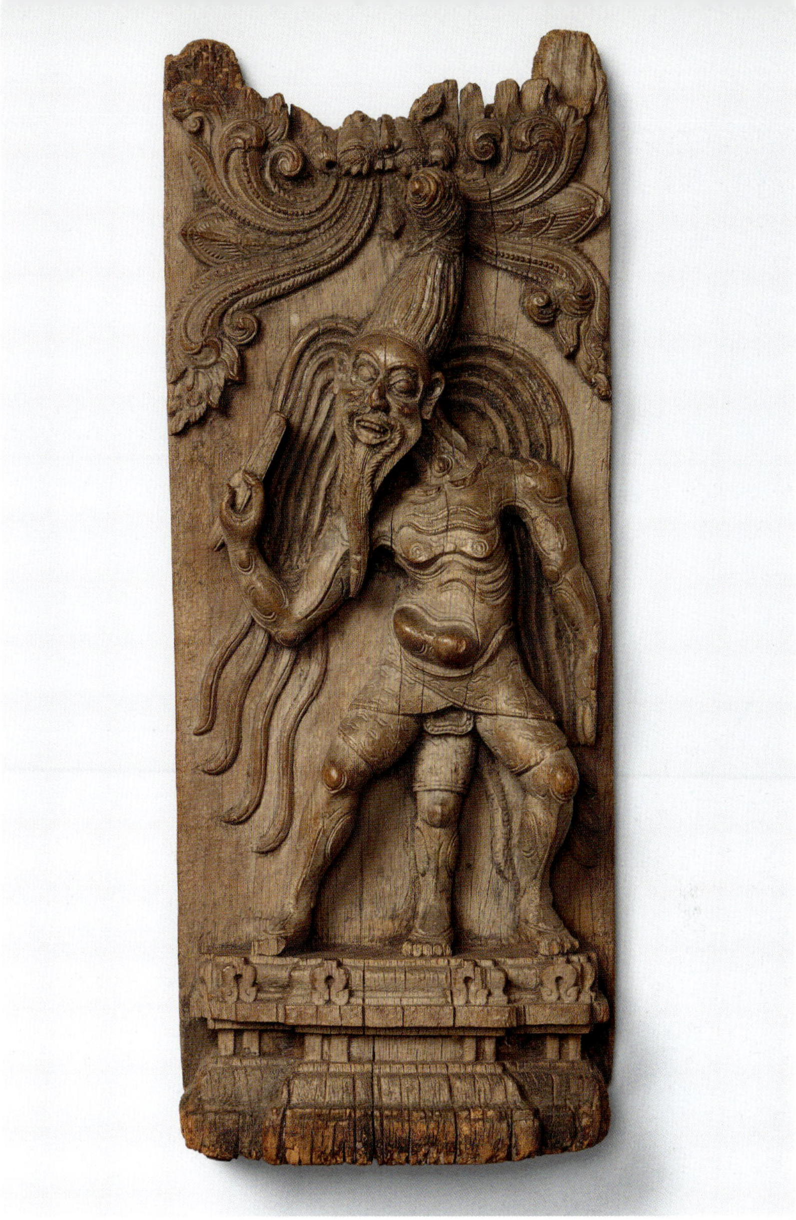

94

✱ 94

Holzrelief: Bhṛṅgī

Südindien, 19. Jahrhundert (?)
Holz, 54 × 23 × 12 cm
Privatsammlung
Foto: Dominik Drasdow

Der Asket Bhṛṅgī, ein Verehrer von Śiva, wurde von der Göttin Parvati für seine Unverschämtheit verflucht, weil er sich weigerte, ihre Untrennbarkeit von Śiva anzuerkennen (siehe Kat.-Nr. 92). Pārvatīs Fluch verwandelte Bhṛṅgī in eine ausgemergelte, grässliche Gestalt ohne Muskeln und Fleisch. In diesem hölzernen Panel hat der Schnitzer die Maserung des Holzes sehr gut genutzt, um Bhṛṅgīs ausgehöhlten Körper darzustellen. | NT

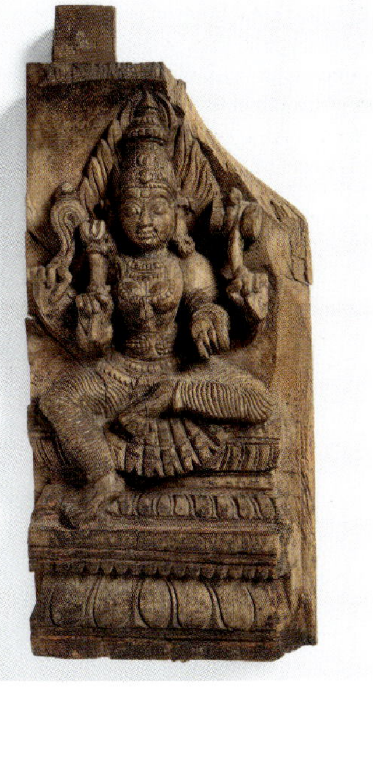

95

✱ 95

Holzrelief: Kālī

Südindien, 17. Jahrhundert
Holz, Farbreste, 36,5 × 16 cm
Museum Fünf Kontinente, München,
Inv.-Nr. 69-12-81
Foto: Nicolai Kästner

Kālī, »die Schwarze« oder »die über die Zeit herrscht«. Sie erwächst aus der Stirn der zornigen Göttin Durgā, bewaffnet mit Schwert, Schlinge und einem Stab mit Totenschädeln. Sie trägt eine Totenkopfgirlande und ein Tigerfell. Als Dorfgöttin schützt sie und erfüllt Wünsche und als tantrische Göttin des Todes und der Transzendenz oder als liebevolle Mutter schenkt sie Erlösung. | LPL

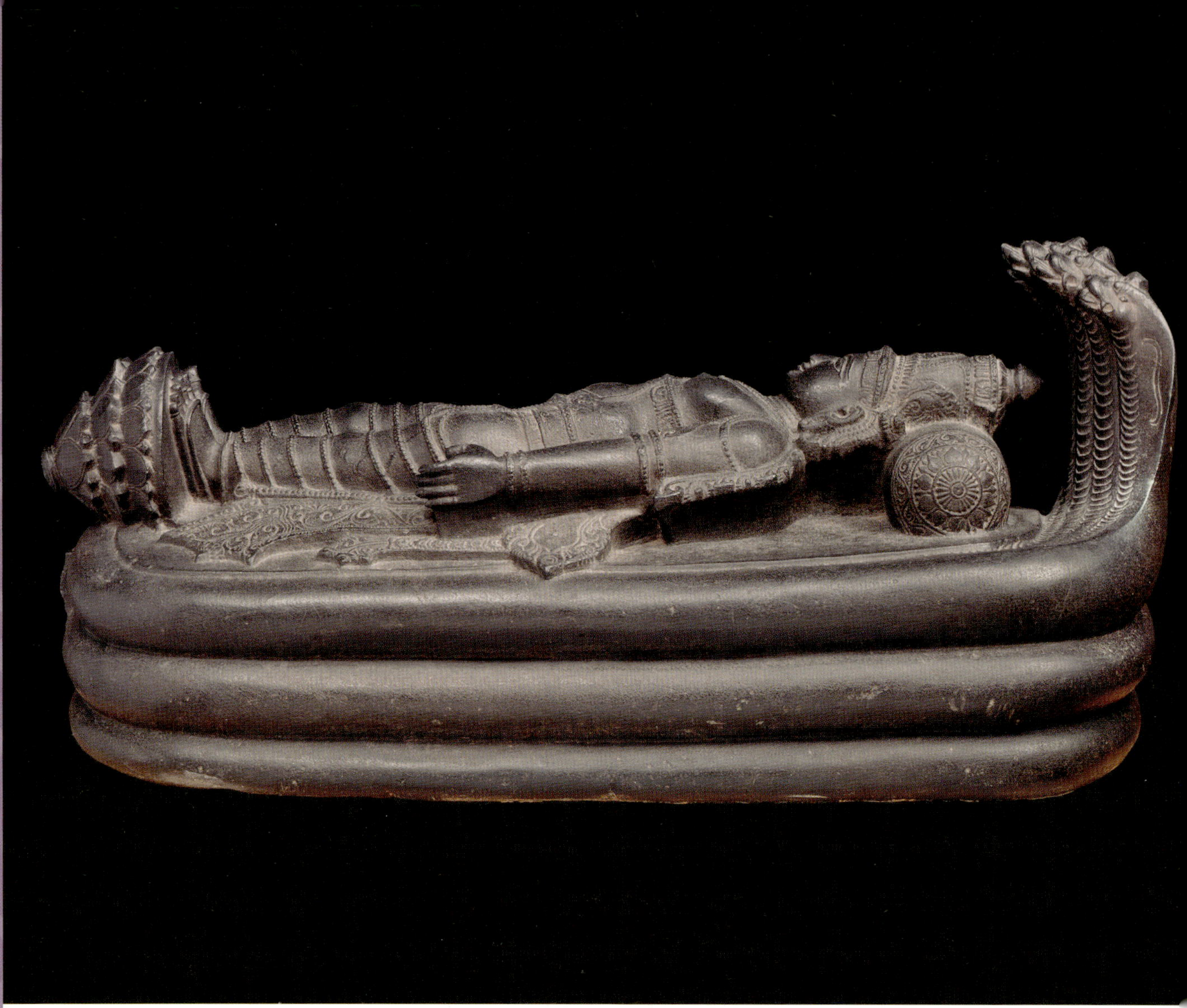

96

96

Viṣṇu Nārāyaṇa

Tamil Nadu, ca. 17.–18. Jahrhundert
Basalt, Länge: 100 cm
Musée national des arts asiatiques – Guimet, Paris, Inv.-Nr. MA 218527
Foto: Musée national des arts asiatiques – Guimet

In einer besonders bekannten Darstellung ruht Nārāyaṇa, »der aus dem Wasser Steigende«, in menschlicher Gestalt zwischen zwei Weltperioden. Er liegt auf dem Schlangengott Śeṣa im kosmischen Ozean, dem Ozean der Milch, während Brahmā in seinem Auftrag eine neue Schöpfung hervorbringt. | LPL

97

Holzrelief: Matsya Avatār

North Arcot Distrikt, Tamil Nadu, 18. Jahrhundert
Holz, Ruß, 48,5 × 22 cm
Museum Fünf Kontinente, München, Inv.-Nr. Kr. 67
Foto: Nicolai Kästner

Viṣṇu rettet den verarmten König Satyavrata in der Manifestation des Fisches (Matsya Avatāra) vor der Auflösung des Universums, indem er ihn warnt und ihm ein großes Boot schickt, das der König mit Pflanzen und Samen aller Arten beladen soll. Das Boot wird mithilfe der Schlange Vāsuki am Horn des Fisches befestigt und so vor der Katastrophe gerettet. | LPL

98

Holzrelief: Kurma Avatār

North Arcot Distrikt, Tamil Nadu, 18. Jahrhundert
Holz, Ruß, 48,5 × 21,5 cm
Museum Fünf Kontinente, München, Inv.-Nr. Kr. 68
Foto: Nicolai Kästner

Im Viṣṇu-Purana wird erzählt, dass die in Unordnung geratene Welt auf den Rat Viṣṇus hin wiederhergestellt wurde, indem sich Götter und Dämonen zusammentaten und den Milchozean quirlten. Dabei wurde die Schlange Vāsuki um den Berg Mandāra gelegt und an beiden Enden abwechselnd gezogen. Als der Berg durch die Drehung in den Ozean abzurutschen drohte, sorgte Viṣṇu in Gestalt der Schildkröte Kurma dafür, den Berg am Meeresgrund zu halten. | LPL

99

Holzrelief: Varāha Avatār

Tamil Nadu, ca. 17.–18. Jahrhundert
Holz, 81 × 41 cm
Musée national des arts asiatiques – Guimet, Paris, Inv.-Nr. MA 17872
Foto: Musée national des arts asiatiques – Guimet

In seiner dritten Inkarnation als Eber (Varāha) rettet Viṣṇu die Erdgöttin (Bhūdevī) aus dem Urmeer, wo ein Dämon sie gefangen hielt. In einer typischen Darstellung dieses Mythos hält der Gott die zierliche Gestalt der Göttin zärtlich in seinem linken Arm und lässt sie auf seinem angewinkelten Bein sitzen. Bhūdevī hält ihre Hände zusammen, während sie Varāha anbetet. | LPL | GN

100

Holzrelief: Kṛṣṇa

Tamil Nadu, ca. 17.–18. Jahrhundert
Holz, 81 × 40 cm
Musée national des arts asiatiques – Guimet, Paris, Inv.-Nr. MA 17466
Foto: Musée national des arts asiatiques – Guimet

Der achte *Avatār* Viṣṇus. Kṛṣṇa, hier dargestellt als Gopāla, der göttliche Kuhhirte, lädt mit seinem erhabenen Flötenspiel männliche (*gopa*) und weibliche (*gopi*) Kuhhirten ein, sich ihm in Hingabe anzuschließen. Im Gegensatz zu dieser Rolle als göttlicher Kuhhirte spielt Kṛṣṇa im *Mahābhārata*-Epos die Rolle des gerissenen Strategen, der seine Feinde vernichtet und sich selbst zum endgültigen Zerstörer des Universums erklärt. | LPL

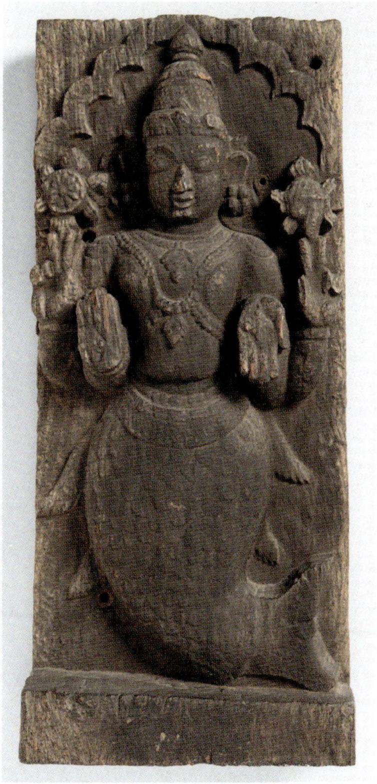

97

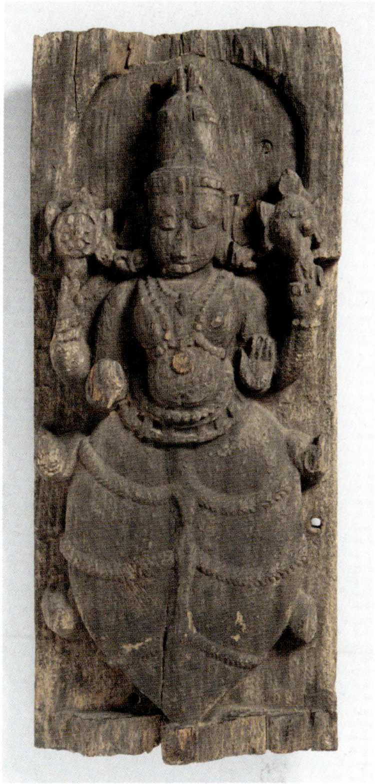

98

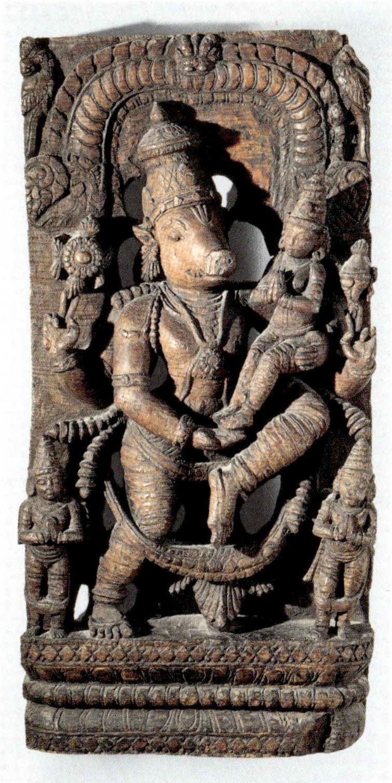

99

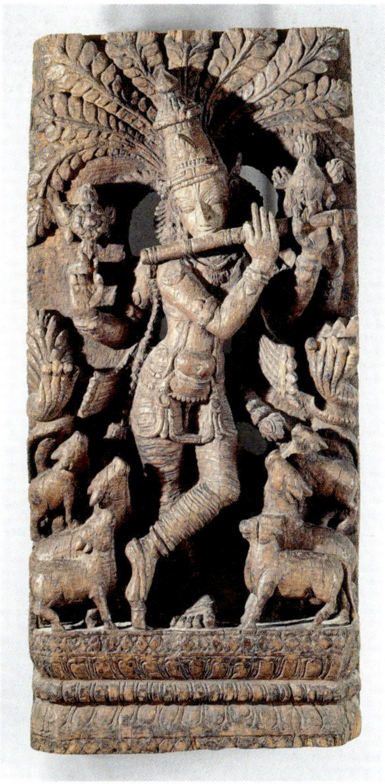

100

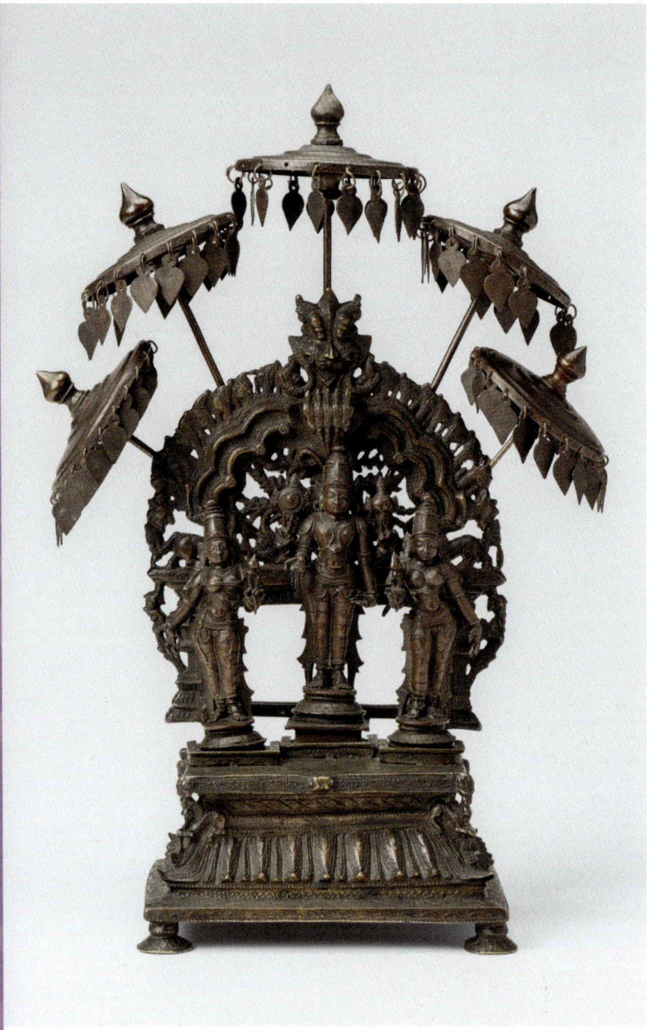

101

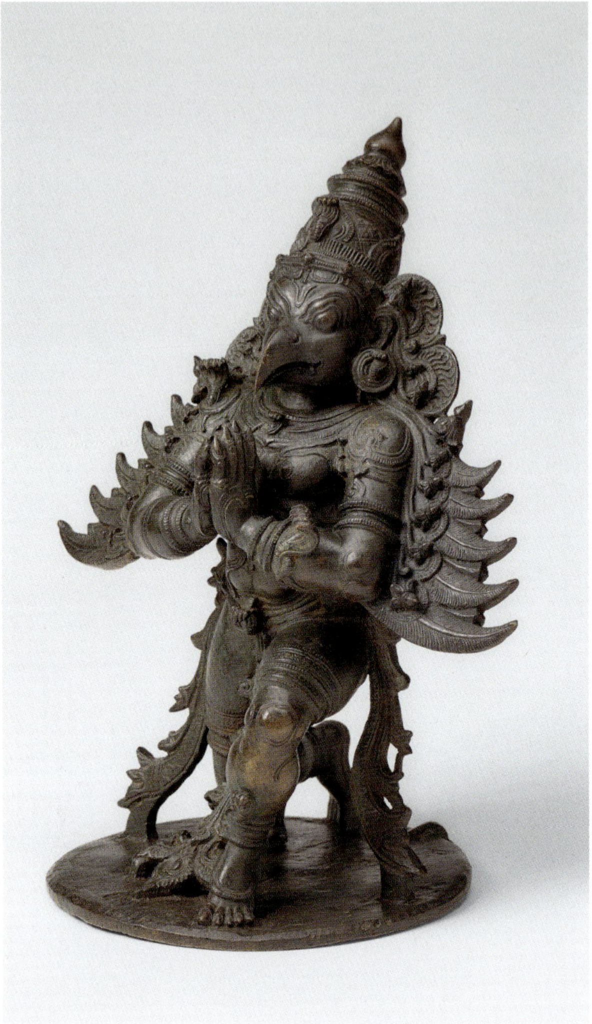

102

101

Viṣṇu, Śrīdevī und Bhūdevī

Südindien, ca. 19. Jahrhundert
Bronze, 40,2 × 26 × 13 cm
Staatliche Museen zu Berlin, Museum für Asiatische Kunst, Inv.-Nr. I 375 a–j
Foto: Dominik Drasdow

Lakṣmī hat an der Seite von Vēṅkaṭēśvara, einer Form von Viṣṇu, zwei Formen: Śrīdevī und Bhūdevī. Bhūdevī stellt die Gesamtheit der Energie der materiellen Welt dar und wird auch als Mutter Erde betrachtet; wohingegen Śrīdevī die spirituelle Energie der Welt ist. Die Schirme sind glückverheißende Symbole und gelten auch als Verkörperung des Königtums. | LPL

102

Garuḍa

Südindien, ca. 15.–16. Jahrhundert
Bronze, 40 × 33 × 21 cm
Linden-Museum Stuttgart, Inv.-Nr. SA 36798 S
Foto: Dominik Drasdow

Der Adler Garuḍa ist Viṣṇus Reittier und gleichzeitig der Herr der Vögel. Als Viṣṇus treuer Diener kniet er mit gefalteten Händen in einer Geste der Hingabe. Seine Flügel sind ausgebreitet, bereit zum Flug. | NT

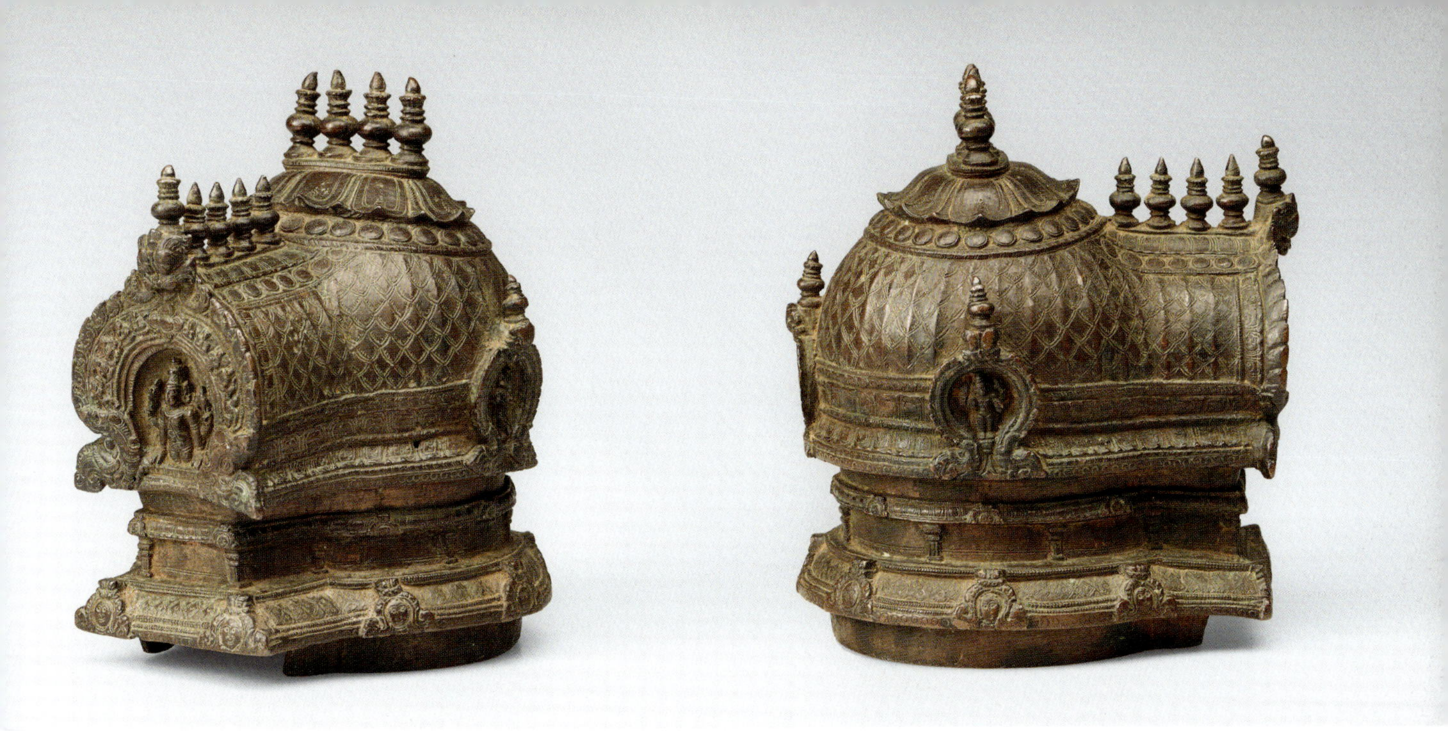

103

✳ 103

Vimāna des Śri Ranganāthasvāmi-Tempels in Srirangam

Südindien, ca. 14.–18. Jahrhundert (?)
Bronze, 17 × 16 × 12 cm
Privatsammlung
Foto: Dominik Drasdow

Ein Bronzemodell von der Kuppel (*Vimāna*) des zentralen Heiligtums im Śri Ranganāthasvāmi-Tempel von Srirangam bei der Stadt Tiruchirappalli. Der Tempelkomplex, ein Heiligtum des Gottes Viṣṇu, ist mit zahlreichen Schreinen und Tempeltürmen (Gopurams) der größte heute aktive Hindutempel. Im Mittelalter war er ein wichtiges Zentrum der viṣṇuitischen *Bhakti*-bewegung. Das in Wirklichkeit dick mit Gold überzogene *Vimāna* umschließt das nur brahmanischen Priestern zugängliche Allerheiligste, in dem der vor allem in Südindien beliebte Ranganātha, eine Form Viṣṇus, verehrt wird. Der Entstehungszeitraum des sehr detailgetreuen Modells ist nicht genauer bekannt. | GN

✳ 104

Vimāna eines Śiva-Tempels

Südindien, ca. 14.–16. Jahrhundert (?)
Bronze, Höhe: 15 cm
Privatsammlung
Foto: Dominik Drasdow

Das Bronzemodell des Daches über dem Allerheiligsten eines Śiva-Tempels zeigt den tanzenden Naṭarāja mit Verehrern und Begleitern. Um das Modell herum sind auch seine Gattin Pārvatī und ihr Sohn Gaṇapati dargestellt. | GN

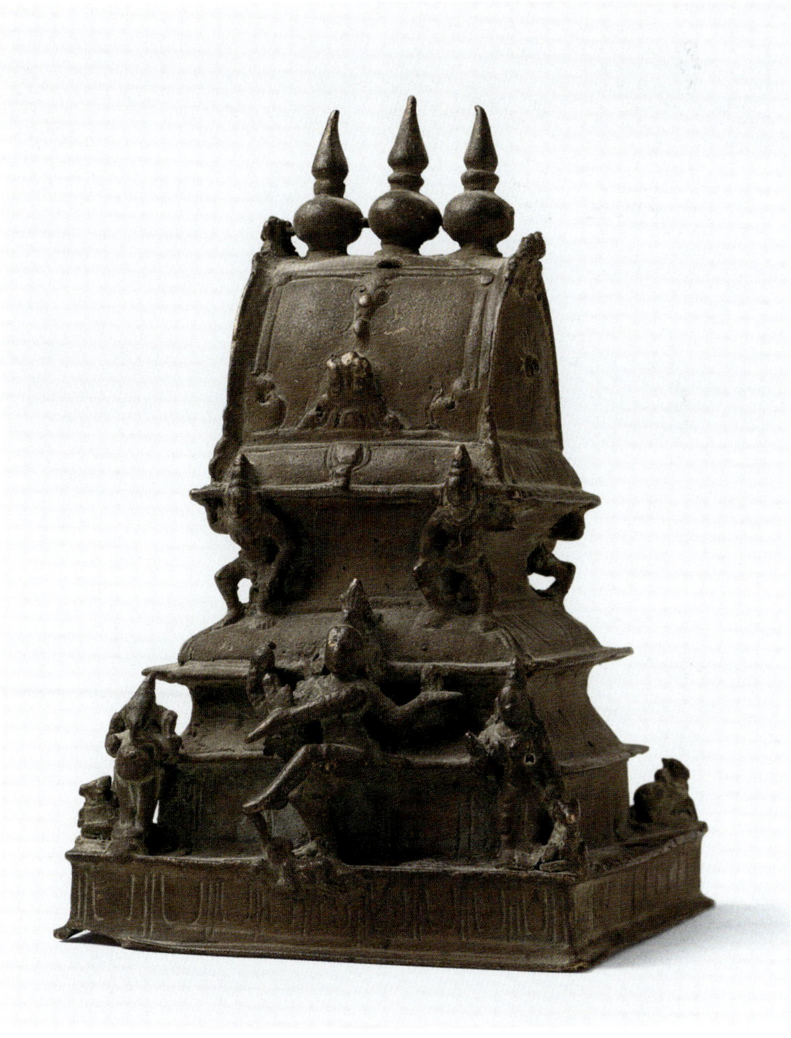

104

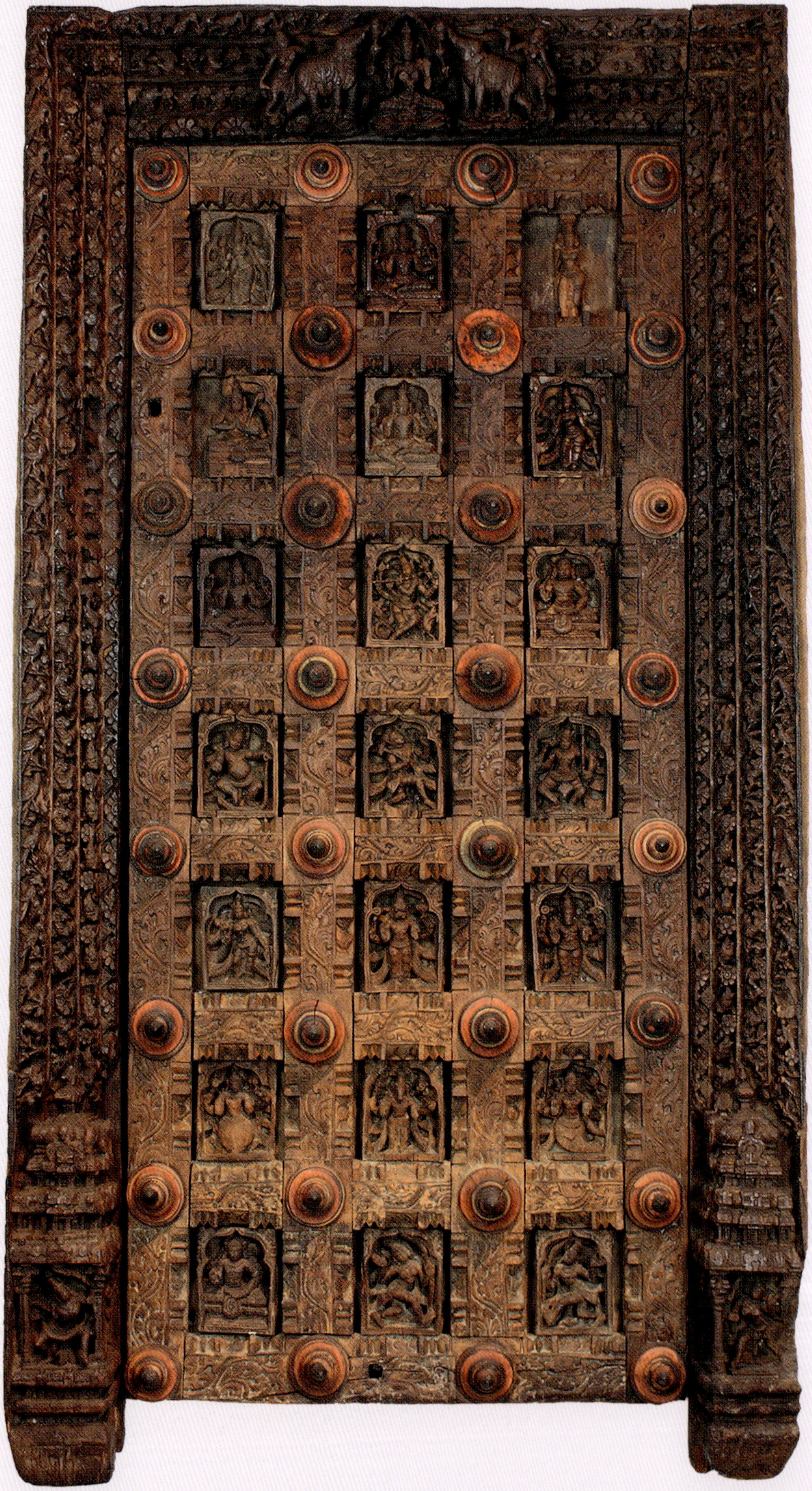

105

Tempelportal

Holz, Metall
Madurai, 17. Jahrhundert
Holz, Metall 161 × 69,5 cm
Staatliche Museen zu Berlin, Museum für Asiatische Kunst, Inv.-Nr. I 9891
Foto: Susanna Schulz

Diese hölzerne Pforte stammt vermutlich aus einem Tempel und zeigt Darstellungen der *Avatāras* (Herabkünfte) und Erscheinungsformen des Gottes Viṣṇu in von Blumenranken und Vögeln eingefassten Reliefs. Oben auf der Umrahmung ist die glückverheißende Gaja-Lakṣmī zu erkennen, d. h. Lakṣmī, die Gattin Viṣṇus, begleitet von Elefanten. | GN

106

Yāḻi

Südindien, 18. Jahrhundert
Elfenbein, 14 × 8 × 3 cm
Museum Fünf Kontinente München, Inv.-Nr. 87-308 562 R 14
Foto: Nikolai Kästner

Yāḻis sind Fabelwesen, die häufig als dekorative Elemente in der tamilischen Architektur zu sehen sind; oft z. B. als Granitskulptur an Tempelsäulen. *Yāḻis* sind in der südindischen Bildhauerei und Tempelarchitektur ab dem 16. Jahrhundert sehr prominent und heute in fast allen Tempeln anzutreffen. Dieses kleinere, aus Elfenbein geschnitzte *Yāḻi* diente allerdings vermutlich als Dekor eines Möbelstückes. | GN

107

Bild eines Prozessionswagens aus Kumbakonam

Südindien, 18. Jahrhundert
Stich auf Papier
Franckesche Stiftungen zu Halle, Inv.-Nr. KNK R-Nr. 1065

Bei Tempelfesten finden regelmäßig Prozessionen zu Ehren der Götter statt, deren Statuen dabei auf sehr große und hohe, prächtig geschmückte Wagen wie den hier abgebildeten gesetzt werden. Die Holzreliefs auf den vorhergehenden Seiten waren zu großen Teilen vermutlich einmal Teil eines solchen Wagens. Die Wagen werden an langen Seilen von zahlreichen Gläubigen gezogen. | GN

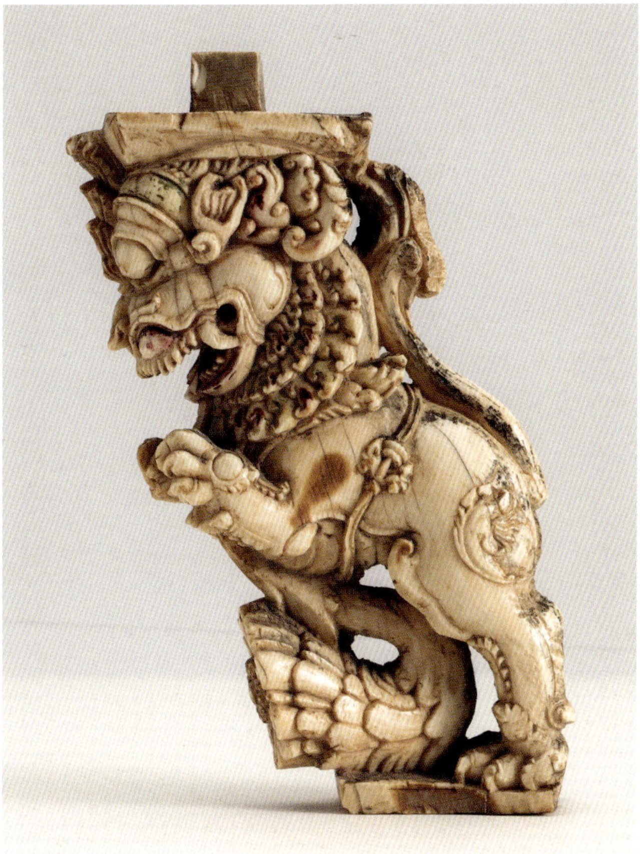

106

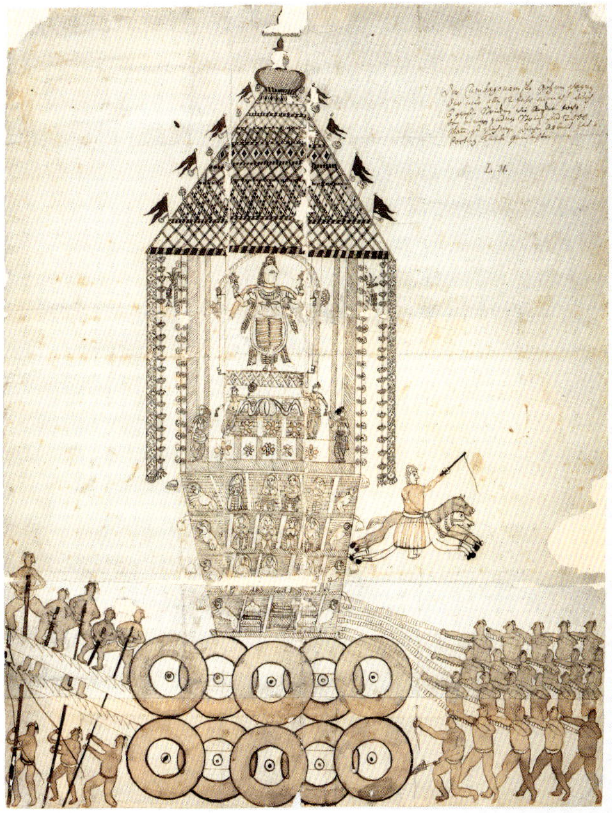

107

◀ 105

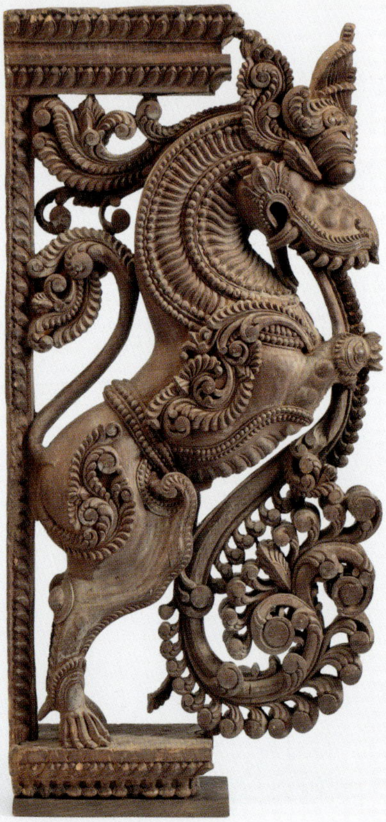

108

109

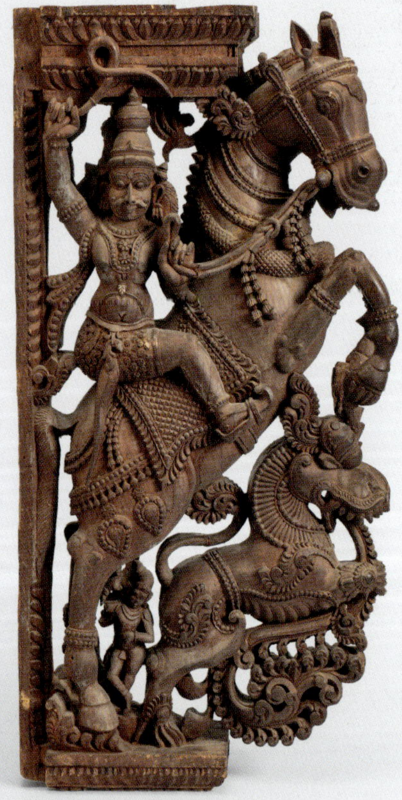

✳ 108 | 109

Holzschnitzereien

Tamil Nadu, 19. Jahrhundert
Holz, je ca. 73 × 36,5 × 14 cm
Museum Fünf Kontinente München, Inv.-Nr. 87-308 567 R 329, 87-308 568 R 330
Foto: Nikolai Kästner

Diese Schnitzereien stammen aus der Halle des Palastes eines Raja von Chettinad (einer Region im Süden von Tamil Nadu) und sind zwei Beispiele einer ganzen Serie von gleichartigen Holzdekoren aus dem Inneren des Palastes, die sich heute in der Sammlung des Museums Fünf Kontinente in München befindet. Beide Motive – Reiter auf sich aufbäumenden Pferden und Darstellungen des Fabelwesens *Yāḻi* – finden sich in ganz ähnlicher Form auch häufig in der tamilischen Tempelarchitektur, dort oft mehrere Meter hoch und aus Granit gearbeitet. | GN

✳ 110

Holzschnitzerei

Tamil Nadu, 19. – frühes 20. Jahrhundert
Holz, 94,3 × 28 × 9 cm
Linden-Museum Stuttgart, Inv.-Nr. 120784
Foto: Dominik Drasdow

Ein weiteres Beispiel für ein verbreitetes Architekturdekor – eine Kombination von Reiter auf einem steigenden Pferd und *Yāḻi*. Hier aus Holz geschnitzt, anderweitig aber auch oft in Granit zu finden. Die Herkunft dieses Objektes – aus der Residenz einer vermögenden Person, aus einem Tempel oder vielleicht aus einem Prozessionswagen – ist nicht bekannt. | GN

✳ 111

Schlangensteine

Tamil Nadu, 20. – 21. Jahrhundert
Granit, 18,5 × 8 × 7,5 cm, 25 × 15 × 10 cm
Linden-Museum Stuttgart,
Inv.-Nr. SA 01268, SA 07020
Foto: Dominik Drasdow

Wenn die weibliche Ur-Energie Ādiśakti die Welten erschafft, nimmt sie die Form einer Schlange an. Schlangen werden mit Regen und Wasser assoziiert und breiten ihre schützende Haube über Gottheiten und Heilige aus. Sie stehen für Erneuerung (sie häuten sich immer wieder) und Unsterblichkeit, aber auch Fruchtbarkeit. In Verbindung mit einem Kinderwunsch stellen Frauen solche Schlangensteine unter den Pipal- und Neembäumen auf. | LPL

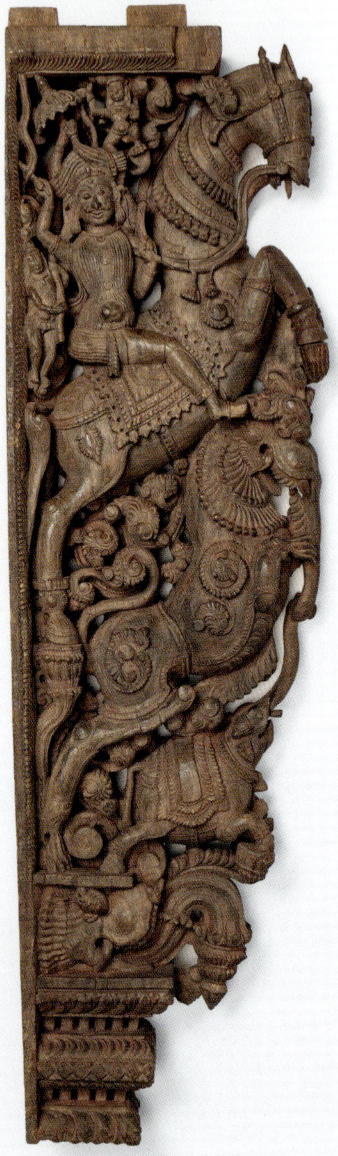

110

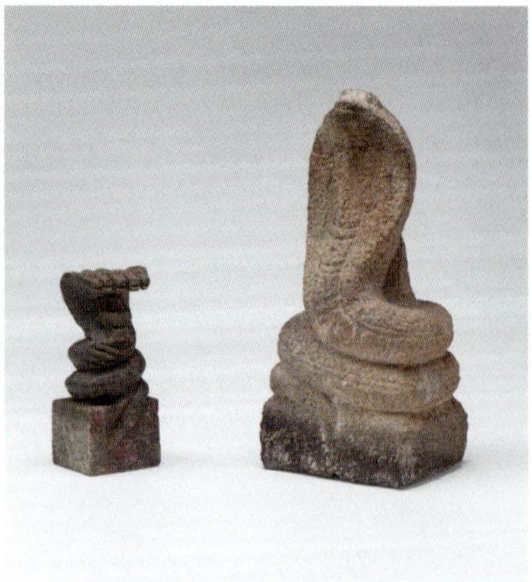

111

✳ 112

Kāmadhenu – die Wunschkuh

Tamil Nadu, 19. – 20. Jahrhundert
Holz, 88 × 77 × 35 cm
Privatsammlung
Foto: Dominik Drasdow

Die wunscherfüllende, nährende Kuh, auf der verschiedene Götter und Göttinnen in einer Prozession reiten, ist ein Mischwesen mit dem Körper einer Kuh, den Flügeln eines Adlers und dem Schwanz eines Pfaus sowie den Brüsten und dem Kopf einer schönen Frau – allerdings mit Kuhhörnern. Als »Mutter aller Kühe« bezeichnet, ist sie dafür bekannt, ihren Verehrern Wünsche zu erfüllen. | GN

✳ 113, 114

Viḷakku

Tamil Nadu, 2018
Messing, 16 × 14 × 12 cm, 10 × 7 × 5,9 cm
Linden-Museum Stuttgart,
Inv.-Nr. SA 07018, SA 07590
Fotos: Dominik Drasdow

Öllampen, auf Tamil *Viḷakku* genannt, werden in Tempeln, aber auch in Hausschreinen aufgestellt. Im Allgemeinen sind die in Tempeln verwendeten Lampen kreisförmig und haben Platz für fünf Dochte, die von allen Seiten eingelegt werden. Im Hausschrein ist die Form der Lampe normalerweise anders und enthält nur einen Docht, dafür gibt es einen Messingspiegel mit dem Bild einer Gottheit darauf, die so ein Lichtopfer erhält und ihr Licht auf ihre Verehrer wirft. In vielen Häusern brennen solche Lampen den ganzen Tag, in anderen Häusern werden sie bei Sonnenuntergang angezündet. Die Lampe im Hausschrein sollte jedoch aus Respekt vor der Gottheit angezündet werden, bevor andere Lichter in der Nacht angezündet werden. Auch in Moscheen, Jain-Tempeln und christlichen Kirchen findet man häufig *Viḷakku*, die jedoch mit anderen Motiven verziert werden. | GN

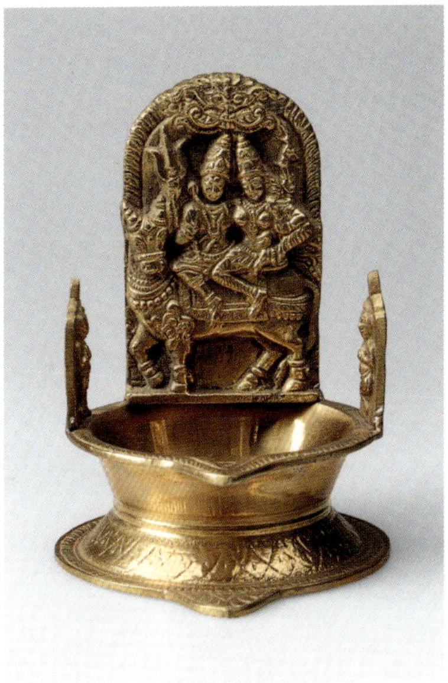

113

112

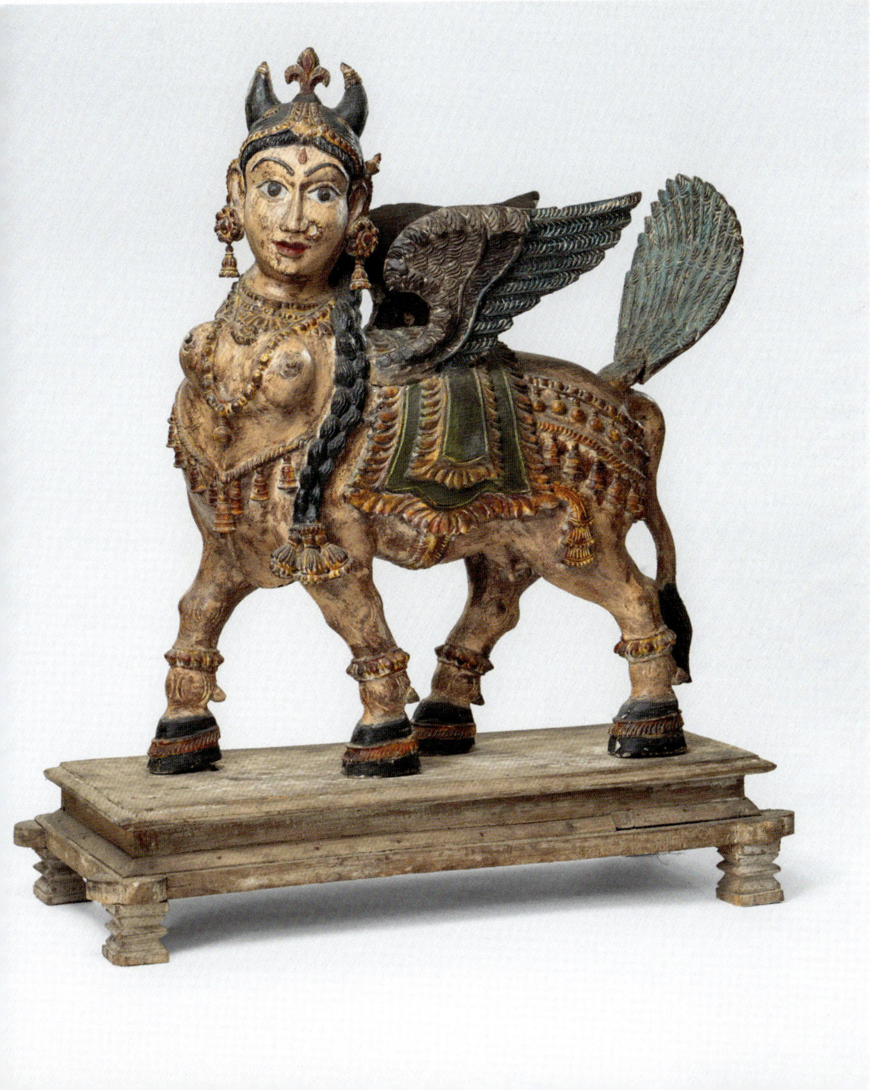

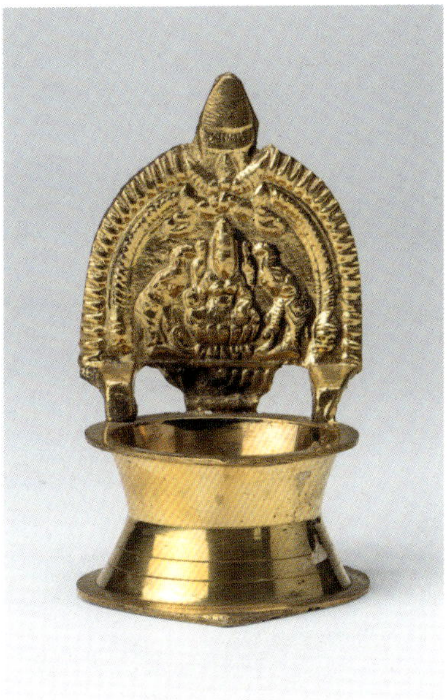

114

115–135

Kolu

Während des Festes der »Neun Nächte der Göttin« (*Navarāttiri*), im Oktober gefeiert, stellen die Menschen in Tamil Nadu in vielen Häusern treppenförmige Podeste auf, auf denen eine bunte Auswahl von Pappmascheefiguren ausgestellt wird (vgl. den Artikel von U. Hüsken über *Navarāttiri*, S. 186–194). Dabei können verschiedenste Gottheiten vertreten sein, aber auch Hochzeitsszenen, die an Spielzeuge erinnernden Thanjavur-Puppen und vieles mehr. In der Zeit des Festes gibt es in vielen Städten und Einkaufszentren regelrechte Kolu-Märkte, auf denen die Kunsthandwerker ihre selbstgefertigten Figuren anbieten, da viele Familien ihre Sammlung von Figuren in jedem Jahr um einige weitere ergänzen möchten. Auch Kaufhäuser bieten auf großen Sonderflächen jedes Jahr in der Saison eine leuchtend bunte Vielfalt an Figuren an. Die hier gezeigten Figuren wurden im Oktober 2019 auf einer Verkaufsausstellung in Chennai von verschiedenen Kunsthandwerkern für das Linden-Museum erworben. Dargestellt sind, an den jeweiligen Begleitern und als Attribute in den Händen gehaltenen Gegenständen erkennbar:

115
Eine Gaṇapati-Band: Sechs Manifestationen des Gottes spielen Trommeln, Saiteninstrumente, Flöte und Zimbeln
Pappmaschee, Farben, jeweils ca. 20 × 14 × 10 cm, Inv.-Nr. SA 07177a–f

116
Der Gott Gaṇapati (Gaṇeśa)
Terracotta, Farben, 59,5 × 32 × 26 cm, Inv.-Nr. SA 07156

117
Daśāvatāra – die *Āvatāras* Viṣṇus: Matsya (der Fisch), Kurma (die Schildkröte), Varāha (der Eber), Narasiṃha (der Mannlöwe), Vamana (der Zwerg), Paraśurāma (ein weiser Krieger, genannt »Rāma mit der Axt«), Rāma (der Held des *Rāmāyaṇa*), Kṛṣṇa, Balarāma (Kṛṣṇas Bruder), Kalki oder Hayagrīva (der erwartete zehnte *Āvatār* mit dem Kopf eines Pferdes)
Pappmaschee, Farben, jeweils ca. 32 × 13,5 × 10 cm, Inv.-Nr. SA 07166a–j

118
Die Göttin Lakṣmī
Pappmaschee, Farben, 41,5 × 22 × 18 cm, Inv.-Nr. SA 07163

119
Die Göttin Durgā
Pappmaschee, Farben, 46 × 31 × 16 cm, Inv.-Nr. SA 07173

120
Die Göttin Māriyammaṉ
Pappmaschee, Farben, 48 × 22 × 15 cm, Inv.-Nr. SA 07171

121
Atti Varatarāja Perumāḷ, ein Bildnis Viṣṇus aus Feigenholz, das in einem Tempel in Kanchipuram ruht und nur alle 40 Jahre aus seiner Kammer unter dem dortigen Tempelteich auftaucht, um verehrt zu werden – zuletzt im August 2019, das nächste Mal im Jahr 2059
Abbilder des Originals, ebenfalls aus Feigenholz, wurden zu diesem Anlass als Andenken für die Gläubigen gefertigt
Feigenholz, Farbe, Textilgirlanden, 47 × 18 × 10 cm, Inv.-Nr. SA 07175

122
Thanjavur-Puppen: Ein Paar Reiter
Pappmaschee, Farben, 34 × 28 × 14 cm, Inv.-Nr. SA 07169 a + b

123
Thanjavur-Puppen: Altes Paar
Pappmaschee, Farben, 25 × 18 × 14 cm, Inv.-Nr. SA 07176 a + b

124
Die Bhakti-Dichterin Āṇṭāḷ mit ihrem Geliebten, dem Gott Viṣṇu
Pappmaschee, Farben, 35 × 25 × 11 cm, Inv.-Nr. SA 07008

125
Der Gott Śiva als Liṅga
Pappmaschee, Farben, 45 × 31 × 13 cm, Inv.-Nr. SA 07157

126
Die Göttin Mīnākṣī
Pappmaschee, Farben, 40,5 × 21 × 8,5 cm, Inv.-Nr. SA 07158

127
Der Gott Murukaṉ
Pappmaschee, Farben, 46,5 × 25 × 14 cm, Inv.-Nr. SA 07159

128
Viṣṇu Viśvarūpa (»der Alldurchdringende, Allwissende«)
Pappmaschee, Farben, 47,5 × 48 × 14 cm, Inv.-Nr. SA 07161

129
Die Göttin Sarasvatī
Pappmaschee, Farben, 42 × 28 × 16 cm, Inv.-Nr. SA 07162

130
Die Göttin Mīnākṣī
Pappmaschee, Farben, 36 × 23 × 12 cm, Inv.-Nr. SA 07164

131
Mīnākṣi Sundarēśvar, oder Śiva und Pārvatī, auf Nandi reitend
Pappmaschee, Farben, 64 × 43 × 18 cm, Inv.-Nr. SA 07165

132
Der Dichter Tiruvaḷḷuvar
Pappmaschee, Farben, 33 × 26,6 × 16 cm, Inv.-Nr. SA 07167

133
Der Sonnengott Sūrya – oder der Āvatār Kalki?
Pappmaschee, Farben, 52 × 38 × 23 cm, Inv.-Nr. SA 07174

134
Eine Hochzeitsgesellschaft: Priester, Braut, Bräutigam, Eltern, Gäste, Musiker, Bühne, Feueraltar, Töpfe und Lampen
Pappmaschee, Farben, Bühne: 35 × 35 × 15 cm, Figuren: Höhe je 12–20 cm, Inv.-Nr. SA 07179 a–t

135
Illuminierbares Modell eines Tempelwagens für den Gott Gaṇapati
Holz, Textil, Kunststoff, Farben, im Glaskasten, 45 × 25 × 25 cm, Inv.-Nr. SA 07181

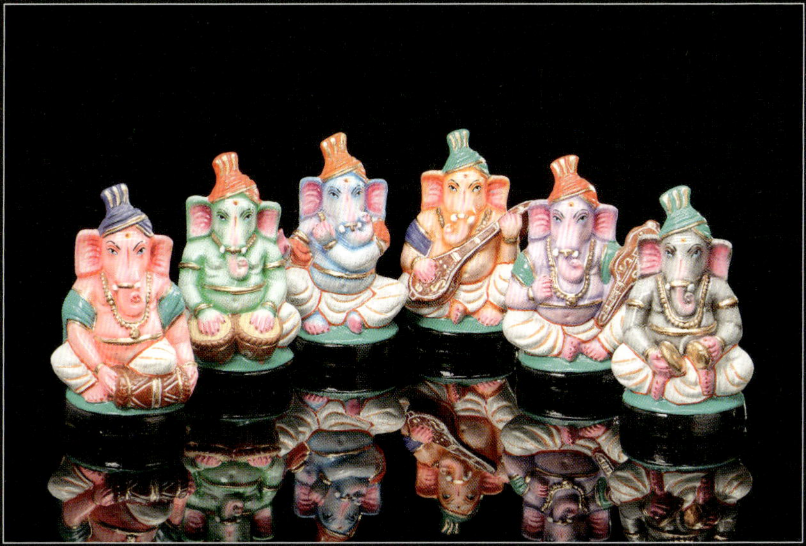

115

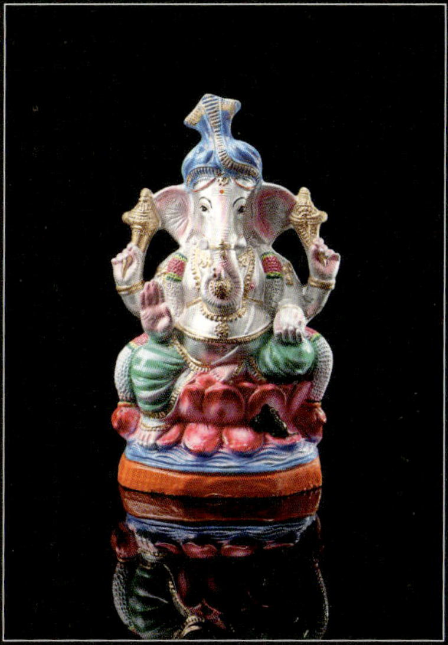

116

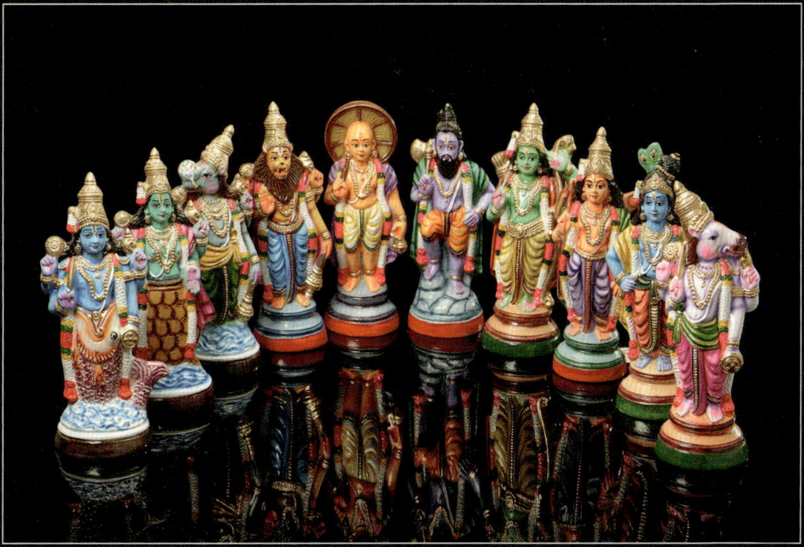

117

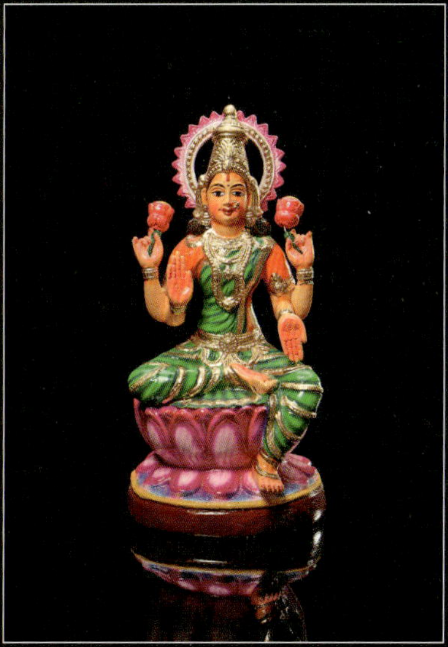

118

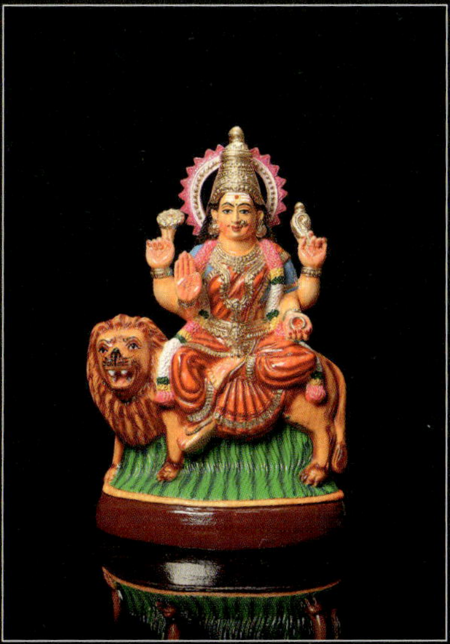

119

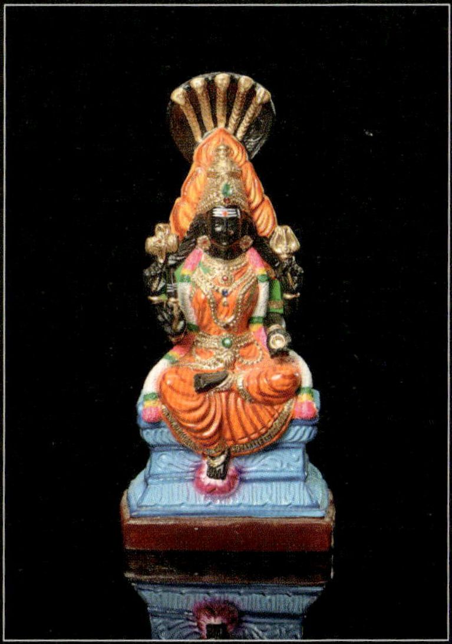

120

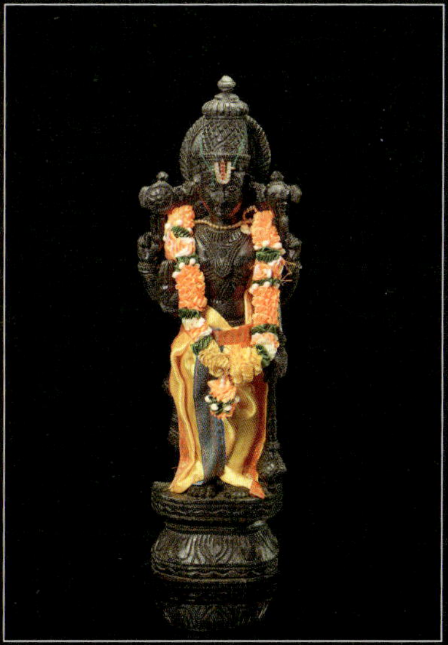

121

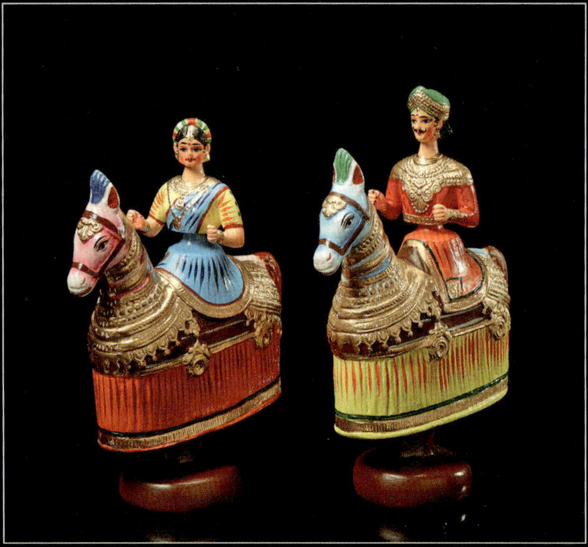

122

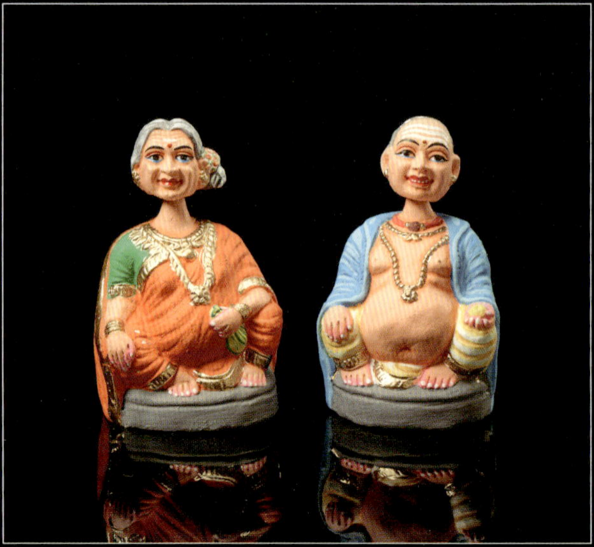

123

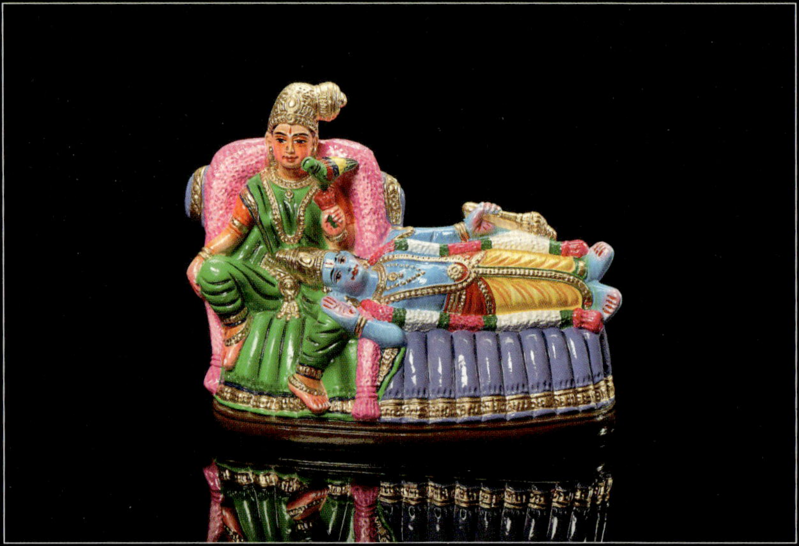

124

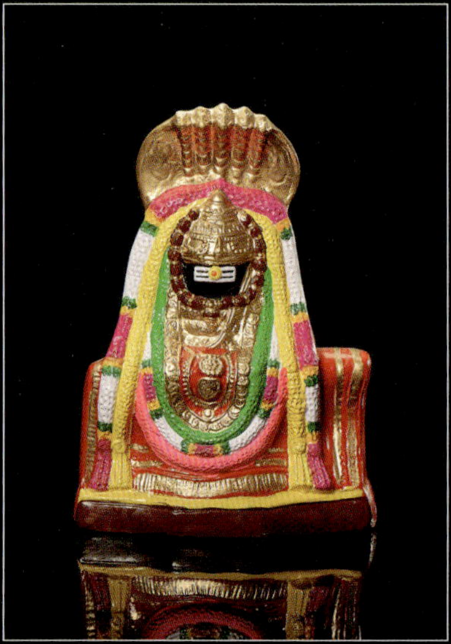

125

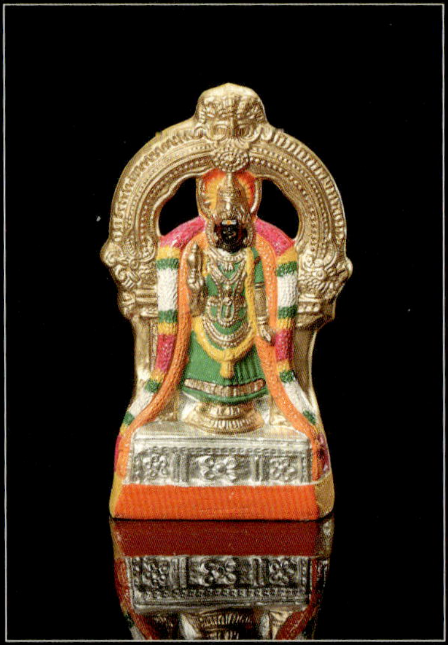

126

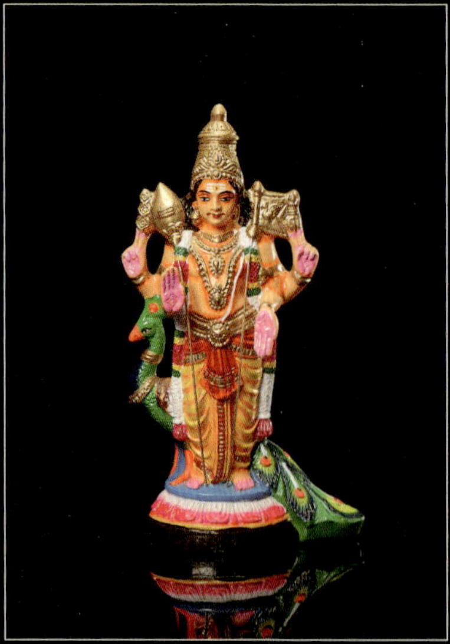

127

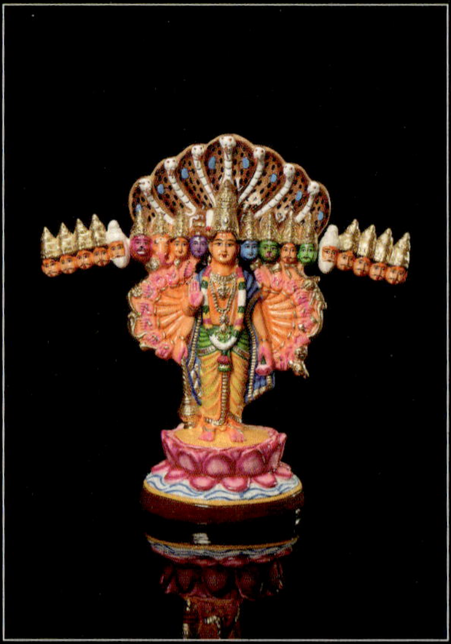

128

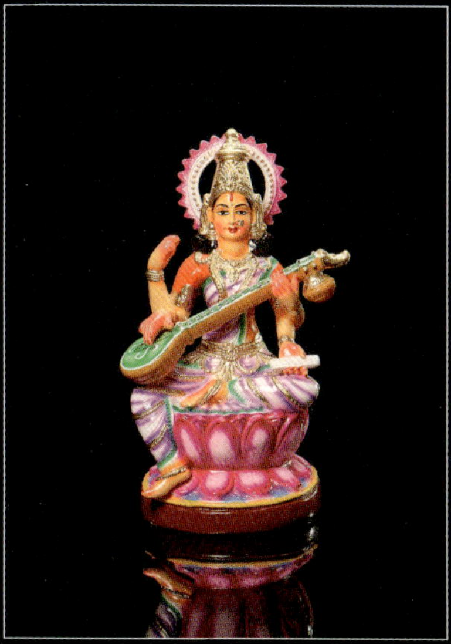

129

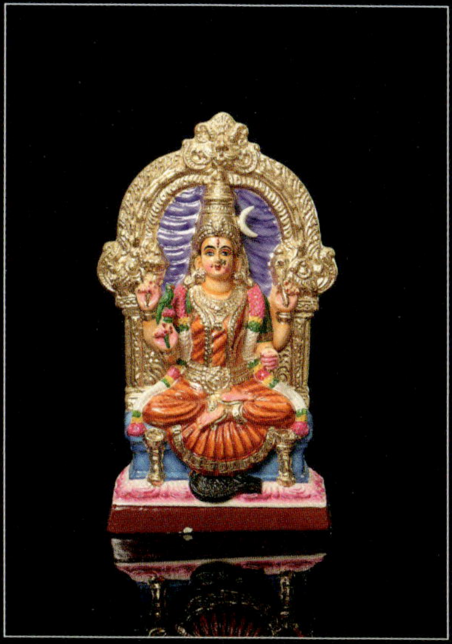

130

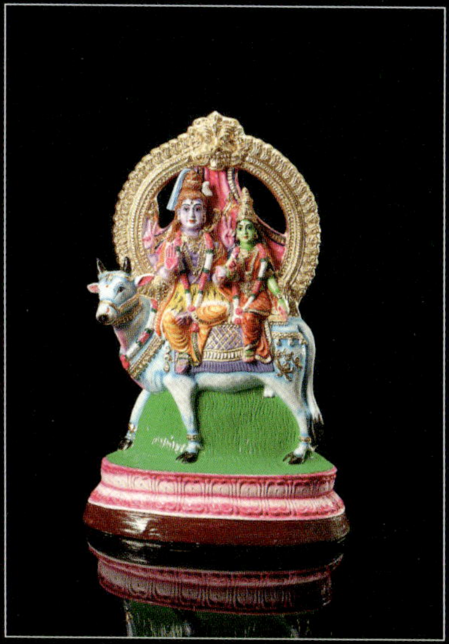

131

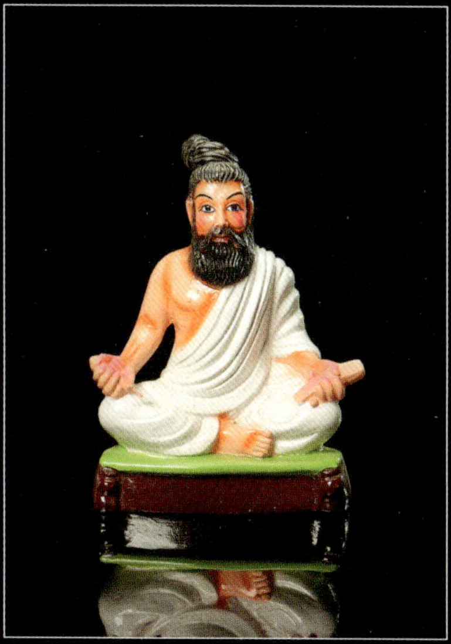

132

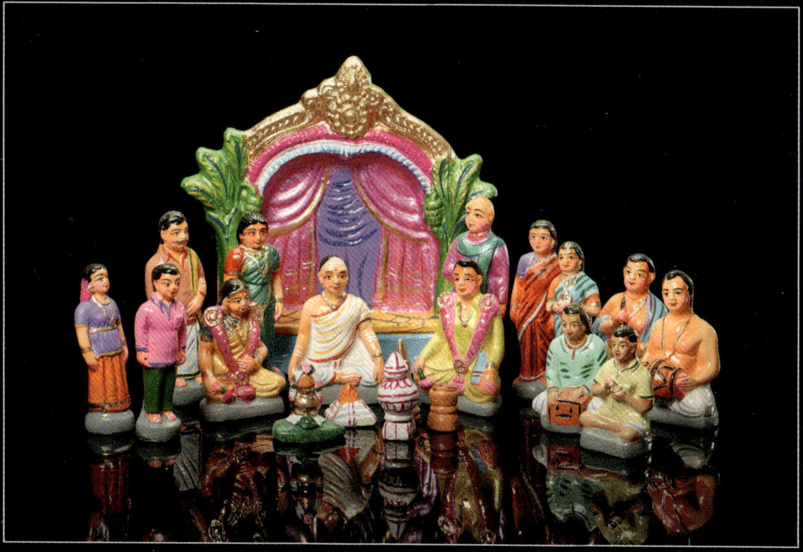

134

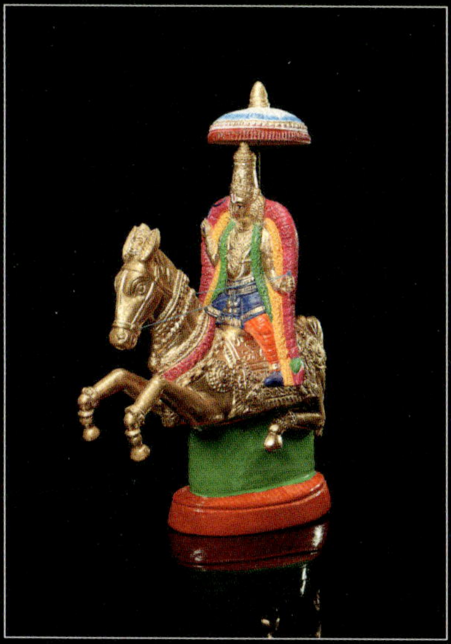

133

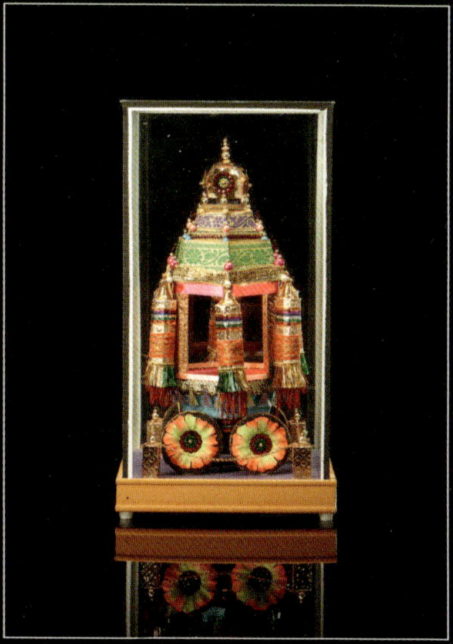

135

136

Christliches Gebetbuch auf Palmblattstreifen

Südindien, 18. Jahrhundert
Palmblatt, Ruß, 8,7 × 3 cm
Linden-Museum Stuttgart,
Inv.-Nr. 051085
Foto: Dominik Drasdow

Dieses Gebetbuch, verfasst vermutlich von einem Neukonvertiten oder einem noch im Erlernen der Sprache begriffenen Missionar, enthält Gebete zu Maria, der Mutter Jesu, verwendet jedoch zugleich das tamilische Wort »Civaṉ« (Śiva) für »Gott«. Es finden sich darüber hinaus auch Begriffe aus der Tradition des Viṣṇuismus und Bezüge zu hybriden Formen des Heilens – unter anderem wurden mit Gebeten beschriebene Palmblattstreifen von erkrankten Menschen am Hals getragen, um sie so zu heilen; als Amulett sollen sie jedoch auch Gefahren abwenden und bei Mensch und Tier für reichliche Nachkommenschaft sorgen. | GN

137

Constanzo Beschi: Grammatica Latino-Tamulica

Tharangambadi, 1738
Franckesche Stiftungen zu Halle,
Inv.-Nr. BFSt: Miss: C 69
Bild: Franckesche Stiftungen zu Halle

Constanzo Beschi, ein italienischer Jesuitenmissionar, lebte von 1711 bis 1747 im heutigen Tamil Nadu. Er war ein begabter Student der tamilischen Sprache und Literatur, übersetzte viele der tamilischen Klassiker ins Lateinische und begann aus Respekt und Bewunderung für die klassische tamilische Dichtung, selber Gedichte und sogar ganze Versepen im klassischen tamilischen Stil zu verfassen, die bis heute als wichtige Beiträge zur Geschichte der tamilischen Literatur gelten. Seine bahnbrechende Grammatik des Tamil, hier ein Exemplar, das in der protestantischen Missionsdruckerei von Bartholomäus Ziegenbalg in Tranquebar gedruckt wurde, diente Generationen von Missionaren und Gelehrten bei der Erforschung der tamilischen Sprache. Beschi, dem die Regierung von Tamil Nadu ein Denkmal an der Strandpromenade von Chennai errichtet hat, ist dort vor allem unter seinem angenommenen tamilischen Namen Vīramāmuṉivar bekannt. | GN

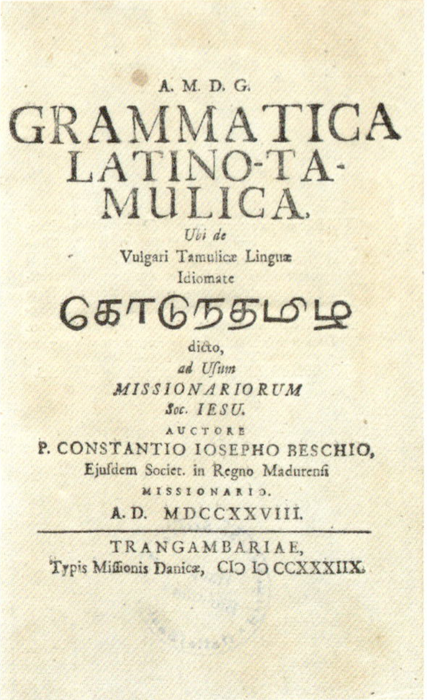
A. M. D. G.
GRAMMATICA
LATINO-TAMULICA.
Ubi de
Vulgari Tamulicæ Linguæ
Idiomate
கொடுந்தமிழ்
dicto,
ad Usum
MISSIONARIORUM
Soc. IESU.
AUCTORE
P. CONSTANTIO IOSEPHO BESCHIO,
Ejusdem Societ. in Regno Madurensi
MISSIONARIO.
A. D. MDCCXXVIII.
TRANGAMBARIAE,
Typis Missionis Danicæ, CIↃ IↃ CCXXXIIX.

137

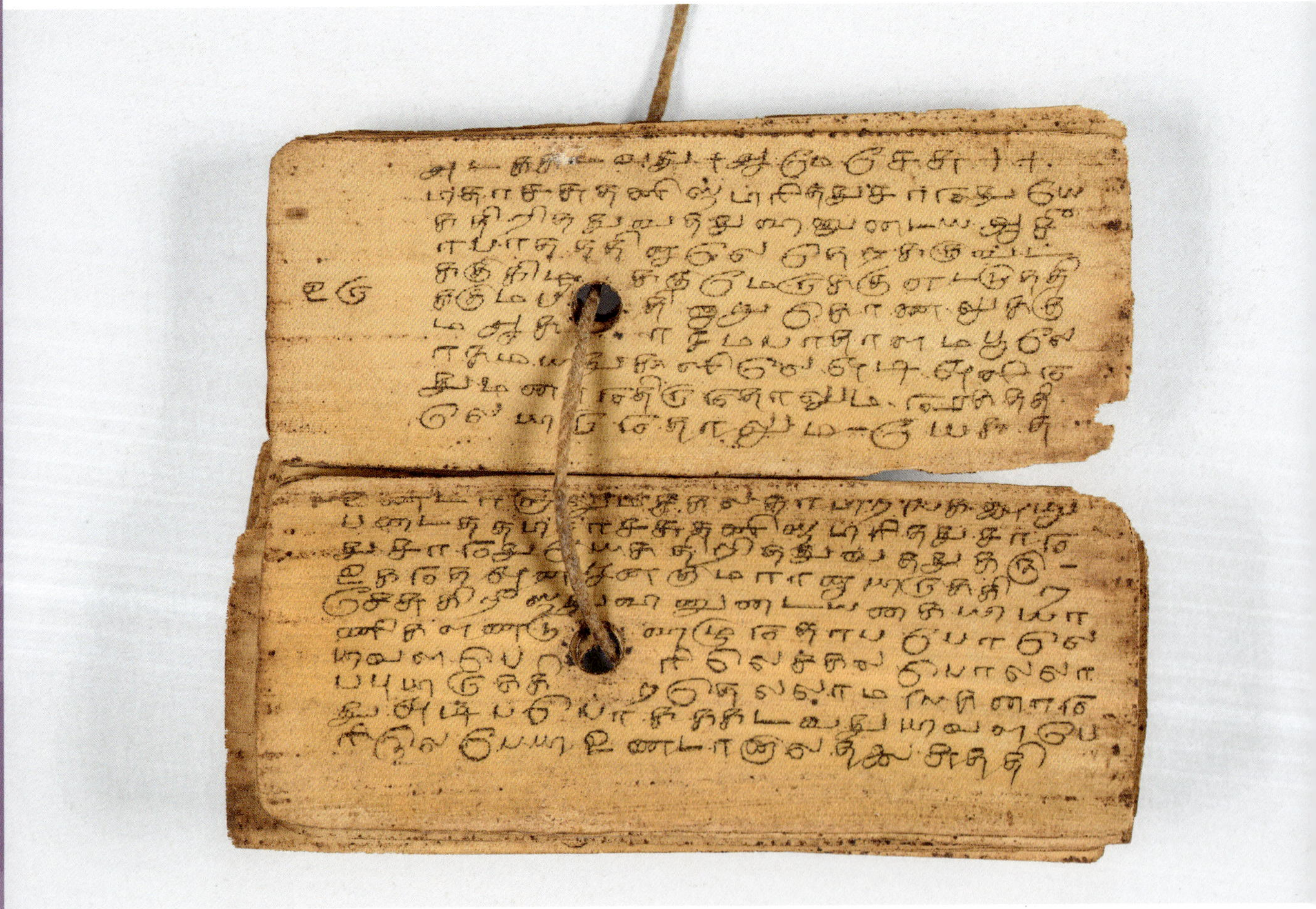

136

138

Carlo Michele Bertoldi: Ñāṉamuyaṟci

Pondicherry, 1843
Roja Muthiah Research Library
Bild: Roja Muthiah Research Library

Das *Ñāṉamuyaṟci*, dem Titelblatt nach verfasst von Ñāṉappirakācar Cuvāmiyār, stammt tatsächlich aus der Feder des Jesuiten Carlo Michele Bertoldi, der diesen tamilischen Namen annahm. Als geschätzte geistliche Lektüre tamilischer Katechisten, die als in der lokalen Gesellschaft verwurzelte geistliche Lehrer wesentlich zum Erfolg der Jesuitenmission beitrugen, war es ein wichtiger Meilenstein in der Geschichte des tamilischen Christentums. | GN

139

Bartholomäus Ziegenbalg: Grammatica Damulica

Tharangambadi, 1716
Franckesche Stiftungen zu Halle,
Inv.-Nr. BFSt: 52 C 12
Bild: Franckesche Stiftungen zu Halle

Bartholomäus Ziegenbalg war ein lutheranischer Missionar aus Sachsen, der im Auftrage des dänischen Königs die protestantische Form des Christentums im Umfeld der dänischen Kolonie Tranquebar (heute Tharangambadi) etablieren wollte. Zu diesem Zweck lernte er Tamil und verfasste eine Grammatik des Tamil, die von späteren Missionaren und Gelehrten noch lange für das Studium des Tamil verwendet wurde. | GN

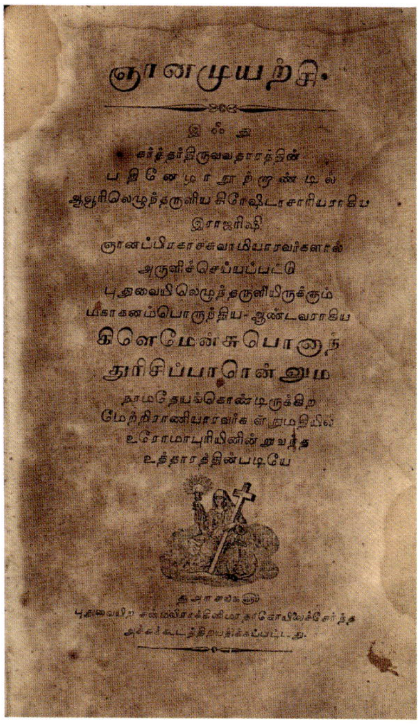

138

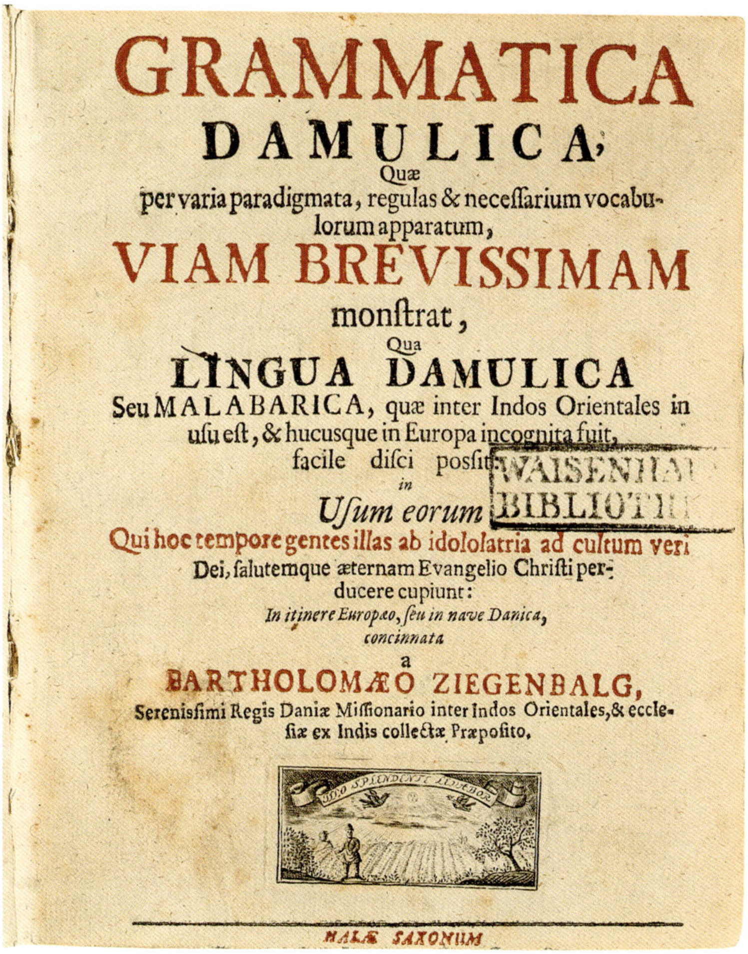
GRAMMATICA
DAMULICA,
Quæ
per varia paradigmata, regulas & neceſſarium vocabulorum apparatum,
VIAM BREVISSIMAM
monſtrat,
Qua
LINGUA DAMULICA
Seu MALABARICA, quæ inter Indos Orientales in uſu eſt, & hucusque in Europa incognita fuit,
facile diſci poſſit
in
Uſum eorum
Qui hoc tempore gentes illas ab idololatria ad cultum veri Dei, ſalutemque æternam Evangelio Chriſti perducere cupiunt:
In itinere Europæo, ſeu in nave Danica,
concinnata
a
BARTHOLOMÆO ZIEGENBALG,
Sereniſſimi Regis Daniæ Miſſionario inter Indos Orientales, & eccleſiæ ex Indis collectæ Præpoſito.

HALÆ SAXONUM

139

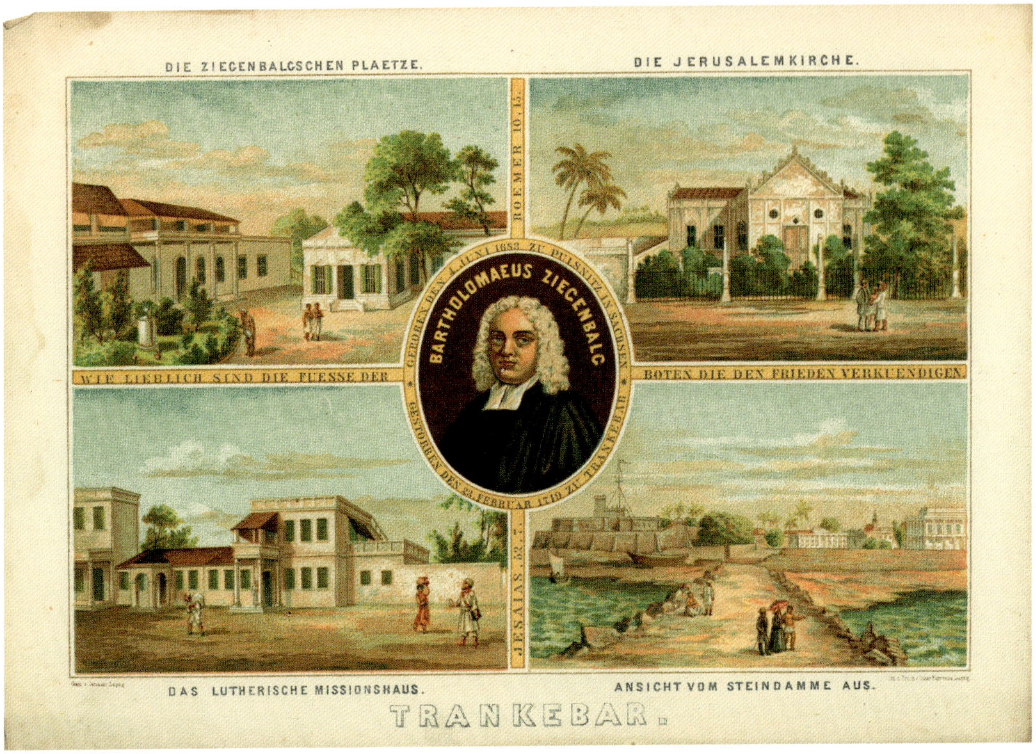

140

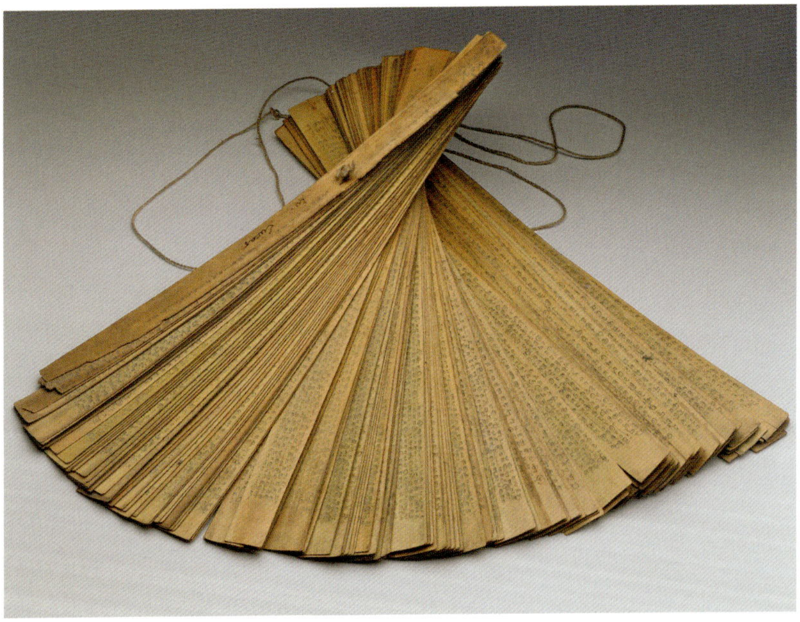

141

140

Ansichten von Tranquebar

Bunte Bilder aus den Blättern zur Mission, Heft 1, Lieferung 3, Leipzig, 1864–1869
Franckesche Stiftungen zu Halle,
Inv.-Nr. BFSt: Miss: H 151
Bild: Franckesche Stiftungen zu Halle

Tranquebar, heute Tharangambadi, war eine dänische Kolonie. Diese Abbildung aus den Missionsberichten zeigt den kolonialen Ort und die missionarischen Erfolge des ebenfalls abgebildeten Bartholomäus Ziegenbalg. | GN

141

Bartholomäus Ziegenbalg: Das Evangelium nach Lukas auf Palmblattstreifen

Tharangambadi, 1711
Franckesche Stiftungen zu Halle,
Inv.-Nr. AFSt/P TAM 16
Bild: Franckesche Stiftungen zu Halle

Ganz in lutherischer Manier begab sich Ziegenbalg gleich nach dem Erlernen der Landessprache an eine Übersetzung der Bibel in diese. Er verwendete dabei eine erstaunlich geschliffene Prosa in tamilischer Alltagssprache, die auch literarisch ein Novum war und einige Nachahmer inspiriert haben soll: Bis dahin hatten Prosaerzählungen in der tamilischen Literatur kaum eine Rolle gespielt. | GN

142

Bartholomäus Ziegenbalg: Die Bibel in Tamil

Tharangambadi, 1714
Franckesche Stiftungen zu Halle,
Inv.-Nr. BFSt: Miss: C 61
Bild: Franckesche Stiftungen zu Halle

Ziegenbalg etablierte eine Druckerpresse in Tranquebar, die einerseits die Verbreitung der Bibel und geistlicher Traktate in Landessprache ermöglichen, andererseits aber auch Konvertiten, welche oftmals durch die Konversion ihre Arbeit verloren, eine Möglichkeit des Broterwerbs bieten sollte. Durch das massenhafte Drucken nicht nur christlicher, sondern auch sekularer Schriften in Tamil entstand eine neue Form der Verbreitung von Informationen, Nachrichten und Kenntnissen, ja eine neue Form von Öffentlichkeit der Region. | GN

143

Bestellzettel für Tamil-Drucktypen

Franckesche Stiftungen zu Halle,
Inv.-Nr. AFSt/M 2 B 6: 42
Bild: Franckesche Stiftungen zu Halle

Ziegenbalg ließ die Typen für seine Druckerei in der Zentrale seiner Missionsgesellschaft in Halle/Saale anfertigen. Mit solchen Zetteln wurden die benötigten Drucktypen in Halle bestellt. | GN

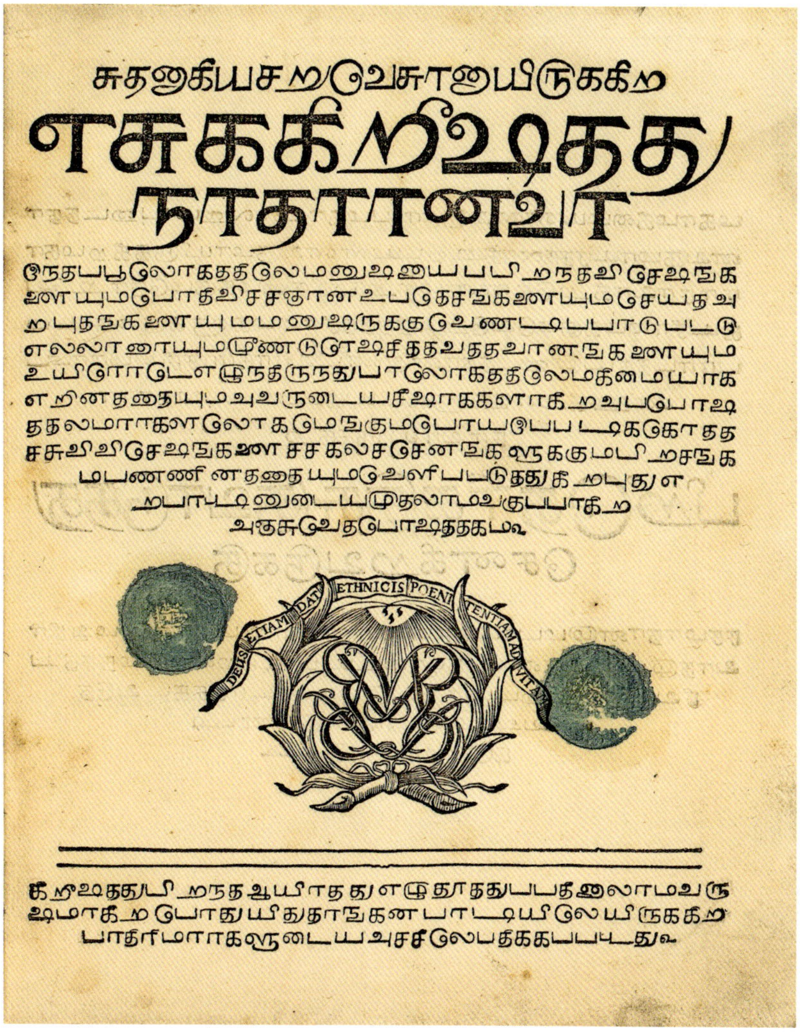

142

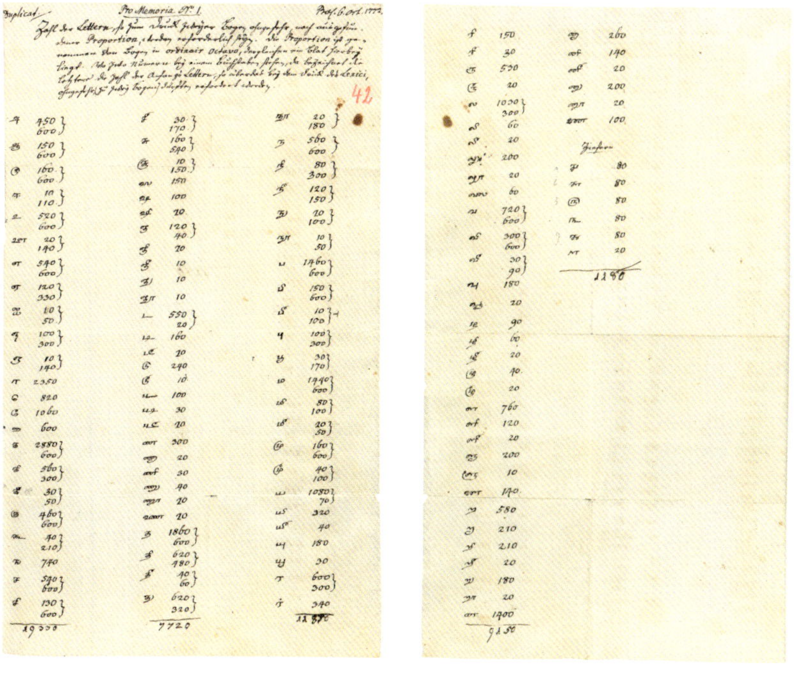

143

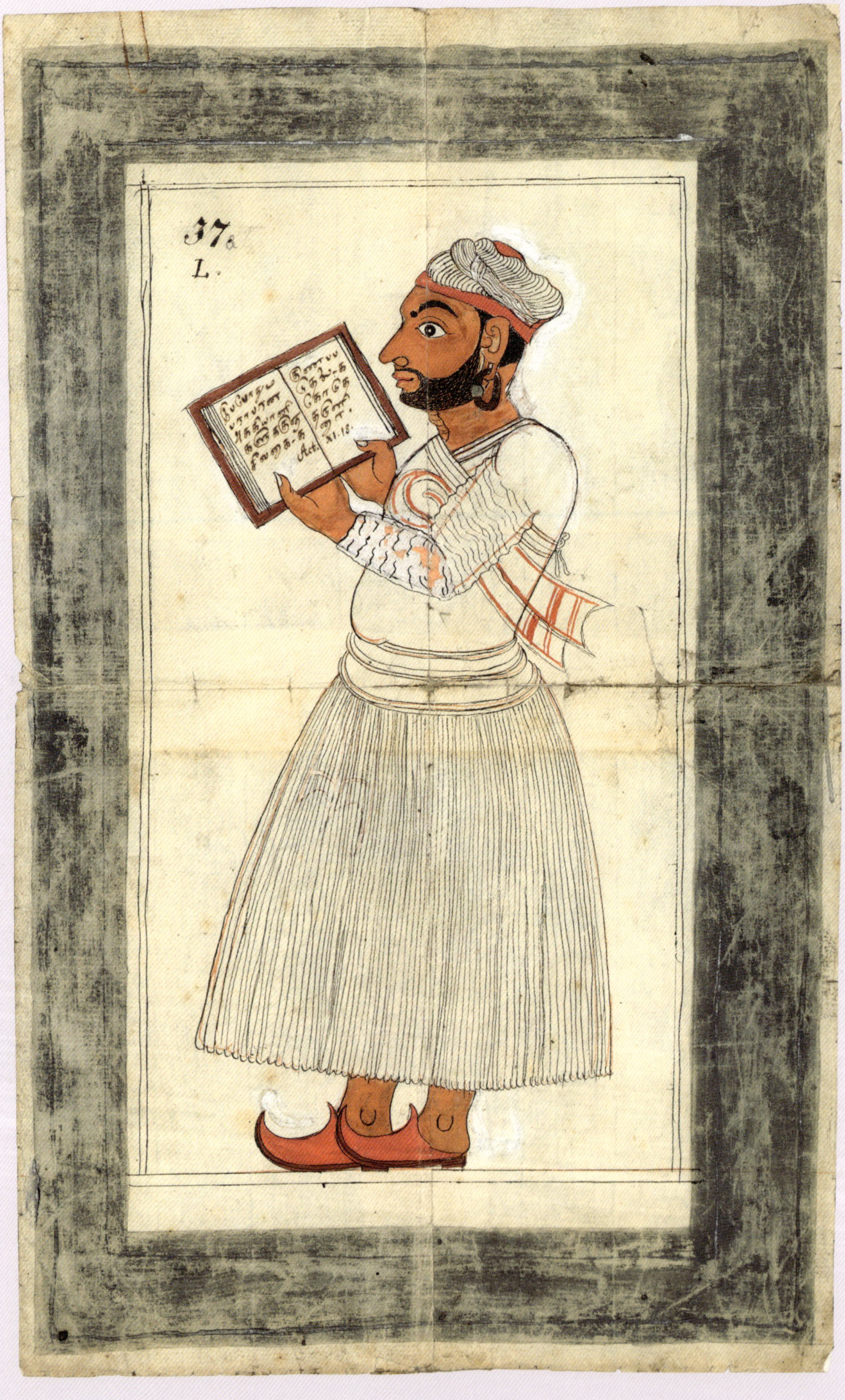
37a
L.

144

Aaron, lutherischer Prediger von Tranquebar

Digitale Reproduktion eines kolorierten Kupferstiches von G. A. Gründler (1710–1775)
Franckesche Stiftungen zu Halle
Bild: Franckesche Stiftungen zu Halle

Wie in der katholischen Jesuitenmission (vgl. Amaladass in diesem Buch) waren es auch in Tranquebar tamilische Konvertiten wie Aaron, der einheimische Pfarrer von Tranquebar (1698/99–1745), die weit mehr als die ausländischen Missionare dazu beitrugen, dass deren neues Gedankengut von der lokalen Bevölkerung tatsächlich angenommen und in deren Lebenswelt integriert wurde. | GN

145

Tāli – Schmuck als Kennzeichen verheirateter Frauen

Tamil Nadu, 2019
Gold, 5 × 5 cm
Linden-Museum-Stuttgart,
Inv.-Nr. SA 07592
Foto: Dominik Drasdow

Tāli sind traditionelle Schmuckstücke für verheiratete Frauen, etwa vergleichbar einem Ehering. Sie geben durch ihre Gestaltung jedoch auch oft über die Kasten- und Religionszugehörigkeit der Trägerin Auskunft. Dieses Beispiel mit der Darstellung einer Taube als Symbol für den Heiligen Geist war als Hochzeitsgabe für eine christliche Frau gedacht, wurde jedoch für das Linden-Museum direkt von einem Juwelier erworben. | GN

146, 147

Viḷakku mit christlichen Motiven

Tamil Nadu, 2018, 2020
Messing, Höhe: 10–20 cm
Linden-Museum Stuttgart,
Inv.-Nr. SA 07588, SA 07019

Die Tradition des Entzündens von Öllampen zu Hause und an Orten der gemeinsamen Verehrung existiert seit alter Zeit auch unter tamilischen Christ*innen. Die Spiegel solcher Lampen ziert dann jedoch keine hinduistische Gottheit, sondern ein Kreuz oder das Bild der Marienerscheinung von Velankanni (»Vēḷāṅkaṇṇi Mātā«). Velankanni ist der größte Marien-Wallfahrtsort in Indien. Vēḷāṅkaṇṇi Mātā wird weit über die Grenzen der christlichen Gemeinschaften hinaus verehrt. | GN

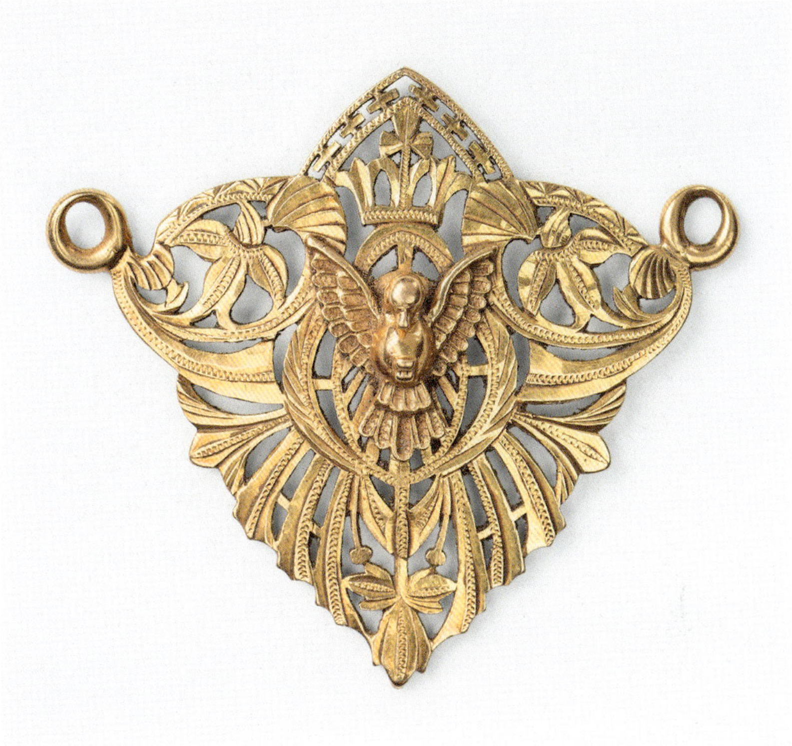

145

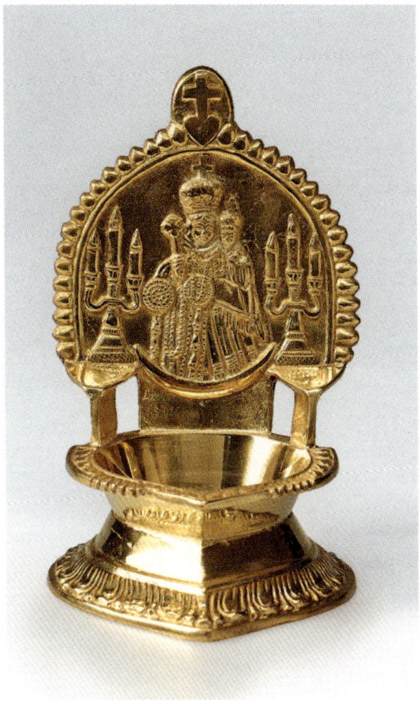

146

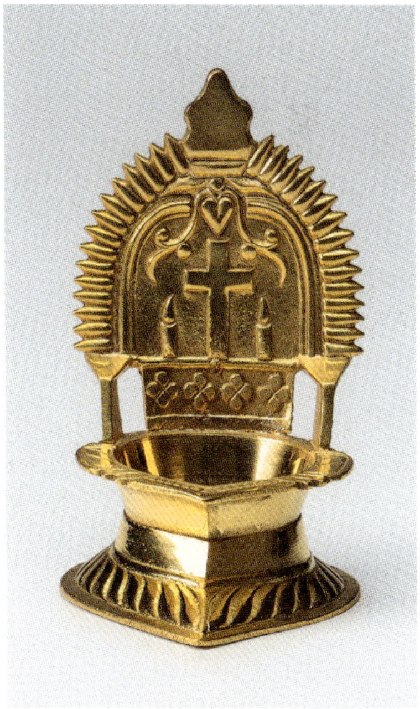

147

◀ 144

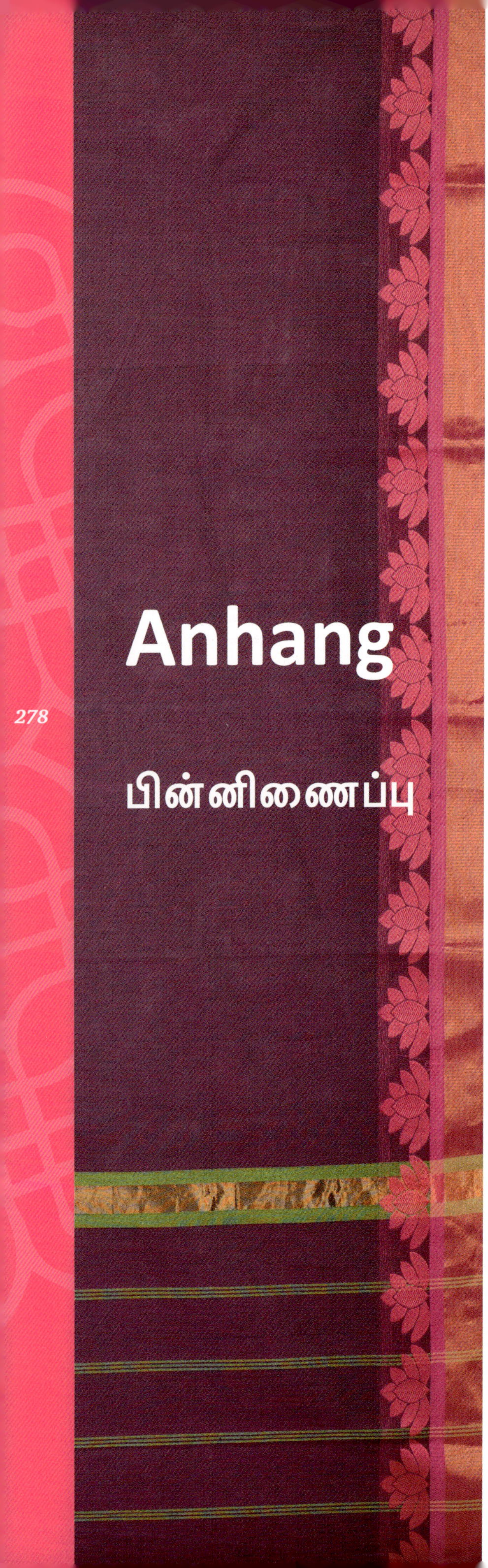

Anhang

பின்னிணைப்பு

Glossar

Ādivāsi
Ādivāsi (»ursprüngliche Einwohner«) ist eine Selbstbezeichnung von indigenen Gruppen in Indien und Sri Lanka.

Akam
Akam bedeutet »innerlich, intim, zart, die Liebe betreffend« und bezeichnet eine für viele Formen tamilischer Kunst seit der _Caṅkam_-Zeit und bis heute relevante Kategorie.

Āḻvār
Ein _Bhakti_-Dichter oder -Mystiker der viṣṇuitischen Schule des Hinduismus.

Ampāḷ
Tamilischer Name der »großen Göttin« des Hinduismus.

Annadurai, C. N.
C. N. Annadurai (1909–1969) war Drehbuchautor, Politiker und als enger Vertrauter von Periyar (E. V. Ramasamy) eine zentrale Figur der Dravidischen Bewegung. 1949 gründete er die Partei Dravida Munnetra Kazhagam (DMK) und führte mit ihr 1967 die Dravidische Bewegung an die politische Macht.

Āratti
Zeremonie der Verehrung. Dabei wird eine Kampferflamme auf einer Platte angezündet und um die Darstellung einer Gottheit oder das Bild eines verstorbenen Familienmitglieds herumgeführt.

Ardhanārī
Bezeichnung für eine Darstellung des Gottes Śiva, in der er zusammen mit seiner Gemahlin _Pārvatī_ eine Gestalt bildet, die halb Mann, halb Frau ist.

Arwi
Tamil, geschrieben in modifizierter arabischer Schrift.

Avatāra
Avatāras sind »Herabkünfte« des Gottes Viṣṇu, d. h. seine Manifestationen z. B. als Kṛṣṇa, Rāma oder Buddha.

Avvaiyar
Avvaiyar (»respektable Frau«) war der Titel mehrerer historischer Dichterinnen, die zu verschiedenen Zeiten bedeutende Beiträge zur tamilischen Literatur leisteten. In der Legende verschmelzen sie zu einer mythischen Figur, die ihre Schönheit und Jugend opferte, um sich ganz der Dichtung widmen zu können und nicht heiraten zu müssen.

Bhakti
Bhakti bezeichnet im Hinduismus und in mystischen Strömungen des Islams in Südasien die Gottesliebe und vollkommene Hingabe an einen personalen Gott als Erlösungsweg.

Bharata Nāṭyam
Südindischer Tanz, hervorgegangen aus alten Tempeltänzen.

Calvār Kamīs (Shalwar Kameez)
Hose und Tunika, Frauenkleidung muslimischer Herkunft.

Cāminātaiyar, U. Vē.
U. Vē. Cāminātaiyar, auch U. V. Swaminatha Iyer geschreiben (1855–1942), war ein Gelehrter, dessen »Wiederentdeckung« der *Caṅkam*-Literatur und der klassischen tamilischen Epen die tamilische Renaissance auslöste.

Cāmpār (Sambar)
Cāmpār ist eine typisch tamilische Sauce auf Basis von Linsen und wird zu Reis, *Tōcai* oder *Iṭli* gereicht.

Cāmuṇḍī
Die Göttin Cāmuṇḍī verkörpert den furchteinflößendsten Aspekt der »großen Göttin«.

Caṅkam (Sangam)
Caṅkam bedeutet wörtlich »Versammlung«, »Rat« oder »Akademie«. Legenden zufolge soll es in der mythischen Vorzeit drei *Caṅkams* tamilischer Dichter gegeben haben. Das erste habe im »südlichen Madurai«, das heute unter dem Meer liege, stattgefunden und 4 400 Jahre lang angedauert. Das zweite in der ebenfalls vom Meer verschlungenen Stadt Kabadapuram habe 3 700 Jahre lang gedauert, das dritte schließlich habe im heutigen Madurai stattgefunden und 1 850 Jahre angedauert. Nach der üblichen Definition gehört zur sog. *Caṅkam*-Literatur die älteste Schicht der poetischen Literatur auf Tamil. In Geschichten Südindiens steht der Begriff »*Caṅkam*-Zeit« für eine mythische Vor- und Frühzeit.

Cēra (Chera)
Herrscherdynastie, die von der Antike bis zum 15. Jahrhundert im Gebiet des heutigen Kerala herrschte. Eine der drei berühmten tamilischen Herrscherdynastien des Altertums (die anderen waren die Cōḻa und die Pāṇṭiya).

Chālukya
Die Chālukya waren eine Herrscherdynastie, die 550 bis 757 sowie 973 bis 1190 im nordwestlichen Dekkan (Zentralindien) regierte.

Cilappatikāram
Jainistisches Versepos in Tamil, dem Mönch Ilankovatikal (5.–6. Jahrhundert) zugeschrieben. Das *Cilappatikāram* wird zu den Klassikern tamilischer Literatur gezählt.

Cīṟāppurāṇam
Episches Gedicht über das Leben des Propheten Mohammed, verfasst in Tamil von Umaṟuppulavar (1642–1703). Das *Cīṟāppurāṇam* wird zu den Klassikern tamilischer Literatur gezählt.

Cōḻa (Chola)
Das tamilische Cōḻa-Reich war eines der größten und bedeutendsten indischen Königreiche. Seine Blütezeit dauerte vom 9. bis zum 13. Jahrhundert. Eine Vorgängerdynastie gleichen Namens regierte auf dem Gebiet Tamil Nadus bereits einige Jahrhunderte früher.

Dalit
Dalit, wörtlich »zerdrückt« oder »niedergetreten«, ist die gewählte Selbstbezeichnung vieler der untersten Gruppen der hinduistischen Kastengesellschaft, die als »Unreine«, »Unberührbare« und »Kastenlose« gelten.

Dargah
Eine Dargah ist ein (muslimischer) Schrein, der über dem Grab eines Sufi-Heiligen oder Derwischs erbaut wurde. Dargahs werden heilende Kräfte zugesprochen, und sie ziehen auch viele Pilger anderer Religionen an.

Dhoṭī
Beinkleid für Männer.

Divya Prabandham
Anthologie von 4 000 Versen der viṣṇuitischen *Bhakti*-Dichter (*Āḻvārs*).

Dravida Munnetra Kazhagam (DMK)
vgl. *Tirāviṭa Muṉṉēṟṟaka Kaḻakam*

Dravidisch, Draviden
Als Draviden werden oft Menschen bezeichnet, die eine der im Süden Indiens und auf Sri Lanka verbreiteten dravidischen Sprachen (z. B. Tamil) sprechen. Der Begriff wurde im 19. Jahrhundert von R. Caldwell geprägt. Dabei griff er auf das Wort *drāviḍa* zurück, das in alter Zeit den tiefen Süden Indiens bezeichnete. Caldwell entwickelte die Theorie einer Dichotomie zwischen den Draviden, die die Urbevölkerung Indiens gewesen seien, und den Ariern, die später nach Indien eingewandert wären. Tamilische Intellektuelle griffen diese Theorie bald auf, und im 20. Jahrhundert war diese Theorie in Südindien sehr wirkmächtig und führte zum Entstehen einer politischen Strömung, der Dravidischen Bewegung.

Durgā
Durgā, »die schwer Zugängliche«, »die schwer zu Begreifende«, ist die wohl populärste Form der »großen Göttin« (Devi, Śakti) im Hinduismus.

Gītaṃ
Übungen zum Erlernen der karnatischen Musik.

Isai
Tamil für »Musik«.

***Iṭli* (Idli)**
Beliebtes Gericht. Gedämpfte Klöße aus fermentiertem Reis- und Kichererbsenteig.

Iyal
Tamil für »Literatur«.

Jayaram, Jayalalita
Jayalalitha Jayaram (1948–2016) war ein Star des tamilischen Kinos, eine Partnerin von M. G. Ramachandran sowie seine Nachfolgerin als Regierungschefin von Tamil Nadu. Meist als *Ammā*, d. h. »Mama« bezeichnet, erfreut sie sich größter Verehrung in der Bevölkerung.

Kālī
Kālī, »die Schwarze«, ist Göttin des Todes und der Zerstörung. Sie ist eine Erscheinungsform der »großen Göttin« – Devi.

Kāmākṣī
»Die Liebesäugige«, »die Wünsche von den Augen Ablesende«: Tamilischer Name der »großen Göttin« des Hinduismus.

Karnatische Musik
Südindische Kunstmusiktradition der Eliten; gelangte in der Zeit des Vijayanagara-Reiches im heutigen Karnataka zur Blüte; heutiges Zentrum der Szene ist jedoch Chennai.

Karunanidhi, Muthuvel
Muthuvel Karunanidhi (1924–2018) war ein erfolgreicher Drehbuchautor für die tamilische Filmindustrie und trug durch seine Arbeiten dazu bei, den tamilischen Film zu einem Vehikel der DMK-Parteipropaganda zu machen. Karunanidhi übernahm nach dem Tod des Parteigründers C. N. Annadurai dessen Nachfolge als Regierungschef und Parteiführer.

Kattiyankaran
Clown im Bharathakoothu-Theater.

Kīrai
Bezeichnung für Blattgemüse lokalen Ursprungs, oft mit heilender Wirkung.

Koḻampu / Kuḻampu *(kozhambu)*
Ein an den Küsten Tamil Nadus und Puducherrys verbreitetes Fischgericht.

Kolu
Puppen, die zum *Navarāttiri*-Fest als Schmuck in vielen Häusern in Tamil Nadu aufgestellt werden.

Kuruṇchi
Eine der fünf »inneren« Landschaften (*Tiṇai*) und Kategorie der tamilischen Literatur und Kunst. *Kuruṇchi*, die Gipfel hoher Berge, stehen hierbei für die romantischen Erfahrungen heimlicher, vorehelicher Liebe. Die Symbolblume von *Kuruṇchi* ist die violette Blüte der nur alle zwölf Jahre in Massen blühenden *Kuruṇchi*-Blume (*Strobilanthes kunthiana*).

Liberation Tigers of Tamil Eelam (LTTE)
Die LTTE war eine Organisation, die von 1983 bis 2009 im Bürgerkrieg in Sri Lanka für die Unabhängigkeit des von Tamilen dominierten Nordens und Ostens Sri Lankas kämpften.
In dem von ihnen bis 2009 kontrollierten Gebiet übten sie die alleinige Staatsgewalt aus. Oberster Kommandant war Velupillai Prabhakaran (1954–2009).

Luṅgī
Beinkleid für Männer. Meist kariertes Hüfttuch muslimischer Herkunft.

Mahābhārata
Ein altindisches Epos, das häufig als Stoff für Theater und Tanzinszenierungen dient und Motive für die bildenden Künste liefert.

Maṇimēkalai
Buddhistisches Versepos in Tamil, das Cītalai Cāttanār zugeschrieben wird und etwa im 5. bis 6. Jahrhundert entstand. Das *Maṇimēkalai* wird zu den Klassikern tamilischer Literatur gezählt.

Marutam
Eine der fünf »inneren« Landschaften (*Tiṇai*) und Kategorie der tamilischen Literatur und Kunst. *Marutam*, das Ackerland, steht für Eifersucht, Untreue und Ehestreitigkeiten. Symbol von *Marutam* ist die rosafarbene Blüte der Königinblume (*Lagerstroemia speciosa*).

Mullai
Eine der fünf »inneren« Landschaften (*Tiṇai*) und Kategorie der tamilischen Literatur und Kunst. *Mullai*, das Waldland, steht dabei für das sehnsüchtige Warten auf ein Wiedersehen mit dem Geliebten. Das Symbol von *Mullai* ist die duftende Jasminblüte.

Muppini
Die drei Körperbestandteile in der *Siddha*-Medizin: *Vāddham, Pittham, Kapam*.

Mūvar
Mūvar (»die Drei«) ist die Bezeichnung für die Autoren des *Tēvāram*, die *Bhakti*-Dichter *Tiruñāṉacampantar, Appar* und *Cuntarar*.

Nālāyira Divya Prabandham
Das *Nālāyira Divya Prabandham* ist eine Sammlung von 4 000 Versen der *Āḻvārs*, d. h. der viṣṇuitischen *Bhakti*-Dichter.

Nāṭakam
Sanskritwort für Theater.

Nāṭṭu maruntu
»Dorfheilkunde«, traditionelle Volksheilkunde in ländlichen Regionen.

Navarāttiri (Navaratri)
Die »Neun Nächte der Göttin«: hinduistisches Fest zu Ehren der »großen Göttin« in ihren verschiedenen Manifestationen.

Nāyak
Die Herrscher von Vijayanagara setzten lokale Verwalter mit dem Titel »Nāyak« ein, darunter in Keladi, Madurai, Thanjavur und Gingee. Diese wurden nach dem Untergang Vijayanagaras (1565) zu unabhängigen, lokalen Herrscherdynastien.

Nāyaṉmār
Bhakti-Dichter und -Mystiker der śivaitischen Tradition.

Neytal
Eine der fünf »inneren« Landschaften (*Tiṇai*) und Kategorie der tamilischen Literatur und Kunst. *Neytal*, die Küste, steht dabei für den Schmerz um den Verlust des Geliebten oder Ehepartners. Die Symbolblume von *Neytal* ist die Blüte der blauen Seerose.

Pālai
Eine der fünf »inneren« Landschaften (*Tiṇai*) und Kategorie der tamilischen Literatur und Kunst. *Pālai*, die Wüste oder das Ödland, steht dabei für die Trennung, die Gefahren, Prüfungen und die Abenteuer des von der Geliebten getrennten Helden. Die Symbolblume von *Pālai* ist der Färberoleander (*Wrightia tinctoria*). Weitere Bedeutung: Tonleiter und Modus der tamilischen Musik.

Paḷḷi
Tamil für Moschee.

Paṇṇ
Begriff aus der tamilischen Musiktheorie. Melodische Einheiten mit charakteristischen Noten, die in Sequenzen mit festen Kombinationen und Verzierungen verwendet werden und traditionell in der Verbindung zwischen *Paṇṇ* und *Tiṇai* bestimmte Emotionen hervorrufen sollen.

Pāṇṭiya (Pandhya)
Eine der drei berühmten tamilischen Herrscherdynastien des Altertums (neben den Cōḻa und Cēra). Die Dynastie erlebte zwei Herrschaftsperioden, zuerst im 6. bis 10. Jahrhundert, dann erneut im 13. bis 14. Jahrhundert. Sie beherrschten zeitweise große Teile Südindiens und des nördlichen Sri Lanka.

Paṟai
Trommel, die insbesondere mit der Musik der als »unberührbar« geltenden Bevölkerungsgruppen (Dalits) in Verbindung gebracht wird, da sie fast nur von diesen gespielt wird und als unrein gilt.

Paṟaiyar
Eine Kaste, die von Hindus den »Unberührbaren« zugeschrieben wird. Den *Paṟaiyar* obliegen die Herstellung und das Spielen der als unrein geltenden *Paṟai*-Trommel. Von der tamilischen Kastenbezeichnung leitet sich der deutsche Begriff »*Paria*« (für Ausgestoßener bzw. Außenseiter) ab.

Paratakūttu (Bharathakoothu)
Tamilisches Volkstheater, das sich mit der Aufführung von Episoden aus dem Epos *Mahābhārata* befasst.

Paravar
Eine Fischerkaste, die 1537 geschlossen zum Christentum übertrat, um sich dadurch portugiesischen Schutz im Konflikt mit muslimischen Händlern zu sichern. Heute eine der größten tamilisch-christlichen Gemeinschaften in Indien und Sri Lanka.

Pārvatī
Pārvatī, auch Umā genannt, ist eine hinduistische Göttin, die als die Gattin Śivas und Mutter Gaṇapatis (Ganeśas) und Murugans gilt.

Periyapurāṇam
Hagiografisches Werk aus dem 12. Jahrhundert über die śivaitischen *Bhakti*-Dichter*innen (*Nāyaṉmārs*) und die Geschichte der *Bhakti*-Bewegung.

Periyar (E. V. Ramasamy)
E. V. Ramasamy (1879–1973), bekannt als *Periyar* (»der Große«), war Gründerfigur und langjähriger Wortführer der Dravidischen Bewegung.

Pirasangiyar
Geschichtenerzähler im *Bharathakoothu*-Theater.

Prabhakaran, Velupillai
Velupillai Prabhakaran (1954–2009) war Anführer der Liberation Tigers of Tamil Eelam (LTTE) und eine der Schlüsselfiguren des bewaffneten Kampfes für einen unabhängigen tamilischen Staat auf Sri Lanka.

Puṟam
Puṟam bedeutet »äußerlich, öffentlich, heroisch, den Krieg betreffend« und bezeichnet eine für viele Formen tamilischer Kunst seit der *Caṅkam*-Zeit und bis heute relevante Kategorie.

Rāga
Tonleiter und melodischer Modus in der klassischen Musik Nordindiens.

Ramachandran, M. G. (M. G. R.)
M. G. Ramachandran (1917–1987) war ein tamilischer Filmstar und Regierungschef von Tamil Nadu. Sein Streit mit M. Karunanidhi führte 1972 zur Spaltung in zwei Dravidische Parteien (DMK und AIDMK). Nach seinem Tod wurde ein Tempel errichtet, in dem er als Gott verehrt wird.

Śakti
Śakti bezeichnet die weibliche Urkraft des Universums. Die »große Göttin« und ihre zahlreichen Erscheinungsformen werden als Verkörperungen von Śakti angesehen.

Satyāgraha
Satyāgraha ist eine von Gandhi propagierte Grundhaltung, die darauf beruht, die Vernunft und das Gewissen des Gegners durch Gewaltlosigkeit und die Bereitschaft, Schmerz und Leiden auf sich zu nehmen, anzusprechen. Ziel ist es, dadurch Gegner als Verbündete für die eigene Sache zu gewinnen.

Siddha
Die *Siddha*-Medizin ist eine Schule traditioneller Heilkunde, die ihren Ursprung in Südindien hat. Praktizierende werden *Siddha* genannt.

Śivaismus
Die Verehrung Śivas als höchsten Gott; eine der Schulen des Hinduismus.

Sowa-Rigpa
Heilkunde tibetischer Herkunft.

Svadēśī (swadeshi)
Svadēśī ist ein von Gandhi propagierter Begriff, der »des eigenen Landes« bedeutet. Dahinter stand die Idee eines Verzichts auf importierte Güter zugunsten lokaler, selbst gefertigter Dinge.

Tāḷam
Zyklisch wiederholte rhythmische Struktur in der indischen Musik.

Tamil Isai
»Tamilische Musik«, oft gleichgesetzt mit Versuchen einer Rekonstruktion »ursprünglicher tamilischer Musik«, noch ohne nordindische Einflüsse.

Tamiḻakam
Bezeichnung für das (über den heutigen Bundesstaat Tamil Nadu hinausreichende) historische Siedlungsgebiet von Tamil-Sprechern.

Tamiḻttāy
Die Göttin »Tamil«, in der die tamilische Sprache personifiziert auftritt und die als Schutzgottheit der Tamil-Sprecher fungiert.

Tēmpāvaṇi
Versepos, im tamilischen Stil von dem italienischen Jesuitenmissionar Constanzo Guiseppe Beschi (1680–1747) verfasst. Wird zu den Klassikern der tamilischen Literatur gezählt.

Tēvāram
Teil des *Tirumuṟai*; die gesammelten Gedichte der *Bhakti*-Dichter (*Nāyaṉmārs*) Campantar, Appar und Cuntarar.

Tiṇai
Die *Tiṇai* sind innere Landschaften und Genres der tamilischen Literatur und Kunst; haben jedoch auch physische Äquivalente (Berggipfel, Waldland, Ackerland, verdorrtes Ödland, Küsten), deren Fauna und Flora im jeweiligen Genre als Metaphern für bestimmte Erfahrungen und Emotionen auftreten.

***Tirāviṭa Muṉṉēṟṟak Kaḻakam* (Dravida Munnetra Kazhagam/DMK)**
Der »Dravidische Fortschrittsbund« ist eine politische Partei in Tamil Nadu. Ursprünglich kämpfte sie für einen unabhängigen Tamilenstaat; heute beschränken sich ihre Forderungen auf die Bewahrung der tamilischen Identität und Kultur innerhalb der indischen Nation.

Tīrthaṅkara
Die Führer des Jainismus, darunter Mahavira, der Gründer dieser religiösen Gemeinschaft, werden als *Tīrthaṅkara* (»Furtbereiter«) bezeichnet.

Tirukkuṟaḷ
Der *Tirukkuṟaḷ* wird dem Dichter *Tiruvaḷḷuvar* zugeschrieben und stammt aus den ersten Jahrhunderten unserer Zeitrechnung. Er ist ein Lehrgedicht über die richtige Lebensführung und umfasst 1 330 aphorismenhafte Doppelverse. Heute ist der *Tirukkuṟaḷ* eine der wichtigsten Ikonen der tamilischen Kultur.

Tirumuṟai
Eine Anthologie von *Bhakti*-Gedichten der śivaitischen Dichter und Mystiker, der *Nāyaṉmārs*.

Tiruvaḷḷuvar
Tiruvaḷḷuvar ist der Autor des *Tirukkuṟaḷ*. Die Bedeutung dieses Werkes als tamilische Kulturikone überträgt sich auf den Autor, der als eine Art tamilischer Nationalheiliger verehrt wird. So hat die Regierung Tamil Nadus offiziell die *Tiruvaḷḷuvar*-Ära eingeführt, die das angenommene Geburtsjahr *Tiruvaḷḷuvars* (31 v. Chr.) als Anfangsdatum hat. Darstellungen *Tiruvaḷḷuvars* finden sich in Tamil Nadu vielerorts im öffentlichen Raum.

Tiruvāymoḻi
Werk des viṣṇuitischen *Bhakti*-Dichters Nammāḻvār; gilt als bedeutendstes Werk der viṣṇuitischen *Bhakti*-Dichtung in Tamil.

***Tōcai* (Dosai)**
Beliebtes Gericht der tamilischen Küche. Eine Art Pfannkuchen, der aus einem fermentierten Teig aus Reismehl und Hülsenfrüchten zubereitet wird.

Tolkāppiyam
Das *Tolkāppiyam* ist das älteste erhaltene längere Werk der tamilischen Literatur. Es ist ein umfassender Text über die tamilische Sprache und enthält u.a. Abschnitte über Orthografie, Phonologie, Etymologie und Satzbau. Entstanden zwischen dem 2. Jahrhundert v. Chr. und dem 5. Jahrhundert n. Chr.

Umā
Umā, auch Pārvatī genannt, ist eine hinduistische Göttin, die als die Gattin des Śiva und Mutter von Gaṇapati (Ganeśa) und Murugan gilt.

Unani
Heilkundliche Tradition muslimisch-griechischer Herkunft.

Varna
Einheit der Einteilung der Gesellschaft in vier Hauptgruppen (*Varnas*); Teil des Kastensystems, das sich bis heute erhalten hat.

Vēḷāḷar
Die *Vēḷāḷar* bilden eine tamilische Kaste und waren traditionell Großgrundbesitzer in Tamil Nadu, Kerala sowie im benachbarten Sri Lanka.

Vētiyar
Titel geistlicher Lehrer. Ursprünglich brahmanischen Priestern vorbehalten; später auch für christliche Katecheten verwendet.

Vettiyan
Trommler, der beim Tod eines Menschen engagiert wird.

Vijayanagara
Königreich in Südindien, bestehend von 1336/1346 bis 1565. Die südindische Kunstmusik, die »karnatische Musik«, gelangte im Vijayanagara-Reich zu ihrer Blüte.

Viṣṇuismus
Die Verehrung Viṣṇus als höchsten Gott; eine der Schulen des Hinduismus.

Yāḻ
Ein in früheren Zeiten in Südindien verbreitetes harfenähnliches Musikinstrument.

Yavaṉas
Altindische Bezeichnung für von Westen kommende, an den Küsten Indiens landende Ausländer; z.B. arabische, griechische und römische Händler.

Bibliografie

Alex, Gabriele 2010, *Medical Diversity in Postcolonial India: Dynamics and Perception of Health Services in Tamil Nadu*, Berlin: Weißensee Verlag.

Alex, Gabriele 2018, *The Relevance of Embodiment for Health Seeking Behaviour*, in: P. Zehmisch, U. Münster, J. Zickgraf und C. Lang (Hg.), *Soziale Ästhetik, Atmosphäre, Medialität: Beiträge aus der Ethnologie* 66, Münster: LIT Verlag Münster.

Allana, Rahaab 2010, *Allegory and Illusion. Early Portrait Photography from South Asia*, Mumbai: Mapin Publishing.

Amaladass, Anand 2007, *Interculturality in the Mission and Method of de Nobili*, in: Joe Arun (Hg.), *Interculturation of Religion. Critical Perspectives on Robert de Nobili's Mission in India*, Bangalore: Asian Trading Corporation, S. 145–157.

Amaladass, Anand 2014, *Mission ist keine Einbahnstraße. Dialog zwischen Hindus und Christen*, in: Thomas Schreijäck (Hg.), *Christus in den Kulturen. Anstöße des II. Vatikanums für eine Theologie der Interkulturalität in Indien*, Ostfildern: Matthias Grünewald Verlag, S. 189–206.

Amaladass, Anand 2017, *The Writing Catechism and Translation Strategies of Three Jesuits in South India: Henrique Henriques, Roberto de Nobili and Joseph Beschi*, in: Antje und Rouven Wirbser (Hg.), *Translating Catechism, Translating Cultures*, Leiden/Boston: Brill, S. 170–194.

Amaladass, Anand und Gudrun Löwner (Hg.) 2012, *Christian Themes in Indian Art*, New Delhi: Manohar Publishers.

Amaladass, Anand und Ines G. Županov (Hg.) 2014, *Intercultural Encounter and the Jesuit Mission in South Asia (16th–18th Centuries)*, Bangalore: Asian Trading Corporation.

Anvar, S. 2008, *Islam*, in: Subbiah Muthiah (Hg.), *Madras, Chennai: A 400-year Record of the First City of Modern India: The Land, The People & Their Governance*, Chennai: Palaniappa Brothers, S. 117–159.

Aranha, Paolo 2014, *The Social and Physical Space of the Malabar Rites Controversy*, in: Wietse de Boer, Aliocha Maldavsky, Giuseppe Marcocci, Ilaria Pavan (Hg.), *Space and Conversion in Global Perspective*, Leiden/Boston: Brill, S. 214–232.

Arun, C. Joe 2007, *From Stigma to self-assertion: Paraiyars and the symbolism of the parai drum*, in: Contributions to Indian Sociology 41 (1), S. 81–104.

Appadurai, Arjun 1981, *Gastro-politics in Hindu South Asia*, in: American Ethnologist 8 (3), Symbolism and Cognition, S. 494–511.

Baily, Susan (1989), *Saints, Goddesses and Kings. Muslims and Christians in South Indian Society. 1700–1900.* Cambridge: Cambridge University Press.

Banerjee, Mukulika und Miller, Daniel 2003, *The Sari*, Oxford: Berg.

Baskaran, S. Theodore 1981, *The Message Bearers; The Nationalist Politics and the Entertainment Media in South India 1880–1943*, Chennai: Cre–A.

Bayly, C. Alan 1986, *The origins of swadeshi (home industry): Cloth and Indian society, 1700–1930*, in: Arjun Appadurai (Hg.), *The social life of things. Commodities in cultural perspective*, Cambridge: Cambridge University Press, S. 285–321.

Bean, Susan S. 1989, *Gandhi and Khadi, the Fabric of Indian Independence*, in: Annette B. Weiner und Jane Schneider (Hg.), *Cloth and Human Experience*, Washington: Smithsonian Books, S. 355–376.

Boetsch, Gilles und Eric Savarese 2000, *Photographies anthropologiques et politique des races*, in: Journal des anthropologues 80–81, S. 247–258.

Carotenuto, Gianna M. 2003, *Power, Patronage and Portraiture: The Photographs of the Nizam of Hyderabad by Raja Lala Deen Dayal*, Los Angeles: University of California Press.

Chera, Madeline 2020, *Country chicken and multiple knowledges: Foucauldian resistance in young Tamil women's cultural critique of globalized food*, in: Food, Culture and Society 23 (2), S. 209–228.

Clarke, Sathianathan 1998, *Dalits and Christianity. Subaltern Religion and Liberation*, New Delhi: Oxford University Press.

Cort, John E. 1998, *Open Boundaries: Jain Communities and Cultures in Indian History*, Albany: SUNY Press.

Cutler, Norman 1987, *Songs of Experience: The Poetics of Tamil Devotion*. Bloomington: Indiana University Press, S. 119.

Cutler, Norman 2002, *Three Moments in the Genealogy of Tamil Literary Culture*, in: Sheldon I. Pollock (Hg.), *Literary Cultures in History: Reconstructions from South Asia*, Berkeley: University of California Press, S. 271–322.

Davis, Richard H. 1998, *The Story of the Disappearing Jains: Retelling the Śaiva-Jain Encounter in Medieval South India*, in: John E. Cort (Hg.): *Open Boundaries: Jain Communities and Cultures in Indian History*, Albany: SUNY Press, S. 213–224.

Dehejia, Vidya 2000, *India Through the Lens: Photography 1840–1911*, Mapin: Freer/Sackler.

Dehejia, Vidya 2021, *The Thief Who Stole My Heart: The Material Life of Chola Bronzes, 855–1280,* Princeton: Princeton University Press.

Desmond, Ray 1982, *Photography in Victorian India,* London: HMSO.

Dey, Moumita 2020, *Gender Politics and Food Practices in Urban West Bengal,* in: Kanchan Mukhopadhyay (Hg.), *Food and Powers, Expression of Food-Politics in South Asia,* New Delhi: Sage, S. 387–404.

Dumont, Louis 1980 [1960], *Homo Hierarchicus: The Caste System and its Implications*, Chicago: Universtiy of Chicago Press.

Dundas, Paul 1992, *The Jains*, London: Routledge.

Ebeling, Sascha 2010, *Colonizing the Realm of Words: The Transformation of Tamil Literature in Nineteenth-Century South India*, Albany: State University of New York Press.

Edwards, Elizabeth 2013, *Looking at Photographs: Between Contemplation, Curiosity and Gaze*, in: Tamar Garb (Hg.) *Distance and Desire: Encounters with the African Archive*, New York: Steidl.

Egnor, Margaret T. 1984, *The Changed Mother, or What the Smallpox Goddess did when there was no more Smallpox*, Journal of Developing Societies 18 (24).

Emmrich, Christoph 2020, *Jainism in the Tamil-Speaking Region*, in: John E. Cort, Paul Dundas, Knut A. Jacobsen und Kristi L. Wiley (Hg), *Brill's Encyclopedia of Jainism*, Leiden: Brill, S. 353–69.

Falconer, John 1995, *A Shifting Focus: Photography in India 1850–1900,* London: The British Council.

Falconer John 2001, *India: Pioneering photographers 1850–1900*, London: British Library.

Fuller, Christopher J. und Logan, Penelope 1985, *The Navarātri Festival in Mysore,* in: Bulletin of the School of Oriental and African Studies 48 (1), S. 79–105.

Fuller, Christopher J. 1992. *The Camphor Flame: popular Hinduism and Society in India*. Princeton University Press: Princeton, New Jersey.

Germann, Wilhelm 1880, *Ziegenbalgs Bibliotheca Malabarica*, Missionsnachrichten der Ostindischen Missionsanstalt zu Halle 32 (1), S. 1–20.

Gomas, Stephan (Hg.) 2014, *Katalorak kaviccolai*, Veerapantiyan Pattinam.

Gorringe, Hugo 2016, *Drumming out oppression, or drumming it in? Identity, culture and contention in dalit politics,* Contributions to Indian Sociology 50 (1), S. 1–26.

Gutman, Judith M. 1982, *Through Indian Eyes, 19th and 20th Century Photography from India,* New York: Oxford University Press.

Govindu, Venu M. und Malghan, Deepak 2016, *The Web of Freedom. J C Kumarappa and Gandhi's struggle for Economic Justice,* New Delhi: Oxford University Press.

Guy, John 1998, *Woven Cargoes. Indian Textiles in the East,* New York: Thames and Hudson.

Hoole, S. Ratnajeevan, H. 1997, *C. W. Thamotharampillai, Tamil revivalist: the man behind the legend of Tamil nationalism*, Colombo: Internat. Centre for Ethnic Studies.

Hüsken, Ute 2013, *Denial as Silencing: On Women's Ritual Agency in a South Indian Brahmin Tradition,* in: The Denial of Ritual, Special issue of The Journal of Ritual Studies 27 (1), S. 21–34.

Ikegame, Aya 2013, *Princely India Re-imagined: A Historical Anthropology of Mysore from 1799 to the Present*, New York: Routledge.

Indran, Rajendran 1992, *The Living Art,* Chennai: Yali Publications.

Jaffrelot, Christophe und Jumle, Vihang 2020, *Private Healthcare in India: Boons and Banes,* Paris: Institut Montaigne.

James, Josef 1993, *Contemporary Indian Sculpture: The Madras Metaphor,* Madras: Oxford University Press.

James, Josef 1998, *Contemporary Indian Sculpture: An Algebra of Figuration,* Chennai: Oxford University Press.

Jayaraj, Daniel 2006, *Bartholomäus Ziegenbalg: The Father of the Modern Protestant Mission. An Indian Assessment,* New Delhi and Chennai: ISPCK and Gurukul Lutheran Theological College and Research Institute.

Kamāl S. M. 1990, *Muslīmkaḷum tamiḻakamum*, Chennai: Islāmiya āyvu paṇpāṭṭu maiyam.

Keay, John 2005, *The Spice Route: A History*, London: John Murray.

Khoo Salma Nasution 2014, *The Chulia in Penang*, Penang: Areca Books.

Meeran, Thoppil Mohammed 2011, *Die Geschichte eines Dorfes am Meer*, Heidelberg: Draupadi Verlag.

Kumaraswamy, R. 1985, *Ethnopharmacognostical Studies of the Vedic Jangida and the Siddha Kattuchooti as the Indian Mandrake of the Ancient Past*, Ethnobotanik-Ethnobotany 3 (85), Braunschweig, Wiesbaden: Friedr. Vieweg & Sohn Verlag, S. 109–120.

Lillelund, Caroline 2009, *The last Vettiyan: A musical tradition and a degraded low caste profession,* in: Review of Development and Change 14 (1–2), S. 251–269.

Little, Layne R. 2006, *Bowl Full of Sky: Story-Making and the Many Lives of the Siddha Bhogar*, PhD thesis, Berkeley: University of California.

Lunde Ilkama, Ina Marie 2011, *Female Agency During Tamil Navarātri,* in: Ute Hüsken, Vasudha Narayanan & Astrid Zotter, *Nine Nights of Power: Durgā, Dolls and Darbars,* New York: SUNY Press.

Lunde Ilkama, Ina Marie 2018, *Dolls and Demons: The Materiality of Navarātri,* in: Caleb Simmons, Moumita Sen und Hillary Rodrigues (Hg.), *Nine Nights of the Goddess. The Navarātri Festival in South Asia*, New York: SUNY Press, S. 157–178.

Mahadevan, Sudhir 2013, *Archives and origins. The material and Vernacular Cultures of Photography,* in: India, Archives 4 (1) (*https://quod.lib.umich.edu/t/tap/7977573.0004.103/-archives-and-origins-the-material-and-vernacular-cultures?rgn=main;view=fulltext*, 2.3.2021).

Malinar, Angelika 2018, *Purity and Impurity*, in: Knut A. Jacobsen, Helene Basu, Angelika Malinar, Vasudha Narayanan, *Brill's Encyclopedia of Hinduism Online (http://dx.doi.org/10.1163/2212-5019_BEH_COM_2050260,* 16.11.2021).

Michell, George 2008, *Vijayanagara: Splendour in Ruins. New Delhi: Alkazi Collection of Photography,* Ahmedabad: Mapin Publishing.

Moffatt, Michael 1979, *An Untouchable Community in South India: Structure and Consensus,* Princeton N. J.: Princeton University Press.

Mohamad, J. Raja 2004, *Islamic Architecture in Tamil Nadu*, Chennai: Director of Museums, Government Museum.

Mohamad, J. Raja 2004, *Maritime History of the Coromandel Muslims*, Chennai: Director of Museums, Government Museum.

Mosse, David 2012, *The Saint in the Banyan Tree, Christianity and Caste Society in India*, Berkeley und Los Angeles: University of California Press.

Natarajan, Balasubrahmanya und Mahalingam, Nachimuthu 1991, *Tirumantiram, a Tamil scriptural classic: Tamil text with English translation and notes*, Madras: Sri Ramakrishna Math.

Orr, Leslie C. 1998, *Jain and Hindu »Religious Women« in Early Medieval Tamilnadu,* in: John E. Cort (Hg.), *Open Boundaries: Jains in Indian History and Culture*, Albany: SUNY Press, S. 187–212.

Owen, Lisa N. 2010, *Demarcating Sacred Space: The Jina Images at Kalugumalai,* in: International Journal of Jaina Studies, 6 (4), S. 1–28.

Pazha, Adhiyaman 2007, *Georg Joseph: Ariyappadaatha Aazhumai:* Vazhkai, Nagercoil: Kalachuvadu Publications.

Pelizzari Maria A. 2013, *Traces of India: Photography, Architecture, and the Politics of Representation, 1850–1900,* Montréal, Canadian Centre for Architecture; New Haven: Yale University Press.

Peterson, Indira V. 1991, *Poems to Śiva: The Hymns of the Tamil Saints*, Delhi: Motilal Banarasidass, S. 278.

Peterson, Indira V. 1998, *Śramaṇas against the Tamil Way: Jains as Others in Tamil Śaiva Literature*, in: John E. Cort: *Open Boundaries: Jain Communities and Cultures in Indian History*, Albany: SUNY Press, S. 163–185.

Pinney, Christopher 1998, *Camera Indica. The Social Life of Indian Photographs*, Chicago: University of Chicago Press.

Pinney, Christopher 2008, *The Coming of Photography in India*, London: The British Library.

Pinney, Christopher 2014, *Artisan Camera. Studio Photography from Central India*, Chennai: Tara Books.

Pramod Kumar, K. G. 2012, *Posing for posterity: Royal Indian portraits,* New Delhi: Roli Books.

Raj, Selva J. 2017, *Vernacular Catholicism, Vernacular Saints: Selva J. Raj on »Being Catholic the Tamil Way«*, Hg. Reid B. Locklin, Albany: SUNY Press.

Raj, Selva J. und Dempsey, Corinne G. 2002, *Popular Christianity in India: Riting between the Lines*, Albany: Suny Press.

Ramachandran, T. N. 1992 [1954], *The Nagapattinam and Other Buddhist Bronzes in the Madras Museum*, Madras: Director of Museums.

Raman, A. S. 1999, *The Southern Accent,* Chennai: Tamilnadu Ovia Nunkalai Kuzhu.

Ricci, Ronit 2011, *Islam Translated: Literature, Conversion, and the Arabic Cosmopolis of South and Southeast Asia*, Chicago: The University of Chicago Press.

Ripāyi, A. K. 2021, *Tamilakattil islāmiyār varalāṟu*, Teṉkāci: A. K. Ripāyi Patippakam.

Ryan, James, R. 1997, *Picturing Empire: Photography and Visualization of the British Empire*, London: Reaktion Books.

Sahai, Yaduendra and Singh, Ram 1996, *Maharaja Sawai Ram Singh II of Jaipur: The Photographer Prince*, Jaipur: Dr. Durga Sahai Foundation.

Sébastia, Brigitte 2015, *Preserving Identity or Promoting Safety? The Issue of Mercury in Siddha Medicine: A Brake on the Crossing of Frontiers*, Asiatische Studien/Études Asiatiques 69 (4), S. 933–969.

Sengupta, Ami, Mukhopadhyaya, Indranil, Weerasinghe, Manuj C. und Karki, Arjun 2017, *The Rise of Private Medicine in South Asia*, British Medical Journal 357, S. 1–4.

Sherinian, Zoe 2017, *Religious Encounters: Empowerment through Tamil Outcaste Folk Drumming,* in: Interpretation 71 (1), S. 64–79.

Shome, Raka 2014, *Diana and Beyond: White Femininity, National Identity, and Contemporary Media Culture*, Urbana, Chicago u. a.: University of Illinois Press.

Shu'ayb, Tayka 1993, *Arabic, Arwi and Persian in Sarandib and Tamil Nadu: A Study of the Contribution of Sri Lanka and Tamil Nadu to Arabic, Arwi, Persian and Urdu Languages, Literature and Education*, Madras: Imāmul ʿArūs Trust.

Shukla, Pravina 2008, *The Grace of Four Moons. Dress, Adornment, and the Art of the Body in Modern India,* Bloomington und Indianapolis: Indiana University Press.

Srinivas, Tulasi 2011, *Exploring Indian Culture through Food,* in: Asia 16 (3), S. 38–41.

Staples, James 2014, *Civilizing Tastes: From Caste to Class in South Indian Foodways,* in: J. A. Klein, A. Murcott (Hg.), *Food Consumption in Global Perspective: Essays in the Anthropology of Food in Honour of Jack Goody*, New York: Palgrave Macmillan, S. 65–86.

Stephen, S. Jeyaseela 2014, *Oceanscapes. Tamil Textiles in the early modern world,* Delhi: Primus Books.

Subbarayappa, B. V. 1997, *Siddha Medicine: An Overview*, The Lancet 350 (9094), S.1841–1844.

Subramanian, K. M. 2008, *A Different Type of Medicine: Women's Experiences with Ophthalmic Diseases in Rural and Urban Tamil Nadu, India*, Health Care for Women International 29 (4), S. 400–415.

Subbarayalu, Yellava 2012, *South India under the Cholas*, New Delhi: Oxford University Press.

Sujatha, V. 2015, *Is food natural or cultural? Food, body and the mind in Indian medical traditions,* in: Jobin Kanjirakkat, Gordon McQuat und Sundar Sarukkai (Hg.), *Sciences and narratives of nature, East and West*, New Delhi: Routledge.

Tarlo, Emma 1996, *Clothing Matters. Dress and Identity in India*, London: Hurst & Company.

Thomas, G. 1979, *The First Four Decades of Photography in India,* in: History of Photography 3, S. 215–226.

Thomas, G. 1981, *A History of photography in India 1840–1980*, Hyderabad: Andhra Pradesh State Akademi of Photography.

Thomas G. 1992, *The Madras Photographic Society 1854–61,* in: History of Photography 4, S. 299–301.

Trento, Margherita 2022, *Writing Tamil Catholicism: Literature, Persuasion and Devotion in the Eighteenth Century*, Leiden/Boston: Brill.

Tschacher, Torsten 2018, *From Script to Language: The Three Identities of ›Arabic-Tamil‹*, South Asian History and Culture 9 (1), S. 16–37.

Uwise, Mahmood Mohamed und P. M. Ajmalkhan 1986–1997, *Islāmiyat tamiḻ ilakkiya varalāṟu* 4, Madurai: Madurai Kamaraj University.

Uwise, Mahmood Mohamed 1990, *Muslim Contribution to Tamil Literature*, Madras: Fifth International Islamic Tamil Literary Conference.

Vasantha, Muthian 2016, *The Legacy of Yarn Dyed Cotton Lungis of Cuddalore, Tamil Nadu: A Case Study,* in: Textile Society of America Symposium Proceedings 969, S. 335–344 (*http://digitalcommons.unl.edu/tsaconf/969,* 11.11.2020).

Venkatesan, Archana 2010, *The Secret Garland: Āṇṭāḷ's Tiruppāvai and Nācciyār Tirumoḻi*, New York: Oxford University Press.

Venkatesan, Archana 2020, *Endless Song: Nammāḻvār's Tiruvāymoḻi*. New Delhi: Penguin Classics.

Vivero-Pol, Jose L.; Ferrando, Tomaso; De Schutter, Olivier und Mattei, Ugo 2019, *Food as a Commons*, London: Routledge.

Washbrook, David A. 2008, *The Emergence of Provincial Politics in the Madras Presidency, 1870–1920,* Cambridge: Cambridge University Press.

Worswick, Clark und Embree, Ainslie 1976, *The Last Empire: Photography in British India, 1855–1911,* New York: Aperture.

Xavier, Angela Barreto und Županov, Ines G. 2015, *Catholic Orientalism, Portuguese Empire, Indian Knowledge (16th–18th Centuries),* New Delhi: Oxford University Press.

Županov, Ines G. 1999, *Disputed Mission. Jesuit Experiments and Brahmanical Knowledge in Seventeenth-Century India,* New Delhi: Oxford University Press.

Zysk, Kenneth G. 2008, *Siddha Medicine in Tamil Nadu*, Tranquebar Initiativets Skriftserie 4 (https://natmus.dk/fileadmin/user_upload/Editor/natmus/forskning/dokumenter/Tranquebar/Skriftserie/Tranquebar_Initiativets_Skriftserie_nr_04_2008.pdf).

Autor*innen

Gabriele Alex ist Professorin und Direktorin der Abteilung für Ethnologie an der Universität Tübingen. Ihre Forschungsschwerpunkte sind Südasien, insbesondere Südindien, Medizinethnologie, Ethnologie der Kindheit und Jugend sowie Migration. Zu ihren Publikationen gehören *Childbirth and its accompanying rituals: an anthropological analysis of birth and childhood rituals in South Asia and South East Asia* (Hg., mit Karin Polit, 2016), *Turning Therapies: Placing Medical Diversity*, Special Issue ›Medical Anthropology‹ (Hg., mit K. Krause und D. Parkin) und *Learning and Embodying Caste, Class and Gender. Patterns of Childhood in Rural Tamil Nadu* (2009).

Anand Amaladass war Professor für Sanskrit und indische Philosophie am Sacred Heart College – Satya Nilayam in Chennai und hatte Gastprofessuren in Bangalore, Würzburg, Rom und Wien inne. Seine Forschungsinteressen umfassen indische Philosophie, interreligiösen Dialog, tamilische christliche Literatur und die Geschichte des Christentums in Indien. Er ist katholischer Priester und Mitglied der Gesellschaft Jesu (Jesuiten). Zu seinen Veröffentlichungen zählen *Kunst und Religion: eine indische Perspektive* (2020), *Christian Responses to Yoga in the Second Half of the Twentieth Century* (2018), *Intercultural encounter and the Jesuit Mission in South Asia* (16th–18th centuries) (2014) und *Christian Themes in Indian Art: from the Mogul Times till Today* (2012, mit Gudrun Löwner).

Kombai S. Anwar ist Direktor der Qaide Mileth International Academy for Media Studies in Chennai. Er ist Schriftsteller, Fotograf, Filmemacher und Forscher. Sein Interessengebiet ist die südindische Geschichte. Er arbeitet am Madras Gazetteer Project mit, das die Geschichte von Madras (Chennai) von 1600 bis 2000 n. Chr. dokumentiert. Seine Dokumentarfilme konzentrieren sich auf historische Themen. Anwar wurde vom Archaeological Survey of India beauftragt, eine Reihe von Kurzfilmen über den Großen Tempel in Thanjavur zu drehen, um die 1 000-Jahr-Feier dieses berühmten Weltkulturerbes zu begehen. Sein späterer Dokumentarfilm *Yaadhum* erkundet tamilisch-muslimische Identitäten und Geschichte. *Yaadhum* wurde auf dem renommierten »Hindu Lit for Life Festival 2014« in Chennai gezeigt, von der »Tamil Nadu Progressive Writers and Artists Association« als bester Dokumentarfilm ausgezeichnet und gewann den Bronze Remi Award auf dem 48. WorldFest-Houston International Film Festival in den USA.

Theodore Baskaran war Senior Associate am National Institute of Advanced Studies in Bangalore. Er hat an vielen Universitäten Vorlesungen gehalten, darunter der Princeton University, der Australian National University, der University of Chicago und der University of Michigan. Von 1998 bis 2001 war er Direktor der Roja Muthiah Research Library. Sein Buch *The Message Bearers* (1981) gilt als Pionierwerk zum Thema des Unabhängigkeitskampfes in Indien. Sein Buch *The Eye of the Serpent* (1997) über das südindische Kino wurde 1997 vom indischen Präsidenten mit dem Goldenen Lotus ausgezeichnet. Er schreibt sowohl auf Englisch als auch auf Tamil. Für sein tamilisches Werk wurde er 2015 mit dem Iyal-Preis des Canada Literary Garden ausgezeichnet. Er hat Raj Gauthamans *The Dark Interiors: Essays on Caste and Dalit Culture* (2021) übersetzt. Baskaran ist Beamter im Ruhestand. Er lebt in Bangalore, Indien.

Antonythasan Jesuthasan, alias **Shobasakthi**, hat kürzlich die erste tamilische Transgender-Autobiografie Sri Lankas herausgegeben, die von Thanuja selbst geschrieben wurde. *Thanuja* ist die Geschichte eines Widerstands und einer persönlichen Reise von Mankumban (Grenzdorf von Allaipiddy), Sri Lanka, nach Düsseldorf in Deutschland. Im Jahr 2021 erhielt Shoba ein Stipendium des französischen Kulturministeriums, um seinen fünften tamilischen Roman, »Geneva 51«, zu schreiben.

Ashrafi S. Bhagat ist Kunsthistorikerin, Kunstkritikerin und unabhängige Kuratorin. Sie war Leiterin und außerordentliche Professorin der Abteilung für Bildende Kunst am Stella Maris College in Chennai. Zu ihren Veröffentlichungen gehören *Madras modern: regionalism and identity* (2019), *A critical survey of the Madras Art Movement* (1950 to 2000) (2011) und *Contemporary Art in South India* (2010).

Crispin Branfoot ist Dozent für die Geschichte der südasiatischen Kunst und Archäologie an der School of African and Oriental Studies (SOAS), University of London. Sein Forschungsinteresse gilt der Kunst- und Architekturgeschichte Südindiens mit besonderem Schwerpunkt auf der religiösen Architektur und Skulptur der tamilischen Region. Zu seinen Büchern gehören *In Andal's Garden: Art, Ornament and Devotion in Srivilliputtur* (2015) und mit Roger Taylor, *Captain Linnaeus Tripe: Photographer of India and Burma*, 1852–1860 (2014).

Hélène Guétat-Bernard ist Professorin für Soziologie an der Universität Toulouse, Frankreich, und assoziiert mit dem Institut Français de Pondicherry (IFP). Von 2017 bis 2021 war sie Leiterin der sozialwissenschaftlichen Abteilung des IFP. Sie befasst sich mit Genderfragen in der Landwirtschaft, der Ernährung und der ländlichen Entwicklung. Im Jahr 2019 rief sie die Food Platform of Pondicherry ins Leben, die sich mit der jährlichen Veranstaltung Local Food System und Projekten zu Ernährungsgerechtigkeit und Demokratie befasst, die auf einem partizipativen Aktionsforschungsansatz basieren. Zu ihren Veröffentlichungen gehören *Genre et savoirs. Pratiques et innovations rurales au Sud* (IRD, 2014) (mit M. Saussey), *Under Development, Gender* (Palgrave, 2014) (mit C. Verschuur und I. Guérin). Sie hat drei internationale Symposien zu Gender, Landwirtschaft und ländlicher Entwicklung koordiniert (2019 in Recife, Brasilien, 2015 in Lyon und 2012 in Toulouse) und sechs Doktorarbeiten zu Genderfragen betreut.

Vidya Dehejia war Barbara Stoler Miller Professorin für indische und südasiatische Kunst an der Columbia University. Zu ihren zahlreichen Büchern gehören *The Thief who Stole my Heart: The Material Life of Bronzes from Chola* India, 855–1280 (2021), *The Unfinished: Stone Carvers at Work on the Indian Subcontinent* (2016), *Chola: Sacred Bronzes of Southern India* (2006) und *The Sensuous and the Sacred: Chola Bronzes from South India* (2002).

Zoé E. Headley, Sozialanthropologin, ist CNRS Research Fellow am CEIAS und assoziiertes Mitglied des Institut Français de Pondichéry. Sie arbeitet seit über 20 Jahren in Tamil Nadu und beschäftigt sich in ihrer Forschung vor allem mit Fragen der Kastenidentität und der Rechtskultur sowie in jüngerer Zeit mit der Geschichte der tamilischen Studiofotografie. Sie initiierte das STARS-Kollektiv (https://stars.hypotheses.org/), das zum Aufbau des ersten Archivs für tamilische Studiofotografie führte.

Die Indologin **Ute Hüsken** ist Professorin und Leiterin der Abteilung Kultur- und Religionsgeschichte Südasiens am Südasien-Institut der Universität Heidelberg. Ihre Forschungsschwerpunkte sind der mittelalterliche und zeitgenössische Hinduismus Südindiens, der Theravāda Buddhismus der kanonischen Texte, Fragen der Handlungsmacht von Frauen in südasiatischen Religionen sowie die Ritualforschung und Forschungen zu religiösen Festen. Sie initiierte und leitet die internationale Forscher*innengruppe zum Fest Navarātri (Durgāpūjā). Aus diesem Bereich stammt auch ihr Beitrag zu diesem Buch.

Rajan Kurai Krishnan schreibt seit mehr als drei Jahrzehnten in Tamil und Englisch über ein breites Spektrum von Themen und Anliegen, darunter Kino, Literatur, Politik, Umwelt und im Allgemeinen Kulturgeschichte. Er promovierte 2009 in Anthropologie an der Columbia University, New York, mit einer Arbeit über das tamilische Kino. Derzeit lehrt er an der Ambedkar-Universität Delhi.

Frédéric Landy ist Professor für Geografie an der Universität Paris Nanterre, Frankreich. Von 2016 bis 2020 war er Direktor des Institut Français de Pondichéry. Er ist unter anderem Autor von *Feeding India. The Spatial Parameters of Food Grain Policy* (2009), *Du Développement à l'Émergence* (mit Aurélie Varrel, 2015) und Herausgeber von *From Urban National Parks to Natured Cities in the Global South: The Quest for Naturbanity* (2018).

Thomas Lehmann war Dozent für tamilische Sprache und Literatur an der Universität Heidelberg. Er ist der Autor von *Grammatik des Alttamil unter besonderer Berücksichtigung der Cankam-Texte des Dichters Kapilar* (1994), *A Word Index of Old Tamil Cankam Literature* (mit T. Malten, 1992) und *A Grammar of Modern Tamil* (1989).

Caroline Johanne Lillelund hat kürzlich ihre Promotion im Fach Ethnologie an der Universität Kopenhagen abgeschlossen. Ihr Forschungsinteresse gilt Fragen der Identität, Politik und materiellen Kultur in Indien, von zeitgenössischer Kunst und Populärkultur bis hin zu Volkskunst und Ritualen. Zuvor hat sie für das Nationalmuseum von Dänemark gearbeitet. Als sie 2007 in Tharangambadi (Tranquebar) kulturelle Artefakte für die ethnografischen Sammlungen dieses Museums sammelte, begann sie sich für die Trommeltradition der tamilischen *Paṟaiyars* zu interessieren. Zweieinhalb Monate ethnografische Feldforschung mit dem lokalen Begräbnistrommler und seiner Familie ergaben ein einzigartiges Forschungsmaterial, das die Überreste einer schwindenden Musiktradition dokumentiert. Im Jahr 2015 gestaltete sie eine Posterausstellung in der ehemaligen Residenz der dänischen Gouverneure in Tharangambadi zur Geschichte des Hauses und seiner kolonialen Bewohner. In ihrer aktuellen Forschung untersucht sie den Stellenwert kultureller Unterschiede in der zeitgenössischen indischen Kunst.

M. D. Muthukumaraswamy ist seit der Gründung des indischen National Folklore Support Centre im Jahr 1997 als dessen Direktor tätig. Zu seinen Forschungsinteressen gehören darstellende Volkskunst, mündlich überlieferte Epen, bildende Kunst, Śaiva Siddhāntā und moderne und klassische tamilische Literatur. Zu seinen Veröffentlichungen gehören die Sammelbände *Voicing Folklore: Issues, Careers, and Concerns*, *Folklore as Discourse*, *Folklore, Public Sphere and Civil Society*, *Many Voices One Nation: Essays in Folklore* und *Seraikella Chauu*. Er ist Herausgeber der vierteljährlich erscheinenden Zeitschrift *Indian Folklife* und des jährlich erscheinenden *Indian Folklore Research Journal*. Er hatte Gastprofessuren an mehreren Universitäten inne, unter anderem an der Julius-Maximilians-Universität Würzburg und der Universität Addis Abeba in Äthiopien. M. D. Muthukumaraswamy ist einer der Kuratoren der Ausstellung *Von Liebe und Krieg: Tamilische Geschichte(n) aus Indien und der Welt* und Mitherausgeber dieses Buches.

Ulrike Niklas war Professorin und geschäftsführende Direktorin des Instituts für Indologie und Tamilistik an der Universität Köln, wo sie 2017 eine internationale Konferenz zu Periyar und der Selbstachtungsbewegung ausrichtete. Zu ihren Publikationen gehören *Einführung in das Muttoḷḷāyiram: Ausgewählte Verse zur Einführung in das Klassische Tamil: mit metrischen, grammatischen und syntaktisch-semantischen Analysen* (1987) und *A System for Tamil Literature: Classical, Post-Classical, Neo-Classical*. Sie ist der Dravidischen Bewegung seit vielen Jahren eng verbunden.

Georg Noack ist Kurator für Ost-, Südost- und Südasien am Linden-Museum Stuttgart. Zusammen mit M. D. Muthukumaraswamy organisierte und kuratierte er die Ausstellung *Von Liebe und Krieg: Tamilische Geschichte(n) aus Indien und der Welt*. Zu seinen Forschungsinteressen gehören Kulturgeschichte, Kunst und Musik des südostasiatischen Festlandes und Chinas sowie die Verbindungen zwischen China und Südostasien.

Lisa Priester-Lasch ist Doktorandin im Fach Ethnologie an der Universität Tübingen. Sie forscht zu Speiseritualen im Jagannath-Tempel in der Stadt Puri im Bundesstaat Odisha. Als wissenschaftliche Volontärin am Linden-Museum Stuttgart trug sie wesentlich zur Gestaltung der Ausstellung *Von Liebe und Krieg: Tamilische Geschichte(n) aus Indien und der Welt* bei und engagierte sich insbesondere für die Einbindung von Mitgliedern tamilischer Communities in Deutschland bei diesem Projekt.

Chitravina N. Ravikiran (www.ravikiranmusic.com) tauchte 1969 als zweijähriges Wunderkind erstmals in der Musikszene auf und gab bereits mit fünf Jahren Gesangskonzerte. Seit seinem zwölften Lebensjahr tritt er bei großen internationalen Veranstaltungen mit der 21-saitigen Chitravina auf. Als Erfinder des Konzepts der Melharmonie (www.melharmonymusic.com) hat Ravikiran mit führenden Künstlern und Orchestern auf der ganzen Welt zusammengearbeitet und über 925 traditionelle indische Musikstücke komponiert, darunter Opern über das *Rāmāyaṇa* und das *Mahābhārata*. Er vertonte auch die gesamten 1 330 *Tirukkuṟaḷ*-Verse des *Tiruvaḷḷuvar* (in 16 Stunden). Zu seinen veröffentlichten Büchern gehören *Appeciating Carnatic Music* und *Perfecting Carnatic Music* sowie zahlreiche Artikel in wichtigen Publikationen und Zeitschriften. Als Initiator des Online-Musikunterrichts in Indien hat Ravikiran Hunderte von Studenten betreut, von denen viele heute gefragte Interpreten und Lehrer sind. Er ist außerdem künstlerischer Leiter der Melharmony Foundation und Leiter der Kurse im *Acharyanet*.

Fleur Soumer ist Direktorin des Kulturzentrums SITA in Pondicherry. Ihre Karriere besteht seit jeher aus einer Mischung von kreativen Tätigkeiten, Lehre und Kommunikation. Im SITA-Kulturzentrum unterrichtet sie auch klassischen Tanz, Bhāratanāṭyam, Kochen und Massage.

Nandini Thilak ist Kuratorin für Südasien und insulares Südostasien am Linden-Museum Stuttgart. Sie ist Doktorandin an der Universität Heidelberg und hat einen Master in Kunstgeschichte von der Jawaharlal Nehru University in Neu Delhi.

Torsten Tschacher war Professor für Islamwissenschaften an der Freien Universität Berlin und lehrt jetzt tamilische Sprache und Literatur an der Universität Heidelberg. Sein Forschungsschwerpunkt liegt auf dem Islam in Süd- und Südostasien, insbesondere auf tamilischsprachigen Muslimen in Indien, Singapur, Malaysia und darüber hinaus. Zu seinen Veröffentlichungen gehören *Race, Religion, and the ›Indian Muslim‹ predicament in Singapore* (2019), *Fremd in der eigenen Sprache: Ansätze zu einer muslimischen Gegenwartsliteratur in Tamil* (2011), *Religious Practice in Court: Tamil, Muslims and the British Legal System in the Straits Settlements* (2005) und *Islam in Tamil Nadu: Varia* (2001).

Archana Venkatesan ist Professorin für Religionswissenschaft und Vergleichende Literaturwissenschaft an der University of California, Davis. Ihre Forschungsinteressen liegen im Bereich der Überschneidung von tamilischen Texten und Performance, mit einem besonderen Schwerpunkt auf der tamilischen Vaishnava-Bhakti-Tradition. Sie ist außerdem Übersetzerin tamilischer Bhakti-Poesie. Zuletzt erschien von ihr *Endless Song: Nammāḻvār's Tiruvāymoḻi* (2020).

Die multidisziplinären Arbeiten von **Deneth Piumakshi Veda Arachchige** befassen sich mit der Archivierung von Geschichten der srilankischen Diaspora in Europa, vergessenen Geschichten des europäischen Kolonialismus in Sri Lanka und der Rückgabe von srilankischen Kulturgütern und menschlichen Überresten der »Veddas« (indigener Menschen Sri Lankas) aus europäischen Museen und Institutionen. Im Jahr 2016 begann sie im Rahmen des Projekts »Talent et Compétence« mit Shobasakthi zusammenzuarbeiten und die Erfahrung seiner Flucht aus Sri Lanka nach Frankreich zu dokumentieren. Derzeit arbeitet sie an dem recherchebasierten Kunstprojekt »The Ceylonese Caravan«, das die vergessene Geschichte einer Gruppe von Singhales*innen, Tamil*innen, indigener Adivasi und Elefanten, die aus Sri Lanka nach Europa gebracht und als »Ceylonesische Karawane« in vielen Völkerschauen des 19. Jahrhunderts ausgestellt wurden.

Justus Weiss ist wissenschaftlicher Mitarbeiter an der Universität Tübingen. Seine Forschungsschwerpunkte sind Medizinethnologie, Ethnobotanik und Ethnopharmazie in Südindien.

Autoren der Objektbeschreibungen

GN	Georg Noack
MDM	M. D. Muthukumaraswamy
LPL	Lisa Priester-Lasch
NT	Nandini Thilak
CJL	Caroline Johanne Lillelund

Impressum

Von Liebe und Krieg
Tamilische Geschichte(n) aus Indien und der Welt
Eine Ausstellung des Linden-Museums Stuttgart vom 8. Oktober 2022 bis 7. Mai 2023

Direktorin, Projektleitung
Prof. Dr. Inés de Castro

Kaufmännische Geschäftsführerin
Susanne Barth

Kuratoren
Dr. M. D. Muthukumaraswamy, Dr. Georg Noack

Kuratorische Mitarbeit
Lisa Priester-Lasch, Nandini Thilak

Wissenschaftliche Beratung
Prof. Dr. Gabriele Alex, Eberhard Karls Universität Tübingen
Prof. (em.) Dr. Anand Amaladass SJ, Sacred Heart College, Chennai
Kombai S. Anwar, Quaide Milleth International Academy of Media Studies (QIAMS), Chennai
Dr. Margret Frenz, Universität Stuttgart
Prof. (em.) Dr. Ulrike Niklas, Universität Köln
Prof. Dr. Heike Oberlin, Eberhard Karls Universität Tübingen
Dr. K. Subashini, Tamil Heritage Foundation International e. V.

Beiträge (extern kuratierte Ausstellungsmodule)
Prof. Dr. Gabriele Alex, Tübingen: Gesundheit und Heilung, interaktive Dorfkarte
Dr. Zoé Headley, Dr. Kasha Vande, M. Arun, S.T.A.R.S. Research Collective (Indien/Frankreich): Portraitfotografie in Tamil Nadu
Dr. Hélène Guétat-Bernard, Institut Français de Pondichéry, Fleur Soumer, SITA-Kulturzentrum Pondichéry, und Team: Tamilische Küche
Deneth Piumakshi Wederaachchige und Shobasakthi (alias Antonythasan Jesuthasan), Paris: Konflikt in Sri Lanka, Migration und Diaspora
Yoganathan Putra und die Gemeinde des Sri Sitti-Vinayagar Hindu-Tempel, Stuttgart: Tempelbereich
Klaus Öhler, Tübingen: Eingangsinstallation: Gedichte, Übersetzungen
Kombai S. Anwar, Chennai: Filme, Fotowettbewerb für die Eingangsinstallation

Ausstellungskoordination
Katja Scharff

Öffentlichkeitsarbeit
Martin Otto-Hörbrand, Harald Völkl

Restaurierung
Ute Doberschütz und Isabel Klotz (Projektleitung), Andrea Steffen, Eva Fastenau, Nina Frankenhauser

Depotverwaltung
Hubertus Klaus Klüter

Museumsvermittlung
Mike Schattschneider, Nina Schmidt, Andreas Volkwein

Verwaltung
Sebastian Baier, Ingrid Renz, Katinka Schwan

Vorstandssekretariat
Adelheid Lehmann

Sicherheit
Thore Möller, Stefan Dürr

Kasse/Shop/Empfang
Daniela Bader, Ibrahim Kocaoglu, Mirofora Matseridou, Ahmet Sarimehmet, Sandra Szameitat, Andrea Wörz

Bibliothek
Jeanette Scharnowski, Robert Gabriel

Dokumentation
Iris Müller, Eva Kurz

Fotoatelier
Dominik Drasdow

Haustechnik
Ioan Wagner, Valerio D'Ambrosio, Michael Salmen, Jens Steppuhn, Marcus Ott

Leihgeber*innen
Musée national des arts asiatiques – Guimet, Paris, Frankreich
Nationalmuseum von Dänemark, Kopenhagen, Dänemark
Museum Rietberg, Zürich, Schweiz
Museum für Asiatische Kunst Berlin, Stiftung Preußischer Kulturbesitz, Deutschland
Museum Fünf Kontinente, München, Deutschland
Franckesche Stiftungen, Halle/Saale, Deutschland
Religionskundliche Sammlung, Philipps-Universität Marburg, Deutschland
Universitätsbibliothek Leiden, Leiden, Niederlande
Roja Muthiah Research Library, Chennai, Indien
Württembergische Landesbibliothek Stuttgart, Deutschland
Privatsammlungen

Katalog

Herausgeber*innen
Prof. Dr. Inés de Castro, Dr. M. D. Muthukumaraswamy, Dr. Georg Noack, Lisa Priester-Lasch

Lektor*innen
Adelheid Lehmann, Andreas Volkwein, Nandini Thilak

Korrektorat
Gudrun Diesel, Sandstein Verlag

Gestaltung
Joachim Steuerer, Sandstein Verlag

Satz und Reprografie
Katharina Stark, Jana Neumann, Sandstein Verlag

Druck und Verarbeitung
FINIDR, s.r.o., Český Těšín

Schrift
Calibri, Tamil Sangam MN

Papier
LuxoArt Samt, 150 g/m^2

Die Deutsche Nationalbibliothek verzeichnet diese Publikation in der Deutschen Nationalbibliografie; detaillierte bibliografische Daten sind im Internet über http://dnb.dnb.de abrufbar.

www.sandstein-verlag.de
ISBN 978-3-95498-669-9

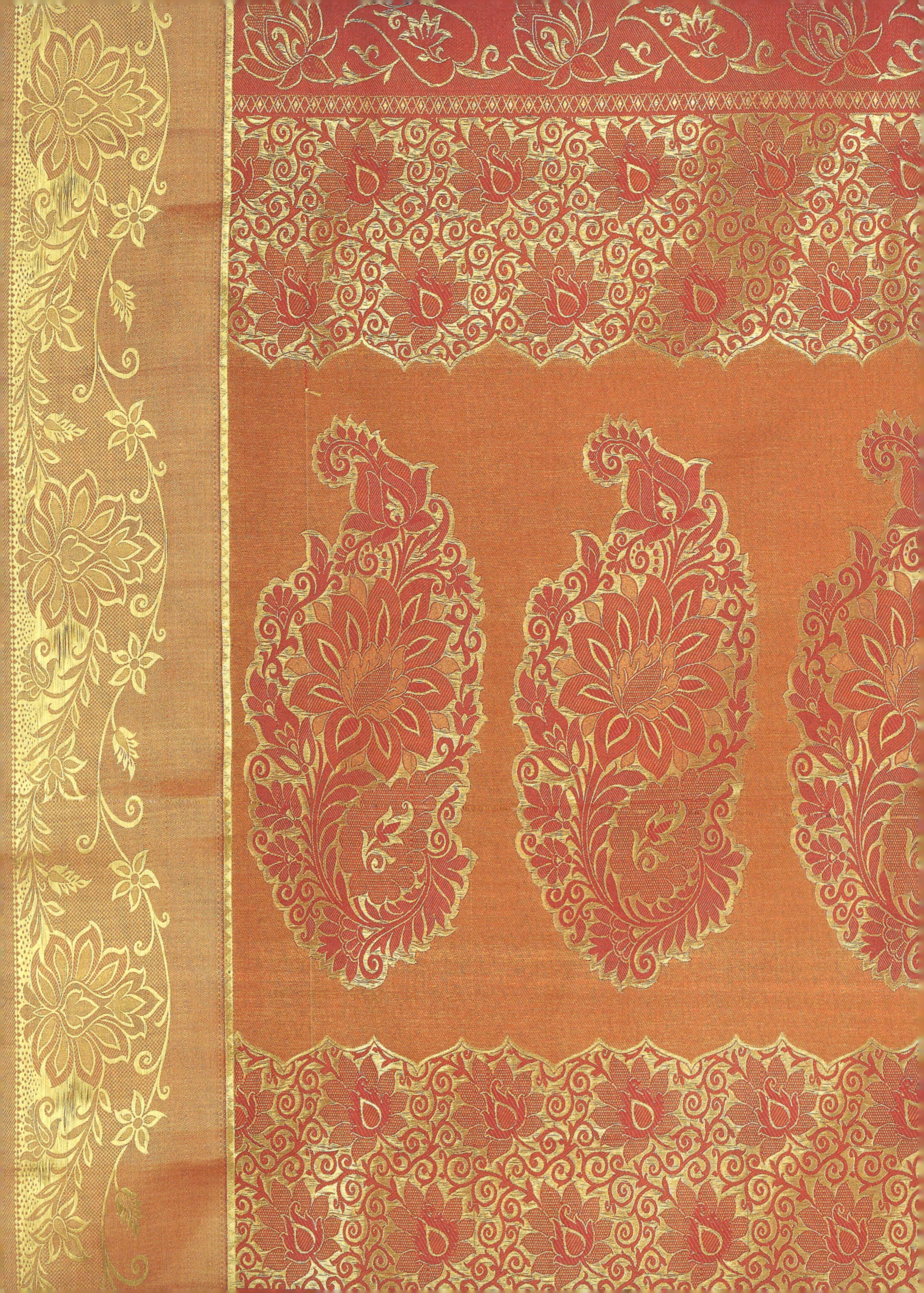